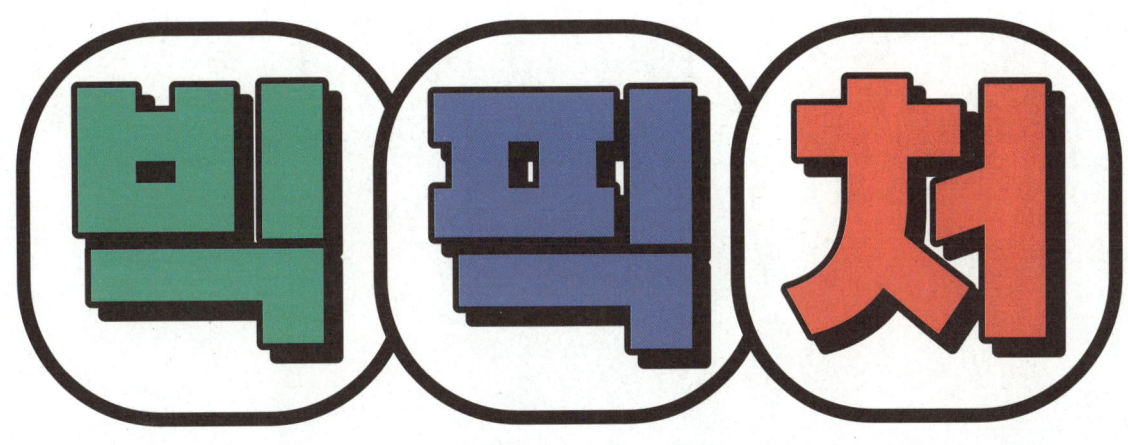

사회조사분석사

기출문제집 [핵심이론 + 단원별기출문제]

2급 2차 실기

**Stand by
Strategy
Satisfaction**

새로운 출제경향에 맞춘 수험서의 완벽서

들어가기 전에

　데이터 리터러시(data literacy)의 중요성이 강조되고 있는 요즘 사회조사분석사의 역할이 증대되고 있습니다. 사회조사분석사는 2000년 국가자격시험(통계청 주관)으로 시행된 이후 공무원 시험에서의 가산점, 대학교에서의 학점 인정 등 자격증 보유가치가 높아 최근에는 매회 1만명 이상이 응시하는 자격증입니다. 사회조사분석사는 다양한 자료의 수집, 분석, 활용을 담당하는 새로운 직종으로, 조사방법론 전반에 걸친 지식과 자료분석을 위한 통계학적 이론, 나아가 통계분석패키지 활용 등 전문적인 지식을 갖춘 전문가입니다.

　본서는 사회조사분석사 2급 실기시험에 대비하기 위한 기출문제 해설집으로 최근 기출문제(2010년~2022년)를 빅데이터 분석을 통해 큐넷 목차 기반의 주제어 중심으로 재배열하였습니다. 그 다음 문제유형별 분석을 통해 최신 출제경향을 한눈에 쉽게 알 수 있도록 집필하였습니다.

　실기시험은 필답형(2시간)과 작업형(2시간)으로 나뉘는데, 특히, 작업형의 경우 SPSS 통계패키지를 직접 수행할 수 있어야 하므로 비전공자들이 준비에 어려움을 겪고 있습니다. 아무리 통계가 기본소양이 된 요즘이라 할지라도 통계를 어려운 학문으로 생각하는 이들이 많아 이 부분이 사회조사분석사 자격증 취득의 걸림돌이 되기도 합니다.

　이 교재는 필답형 기출문제를 빅데이터 분석을 통해 주제별, 유형별로 재배열하여 사회조사분석사 2급에 대한 전반적 이해를 높이고 유사 기출문제를 통해 작업형 시험에 완벽 대비함으로써 최단기간에 자격증 취득이 가능하게 도와주는 것을 목표로 하고 있습니다. 수험생 여러분의 최단기 사회조사분석사 합격을 지지합니다.

　끝으로 이 책을 출간하기까지 수고를 아끼지 않으신 서울고시각 김용관 회장님과 김용성 사장님 이하 임직원분들께 감사드립니다.

편저자 씀

PREVIEW 이 책의 구성

최근 기출문제(2010년~2022년)를 토대로 빅데이터 분석을 통해 주제어별 워드클라우드를 작성하였습니다.

[빅데이터 분석결과 워드클라우드]

사회조사분석사 최근 시험경향

사회조사분석사의 경우 설문지 작성법에 대한 출제가 높은 가운데, 확률표본추출과 비확률표본추출, 분석단위의 오류, 표본오류와 비표본오류의 출제 빈도가 높습니다. 그 밖에도 실험설계, 타당도와 신뢰도, 면접법과 관찰법에 대한 정확한 이해가 필요합니다. 2023년 변경된 큐넷 기반의 출제기준을 살펴보면, 소수의 집단을 선정하여 FGI(Focus Group Interview, 표적집단면접)를 수행하는 방법, 조사목적에 부합하는 2차 자료를 분석하는 방법 등에 대한 추가적인 이해도 필요합니다.

주제별 요약 · 정리

이를 바탕으로 각 주제별로 기출문제를 유사한 유형끼리 정리·요약하였습니다. 그렇기 때문에 자주 출제되는 문제의 주제와 유형을 시중의 어느 책보다 쉽게 파악할 수 있습니다.

2023년 변경된 출제기준 반영

2023년부터 출제기준이 변경되었는데, 사회조사분석사의 궁극적인 기능과 역할에 있어서 큰 변화는 없으나, 표적집단면접, 심층인터뷰, 실사관리, 자료처리 등 이론보다 실무의 비중이 더 높아졌음을 알 수 있습니다. 기존 출제기준과 변경된 출제기준의 유사점과 차이점을 유튜브 무료 강의 영상에 상세히 설명하고 있으니 교재와 함께 활용하여 이해를 높이기를 바랍니다.

최단기 합격을 위한 최적화된 교재

이 책은 단기 내 자격증 취득에 최적화된 교재로서 최신기출로 출제경향을 파악, 시험에 나오는 문제를 유형별로 빠르게 검토, 그것을 이해하는 데에 필요한 최소한의 핵심이론만을 다룸으로써 사실상 방대한 시험범위에 대한 부담감을 해소하였습니다. 똑똑하게 공부할 수 있도록 기출년월을 표시하여 최신 출제경향을 파악 가능하도록 하였고, 문제풀이에 대한 상세 설명을 수록하여 효과적인 학습이 가능하도록 구성하였습니다.

사회조사분석사란?

사회조사분석사란 다양한 사회정보의 수집·분석·활용을 담당하는 새로운 직종으로 기업, 정당, 지방자치단체, 중앙정부 등 각종 단체의 시장조사 및 여론조사 등에 대한 계획을 수립하고 조사를 수행하며 그 결과를 분석, 보고서를 작성하는 전문가이다. 사회조사를 완벽하게 끝내기 위해서는 '사회조사방법론'은 물론이고 자료분석을 위한 '통계지식', 통계분석을 위한 '통계패키지프로그램' 이용법 등을 알아야 한다. 또, 부가적으로 알아야 할 분야는 마케팅관리론이나 소비자행동론, 기획론 등의 주변 관련분야로 이는 사회조사의 많은 부분이 기업과 소비자를 중심으로 발생하기 때문이다. 사회조사분석사는 보다 정밀한 조사업무를 수행하기 위해 관련분야를 보다 폭넓게 경험하는 것이 중요하다.

직무내용

기업, 정당, 정부 등 각종단체에 시장조사 및 여론조사 등에 대한 계획을 수립하여 조사를 수행하고 그 결과를 통계처리 및 분석보고서를 작성하는 업무

취업분야 및 전망

각종연구소, 연구기관, 국회, 정당, 통계청, 행정부, 지방자치단체, 용역회사, 기업체, 사회단체 등의 조사업무를 담당한 부서 특히, 향후 지방자치단체에서의 수요가 클 것으로 전망됨.

시험방법

- 필기 : 객관식 4지 택일형 100문제(150분)
- 실기 : 복합형 [작업형 2시간 정도(40점)+ 필답형 2시간(60점)]

시험과목

- 필기 : 1. 조사방법과 설계(30문제), 2. 조사관리와 자료처리(30문제), 3. 통계분석과 활용(40문제)
- 실기 : 사회조사실무(설문작성, 단순통계처리 및 분석)

합격자 기준

- 필기 : 100점을 만점으로 하여 과목당 40점 이상, 전과목 평균 60점 이상
- 실기 : 100점을 만점으로 하여 60점 이상

출제기준

실기 과목명	주요항목	세부항목	세세항목
사회조사 분석 실무	1. 표본설계	1. 조사대상 정하기	1. 수립된 조사 계획에 따라 조사목적에 적합한 모집단을 선택할 수 있다. 2. 정의된 모집단을 기반으로 표본추출틀을 결정할 수 있다. 3. 모집단과 표본추출틀을 바탕으로 조사대상을 결정할 수 있다.
		2. 표본추출방법 결정하기	1. 조사대상과 표본추출틀에 따라 표본추출방법의 목록을 작성할 수 있다. 2. 오차와 비용을 고려하여 최적의 표본추출방법을 결정할 수 있다. 3. 결정된 표본추출 방법에 대하여 세부적인 표본추출 절차를 수립할 수 있다.
		3. 표본크기 결정하기	1. 조사 목적에 따라 정확도 수준을 결정할 수 있다. 2. 주어진 예산과 표본추출방법을 고려하여 표본의 크기를 결정할 수 있다. 3. 결정된 표본의 크기에 따라 표본오차의 크기를 계산할 수 있다.
		4. 표본배분하기	1. 조사 설계를 위하여 층화변수를 설정할 수 있다. 2. 층화변수에 따라 층화별(층별) 모집단 구성비를 계산할 수 있다. 3. 층화변수의 모집단 구성비에 따라 할당 표본 크기를 계산할 수 있다. 4. 층화별(층별) 최적 표본크기를 확보할 수 있도록 표본을 배분할 수 있다.
		5. 표본추출하기	1. 세부적인 표본추출절차 이해할 수 있다. 2. 층화별(층별) 표본크기에 따라 표본을 추출할 수 있다.
	2. 설문설계	1. 분석설계하기	1. 조사목적에 따라 산출할 수 있는 조사 내용을 구체화할 수 있다. 2. 구체화된 조사내용을 토대로 원시정보의 유형을 결정할 수 있다. 3. 구체화된 조사 내용에 따라 분석모형을 도출할 수 있다.

		2. 개별설문항목 작성하기	1. 분석 설계에 기초하여 필요한 설문 항목들을 구조화할 수 있다. 2. 개별 설문항목에 따라 적절한 질문항목을 만들 수 있다. 3. 개별 질문항목에 따라 적절한 응답항목을 만들 수 있다. 4. 개별 질문항목과 응답항목 간의 일관성을 검토할 수 있다.
		3. 설문시안 작성하기	1. 정확한 응답을 얻기 위하여 설문 항목들을 구조화할 수 있다. 2. 설문의 흐름에 따라 지문을 삽입할 수 있다. 3. 구조화된 설문내용을 토대로 설문 시안을 작성할 수 있다.
		4. 설문지 완성하기	1. 사전조사를 통하여 설문지 문제점을 점검할 수 있다. 2. 사전조사결과를 토대로 설문 내용을 보완할 수 있다. 3. 보완된 설문지를 바탕으로 최종설문지를 완성할 수 있다.
3. 실사관리	1. 실사준비하기		1. 조사방법에 맞추어 적절한 인원을 선발할 수 있다. 2. 선발 인력에 대해 필요한 교육을 실시할 수 있다. 3. 선발 인력에게 업무를 배정할 수 있다. 4. 자료 수집을 위한 필요한 준비를 할 수 있다.
	2. 실사진행 관리하기		1. 수립된 실행계획을 토대로 자료수집 계획서를 작성할 수 있다. 2. 자료수집 계획서에 따라 실사 진행 사항을 점검할 수 있다. 3. 점검 결과에 따라 필요조치를 취할 수 있다.
	3. 실사품질 관리하기		1. 수집된 자료의 정합성을 점검할 수 있다. 2. 정합성 점검을 바탕으로 필요한 조치를 취할 수 있다. 3. 실사 품질관리 결과를 문서화할 수 있다.
4. 자료처리	1. 부호화하기		1. 응답된 설문항목에 기초하여 자료 값이 가질 수 있는 범위를 정할 수 있다. 2. 개방형 응답 변수에 대한 응답내용을 부호화할 수 있다. 3. 부호화된 값과 설문항목 간 대응관계를 파악하기 위하여 부호화 지침서를 작성할 수 있다.
	2. 자료입력하기		1. 자료 분석을 위하여 설문 응답 자료를 데이터베이스에 입력할 수 있다. 2. 자료의 정확성을 확보하기 위하여 입력된 자료의 정합성을 판단할 수 있다. 3. 정합성 판단 결과를 토대로 오류값을 수정할 수 있다. 4. 데이터베이스에 입력된 자료를 기초로 자료 분석용 원시자료를 생성할 수 있다.

		3. 최종 원시자료 생성하기	1. 완성된 원시자료파일을 기반으로 각 응답항목에 대하여 빈도표를 작성할 수 있다. 2. 작성된 빈도표를 토대로 설문 항목별 자료의 특성을 분석할 수 있다. 3. 응답항목별 특성을 기초로 최종 원시자료를 생성할 수 있다.
5. 기술통계분석	1. 추정·가설검정하기		1. 분석 목적 달성을 위하여 수집된 자료를 파악할 수 있다. 2. 분석 목적에 적합한 통계 분석 방법을 적용하기 위하여 수집된 자료의 사전탐색을 통하여 가설을 설정할 수 있다. 3. 가설 검정을 위한, 통계치의 기준을 설정하고 적용할 수 있다.
	2. 기술통계량 산출하기		1. 조사 자료의 다양한 속성을 요약, 정리 할 수 있다. 2. 표본 전체의 전반적인 속성을 파악 할 수 있다. 3. 첨도, 왜도 등을 통해 자료의 치우침과 구조를 확인할 수 있다.
	3. 빈도분석하기		1. 분석설계에 따라 조사항목별로 빈도분석 결과를 산출할 수 있다. 2. 분석된 결과에 대하여 유의미한 정보를 도출할 수 있다.
	4. 교차분석하기		1. 가설 설정과 가설 검정을 할 수 있다. 2. 분석설계에 따라 교차분석 결과를 산출할 수 있다. 3. 분석된 결과에 대하여 통계적 의미를 도출할 수 있다.
	5. 평균차이 분석하기		1. 가설 설정과 가설 검성을 할 수 있다. 2. 분석설계에 따라 분석 결과를 산출할 수 있다. 3. 분석된 결과에 대하여 통계적 검정과 해석을 도출할 수 있다.
6. 회귀분석	1. 신뢰도 분석하기		1. 분석 목적 달성을 위하여 수집된 자료의 신뢰도를 파악할 수 있다. 2. 수집된 자료의 신뢰도를 확보하고, 적용할 수 있다.
	2. 상관분석하기		1. 가설 설정 및 가설 검정을 할 수 있다. 2. 분석설계에 따라 분석 결과를 산출할 수 있다. 3. 분석된 결과에 대하여 통계적 검정과 해석을 도출할 수 있다.
	3. 단순회귀분석하기		1. 변수간의 상관관계를 고려하여 회귀분석 방법을 결정할 수 있다. 2. 분석설계에 따라 가설 설정과 가설 검정, 분석 결과를 산출할 수 있다. 3. 분석된 결과에 대하여 통계적 검정과 해석을 도출할 수 있다.

		4. 다중회귀분석하기	1. 변수간의 상관관계를 고려하여 회귀분석 방법을 결정할 수 있다. 2. 분석설계에 따라 가설 설정과 가설 검정, 분석 결과를 산출할 수 있다. 3. 분석된 결과에 대하여 통계적 검정과 해석을 도출할 수 있다.
	7. FGI 정성조사	1. FGI 설계하기	1. 조사목적에 따라 FGI 주제를 선정할 수 있다. 2. 선정된 FGI 주제에 부합하는 인터뷰 대상을 선정할 수 있다. 3. FGI 주제에 부합하는 질문지를 작성할 수 있다. 4. FGI진행 환경을 고려하여 진행지침을 작성할 수 있다.
		2. FGI 실시하기	1. 작성된 진행 지침에 따라 그룹인터뷰를 진행할 수 있다. 2. 제한된 시간 안에 선정된 주제를 모두 인터뷰 할 수 있다. 3. 인터뷰가 진행되는 동안 적절한 질문과 경청으로 참가자의 응답을 이끌어 낼 수 있다.
		3. FGI 분석하기	1. FGI 결과를 구체적인 정보단위로 정리할 수 있다. 2. 정리된 정보를 FGI 목적에 맞춰 분류할 수 있다. 3. FGI 자료 분석결과를 해석할 수 있다. 4. FGI 자료 분석결과 및 해석을 보고서 형태로 정리할 수 있다.
	8. 2차 자료 분석	1. 2차 자료 선정하기	1. 조사목적에 부합하는 2차 자료 유형을 조사할 수 있다. 2. 조사목적에 적합한 2차 자료 후보군을 수집할 수 있다. 3. 예산과 기간 범위 내에서 조사목적을 달성할 수 있는 2차 자료 대상을 결정할 수 있다.
		2. 2차 자료 수집하기	1. 선정된 2차 자료를 효과적으로 수집하기 위한 계획을 수립할 수 있다. 2. 수립한 계획에 따라 2차 자료를 수집할 수 있다. 3. 조사목적에 따라 수집한 2차 자료를 점검할 수 있다. 4. 점검 결과에 따라 필요한 조치를 취할 수 있다.
		3. 2차 자료 분석하기	1. 분석하고자 하는 목적에 맞게 2차 자료를 분류할 수 있다. 2. 자료의 특성에 따라 적절한 분석기법을 적용하여 정밀 분석할 수 있다. 3. 조사목적에 맞게 분석한 결과의 결론을 도출할 수 있다. 4. 조사목적에 따라 2차 자료 분석 보고서를 작성할 수 있다.

▼ CONTENTS

1. 필답형 기출문제

CHAPTER 01 표본설계 / 3
- 01 조사대상 정하기 ··· 3
- 02 표본추출방법 결정하기 ··· 8
- 03 표본크기 결정하기 ·· 39
- 04 표본배분하기 ·· 41
- 05 표본추출하기 ·· 42

CHAPTER 02 설문설계 / 44
- 01 분석설계하기 ·· 44
- 02 개별설문항목 작성하기 ·· 75
- 03 설문시안 작성하기 ·· 89
- 04 설문지 완성하기 ·· 94

CHAPTER 03 실사관리 / 114
- 01 실사준비하기 ·· 114
- 02 실사진행 관리하기 ·· 131
- 03 실사품질 관리하기 ·· 133

CHAPTER 04 자료처리 / 135
- 01 부호화하기 ·· 135
- 02 자료입력하기 ·· 137
- 03 최종 원시자료 생성하기 ·· 139

차례

CHAPTER 05 FGI 정성조사 / 141
- 01 FGI 설계하기 ·· 141
- 02 FGI 실시하기 ·· 146
- 03 FGI 분석하기 ·· 147

CHAPTER 06 2차 자료 분석 / 148
- 01 2차 자료 선정하기 ··· 148
- 02 2차 자료 수집하기 ··· 151
- 03 2차 자료 분석하기 ··· 152

2. 필답형 기출문제 풀이

CHAPTER 01 2022년 제 1회 필답형 기출문제 / 157

CHAPTER 02 2022년 제 2회 필답형 기출문제 / 164

CHAPTER 03 2022년 제 3회 필답형 기출문제 / 170

3. 설문지 작성법

CHAPTER 01 설문지 작성법 / 179
- 01 질문지 설계 및 작성 ·· 179
- 02 척도의 종류 및 구성방법 ································ 183
- 03 예비조사와 사전검사 ······································ 188
- 04 질문지 표지 ·· 189

CHAPTER 02 예상문제 / 190
- 01 정당 ·· 190
- 02 신문구독 ··· 193
- 03 인간노동 ··· 196

차례

4. SPSS 기본 이론

CHAPTER 01 SPSS 분석 준비 / 201
- 01 SPSS 기본 구성 ······ 201
- 02 예제 데이터 소개 ······ 211

CHAPTER 02 SPSS 기본운영 / 212
- 01 자료 파일 불러오기 ······ 212
- 02 변수 정의 ······ 218
- 03 자료 변환 ······ 225
- 04 케이스 선택 및 파일분할 ······ 237
- 05 데이터 연산 및 문자변수 추출 ······ 244

CHAPTER 03 SPSS를 이용한 기술통계분석 / 252
- 01 추정·가설검정하기 ······ 252
- 02 기술통계 산출하기 ······ 258
- 03 빈도분석하기 ······ 270
- 04 교차분석 ······ 272
- 05 평균차이 분석하기 ······ 280

CHAPTER 04 SPSS를 이용한 회귀분석 / 292
- 01 신뢰도 분석하기 ······ 292
- 02 상관분석하기 ······ 296
- 03 단순회귀분석하기 ······ 300
- 04 다중회귀분석하기 ······ 308

▼ CONTENTS

5. SPSS 문제 풀이

01 작업형 유사 기출문제 풀이 ·· 325
02 작업형 유사 기출문제 풀이 ·· 362
03 작업형 유사 기출문제 풀이 ·· 399
04 작업형 유사 기출문제 풀이 ·· 451
05 작업형 유사 기출문제 풀이 ·· 495

01

필답형 기출문제

빅픽처 사회조사분석사2급
[실기형] 기출문제집

CHAPTER 01 표본설계

01 조사대상 정하기

> **출제기준**
> 1. 수립된 조사 계획에 따라 조사목적에 적합한 모집단을 선택할 수 있다.
> 2. 정의된 모집단을 기반으로 표본추출틀을 결정할 수 있다.
> 3. 모집단과 표본추출틀을 바탕으로 조사대상을 결정할 수 있다.

1 모집단과 표본의 정의

- 모집단(Population) : 연구의 기준에 맞는 모든 대상의 집단
- 모수(Parameter) : 모집단 전체의 특성치를 요약한 수치
- 표본(Sample) : (연구)모집단 중 연구대상으로 추출된 일부
- 통계량(Statistic) : 표본에서 어떤 변수가 가지고 있는 특성을 요약한 통계치

■ 분석단위
  개인, 집단(도시, 가구, 지역사회, 지방정부, 국가 등), 사회적 생성물 등

■ 연구의 분석단위(Unit)를 혼동하여 발생되는 오류

생태학적 오류 (Ecological Fallacy)	• 집합단위의 자료를 바탕으로 개인의 특성을 추리할 때 저지를 수 있는 오류 예 1. 흑인인구가 많은 도시가 흑인인구가 적은 도시보다 범죄율이 높게 나타났다고 해서 실제로 흑인들이 범죄를 저질렀다고 단정 지어서는 안 된다. 2. 전국의 시도를 조사하여 대학 졸업 이상의 인구비율이 높은 지역이 낮은 지역에 비해 소득이 더 높음을 알게 되었고, 이를 통해 학력수준이 높은 사람이 낮은 사람에 비해 소득수준이 높다는 결론에 도달했다.
개인주의적 오류 (Individualistic Fallacy)	• 개인의 특성에서 집단이나 사회의 성격을 규명하거나 추론하고자 할 때 발생할 수 있는 오류 • 개인의 특성에 관한 자료로부터 집단의 특성을 도출할 경우 발생하기 쉬운 오류 예 1. 흑인들의 범죄율이 높다고 해서 흑인인구가 많은 도시가 흑인인구가 적은 도시보다 범죄율이 높다고 단정 지어서는 안 된다. 2. 담배를 피는 고등학생들이 많아졌으므로, 요즘 고등학생들은 불량하다.
환원주의적 오류	• 인간의 행위를 이해하는 데 필요한 개념 또는 변수의 종류를 지나치게 한정시킴으로써 발생하는 오류 예 사회문제를 진단하려는 경제학자가 경제학적인 측면만 고려하여 진단하였다.

01
생태학적 오류의 의미와 예를 들으시오.

02
생태학적 오류의 의미와 예를 들어 설명하시오.

03
조사대상을 선정하고 분석단위를 결정하는 과정에서 발생할 수 있는 생태학적 오류를 예를 들어 설명하시오.

04
생태학적 오류의 의미를 쓰고 예를 들어 설명하시오.

01~04

집합단위의 자료를 바탕으로 개인의 특성을 추리할 때 저지를 수 있는 오류

예 1. 흑인인구가 많은 도시가 흑인인구가 적은 도시보다 범죄율이 높게 나타났다고 해서 실제로 흑인들이 범죄를 저질렀다고 단정 지어서는 안 된다.
2. 전국의 시도를 조사하여 대학 졸업 이상의 인구비율이 높은 지역이 낮은 지역에 비해 소득이 더 높음을 알게 되었고, 이를 통해 학력수준이 높은 사람이 낮은 사람에 비해 소득수준이 높다는 결론에 도달했다.

05

조사연구의 결과를 해석할 때 분석단위에 대한 잘못된 이해에서 야기될 수 있는 오류를 2가지를 쓰고 각각을 설명하시오.

■ 2020년 제 3회 출제

06

생태학적 오류와 개인주의적 오류의 의미를 쓰고 설명하시오.

■ 2015년 제 3회 출제

05~06
생태학적 오류와 개인주의적 오류
① 생태학적 오류 : 집합단위의 자료를 바탕으로 개인의 특성을 추리할 때 저지를 수 있는 오류
   예 1. 흑인인구가 많은 도시가 흑인인구가 적은 도시보다 범죄율이 높게 나타났다고 해서 실제로 흑인들이 범죄를 저질렀다고 단정 지어서는 안 된다.
   2. 전국의 시도를 조사하여 대학 졸업 이상의 인구비율이 높은 지역이 낮은 지역에 비해 소득이 더 높음을 알게 되었고, 이를 통해 학력수준이 높은 사람이 낮은 사람에 비해 소득수준이 높다는 결론에 도달했다.
② 개인주의적 오류 : 개인의 특성에서 집단이나 사회의 성격을 규명하거나 추론하고자 할 때 발생할 수 있는 오류
   개인의 특성에 관한 자료로부터 집단의 특성을 도출할 경우 발생하기 쉬운 오류
   예 1. 흑인들의 범죄율이 높다고 해서 흑인인구가 많은 도시가 흑인인구가 적은 도시보다 범죄율이 높다고 단정 지어서는 안 된다.
   2. 담배를 피는 고등학생들이 많아졌으므로, 요즘 고등학생들은 불량하다.

07

조사연구의 결과를 해석할 때 분석단위에 대한 잘못된 이해에서 야기될 수 있는 오류를 두 가지를 쓰고 의미를 설명하시오.

▪ 2015년 제1회 출제

08

선거구 A주민들이 선거구 B주민들보다 사회경제적 지위가 높고 선거구 A에서 여당에 대한 지지율이 높다는 사실을 발견하였다. 그리고 이러한 사실을 근거로 한 사람의 사회경제적 지위가 높을수록 여당에 대한 지지율이 높다고 주장하였다. 이와 같은 추론에는 어떠한 문제점이 있는지 설명하시오.

▪ 2017년 제1회 출제
2019년 제2회 출제

07
생태학적 오류와 개인주의적 오류
① 생태학적 오류: 분석단위를 집단에 두고 얻어진 연구의 결과를 개인에 적용함으로써 발생하는 오류이다.
② 개인주의적 오류: 분석단위를 개인에 두고 얻어진 연구의 결과를 집단에 적용함으로써 발생하는 오류이다.

08
생태학적 오류(Ecological Fallacy)
분석단위를 집단에 두고 얻어진 연구결과를 개인에 적용함으로써 발생하는 생태학적 오류이다. 즉, 조사연구의 결과를 해석할 때 분석단위를 잘못 사용하여 나타나는 오류로 추론의 정도(Precision)를 저해한다.

09

다음 사례에서 사용된 각각의 분석단위를 쓰시오(단, 분석단위는 개인, 조직, 국가이다).

> A. 고등학교 학생들은 집에서 생활하는 시간이 적기 때문에 초등학교 학생보다 TV 시청시간이 적다.
> B. 1997년 4월 당시 30대 기업그룹 가운데 지난 1년간 사실상 부도나 부도유예협약 또는 협조융자대상이 된 그룹은 10개에 달하였고, 나머지 많은 기업그룹도 거의 유사한 경제적 곤란을 겪어 왔다.
> C. 미국은 전자정부 이용률이 34%에서 43%로 증가해 상위국으로 평가받은 반면 한국은 23%로 중간수준이고, 일본과 영국은 13%대의 저수준인 것으로 조사됐다.
> D. 담뱃값 인상에 대해 성별로는 흡연자가 많은 남성은 담뱃값 인상에 대한 반대가 54%로 과반수였고, 반대로 여성은 찬성이 52%로 과반수였다.
> E. 공공부문 정보화의 경우 서울과 대전이 각각 210억원 이상을 투자해 전국 평균 105원의 두 배를 상회했다. 반면 광주, 강원, 울산, 충남, 부산지역은 평균을 밑돌았다.

■ 2012년 하반기 출제, 2019년 제1회 출제

09
A: 개인(학생)
B: 조직(기업)
C: 국가
D: 개인
E: 조직(자치단체)

02 표본추출방법 결정하기

> **출제기준**
> 1. 조사대상과 표본추출법에 따라 표본추출방법의 목록을 작성할 수 있다.
> 2. 오차와 비용을 고려하여 최적의 표본추출방법을 결정할 수 있다.
> 3. 결정된 표본추출방법에 대하여 세부적인 표본추출절차를 수립할 수 있다.

1 표본추출의 기초개념

- 표본추출과정
  모집단의 확정 → 표본프레임의 선정 → 표본추출방법의 결정 → 표본크기의 결정 → 표본추출
- 모집단(Population) : 연구의 기준에 맞는 모든 사례의 집단
- 모수(Parameter) : 모집단 전체의 특성치를 요약한 수치
- 표본(Sample) : (연구)모집단 중 연구대상으로 추출된 일부
- 통계량(Statistic) : 표본에서 어떤 변수가 가지고 있는 특성을 요약한 통계치
- 표집 / 표본추출(Sampling) : 전체 모집단에서 모집단을 대표하는 표본 요소를 뽑는 과정으로서 표본을 추출할 때는 모집단을 분명하게 정의하는 것이 중요하다.
- 표본추출요소 : 자료가 수집되는 대상의 단위
- 표집률(Sampling Ratio) / 표집비율(Sampling Fraction): 모집단의 크기에 대한 표본집단의 크기
  > 예) 총 학생 수가 1,000명인 학교에서 500명을 표집할 때의 표집율은 50%
- 표집틀(Sampling Frame) : 표본추출을 위한 모집단의 구성요소나 표본추출 단위가 수록된 목록
- 표집(Sampling)의 대표성 : 표본을 이용한 분석결과가 일반화될 수 있는가의 문제
  ① 표본의 통계적 특성이 모집단의 통계적 특성에 어느 정도 근접하느냐의 문제
  ② 표본이 모집단이 지닌 다양한 성격을 고루 반영하느냐의 문제

01

표본추출의 기본용어인 표집간격(Sampling Interval), 표집률(Sampling Ratio), 모수(Parameter), 통계량(Statistic)의 의미를 쓰시오.

- 2015년 제 2회 출제
- 2021년 제 1회 출제

01
표본추출의 기본용어

모집단의 크기를 N이라 하고, 표본의 크기를 n이라 할 때
① 표집간격(Sampling Interval): 표집간격은 N/n을 의미한다.
② 표집률(Sampling Ratio): 모집단에서 개별요소가 선택될 비율. 즉, 표집률은 n/N을 의미한다.
③ 모수(Parameter): 모집단을 대표하는 수치화된 미지의 상수 값
④ 통계량(Statistic): 표본의 관측값으로부터 계산되는 확률변수로서 표본에서 어떤 변수가 가지고 있는 특성을 요약한 통계치, 표본을 택할 때마다 변하는 값

2 확률표본추출과 비확률표본추출

■ 확률표본추출법과 비확률표본추출법

확률표집(Probability Sampling)	비확률표집(Nonprobability Sampling)
• 연구대상인 모집단의 구성요소가 표본으로 추출될 확률을 알 수 있다. • 모집단의 모든 요소가 뽑힐 확률이 "0"이 아닌 확률을 가진다는 것을 전제한다. • 표집오차(sampling error) 추정이 가능하다. • 모수 추정에 조사자의 주관성이 배제되고 표본구성요소들을 추출하기 위해 무작위적인 방법을 사용한다. • 확률표집에 기본이 되는 것은 단순무작위표집이다. • 확률표본추출법은 통계치로부터 모수치를 추정할 수 있다. • 표본의 크기가 커질수록 대표성이 높아진다. • 표본분석 결과의 일반화가 가능하다. • 일반적으로 표본이 모집단을 잘 대표하기 위해서는 가능한 한 확률표본추출법을 하는 것이 바람직하다. • 일반적으로 확률표본추출법은 시간과 비용이 많이 들고, • **확률표본추출법을 적용하기 가장 용이한 것 서베이 조사**(survey research)	• 표본으로 추출될 확률이 알려져 있지 않은 경우의 추출법이다. • 모집단의 구성요소가 표본으로 선정될 확률이 동일하지 않다. • 표집오류를 확인하기 어렵다. • 표본의 대표성을 확보하기 어렵기 때문에 조사 결과를 일반화하기 어렵다. • 비확률표본추출법은 시간과 비용이 적게 든다. • 사회조사에서 비확률표본추출법(nonprobability sampling)이 많이 사용되는 이유는? 표본설계가 용이하고 시간과 비용을 절약할 수 있다.
• 단순무작위표집(Simple Random Sampling) • 층화표집(Stratified Random Sampling) • 체계적 표집(Systematic Sampling)/계통표집이라고도 함 • 군집표집(Clustered Sampling)/집락표집이라고도 함	• 편의표집(Convenience Sampling)/우연표집(Accidental Sampling)이라고도 함. • 판단표집(Judgement Sampling)/유의표집 또는 의도적 표집(Purposive Sampling)이라고도 함. • 할당표집(Quota Sampling) • 눈덩이표집(Snowball Sampling)

01
확률표본추출법과 비확률표본추출법을 각각 두 가지씩 쓰시오.

■ 2010년 상반기 출제

02
확률표본추출방법과 비확률표본추출방법의 종류를 쓰시오.

■ 2019년 제 2회 출제

01~02
표본추출방법
① 확률표본추출방법 : 단순무작위추출법, 계통추출법, 층화추출법, 집락추출법 등
② 비확률표본추출방법 : 임의표본추출법, 판단표본추출법, 할당표본추출법, 눈덩이 표본추출법 등

03
확률표집과 비확률표집의 특징을 비교 설명하시오. 비확률표집 네 가지를 쓰고 각각 간략히 설명하시오.

04
비확률표본추출과 확률표본추출 특징 네 가지를 기술하시오.

05
확률표본추출법과 비교한 비확률표본추출법의 특징을 다섯 가지만 쓰시오.

06
확률표본추출방법과 비확률표본추출방법에 대하여 세 가지 특징과 비교 설명하시오.

07
비확률표본추출방법과 비교한 확률표본추출방법의 특징을 3가지만 쓰시오.

■ 2019년 제1회 출제

08
확률표본추출법과 비교한 비확률표본추출법의 특징을 4가지만 쓰시오.

■ 2019년 제3회 출제

09
비확률표본추출법과 비교한 확률표본추출법의 특징 4가지를 기술하시오.

■ 2020년 제2회 출제

03~09
확률표본추출법과 비확률표본추출법

확률표본추출법	비확률표본추출법
• 연구대상이 표본으로 추출될 확률이 알려져 있으며 표본오차추정이 가능하다.	• 연구대상이 표본으로 추출될 확률이 알려져 있지 않을 때 사용한다. 모집단 구성원의 프레임이 없다.
• 무작위적으로 표본을 추출한다.	• 모집단의 구성요소가 표본으로 선정될 확률이 동일하지 않다. 작위적으로 표본을 추출한다.
• 모수추정에 편의가 없다.	• 모수추정에 편의가 있다.
• 분석 결과의 일반화가 가능하다.	• 분석결과의 일반화에 제약이 있다.
• 표본의 크기가 커질수록 대표성이 높아진다.	• 표집오류를 확인하기 어렵고, 표본오차 측정이 불가능하다.
• 시간과 비용이 많이 든다.	• 시간과 비용이 적게 든다.

10

확률표본추출법에 해당하는 표본추출방법 세 가지와 각각의 표본추출과정을 설명하시오.

11

확률표집에 해당하는 표집방법을 3가지만 쓰고 각각의 표집과정을 간략히 설명하시오.

12

확률표집방법 세 가지를 쓰고 설명하시오.

10~12
확률표본추출법의 표본추출과정
① **단순무작위추출법**
적절한 표본크기를 결정하여 모집단 목록에 일련번호를 부여한 후 난수표를 이용해 표본으로 추출될 확률이 동일하도록 랜덤으로 표본크기만큼 표본을 추출한다.
② **층화추출법**
모집단을 일정한 기준에 따라 2개 이상의 층으로 구분한 다음, 각 층으로부터 표본을 단순무작위로 추출하는 표본추출방법으로 집단 내 동질적, 집단 간 이질적인 특성을 가지고 있다.
③ **계통(체계적)추출법**
모집단 목록에 번호를 부과하여 최초의 표본단위만 무작위로 추출하고 나머지는 일정한 간격에 따라 매 k번째 요소를 추출하는 조사방법으로 모집단의 크기에 따라 표집간격(=표본추출간격)을 부여하여 표본을 추출한다.
④ **군집(집락)추출법**
모집단을 이질적인 구성요소를 포함하는 여러 개의 군집으로 형성한 후 단순무작위표본추출법으로 군집을 표본으로 추출한 다음 추출된 군집 내에 있는 모든 대상 또는 일부를 표본조사단위로 하여 표본을 구성한다.

3 확률표본추출방법

(1) 단순무작위표본추출

- 단순무작위표본추출
  가장 기본적인 확률표본추출방법으로 난수표를 이용하여 표본추출대상에 어떠한 조작도 하지 않고 추출하는 방법
  - 장점
    - 모든 요소가 독립적임.
    - 동일한 추출 확률을 가지기 때문에 모집단을 잘 대표함.
    - 모집단 성격에 대한 사전 지식을 필요로 하지 않음.
  - 단점
    - 조사자가 모집단에 대해 가지고 있는 정보를 충분히 활용할 수 없음.
    - 많은 표본을 필요로 함.
    - 적절한 표집틀을 확보하기 어려움.

01

단순무작위 표본추출방법의 의미를 쓰고 장·단점을 두 가지씩 쓰시오.

■ 2014년 제 2회 출제

02

단순무작위표본추출(Simple Random Sampling) 방법의 의미를 쓰고 장·단점을 각각 두 가지만 쓰시오.

■ 2017년 제 2회 출제

01~02
단순무작위추출

① 단순무작위추출법(Simple Random Sampling)

크기 N인 모집단으로부터 크기 n인 표본을 추출할 때 $\binom{N}{n}$가지의 모든 가능한 표본이 동일한 확률로 추출하는 방법이다.

② 단순무작위추출법의 장점
- 모집단에 대한 사전 지식이 필요하지 않다.
- 동일한 추출 확률을 가지기 때문에 모집단을 잘 대표한다.
- 모든 요소가 독립적이다.
- 표본오차의 계산이 용이하다.
- 확률표본추출법 중 가장 적용이 용이하며, 다른 확률표본추출법과 결합하여 사용할 수 있다.

③ 단순무작위추출법의 단점
- 모집단에 대한 정보를 활용할 수 없다.
- 동일한 표본크기에서 층화추출법보다 표본오차가 크다.
- 많은 표본을 필요로 한다.
- 적절한 표집틀을 확보하기 어렵다.
- 조사자가 모집단에 대해 가지고 있는 정보를 충분히 활용할 수 없다.

03
단순무작위추출법을 실제조사에서 활용하기 쉽지 않은 이유를 세 가지 설명하시오.

■ 2011년 하반기 출제

04
단순무작위표본추출법을 실제조사에 활용하기 쉽지 않은 이유 세 가지를 쓰시오.

■ 2015년 제 1회 출제

05
단순무작위표본추출을 실제조사에서 적용하기 어려운 이유는 2가지는 무엇인가?

■ 2020년 제 3회 출제

03~05
단순무작위추출법 활용의 어려움
① 적절한 표집틀을 확보하기 어려움.
　모집단의 목록을 만들고 번호를 부여하는 작업 등 현실적으로 많은 노력이 소요된다.
② 동일한 표본크기에서 층화추출법보다 표본오차가 크다. 조사자가 모집단에 대해 가지고 있는 정보를 충분히 활용할 수 없다.
③ 비교적 표본의 크기가 커야 한다. 많은 표본을 필요로 한다.

(2) 층화표본추출

■ **층화표본추출(Stratified Sampling)**
모집단이 서로 상이한 특성으로 이루어져 있을 경우에 모집단을 특정한 기준에 따라 서로 상이한 소집단으로 나누고 이들 각각의 소집단들로부터 빈도에 따라 적절한 일정수의 표본을 무작위로 추출하는 방법이다.
- 모집단을 일정 기준에 따라 서로 상이한 집단들로 재구성한다. 층화 시 모집단에 대한 지식이 요구된다.
- 중요한 집단을 빼지 않고 표본에 포함시킬 수 있다.
- 동질적 대상은 표본의 수를 줄이더라도 정확도를 제고할 수 있다.
- 무작위로 표본을 추출할 때보다 표본의 대표성을 높일 수 있는 방법이다.
- 동질적인 집단에서의 표집오차가 이질적인 집단에서의 오차보다 작다는데 논리적인 근거를 둔다.

(1) 비례층화표집
　특정 층의 모집단의 비율과 비례해서 표본을 선정하는 방법
　　예) 어느 기업의 직원들을 대상으로 직무 만족도를 조사하려고 한다. 남자 직원이 700명, 여자 직원이 300명일 때, 층화를 성별에 따라 남자 70%, 여자 30%가 되게 단순무작위로 표집하는 방법

(2) 불비례층화표집(=비비례층화표집)
　특정 층의 모집단 비율과 비례하지 않게 표본을 선정하는 방법
　　예) 어느 기업의 직원들을 대상으로 직무 만족도를 조사하려고 한다. 남자 직원이 700명, 여자 직원이 300명일 때, 층화를 성별에 따라 남자 100명, 여자 100명을 단순무작위로 표집하는 방법

(3) 가중표집
　필요에 따라 표집률을 달리하여 표본을 선정하는 방법

01
층화표본추출의 장·단점을 두 가지씩 쓰시오.

2013년 제 3회 출제

02
층화표본추출법의 특징 세 가지를 쓰시오.

2014년 제 1회 출제

03
층화표본추출법(Stratified Sampling)의 장·단점을 각각 두 가지씩 쓰시오.

2017년 제 1회 출제

04

층화표본추출법(Stratified Sampling)의 특징을 세 가지만 쓰시오.

■ 2017년 제 2회 출제

05

층화표본추출(Stratified Sampling)의 장점과 단점을 각각 2가지씩 쓰시오.

■ 2019년 제 3회 출제

01~05
층화표본추출(Stratified Sampling)
모집단이 서로 상이한 특성으로 이루어져 있을 경우에 모집단을 특정한 기준에 따라 서로 상이한 소집단으로 나누고 이들 각각의 소집단들로부터 빈도에 따라 적절한 일정수의 표본을 무작위로 추출하는 방법이다.

① 특징
- 모집단을 일정 기준에 따라 서로 상이한 집단들로 재구성한다. 층화 시 모집단에 대한 지식이 요구된다.
- 중요한 집단을 빼지 않고 표본에 포함시킬 수 있다.
- 동질적 대상은 표본의 수를 줄이더라도 정확도를 제고할 수 있다.
- 무작위로 표본을 추출할 때보다 표본의 대표성을 높일 수 있는 방법이다.
- 동질적인 집단에서의 표집오차가 이질적인 집단에서의 오차보다 작다는데 논리적인 근거를 둔다.

② 장점
- 모집단 전체에 걸쳐 공평하게 추출되므로 모집단을 대표할 가능성이 높다.
- 단순임의추출 또는 계통추출보다 불필요한 자료의 분산을 축소한다.
- 모집단의 각 층화집단의 특수성을 알 수 있으며 비교가 가능하다.
- 동질적 대상의 경우 표본수를 줄이더라도 모집단의 대표성을 보장할 수 있다.
- 연구에 필요한 집단을 표본에 포함시킬 수 있다.
- 표본의 정확성을 보다 적은 비용으로 확보할 수 있다.
- 정교한 표본의 확보가 용이하다(현실성이 높다).

③ 단점
- 소수집단에 대해 간과될 수 있기 때문에 많은 표본을 필요로 한다.
- 표본추출의 대상이 되는 표집틀에 대한 정보가 필요하다.
- 모집단의 각 층에 대한 정확한 정보를 필요로 한다.
- 표본추출과정에서 시간과 비용이 증가할 수 있다.
- 층화의 근거가 되는 층화명부가 필요하다.
- 모집단에 대한 정확한 정보가 있어야 한다.
- 하위집단이 너무 많거나 너무 적을 경우 활용이 어렵다.
- 층화목록이 없는 경우 시간과 비용이 많이 든다.
- 각 층별로 층화에 대한 초점이 맞지 않는 경우 문제가 발생한다.

06

층화표집과정 3단계를 순서대로 적고 설명하시오.

■ 2011년 하반기 출제

07

다음 사례에서 사용한 표본추출방법의 종류를 쓰시오.

■ 2019년 제1회 출제

> 대학생의 성윤리의식에 대한 조사를 실시하고자 남학생 900명 그리고 여학생 100명으로 구성된 집단에서 100명을 뽑을 때 남학생 900명 중 90명을 그리고 여학생 100명 중 10명을 각각 무작위(Random)로 추출하였다.

08

불비례층화표집(비비례층화표본추출법)에 대한 설명과 예시를 작성하시오.

■ 2021년 제3회 출제

06
층화표집과정

① **층화추출법의 개념**
- 표집틀에서 모집단을 먼저 중복되지 않도록 층으로 나눈 다음 각 층에서 표본을 단순무작위추출법을 적용하여 추출하는 방법
- 모집단이 다수의 그룹들로서 구분될 수 있는 경우, 각 그룹에서 무작위로 표본을 추출하는 방법

② **층화추출과정 3단계**
- 모집단을 일정한 기준에 따라 2개 이상의 층으로 구분한다(집단 내 동질적, 집단 간 이질적 특성을 가지게 한다).
- 각 층으로부터 추출될 표본의 크기를 결정한다.
- 각 층으로부터 단순무작위추출한다.
- 각 층으로부터 추출된 표본들을 하나의 표본으로 결합한다.

07
비례층화추출
모집단의 각 층의 크기에 비례하여 표본을 추출하는 방법이다.

08
불비례층화표집(=비비례층화표집)
특정 층의 모집단 비율과 비례하지 않게 표본을 선정하는 방법

예) 어느 기업의 직원들을 대상으로 직무 만족도를 조사하려고 한다. 남자 직원이 700명, 여자 직원이 300명일 때, 층화를 성별에 따라 남자 100명, 여자 100명을 단순무작위로 표집하는 방법

(3) 집락표본추출

- **군집(집락)표본추출(Cluster Sampling)**
  ① 모집단을 여러 개의 이질적인 집단으로 구분한 후, 이를 표집단위로 표집하는 방법
  ② 집단 간에는 동질적, 집단 내에서는 이질적으로 구성한다.
  > 예 1. 대학생의 라이프스타일을 조사하기 위해 전국에서 몇 개의 대학을 선정하고 이들로부터 다시 몇 개의 학과와 학년을 선정하여 해당되는 학생들을 모두 조사하는 표본추출방법
  > 2. 580개 초등학교 모집단에서 5개 학교를 임의표집하였다. 선택된 학교마다 2개씩의 학급을 임의선택하고, 또 선택된 학급마다 5명씩의 학생들을 임의선택하여 학생들이 학원에 다니는지 조사하였다.

- **특징**
  - 소집단을 이용하여 표본을 추출하는 방식이다.
  - 전체 모집단의 목록이 없는 경우에 매우 유용하다.
  - 단순무작위표본추출법에 비해서 시간과 비용 면에서 효율적이다.
  - 집락표본추출법에서는 일차적인 표집단위(Primary Sampling Unit)를 개인이 아닌 집락(cluster)으로 주로 구한다.
  - 집락표본추출은 단일단계 집락표본추출법과 다단계 집락표본추출법이 있다.
  - 집락표본추출법은 때에 따라서는 단순무작위추출법보다 훨씬 더 경제적이고, 신빙성도 뒤떨어지지 않는다.
  - 대규모 조사에서 경제적으로 효율적이다. 목표모집단의 구성요소들을 총망라한 목록을 수집하기가 현실적으로 어려울 경우에 사용될 수 있다.
  - 동일한 표본 수의 경우, 일반적으로 층화표본추출이나 단순무작위추출보다 표본오차가 큼.

01

집락표본추출(Cluster Sample)의 절차를 설명하고 장·단점을 두 가지씩 쓰시오.

■ 2012년 하반기 출제

02

집락표본추출의 절차와 장·단점을 두 가지씩 쓰시오.

■ 2015년 제 2회 출제

03
집락표본추출법(Cluster Sampling)의 의미와 특징을 쓰시오.

■ 2018년 제 2회 출제

04
집락표본추출(Cluster Sampling)의 절차를 설명하고 장·단점을 각각 두 가지씩 쓰시오.

■ 2018년 제 3회 출제

01~04
군집(집락)표본추출
모집단을 여러 가지 이질적인 구성요소를 포함하는 여러 개의 집단으로 구분한 다음, 이를 표집단위로 표집하는 방법
집단 간 동질적, 집단 내 이질적인 특성을 가진 추출방법

① **집락표본추출의 절차**
  - 모집단을 여러 개의 군집으로 형성한다.
  - 단순임의표본추출법에 의하여 군집을 추출하는 군집표본을 구성한다.
  - 추출된 군집 내에 있는 모든 대상 또는 일부를 표본조사단위로 하여 표본을 구성한다.

② **장점**
  - 표본추출에 시간과 비용이 적게 든다. 신속한 조사결과를 산출할 수 있다.
  - 표본 추출 대상의 범위를 좁혀 효율적인 표본추출이 가능함.
  - 전체 모집단의 목록이 없는 경우에 매우 유용하다.

③ **단점**
  - 집단 간 동질적, 집단 내 이질적인 특성을 만족해야 함.
  - 동일한 표본 수의 경우, 일반적으로 층화표본추출이나 단순무작위추출보다 표본오차가 큼.
  - 집락이 동질적이면 오차의 개입 가능성이 높다.
  - 오차의 개입을 방지하거나 평가하는 방법이 없다.
  - 단순무작위표본추출보다 특정집단(집락)을 과대, 과소 표현할 위험이 크다.

④ **집락추출법의 특징**
  - 표본추출단위는 집락이다.
  - 집락 내는 이질적이고 집락 간은 동질적이다.
  - 집락 내부가 모집단이 지닌 특성의 분포와 정확히 일치하면 가장 이상적이다.

05

층화표본추출법(Stratified Sampling)과 집락표본추출법(Cluster Sampling)의 의미를 쓰고 그 특징을 각각 한 가지만 쓰시오.

■ 2017년 제 3회 출제

05

■ **층화표본추출**

① 의미
  표집틀에서 모집단을 먼저 중복되지 않도록 층으로 나눈 다음 각 층에서 표본을 추출하는 방법
② 장점
  - 모집단 전체에 걸쳐 공평하게 추출되므로 모집단을 대표할 가능성이 높다.
  - 단순임의 추출보다 자료의 분산을 축소한다.
③ 단점
  - 소수집단에 대해 간과할 수 있기 때문에 많은 표본을 필요로 한다.
  - 표본추출의 대상이 되는 표집틀에 대한 정보가 필요하다.

■ **군집(집락)표본추출**

① 의미
  모집단을 여러 가지 이질적인 구성요소를 포함하는 여러 개의 집단으로 구분한 다음, 이를 표집단위로 표집하는 방법 집단 간 동질적, 집단 내 이질적인 특성을 가진 추출방법
② 장점
  - 표본추출에 시간과 비용이 적게 든다. 신속한 조사결과를 산출할 수 있다.
  - 표본 추출 대상의 범위를 좁혀 효율적인 표본추출이 가능하다.
  - 전체 모집단의 목록이 없는 경우에 매우 유용하다.
③ 단점
  - 집단 간 동질적, 집단 내 이질적인 특성을 만족해야 한다.
  - 동일한 표본 수의 경우, 일반적으로 층화표본추출이나 단순무작위추출보다 표본오차가 크다.
  - 집락이 동질적이면 오차의 개입 가능성이 높다.
  - 오차의 개입을 방지하거나 평가하는 방법이 없다.
  - 단순무작위표본추출보다 특정집단(집락)을 과대, 과소 표현할 위험이 크다.
④ **집락추출법의 특징**
  - 표본추출단위는 집락이다.
  - 집락 내는 이질적이고 집락 간은 동질적이다.
  - 집락 내부가 모집단이 지닌 특성의 분포와 정확히 일치하면 가장 이상적이다.

06

층화표집과 집락표집의 기본개념을 설명하고, 두 표집방법을 비교한 표에 들어갈 알맞은 말(이질적, 동질적)을 선택하시오.

구분	층화표집	집락표집
집단 내 차이		
집단 간 차이		

■ 2015년 제1회 출제

06

■ 층화추출법과 집락추출법의 기본개념
- 층화추출법 : 모집단을 비슷한 성질을 갖는 2개 이상의 층(Stratum)으로 구분하고, 각 층으로부터 단순무작위추출방법을 적용하여 표본을 추출하는 방법
- 군집(집락)표본추출 : 모집단을 여러 개의 집단으로 구분한 후, 집단을 표집단위로 하여 몇 개의 집단을 추출한 다음 추출된 집단의 전수 또는 일부를 조사하며, 집단 간 동질적, 집단 내 이질적인 특성을 가진 추출방법

구 분	층화표집	집락표집
집단 내 차이	동질적	이질적
집단 간 차이	이질적	동질적

(4) 계통표본추출

■ 계통(체계적)표본추출(Systematic Sampling)
① 모집단을 구성하고 있는 구성요소들이 자연적인 순서 또는 일정한 질서에 따라 배열된 목록에서 매 k번째의 구성요소를 추출하여 표본을 형성하는 표집방법
② 표집구간 내에서 첫 번째 번호만 무작위로 뽑고 다음부터는 매 k번째 요소를 표본으로 선정하는 표집방법 모집단으로부터 매 k번째 표본을 추출해내는 방법

  예) 1. 서울지역의 전화번호부를 이용하여 최초의 101번째 사례를 임의로 결정한 후 계속 201, 301, 401 번째의 순서로 뽑는 표집방법
   2. 어떤 공정으로부터 제품이 생산되어 나오는 경우 일정 시간 간격마다 하나의 표본을 뽑는다거나, 수입품 검사에 있어서 선창이나 창고에서 표본을 뽑게 되면 내부나 밑에서 표본이 뽑혀지는 것이 어렵기 때문에 운송 중에 일정 시간마다 표본을 뽑는다.
   3. 선거예측조사에서 출구조사를 할 경우, 주로 사용되는 표집방법

③ 특징
  ㉠ 단순무작위표집의 대용으로 사용될 수 있다.
  ㉡ 표집틀에 주기성이 없는 경우 모집단을 잘 반영할 수 있다.
  ㉢ 표본추출틀을 구성하는데 많은 시간과 노력이 든다.

01

계통표본추출(Systematic Sampling)의 의미와 장·단점을 각각 두 가지씩 쓰시오.

■ 2013년 제1회 출제

02

체계적 표집의 의미와 장·단점을 기술하시오.

■ 2013년 제3회 출제

01~02
계층(체계적)표본추출(Systematic Sampling)

① **의미**
   모집단을 구성하고 있는 구성요소들이 자연적인 순서 또는 일정한 질서에 따라 배열된 목록에서 표집구간 내에서 첫 번째 번호만 무작위로 뽑고 다음부터는 매 k번째 요소를 표본으로 선정하는 표집방법

② **장점**
   - 적은 표본으로도 모집단을 대표할 수 있는 표본 확보 가능하다.
   - 층화집단 별 특성을 파악할 수 있어 모집단에 대한 추가적인 정보를 확보하기 용이하다.
   - 표본추출 작업이 용이하다.
   - 단위들이 고르게 분포되어 있을 경우 표본의 대표성 유지가 가능하다.
   - 실제 조사현장에서 직접 적용이 용이하다.

③ **단점**
   - 층화 시 층화에 대한 명확한 근거가 있어야 한다.
   - 모집단을 부분집합으로 나눌 수 있는 정확한 정보가 필요하다.
   - 표본추출틀 구성에 어려움이 있다.
   - 모집단의 단위가 고르게 분산되어 있지 않을 때 표본의 대표성에 문제가 발생한다.
   - 모집단이 주기성을 가지면 일반적으로 추정량이 편향추정량이다.

4 비확률표본추출방법

(1) 편의표본추출

- 편의표본추출(Convenience Sampling) / 우연표집(Accidental Sampling)
  ① 조사담당자가 임의로 정한 시간과 장소에서 조사단위를 선정하는 추출방법
  ② 손쉽게 이용 가능한 대상만을 선택하여 표집하는 방법
  ③ 모집단에 대한 정보가 전혀 없는 경우에 사용됨.
  ④ 경제적인 비용과 절차가 간단
  ⑤ 편의표집에 의해 얻어진 표본에 대해서는 표준오차 추정치를 부여할 수 없음.
  ⑥ 표본의 크기를 확대하더라도 모집단의 대표성 문제를 해결할 수 없음.
  ⑦ 참여요인 제어의 문제가 발생할 수 있음.
  - 예) 1. 오후 2시부터 4시 사이 서울 강남역을 지나는 행인들 중 접근이 쉬운 사람을 대상으로 신제품에 대한 의견을 물어보는 경우 이에 해당하는 표집방법
    2. 어느 커피매장에서 그 커피매장에 오는 고객들을 대상으로 제품 선호도 설문조사를 실시하여 신상품을 개발한 경우, 설문조사 표본을 구성하는 과정에 해당하는 표집방법

(2) 판단표본추출

- 판단표본추출(Judgment Sampling) (=유의표집/의도적 표집 ; Purposive Sampling)
  ① 연구자의 주관적인 판단에 의해 모집단의 의견을 효과적으로 반영할 수 있을 것으로 판단되는 표본을 선정하는 추출방법
  ② 조사문제를 잘 알고 있거나 모집단의 의견을 효과적으로 반영할 수 있을 것으로 판단되는 특정집단을 표본으로 선정하여 조사하는 방법
  - 예) 1. 휴대폰 로밍 서비스에 대한 전문지식을 가진 표본을 임의로 산정하는 경우
    2. 앞으로 10년 간 우리나라의 경제상황에 대한 예측을 하기 위해 경제학 교수 100명에게 설문조사를 실시

- 특징
  ① 연구자가 모집단과 그 구성요소에 대한 풍부한 사전지식을 갖고 있어야 한다.
  ② 판단표본추출법은 비용이 적게 들고 편리하고 신속하다.
  ③ 선정된 표본이 모집단을 적절히 대표하지 못할 경우에 효과적이다.
  ④ 연구대상자의 일부는 쉽게 식별할 수 있지만 모집단 전체를 모두 확인하는 일이 거의 불가능할 경우 사용할 수 있다.
  ⑤ 모집단이 커질수록 조사자가 표본에 대한 정확한 정보를 얻기 힘들어진다.

(3) 할당표본추출

- **할당표집(Quota Sampling)**
  특정 변수를 중심으로 모집단을 일정한 범주로 나눈 다음 집단별로 필요한 대상을 사전에 정해진 비율로 추출하는 표집방법
  > 예 1. 4년제 대학에 다니는 대학생을 조사하기 위해 학년(Grade)과 성(Sex)에 따라 할당표집을 할 때 표본추출을 위한 할당범주의 개수 = 4(1,2,3,4학년)×2(남,여) = 8개
  > 2. 전국 단위 여론조사를 하기 위해 16개 시·도와 20대부터 60대 이상까지의 5개 연령층, 그리고 연령층에 따른 성별로 할당표집을 할 때 표본추출을 위한 할당범주 16(16개 시·도)×5(연령 5개층)×2(성별 남,녀) = 160개

- **무작위표집과 비교할 때 할당표집(Quota Sampling)의 장점**
  - 비용이 적게 든다.
  - 신속한 결과를 원할 때 사용 가능하다.
  - 각 집단을 적절히 대표하게 하는 층화의 효과가 있다.

- **할당표집(Quota Sampling)의 문제점**
  - 조사자들이 조사하기 쉬운 사례들을 선택하는 경향이 있다.
  - 조사과정에서 조사자의 편견이 개입될 여지가 충분히 있다.
  - 확률표집이 아니기 때문에 특정 할당표집의 정확성을 평가하는 것은 어렵다.

01

■ 2019년 제3회 출제

다음 조사를 위하여 성별, 연령별, 직업별 인구구성 비율에 따라 각 범주별로 표본의 수를 미리 배정하였다. 조사원은 각 범주의 구성 비율에만 유의하면서 자유롭게 응답자를 선정하여 면접을 행하였다. 이와 같은 표본추출방법을 무엇이라 하며, 문제점은 무엇인지 설명하시오.

01
할당표본추출법(Quota Sampling)
- 특정 변수를 중심으로 모집단을 일정한 범주로 나눈 다음 집단별로 필요한 대상을 사전에 정해진 비율로 추출하는 비확률적 표집방법
- 문제점
  - 조사자들이 조사하기 쉬운 사례들을 선택하는 경향이 있을 수 있음.
  - 조사과정에서 조사자의 편견이 개입될 여지가 충분히 있음.
  - 확률표집이 아니기 때문에 특정 할당표집의 정확성을 평가하는 것은 어려움.
  - 서로 상이한 특성을 가진 조사 단위를 표본에 포함시킬 수 있어 모집단 대표성을 어느 정도 확보
  - 모집단의 특성을 잘 반영하는 할당기준을 선정하지 못하면 표본의 모집단 대표성이 감소됨.

02

할당표본추출법에서 표본크기를 구하여 다음의 표를 완성하시오.

■ 2012년 상반기 출제

전체 1,000명 중 남자 400명, 여자 600명
20대 40%, 30대 40%, 40대 이상 20%

	남자	여자	전체
20대			
30대			
40대 이상			
전체			200

03

■ 2017년 제1회 출제

모집단이 아래와 같은 특성을 가지고 있고, 이 모집단을 대상으로 할당표집방법으로 조사하고자 한다. 총 200명을 대상으로 조사할 때, 적합한 할당표집표를 작성하시오.

전체 1,000명 중 남자 400명, 여자 600명
20대 40%, 30대 40%, 40대 이상 20%

	남자	여자	전체
20대			
30대			
40대 이상			
전체			200

02~03
표본크기 계산방법

	남자	여자	전체
20대	80×0.4=32	120×0.4=48	32+48=80
30대	80×0.4=32	120×0.4=48	32+48=80
40대 이상	80×0.2=16	120×0.2=24	16+24=40
전체	200×0.4=80	200×0.6=120	200

04

아래와 같은 특성을 가진 모집단을 대상으로 할당표집방법을 이용하여 조사하고자 한다. 총 400명을 대상으로 조사할 때, 적합한 할당표집표를 작성하시오.

■ 2021년 제 3회 출제

> 전체 1,000명 중 남자 400명, 여자 600명
> 20대 40%, 30대 40%, 40대 이상 20%

	남자	여자	전체
20대			
30대			
40대 이상			
전체			400

04
표본크기 계산방법

	남자	여자	전체
20대	$160 \times 0.4 = 64$	$240 \times 0.4 = 96$	$64 + 96 = 160$
30대	$160 \times 0.4 = 64$	$240 \times 0.4 = 96$	$64 + 96 = 160$
40대 이상	$160 \times 0.2 = 32$	$240 \times 0.2 = 48$	$32 + 48 = 80$
전체	$400 \times 0.4 = 160$	$400 \times 0.6 = 240$	400

(4) 눈덩이 표집

눈덩이표집(Snowball Sampling)
표집 대상이 되는 소수의 응답자들을 찾아내어 면접하고, 이들을 정보원으로 다른 응답자를 소개 받는 절차를 반복하는 표집방법

예
1. 도박중독자의 심리적 상태를 파악하기 위해 처음 알게 된 도박중독자로부터 다른 대상을 소개받고, 다시 소개받은 대상으로부터 제3의 대상자를 소개받는 절차로 이루어지는 표본추출방법
2. 불법 체류자처럼 일반적으로 쉽게 접근하기 힘든 집단을 대상으로 설문조사를 할 때 가장 적합한 표본추출방법
3. 마약사용과 같은 사회적 일탈행위를 연구하기 위해 알고 있는 마약사용자 한 사람을 조사하고, 이 사람을 통해 알게 된 또 다른 마약사용자들에 대한 조사를 실시

특징
- 모집단을 파악하기 곤란한 대상의 표본추출에 적합하다.
- 표본의 대표성을 확보하기 어렵다.
- 연결망을 가진 사람들의 특성을 파악할 때 적합하다.

01
눈덩이 표집의 방법을 설명하시오.

■ 2015년 제 3회 출제

02
눈덩이추출법(Snowballing Sampling)에 대해 설명하시오.

■ 2020년 제 2회 출제

03
마약 중독자 조사를 대상으로 조사하고자 한다. 어떤 표본 추출법을 적용해야 하며, 그 특징을 작성하시오.

■ 2021년 제 2회 출제

04
눈덩이 표본추출법에 대한 정의와 예시를 작성하시오.

■ 2021년 제 3회 출제

01~04

■ **눈덩이추출법(Snowball Sampling)**
표집 대상이 되는 소수의 응답자들을 찾아내어 면접하고, 이들을 정보원으로 다른 응답자를 소개 받는 절차를 반복하는 표집방법

예 소수의 비행청소년을 대상으로 면접을 실시한 다음, 이들로부터 다른 비행청소년을 소개받아 자료를 수집한 경우

5 표본오류와 비표본오류

표본오차 (표본추출 오차 / 표집오차)	비표본오차 (비표본추출 오차 / 비표집오차)
• 표본오차는 표본추출과정에서 발생하는 오차 • 표본크기가 커질수록 모수와 통계치의 유사성도 증가 • 표본의 크기가 증가함에 따라 감소 • 통계량들이 모수 주위에 분산되어 있는 정도 • 표본오차는 통계량과 모집단의 모수 간 오차 • 표본오차가 커질수록 표본이 모집단을 대표하는 정확성이 낮아짐. • 표본의 분산이 작을수록 표집오차는 작아짐.	• 표본오차를 제외한 조사의 전체과정에서 발생할 수 있는 모든 오차 • 표본추출과 관계없이 자료를 수집하는 과정 • 비표본추출오차는 표본조사와 전수조사에서 모두 발생할 수 있음. • 비표본오차의 원인으로 개념정의상 과오, 조사설계상 오류, 질문지의 무응답, 기재상 오류, 조사자의 오류 등이 있다.

01

■ 2019년 제 3회 출제

표본오류와 비표본오류의 의미를 쓰시오.

01

■ 표본오류와 비표본오류
① **표본오류** : 모집단의 일부인 표본 자료를 근거로 얻은 결과를 모집단 전체에 대해 일반화하기 때문에 표본이 가지는 본질적 한계로부터 필연적으로 발생하는 오류
② **비표본오류** : 표본오차를 제외한 모든 오차, 즉 면접이나, 조사표 구성방법의 오류, 조사관의 자질, 조사표작성 및 집계 과정에서 나타나는 오류와 같이 주로 자료의 측정과 수집과정에서 발생하는 오류를 말한다.

02

표본오류의 정의와 오류를 줄이는 방법에 대해 설명하시오.

■ 2019년 제 2회 출제
■ 2021년 제 1회 출제

03

양적 조사연구의 편향성이나 오류의 문제 중 하나인 비표본오차(Non-sampling Error)의 의미를 설명하고 이것을 줄일 수 있는 방법 두 가지만 쓰시오.

■ 2017년 제 2회 출제

02
■ **표본오류**
① **표본오류의 정의**
  모집단의 일부인 표본 자료를 근거로 얻은 결과를 모집단 전체에 대해 일반화하기 때문에 표본이 가지는 본질적 한계로부터 필연적으로 발생하는 오류
② **표본오류를 줄이는 방법**
  • 표본오차의 크기에 영향을 미치는 요인
  • 표본의 크기 : 표본크기가 커질수록 모수와 통계치의 유사성도 증가 – 표본의 크기가 증가함에 따라 감소
  • 표본추출방법 : 확률표본추출방법을 사용한다.
  • 모집단의 분산 정도 : 이질적인 모집단보다 동질적인 모집단을 사용한다.

03
■ **비표본오차**
① **비표본오차의 의미**
  표본오차를 제외한 조사의 전체과정에서 발생할 수 있는 모든 오차
  • 표본추출과 관계없이 자료를 수집하는 과정
  • 비표본추출오차는 표본조사와 전수조사에서 모두 발생할 수 있음.
  • 즉 면접이나, 조사표 구성방법의 오류, 조사관의 자질, 조사표작성 및 집계 과정에서 나타나는 오차이다.
② **비표본오차의 축소방안**
  • 질문지 설계과정에서 세심한 주의를 기울여 표준화된 질문지를 작성한다.
  • 무응답, 조사거부 등을 최소화한다.
  • 조사착오, 입력오류 등과 같은 과오를 범하지 않도록 한다.

04

표본오차와 비표본오차의 의미를 적고 비표본오차의 발생원인 네 가지를 적으시오.

■ 2012년 상반기 출제

05

조사과정에서 생기는 오류는 크게 표본오류(Sampling Error)와 비표본오류(Non-sampling Error)로 구분할 수 있다. 비표본오류의 의미를 쓰고 비표본오류가 발생할 수 있는 원인을 네 가지만 쓰시오.

■ 2017년 제 3회 출제

06

비표본오류(오차)의 정의 및 발생하는 원인 3가지를 작성하시오.

■ 2020년 제 3회 출제

04~06

■ **비표본오차**
표본오차를 제외한 조사의 전체과정에서 발생할 수 있는 모든 오차
- 표본추출과 관계없이 자료를 수집하는 과정 즉 면접이나, 조사표 구성방법의 오류, 조사관의 자질, 조사표작성 및 집계 과정에서 나타나는 오류
- 비표본추출오차는 표본조사와 전수조사에서 모두 발생할 수 있음.

■ **발생하는 원인**
① 면접원 때문에 발생하는 오류
  - 면접원의 말투, 성별 등 개인차에 의한 오류
  - 면접원의 복장, 인상 등 첫인상에 의한 오류
  - 면접원의 질문방식 차이에 의한 오류
② 면접 진행과정에서 발생하는 오류
  - 면접진행과정에서 면접원의 선입견과 편견 개입에 의한 오류
  - 면접진행과정에서 면접원의 기입오류
  - 측정 장소와 시간 등에서 오는 오류
  - 질문순서, 부적절한 어구 사용에 의한 오류
③ 응답자에 의한 오류
  - 측정 대상자의 기분, 심리상태, 피로도 등으로 인한 오류
  - 무성의하게 습관적으로 '예'라고 답할 때 나타나는 오류(습관성 효과)
  - 가장 무난하고 튀지 않는 응답항목을 택했을 때 나타나는 오류(집중 효과)
④ 조사표 작성 및 집계 과정에서 나타나는 오류

07

표본조사에서 질문지를 사용하여 자료를 수집할 때 발생할 수 있는 면접오류의 근원을 두 가지로 구분하여 세 가지씩 쓰시오.

① 면접원 때문에 발생하는 오류 세 가지
② 면접 진행과정에서 발생하는 오류 세 가지

08

표본오류와 비표본오류의 의미를 쓰고, 비표본오류 가운데 불포함오류와 무응답오류에 대해 설명하시오.

07
■ 면접오류의 근원
① 면접원 때문에 발생하는 오류
- 면접원의 태도, 말투 등 개인차에 의한 오류
- 면접원의 복장, 인상 등 첫인상에 의한 오류
- 면접원의 질문방식 차이에 의한 오류

② 면접 진행과정에서 발생하는 오류
- 면접원의 선입견과 편견 개입에 의한 오류
- 면접원의 기입오류
- 질문순서, 부적절한 어구 사용에 의한 오류

08
■ 표본오류와 비표본오류
① **표본오류** : 모집단의 일부인 표본 자료를 근거로 얻은 결과를 모집단 전체에 대해 일반화하기 때문에 표본이 가지는 본질적 한계로부터 필연적으로 발생하는 오류
② **비표본오류** : 표본오차를 제외한 모든 오차, 즉 면접이나, 조사표 구성방법의 오류, 조사관의 자질, 조사표작성 및 집계 과정에서 나타나는 오류와 같이 주로 자료의 측정과 수집과정에서 발생하는 오류를 말한다.
- 불포함오류 : 표본추출틀이 불완전하여 목표모집단에는 포함되어 있지만 표집틀(sample frame)에는 없는 표본요소들로 인해 발생하는 오류
- 무응답오류 : 표본추출과정에서 표본으로 선정되었으나 연결이 되지 않거나 응답을 거부할 경우에 발생하는 오류

09

조사과정에서 발생할 수 있는 불포함오류와 무응답오류의 의미를 쓰시오.

10

다음의 기사에서 문제점을 지적하고 기사를 수정하시오.

- 흡연자 10명 중 7명은 담배 때문에 건강이 나빠졌다고 생각한다고 응답했으나, 금연을 하겠다는 사람은 소수인 것으로 나타났다.
- 모바일 리서치 전문 업체에서 4개 이동통신사 사용자 중 18세 이상 흡연자 700명을 대상으로 조사한 결과 담배 때문에 건강이 '매우 나빠졌다'가 21%, '약간 나빠졌다'가 50%로 '흡연으로 인하여 건강이 나빠졌다'고 응답한 응답자가 71%에 달했다. '그다지 나빠지지 않았다'는 28%, '전혀 나빠지지 않았다'는 1%로 10명 중 3명에 불과했다.

09

■ **불포함오류와 무응답오류**
① **불포함오류** : 표본추출틀이 불완전하여 목표모집단에는 포함되어 있으나 표집추출틀(sample frame)에는 포함되지 않은 표본 요소들로부터 발생하는 오류이다.
② **무응답오류** : 표본추출과정에서 표본으로 선정되었으나 연결이 되지 않거나 응답을 거부할 경우에 발생하는 오류이다.

10

■ **기사의 문제점**
① **불포함오류(Non-coverage Error)**
위의 기사에서 목표 모집단은 전국의 흡연자인데 추출된 표본은 4개 이동통신사 사용자 중 18세 이상 흡연자이므로 표본추출틀의 불완전함으로 인한 불포함오류가 발생한다.
② **수정 전** : 4개 이동통신사 사용자 중 18세 이상 흡연자
③ **수정 후** : 전국의 흡연자 중

11

선거 후보자의 지지율을 조사할 때, 전화번호부를 표본프레임으로 사용하는 경우 전화번호부에 이름이 없는 유권자들은 표본선정에서 제외하거나 한 사람의 이름이 두 번 이상 전화번호부에 나오듯이 표본추출과정에서 사용되는 표본프레임이 모집단과 정확하게 일치하지 못함으로써 발생하는 오류를 무엇이라고 하는지 쓰시오.

12

표본프레임의 의미가 무엇이며, 표본프레임의 오류가 발생하는 원인을 2가지씩 작성하고, 해결하는 방법을 서술하시오.

11~12

■ 표본프레임의 의미
표본을 추출하기 위한 모집단의 목록

■ 표본프레임 오류
1) 의미
   표본프레임이 모집단에 일치하지 않는 경우
2) 발생원인
   ① 표본프레임이 모집단 내에 포함되는 경우
      규정된 모집단이 표본프레임을 완전히 포함할 뿐 아니라 더 넓은 범위를 가지고 있는 경우
   ② 모집단이 표본프레임 내에 포함되는 경우
      표본프레임 내에 속해있는 구성요소 중에서 모집단에 속해있지 않는 부분이 표본으로 선정될 수 있기 때문에 오차발생
   ③ 모집단과 표본프레임의 일부분만이 일치하는 경우
      표본의 대표성이 떨어지고 자료의 검토나 편집과정도 어려워서 가장 심각한 모집단과 표본프레임의 오차 발생
3) 해결방법
   • 모집단에 맞는 적절한 표본프레임을 확보한다.
   • 자료수집과정에서 선별질문을 통해 부적절한 연구대상은 조사에서 제외시킨다.

03 표본크기 결정하기

> **출제기준**
> 1. 조사 목적에 따라 정확도 수준을 결정할 수 있다.
> 2. 주어진 예산과 표본추출방법을 고려하여 표본의 크기를 결정할 수 있다.
> 3. 결정된 표본의 크기에 따라 표본오차의 크기를 계산할 수 있다.

- **표본크기 결정하기**
  - 조사 목적에 따라 정확도 수준을 결정한다.
  - 주어진 예산과 표본추출방법을 고려하여 표본의 크기를 결정한다.
  - 결정된 표본의 크기에 따라 표본오차의 크기를 계산한다.

- **표본크기 결정**
  - 조사결과의 분석방법에 따라 달라짐.
  - 조사연구에서 수집될 자료의 양은 표본의 크기에 의해 결정됨. 변수의 수가 증가할수록 표본의 크기는 커야 함. 조사연구에 포함된 변수가 많으면 표본의 크기도 늘어나야 한다.
  - 표본의 크기가 증가할수록 표본오차의 크기는 감소한다.
  - 조사하고자 하는 변수의 분산값이 클수록 표본의 크기는 커야 한다.
  - 표본의 크기는 전체적인 조사목적, 비용 등을 감안하여 결정한다.
  - 추정치에 대한 높은 신뢰수준이 요구될수록 표본의 크기는 커야 한다.
  - 비확률표본추출법의 경우 표본의 크기와 표본오차와는 무관하다.
  - 비확률표본추출의 경우 표본의 크기는 예산과 시간을 고려하여 조사자가 결정할 수 있다.

- **표본의 크기를 결정할 때 고려요인**
  - 신뢰도/신뢰수준
  - 모집단의 동질성, 모집단의 변이성, 모집단의 표준편차(모집단 구성요소들의 변이성이 높을수록 표본의 규모가 커야 모집단을 적절하게 추정할 수 있고, 동질성이 높을수록 보다 더 작은 표본을 가지고도 정확한 추정이 가능)
  - 수집된 자료가 분석되는 범주의 수
  - 표본추출방법
  - 통계분석의 기법
  - 오차한계
  - 조사비용의 한도
  - 조사가설의 내용

1 표본크기의 결정요인

01
표본의 크기 결정요인을 네 가지로 서술하시오.

▪ 2011년 상반기 출제

02
표본크기를 결정하기 위해 자주 사용되는 신뢰구간접근법의 개념을 설명하고 그 절차를 5단계로 구분하여 순서대로 쓰시오.

▪ 2013년 제1회 출제
▪ 2015년 제3회 출제

01
■ 표본크기의 결정요인
- 모집단의 성격(모집단의 이질성 여부)
- 표본추출방법
- 통계분석 기법
- 변수 및 범주의 수
- 허용오차의 크기오차의 한계
- 소요시간, 비용, 인력(조사원)
- 조사목적의 실현 가능성
- 조사가설의 내용
- 신뢰수준, 신뢰도
- 모집단의 표준편차

02
■ 신뢰구간접근법에 의한 표본크기 결정 개념과 절차
① 신뢰구간접근법에 의한 표본크기 결정
　모집단의 분산을 알고 있다고 가정하면 우리가 원하는 정확도의 정도를 결정하여 그에 따라 적정 표본의 크기를 산정하여 표본크기를 구할 수 있다. 신뢰구간의 길이는 오차한계의 두 배이므로 사전에 오차한계를 결정하며 그에 따라 적정 표본크기를 산출할 수 있다.
② 신뢰구간접근법에 의한 표본크기 결정 절차
　오차한계 결정 → 신뢰수준 결정 → 신뢰수준에 따른 Z값 결정 → 모표준편차 또는 표본표준편차 결정 → 표본크기 결정

04 표본배분하기

출제기준
1. 조사 설계를 위하여 층화변수를 설정할 수 있다.
2. 층화변수에 따라 층화별(층별) 모집단 구성비를 계산할 수 있다.
3. 층화변수의 모집단 구성비에 따라 할당 표본 크기를 계산할 수 있다.
4. 층화별(층별) 최적 표본크기를 확보할 수 있도록 표본을 배분할 수 있다.

1 표본배분방법

01　　　　　　　　　　　　　　　　　　　　　　　　　■ 2021년 제 2회 출제

표본추출법 중 층화집단 비율 계산하는 방법인 균등·비례·최적·네이만·데밍 배분법에 대해 설명하시오.

01
■ 층화추출법
① 균등배분법
　'모집단 전체/층의 수' 만큼 층마다 표본을 동일한 크기로 배분
② 비례배분법
　각 층의 표본수를 층의 크기에 비례하여 배분
　예) 모집단수(600개) → 1층 : 100개, 2층 : 200개, 3층 : 300개
　　　표본(120개) → 1층 : 20개, 2층 : 40개, 3층 : 60개
③ 최적배분법
　• 층별 모집단의 크기, 층별 표준편차 및 층별 조사비용을 각각 고려하여 표본추출
　• 크기가 클수록, 표준편차가 클수록, 조사비용이 적을수록 표본을 크게 배분
　• 층별 표본추출 비용을 반영해 추정치의 분산이 최소화되게 배분
④ 네이만 배분법
　• 층별 크기와 층별 표준편차를 고려하여 표본추출
　• 층별 크기가 클수록, 표준편차가 클수록 표본을 많이 배분
　• 일반적으로 비례배분법에 비해 상대효율이 크며 분산의 값이 서로 다른 층이 적어도 2개 이상 있을 경우에 효과적임
　• 전체 표본크기가 주어져 있고 각 층별로 조사단위별 비용이 동일한 경우 각 층의 표준편차와 각 층에 속하는 모집단 크기에 비례하여 표본을 할당하는 방법
⑤ 데밍 배분법
　총 비용이 일정하게 주어져 있고 각 층별로 비용이 상이할 경우 각 층의 표준편차가 클수록, 각 층의 조사단위별 변동비용이 작을수록 보다 많은 표본을 할당하는 방법

05 표본추출하기

> **출제기준**
> 1. 세부적인 표본추출절차를 이해할 수 있다.
> 2. 층화별(층별) 표본크기에 따라 표본을 추출할 수 있다.

1 표본추출의 이점

- **표본추출방법 결정하기**
  - 조사대상과 표본추출틀에 따라 표본추출방법의 목록을 작성한다.
  - 오차의 비용을 고려하여 최적의 표본추출방법을 결정한다.
  - 결정된 표본추출방법에 대하여 세부적인 표본추출절차를 수립한다.

- **전수조사와 표본조사**
  (1) 전수조사
     모집단으로부터 정보를 수집하는 방법
  (2) 표본조사
     표본이 모집단을 대표한다는 가정 하에, 표본의 특성을 토대로 모집단의 특성을 추정하는 방법
  (3) 표본조사를 하는 이유
     - 전수조사에 비해 표본조사는 비용과 시간이 절약됨.
     - 전수조사에 비해 조사과정을 보다 잘 통제할 수 있어서 비표본오차를 줄일 수 있음.
     - 단시간 내에 많은 정보를 얻을 수 있음.
     - 광범위한 주제에 걸쳐 연구할 수 있음.

장점	단점
• 전수조사 시 발생하는 시간과 비용 절감 • 모집단 전체조사가 불가능한 경우 적용 가능 • 비표본오차의 감소로 전수조사보다 정확한 자료를 얻을 수 있음. • 자료수집과 분석을 신속하게 처리 가능	• 표본의 대표성 문제가 제기될 경우, 일반화 가능성이 낮음. • 표본설계가 복잡한 경우, 시간과 비용의 낭비 발생 • 표본추출에 대한 전문지식 필요 • 모집단의 크기가 작으면 표집자체가 무의미해짐.

01

■ 2021년 제1회 출제

표본조사가 전수조사보다 정확도가 높은 이유를 설명하시오.

01

■ 표본조사가 전수조사보다 정확도가 높은 이유

일반적으로 대규모 통계조사에서는 비표본오차가 표본오차보다 훨씬 더 심각한 문제를 일으킨다. 대개 표본오차는 표본의 크기가 증가함에 따라 감소하지만 비표본오차는 표본의 크기가 커지면 증가하는 경향이 있다. 그래서 모집단이 큰 경우 전수조사에서 일어나는 비표본오차는 표본조사에서 일어나는 비표본오차보다 훨씬 크다. 이러한 이유로 잘 관리된 표본조사가 전수조사보다 정확도가 높은 경우가 대부분이다.

CHAPTER 02 설문설계

01 분석설계하기

> **출제기준**
> 1. 조사목적에 따라 산출할 수 있는 조사 내용을 구체화할 수 있다.
> 2. 구체화된 조사내용을 토대로 원시정보의 유형을 결정할 수 있다.
> 3. 구체화된 조사 내용에 따라 분석모형을 도출할 수 있다.

1 가설

- **과학적 연구의 의미**
  - 모든 현상과 사건은 스스로 발생하는 것이 아니라 어떤 원인이 존재
  - 논리적(logical) 사고에 의존하여 현상을 체계적으로 조사하고 분석
  - 경험과 관찰은 객관적 현상에 대한 타당한 추론을 가능하게 하며 지식의 원천
  - 과학적 검증은 확률조건인과모형의 관점에서 이루어진다는 측면에서 모든 지식은 잠정적이라는 태도에 기반
  - 과학적 지식은 자명한 지식이 아니라, 개연성이 높은 지식

- **과학적 연구의 목적**
  변수들 사이의 관계를 기술하고 설명하는 것
  → 논리적(logical), 결정론적(deterministic), 일반화(generalization)

- **비과학적 지식 형성 과정의 오류**
  - 부정확한 관찰
  - 선택적 관찰
  - 자기중심적 현상 이해
  - 탐구의 성급한 종료
  - 사후 발생적 가설
  - 지나친 일반화 등

- **과학적 연구의 특징**
  - 인과성 : 모든 현상에는 원인이 있으면 결과가 있음.
  - 논리성 : 논리적 사고의 활동으로 과학적 설명이 이치에 맞아야 함.
  - 간결성 : 가급적 적은 수의 변수로 가능한 최대의 설명력을 얻음.
  - 경험적 검증가능성 : 이론이 현실세계에서 경험을 통해 검증이 될 수 있어야 함.
  - 구체성 : 정의의 조작화를 통해 검증하고자 하는 개념을 보다 정확히 측정하고 정의해야 함.
  - 상호주관성 : 서로 다른 연구자가 서로 다른 동기를 가지고 연구를 하더라도 동일한 방법과 과정을 통해 검증할 경우 동일한 결론에 도달해야 함.
  - 일반성 : 경험을 통해 얻은 구체적 사실로 보편적인 원리 추구
  - 수정가능성 : 기존의 신념이나 연구결과는 언제든지 비판되고 수정이 가능하다. 즉, 현재의 결과는 확정적 결론이 아니라 잠정적 결론에 불과함.

- **가설**
  - 동일 연구 분야의 다른 가설이나 이론과 연관이 있어야 함.
  - 연구문제에 관한 구체적이고 검증이 용이하도록 표현되어야 함.
  - 두 개 이상의 구성개념이나 변수 간 관련성이나 영향관계에 관한 진술형 문장이어야 함.
  - 사용된 변수는 계량화가 가능해야 함.
  - 간단명료하게 표현되어야 하고 논리적으로 간결해야 함.
  - 가설은 동의반복적이어서는 안 되고, 가치중립적이어야 함.
  - 가설은 과학적 검증방법을 통하여 가설의 옳고 그름을 판단할 수 있어야 함.
  - 실제 자료를 통하여 사실 혹은 거짓, 진위가 입증(판명)될 수 있어야 함.
  - 현상들의 잠재적 의미를 찾아내고 현상에 질서를 부여할 수 있음.
  - 문제해결에 필요한 관찰 및 실험의 적정성을 판단하게 함.

- **가설의 조건**
  - 명료성 : 간단명료하게 표현되어야 함.
  - 간결성 : 논리적으로 간결해야 함.
  - 계량화 : 사용된 변수는 계량화가 가능해야 함.
  - 구체성 : 가설은 구체적이어야 하며 추상적인 의미를 담고 있어서는 안 됨.
  - 가치중립성 : 가치중립적이어야 하며 가설을 설정하는 연구자의 주관적 편견 또는 가치관이 포함되어서는 안 됨.
  - 검증가능성 : 연구문제에 관해 구체적이고 검증이 용이하도록 표현되어야 함.
  - 한정성 : 가설은 둘 이상 변수들의 상관관계와 방향성, 긍정적 또는 부정적 관계에 대해 한정적으로 명확하게 밝혀야 함.

- **가설의 종류**
    (1) 연구가설
        - 연구문제에 대한 잠정적 대답으로서, 연구자가 제시한 작업가설에 해당
        - 연구자가 어떤 것을 연구할 것인지를 의문문이나 연구 목적의 형태로 제시하는 이론적 진술
        - 일반적으로 독립변수와 종속변수로 구성되며 예상된 해답으로 경험적으로 검증되지 않은 이론이라고도 함.
            예) 남녀 간 하루 섭취 칼로리 양에 차이가 있을 것이다.
    (2) 귀무가설
        - 연구가설과 논리적으로 반대의 입장을 취하는 가설
        - 통계학에서 처음부터 버릴 것을 예상하는 가설(차이가 없거나 의미있는 차이가 없는 경우의 가설이며, 통계학적 증거를 통해 증명하려는 가설)
            예) 남녀 간 하루 섭취 칼로리 양에 차이가 없을 것이다.
    (3) 대립가설
        귀무가설에 대립되는 가설로서, 귀무가설을 기각하게 됐을 때 채택하게 되는 가설

01
과학적 연구 방법의 특징 네 가지를 설명하시오.

■ 2011년 하반기 출제

02
과학적 연구 방법의 특징을 4가지만 쓰시오.

■ 2020년 제 3회 출제

01~02
- **과학적 연구의 특징**
- 인과성 : 모든 현상에는 원인이 있으면 결과가 있음.
- 논리성 : 논리적 사고의 활동으로 과학적 설명이 이치에 맞아야 함.
- 간결성 : 가급적 적은 수의 변수로 가능한 최대의 설명력을 얻음.
- 경험적 검증가능성 : 이론이 현실세계에서 경험을 통해 검증이 될 수 있어야 함.
- 구체성 : 정의의 조작화를 통해 검증하고자 하는 개념을 보다 정확히 측정하고 정의해야 함.
- 상호주관성 : 서로 다른 연구자가 서로 다른 동기를 가지고 연구를 하더라도 동일한 방법과 과정을 통해 검증할 경우 동일한 결론에 도달해야 함.
- 일반성 : 경험을 통해 얻은 구체적 사실로 보편적인 원리 추구
- 수정가능성 : 기존의 신념이나 연구결과는 언제든지 비판되고 수정이 가능하다. 즉, 현재의 결과는 확정적 결론이 아니라 잠정적 결론에 불과함.

03

연구에 사용할 가설의 좋은 가설 여부를 판단하기 위한 평가기준을 4가지만 쓰시오.

■ 2020년 제 3회 출제

03
■ **가설의 조건**
- 명료성 : 간단명료하게 표현되어야 함.
- 간결성 : 논리적으로 간결해야 함.
- 계량화 : 사용된 변수는 계량화가 가능해야 함.
- 구체성 : 가설은 구체적이어야 하며 추상적인 의미를 담고 있어서는 안 됨.
- 가치중립성 : 가치중립적이어야 하며 가설을 설정하는 연구자의 주관적 편견 또는 가치관이 포함되어서는 안 됨.
- 검증가능성 : 연구문제에 관해 구체적이고 검증이 용이하도록 표현되어야 함.
- 한정성 : 가설은 둘 이상 변수들의 상관관계와 방향성. 긍정적 또는 부정적 관계에 대해 한정적으로 명확하게 밝혀야 함.

2 조사의 유형

- **조사의 목적**
  과학적 절차를 통해 질문에 대한 해답을 찾기 위한 과정으로 탐색, 기술, 설명, 평가 등의 목적을 가진다.

탐색 (Exploration)	■ 목적 • 연구문제의 발견, 변수의 규명, 가설의 도출을 위해서 실시하는 조사로서 예비적 조사 • 개념을 보다 분명하게 하기 위해 • 다음 연구의 우선순위를 정하기 위해 • 많은 아이디어를 생성하고 임시적 가설 개발을 위해 • 현상에 대한 이해를 위해 • 중요한 변수를 확인하고 발견 • 미래 연구를 위한 가설 도출 • 선행연구가 빈약하여 조사연구를 통해 연구해야 할 속성을 개념화

기술
(Description)
	■ 목적
	• 현상에 대한 정확한 설명
	• 현상에 대한 탐구와 명료화
	• 계획 모니터링, 평가에 필요한 자료를 산출
	• 행정실무자와 정책분석가들에게 가장 기본적인 조사도구
	• 기술적 조사는 물가조사와 국세조사 등 어떤 현상에 대한 탐구와 명백화
	• 기술적 조사는 관련 상황의 특성파악, 변수 간에 상관관계 파악 및 상황변화에 대한 각 변수 간의 반응 예측 가능
	예 1. 유권자들의 대선후보 지지율 조사
	    2. 신문의 구독률 조사
	    3. 신문 구독자의 연령대 조사
	    4. 대도시 인구의 연령별 분포는 어떠한가?

설명 (Explanation)	■ 목적 설명적 조사연구를 수행하기 위해서는 변수의 수가 둘 또는 그 이상이 되는 경우가 많음. 예 시민들이 왜 담배값 인상에 반대하는지 파악하고자 하는 연구
평가 (Evaluation)	■ 목적 응용연구의 특수형태로 진행 중인 프로그램이 의도한 효과를 가져왔는가를 평가 예 현재의 공공의료정책이 1인당 국민 의료비를 얼마나 증가시켰는지에 대한 연구
순수연구	■ 목적 이론을 구성하거나 경험적 자료를 토대로 이론을 검증

- **예비조사** : 연구하고자 하는 문제에 대한 사전지식이 부족하거나 핵심적인 개념을 분명히 알지 못할 때 조사설계 확정 이전에 예비적으로 실시하는 비지시적 방식의 조사
  예 문헌조사, 경험자조사(전문가의견조사), 특례분석(소수사례 분석)
- **사전조사(pre-test)** : 설문지의 개선사항을 찾아내기 위해 설문지 초안 작성 후, 본 조사 실시 전 본 조사에서 실시하는 것과 똑같은 절차와 방법으로 실시하는 조사

01

예비조사, 탐색조사, 사전조사의 의미를 쓰고 설명하시오.

■ 2015년 제 3회 출제

02

예비조사(Pilot Study), 탐색조사(Exploratory Study), 사전조사(Pre-test)의 의미를 쓰시오.

■ 2019년 제 3회 출제

01~02

■ **예비조사, 탐색조사, 사전조사**

① **예비조사** : 연구하려고 하는 문제의 핵심적인 요소들을 분명히 알지 못할 때 연구의 가설을 명백히 하기 위해 본 연구를 진행하기에 앞서 실시하는 조사이다. 예 문헌조사, 경험자 조사, 현지답사 등

② **탐색조사** : 연구문제의 발견, 변수의 규명, 가설의 도출을 위해서 실시하는 조사로 연구문제에 대한 사전지식이 부족하거나 개념을 보다 분명히 하기 위해 본 연구를 진행하기에 앞서 조사설계를 확정하기 이전에 예비적으로 실시하는 연구이다. 예 문헌조사, 전문가 의견조사, 특례분석(소수사례분석), 심층면접, 표적집단면접

③ **사전조사** : 설문지의 개선할 사항을 찾아내기 위해 설문지 초안 작성 후, 본 조사 실시 전 본 조사에서 실시하는 것과 똑같은 절차와 방법으로 실시하는 조사이다.

→ 크게는 탐색, 기술, 설명조사로 나뉘고 탐색조사 안에 예비조사, 사전조사가 포함되어 있다. 예비조사는 일종의 탐색조사로 예비조사와 탐색조사를 구분하지 않고 혼용하여 사용하기도 한다.

03
조사연구의 목적에 따라 분류한 연구형태를 세 가지 쓰고, 각각에 대해 설명하시오.

▪ 2017년 제3회 출제

04
탐색(Exploratory)조사, 기술(Descriptive)조사의 종류를 각각 2가지씩 쓰시오.

▪ 2019년 제1회 출제

05
탐색적 연구 방법을 4가지 쓰시오.

03
■ 연구목적에 의한 분류
① **탐색적 연구** : 연구문제에 대한 사전지식이 부족하거나 개념을 분명히 하기 위해 실시
② **기술적 연구** : 어떠한 현상을 정확하게 파악하여 기술하기 위해 실시
③ **설명적 연구** : 인과관계를 규명(진단적 조사)하거나 미래를 예측(예측적 조사)하기 위해 실시

04
■ 탐색조사와 기술조사
① **탐색적 연구** : 연구문제에 대한 사전지식이 부족하거나 개념을 분명히 하기 위해 조사설계를 확정하기 이전에 예비적으로 실시하는 연구로 탐색조사에는 문헌조사, 경험자조사, 특례분석 등이 있다.
② **기술적 연구** : 현상을 정확하게 기술하는 것이 주목적인 연구방법으로, 어떤 사회현상, 분포, 배경, 관계 등을 파악할 때 실시하며 두 개 이상 변수 간의 상관관계를 기술할 때 적용하는 연구. 기술조사의 예로 횡단조사와 종단조사가 있다.

05
■ 탐색적 연구
연구문제의 발견, 변수의 규명, 가설의 도출을 위해서 실시하는 조사로 연구문제에 대한 사전지식이 부족하거나 개념을 보다 분명히 하기 위해 본 연구를 진행하기에 앞서 조사설계를 확정하기 이전에 예비적으로 실시하는 연구이다.
예) 문헌조사, 전문가 의견조사, 특례분석(소수사례분석), 심층면접, 표적집단면접

06

■ 2012년 하반기 출제

A백화점에서 쇼핑을 하고 난 후 고객들의 지불방법에 대한 다음의 연구를 하고자 한다.

> 1. 지불방법에는 현금, 수표, 신용카드, 전자화폐가 있다.
> 2. 가장 선호하는 지불방법은 무엇인가?
> 3. 성별, 연령별, 직업별로 선호하는 지불방법에 차이가 있는가?
> 4. 사적인 구매와 공적인 구매에 대한 지불방법에 차이가 있는가?

위의 연구를 수행하기 위해 사용되는 조사유형(탐색조사, 기술조사, 인과조사), 개념, 선택이유에 대해 서술하시오.

07

■ 2015년 제 3회 출제

A백화점에서는 이용고객들의 대금지불방법에 대해 보다 많은 정보를 얻고자 한다.

> A. 고객들이 선호하는 지불방법은 현금, 수표, 신용카드, 전자화폐 중 어느 것인가?
> B. 위 지불방법 중 가장 많이 이용하는 방법은 어느 것인가?
> C. 성별, 연령별, 직업별로 선호하는 지불방법에 차이가 있는가?
> D. 고객들이 사적이나 공적으로 구매할 때 사용되는 지불방법은 차이가 있는가?

위와 같은 정보를 수집하기 위한 가장 적합한 조사유형(탐색조사, 기술조사, 인과조사)을 쓰고 그 조사유형의 개념과 선정이유를 설명하시오.

06~07

■ 기술조사, 탐색조사, 인과조사
① **기술조사** : 현상을 보다 정확하게 기술하기 위해 수행하는 조사로 발생빈도와 비율을 파악하거나 두 개 이상 변수 간의 상관관계를 기술할 때 적용하는 연구이다.
② **탐색조사** : 연구문제에 대한 사전지식이 부족하거나 개념을 보다 명확히 정의하기 위해 조사 설계를 확정하기 이전에 예비적으로 실시하는 연구이다.
③ **인과조사** : 일정한 현상을 낳게 하는 근본원인이 무엇인지 인과관계를 중점적으로 검토해 보는 연구로서 결과에 대한 원인을 밝히는 데 목적이 있다.
④ **기술조사 선택이유**
가장 선호하는 지불방법은 빈도분석으로 분석할 수 있으며, 성별, 연령별, 직업별 지불방법과 사적인 구매와 공적인 구매에 대한 지불방법에 차이가 있는지는 교차분석을 할 수 있기 때문이다.

3 변수의 개념 및 종류

독립변수	• 실험에서 인과관계를 추론하기 위해 서로 다른 값을 갖도록 처치를 하는 변수 • 실험설계를 통해 인과관계를 추론하기 위해서 서로 다른 값을 갖도록 처치를 하는 변수
종속변수	• 독립변수에 영향을 받아서 값이 변화하는 변수
매개변수	• 독립변수와 종속변수 사이에서 독립변수의 결과인 동시에 종속변수의 원인이 되는 변수 • 개입변수라고도 불리며, 종속변수에 일정한 영향을 주는 변수로 독립변수에 의하여 설명되지 못하는 부분을 설명해주는 변수 예 '종교 → 사회적 통합 → 자살률'에서 '사회적 통합'이 매개변수가 된다.
외생변수 (Exogenous Variable)	• 연구 모형 바깥의 독립변수로서, 독립변수와 종속변수 간에 상관관계가 있는 것처럼 보이지만, 실제로는 우연히 어떤 변수와 연결됨으로써 마치 인과관계가 있는 것처럼 보이도록 하는 변수 예 종업원이 친절할수록 패밀리 레스토랑의 매출액이 증가한다는 가설을 검증하고자 할 경우, 레스토랑의 음식 맛 역시 매출에 영향을 미친다면 음식의 맛은 외생변수가 된다.
통제변수	• 외재적 변수의 일종으로 그 영향을 검토하지 않기로 한 변수
억제변수 (Suppressor Variable)	• 두 변수 X, Y가 서로 관계가 있는데도 관계가 없는 것으로 나타나게 하는 제3의 변수 • 두 변수 간의 사실적인 관계를 약화시키거나 소멸시켜 버리는 검정변수 예 교육수준은 소득수준에 영향을 미치지 않지만, 연령을 통제하면 두 변수 사이의 상관관계가 매우 유의미하게 나타날 때, 연령과 같은 검정요인을 억제변수라 부른다.
왜곡변수 (Distorter Variable)	• 두 변수 X, Y의 사실상의 관계를 정반대의 관계로 나타나게 하는 제3의 변수
선행변수	• 인과관계에서 독립변수에 앞서면서 독립변수에 대해 유효한 영향력을 행사하는 변수 • 매개변수와는 달리 독립변수와 종속변수 간의 관계를 설명하는 것이 아니라 그 관계에 미치는 영향을 명확히 하고자 할 때 도입

01

제3의 변수에는 외적변수, 매개변수, 억제변수, 선행변수가 있다. 각각의 의미를 쓰시오.

■ 2014년 제1회 출제

02

매개변수, 선행변수, 왜곡변수, 억제변수에 대해 설명하시오.

■ 2020년 제3회 출제

01~02

매개변수	• 독립변수와 종속변수 사이에서 독립변수의 결과인 동시에 종속변수의 원인이 되는 변수 • 개입변수라고도 불리며, 종속변수에 일정한 영향을 주는 변수로 독립변수에 의하여 설명되지 못하는 부분을 설명해주는 변수 예 '종교 → 사회적 통합 → 자살율'에서 '사회적 통합'이 매개변수가 된다.
외생변수 (Exogenous Variable)	• 연구 모형 바깥의 독립변수로서, 독립변수와 종속변수 간에 상관관계가 있는 것처럼 보이지만, 실제로는 우연히 어떤 변수와 연결됨으로써 마치 인과관계가 있는 것처럼 보이도록 하는 변수 예 종업원이 친절할수록 패밀리 레스토랑의 매출액이 증가한다는 가설을 검증하고자 할 경우, 레스토랑의 음식 맛 역시 매출에 영향을 미친다면 음식의 맛은 외생변수가 된다.
선행변수	• 인과관계에서 독립변수에 앞서면서 독립변수에 대해 유효한 영향력을 행사하는 변수 • 매개변수와는 달리 독립변수와 종속변수 간의 관계를 설명하는 것이 아니라 그 관계에 미치는 영향을 명확히 하고자 할 때 도입
왜곡변수 (Distorter Variable)	• 두 변수 X, Y의 사실상의 관계를 정반대의 관계로 나타나게 하는 제3의 변수
억제변수 (Suppressor Variable)	• 두 변수 X, Y가 서로 관계가 있는데도 관계가 없는 것으로 나타나게 하는 제3의 변수 • 두 변수 간의 사실적인 관계를 약화시키거나 소멸시켜 버리는 검정변수 예 교육수준은 소득수준에 영향을 미치지 않지만, 연령을 통제하면 두 변수 사이의 상관관계가 매우 유의미하게 나타날 때, 연령과 같은 검정요인을 억제변수라 부른다.

4 개념적 정의와 조작적 정의

- **개념적 정의**
  개념적 정의란 어떤 개념을 보다 명확하게 표현하기 위해 다른 개념을 사용하여 정의함으로써 그 변인의 의미를 밝히는 것
  - 적극적 혹은 긍정적인 표현을 써야 함.
  - 정의하려는 대상이 무엇이든 그것만의 특유한 요소나 성질을 직시해야 함.
  - 뜻이 분명해서 누구나 알아들을 수 있는 의미를 공유하는 용어를 써야 함.
  - 어떤 개념을 보다 명확하고 정확하게 표현하기 위하여 다른 개념을 사용하여 정의하는 것

- **조작화**
  추상적 구성개념이나 잠재변수의 값을 측정하기 위해 측정할 내용이나 측정방법을 구체적으로 정확하게 표현하고 의미를 부여하여 추상적 개념을 관찰 가능한 형태로 표현해 놓은 것으로 조작화 과정의 최종 산물은 수량화

- **조작적 정의**
  특정한 구성개념이나 잠재변수의 값을 측정하기 위해 측정할 내용이나 측정방법을 구체적으로 정확하게 표현하고 수치적인 의미를 부여하는 것
  - 추상적인 개념을 구체적인 경험세계와 연결시키는 과정
  - 개념적 정의를 측정이 가능한 형태로, 최대한 일치하도록 변환하는 것
  - 측정의 타당성(validity)과 관련이 있음.
  - 변수는 그것을 관찰과 측정의 단계가 분명히 밝혀져 있을 때 조작적으로 정의될 수 있음.
  - 조사목적과 관련하여 실용주의적인 측면을 포함.
  - 특정 개념은 반드시 한 가지의 조작적 정의만을 갖는 것은 아님.

- **개념적 정의와 조작적 정의**
  - 개념적 정의는 추상적 수준의 정의
  - 개념적 정의와 조작적 정의가 반드시 일치하는 것은 아님.
  - 조작적 정의는 측정을 위하여 불가피함.

개념적 정의 예	조작적 정의 예
• 무게 - 물체의 중량 • 불안 - 주관화된 공포 • 지능 - 추상적 사고능력 또는 문제해결 능력	• 소득 - 월 ( )만 원 • 서비스만족도 - 재이용 의사 유무 • 신앙심 - 종교행사 참여 횟수

- **개념을 경험적 수준으로 구체화하는 과정**
  개념적 정의 → 조작적 정의 → 변수의 측정

01
변수의 개념적 정의와 조작적 정의를 예를 들어 설명하시오.

■ 2015년 제1회 출제

02
조작적 정의의 의미, 유용성, 한계점을 설명하시오.

■ 2015년 제3회 출제

03
개념적 정의(Conceptual Definition)와 조작적 정의(Operational Definition)의 의미를 설명하고 각각의 예를 쓰시오.

■ 2017년 제3회 출제
2021년 제1회 출제

04
개념적 정의, 조작적 정의에 대해 설명하고, 사례를 작성하시오.

■ 2020년 제3회 출제

01~04
■ **개념적 정의와 조작적 정의**
① **개념적 정의**: 하나의 개념을 정의하기 위해 다른 개념을 사용하여 묘사하는 것이다.
  어떤 변수의 개념을 설명할 때, 다른 개념을 사용하여 설명하고 여러 가지 방법을 이용하여 다른 개념들과 연결을 시킴으로써 이루어지는 것이다.
② **조작적 정의**: 추상적인 개념적 정의를 측정 가능한 형태로 변환하는 것을 의미하며, 조작적 정의과정을 통해 변수를 측정, 구체화시킬 수 있다.
③

개념적 정의 예	조작적 정의 예
• 무게 – 물체의 중량 • 불안 – 주관화된 공포 • 지능 – 추상적 사고능력 또는 문제해결 능력	• 소득 – 월 ( )만 원 • 서비스만족도 – 재이용 의사 유무 • 신앙심 – 종교행사 참여 횟수

5 실험설계

- **설명적 조사**
  어떤 사실과의 관계를 파악하여 인과관계를 규명하거나 미래를 예측하는 조사
  → 인과관계 규명을 위해 실험설계 등의 방법을 실시

- **설명적 조사설계의 기본원리**
  ① 원인 X와 결과 Y 간에 인과성이 존재한다는 것을 입증하기 위해 세 가지 작업이 이뤄져야 함.
    - 변수 X와 Y가 공동 변화한다는 사실을 입증
    - 현상 발생의 시간적 선후관계가 분명해야 함
    - 허위관계의 가능성을 배제
  ② 이 세 가지를 모두 충족하고 있는 전형적인 설계를 실험설계(Experimental Design)라고 함.

실험	■ 실험의 전제조건 　• 독립변수의 조작 : 독립변수의 조작이 가능해야 함. 　• 외생변수의 통제 : 외생변수를 통제하거나 제거해야 함. 　• 실험대상의 무작위화 : 실험대상을 무작위로 추출해야 함. 　• 종속변수의 비교 : 종속변수의 전후 및 그룹 간 비교가 가능해야 함. ■ 순수실험설계(True Experimental Design)의 특징 　• 독립변수의 조작 　• 외생변수의 통제 　• 실험집단과 통제집단에 대한 무작위 할당 　• 종속변수의 비교
	■ 실험설계(Experimental Design)의 타당성을 높이기 위한 외생변수 통제방법 (1) 제거(Elimination) 　실험에 영향을 미칠 수 있는 외생변수가 개입하지 않도록 모두 제거하는 방법 (2) 균형화(Matching) 　외생변수를 사전에 아는 경우, 외생변수가 실험대상이 되는 각 집단에 균등하게 영향을 미칠 수 있도록 실험집단과 통제집단을 선정하여 외생변수의 효과를 통제하는 방법 (3) 무작위화(Randomization) 　모집단에서 실험집단과 통제집단을 무작위로 추출함으로써 외생변수의 영향력을 없애는 방법 (4) 상쇄(Counterbalancing) 　하나의 실험집단에 두 개 이상의 실험변수가 가해질 때 사용하는 방법으로 외생변수가 작용하는 강도가 다른 상황에서 다른 실험을 함으로써 외생변수 영향을 상쇄 　📌 두 가지 광고 A와 B에 대한 사람들의 선호도를 알아보고자 할 때, 실험집단 참여자의 절반에게는 광고를 A→B의 순으로 제시하고, 나머지 반에게는 B→A의 순으로 제시하여 각 광고에 대한 그들의 선호도를 측정한다.

- **인과관계** : X의 변화가 Y의 변화를 생산해 낼 경우 X와 Y의 관계
  예) 독립변수 X가 변하면 종속변수 Y에 영향을 미친다.

- **인과관계 성립조건**
  (1) 시간적 선행성(Temporal Precedence)
      원인은 시간적으로 결과를 선행한다. 즉, 원인변수와 결과변수는 순차적으로 발생되어야 함.
  (2) 공변관계(Covariation)
      - 원인변수와 결과변수는 함께 변화해야 함.
      - 원인으로 추정되는 변수와 결과로 추정되는 변수가 동시에 존재하며, 상호연관성을 가지고 변화해야 함.
  (3) 비허위적 관계(Lack of Spuriousness)
      두 변수 간의 상호관계는 제3의 변수에 의해 설명되면 안 되기 때문에 외생변수의 영향을 통제하여야 함.
      즉, 독립변수와 종속변수 사이의 인과관계는 제3의 변수가 통제되지 않으면 허위적일 수 있음.

- **허위적 관계(Spurious Relation)**
  표면적으로 인과관계인 것처럼 보이던 두 변수 X와 Y가 검정요인 Z를 도입한 후 두 변사 사이의 관계가 사라짐. 이때, X와 Y의 관계를 허위적 관계라 함.

- **연구자가 검정요인(Test Factor)을 연구에 도입하는 가장 큰 이유** : 인과성의 확인
  두 변수 간에 상관이 발견되어도 인과관계가 성립되는 것은 아님.

순수실험설계 (진실험설계)	실험설계의 기본 요소인 통제집단, 무작위 할당(R), 독립변수의 조작(X), 사전 사후 검사(O)를 갖춘 설계 유형 (1) 통제집단 사전사후검사설계 각각 하나의 실험집단과 통제집단을 두고, 이들 집단에 사전검사와 사후검사를 진행하는 실험설계 | | (무작위 할당) | (사전검사) | | (개입) | | (사후검사) | |---|---|---|---|---|---|---| | 실험집단 | R | O1 | → | X | → | O2 | | 통제집단 | R | O3 | → | | → | O4 | • 인과관계 파악 가능 • 두 집단의 동질성 확보와 외생변수 통제 가능 • 역사적 사건, 성숙효과가 발생할 수 있음. • 사전검사와 실험개입의 효과와의 결합으로 생기는 상호작용 효과 우려 (2) 통제집단 사후검사설계 무작위로 배정한 실험집단과 통제집단을 대상으로 사전검사를 하지 않고 사후검사만 진행하는 실험설계 | | (무작위 할당) | (개입) | | (사후검사) | |---|---|---|---|---| | 실험집단 | R | X | → | O2 | | 통제집단 | R | | → | O4 | • 검사 및 개입의 상호작용에 의한 영향 배제 • 내적타당도를 저해하는 요인 통제 가능

	• 사전검사가 이루어지지 않아 두 집단의 성격을 정확히 알 수 없음. • 측정결과를 단지 독립변수의 조작으로 이루어진 결과라고 단정할 수 없음. (3) 솔로몬 4집단 설계 통제집단 사전사후검사설계와 통제집단 사후검사설계를 결합한 방식으로, 각각의 단점을 보완하기 위해 4개의 집단으로 구성한 실험설계 		(무작위 할당)	(사전검사)		(개입)		(사후검사)
---	---	---	---	---	---	---
집단1	R	O1	→	X	→	O2
집단2	R	O3	→		→	O4
집단3	R			X	→	O5
집단4	R				→	O6	 • 사전측정을 하지 않고 사후측정만 하는 집단 2개로 구성 • 사후측정에서의 차이점이 독립변수에 의한 것인지 사전측정에 의한 것인지 알 수 있음. • 검사와 개입의 상호작용 효과 도출 가능 • 실험집단과 통제집단의 선정과 관리가 어려움. • 시간과 비용이 많이 소요
유사실험설계 (준실험설계)	독립변수의 조작, 외생변수의 통제, 실험대상의 무작위화 중 한 개 이상의 요소가 결여된 조사설계 (1) 단순시계열 설계 실험집단에 실험조치(개입)를 하기 전과 이후에 몇 차례 결과변수에 대한 측정을 하여 실험조치의 효과를 추정하는 설계방법 		(사전검사)				(개입)	(사후검사)				
---	---	---	---	---	---	---	---	---	---	---	---
단일집단	O1	O2	O3	O4	O5	X	O6	O7	O8	O9	O10 | • 실험변수 개입의 효과가 발생하는 시기를 알 수 없을 때나, 종단적 연구 시 많이 활용 • 통제집단을 사용하지 않음. (2) 복수시계열 설계 실험집단과 통계집단을 임의로 할당하여 개입 전과 개입 후 여러 차례 종속변수를 측정하는 설계방법 |		(사전검사)	(개입)	(사후검사)
---	---	---	---	---
실험집단	임의적 할당	O1 O2 O3	→ X →	O4 O5 O6
통제집단	임의적 할당	O7 O8 O9	→ →	O10 O11 O12	 • 단순시계열 설계에 비해 내적 타당도를 높일 수 있음. • 실험집단과 통제집단 구분의 무작위성이 없어 반드시 동질적이지 않음. (3) 비동일 통제집단 설계 순수실험설계의 통제집단 전후 비교설계와 유사하지만, 비교집단을 임의로 선정한다는 점에서 차이가 존재하는 설계방법 			(사전검사)	(개입)	(사후검사)
---	---	---	---	---
실험집단	임의적 할당	O1	→ X →	O2
통제집단	임의적 할당	O3	→ →	O4	 • 사전검사 실시를 통해 집단의 동질성을 통제할 수 있음 • 두 집단 간의 동질성이 명확하지 않아 내적 타당도를 저해할 수 있으며, 상황에 따라 외적 타당도 역시 저해할 가능성이 있음.

(사)전실험설계
(원시실험설계)
	순수실험설계를 하기 전에 문제의 도출을 위하여 시험적으로 실시하는 탐색조사의 성격을 지닌 실험설계
	(1) 단일사례연구(단일집단 사후측정 실험설계)
	통제집단을 따로 두지 않고 어느 하나의 실험집단에만 실험을 실시한 후 어느 정도 시간이 지난 후에 이 실험의 효과를 측정하는 설계방법
	
	       (개입) (사후검사)
	         X → O2
	
	• 탐색적 목적을 위해 유용하게 사용
	• 비교 관찰이나 가설검증을 위한 충분한 근거가 없으며, 외생변수의 통제도 어려움.
	(2) 단일집단 사전사후설계(One-group Pretest-posttest Design)
	통제집단 없이 실험집단만을 대상으로 실험을 실시하기 전에 관찰하고 실험을 실시한 후 관찰하여 실험 이전과 실험 이후의 차이를 측정하는 설계방법
	
	   (사전검사) (개입) (사후검사)
	    O1 → X → O2
	
	• 통제집단을 구성하지 않음
	• 실험조치의 전후에 걸친 일정 기간의 측정 상 차이를 실험에 의한 영향으로 확신하기 어려움
	• 역사요인, 성숙요인 등의 외생변수 통제 불가능
	(3) 정태적 집단비교설계(집단비교설계)
	실험 대상을 실험집단과 통제집단으로 구분한 후 실험집단에는 실험조작을 하고 통제집단에는 실험조작을 통제한 후 그 결과를 비교하는 설계방법. 단, 통제집단이 사전에 선정되는 것이 아니라 실험 종료 후 임의적으로 선정하여 비교함으로써 통제집단 선정 상의 편의가 존재함.
	
	       (개입) (사후검사)
	실험집단 : X → O2
	통제집단 : → O4 (사후선정)
	
	• 통제집단사후비교설계에서 무작위할당을 제외한 형태
	• 무작위할당에 의한 동등화가 이루어지지 않으므로 선택의 편의가 발생
	• 두 집단 간의 교류를 통제하지 못하므로 모방 효과가 발생

사후실험설계	독립변수를 조작할 수 없는 상태 또는 이미 노출된 상태에서 변수들 간의 관계를 검증하는 설계방법 • 독립변수에 대한 통제가 윤리적으로 바람직하지 않을 때 사용될 수 있음. • 실제 상황에서 검증하기 때문에 일반적인 실험설계에 비해서 현실성이 높은 결과를 얻을 수 있음. • 가설의 실제적 가치 및 현실성을 높일 수 있음. • 분석 및 해석에 있어 편파적이거나 근시안적 관점에서 벗어날 수 있음. • 조사의 과정 및 결과가 객관적이며 조사를 위해 투입되는 시간 및 비용을 줄일 수 있음.

(1) 실험설계의 조건

01
실험설계조건 세 가지와 그 의미를 설명하시오.

▪ 2010년 하반기 출제

02
바람직한 실험설계조건을 네 가지 쓰시오.

▪ 2016년 제 3회 출제

03
실험설계의 전제조건 3가지를 쓰고 각각에 대해 설명하시오.

▪ 2019년 제 3회 출제

04
실험(Experiment)의 핵심요소 중 2가지를 제시하고 이를 설명하시오.

▪ 2020년 제 3회 출제

01~04
■ 실험의 전제조건
- 독립변수의 조작 : 독립변수의 조작이 가능해야 함.
- 외생변수의 통제 : 외생변수를 통제하거나 제거해야 함.
- 실험대상의 무작위화 : 실험대상을 무작위로 추출해야 함.
- 종속변수의 비교 : 종속변수의 전후 및 그룹 간 비교가 가능해야 함.

(2) (실험설계의 타당성을 높이기 위한) 외생변수 통제방법

01
외생변수의 통제방법에 대해 설명하시오.

■ 2019년 제 2회 출제

02
외생변수의 통제방법 세 가지만 쓰고 각각에 대해 설명하시오.

■ 2013년 제 1회 출제

03
외생변수의 통제방법 세 가지를 쓰고 설명하시오.

■ 2015년 제 3회 출제
2021년 제 2회 출제

04
외생변수의 통제방법 네 가지를 서술하시오.

■ 2021년 제 3회 출제

01~04
■ 실험설계(Experimental Design)의 타당성을 높이기 위한 외생변수 통제방법
① 제거(Elimination)
　실험에 영향을 미칠 수 있는 외생변수가 개입하지 않도록 모두 제거하는 방법
② 균형화(Matching)
　외생변수를 사전에 아는 경우, 외생변수가 실험대상이 되는 각 집단에 균등하게 영향을 미칠 수 있도록 실험집단과 통제집단을 선정하여 외생변수의 효과를 통제하는 방법
③ 무작위화(Randomization)
　모집단에서 실험집단과 통제집단을 무작위로 추출함으로써 외생변수의 영향력을 없애는 방법
④ 상쇄(Counterbalancing)
　하나의 실험집단에 두 개 이상의 실험변수가 가해질 때 사용하는 방법으로 외생변수가 작용하는 강도가 다른 상황에서 다른 실험을 함으로써 외생변수 영향을 상쇄
　　예 두 가지 광고 A와 B에 대한 사람들의 선호도를 알아보고자 할 때, 실험집단 참여자의 절반에게는 광고를 A→B의 순으로 제시하고, 나머지 반에게는 B→A의 순으로 제시하여 각 광고에 대한 그들의 선호도를 측정한다.

(3) 선형관계와 인과관계

01 ■ 2016년 제 3회 출제

변수들 간의 선형관계, 인과관계의 개념을 쓰고 설명하시오.

02 ■ 2021년 제 3회 출제

변수들 간의 선형관계, 대칭관계, 상호인과적 관계에 대해 설명하시오.

01
■ 선형관계, 인과관계
① 선형관계
  선형관계란 변수들 간의 직선적 관계(Linear Association)를 나타내는 것으로 이와 관련된 통계량은 상관계수가 있다.
② 인과관계
  인과관계란 원인이 되는 변수인 독립변수가 결과가 되는 종속변수에 영향을 미치는 관계를 의미한다.

02
■ 변수들 간의 선형관계, 대칭관계, 인과관계
1) **선형관계** : 선형관계란 변수들 간의 직선적 관계(Linear Association)를 나타내는 것으로 이와 관련된 통계량은 상관계수가 있다.
2) **대칭관계** : 대칭관계란 두 변수 간에 독립과 종속의 위치가 불분명하고 서로 영향을 미치는 관계를 의미한다.
3) **인과관계** : 인과관계란 원인이 되는 변수인 독립변수가 결과가 되는 종속변수에 영향을 미치는 관계를 의미하며 이와 관련하여 통계분석에서 주로 사용되는 분석기법으로는 회귀분석이 있다.

03
인과조사의 의미와 성립하기 위한 조건 네 가지를 쓰시오.

■ 2013년 제 3회 출제

04
인과관계 추론의 조건을 세 가지 쓰시오.

■ 2018년 제 3회 출제

03
■ 인과조사의 의미와 성립조건
① 인과조사의 의미
  일정한 현상을 낳게 하는 근본원인이 무엇이냐를 중점으로 검토해 보는 연구로서 결과에 대한 그 원인을 밝히는 데 목적이 있다.
② 인과조사의 성립조건
  • 원인과 결과가 모두 발생해야 한다.
  • 원인은 결과보다 먼저 발생해야 한다.
  • 원인과 결과는 서로 연관성이 있어야 한다.
  • 외생변수를 통제해야 한다.

04
■ 인과관계 추론의 조건
• 시간적 선행성(Temporal Precedence) : 원인변수는 결과변수 보다 앞서 발생해야 함.
• 공변관계(Covariation) : 원인변수와 결과변수는 함께 변화해야 함.
• 비허위적 관계(Lack of Spuriousness) : 원인과 결과 사이에 제 3의 변수의 영향력이 배제되어 있는 상황으로 명확한 인과관계가 성립되는 관계

(4) 전실험설계

01
전실험설계의 종류 두 가지와 그 의미를 설명하시오.

■ 2010년 하반기 출제

02
사전실험설계(Pre-experimental Design)의 종류 두 가지만 쓰고 각각에 대해 설명하시오.

■ 2013년 제 1회 출제

01~02
■ **전실험설계(원시실험설계)**
순수실험설계를 하기 전에 문제의 도출을 위하여 시험적으로 실시하는 탐색조사의 성격을 지닌 실험설계

■ **전실험설계의 종류**
① 단일집단 사후측정설계
  통제집단을 따로 두지 않고 어느 하나의 실험집단에만 실험을 실시한 후 어느 정도 시간이 지난 후에 이 실험의 효과를 측정하는 설계이다.
② 단일집단 사전사후측정설계
  통제집단 없이 실험집단만을 대상으로 실험을 실시하기 전에 관찰한 후 실험을 실시한 후 관찰하여 실험 이전과 실험 이후의 차이를 측정하는 설계이다.
③ 정태적 집단비교설계(비동일집단 사후검사설계)
  실험 대상을 실험집단과 통제집단으로 구분한 후 실험집단에는 실험조작을 하고 통제집단에는 실험조작을 통제한 후 그 결과를 비교하는 설계이다. 단, 통제집단이 사전에 선정되는 것이 아니라 실험 종료 후 임의적으로 선정하여 비교함으로써 통제집단 선정 상의 편의가 존재한다.

(5) 사후실험설계

01
사후실험설계의 정의를 간략하게 설명하고 장·단점을 세 가지씩 쓰시오.

■ 2015년 제1회 출제

01
■ 사후실험설계(Ex-post Facto Research Design)
① 사후실험설계의 정의
　독립변수를 조작할 수 없는 상태 또는 이미 노출된 상태에서 변수들 간의 관계를 검증하는 설계방법으로 중요한 변수의 발견이나 변수들 간의 관계를 밝히기 위한 사전적인 연구인 탐색연구나 가설의 검증을 위해 이용된다.
② 사후실험설계의 장점
　• 이론을 근거로 도출한 가설을 현실상황에서 검증
　• 광범위한 대상으로부터 자료수집 가능
　• 실험설계에 비해 다양한 변수 연구
　• 인위성의 개입이 없고 매우 현실적
　• 독립변수에 대한 통제가 윤리적으로 바람직하지 않을 때 사용될 수 있음.
　• 실제 상황에서 검증하기 때문에 일반적인 실험설계에 비해서 현실성이 높은 결과를 얻을 수 있음.
　• 가설의 실제적 가치 및 현실성을 높일 수 있음.
　• 분석 및 해석에 있어 편파적이거나 근시안적 관점에서 벗어날 수 있음.
　• 조사의 과정 및 결과가 객관적이며 조사를 위해 투입되는 시간 및 비용을 줄일 수 있음.
③ 사후실험설계의 단점
　• 독립변수의 조작이 불가능하여 명확한 인과관계의 검증 불가능
　• 측정의 정확성이 낮음
　• 대상의 무작위화 불가능
　• 결과해석상 임의성
　• 주관성의 문제

02

사후실험설계의 정의를 간략하게 설명하고 사후실험설계가 필요한 상황 2가지를 쓰시오.

■ 2020년 제 2회 출제

02
■ **사후실험설계(Ex-post Facto Research Design)**
① **사후실험설계의 정의**
  독립변수를 조작할 수 없는 상태 또는 이미 노출된 상태에서 변수들 간의 관계를 검증하는 설계방법으로 중요한 변수의 발견이나 변수들 간의 관계를 밝히기 위한 사전적인 연구인 탐색연구나 가설의 검증을 위해 이용된다.
② **사후실험설계가 필요한 상황**
  • 연구자가 독립변수를 통제할 수 없는 경우
  • 독립변수에 대한 통제가 윤리적으로 바람직하지 않은 경우
  • 독립변수를 통제하는 데 많은 시간과 비용이 소요되는 경우

(6) 유사실험설계

01
유사실험설계(Quasi-experimental Design)의 장·단점을 두 가지씩 쓰시오.

- 2015년 제 2회 출제
- 2021년 제 2회 출제

01
■ **유사실험설계(준실험설계)**
독립변수의 조작, 외생변수의 통제, 실험대상의 무작위화, 종속변수의 비교 중 한두 개 이상의 요소가 결여된 조사설계

① **유사실험설계의 장점**
- 실제 상황에서 이루어지므로 다른 상황에 대한 일반화 가능성이 높다. 외적타당도가 높다
- 일상생활과 동일한 상황에서 수행되므로 이론적 검증 및 현실문제 해결에 유용하다.
- 복잡한 사회적, 심리적 영향과 과정변화 연구에 적합하다.

② **유사실험설계의 단점**
- 현장상황에서는 대상의 무작위화와 독립변수의 조작화가 어려운 경우가 많다.
- 측정과 외생변수 통제가 어려우므로 연구결과의 정밀도가 떨어진다.
- 실제 상황에서의 실험이므로 독립변수의 효과와 외생변수의 효과를 분리해서 파악하기 어렵다.

(7) 통제집단사후설계

01

A선생님의 사례에서 측정설계 및 타당성을 고려한 문제점 세 가지를 쓰시오.

> A선생님은 고등학교 사회과 교사이다. 그는 평소 강의식 수업보다 토론식 수업이 학생들의 교육내용에 대해 보다 효과적이라고 생각하고 있었다. 이에 자신이 수업을 담당하는 5개 반 중에서 담임을 맡은 반의 학생들에게 양해를 얻고 토론수업을 실시하고 나머지 4개 반은 강의식 수업을 했다. 학기말에 사회 시험 결과 토론식 수업을 한 학급이 사회평균점수가 높았다. 이 결과를 바탕으로 A선생님은 학술대회에서 수업양식의 차이가 학생의 과목이해도 결정에 영향을 준다고 주장했다.

■ 2014년 제1회 출제, 2019년 제1회 출제

01
■ **통제집단사후설계**
① **통제집단사후설계의 의미**
실험대상자를 임의로 할당한 후 사전검사 없이 실험집단에 대해서는 조작을 가하고 통제집단에 대해서는 아무런 조작을 가하지 않은 채 그 결과를 서로 비교하는 방법이다.
② **통제집단사후설계의 타당성 저해요인**
- 피험자를 실험집단과 통제집단에 무작위로 배정하지 않아 동질성이 보장되지 않았다.
- 사전측정이 이루어지지 않아서 실험처리 후 두 집단에 대한 사전–사후 측정의 차이를 비교하기가 불가능하다.
- 사전측정이 이루어지지 않아서 실험집단의 최초 상태를 파악할 수 없다.

6 횡단연구와 종단연구

종단적 연구	일정 기간에 여러 번의 관찰을 통해 얻은 자료를 이용하는 연구방법 ■ 추세(Trend)조사, 추이연구(Trend Study) • 다른 시점에서 반복조사를 통해 얻은 시계열자료를 이용하는 방식 • 해당 시점에 해당 조건을 만족하는 대상을 조사 　예) 1. 대학 신입생들의 패션 동향 추이 　　　2. 연도별 당근가격 조사(매번 다른 표본이다) ■ 코호트(Cohort)조사, 코호트연구(Cohort Study) • 동시경험집단을 연구하는 것으로 일정한 기간 동안에 어떤 한정된 부분의 모집단을 연구하는 것('동질성집단연구'라고도 불린다) • 특정한 시기에 태어났거나 동일 시점에 특정 사건을 경험한 사람들을 대상으로 이들이 시간이 지남에 따라 어떻게 변화하는지를 조사하는 방법 　예) 1. A사의 비료를 사용하는 당근농가의 연도별 수확률을 조사하였다(표본이 다를 수도, 같을 수도 있지만 같은 경험을 가지고 있다). 　　　2. 2020년 특정한 고등학교 3곳(A, B, C)의 졸업생들을 모집단으로 하여 향후 5년간 매년 일정시점에 표본을 추출하여 조사하였다. 　　　3. 소위 386세대라고 일컬어지는 사회집단이 가진 정치의식이 1990년 이후 5년 단위로 어떠한 변화를 보이고 있는지에 대해 종단분석을 실시했다. 　　　4. 베이비부머의 정치성향의 변화를 파악하기 위해 아들이 성년이 된 이후 10년마다 50명씩 새로운 표집을 대상으로 조사하여 그 결과를 비교하여 보았다. ■ 패널(Panel)조사, 패널연구(Panel Study) • 특정 조사대상자들을 선정해 놓고 반복적으로 실시하는 조사방법 • 패널조사는 측정기간 동안 패널이 이탈될 수 있는 단점이 있다. • 패널조사는 조사대상자로부터 추가적인 자료를 얻기가 비교적 쉽다. • 패널조사는 조사대상자의 태도 및 행동변화에 대한 분석이 가능하다. • 반복적인 조사과정에서 성숙효과, 시험효과가 나타날 수 있다. 　예) 당근농가 5곳(A, B, C, D, E)의 연도별 매출 변화를 조사하였다(고정된 표본이다). ■ 시계열연구(Time Series Study), 시계열 조사 • 시계열 데이터에 바탕을 둔 연구 방법으로, 연구 대상을 정해놓고 여러 시점에 걸쳐 연구하면서 발생요인을 분석하는 방법 • 시계열데이터 : 한 사건 또는 여러 사건에 대하여 시간의 흐름에 따라 일정한 간격으로 이들을 관찰하여 기록한 자료 　예) 과거 10년 간 주가지수의 변동을 조사하는 경우 주기적으로 분석하면서 결론을 도출

	■ 계속적 표본설계 • 동일한 전집으로부터 여러 시기에 걸쳐 표본을 추출하여 응답자들의 경향을 파악하는 설계 • 특정 연구대상이 시간이 지남에 따라 의견이나 태도가 변하는 경우에 사용하는 조사기법으로, 연구대상을 구성하는 동일한 단위집단에 대하여 상이한 시점에서 반복하여 조사 예 공공기관의 행정서비스 만족도를 알아보기 위해 동일한 시민들을 표본으로 6개월 단위로 10년간 조사한다.
횡단적 연구	• 여러 연구 대상들을 정해진 한 시점에서 조사, 분석하는 방법 • 한 시점에서 이루어진 관찰을 통해 얻은 자료를 바탕으로 하는 연구 • 단면 연구 ■ 서베이(Survey)조사 특정 시점에 다른 특성을 지닌 집단들 사이의 차이를 측정하는 조사방법

(1) 횡단연구와 종단연구의 개념

01

■ 2017년 제1회 출제

조사를 기획하고 있는 연구원은 20, 30, 40대 간 특정제품에 대한 선호도에 있어서 어떤 차이가 있는지를 알아보기 위하여 횡단적 조사를 진행할지 종단적 조사를 진행할지 고민 중에 있다. 연령대별 선호도의 차이를 알아보기 위한 횡단적 조사와 종단적 조사의 진행방법을 각각 설명하시오.

01
■ 횡단적 조사와 종단적 조사
① 횡단적 조사는 모집단에서 20, 30, 40대 연령별 표본을 추출하여 어느 한 시점에서 조사하는 것으로 한 시점에서 연령대별 특정제품에 대한 선호도에 차이가 있는지를 파악한다.
② 종단적 조사는 일정한 시간 간격을 두고 시간의 변화에 따라 반복적으로 20, 30, 40대 각 연령층별로 모집단에서 무작위표본을 추출하여 특정 제품에 대한 선호도를 조사한 후, 해당 표본이 시간의 흐름에 따라 특정 제품에 대한 선호도가 어떻게 변화하는지를 조사한다.

(2) 코호트연구와 패널연구

01
코호트연구와 패널연구의 유사점과 차이점을 예를 들어 설명하시오.

▪ 2011년 상반기 출제

02
코호트연구와 패널연구의 유사점과 차이점에 대해 설명하시오.

▪ 2012년 상반기 출제

03
코호트연구와 패널연구의 같은 점과 다른 점을 쓰시오.

▪ 2016년 제 3회 출제

04
코호트연구(Cohort Study)와 패널연구(Panel Study)의 유사점과 차이점에 대해 설명하시오.

▪ 2017년 제 2회 출제

05
코호트연구(Cohort Study)와 패널연구(Panel Study)의 유사점과 차이점에 대해 설명하시오.

▪ 2019년 제 3회 출제

01~05
■ 코호트연구와 패널연구
① 유사점
- 연구대상을 일정기간동안 추적 관찰하여 그 변화를 파악하는 데 목적을 두는 종단적 조사방법이다.
- 두 개 이상의 시점에서 연구하며 연구대상의 동태적 변화 및 발전과정의 연구에 사용된다.

② 차이점
- 패널연구는 특정 조사대상자들을 선정해 놓고 반복적으로 조사하는 방법으로 연구대상이 고정되어 있는 반면 코호트연구는 동시경험집단의 일부를 표집하여 연구하는 방법으로 시점마다 표본이 다를 수 있다.
* 코호트연구는 동시경험집단을 연구하는 것으로 일정한 기간 동안에 어떤 한정된 부분의 모집단을 연구하는 것 ('동질성집단연구'라고도 불린다)

06

패널연구(Panel Study)의 장·단점을 각각 두 가지씩 쓰시오.

07

패널조사, 추세조사, 코호트조사를 설명하시오.

06
■ **패널연구(Panel Study)의 장·단점**
① **패널연구의 장점**
- 횡단적 연구에 비해 더 많은 정보를 제공한다.
- 패널조사는 조사대상자의 태도 및 행동변화에 대한 분석이 가능하다.
- 패널조사는 조사대상자로부터 추가적인 자료를 얻기가 비교적 쉽다.

② **패널연구의 단점**
- 패널조사는 측정기간 동안 패널이 이탈될 수 있어 패널 관리가 어렵다.
- 패널의 대표성 확보가 어렵다.
- 패널 유지에 많은 비용이 든다.
- 패널 자료 축적을 위해 많은 시간이 소요된다.
- 반복적인 조사과정에서 성숙효과, 시험효과가 나타날 수 있다.

07
■ **패널조사, 추세조사, 코호트조사**
① **패널조사** : 특정 조사대상자들을 선정해 놓고 시간의 흐름에 따라 어떻게 변화하는지 파악하기 위해 반복적으로 조사하는 방법
② **추세조사** : 구성원은 변하지만 성격이 동일한 모집단에서 상이한 표본을 상이한 시점에 반복조사하는 방법으로 패널조사와 달리 사전에 조사대상자를 선정해 두지 않는 조사방법
③ **코호트조사** : 동시경험집단을 연구하는 것으로 일정한 기간 동안에 어떤 한정된 부분의 모집단을 연구하는 방법

7 양적 연구와 질적 연구

질적 연구	• 어떤 현상에 대해 깊은 이해를 하고 주관적인 의미를 찾고자 함. • 조사자와 조사 대상자의 주관적인 인지나 해석 등을 모두 정당한 자료로 간주 • 연구자의 주관성을 활용하며, 연구자 자신이 도구가 됨. • 조사자가 조사과정에 깊숙이 관여 • 비통제적 관찰, 심층적·비구조적 면접을 실시 • 비공식적인 언어를 사용 • 일반적으로 상호작용의 과정에 보다 많은 관심을 둠. • 주관적 동기의 이해와 의미해석을 하는 현상학적·해석학적 입장 • 심층규명(probing) • 사회현상에 대해 폭넓고 다양한 정보를 얻어냄. • 유용한 정보의 유실을 줄일 수 있음. • 연구절차가 양적 조사에 비해 유연하고 직관적 • 질적 연구는 개별 사례 과정과 결과의 의미, 사회적 맥락을 규명 • 자료 분석 시간이 많이 소요 • 타당성이 있고 신뢰성은 낮아 일반화는 곤란함.
양적 연구	• 연구자와 연구대상이 독립적이라는 인식론에 기초 • 객관적인 연구방법 • 가치중립성과 편견의 배제를 강조 • 양적 연구는 확인 지향적 또는 확증적 연구방법 • 일반화 가능
혼합 연구 (Mixed Method) (질적 연구와 양적 연구의 통합)	• 다양한 패러다임 수용 가능 • 연구주제에 따라서는 질적 연구와 양적 연구 동시에 진행 가능 • 질적 연구결과와 양적 연구결과는 상반될 수 있음. • 주제에 따라 두 가지 연구방법의 비중은 상이할 수 있음.

■ 질적 연구와 양적 연구의 비교

질적 연구	양적 연구
• 현상학적 입장 • 주관적, 탐색적, 확장주의적 • 타당성 • 단일사례연구(일반화 불가능) • 소규모 분석에 용이	• 논리실증주의적 입장 • 객관적, 확증적, 축소주의적 • 신뢰성 • 복수사례연구(일반화 가능) • 대규모 분석에 유리

01
전통적인 양적 연구와 비교하여 질적 연구의 공통적인 특징 다섯 가지를 기술하시오.

■ 2012년 상반기 출제

02
전통적인 양적(Quantitative) 조사방법과 비교한 질적(Qualitative) 조사방법의 공통된 특징을 다섯 가지만 쓰시오.

■ 2017년 제3회 출제

03
질적 자료와 양적 자료에 대해 설명하고 각각의 사례 두 가지를 제시하시오.

■ 2014년 제1회 출제

01~03
■ **양적 연구와 질적 연구의 공통점**
- 측정도구를 활용한다.
- 지식을 산출한다.
- 연구자의 체계적이고 전문적인 역할 수행이 강조된다.
- 참여자의 관점이 강조된다.
- 직접 자료를 수집한다.
- 연구 설계에 융통성이 있다.

■ **질적 자료와 양적 자료**
① **질적 자료** : 수치로 측정이 불가능한 자료로서 측정 대상의 특성 분류를 위해 수치를 부여한 자료
　예 성별, 혈액형, 종교, 취미
② **양적 자료** : 수치로 측정이 가능한 자료
　예 나이, 키, 몸무게, 온도, 무게

02 개별설문항목 작성하기

> **출제기준**
> 1. 분석 설계에 기초하여 필요한 설문 항목들을 구조화할 수 있다.
> 2. 개별 설문항목에 따라 적절한 질문항목을 만들 수 있다.
> 3. 개별 질문항목에 따라 적절한 응답항목을 만들 수 있다.
> 4. 개별 질문항목과 응답항목 간의 일관성을 검토할 수 있다.

■ 개방형 질문과 폐쇄형 질문

(1) 개방형 질문
- 응답자가 질문에 대해 자유롭게 응답할 수 있는 질문이다.
- 예비조사(Pilot Test)에서 사용하기 가장 적합한 질문유형

장점	단점
• 복합적인 질문을 하기에 유리함. • 응답유형에 대한 사전지식이 부족할 때 사용함. • 응답에 대한 제한을 받지 않으므로 새로운 사실을 발견할 가능성이 큼. • 본조사에 사용될 조사표 작성 시 폐쇄형 질문의 응답유형을 결정할 수 있게 해줌.	• 응답을 분류하고 코딩하는 데 어려움. • 응답자가 어느 정도의 교육수준을 갖추어야 함. • 폐쇄형 질문에 비해 상대적으로 응답률이 낮음. • 결과를 분석하여 설문지를 완성하기까지 많은 시간이 소요됨.

(2) 폐쇄형 질문
- 사전에 응답 선택 항목을 연구자가 제시해 놓고 그 중에서 택하게 하는 질문이다.
- 다지선다형, 양자택일형

장점	단점
• 자료의 기록 및 코딩이 용이함. • 응답 관련 오류가 적음. • 사적인 질문 또는 응답하기 곤란한 질문에 용이함. • 조사자의 편견개입을 방지할 수 있음.	• 응답자의 의견을 충분히 반영시킬 수 없음. • 질문의 순서가 바뀌었을 때 응답한 내용에 변화가 나타날 수 있음. • 응답자 생각과 달리 응답범주가 획일화되어 있어 편향이 발생할 수 있음. • 조사자가 적절한 응답지를 제시하기가 어려움.

(3) 직접 질문과 간접 질문

직접 질문	• 직접 질문은 사실에 관한 응답자의 태도나 의견 등을 직접적으로 질문하는 방식 • 응답자를 불쾌하게 하거나, 응답자의 불충분한 기억으로 인해 효과적이지 못한 경우도 존재
간접 질문	• 응답자가 여러 가지의 이유로 응답을 회피하거나 거절할 경우 보다 정확한 응답을 얻기 위해 사용되는 방법 • 문맥상의 질문이 실제 조사자가 파악하려는 내용과 상이하며, 응답자가 조사자의 직접적인 의도를 파악하지 못하는 것을 그 요건으로 함. ■ 투사법(Projective Method) (1) 투사법의 개념 　특정 주제에 대해 직접적으로 질문하지 않고 단어, 문장, 이야기, 그림 등 간접적인 자극을 제공해 응답자가 자신의 신념과 감정을 이러한 자극에 자유롭게 투사하게 함으로써 진솔한 반응을 표현하게 하는 방법. (2) 투사법의 종류 　• 단어연상법 : 특정 단어를 제시하고 떠오르는 연상 내용을 적거나 말하게 하는 방법 　• 문장완성법 : 불완전한 문장 혹은 스토리를 제시하고 이를 완성하도록 하는 방법 　• 그림투사법 : 응답자가 이야기나 설명을 구성하도록 하기 위해 응답자에게 그림을 보여주고 이에 대한 반응을 표현하도록 하는 방법 　• 역할수행 : 자신이 아닌 제3자의 역할을 수행하라고 하고 그 역할자로서 행동을 하도록 하는 방법 　• 이야기완성법 : 미완성된 이야기를 들려주고 나머지를 완성하도록 요구하는 방법 ■ 오류 선택법(Error-choice Method) 어떤 질문에 대한 틀린 답을 여러 개 제시해 놓은 후 그것을 선택하도록 하는 방법

■ 행렬식 질문
① 행렬식 질문의 의미
　동일응답범주를 가지고 있는 여러 개의 질문 문항들을 한데 묶어서 하나의 질문세트로 제시하는 효율적 형태의 질문형식으로 평정형 질문의 응용형태이다. ❶ 하위요소별 만족도 리커트 5점 척도
② 행렬식 질문의 장점
　• 조사 문항들 간의 비교가 용이하다.
　• 응답자들이 신속하게 응답할 수 있으며 높은 집중도를 발휘할 수 있다.
　• 동일한 주제에 대하여 설명과 문항을 한 곳으로 배치하여 지면을 경제적으로 활용할 수 있다.
③ 행렬식 질문의 단점
　• 문항을 행렬식 질문에 맞게 억지로 구성할 수 있다.
　• 응답자가 질문의 내용을 상세히 검토하지 않고 모든 질문문항에 대해 유사하게 응답하려는 경향을 나타낼 수 있다.
　• 응답자들에게 특정한 응답 세트를 유도하게끔 할 수 있다.
　• 한 곳에 배치되어 있어 유사한 응답이 나올 수 있다.
　• 후광효과, 배열 순서에 따라 차이가 발생할 가능성이 있다.

1 개방형 질문과 폐쇄형 질문

01
폐쇄형 질문의 장·단점을 두 가지씩 쓰시오.

- 2010년 하반기 출제
- 2014년 제 2회 출제

02
개방형 질문과 폐쇄형 질문의 장·단점을 세 가지씩 쓰시오.

- 2016년 제 3회 출제

03
개방형 질문과 폐쇄형 질문의 장점을 3가지씩 쓰시오.

- 2020년 제 2회 출제

01~03
■ 개방형 질문과 폐쇄형 질문
① 개방형 질문
  응답자가 질문에 대해 자유롭게 응답할 수 있는 질문이다. 예비조사(Pilot Test)에서 사용하기 가장 적합한 질문유형
  ㉠ 장점
   • 복합적인 질문을 하기에 유리하다.
   • 응답유형에 대한 사전지식이 부족할 때 사용한다.
   • 응답에 대한 제한을 받지 않으므로 새로운 사실을 발견할 가능성이 크다.
   • 본조사에 사용될 조사표 작성 시 폐쇄형 질문의 응답유형을 결정할 수 있게 해준다.
  ㉡ 단점
   • 응답을 분류하고 코딩하는 데 어렵다.
   • 응답자가 어느 정도의 교육수준을 갖추어야 한다.
   • 폐쇄형 질문에 비해 상대적으로 응답률이 낮다.
   • 결과를 분석하여 설문지를 완성하기까지 많은 시간이 소요된다.
② 폐쇄형 질문
  사전에 응답 선택 항목을 연구자가 제시해 놓고 그 중에서 택하게 하는 질문이다. 다지선다형, 양자택일형
  ㉠ 폐쇄형 질문의 장점
   • 자료의 기록 및 코딩이 용이하다.
   • 응답 관련 오류가 적다.
   • 사적인 질문 또는 응답하기 곤란한 질문에 용이하다.
   • 조사자의 편견개입을 방지할 수 있다.
  ㉡ 폐쇄형 질문의 단점
   • 응답자의 의견을 충분히 반영시킬 수 없다.
   • 질문의 순서가 바뀌었을 때 응답한 내용에 변화가 나타날 수 있다.
   • 응답자 생각과 달리 응답범주가 획일화되어 있어 편향이 발생할 수 있다.
   • 조사자가 적절한 응답지를 제시하기가 어렵다.

2 행렬식 질문

01
행렬식 질문의 장·단점을 두 가지씩 설명하시오.

■ 2010년 하반기 출제

01

■ **행렬식 질문**

① **행렬식 질문의 의미**
동일응답범주를 가지고 있는 여러 개의 질문 문항들을 한데 묶어서 하나의 질문세트로 제시하는 효율적 형태의 질문형식으로 평정형 질문의 응용형태이다. 예 하위요소별 만족도 리커트 5점 척도

② **행렬식 질문의 장점**
- 조사 문항들 간의 비교가 용이하다.
- 응답자들이 신속하게 응답할 수 있으며 높은 집중도를 발휘할 수 있다.
- 동일한 주제에 대하여 설명과 문항을 한 곳으로 배치하여 지면을 경제적으로 활용할 수 있다.

③ **행렬식 질문의 단점**
- 문항을 행렬식 질문에 맞게 억지로 구성할 수 있다.
- 응답자가 질문의 내용을 상세히 검토하지 않고 모든 질문문항에 대해 유사하게 응답하려는 경향을 나타낼 수 있다.
- 응답자들에게 특정한 응답 세트를 유도하게끔 할 수 있다.
- 한 곳에 배치되어 있어 유사한 응답이 나올 수 있다.
- 후광효과, 배열 순서에 따라 차이가 발생할 가능성이 있다.

3 투사법(Projective Method)

01
자료수집방법 중 투사법을 이용하여 자료를 수집하는 방법 세 가지만 쓰고 각각에 대해 설명하시오.

■ 2013년 제1회 출제
■ 2017년 제3회 출제

01
■ 투사법(Projective Method)
① 투사법의 개념
- 특정 주제에 대해 직접적으로 질문하지 않고 단어, 문장, 이야기, 그림 등 간접적인 자극을 제공해 응답자가 자신의 신념과 감정을 이러한 자극에 자유롭게 투사하게 함으로써 진솔한 반응을 표현하게 하는 방법
- 인간의 무의식 속에 내재되어 있는 동기, 가치, 태도 등을 알아내기 위하여 모호한 자극을 응답자에게 제시하여 반응을 알아보는 자료수집 방법
- 응답자가 직접 말할 수 없거나 말하고 싶지 않은 대상/행동을 보다 잘 이해하기 위해 직접적인 질문을 하는 대신 가상의 상황으로 응답자를 자극하여 진실한 응답을 이끌어내는 방법
- 정확한 응답에 대한 장애요인을 피하여 피조사자에게 자극(stimulus)을 줌으로써 우회적으로 응답을 얻어내는 방법이다(이 질문은 다른 사람의 의견을 묻는 것이나 실제로 응답에는 자신의 의견을 반영하게 된다).
- 조사자가 미완성의 문장을 제시하면 응답자가 이 문장을 완성시키는 방법

② 투사법의 종류
  ⊙ 단어연상법 : 응답자에게 특정 단어를 제시하고 단어에서 연상되는 생각을 적거나 말하게 하는 방법
  ⊙ 문장완성법 : 불완전한 문장을 제시하고 이를 완성하도록 하는 방법
  ⊙ 그림투사법 : 응답자가 이야기나 설명을 구성하도록 하기 위해 응답자에게 그림을 보여주고 이에 대한 반응을 표현하도록 하는 방법
  ⊙ 역할수행 : 응답자에게 자신이 아닌 제3자의 역할을 수행하라고 하고 그 행동을 조사하는 방법
  ⊙ 이야기완성법 : 미완성된 이야기를 들려주고 나머지를 완성하도록 요구하는 방법

4 측정수준과 척도

- **측정수준**
  자료에 대한 통계분석 방법 결정시 가장 중요하게 고려해야 할 측정의 요소

(1) 명목측정
   - 측정 대상의 속성을 분류하거나 상호배타적인 범주로 나누고 각 범주에 대해 숫자를 부여한 경우
   - 계량적 의미를 가지지 못 함.
   - 예 성별, 출신 고등학교 지역, 야구선수의 등번호, 축구선수의 등번호, 종교 등

(2) 서열측정
   - 측정대상의 속성을 파악하여 측정 대상 간의 순위를 부여한 경우
   - 순위 간의 차이는 일정하지 않으므로 양적인 비교는 불가능
   - 대상 간의 단순 순위 파악 가능
   - 예 교육수준 : 중졸 이하, 고졸, 대졸 이상 등

(3) 등간측정
   - 측정대상의 속성에 대한 순위를 부여하되 순위 사이의 간격이 동일한 경우
   - 절대적인 0을 가지지 않고, 임의적인 0만을 가지고 있음.
   - 예 온도(기온), IQ 등

(4) 비율측정
   등간측정의 성격을 모두 가지고 있으면서, 측정대상의 특징 및 속성에 절대적인 0을 가진 척도로써 수치를 부여한 경우
   - 예 소득, 몸무게 저축금액, 청년실업자수 등

명목측정 → 서열측정 → 등간측정 → 비율측정 순으로 담고 있는 정보의 양이 많으며, 보다 정밀한 분석방법이 적용될 수 있음.

01
■ 2014년 제 1회 출제

측정수준에 따른 네 가지 척도의 종류를 쓰고 각각 설명하시오.

02
■ 2019년 제 3회 출제

다음 측정의 수준에 대해 예를 포함하여 설명하시오.

① 명목측정 :
② 서열측정 :
③ 등간측정 :
④ 비율측정 :

03

■ 2017년 제 3회 출제

명목척도, 서열척도, 등간척도, 비율척도의 특징을 실생활에서 사용하는 예를 두 가지씩 포함하여 각각 설명하시오.

04

■ 2020년 제 3회 출제
2021년 제 1회 출제

명목척도, 서열척도, 등간척도, 비율척도의 특징을 각각 한 가지씩의 예를 포함하여 설명하시오.

01~04
〈측정수준〉
자료에 대한 통계분석 방법 결정시 가장 중요하게 고려해야 할 측정의 요소

■ **명목척도**
측정 대상의 속성을 분류하거나 상호배타적인 범주로 나누고 각 범주에 대해 숫자를 부여한 경우
- 일반적으로 가장 적은 정보를 제공해주는 측정수준
- 계량적 의미를 가지지 못 함.
- 측정의 각 응답 범주들이 상호 배타적이어야 함.
- 하나의 측정 대상이 두 개의 값을 가질 수는 없음.
- 변수 간의 사칙연산은 의미가 없음
  예) 성별, 종교, 운동선수 등번호, 학번, 주민등록번호, 도서분류번호, 자동차번호, 출신지역 등

■ **서열척도**
측정대상의 속성을 파악하여 측정 대상 간의 순위를 부여한 경우
- 매겨진 숫자가 가지고 있는 의미가 있어 대상끼리의 평가가 가능하나, 어느 정도의 차이인지는 알 수 없음.
- 중앙값, 순위상관관계, 비모수통계검증 등의 통계방법에 주로 활용되는 척도유형
  예) 리커트 5점 척도, 학년, 암의 진행정도, 교육수준(중졸 이하, 고졸, 대졸 이상) 등

■ **등간척도**
측정대상의 속성에 대한 순위를 부여하되 순위 사이의 간격이 동일한 경우
- 순위를 부여할 뿐만 아니라 어느 정도 큰지 숫자 간의 의미가 있음.
- 절대적인 0을 가지지 않고, 임의적인 0만을 가지고 있음.
  예) 온도(기온), IQ 등

■ **비율척도**
절대적인 기준을 가지고 속성의 상대적 크기비교 및 절대적 크기까지 측정할 수 있도록 비율의 개념이 추가된 것
- 등간측정의 성격을 모두 가지고 있으면서, 절대 영점이 존재
- 수치상 가감승제와 같은 모든 산술적인 사칙연산 가능
- 비율척도로 측정된 값들이 가장 많은 정보를 포함하고 있음.
  예) 몸무게, 저축금액, 청년실업자수, 각 나라의 국방 예산, 각 나라의 일인당 평균 소득, 각 나라의 일인당 교육 년 수, '원' 단위로 조사한 월평균 소득금액

명목척도 → 서열척도 → 등간척도 → 비율척도 순으로 담고 있는 정보의 양이 많으며, 보다 정밀한 분석방법이 적용될 수 있음.

5 척도의 구성

(1) 리커트 척도

- **리커트(Likert)척도**
  서열측정을 위한 방법으로 단순합산법을 사용하는 대표적인 척도로서 총화평정척도라고도 함
  태도척도에서 부정적인 극단에는 1점을, 긍정적인 극단에는 5점을 부여한 후, 전체 문항의 총점 또는 평균을 가지고 태도를 측정하는 척도로서 총화평정척도라고도 함.
  - 적은 문항으로도 높은 타당도를 얻을 수 있어서 매우 경제적임.
  - 한 항목에 대한 응답의 범위에 따라 측정의 정밀성을 확보할 수 있음.
  - 응답 카테고리가 명백하게 서열화 되어 응답자에게 혼란을 주지 않음.
  - 엄격한 의미에서의 등간척도가 될 수 없음.
  - 각 문항의 점수를 더한 총점으로는 각 문항에 대한 응답의 강도를 정확히 알 수 없음.
  - 척도가 측정하고자 하는 개념을 제대로 측정하고 있는지의 문제가 여전히 남음.

- **리커트(Likert)척도를 작성하는 기본절차**
  ① 척도문항의 선정과 척도의 서열화
  ② 응답범주에 대한 배점과 응답자들의 총점순위에 따른 배열
  ③ 상위응답자들과 하위응답자들의 각 문항에 대한 판별력의 계산

01
■ 2020년 제 3회 출제

리커트(Likert)의 총화평정법(Summated Rating)은 일반적으로 실용성이 높고 효과가 있다고 평가된다. 이러한 리커트 척도의 구체적 구성절차를 간략히 서술하시오.

01
■ **리커트 척도의 구성 절차**
① 질문문항에 대한 응답범주를 작성
② 응답범주에 대한 가중치 부여 (예 리커트 5점 척도 – 1: 전혀 그렇지 않다 ~ 5: 매우 그렇다)
③ 응답자로부터 응답을 얻어낸 후 총합 또는 평균 계산
④ 척도 문항 분석

(2) 서스톤 척도

> ■ **서스톤척도(Thurston Scale)**
> 어떤 사실에 대하여 가장 우호적인 태도와 가장 비우호적인 태도를 나타내는 양극단을 등간격으로 구분하여 여기에 수치를 부여하는 등간척도
> - 대체로 11점 척도로 구성되어 있음.
> - 각 문항에 대한 전문 평가자들의 의견 일치도가 높은 항목들을 골라서 척도를 구성하는 것
> - 특정 개념을 측정하기 위해 연구자가 수집한 여러 가지의 관련 진술에 대하여 평가자들이 판단을 내리도록 한 후 이를 토대로 각 진술에 점수를 부여함. 이렇게 얻어진 진술을 실제 측정하고자 하는 척도의 구성항목으로 포함시킴.
> - 최종적으로 구성된 척도는 동일한 간격을 지닐 수 있음.

01
■ 2014년 제 2회 출제

서스톤 척도의 의미를 쓰고 다른 척도와 비교할 때 이 방법의 장·단점을 한 가지씩 쓰시오.

02
■ 2017년 제 2회 출제

서스톤척도(Thurstone Scale)의 개발과정을 3단계로 구분하여 설명하시오.

01~02
■ **서스톤척도(Thurston Scale)**
- 대체로 11점 척도로 구성되어 있음.
- 각 문항에 대한 전문 평가자들의 의견 일치도가 높은 항목들을 골라서 척도를 구성하는 것
- 특정 개념을 측정하기 위해 연구자가 수집한 여러 가지의 관련 진술에 대하여 평가자들이 판단을 내리도록 한 후 이를 토대로 각 진술에 점수를 부여함. 이렇게 얻어진 진술을 실제 측정하고자 하는 척도의 구성항목으로 포함시킴.

① 서스톤척도의 개념
   어떤 사실에 대하여 가장 우호적인 태도와 가장 비우호적인 태도를 나타내는 양극단을 등간격으로 구분하여 여기에 수치를 부여하는 등간척도
② 서스톤척도의 장점
   - 등간척도로 최종적으로 구성된 척도는 동일한 간격을 지닐 수 있다.
   - 척도의 타당성을 높여주는 데 기여한다.
③ 서스톤척도의 단점
   - 각 문항에 대한 전문 평가자들의 의견 일치도가 높은 항목들을 골라서 척도를 구성하기 때문에 척도 개발에 많은 시간과 인원이 소요된다.
   - 평가자의 판단에 의해 척도를 구성하므로 평가자의 주관 개입 가능성이 높다.

■ **서스톤척도의 작성 절차**
① 연구자가 연구하고자 하는 태도와 관련된 문항을 수십 또는 수백 개 정도의 다양한 질문 문항을 수집한다.
② 다수의 평가자들로 하여금 이들 문항들에 대한 선호 정도를 측정한다.
③ 평가자 개개인이 판단하여 위치시킨 점을 각 문항의 점수로 하여 평가자들의 수로 나눈 척도값(평균값)을 계산하고, 점수분포가 지나치게 분산된 문항들은 원칙적으로 태도가 불분명한 것으로 간주하여 채택하지 않는다.
④ 남은 문항들 중에서 태도의 한 극단에서 다른 극단에 고르게 분포되도록 문항들을 선정하여 척도를 구성한다.

(3) 보가더스척도

■ 보거더스척도(Bogardus Social Distance Scale)
인종, 사회계급과 같은 여러 가지 형태의 사회집단에 대한 사회적 거리를 측정하기 위한 척도
- 서열척도
- 주로 인종이나 민족, 가족구성원이나 사회집단 간의 사회심리적 거리감을 측정하기 위하여 개발된 척도로 사회적 거리척도라고도 함.
- 적용 범위가 넓고 예비조사에 적합한 면이 있음.
- 집단 상호 간의 거리를 측정하는 데 유용
- 집단뿐 아니라 개인 또는 추상적인 가치에 관해서도 적용 가능

예)

문항	중국인	미국인	일본인	한국인
[1] 결혼하여 가족으로 받아들임				
[2] 개인적인 친구로 클럽에 받아들임				
[3] 이웃으로 우리 동네에 받아들임				
[4] 같은 직장에서 일함				
[5] 우리나라 국민으로 받아들임				
[6] 우리나라 방문객으로 받아들임				
[7] 우리나라에서 추방함				

01
■ 2020년 제3회 출제

보가더스(Bogardus)가 개발한 사회적 거리척도에 대해 간략히 설명하시오.

01

■ **보거더스척도(Bogardus social distance scale)**
인종, 사회계급과 같은 여러 가지 형태의 사회집단에 대한 사회적 거리를 측정하기 위한 척도
- 서열척도
- 주로 인종이나 민족, 가족구성원이나 사회집단 간의 사회심리적 거리감을 측정하기 위하여 개발된 척도로 사회적 거리척도라고도 함.
- 적용 범위가 넓고 예비조사에 적합한 면이 있음.
- 집단 상호 간의 거리를 측정하는 데 유용
- 집단뿐 아니라 개인 또는 추상적인 가치에 관해서도 적용 가능

예

문항	중국인	미국인	일본인	한국인
[1] 결혼하여 가족으로 받아들임				
[2] 개인적인 친구로 클럽에 받아들임				
[3] 이웃으로 우리 동네에 받아들임				
[4] 같은 직장에서 일함				
[5] 우리나라 국민으로 받아들임				
[6] 우리나라 방문객으로 받아들임				
[7] 우리나라에서 추방함				

(4) 의미분화척도

■ 어의차이척도(Semantic Differential Scale) / 의미분화척도
어떤 대상에 대해 서로 상반되는 두 개의 형용사를 배치하여 대상의 속성에 대한 평가를 내리도록 하는 척도로 양극단에 서로 상반되는 형용사나 표현을 이용해서 측정하는 척도방법으로 의미분화척도라고도 함.
- 의미적 공간에 어떤 대상을 위치시킬 수 있다는 이론적 가정에 기초, 어떠한 개념에 함축되어 있는 의미를 평가하기 위한 방법으로 고안됨.
- 조사대상에 대한 프로파일분석에 유용하게 사용
- 하나의 개념을 주고 응답자들로 하여금 여러 가지 의미의 차원에서 그 개념을 평가하도록 함.
- 측정된 자료는 요인분석 등과 같은 다변량 분석의 적용이 가능함.
- 양적 판단법으로 다변량 분석에 적용이 용이하도록 자료를 얻을 수 있게 해주는 방법
- 마케팅조사에서 기업이나 브랜드, 광고에 대한 이미지, 태도 등의 방향과 정도를 알기 위해 널리 이용됨.

예) 민주주의에 대해서 다음 4가지 차원에 응답자들에게 평가하도록 한 질문지

차원		매우 약간 보통 약간 매우	
평가	좋다	1　2　3　4　5	나쁘다
체제 능력	강하다	1　2　3　4　5	약하다
평등도	평등하다	1　2　3　4　5	불평등하다
권력 분산도	집중되다	1　2　3　4　5	분산되다

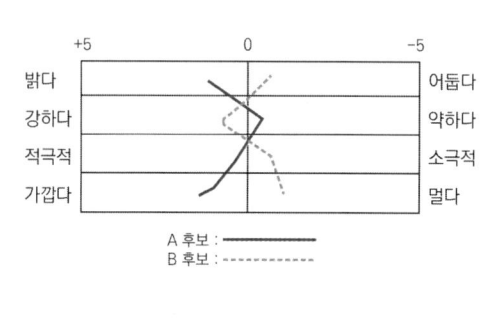

01

의미분화척도를 간략히 설명하고 제품디자인의 기능성을 측정하는 3개 문항을 7점 척도로 작성하시오.

■ 2011년 상반기 출제

02

어의차이척도의 특징을 4가지 서술하시오.

■ 2021년 제 3회 출제

01~02

■ **어의차이척도(Semantic Differential Scale)**

① 어떤 대상에 대해 서로 상반되는 두 개의 형용사를 배치하여 대상의 속성에 대한 평가를 내리도록 하는 척도로 양극단에 서로 상반되는 형용사나 표현을 이용해서 측정하는 척도방법으로 의미분화척도라고도 함.
- 의미적 공간에 어떤 대상을 위치시킬 수 있다는 이론적 가정에 기초, 어떠한 개념에 함축되어 있는 의미를 평가하기 위한 방법으로 고안됨.
- 조사대상에 대한 프로파일분석에 유용하게 사용
- 하나의 개념을 주고 응답자들로 하여금 여러 가지 의미의 차원에서 그 개념을 평가하도록 함.
- 측정된 자료는 요인분석 등과 같은 다변량 분석의 적용이 가능함.
- 양적 판단법으로 다변량 분석에 적용이 용이하도록 자료를 얻을 수 있게 해주는 방법
- 마케팅조사에서 기업이나 브랜드, 광고에 대한 이미지, 태도 등의 방향과 정도를 알기 위해 널리 이용됨.

② 의미분화 척도법의 사례

해당 제품의 기능성에 대해 아래 척도에 표기해 주십시오.

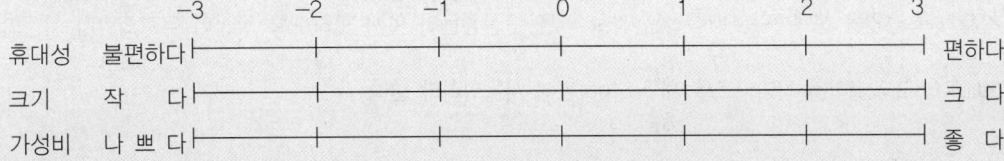

(5) 소시오메트리

> ■ **사회성측정법(Sociometry ; 소시오메트리 척도)**
> 집단 내의 의사소통 및 상호작용 패턴에 관한 자료를 수집하고 분석하여 그 빈도와 강도에 따라 집단구조를 이해하는 척도방법
> - 집단 내의 개인 간의 심리적 거리를 측정
> - 집단결속력의 정도를 저울질하는 데 사용
> - 조사대상인원이 소수일 때 적용이 용이
> - 통계학에서 다루는 조합의 원리가 적용

01
■ 2012년 하반기 출제

소시오메트리는 집단 내의 개인 간의 친화 및 반발의 관계를 측정하는 방법이다. 이를 성공적으로 수행하기 위한 요건 다섯 가지를 쓰시오.

02
■ 2021년 제1회 출제

소시오메트리를 성공적으로 수행하기 위한 요건 여섯 가지를 쓰시오.

01~02

■ **소시오메트리 적용을 위한 요건**
- 집단 구성원 간에 감정적인 유대가 형성될 수 있을 만큼 충분한 시간이 경과되어야 한다.
- 구성원들 간에 개인적인 유대가 가능하리만큼 집단의 규모가 작아야 한다.
- 사용되는 질문문항은 구성원들이 충분히 이해할 수 있도록 만들어져야 한다.
- 피조사자에게 집단의 한계를 명백히 규정해 주어야 한다.
- 피조사자는 일정한 기준에 의해 사람들을 선택하고 배척하여야 한다.
- 피조사자는 선택과 배척할 사람의 수에 어떤 제한을 받아서는 안 된다.
- 피조사자가 특정인을 선택 또는 배척하는 것을 다른 구성원들이 알지 못하도록 비밀이 유지되면서 시행되어야 한다.
- 소시오메트리 조사결과는 집단구조를 재구조화하는데 사용되어야 한다.

03 설문시안 작성하기

> **출제기준**
> 1. 정확한 응답을 얻기 위하여 설문 항목들을 구조화할 수 있다.
> 2. 설문의 흐름에 따라 지문을 삽입할 수 있다.
> 3. 구조화된 설문내용을 토대로 설문 시안을 작성할 수 있다.

1 설문지 작성 시 유의사항

개별 질문항목 작성
꼭 필요한 내용인가?
응답자가 필요한 정보를 알고 있는가?
응답자가 그 정보를 제공해 줄 수 있는가?
한 문장으로 충분한가?
응답항목 형태 결정
개방형/폐쇄형 질문 선택
직접/간접 질문 선택 등

- **질문지 작성 시 요구되는 원칙**
  명확성, 간결성, 가치중립성, 상호배타성, 포괄성 등

- **질문지 작성 시 고려해야 할 사항**
  - 질문의 의미가 명확하고 간결해야 하며, 모호한 질문은 피해야 함.
  - 추상적인 개념에 대해 조작적 정의가 필요
  - 질문은 되도록 짧을수록 좋고 부연설명이나 단어의 중복 사용은 피해야 함.
  - 편견에 치우친 항목과 용어를 지양하고, 특정한 대답을 암시하거나 유도해서는 안 됨.
  - 질문은 그 자체로서 의미가 명확히 전달될 수 있도록 구성
  - 복합적인 질문을 피하고, 두 개 이상의 질문을 하나로 묶지 말아야 함.
  - 질문의 용어는 응답자 모두가 이해할 수 있도록 이해력이 낮은 사람의 수준에 맞춰야 함.
  - 필요한 정보의 종류, 측정방법, 분석할 내용, 분석의 기법까지 모두 미리 고려된 상황에서 질문지를 작성해야 함.

- **질문지 작성 시 질문의 순서를 결정할 때 고려할 사항**
  - 시작하는 질문은 응답자의 흥미를 유발하는 것으로 쉽게 대답할 수 있는 것으로 배치
  - 응답자들의 관심을 끌 수 있는 일반적인 내용의 질문은 앞부분에 배치
  - 단순한 내용의 질문은 복잡한 내용의 질문보다 먼저 제시되어야 함.
  - 문항이 담고 있는 내용의 범위가 넓은 것에서부터 점차 좁아지도록 배열하는 것이 좋음.
  - 간단한 내용의 질문이라도 응답자들이 응답하기를 주저하는 내용(인적사항, 사생활 등)의 질문은 가급적 마지막에 배치

- 논리적인 순서에 따라 배열함으로써 응답자 자신도 조사의 의미를 찾을 수 있도록 함.
- 설문항목의 배치는 자료수집의 형태에 따라 달라질 수 있음.
- 연상작용을 일으키는 문항들은 간격을 멀리 떨어뜨려 놓아야 함(이전효과란 설문지 문항 배열에서 앞의 질문과 응답내용이 뒤의 질문에 대한 응답에 영향을 미치는 것).

■ 질문지 작성과정
- 자료수집방법의 결정 → 질문내용의 결정 → 질문형태의 결정 → 질문순서의 결정
- 필요한 정보의 결정 → 자료수집방법의 결정 → 질문형태의 결정 → 개별항목의 결정 → 질문의 순서 결정 → 초안 완성 → 사전조사 → 질문지의 완성
- 필요한 정보의 결정 → 개별 항목의 내용결정 → 질문 형태의 결정 → 질문순서의 결정 → 설문지의 완성

	자료수집방법의 결정	질문내용의 결정	질문형태의 결정		질문순서의 결정			
필요한 정보의 결정	자료수집방법의 결정		질문형태의 결정	개별항목의 결정	질문의 순서 결정	초안 완성	사전조사	질문지의 완성
필요한 정보의 결정		개별 항목의 내용결정	질문형태의 결정		질문순서의 결정			설문지의 완성

필요한 정보의 결정 → 자료수집방법의 결정 → 개별항목 내용의 결정 → 질문형태의 결정 → 개별항목의 결정 → 질문순서의 결정 → 질문지의 초안 완성 → 질문지의 사전조사 → 질문지의 완성

■ 질문지의 지시문에 들어갈 내용
연구목적, 연구자 신분, 표집방법 등

■ 응답률을 높이는 방법
질문배열 순서의 조정, 솔직한 응답의 필요성 강조, 비밀과 익명성의 보장 강조

01

■ 2014년 제1회 출제

질문지 조사에서 선택지를 만들 때 적용되는 포괄성과 상호배제성의 개념을 설명하시오.

01
■ 포괄성과 상호배제성
① 포괄성의 의미
응답의 선택 항목은 응답 가능한 항목을 모두 제시해 주어야 한다.
② 상호배제성의 의미
응답의 선택 항목들은 내용이나 범위가 서로 중복되지 않도록 표현해야 한다.

02

설문문항 작성 시 고려해야 할 포괄성과 상호배제성을 예를 들어 설명하시오.

■ 2012년 상반기 출제

02
■ **포괄성과 상호배제성에 위배되는 질문**

① 포괄성에 위배되는 질문
  귀하의 연령은 무엇입니까?
  ㉠ 10세 이상 20세 미만
  ㉡ 20세 이상 30세 미만
  ㉢ 30세 이상 40세 미만
  ㉣ 40세 이상
  → 위와 같은 응답범주는 10세 미만의 응답을 포함하고 있지 않기 때문에 포괄성에 위배되는 질문이다.

② 상호배제성에 위배되는 질문
  귀하의 연령은 무엇입니까?
  ㉠ 10세 미만
  ㉡ 10세~20세
  ㉢ 20세~30세
  ㉣ 30세~40세
  ㉤ 40세 이상
  → 위와 같은 응답범주는 서로 중복되어 있어 각 항목이 상호배타적이 되지 않기 때문에 상호배제성에 위배되는 질문이다.

03
질문지의 문항을 배열할 때 일반적으로 고려해야 할 사항 세 가지를 쓰시오.

■ 2014년 제2회 출제

04
질문지 작성 시 질문문항들의 배열 및 순서상의 유의사항을 네 가지만 쓰시오.

■ 2017년 제2회 출제

05
질문지의 문항을 배열할 때 일반적으로 고려해야 할 사항 3가지를 쓰시오.

■ 2018년 제2회 출제

06
설문지 조사 시 질문항목의 순서를 정할 때 고려해야 할 사항 세 가지를 적으시오.

■ 2012년 상반기 출제

07
질문지 문항을 배치할 때 유의점 다섯 가지를 쓰시오.

■ 2014년 제1회 출제
■ 2021년 제2회 출제

08
조사에서 설문의 순서를 정할 때 고려해야 할 사항 세 가지만 쓰시오.

■ 2017년 제1회 출제

03~08
■ **질문지 배열 시 고려사항**
- 민감한 문제들은 설문지의 뒤에 배치한다.
- 개인 사생활에 관한 질문과 같이 민감한 질문은 가급적 뒤로 배치하는 것이 좋다.
- 문항이 담고 있는 내용의 범위가 넓은 것에서부터 점차 좁아지도록 배열하는 것이 좋다.
- 간단한 내용의 질문이라도 응답자들이 응답하기를 주저하는 내용의 질문은 가급적 마지막에 배치해야 한다.
- 부담감 없이 쉽게 응답할 수 있는 단순한 내용의 질문은 복잡한 내용의 질문보다 먼저 제시되어야 한다.
- 응답자들의 관심을 끌 수 있는 일반적인 내용의 질문은 앞부분에 제시되어야 한다.
- 동일한 척도항목들은 모아서 배열한다.

09

설문지 개별 항목 작성 시 유의사항 5가지는 무엇인가?

■ 2020년 제 3회 출제
2021년 제 2회 출제

09
■ 질문지 작성 시 고려해야 할 사항
- 질문의 의미가 명확하고 간결해야 하며, 모호한 질문은 피해야 함.
- 추상적인 개념에 대해 조작적 정의가 필요
- 질문은 되도록 짧을수록 좋고 부연설명이나 단어의 중복 사용은 피해야 함.
- 편견에 치우친 항목과 용어를 지양하고, 특정한 대답을 암시하거나 유도해서는 안 됨.
- 질문은 그 자체로서 의미가 명확히 전달될 수 있도록 구성
- 복합적인 질문을 피하고, 두 개 이상의 질문을 하나로 묶지 말아야 함.
- 질문의 용어는 응답자 모두가 이해할 수 있도록 이해력이 낮은 사람의 수준에 맞춰야 함.
- 필요한 정보의 종류, 측정방법, 분석할 내용, 분석의 기법까지 모두 미리 고려된 상황에서 질문지를 작성해야 함.

04 설문지 완성하기

> **출제기준**
> 1. 사전조사를 통하여 설문지 문제점을 점검할 수 있다.
> 2. 사전조사결과를 토대로 설문 내용을 보완할 수 있다.
> 3. 보완된 설문지를 바탕으로 최종설문지를 완성할 수 있다.

1 설문지의 문제점 점검

- **설문지 사전검사(Pre-test)**
  질문지 초안이 작성된 후 마지막 단계에서 질문지의 문제점을 찾아내기 위한 작업
  - 응답자들이 조사내용을 분명히 이해할 수 있는지의 여부를 확인하기 위해 실시되는 조사
  - 본 조사에서 사용하고자 하는 방법과 동일하게 시행
  - 질문들이 갖는 문제점을 찾아내어 명료하게 수정하기 위한 목적
  - 반드시 많은 수의 응답자를 상대로 실시할 필요는 없음.

- **설문지 사전검사(Pre-test)의 주된 목적**
  - 설문지의 확정 전에 질문들이 갖고 있는 문제 파악
  - 응답자체의 거부 여부
  - 응답에 일관성이 있는지의 여부 확인
  - 응답이 한쪽으로 치우치지 않는지 확인
  - 한쪽에 치우치는 응답이 나오는가의 여부
  - 질문 순서가 바뀌었을 때 응답에 실질적 변화 확인
  - 무응답, 기타응답이 많은 경우 확인

01 ■ 2020년 제 3회 출제

이전에 사용했던 질문지를 다시 사용함으로써 얻을 수 있는 효과 3가지는 무엇인가?

01
■ 질문지 작성 시에 기존의 질문을 다시 사용함으로써 기대할 수 있는 긍정적 효과
- 질문지 작성에 소요되는 시간과 비용 감소
- 기존의 연구를 통해 검증된 질문을 이용하여 신뢰도와 타당성 보장
- 기존의 결과를 검토하여 심층적 분석이 가능

02

설문지 사전검사에서 응답자들로부터 기대했던 응답의 분산을 얻어내지 못했을 때 설문지의 수정방법을 설명하시오.

■ 2013년 제 3회 출제

03

좋은 질문지가 되기 위한 사항을 나열하시오.

■ 2011년 하반기 출제

02
■ **설문지 수정 방법**
- 응답이 한쪽으로 편중된 경우 상투적, 편향적 용어를 사용하였는지 검토하여 객관적, 중립적 용어로 수정한다.
- 무응답이 많을 경우 질문 자체를 재검토하거나 간접질문을 사용한다.
- "기타", "모른다"와 같은 응답이 많은 경우 질문내용이 모호한지를 검토하여 질문내용을 수정한다.
- 유도질문, 암시, 균형감 등 배열 상 문제여부를 재검토한다.
- 전문가와 추가적으로 내용을 조사한다.

03
■ **좋은 질문지 구성**
- 포괄성 : 응답 가능한 항목을 모두 제시해 주어야 한다.
- 상호배제성(상호배타성) : 응답 항목들 간의 내용이 중복되어서는 안 된다.
- 명확성 : 가능한 한 뜻이 애매한 단어와 상이한 단어의 사용은 회피하고 쉽고 명확한 단어를 사용한다.
- 쉬운 단어사용 : 학술적인 단어 또는 외래어 사용을 피한다.
- 간결성 : 질문은 짧을수록 좋고 부연설명이나 단어의 중복사용은 피해야 한다.
- 균형성 : 상반된 의견이 있을 경우 양쪽 의견을 같은 비중으로 다루어야 한다.
- 적절한 언어사용 : 응답자의 수준에 맞는 언어를 사용한다.
- 단순성 : 복합적인 질문을 피하여 두 개 이상의 질문을 하나로 묶지 말아야 한다.
- 가치중립성 : 질문은 가치중립적이어야 하며 특정 대답을 암시하거나 유도해서는 안 되고, 편견이 들어가 있는 질문은 피한다.

04

다음 설문의 문제점 두 가지를 쓰시오.

> 우리나라 정치 수준은 어느 정도라고 생각하십니까?
> 1) 매우 높은 수준
> 2) 높은 수준
> 3) 높지도 낮지도 않은 수준
> 4) 낮은 수준
> 5) 매우 낮은 수준
> 6) 모르겠음

■ 2010년 하반기 출제

05

질문지를 작성함에 있어 다음 질문의 문제점을 쓰고, 보다 적합한 형태의 질문으로 수정하시오.

> 귀하께서는 현재 근무하는 회사의 임금수준과 작업조건에 대해 만족하고 계십니까?
> ① 문제점 :
> ② 수정된 질문
> •
> •

■ 2020년 제3회 출제

04
■ **설문의 문제점**
① 단어선택의 오류
  • 질문지 작성 시 일반적으로 간단명료한 단어를 사용해야 한다.
  • '높지도 낮지도 않은 수준'을 단순한 '보통 수준'으로 수정한다.
② 판단보류범주
  '모르겠음'과 같은 응답 범주는 가급적 사용하지 않는다.

05
■ **단순성 위배**
① 문제점: 하나의 질문항목으로 두 가지 질문을 했으므로 단순성에 위배된다.
② 수정된 질문
  • 귀하께서는 현재 근무하는 회사의 임금수준에 대해 만족하고 계십니까?
  • 귀하께서는 현재 근무하는 회사의 작업조건에 대해 만족하고 계십니까?

06

"정장과 캐주얼의상을 파는 상점들 간의 경쟁이 치열합니까?"라는 질문방식의 문제점을 지적하고 질문을 올바르게 고치시오.

07

설문지 작성 후 설문조사를 하기 전에 현지에 나가서 소수의 응답자를 대상으로 사전검사(Pre-test)를 할 필요가 있다. 사전검사에서 검토해야 할 사항 네 가지만 쓰시오.

08

사전검사의 목적을 쓰고, 실행방법 두 가지를 설명하시오.

06
■ 질문지의 문제점
① 질문지의 문제점
  ㉠ 명확성의 오류
    • 정장을 파는 상점인지 캐주얼의상을 파는 상점인지 정장과 캐주얼의상을 모두 파는 상점인지 명확하지 않다.
    • 경쟁은 가격경쟁, 홍보경쟁, 세일경쟁 등 여러 가지 경쟁이 있으며 어떤 경쟁인지 명확하지 않다.
  ㉡ 가치중립성의 오류
    "치열합니까?"라는 질문은 유도형 질문으로 특정 대답을 암시하고 있으므로 가치중립성에 위배 된다.
② **수정된 질문** : 정장을 파는 상점과 캐주얼의상을 파는 상점 간에 가격경쟁의 정도는 어떻다고 생각하십니까?

07~08
[사전검사의 목적]
① 설문지의 확정 전에 질문들이 갖고 있는 문제 파악
  • 중요한 응답항목을 누락하지는 않았는지 검토
  • 응답이 한쪽으로 치우치지 않는지 확인
  • "모른다" 등과 같이 판단유보범주의 응답이 많은지 검토
  • 무응답, 기타응답이 많은 경우 확인
  • 질문 순서가 바뀌었을 때 응답의 실질적 변화 확인
② 본조사에 필요한 자료수집
  • 면접장소
  • 조사에 걸리는 시간
  • 현지조사에서 필요한 협조사항
  • 기타 조사상의 애로점 및 타개방법
  • 조사원들을 훈련한다.
  • 본조사의 결과와 비교할 수 있는 자료를 얻는다.

[사전검사의 실행방법]
• 본조사와 동일하게 실시한다.
• 본조사와 달리 소수의 인원으로 실시한다.

2 체계적 오차와 비체계적 오차

- **측정의 오류 / 측정오차(Error of Measurement)**
  측정값에서 참값을 뺀 값을 측정오차라고 하며, 양수일 수도 있고 음수일 수도 있음.

  $$측정오차 = 측정값 - 참값$$

- **체계적 오차(Systematic Error)**
  - 항상 일정한 방향으로 작용하는 편향(bias)으로 체계적 오차는 오차가 일정하거나 또는 치우쳐 있음.
  - 체계적 오차의 주요 발생원인은 사회적 바람직성 편견, 문화적 편견 등이 있음.

- **비체계적 오차 / 무작위적 오차(Random Error)**
  - 측정대상, 측정과정, 측정수단 등에 따라 일관성 없이 영향을 미침으로써 발생하므로 상호상쇄(self-compensation)되는 경향도 있음.
  - 인위적이지 않아 오차의 값이 다양하게 분산되며, 상호 상쇄되는 경향도 있음.
  - 비체계적 오차는 일관적 영향 패턴을 가지지 않고 측정을 일관성 없게 만듦.
  - 설문문항이 지나치게 많을 경우 발생하기 쉬움.

- **비체계적 오류를 줄이는 방법**
  - 측정항목의 모호성을 제거함.
  - 측정항목 수를 가능한 한 늘림.
  - 중요한 질문을 2회 이상 동일한 질문이나 유사한 질문을 함.
  - 측정의 오차를 피하기 위해 간과했을 수도 있는 편견이나 모호함을 찾아내기 위해 동료들의 피드백을 얻음.
  - 측정자의 잘못으로 발생할 수 있음.
  - 측정자나 피측정자가 지니는 지적 사고력이나 판단력에 기인함.
  - 측정소재와 관련되거나 시·공간에 제약 때문에 발생함.

  신뢰성은 비체계적 오차(Random Error)와 관련된 개념
  타당성은 체계적 오차(Systematic Error)와 관련된 개념

01
체계적 오차와 비체계적 오차에 대해 설명하시오.

■ 2010년 상반기 출제

02
체계적 오차와 비체계적 오차의 의미를 쓰시오.

■ 2015년 제 1회 출제

03
체계적 오차(Systematic Error)와 비체계적 오차(Random Error)에 대해 설명하시오.

■ 2019년 제 1회 출제

04
체계적 오차와 비체계적 오차에 대해 설명하시오.

■ 2019년 제 2회 출제

01~04

■ **체계적 오차와 비체계적 오차**

① **체계적 오차**
　체계적 오차는 항상 일정한 방향으로 작용하는 편향(bias)으로 측정대상에 어떠한 영향이 체계적으로 미침으로써 오차가 일정하거나 또는 치우쳐 있다. 일정한 방향성을 갖는 오차로 측정의 타당성과 관련이 있다.

② **비체계적 오차**
　측정과정에서 우연적이며 가변적인 일시적 형편에 의해 측정 결과에 대한 영향을 미치는 불규칙적인 오차로 측정의 신뢰성과 관련이 있다.

05

■ 2018년 제3회 출제

측정과정에서 발생할 수 있는 오차의 원인을 세 가지만 쓰시오.

05

■ 측정오차의 원인
- 설문내용이 모호하거나 응답하기 어려운 경우와 같이 측정도구에 의한 원인
- 측정태도의 가변성에 의해 발생하는 측정자에 의한 원인
- 연구대상으로 표본이 부적합한 경우와 같이 측정대상에 의한 원인
- 측정자에 의한 오차 – 측정태도의 가변성에 따라 결과가 달라질 수 있다.
- 측정대상에 의한 오차 – 측정 대상들의 편견(고정반응, 사회적 적절성 편견, 문화적 차이)
- 측정도구와 측정대상자의 상호작용
- 측정 방법 상의 문제 – 측정방법(전화조사, 면접조사, 우편조사 등)에 따라 결과가 달라질 수 있다.
- 인간의 지적 특수성에 의한 오차
- 사회적으로 바람직하다고 생각하는 편향에 의한 오차
- 환경적인 요인의 변화 – 시간 장소적인 제약에서 오는 오차

3 타당도

> 측정값 = 참값 + 비체계적 오차(무작위오차/확률오차) + 체계적 오차

- **사회조사에서 측정할 때 고려해야 할 사항**
  - 측정하고자 하는 내용을 제대로 측정하고 있는가에 대한 타당성의 문제
  - 반복적으로 측정했을 때 같은 결과를 얻을 수 있는가에 관한 신뢰성의 문제

- **타당도**
  측정도구가 실제로 측정하고자 하는 개념이 정확히 측정되었는가의 정도
  - 측정의 타당성을 높이기 위해서는 측정하고자 하는 개념에 대하여 적절한 조작적 정의(operational definition)를 갖는 것이 중요함. 여러 가지 조작적 정의를 이용해 측정을 하고, 각 측정값 사이의 상관관계를 조사하여 타당도를 구함.
  - 일반적으로 측정의 타당성을 경험적으로 검증하는 일은 측정의 신뢰성(reliability)을 검증하는 것보다 어려움.
  - 내적타당도 : 측정된 결과가 실험 변수의 변화 때문에 일어난 것인가에 관한 문제
  - 외적타당도 : 연구결과의 일반화 가능성에 대한 것
  - 일반적으로 내적타당도를 높이고자 하면 외적타당도가 낮아지고, 외적타당도를 높이고자 하면 내적타당도가 낮아짐.

내용타당도 (Content Validity): 논리적 타당도라고도 함.	• 측정을 위해 개발한 도구가 측정하고자 하는 대상의 정확한 속성값을 얼마나 포괄적으로 포함하고 있는가를 나타내는 타당도 • 타당성 중에서 연구자가 설계한 측정도구 자체가 측정하려는 개념이나 속성을 제대로 대표하고 있는지의 여부를 나타내는 것 • 측정대상과 관련된 이론들을 판단기준으로 사용 • 관련 분야 전문가들의 자문을 구한다. 전문가의 판단에 기초함. • 조사자의 주관적 해석과 판단에 의해 결정되기 쉬움. • 문항구성이 측정하고자 하는 내용을 얼마나 잘 반영하고 있는지 델파이조사, 패널토의나 워크숍 등 전문가들의 판단에 의거하여 타당도에 관한 의견을 수렴함. 　예 대학수능시험 출제를 위해 대학교수들이 출제를 하고 현직 고등학교 교사들이 검토하여 부적절한 문제를 제외하는 절차를 거침.

기준 관련 타당도
(Criterion Validity):
준거타당도, 실용적 타당도, 경험적 타당도라고도 함.
	통계적인 유의성을 평가하는 것으로, 속성을 측정해줄 것으로 알려진 기준과 측정도구의 측정 결과인 점수 간의 관계를 비교하는 타당도
	• 내용타당도보다 경험적 검증이 용이하다.
	• 경험적 근거에 의해 타당도를 확인하는 방법
	• 기존의 신뢰도와 타당도가 검증된 측정도구에 의한 측정결과와 어느 정도 관련성이 있는지 나타내주는 타당도
	
	■ 동시적 타당도(동시타당도 ; Concurrent Validity)
	• 동일 시점에서 검사와 준거를 동시에 측정하여 상관을 계산
	• 신뢰할 수 있는 다른 측정도구와 비교하는 것
	  예 새로 개발된 주관적인 피로감 측정도구를 사용하여 측정한 결과와 이미 검증되고 통용 중인 주관적인 피로감 측정도구의 결과를 비교하여 타당도를 확인하였다.
	
	■ 예측적 타당도(예언타당도 ; Predictive Validity)
	  먼저 실시한 검사 점수와 나중에 측정한 준거점수의 상관을 계산
	  예 대학수학능력시험의 타당도를 평가하기 위해 대학수학능력시험 점수와 대학 진학 후 학업성적과의 상관관계를 조사하는 방법

개념타당도 (Construct Validity): 구성 타당도, 구성체 타당도, 구인 타당도라고도 함.	■ 이론적 구성개념의 이해와 관련된 타당도 • 이론과 관련하여 측정도구의 타당성을 검증한다. 타당도의 개념을 가장 잘 나타냄. • 측정에 의해 얻는 측정값 자체보다는 측정하고자 하는 속성에 초점을 맞춘 타당성 • 통계적 검증을 할 수 있음. ■ 이해타당성(Nomological Validity) • 서로 유사한 여러 개념들을 모두 측정할 수 있는 측정도구일수록 이해타당성이 높음. ■ 집중타당성 또는 수렴타당도(Convergent Validity) • 측정하고자 하는 추상적 개념요인들이 실제로 측정되었는지 나타내는 타당도로, 관련있는 속성끼리 높은 상관을 보임. • 동일한 개념을 서로 상이한 측정도구를 이용해서 측정한 결과값들 간의 상관관계가 높을수록 집중타당성이 높음. ■ 판별타당성(Discriminant Validity) • 해당 속성과 관련없는 변수들과는 낮은 상관을 보임. 다른 개념과는 상관관계가 판이하게 낮아야 한다는 타당도 • 서로 상이한 개념을 동일한 측정도구를 사용해서 측정한 결과값들 간에 상관관계가 낮을수록 판별타당도가 높음. ■ 개념타당성 측정방법 • 다중속성-다중측정 방법 • 요인분석 : 구성하는 문항들 간 상관이 높은 문항들을 묶어줌.

- **외적타당도(External Validity)**
  조사연구결과의 일반화와 관련
  - 실험실(laboratory) 내 실험방법과 비교하여 현지(field) 실험방법이 외적타당도가 높다는 장점이 있다.

  ▶ 외적타당도 저해요인
  - 실험대상자 선정에서 오는 편향과 독립변수 간에 상호작용이 있을 수 있다.
  - 연구의 결과가 일반화될 수 있는가의 여부는 표집뿐만 아니라 생태학적 상황에 의해서도 결정될 수 있다.
  - 검사에 대한 반작용 효과 : 측정 자체가 실험대상자들의 행동을 변화시킬 수 있다.
  - 자료수집의 상황 자체가 일으키는 반작용 효과
  - 연구표본의 대표성 : 모집단으로부터 표본을 추출한 상황이 가장 일반적인 상황에 적용하기 어려운 요인
  - 실험에 대한 반응성 : 실험대상자가 실험에 참여하고 있음을 인식할 때 나타나는 의식적 반응이 연구결과에 영향을 미친 요인
    - 예) 플라시보 효과 : 실험대상자가 심리적인 반응에 의해 변화가 나타나는 요인

- **내적타당도(Internal Validity)**
  인과관계와 관련

  ▶ 내적 타당도 저해요인
  - 시험효과(검사효과)(Testing Effect) : 실험설계에서 측정이 반복됨으로써 얻어지는 학습효과로 인해 실험 대상자의 반응에 영향을 미치는 것
  - 통계적 회귀(Statistical Regression) : 사전측정에서 극단적인 점수를 얻은 경우에 사후측정에서 독립변수의 효과에 관계없이 평균치로 값이 근접하려는 경향
  - 성숙효과(Maturation Effect) : 사전검사와 사후검사 간의 시간간격이 길 때 나타나기 쉬운 내적타당성 저해 요인
  - 실험기간 중 독립변수의 변화가 아닌 피실험자의 심리적·연구통계적 특성의 변화가 종속변수에 영향을 미치는 경우에 해당하는 것
    - 예) 1. 노인들이 요양원에서 사회복지서비스를 받은 후에 육체적으로 약해졌다. 이 결과를 통해 사회복지서비스가 노인들의 신체적 능력을 키우는데 전혀 효과가 없었다고 추론하였다.
    - 2. 체육활동을 진행한 후에 대상 청소년들의 키가 부쩍 자랐다. 이 결과를 통해 체육활동이 청소년의 키 성장에 크게 효과가 있다고 추론하였다.
  - 우연적 사건 : 연구자의 의도와는 상관없이 실험도중 어떤 사건이 우발적으로 발생하여 종속변수가 변화된 경우
  - 도구효과 : 전-후의 테스트가 다른 것으로 실시되었을 때 발생하는 변화
  - 실험대상의 탈락 : 실험과정에서 일부 대상자가 여러 이유로 인해 탈락하는 경우
  - 후광효과 : 어떤 대상이나 사람에 대한 일반적인 견해가 그 대상이나 사람의 구체적인 특성을 평가하는데 영향을 미치는 현상이 발생하는 이유는 어떤 효과에 기인한 것
  - 실험변수의 확산 또는 모방(Diffusion or Imitation of Treatments)

01
개념타당도, 내용타당도, 기준타당도에 대해 설명하시오.

■ 2010년 상반기 출제

02
내용타당성(Content Validity), 기준에 의한 타당성(Criterion-related Validity), 개념타당성(Construct Validity)에 대해 설명하시오.

■ 2013년 제1회 출제

03
내용타당도, 기준타당도, 개념타당도에 대해 설명하시오

■ 2020년 제3회 출제

01~03
① **내용타당도(액면타당도)**
  측정을 위해 개발한 도구가 측정하고자 하는 대상의 정확한 속성값을 얼마나 포괄적으로 포함하고 있는가를 나타내는 타당도로 논리적 타당도라고도 함.
② **기준타당도(준거타당도)**
  척도를 잘 평가할 수 있다고 생각되는 이미 타당성이 입증된 다른 알려진 기준과의 비교를 통해서 척도의 타당성을 검증하는 타당도
③ **개념타당도(구성타당도)**
  - 측정하고자 하는 구성개념을 얼마나 정확하고 충실하게 측정하고 있는지를 나타내는 타당도
  - 측정하고자 하는 추상적 개념이 실제로 측정도구에 의해 제대로 측정되었는지의 정도를 나타내는 타당도

04
개념타당도의 종류 세 가지를 쓰고 간단히 설명하시오.

■ 2011년 하반기 출제

05
개념타당도의 두 가지 종류를 쓰고 설명하시오.

■ 2016년 제 3회 출제

06
개념타당도의 의미를 쓰고, 종류 2가지를 쓰시오.

■ 2019년 제 2회 출제

04~06
이론적 구성개념의 이해와 관련된 타당도로 구성 타당도, 구성체 타당도, 구인 타당도라고도 함.
- 이론과 관련하여 측정도구의 타당성을 검증한다. 타당도의 개념을 가장 잘 나타냄.
- 측정에 의해 얻는 측정값 자체보다는 측정하고자 하는 속성에 초점을 맞춘 타당성
- 통계적 검증을 할 수 있음.

■ **이해타당성(Nomological Validity)**
- 서로 유사한 여러 개념들을 모두 측정할 수 있는 측정도구일수록 이해타당성이 높음.

■ **집중타당성 또는 수렴타당도(Convergent Validity)**
- 측정하고자 하는 추상적 개념요인들이 실제로 측정되었는지 나타내는 타당도로, 관련있는 속성끼리 높은 상관을 보임.
- 동일한 개념을 서로 상이한 측정도구를 이용해서 측정한 결과값들 간의 상관관계가 높을수록 집중타당성이 높음.

■ **판별타당성(Discriminant Validity)**
- 해당 속성과 관련없는 변수들과는 낮은 상관을 보임. 다른 개념과는 상관관계가 판이하게 낮아야 한다는 타당도
- 서로 상이한 개념을 동일한 측정도구를 사용해서 측정한 결과값들 간에 상관관계가 낮을수록 판별타당도가 높음.

■ **개념타당성 측정방법**
- 다중속성-다중측정 방법
- 요인분석 : 구성하는 문항들 간 상관이 높은 문항들을 묶어줌.

07
기준에 의한 타당성(Criterion-related Validity)의 문제점을 세 가지만 쓰시오.

08
실험설계의 타당성을 저해하는 외생변수 다섯 가지를 설명하시오.

09
실험의 내적, 외적타당성을 저해하는 외생변수의 종류 세 가지를 쓰고 설명하시오.

10
내적타당성, 외적타당성 저해하는 외생변수 중 3가지를 작성하시오.

07
기준에 의한 타당성은 측정도구를 잘 평가할 수 있다고 생각되는 독립적 기준과의 비교를 통해서 검증되는 타당성을 의미한다.

■ 문제점
- 기준으로 사용되는 측정도구의 개발이 쉽지 않다.
- 측정에 따른 비용이 발생된다.
- 기준으로 사용하는 속성의 정의가 쉽지 않다.

11

외적타당도와 내적타당도를 저해하는 요인에 대해 쓰시오.

08~11
■ 타당도를 저해하는 외생변수의 종류

▶ 외적타당도
① 연구로 입증된 인과관계를 연구대상 이외의 경우로 확대 일반화시킬 수 있느냐의 문제
② 외적타당도 저해 요인
- 실험 대상자 선정과 실험처리 간의 상호작용
- 다중실험처리 간의 간섭(방해)
- 표본의 편중 : 연구결과를 실제 상황에 일반화 할 수 있으려면 표본이 편중되지 않고 모집단을 대표해야 한다.
- 연구환경과 절차 : 연구의 환경이나 절차들도 모집단의 일반적인 상황과 유사해야 한다.
- 실험조사에 대한 반응성(호손효과) : 조사대상자가 자신이 실험에 참여하고 있다는 것을 의식하지 않아야 한다.
- 플라시보 효과
- 검사의 상호작용 효과

▶ 내적타당도
① 각 변수 간 인과관계를 추론하여 그것이 실험에 의한 진정한 변화에 의한 것인지 판단
② 내적타당도 저해 요인
- 우발적 사건(역사요인) : 조사설계 이전 또는 설계과정에서 전혀 예기치 못했던 통제 불가능한 상황이 타당도를 해치게 된다.
- 선별효과(선택요인) : 조사대상을 실험집단과 통제집단으로 나눌 때 종속변수에 영향을 미칠 수 있는 요인이 어느 한 집단으로 편향되는 경우 타당도를 저해하게 된다.
- 실험효과(검사요인) : 측정이 반복됨으로써 얻어지는 학습효과로 인해 검사 그 자체가 종속변수에 영향을 미치는 경우 타당도를 해치게 된다.
- 조사도구효과 : 사전-사후 검사 시 자료를 수집하는 데 사용되는 도구(질문지, 조사표, 조사원, 조사방법)가 달라지는 경우 측정결과에 영향을 미쳐 타당도를 해치게 된다.
- 성숙효과(성장요인) : 연구기간 중에 시간이 경과함으로써 개인에게 일어나는 신체적 및 심리적 성장이 독립변수의 종속변수에 대한 영향을 불분명하게 하는 요인으로 작용할 수 있어 타당도를 저해하게 된다.
- 사멸효과(상실요인) : 실험 과정에서 실험 대상의 일부가 사망, 기타 사유로 사멸 또는 추적조사가 불가능하게 될 때 실험결과에 영향을 미쳐 타당도를 해치게 된다.
- 통계적 회귀 : 사전측정에서 점수가 아주 높거나 낮은 극단적인 값을 얻을 경우 이를 여러 번 반복 측정하게 되면 평균치로 근사하게 되는 경향으로 타당도를 해치게 된다.
- 모방

12

외생변수의 유형 중 우발적 사건(History), 성숙효과(Maturation Effect), 시험효과(Testing Effect)에 대해 설명하시오.

13

실험설계의 타당성을 저해하는 외생변수 중 우발적 사건(History), 성숙효과(Maturation Effect), 시험효과(Testing Effect)에 대해 설명하시오.

12~13
① 우발적 사건(역사요인) : 연구자의 의도와는 상관없이 조사 설계 이전 또는 설계과정에서 전혀 예기치 못했던 통제 불가능한 상황이 타당도를 해치게 된다.
② 성숙효과(성장요인) : 실험기간 중에 시간의 경과에 따라 조사대상자에게 나타나는 생리적 또는 심리적 변화가 실험에 영향을 미쳐 타당도를 저해하게 한다.
③ 시험효과(검사요인) : 측정이 반복됨으로써 얻어지는 학습효과로 인해 검사 그 자체가 종속변수에 영향을 미치는 경우 타당도를 해치게 된다.

4 신뢰도

- **신뢰도의 개념**
  측정된 결과치의 일관성, 정확성, 예측가능성과 관련된 개념
  - 측정값들 간에 비체계적 오차가 적으면 신뢰성이 높은 측정 결과
  - 신뢰도 계수는 실제값의 분산에 대한 참값의 분산의 비율로 나타냄.
  - 측정의 신뢰성(Reliability)은 안정성(Stability), 내적 일관성(Consistency), 예측가능성(Predictability)과 연관이 있음.

- **신뢰도의 추정방법**

검사-재검사법 (Test-retest Method): 재검사법이라고도 함.	동일대상에게 시기만 달리하여 동일 측정도구로 조사한 결과를 비교하는 신뢰도 측정 방법 • 측정도구 자체를 직접 비교할 수 있고 실제 현상에 적용시키는데 매우 용이함. • 외생변수의 영향을 파악하기 어려움. • 동일한 설문을 같은 응답자에게 2회 실시하기 때문에 단순하나 응답자의 기억효과로 인해 신뢰도 과대추정 우려 • 안정성계수(coefficient of stability)를 사용하는 검사 신뢰도
복수양식법 (Parallel Form Method): 대안법, 동형검사법이라고도 함.	대등한 두 가지 형태의 측정도구를 이용하여 동일한 측정 대상을 동시에 측정한 뒤, 두 측정값의 상관관계를 분석하여 신뢰도를 측정하는 방법 • 수준이 같고 내용이 다른 A형, B형 설문을 실시 • 문항 제작에 어려움이 있음.
반분법 (Split-half Method)	신뢰도 측정방법 중 설문지 혹은 시험지의 문항들을 두 부분으로 나누어서 각 부분에서 얻은 측정값들을 두 번의 조사에서 얻어진 것처럼 간수하여 그 사이의 상관계수를 구하여 검사하는 방법 • 설문의 문항을 양분하여 각각 채점 • 스피어만-브라운(Spearman-Brown) 공식 반분신뢰도로 전체 신뢰도 추정
내적 일관성법 (Internal Consistency Method): 문항의 내적합치도라고도 함.	측정항목이 가질 수 있는 모든 조합의 상관관계의 평균값을 산출해 신뢰도를 측정하는 방법 ■ 크론바하 알파 계수 • 척도를 구성하는 항목들 간에 나타난 상관관계 값을 평균 처리한 것 • 문항 간 평균상관관계가 증가할수록 값이 커짐 • 문항의 수가 증가할수록 값이 커짐 • 척도를 구성하는 항목 중 신뢰도를 저해하는 항목 발견 가능 • 척도를 구성하는 항목 간의 내적 일관성을 측정 • 0에서 1 사이의 값을 가지며, 값이 높을수록 신뢰도가 높음

- **측정의 신뢰도를 높이는 방법**
  - 측정항목의 수를 늘림.
  - 측정항목의 모호성을 제거하기 위해 내용을 명확히 함.
  - 이전의 조사에서 이미 신뢰성이 있다고 인정된 측정도구를 이용
  - 동일한 개념이나 속성을 측정하기 위해 여러 개의 항목을 이용
  - 응답자를 배려한 환경, 분위기를 조성하여 면접방식과 태도에 일관성을 유지
  - 연구자가 임의로 응답자에 대한 가정을 해서는 안 됨.
  - 조사 대상자가 관심 없거나 너무 어려워하는 내용은 제외
  - 응답자가 모르는 내용은 측정하지 않음. 누구나 동일하게 이해하도록 측정항목을 구성
  - 중요한 질문의 경우 동일하거나 유사한 질문을 2회 이상 실시

- **타당도와 신뢰도의 관계**

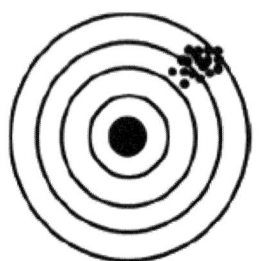

  ⇨ 과녁의 가운데를 조준하고 쏜 화살이 모두 제일 가장자리의 동일한 위치에 집중되었을 때 신뢰도와 타당도의 개념에 관한 설명
  신뢰성은 높으나 타당성이 낮다. / 신뢰할 수 있으나 타당하지 않다.

  - 신뢰도가 높다고 해서 반드시 타당도가 높다는 것을 의미하지는 않는다.
  - 신뢰도가 낮으면 타당도를 말할 수가 없다.
  - 신뢰도가 있는 측정은 타당도가 있을 수도 있고 없을 수도 있다.

01
측정의 동질성과 동일성을 신뢰도로 평가하는 방법 두 가지를 서술하시오.

02
측정의 동질성 혹은 동일성을 기준으로 측정의 신뢰도를 평가하는 대표적인 두 가지 방법을 제시하고 이를 설명하시오.

03
신뢰성을 측정하기 위한 방법을 세 가지 쓰고 설명하시오.

■ 2012년 하반기 출제
2021년 제 3회 출제

04
신뢰도를 측정하는 방법 중 재조사법과 반분법에 대해 설명하시오.

■ 2012년 상반기 출제

05
측정의 신뢰도 평가방법 중 재검사법(Test-retest Method)과 반분법(Split Halves Method)을 설명하시오.

■ 2019년 제 3회 출제

01~05

재검사법 (Test-retest Method)	동일한 측정대상에 대하여 동일한 측정도구를 통해 일정 시간 간격을 두고 반복적으로 측정하여 그 결괏값을 비교, 분석하는 방법 • 측정도구 자체를 직접 비교할 수 있고 실제 현상에 적용시키는데 매우 용이 • 외생변수의 영향을 파악하기 어려움. • 단순하나 응답자의 기억효과로 인해 신뢰도 과대추정 우려 • 안정성계수(Coefficient of Stability)가 사용되는 검사 신뢰도
복수양식법 (Parallel Form Method)	유사한 형태의 두 개 이상의 측정도구를 이용하여 동일한 대상에 차례로 적용한 결과를 서로 비교하여 신뢰도를 측정하는 방법 • 대안법, 동형검사법으로도 불림. • 재검사법의 변형이라고 볼 수 있는 방법
반분법 (Split-half Method)	시험지의 문항들을 두 부분으로 나누어 각 부분에서 얻은 측정값들을 두 번의 조사에서 얻어진 것처럼 간주하여 그 사이의 상관계수를 구하여 검사하는 방법 • 설문의 문항을 양분하여 각각 채점 • 스피어만-브라운(Spearman-Brown) 공식 반분신뢰도로 전체 신뢰도 추정
일관성법 (Consistency Method)	여러 개의 항목을 이용하여 동일한 개념을 측정하고자 할 때 신뢰도를 저해하는 요인을 제거한 후 신뢰도를 향상시키는 방법이다. 측정항목이 가질 수 있는 모든 조합의 상관관계의 평균값을 산출해 신뢰도를 측정하는 방법 ■ 크론바하 알파 계수 • 척도를 구성하는 항목들 간에 나타난 상관관계 값을 평균 처리한 것 • 문항 간 평균상관관계가 증가할수록 값이 커짐. • 문항의 수가 증가할수록 값이 커짐. • 척도를 구성하는 항목 중 신뢰도를 저해하는 항목 발견 가능 • 척도를 구성하는 항목 간의 내적 일관성을 측정 • 0에서 1 사이의 값을 가지며, 값이 높을수록 신뢰도 높음.

06
신뢰도 평가방법 중 재검사법(Test-retest Method)의 개념을 설명하고 이 방법의 한계점을 두 가지만 쓰시오.

07
신뢰도 측정을 위한 재검사법의 정의와 단점을 2가지만 쓰시오.

08
재검사법의 문제점을 예를 들어 설명하시오.

📎 **06~08**

■ **재검사법(Test-retest Method)**
동일한 측정대상에 대하여 동일한 측정도구를 통해 일정 시간 간격을 두고 반복적으로 측정하여 그 결과값을 비교, 분석하는 방법

■ **재검사법의 문제점**
- 질문지를 사용하는 실태조사의 경우 응답자들이 질문문항을 잘못 이해하거나 개인별 차이를 극복할 수 없기 때문에 측정대상의 개인차를 극복할 수 없다.
- 두 번의 검사에서 동일한 결과를 기대할 수 없는 경우가 많고 첫 번째 검사와 두 번째 검사 사이의 기간 차이로 인한 측정상의 차이가 발생하여 신뢰도를 저해할 수 있다.
- 응답자의 기억효과로 인해 신뢰도 과대추정 우려
- 측정대상의 탈락(사망 등)과 같은 외부현상을 통제하기 곤란하다.

09
신뢰성을 향상시키기 위한 방법 다섯 가지를 쓰시오.

10
신뢰도를 높이기 위한 방안 네 가지를 쓰고 설명하시오.

11
측정의 신뢰성을 높이기 위한 방안을 다섯 가지만 쓰시오.

12
신뢰도(Reliability)의 정의를 쓰고 신뢰도를 높이기 위한 방법 3가지를 쓰시오.

09~12

■ **신뢰도의 개념**
측정도구가 측정하고자 하는 현상을 일관성 있게 측정하는 능력으로 어떤 측정도구를 동일한 현상에 반복 적용하여 동일한 결과를 얻게 되는 정도를 의미한다.

■ **신뢰도를 높이기 위한 방법**
- 측정도구의 모호성을 제거 : 측정도구를 구성하는 문항을 분명하게 작성한다. 누구나 동일하게 이해하도록 측정항목을 구성한다.
- 다수의 측정항목 : 측정항목을 늘린다. 측정항목의 수를 늘린다. 중요한 질문의 경우 동일하거나 유사한 질문을 2회 이상 한다.
- 측정의 일관성 유지 : 측정자의 태도와 측정방식의 일관성을 유지한다. 면접자들의 면접방식과 태도에 일관성을 유지한다.
- 표준화된 측정도구 이용 : 사전에 신뢰도가 검증된 표준화된 측정도구를 이용한다. 이전의 조사에서 이미 신뢰성이 있다고 인정된 측정도구를 이용한다.
- 대조적인 항목들의 비교·분석 : 측정도구가 되는 각 항목의 성격을 비교하여 서로 대조적인 항목들을 비교·분석한다.
- 측정자가 무관심하거나 잘 모르는 내용은 측정하지 않는다. 응답자가 모르는 내용은 측정하지 않는다.
- 응답자를 배려한 환경, 분위기를 조성한다.
- 연구자가 임의로 응답자에 대한 가정을 해서는 안 된다.

CHAPTER 03 실사관리

01 실사준비하기

> **출제기준**
> 1. 조사방법에 맞추어 적절한 인원을 선발할 수 있다.
> 2. 선발 인력에 대해 필요한 교육을 실시할 수 있다.
> 3. 선발 인력에게 업무를 배정할 수 있다.
> 4. 자료 수집을 위한 필요한 준비를 할 수 있다.

1 조사방법의 종류와 특징

(1) 우편조사

■ 우편조사
질문지를 조사대상자에게 우송하여 응답자가 스스로 응답하게 한 다음, 응답자가 질문지를 다시 조사자에게 우송하도록 하는 자료수집방법

장점	단점
• 최소의 경비와 노력으로 광범위한 지역과 대상을 표본으로 삼을 수 있다. • 면접조사에 비해 응답자에게 익명성에 대한 확신을 줄 수 있음. • 면접원에 의한 편향(bias)이 없으므로 조사자의 개인차에서 오는 영향을 배제시킬 수 있음. • 쉽게 접근할 수 없는 대상을 조사할 수 있어 직접 만나기는 매우 어려운 경우 가장 적합한 방법 　예 정치 지도자, 대기업 경영자 등	• 응답 대상자 자신이 직접 응답했는지에 대한 통제가 어려움. • 다른 조사에 비해 질문지 회수율이 낮아 대표성이 없어 일반화하는 데 곤란 • 회수율이 낮으므로 서면 또는 전화로 사전협조를 구해야 하는 번거로움.

(1) 설문지의 회수율을 높이기 위해 사용하는 방법
- 반송용 우표 및 봉투를 동봉하거나 반송봉투가 필요 없는 봉투겸용 우편(자기우편)설문지 이용
- 설문지를 발송하기 전에 응답자와 우편 또는 전화를 통해 사전 접촉 실시하여 조사에 앞서 예고편지(안내문 등) 발송
- 격려문과 함께 설문지를 다시 동봉하여 추적우편(Follow-up-mailing) 실시
- 설문지 표지에 연구주관기관과 지원단체의 성격, 조사의 중요성에 대해 설명하여 응답자에게 응답동기를 부여함.
- 사례품이나 사례금 등 약간의 인센티브(Incentive)를 줌.

(2) 우편조사를 위한 질문지의 조사안내문에 포함해야 할 내용
- 실시기관
- 조사기관
- 조사목적
- 응답에 대한 비밀유지보장
- 연구자(또는 조사자)의 연락처

(3) 우편조사의 응답률에 영향을 미치는 주요요인
- 연구주관기관과 지원단체의 성격
- 응답집단의 동질성
- 응답에 대한 동기부여
- 질문자의 양식이나 우송방법

01
우편조사의 응답률을 높이는 법 네 가지를 서술하시오.

■ 2010년 상반기 출제

02
우편조사의 장점과 우편조사 시 응답률을 높이는 방안을 각각 3가지씩 쓰시오.

■ 2020년 제 2회 출제

03
우편조사의 장단점을 각각 3가지씩 쓰시오.

■ 2019년 제 2회 출제

01~02
■ 우편조사 시 응답률을 높이는 방안
- 반송용 우표 및 봉투를 동봉하거나 반송봉투가 필요 없는 봉투겸용 우편(자기우편)설문지를 이용한다.
- 설문지를 발송하기 전에 응답자와 우편 또는 전화를 통해 사전 접촉 실시하여 조사에 앞서 예고편지(안내문 등)를 발송한다.
- 격려문과 함께 설문지를 다시 동봉하여 추적우편(Follow-up-mailing)을 실시한다.
- 설문지 표지에 연구주관기관과 지원단체의 성격, 조사의 중요성에 대해 설명하여 응답자에게 응답동기를 부여한다.
- 사례품이나 사례금 등 약간의 인센티브(Incentive)를 준다.

03
■ 우편조사의 장·단점
① 우편조사의 장점
- 면접조사에 비해 비용이 적게 든다.
- 최소의 경비와 노력으로 광범위한 지역과 대상을 표본으로 삼을 수 있다.
- 면접조사에 비해 응답자에게 익명성에 대한 확신을 줄 수 있음.
- 면접원에 의한 편향(bias)이 없으므로 조사자의 개인차에서 오는 영향을 배제시킬 수 있음
- 직접 만나기는 매우 어려운 경우 가장 적합한 방법으로 쉽게 접근할 수 없는 대상을 조사할 수 있다.
  예 정치지도자, 대기업경영자 등

② 우편조사의 단점
- 질문지 회수율이 낮아 대표성이 없어 일반화하는 데 곤란하다.
- 질문문항들이 간단하고 직설적이어야 한다.
- 응답 대상자 자신이 직접 응답했는지에 대한 통제가 어렵다.

(2) 전화조사

■ 전화조사
어떤 시점에 순간적으로 무엇을 하며, 무슨 생각을 하는가를 알아내기 위해 전화를 이용한 조사

장점	단점
• 질문지를 이용한 자료 수집 방법의 결정 시 조사 속도가 빠르고 일반적으로 비용이 적게 듦. • 조사가 간단하고 신속함. • 응답자 추출, 질문, 응답 등이 자동 처리될 수 있음. • 면접자에 대한 감독이 용이함. • 조사하기 어려운 사람에게 쉽게 접근할 수 있음. • 광범위한 지역에 대한 조사가 용이함. • 무작위 표본추출 가능	• 질문의 내용이 어렵고 시간이 길어질수록 응답률이 떨어짐. • 복잡한 문제들에 대한 의견을 파악하기 어려움. • 표본의 대표성에 문제가 발생할 수 있음. • 모집단이 불완전하며, 응답자가 선정된 표본인지를 확인하기 어려움. • 대인면접에 비해 소요시간이 짧으며, 분량이 제한됨.

01

우편조사와 비교하여 전화조사의 장·단점을 두 가지씩 쓰시오.

02

우편조사와 비교한 전화조사의 장점과 단점을 각각 2가지만 쓰시오.

03

TV시청 중 전화여론조사의 문제점을 쓰시오.

01~02

① 전화조사의 장점
- 면접조사에 비해 조사가 간단하고 신속하기 때문에 시간과 비용이 적게 든다.
- 우편조사에 비해 응답 대상자 자신이 직접 응답했는지에 대한 통제가 가능하다.
- 면접이 어려운 사람에게 쉽게 접근할 수 있다.
- 면접조사에 비해 타당도가 높다.
- 면접자에 대한 감독이 용이하다.
- 컴퓨터 지원 CATI(Computer Assisted Telephone Interviewing)조사 : 무작위 표본추출 응답자 추출, 질문, 응답 등이 자동 처리될 수 있다.

② 전화조사의 단점
- 보조도구를 사용할 수 없다. 복잡한 문제들에 대한 의견을 파악하기 어렵다.
- 질문의 내용이 어렵고 시간이 길어질수록 응답률이 떨어진다. 면접조사에 비해 심층면접을 하기 곤란하다.
- 모집단이 불완전하며, 응답자가 선정된 표본인지를 확인하기 어렵다.
- 대인면접에 비해 소요시간이 짧으며, 질문의 길이와 내용을 제한받는다.

03

■ TV시청 중 전화여론조사의 문제점
- 프로그램을 시청하거나 청취하는 사람들을 대상으로 표본을 선정하기 때문에 표본의 대표성이 떨어진다.
- 표본을 소규모로 선정할 수밖에 없다.
- 프로그램 연출 및 진행자의 진행에 따라 응답이 바뀔 수 있다.
- 이른 아침이나 심야에 호출할 수 없으므로 수집하는 분량이 제한되어 있다.
- 시간의 한정성으로 현장면접에서와 같이 심층면접을 할 수 없다.

2 관찰법

(1) 관찰법의 이해

- **관찰법**
  응답자가 행동을 통해 나타내는 태도나 의견 등을 조사하고 분석하는 것

- **특징**
  - 연구대상의 행태가 발생하는 자연적인 맥락 포착 가능
  - 체계적으로 기록되어야 하며, 타당도 및 신뢰도의 검증이 가능해야 함.
  - 즉각적인 자료수집이 가능하며, 종단분석 가능 장기적인 연구조사를 할 수 있음.
  - 양적 연구와 질적 연구에 모두 활용될 수 있음.
  - 자연스러운 연구 환경의 확보가 용이함.
  - 조사자가 현장에서 즉시 포착할 수 있음.
  - 비언어적 자료수집 가능하므로 피조사자가 느끼지 못하는 행위까지 조사할 수 있음.
  - 조사에 비협조적이거나 면접을 거부할 경우에 효과적임.
  - 복잡한 사회적 맥락이나 상호작용을 연구하는데 적절한 방법
  - 행위나 감정을 언어로 표현하지 못하는 유아나 동물이 조사대상인 경우 유용함.
  - 피관찰자가 관찰사실을 아는 경우 조사반응성으로 인한 왜곡이 있을 수 있음.
  - 연구대상의 특성상 관찰할 수 없는 문제가 있음.
  - 자료처리가 어려움.

- **관찰을 통한 자료수집 시 지각과정에서 나타나는 오류를 감소하기 위한 방안**
  - 보다 큰 단위이 관찰을 함.
  - 객관적인 관찰 도구를 사용함.
  - 가능한 한 관찰단위를 명세화해야 함.

(2) 관찰법의 유형

- **관찰기법의 분류**
  (1) 자연적 관찰 vs. 인위적 관찰
     관찰이 일어나는 상황이 인공적인지 여부에 따라 자연적 또는 인위적 관찰로 구분
  (2) 공개적 관찰 vs. 비공개적 관찰
     피관찰자가 관찰사실을 알고 있는지 여부에 따라 공개적 또는 비공개적 관찰로 구분
  (3) 직접 관찰 vs. 간접 관찰
     관찰시기와 행동발생의 일치여부에 따라 직접 또는 간접 관찰로 구분
  (4) 체계적 관찰 vs. 비체계적 관찰
     표준관찰기록양식의 사전 결정 등 체계화의 정도에 따라 체계적 관찰과 비체계적 관찰로 구분
  (5) 인간에 의한 직접 관찰 vs. 기계를 이용한 관찰
     관찰주체 또는 도구가 무엇인지에 따라 인간의 직접적 또는 기계를 이용한 관찰로 구분

  예) 1. 청소년의 인터넷 이용실태를 조사하기 위해 PC방을 방문하여 이용 상황을 옆에서 직접 지켜본다면 직접관찰이다.
  2. 퓨필로미터(pupilometer) : 어떠한 자극을 보여주고 피관찰자의 눈동자 크기를 측정하는 것으로 동공의 크기 변화에 따라 응답자의 반응을 측정

■ 관찰의 종류
(1) 참여 관찰
- 관찰대상의 집단 구성원 중 하나가 되어 참여하면서 관찰하는 방법
- 수집한 자료의 표준화가 어려움.
- 연구자는 상황에 대한 통제를 할 수 없음.
- 집단상황에 익숙해지면 관찰대상을 놓칠 수 있음.
- 자연스러운 상태에서 현상을 파악할 수 있기 때문에 미묘한 어감차이, 시간상의 변화 등 심층 차원을 이해할 수 있음.
- 간혹 객관적인 판단을 그르칠 수 있으며 대규모 모집단에 대한 기술이 어려움.
- 독립변수를 조작하는 현장시험과는 다르며, 자연 상태에서 연구대상을 관찰해 그들의 관계를 규명하는 것
(2) 비참여 관찰
관찰자가 관찰대상 집단의 구성원이 아닌 제3자의 입장에서 관찰하는 방법
(3) 준참여 관찰
관찰자가 관찰대상 집단에 부분적으로만 참여하는 방법으로 피관찰자들이 관찰을 받고 있는 사실을 알고 있으나 관찰자의 신분은 노출시키지 않는 방법

■ 관찰자 유형
(1) 완전관찰자(Complete Observer)
- 연구자가 신분과 목적을 알리지 않고 연구대상자들의 활동에는 전혀 참여하지 않고 관찰만 하는 방법
- 연구대상에 영향을 미칠 가능성이 가장 적은 것
- 완전관찰자의 관찰은 피상적이고 일시적이 될 수 있음.
- 완전관찰자는 완전참여자보다 연구대상을 충분히 이해할 수 있는 가능성이 낮음.
(2) 관찰자적 참여자(Participant as Observer)
신분은 공개가 되고 자연스럽게 참여하여 함께 활동하면서 관찰하고 기록하는 방법
(3) 참여자적 관찰자(Observer as Participant)
연구자의 신분을 밝히고, 연구대상자들의 활동공간에 들어가 심층적으로 관찰하는 방법
  예 1. 노조측 간부들에게 신분을 밝히고 노조의 파업현장에서 현장의 분위기를 촬영하게 된 기자
     2. 인류학자
(4) 완전참여자(Complete Participant)
- 연구자가 신분과 목적을 알리지 않은 상태에서 원래의 상황을 전혀 방해하지 않고 자연스러운 상태 그대로 관찰하는 방법
- 참여관찰 유형 중 가장 객관성을 유지하기 어려운 유형
- 자신의 신분을 밝히지 않은 채 집단의 완전한 성원이 되어 자연스럽게 일어나는 사회적 과정에 참여하는 관찰자의 역할
- 참여관찰에서 윤리적인 문제를 겪을 가능성이 가장 높은 관찰자 유형
- 완전참여자는 연구 과정에서 윤리적 문제를 발생시킬 수 있음.

(3) 관찰법의 장단점

장점	단점
• 즉각적 자료수집 가능 • 종단분석, 장기적인 연구조사 가능 • 양적 연구와 질적 연구에 모두 활용 가능 • 자연스러운 연구 환경의 확보가 용이 • 조사자가 현장에서 즉시 포착 가능 • 비언어적 자료수집이 가능하므로 피조사자가 느끼지 못하는 행위까지 조사할 수 있음. • 복잡한 사회적 맥락이나 상호작용을 연구하는데 적절한 방법 • 조사에 비협조적이거나 면접을 거부할 경우에 효과적 예 유아, 동물 등	• 피관찰자가 관찰사실을 아는 경우 조사반응성으로 인한 왜곡이 있을 수 있음. • 연구대상의 특성상 관찰할 수 없는 문제가 있음. • 자료처리가 어려움. • 관찰을 통한 자료수집 시 지각과정에서 나타나는 오류를 감소하기 위한 방안 마련 • 객관적인 관찰 도구를 사용해야 함. • 가능한 한 관찰단위를 명세화해야 함.

01 ■ 2013년 제 3회 출제
관찰법을 통한 자료수집방법의 장·단점을 두 가지씩 쓰시오.

02 ■ 2018년 제 2회 출제
관찰법을 통한 자료수집의 장점 3가지를 쓰시오.

01~02

■ 관찰법

① 관찰법의 의미
   자료의 근거가 되는 대상을 감각이나 관찰도구를 활용해 지켜보고 응답자가 행동을 통해 나타내는 태도나 의견 등을 조사하고 분석하는 방법이다.

② 관찰법의 장점
   • 조사연구 설계를 수정할 수 있어 연구에 유연성이 있다.
   • 어린이와 같이 언어구사력이 떨어지는 집단에 효과적이다.
   • 자연스러운 상황에서 관찰하므로 자료가 세밀하고 정교하다.
   • 관찰법은 피관찰자가 의식적으로 인지하지 못하는 연구주제에 대해서도 관찰 및 측정이 가능하다.

③ 관찰법의 단점
   • 관찰자는 관찰대상의 행위가 발생할 때까지 기다려야 한다.
   • 어떤 업무를 수행하면서 관찰해야 하므로 관찰활동에 제약이 있다.
   • 관찰자의 주관이 개입되어 일반화 가능성이 낮을 수 있다.
   • 동조현상으로 인한 객관성을 잃을 때가 있다.
   • 연구 도중에 예상치 못한 뜻밖의 사태가 발생할 위험이 있어 대처하기가 어렵다.
   • 관찰 대상이 자신이 관찰되고 있다는 것을 알게 되면 연구결과의 왜곡이 발생할 수 있다.
   • 관찰결과의 해석 단계에서 연구자 본인의 주관이나 편견, 개인적 성향 등이 개입될 여지가 있다.

03

관찰법의 유형인 체계적 관찰(Structured Observation)과 비체계적 관찰(Unstructured Observation)에 대해 설명하시오.

- 2013년 제1회 출제
- 2020년 제3회 출제

04

관찰법의 유형 두 가지를 제시하고 이를 설명하시오.

- 2021년 제1회 출제

05

참여관찰의 네 가지 종류에 대해 설명하시오.

- 2010년 상반기 출제

03~04
■ 체계적 관찰과 비체계적 관찰
표준관찰기록양식의 사전 결정 등 체계화의 정도에 따라 체계적 관찰과 비체계적 관찰로 구분
① 체계적 관찰
관찰자가 관찰 상황에 전혀 개입하지 않거나 최소한의 개입을 하며 사전에 계획된 절차에 따라 관찰조건을 표준화한 것으로 질문지 또는 조사표 등을 사용한다.
② 비체계적 관찰
자연관찰이라고도 하며 관찰조건을 표준화하지 않고 관찰 상황에 참여하는 경우를 말한다.

05
■ 관찰자 유형
① 완전관찰자(Complete Observer)
연구자가 신분과 목적을 알리지 않고 연구대상자들의 활동에는 전혀 참여하지 않고 관찰만 하는 방법
② 관찰적 참여자(Participant as Observer)
신분은 공개가 되고 자연스럽게 참여하여 함께 활동하면서 관찰하고 기록하는 방법
③ 참여자적 관찰자(Observer as Participant)
연구자의 신분을 밝히고, 연구대상자들의 활동공간에 들어가 심층적으로 관찰하는 방법
④ 완전참여자(Complete Participant)
연구자가 신분과 목적을 알리지 않은 상태에서 원래의 상황을 전혀 방해하지 않고 자연스러운 상태 그대로 관찰하는 방법

06

자료수집을 위한 관찰을 관찰자가 피관찰자 집단에 직접 참여하는가를 기준으로 참여관찰과 비참여관찰로 구분할 때 참여관찰의 특징을 네 가지만 쓰시오.

■ 2018년 제 3회 출제

07

다음 각각의 조사방법을 사용하였을 경우의 문제점을 지적하고, 가장 적합한 조사방법을 제시하시오.

■ 2018년 제 3회 출제

> [1] A양로원에서 생활하고 있는 노인들을 대상으로 그들의 복지수준에 대한 조사를 위해 자기기입식 조사를 실시하려고 한다.
> ① 문제점 :
> ② 조사방법 :
> [2] B회사에서는 새로 출시될 제품의 디자인에 대해 어느 정도 호감이 있는지 전화조사를 통해 알아보려고 한다.
> ① 문제점 :
> ② 조사방법 :

06
■ **참여관찰의 특징**
- 관찰자는 관찰대상의 행위가 발생할 때까지 기다려야 한다.
- 어떤 업무를 수행하면서 관찰해야 하므로 관찰활동에 제약이 있다.
- 동조현상으로 인한 객관성을 잃을 수 있다.
- 관찰자의 주관이 개입되어 일반화 가능성이 낮을 수 있다.
- 관찰대상이 숨기고자 하는 행위에 대해서도 자연스럽게 관찰할 수 있다.
- 피관찰자와 깊이 있는 접촉을 유지하여 융통성이 높다.
- 관찰의 객관성을 상실할 수도 있다.
- 관찰대상의 행동이 일어남과 동시에 기록할 수 있다.

07
[1] ① 문제점 : 글을 모르는 노인들은 자기기입식 조사가 불가하므로 조사자가 문항을 읽어주고 답변을 선택하도록 하거나, 관찰자가 직접 양로원에 들어가 노인들과 생활하거나 활동하면서 관찰하는 참여관찰법을 실시한다.
   ② 조사방법 : 조사자가 설문지 내용을 읽어주고 대신 기입하거나 참여관찰
[2] ① 문제점 : 전화조사는 응답자가 새로 출시될 제품의 디자인을 볼 수가 없어 정확한 호감 정도를 파악하기 어려우므로 그림, 음성, 동영상 등을 이용해 응답자의 이해도를 높일 수 있는 온라인 조사 또는 새로 출시될 제품을 가지고 면접조사가 적합하다.
   ② 조사방법 : 온라인 조사, 면접조사

3 면접법

(1) 면접법의 의미

- **면접조사의 특징**
  자료수집방법 중 조사자의 자질에 큰 영향을 받는 방법으로서, 조사자의 전문지식과 숙련성을 요구하는 방법
  - 조사에 임하기 전에 스스로 질문내용에 대해 숙지하고 있어야 함.
  - 피면접자의 대답을 주의 깊게 경청하여야 하며 이전의 응답과 연결시켜 생각하는 습관 필요
  - 조사자의 면접능력과 분석능력에 따라 조사결과의 신뢰도가 달라짐.
  - 면접기간 동안에도 면접원에 대한 철저한 통제가 이루어져야 함.
  - 조사자가 필요하다고 생각되면 반복질문을 통해 타당도가 높은 자료를 수집함.
  - 같은 표본규모의 전화조사에 비해 대체로 비용이 많이 듦.
  - 가급적이면 응답자가 이질감을 느끼지 않도록 복장이나 언어사용에 유의하여야 함.
  - 여러 명의 면접원을 고용하여 조사할 때는 이들을 조정하고 통제하는 것이 요구됨.
  - 어린이나 노인에게는 대면면접조사가 가장 적절함.
  - 응답자와 친숙한 분위기(Rapport)를 형성해야 함.

- **라포(Rapport)**
  면접조사의 원활한 자료수집을 위해 조사자가 응답자와 인간적인 친밀 관계를 형성하는 것

- **프로빙(Probing)**
  응답자의 대답이 불충분하거나 모호할 때 추가질문을 통해 정확한 응답을 유도하거나 응답이 지엽적으로 흐르는 것을 막기 위해 추가질문을 행하는 면접조사 상의 기술

장점	단점
• 무응답 문항을 줄일 수 있음. • 복잡한 질문을 다루기에 가장 적합한 방법 • 질문의 내용에 대한 면접자와 응답자의 상호작용이 가능하여 보다 신뢰성 있는 대답을 얻을 수 있음. • 우편설문에 비하여 높은 응답률을 얻을 수 있음. • 면접 시 면접자가 질문뿐 아니라 응답자와 그 주변 상황을 관찰할 수 있는 이점 존재 • 신축성 있게 자료를 얻을 수 있음. • 질문순서, 정보의 흐름 통제가 가능하여 좀 더 자유롭고 심도 깊은 질문을 할 수 있음.	• 시간과 비용이 많이 듦 • 조사원과 응답자의 상호 이해 부족으로 오류가 개입될 가능성이 높음. • 질문과정에서 조사원이 응답자의 응답에 영향을 미칠 수 있음. • 면접자에 의한 편의(bias)가 발생할 수 있음.

- **응답자에게 면접조사에 참여하고자 하는 동기를 부여하는 요인**
  - 면접자를 돕고 싶은 이타적 충동
  - 물질적 보상과 같은 혜택에 대한 기대
  - 자신의 의견이나 식견을 표현하고 싶은 욕망

- 면접원을 활용하는 조사
  전화 인터뷰조사, 구조화된 질문지를 사용하는 인터뷰조사, 집단 면접조사

- 자유 응답식 질문에 대한 응답을 기록할 때 지켜야 할 원칙
  - 응답자가 사용한 어휘 그대로 기록해야 함.
  - 같은 응답이 반복되더라도 가감 없이 있는 그대로 기록해야 함.
  - 조사대상자가 가능한 비공식적인 분위기에서 편안한 자세로 대답할 수 있어야 함.
  - 질문지에 있는 말 그대로, 빠짐없이 질문해야 함.

(2) 면접법의 종류

- 면접의 종류
  (1) 표준화면접
      일련의 표준화된 질문들이 동일한 순서로 적용되는 면접방법
      - 정확하고 체계적인 자료를 얻고자 할 때 쓰이는 면접법
      - 조사표에 담긴 질문내용에서 벗어나는 질문을 해서는 안 됨.
      - 신뢰도가 높다. 반복적 연구가 가능함.
      - 면접결과의 계량화가 용이함.
      - 정보의 비교가 용이함.
      - 응답자로 하여금 면접자와의 상호작용이 유쾌하며 만족스러운 것이 될 것이라고 느끼도록 해야 함.
      - 응답자로 하여금 그 조사를 가치 있는 것으로 생각하도록 해야 함.
  (2) 비표준화(비구조화) 면접
      면접자가 면접조사표의 질문내용, 형식, 순서를 미리 정하지 않은 채 면접상황에 따라 자유롭게 자료를 수집하는 방법
      - 미개척 분야의 개발에 적합함.
      - 심층적인 질문이 가능함.
      - 표준화면접에서 필요한 변수를 찾아내는데 유용한 자료를 제공함.
      - 새로운 사실, 아이디어의 발견가능성이 높음.
      - 융통성이 있음.
      - 부호화가 어려움.
  (3) 임상면접(Clinical Interview)
      광범위한 개인의 감정이나 생활경험을 알아보고자 할 경우 많이 활용하는 조사방법
  (4) 비지시적 면접(Nondirective Interview)
      피면접자가 면접자의 사전계획에 의한 질문에 답하는 형식을 취하지 않고 스스로 하고 싶은 말을 자유롭게 할 수 있도록 하는 면접법

(3) 면접법의 특징

01

우편조사와 비교하여 면접조사의 장·단점을 두 가지씩 쓰시오.

■ 2015년 제 2회 출제

01
① 면접조사의 장점
- 응답의 허위여부를 확인할 수 있음.
- 우편조사에 비해 질문지 회수율이 높다. 우편설문에 비하여 높은 응답률을 얻을 수 있음.
- 보조도구를 사용할 수 있음.
- 무응답 문항을 줄일 수 있음.
- 복잡한 질문을 다루기에 가장 적합한 방법
- 신축성 있게 자료를 얻을 수 있음.
- 질문순서, 정보 흐름의 통제가 가능하여 좀 더 자유롭고 심도 깊은 질문을 할 수 있음.

② 면접조사의 단점
- 우편조사보다 시간과 비용이 많이 든다.
- 응답자가 생각할 여유를 주지 않는다.
- 질문과정에서 조사원이 응답자의 응답에 영향을 미칠 수 있으므로 면접자에 의한 편의(bias)가 발생할 수 있다. 조사자에 따라 오차가 생길 가능성이 있다.
- 면접이 어려운 특수층의 사람들을 만나기가 어렵다.

02
자기기입식 조사와 비교하여 면접조사의 장점 세 가지를 설명하시오.

■ 2010년 하반기 출제

03
자료수집방법 중 면접조사의 장점을 2가지만 설명하시오.

■ 2020년 제 3회 출제

📎

02~03
■ **면접조사의 장점**
- 응답의 허위여부를 확인할 수 있음.
- 우편조사에 비해 질문지 회수율이 높음.
- 보조도구를 사용할 수 있음.
- 무응답 문항을 줄일 수 있음.
- 복잡한 질문을 다루기에 가장 적합한 방법
- 질문의 내용에 대한 면접자와 응답자의 상호작용이 가능하여 보다 신뢰성 있는 대답을 얻을 수 있음.
- 우편설문에 비하여 높은 응답률을 얻을 수 있음.
- 면접 시 면접자가 질문뿐 아니라 응답자와 그 주변 상황을 관찰할 수 있는 이점 존재
- 신축성 있게 자료를 얻을 수 있음.
- 질문순서, 정보의 흐름을 통제가 가능하여 좀 더 자유롭고 심도 깊은 질문을 할 수 있음.

04

면접조사 시 조사자가 주의할 사항 세 가지를 쓰시오.

05

면접조사 시 조사자가 주의할 사항 3가지를 쓰시오.

04~05
■ **면접자의 바람직한 태도**
- 조사에 임하기 전에 스스로 질문내용에 대해 숙지하고 있어야 한다.
- 피면접자의 대답을 주의 깊게 경청하여야 하며 이전의 응답과 연결시켜 생각하는 습관이 필요하다.
- 면접자는 응답자와 친밀감(Rapport)을 형성해야 한다. 조사대상자가 가능한 한 비공식적인 분위기에서 편안한 자세로 대답할 수 있어야 한다. 가급적이면 응답자가 이질감을 느끼지 않도록 복장이나 언어사용에 유의하여야 한다.
- 면접자의 신분을 밝혀 피면접자의 불안감을 해소시킨다.
- 피면접자에게 면접목적과 피면접자의 신변 및 비밀이 보장됨을 주지시킨다.
- 면접상황에 따라 면접방식을 융통성 있게 조정한다.
- 면접자는 객관적 입장에서 견지한다.
- 면접과 관련된 내용을 자세하게 기록한다. 질문지에 있는 말 그대로, 빠짐없이 질문해야 한다. 응답자가 사용한 어휘 그대로 기록한다. 같은 응답이 반복되더라도 가감 없이 있는 그대로 기록한다.
- 피면접자가 "모른다"는 응답을 하는 경우 그 이유를 알아본다.

06

개별면접조사와 전화조사의 특징을 다음의 기준으로 비교하시오.

- 비용
- 응답률
- 표본의 대표성
- 질문의 길이와 내용
- 조사자의 관리, 감독

07

면접조사와 전화조사의 특징을 다음의 기준으로 비교하시오.

- 비용
- 표본의 대표성
- 조사자의 관리, 감독
- 응답률
- 질문의 길이와 내용

08

프로빙의 정의와 주의사항 1가지 서술하시오.

06~07
■ 면접조사와 전화조사 비교

기준	면접조사	전화조사
비용	높다	중간
응답률	높다	낮다
표본의 대표성	높다	낮다
질문의 길이와 내용	길다	짧다
조사자의 관리, 감독	낮다	높다

08
■ 응답자의 대답이 불충분할 경우 보다 충분한 응답을 얻어내기 위해 재차 질문하는 기술
- 사례 : 서비스업동향조사에서 지난달 매출액은 얼마였습니까? 라는 질문에 대한 응답이 불명확한 경우에 전전월과 비교하여 매출액이 어떻습니까 등의 질문을 더하여 충분한 응답을 얻어냄
- 주의사항
  ① 추가적인 질문은 대답의 방향을 지시하거나 암시하는 요소가 들어가지 않는 비지시적 질문이어야 한다.
  ② 계속해서 질문을 할 경우 응답자가 불안을 느껴 라포(Rapport)를 손상시킬 수 있으므로 적절한 곳에서 끝내야 한다.

(4) 면접법의 종류

01
■ 2017년 제2회 출제

조사대상자의 주관화된 가치나 태도를 조사할 때 사용하는 면접을 표준화 면접과 비표준화면접으로 구분할 때, 비표준화면접의 특징을 네 가지만 쓰시오.

02
■ 2012년 상반기 출제

비구조화된 조사도구의 의미와 이를 사용하여 자료를 수집할 수 있는 면접방법 두 가지 쓰시오.

03
■ 2014년 제1회 출제

표준화된 면접과 심층면접을 간단히 설명하고 어떤 경우에 주로 사용하는지 각각 쓰시오.

01

■ **비표준화(비구조화) 면접**
면접자가 면접조사표의 질문내용, 형식, 순서를 미리 정하지 않은 채 면접상황에 따라 자유롭게 자료를 수집하는 방법

■ **비표준화면접의 특징**
- 질문 자체가 고정화되어 있지 않다.
- 최소한의 지시나 방향만 제시할 뿐이다.
- 면접상황에 적절하게 질문내용을 변경할 수 있다.
- 표준화면접에 비해 상대적으로 자유로운 면접방법이다.
- 질문문항이나 순서가 미리 정해져 있지 않다.
- 표준화면접에 유용한 자료를 제공해 준다.
- 미개척 분야의 개발에 적합하다.
- 심층적인 질문이 가능하다.
- 표준화면접에서 필요한 변수를 찾아내는데 유용한 자료를 제공한다.
- 새로운 사실, 아이디어의 발견가능성이 높다. 융통성이 있다.
- 부호화가 어렵다.

02~03
① **비구조화된 조사도구의 의미**
  연구문제의 범위만 정하고 별도의 조사표나 지침서와 같은 구조화된 조사도구를 사용하지 않고 유연하고 자유롭게 면접을 진행하는 방법이다.
② **비구조화된 면접방법**
  - 심층면접 : 면접자와 제보자가 다루고자 하는 일정한 범위의 주제나 논제에 대하여 개방적이고 대화적인 형식으로 자료를 창출하는 연구방법이다.
  - 비지시적 면접 : 면접자가 피면접자의 감정을 표현할 수 있도록 자유로운 분위기를 조성해 주는 것으로 비구조화된 면접방법이다.
  - 초점집단면접 : 전문 지식을 갖춘 조사자가 동질의 소수 응답자 집단을 대상으로 특정한 주제에 대하여 자유롭게 토론하는 가운데 필요한 정보를 얻는 조사 방법이다.

02 실사진행 관리하기

> **출제기준**
> 1. 수립된 실행계획을 토대로 자료수집 계획서를 작성할 수 있다.
> 2. 자료수집 계획서에 따라 실사 진행 사항을 점검할 수 있다.
> 3. 점검 결과에 따라 필요조치를 취할 수 있다.

1 실사 진행 시 점검사항

- 실사 진행 시 점검사항
  ① 완성된 설문지를 검토
  ② 정해진 원칙이 제대로 준수되었는지 파악
  ③ 현장 경험한 실사의 문제점 파악하여 대응
  ④ 돌발사항에 항상 대처할 수 있는 비상연락망을 가동
  ⑤ 즉각적 대응 체계를 갖추기

01
실사 진행 시 유의사항 3가지를 적으시오.

01
- **실사 진행 시 유의사항**
① 면접지침을 작성하여 면접원에게 배포한다.
② 면접기간 동안에도 면접원에 대한 철저한 통제가 이루어져야 한다.
③ 면접원 교육과정에서 예외적인 상황을 언급하여 돌발상황에 대비할 수 있어야 한다.
④ 면접원 사전교육을 통해 면접원에 의한 편향(bias)을 줄여야 한다.

2 점검 결과에 따른 필요조치

- 관리 방법
  ① 조사관련 업무 총 관리 및 조사업무 전반 제반 점검
  ② 조사 애로사항 청취 및 반영 등
  ③ 비주기적 현장 암행 감독
  ④ 실사 및 검증 수행 총괄
  ⑤ 주기적 현장 동행 감독
  ⑥ 비주기적 현장 암행 감독
  ⑦ 조사원 관리시스템 등록 정보(복장, 출퇴근 시간, 현장 사진 확인) 검토 및 조치

- 오류 사례 축적 및 관리 방법
  ○ 조사원별 에러 관리
    - 조사원별로 자주 발생하는 에러를 정리하여 상시 재교육
    - 정리된 내용은 조사원 교육 자료로 활용

01
조사원 교육 및 관리 시 유의사항 3가지를 적으시오.

01
■ 조사원 교육 및 관리 시 유의사항
① 연구자나 실사감독관이 면접지침을 기반으로 조사원 교육을 실시한다.
② 교육은 별도의 자료나 매뉴얼을 작성하여 실시한다.
③ 조사원이 조사 목적, 설문 내용 및 조사 진행 과정 등을 숙지하도록 한다.
④ 조사과정에서 발생하는 문제는 조사원별로 자주 발생하는 에러를 정리하여 상시 재교육한다.

03 실사품질 관리하기

> **출제기준**
> 1. 수집된 자료의 정합성을 점검할 수 있다.
> 2. 정합성 점검을 바탕으로 필요한 조치를 취할 수 있다.
> 3. 실사 품질관리 결과를 문서화할 수 있다.

- **실사품질 관리하기**
  ① 수집된 자료의 정합성을 점검한다.
  ② 정합성 점검을 바탕으로 필요한 조치를 취한다.
  ③ 실사 품질관리 결과를 문서화한다.

- **수집된 자료 정합성 점검**
  ① 조사기간 동안에 회수된 질문지를 검토하고, 회수된 질문지의 일부, 보통 20~30% 정도를 랜덤하게 선정하여 조사결과를 검증
    ㉠ 조사원들이 성의있게 조사를 수행하였는지 검토(자료의 신뢰성 검토)
    ㉡ 설문지의 주요 문항들이 빠지지 않고 모두 완성되었는가?
    ㉢ 면접원이 실제 응답자를 만나 성실하게 조사하였는가?
  ② 선정된 응답자에게 실제로 질문하여 얻은 응답 내용이 기록되었는가를 확인하는 과정으로, 이미 응답한 응답자와 다시 접촉하여야 하기 때문에 조사에 상당한 경험이 있는 실사 전문가가 검증을 담당

- **면접조사 시 품질 평가**
  ① 방법
    ㉠ 현장 조사 관리자가 1차적으로 완료된 종이 설문 현장 에디팅 실시, 문제 설문 확인 시 폐기 또는 재조사 지시
    ㉡ 2차로 사내 전문 에디팅 팀이 조사표를 재검토해 중대한 오류 및 누락이 있을 경우 설문 폐기
  ② 내용 : 완료 설문 내검 항목을 사전에 정의하여 각 항목에 대한 검증을 실시함

- **수집된 자료 처리**
  ① 에디팅(Editing)
    ㉠ 면접원이 설문지 및 지침서의 내용에 따라 올바르게 응답을 받았는지 점검하는 과정
    ㉡ 면접원의 올바른 설문 실행 여부를 파악하기 위한 단계로 Logic check, 누락 문항 확인, 단수/복수 문항 응답 여부 등을 점검한다.
    ㉢ 에디팅은 사전에 준비된 에디팅 가이드에 따라 진행되고 에디팅을 통해 잘못 응답된 결과가 발견되면 문제 해결 가능 여부를 파악하여 문제 해결이 힘든 경우 해당 설문지는 폐기된다.
  ② 코딩(Coding)
    ㉠ 문자 형태의 오픈 문항(단답식, 주관식 문항)의 응답을 숫자로 바꾸는 과정
    ㉡ 코딩은 설문지 응답을 수치화하는 과정으로 오픈 문항의 정량적인 분석이 가능하게 만들어준다.

③ 펀칭(Punching)
　㉠ 코딩을 통해 숫자로 바뀐 오픈 문항을 포함한 모든 설문 문항의 응답 내용을 디지털 파일로 전환하는 과정
　㉡ 효율적인 펀칭 작업이 이루어지기 위해서는 설문지 작성 단계에서 펀칭 시점에 어떠한 데이터가 들어갈지 고려하는 것이 좋다.

1 사회적으로 바람직하게 보이려는 편향

01
■ 2010년 하반기 출제

사회적으로 바람직하게 보이려는 편향을 줄이는 방법 네 가지를 쓰시오.

02
■ 2017년 제1회 출제

사회적으로 바람직하게 보이려는 편향(Social Desirability Bias)의 발생원인과 이것을 줄일 수 있는 방법을 네 가지만 쓰시오.

03
■ 2018년 제2회 출제

태도에 대한 질문에서 사회적으로 바람직하게 보이려는 태도의 편향(Bias)을 제거하는 방법에 대해 3가지를 쓰시오.

04
■ 2020년 제3회 출제

태도에 관한 질문에서 종종 발생하는 사회적으로 바람직하게 보이려는 편의(Social Desirable Bias)를 줄일 수 있는 방법을 3가지만 쓰시오.

01~04
■ **사회적으로 바람직하게 보이려는 편향**
① **사회적으로 바람직하게 보이려는 편향의 개념**
　질문자의 의도에 맞추어 자신의 생각과 무관하게 본인이나 본인이 소속한 집단을 우월하게 보이기 위해 응답하는 경우 나타나는 편향이다.
② **사회적으로 바람직하게 보이려는 편향의 감소 방법**
　• 질문지 작성 시 사회적 규범을 나타내는 단어를 표현하지 않고 가능한 우회적 단어를 사용한다.
　• 철저한 비밀 보장을 약속한다.
　• 설문조사 이외의 관찰이나 기계적 장치 등을 이용한다. 응답을 자유롭게 표현할 수 있는 환경을 제공한다.
　• 조사자가 객관적인 지침에 따라 조사할 수 있도록 교육에 만전을 기한다.
　• 면접조사보다는 조사자의 영향을 줄일 수 있는 집단조사 또는 우편조사를 실시한다.
　• 조사의 목적과 중요성을 강조한다.
　• 조사원의 라포, 프로빙 능력이 중요시 된다.

CHAPTER 04 자료처리

01 부호화하기

> **출제기준**
> 1. 응답된 설문항목에 기초하여 자료 값이 가질 수 있는 범위를 정할 수 있다.
> 2. 개방형 응답 변수에 대한 응답내용을 부호화할 수 있다.
> 3. 부호화된 값과 설문항목 간 대응관계를 파악하기 위하여 부호화 지침서를 작성할 수 있다.

- **응답내용의 부호화**
  - 자료 분석을 위해서 모든 자료는 숫자로 입력되어야 한다.
  - 보기가 번호로 된 경우는 그 번호를 입력시키면 되겠지만 응답이 문자형, 개방형으로 된 경우는 숫자형으로 고쳐주어야 한다.
  - 예 '당신의 성별은? … .남자( ), 여자( )' 에서 응답이 남자면 1, 여자면 2 라는 코드를 부여하면 된다.

- **부호화하기**
  - 응답된 설문항목에 기초하여 자료 값이 가질 수 있는 범위를 정한다.
  - 개방형 응답 변수에 대한 응답내용을 부호화한다.
  - 부호화된 값과 설문항목 간 대응관계를 파악하기 위하여 부호화 지침서를 작성한다.
  - 예 주어진 데이터는 총 200명을 남녀 근로자를 대상으로 "직무만족도 조사"를 실시한 결과이다. 질문은 크게 직무내적 만족도와 직무외적 만족도로 구성되어 있으며, 인구통계학적 변수로는 성별, 연령, 근속년수가 있다. 만족도는 모두 리커트 7점 척도(1 : 매우 불만족 ~ 7 : 매우 만족)로 측정하였는데, 이 중 '일 생활 균형 문항(S5)은 반대로 질문(1 : 매우 만족 ~ 7 : 매우 불만족)하였다. 응답데이터는 "직무만족도.txt"로 저장되어 있는 텍스트 파일이며, 아래의 [표1]은 데이터 코딩 양식이다. 변인과 변인 간에는 TAB으로 구분되어 있고, 모든 문항에 무응답이 있는 경우에는 "9" 혹은 "99"로 입력되어 있다.

[표 1] 데이터 코딩 양식

변수명	변수설명		내용	결측값
ID	일련변호		일련번호(1~200)	없음
S1	직무내적	업무	1: 매우 불만족 2: 대체로 불만족 3: 약간 불만족 4: 보통 5: 약간 만족 6: 대체로 만족 7: 매우 만족	9
S2		장래성		
S3	직무외적	보수 및 승진		
S4		대인관계		
S5		일-생활 균형	1: 매우 만족 ~ 7: 매우 불만족	
Sat	전반적 만족도		1: 매우 불만족 ~ 7: 매우 만족	
gender	성별		1: 남자 2: 여자	없음
age	연령		20세 이상	99
period	근속년수		1: 3년 미만 2: 3년 이상 5년 미만 3: 5년 이상 10년 미만 4: 10년 이상 20년 미만 5: 20년 이상	9

01
일반적으로 코드북에 포함되는 항목 3가지를 적으시오.

02
다음 중 가장 올바른 자료처리 순서를 적으시오.

01
- 변수명
- 변수의 유형
- 변수값
- 변수 설명
- 자료파일 내의 변수 위치 등

02
설문 응답내용 검토 – 자료편집 – 코드부호 설정 – 코드북 작성 – 코딩

02 자료입력하기

> **출제기준**
> 1. 자료 분석을 위하여 설문 응답 자료를 데이터베이스에 입력할 수 있다.
> 2. 자료의 정확성을 확보하기 위하여 입력된 자료의 정합성을 판단할 수 있다.
> 3. 정합성 판단 결과를 토대로 오류값을 수정할 수 있다.
> 4. 데이터베이스에 입력된 자료를 기초로 자료 분석용 원시자료를 생성할 수 있다.

1 자료입력하기

- **자료분석단계(Data Analysis Stage)**
  사회조사 시 수집한 자료를 편집, 정정, 보완하거나 삭제해야 할 필요성이 생겨나는 단계

- **수집된 자료의 편집과정에서 주의해야 할 사항**
  ① 자료의 편집과정은 전체자료에 대하여 일관성을 유지하면서 수행되어야 함.
  ② 개방형 응답항목은 코딩 과정에서 다양한 응답이 분류될 수 있도록 사전에 처리해야 함.
  ③ 완결되지 않은 응답은 응답자와 다시 접촉하여 완결하거나 그렇지 않으면 결측자료(Missing Data)로 처리

- **자료입력하기**
  ① 자료분석을 위하여 설문 응답 자료를 데이터베이스에 입력한다.
  ② 자료의 정확성을 확보하기 위하여 입력된 자료의 정합성을 판단한다.
  ③ 정합성 판단 결과를 토대로 오류값을 수정한다.
  ④ 데이터베이스에 입력된 자료를 기초로 자료 분석용 원시자료를 생성한다.

01
수집된 자료의 편집과정에서 주의해야 할 사항 3가지를 적으시오.

01
■ **수집된 자료의 편집과정에서 주의해야 할 사항**
① 자료의 편집과정은 전체자료에 대하여 일관성을 유지하면서 수행되어야 한다.
② 개방형 응답항목은 코딩 과정에서 다양한 응답이 분류될 수 있도록 사전에 처리해야 한다.
③ 완결되지 않은 응답은 응답자와 다시 접촉하여 완결하거나 그렇지 않으면 결측자료(Missing Data)로 처리한다.

2 결측자료 또는 무응답 처리방법

01

결측자료 또는 무응답 처리방법을 서술하시오.

■ 2011년 상반기 출제

01

■ **결측값 처리방법**

표본의 수가 많거나 상대적으로 적은 수의 결측치가 존재하고 변수들 사이의 연관성이 높지 않은 경우는 결측치를 제거한다. 그 외 응답자에게서 얻은 자료의 통계적 분석을 바탕으로 결측값을 예측하는 방법은 다음과 같다.

① 평균대체(Mean Imputation): 전체 표본을 몇 개의 대체층으로 분류한 뒤 각 층에서의 응답자 평균값을 그 층에 속한 모든 결측값에 대체하는 방법
② 유사자료대체(Hot-Deck Imputation): 전체 표본을 대체층으로 나눈 뒤 각 층 내에서 응답 자료를 순서대로 정리하여 결측값이 있는 경우 그 결측값 바로 이전의 응답을 결측값 대신 대체하는 방법
③ 외부자료대체(Cold-Deck Imputation): 기존에 실시된 표본조사에서 유사한 항목의 응답값으로 결측값을 대체하는 방법
④ 조사단위대체(Substitution): 무응답한 대상을 표본으로 추출되지 않은 다른 대상으로 대체시키는 방법
⑤ 회귀대체(Regression Imputation): 무응답이 있는 항목 y를 응답이 있는 y를 제외한 나머지 변수 $x_1, x_2, ..., x_k$를 이용해 회귀모형에 적합 후 예측하는 방법
⑥ 이월대체(Carry-over Imputation): 조사 시점 순서로 표본정렬 후 무응답 t시점의 항목 y_t에 가장 가까운 u시점 응답값 y_u로 무응답을 대체하는 방법
⑦ 랜덤대체(Random Imputation): 대체층 내에서 대체값을 랜덤으로 선택하여 결측값을 대체하는 방법
⑧ 베이지안대체(Bayesian Imputation): 결측값의 추정을 위해 추정모수에 사전정보를 부가하여 사후정보를 얻는 방법
⑨ 복합대체(Composite Imputation): 여러 가지 방법을 혼합하여 얻은 값으로 대체하는 방법

03 최종 원시자료 생성하기

출제기준

1. 완성된 원시자료파일을 기반으로 각 응답항목에 대하여 빈도표를 작성할 수 있다.
2. 작성된 빈도표를 토대로 설문 항목별 자료의 특성을 분석할 수 있다.
3. 응답항목별 특성을 기초로 최종 원시자료를 생성할 수 있다.

1 최종 원시자료 생성하기

- 데이터 보기

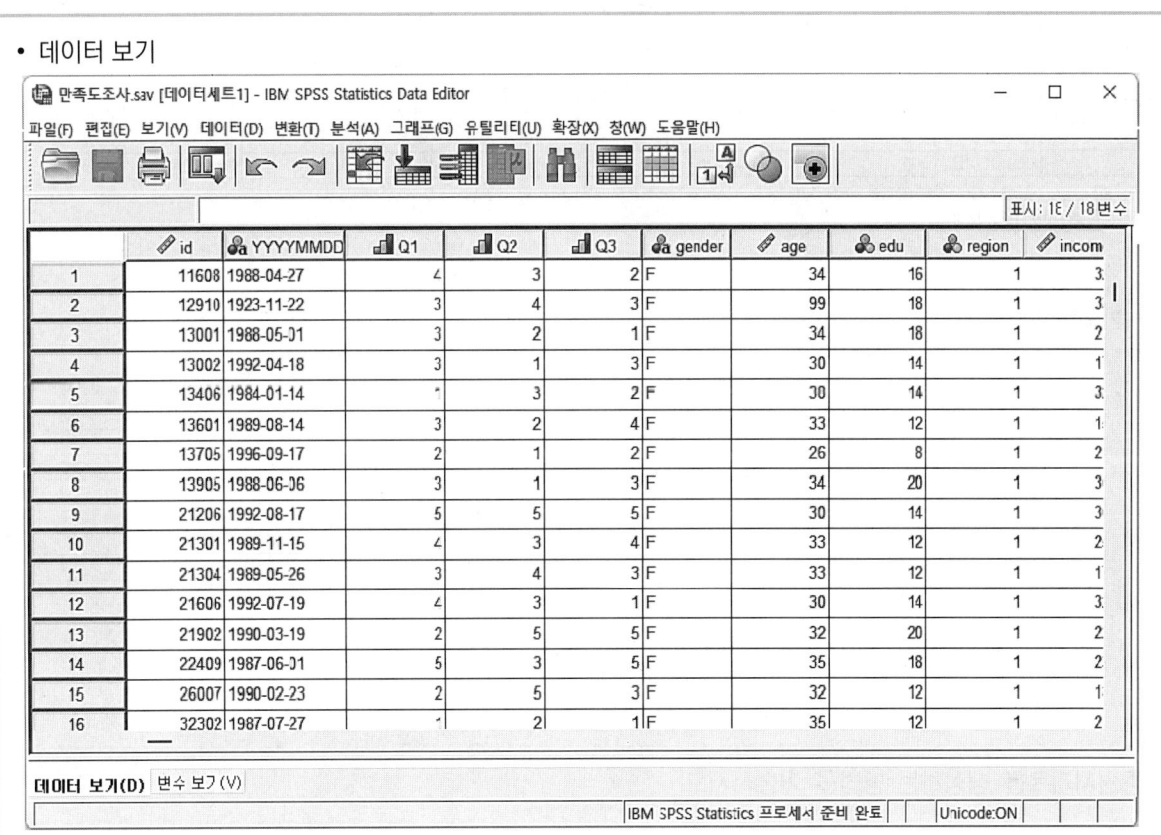

• 변수 보기

	이름	유형	너비	소수점...	레이블	값	결측값	열	맞춤	측도
1	id	숫자	5	0	일련번호	없음	없음	8	오른쪽	척도
2	YYYYMMDD	문자	10	0	생년월일	없음	없음	10	왼쪽	명목형
3	Q1	숫자	1	0	정치분야 만족도	{1, 매우 불...	9	8	오른쪽	순서형
4	Q2	숫자	1	0	교육분야 만족도	{1, 매우 불...	9	8	오른쪽	순서형
5	Q3	숫자	1	0	사회분야 만족도	{1, 매우 불...	9	8	오른쪽	순서형
6	gender	문자	1	0	성별	{F, 여자}...	없음	7	왼쪽	명목형
7	age	숫자	2	0	연령	없음	99	8	오른쪽	척도
8	edu	숫자	2	0	교육년수	없음	99	8	오른쪽	명목형
9	region	숫자	1	0	지역	{1, 대도시}...	9	8	오른쪽	명목형
10	income	숫자	3	0	수입	없음	999	8	오른쪽	척도
11	Qmean	숫자	8	2	만족도 평균	없음	없음	10	오른쪽	척도
12	age_new	숫자	8	2	연령대	{1.00, 20대}...	없음	10	오른쪽	명목형
13	gender_new	숫자	1	0	성별	{1, 여자}...	없음	12	오른쪽	명목형
14	filter_$	숫자	1	0	age>=30 (FLT...	{0, Not Sele...	없음	10	오른쪽	명목형
15	year	문자	8	0		없음	없음	10	왼쪽	명목형
16	남자더미	숫자	8	0		없음	없음	14	오른쪽	명목형
17	대도시더미	숫자	8	0		없음	없음	17	오른쪽	명목형

• 빈도분석 결과

성별

		빈도	퍼센트	유효 퍼센트	누적 퍼센트
유효	여자	136	43.3	43.3	43.3
	남자	178	56.7	56.7	100.0
	전체	314	100.0	100.0	

정치분야 만족도

		빈도	퍼센트	유효 퍼센트	누적 퍼센트
유효	매우 불만족	31	9.9	9.9	9.9
	불만족	54	17.2	17.3	27.2
	보통	102	32.5	32.7	59.9
	만족	84	26.8	26.9	86.9
	매우 만족	41	13.1	13.1	100.0
	전체	312	99.4	100.0	
결측	9	2	.6		
전체		314	100.0		

01

최종원시자료를 생성하는 방법을 기술하시오.

01

■ 최종원시자료를 생성하는 방법
① 완성된 원시자료파일을 기반으로 각 응답항목에 대하여 빈도표를 작성한다.
② 작성된 빈도표를 토대로 설문 항목별 자료의 특성을 분석한다.
③ 응답항목별 특성을 기초로 최종 원시자료를 생성한다.

CHAPTER 05 FGI 정성조사

01 FGI 설계하기

출제기준
1. 조사목적에 따라 FGI 주제를 선정할 수 있다.
2. 선정된 FGI 주제에 부합하는 인터뷰 대상을 선정할 수 있다.
3. FGI 주제에 부합하는 질문지를 작성할 수 있다.
4. FGI진행 환경을 고려하여 진행지침을 작성할 수 있다.

■ 표적집단면접법(Focus Group Interview)
조사자가 소수의 응답자 집단에게 특정주제에 대하여 토론하게 한 다음 필요한 정보를 알아내는 자료수집방법
- 연구자는 대부분의 과정에서 질문자라기보다는 조정자 또는 관찰자에 가까움.
- 응답자는 응답을 강요당하지 않기 때문에 솔직하고 정확히 자신의 의견을 표명할 수 있음.
- 사회환경에서 일어나는 실제의 생활을 포착하는 사회지향적 연구방법
- 일반적으로 자료수집시간을 단축시키고 현장에서 수행하기 용이하나 참여자 수가 제한적인 것으로 인한 일반화의 제한성 또는 집단소집의 어려움 등이 단점으로 지적되기도 함.
- 표본이 특정 집단이기 때문에 조사 결과의 일반화가 어려움.
- 초점집단 조사는 내용타당도를 높이는 목적으로 사용될 수 있음.
- 빠른 결과를 보여주며, 높은 타당도를 가짐.

장점	단점
• 조사가 간편하여 시간과 비용 절약 가능 • 조사조건을 표본화하여 응답조건이 동등 • 응답자들과 동시에 직접 대화할 기회가 있어 질문에 대한 오해를 줄일 수 있음. • 조사대상에 따라서는 집단을 대상으로 한 면접방식과 자기 기입방식을 조합하여 실시하기도 함. • 학교나 기업체, 군대 등의 조직체 구성원을 조사할 때 유용	• 피조사자를 한 장소에 모으는 것이 쉽지 않음. • 조사기관으로부터 협력을 얻어야 함. • 집단조사를 승인해 준 당국에 의해 조사결과가 이용될 것이라고 인식될 가능성이 있음. • 집단상황이 응답을 왜곡시킬 가능성 농후 • 피조사자의 수준이 동일하다고 가정하는 오류를 범할 수 있음.

- 델파이(Delphi) 기법
  전문가의 견해를 물어 종합적인 상황을 파악하거나 미래의 불확실한 상황을 예측할 때 주로 이용되는 조사기법
- 심층면접법(In-depth Interview)
  면접원을 활용하는 조사 중 상이한 특성의 면접원에 의해 발생하는 편향(bias)이 가장 클 것으로 추정되는 조사
- 집중면접(Focused Interview)
  일정 현상에 대해 집중적으로 면접하는 방법으로, 특정한 가설에 개발하기 위해 효율적으로 이용할 수 있음.

1 FGI 개념

01
집단인터뷰를 집단표본조사와 비교해서 의미와 유용성을 설명하시오.

2010년 상반기 출제

02
FGI(Focus Group Interview)를 설명하시오.

2011년 상반기 출제

01
① **집단(표본)조사** : 연구대상자를 개별적으로 만나서 조사하는 것이 아니라 집단을 모아서 질문지를 배부하여 응답자가 직접 기입하게 하는 방식
② **집단면접** : 조사자가 소수의 응답자 집단에게 특정주제에 대하여 토론하게 한 다음 필요한 정보를 알아내는 자료수집방법
③ **집단면접의 장점**
  - 심도 있는 정보획득이 가능하다.
  - 응답자는 응답을 강요당하지 않기 때문에 솔직하고 정확히 자신의 의견을 표명할 수 있다.
  - 빠른 결과를 보여주며, 높은 내용타당도를 가진다.

02
■ **표적집단면접(FGI)**
전문적인 지식을 가진 면접진행자가 소수의 응답자 집단에게 특정주제에 대하여 토론하게 한 다음 필요한 정보를 알아내는 자료수집방법

03
FGI(Focus Group Interview)의 장·단점을 두 가지씩 쓰시오.

■ 2014년 제 2회 출제

04
표적집단면접법의 장·단점을 각각 세 가지씩 서술하시오.

■ 2021년 제 2회 출제

03~04
① 표적집단면접의 장점
- 심도있는 정보획득이 가능하다.
- 응답자는 응답을 강요당하지 않기 때문에 솔직하고 정확히 자신의 의견을 표명할 수 있다.
- 빠른 결과를 보여주며, 높은 내용타당도를 가진다.

② 표적집단면접의 단점
- 표적집단을 선정하고 소집하는 데 어려움이 있다.
- 사회자의 편견이 개입될 가능성이 높다.
- 사회자의 능력에 따라 조사 결과가 크게 좌우된다.
- 표본이 특정 집단이기 때문에 조사 결과의 일반화가 어려움.

05

자료수집방법 중 집단조사법(Group Questionnaire Survey)의 장·단점을 각각 세 가지만 쓰시오.

■ 2010년 하반기 출제
2017년 제 2회 출제
2021년 제 1회 출제

06

집단조사의 의미를 설명하고 장·단점을 쓰시오.

■ 2015년 제 1회 출제

07

교도소 재소자 모아놓고 질문지를 배부하는 집단 조사를 실행했을 때 문제점 3가지를 설명하시오.

■ 2020년 제 3회 출제

05~06

① 집단조사(Group Questionnaire Survey)
 연구대상자를 개별적으로 만나서 조사하는 것이 아니라 집단을 모아서 질문지를 배부하여 응답자가 직접 기입하게 하는 방식

② 집단조사의 장점
 • 조사자가 많이 필요하지 않아 조사가 간편하여 시간과 비용 절약이 가능하다.
 • 조사조건을 표준화하여 응답조건의 동일성 확보가 가능하다.
 • 응답자들과 동시에 직접 대화할 기회가 있어 질문에 대한 오해를 줄일 수 있다

③ 집단조사의 단점
 • 피조사자를 한 장소에 모으는 것이 쉽지 않다. 조사기관으로부터 협력을 얻어야 한다.
 • 피조사자의 수준이 동일하다고 가정하는 오류를 범할 수 있어 조사 자체에 타당도가 낮아지기 쉽다.
 • 응답자들이 한 장소에 모여 있어 통제가 용이하지 않고, 집단상황이 응답을 왜곡시킬 가능성 농후하다.

07

■ 집단조사의 문제점
• 피조사자를 한 장소에 모으는 것이 쉽지 않은 경우가 있다.
• 집단상황이 응답을 왜곡시킬 가능성이 있다.
• 피조사자의 수준이 동일하다고 가정하는 오류를 범할 수 있다.

2 FGI 설계

- 목표 설정하기
  ① FGI를 통해 결론을 도출하는 것이 특정주제 선정
  ② 해당 결론을 도출하기 위해서, FGI 적합 여부 검토

- 진행자 구하기
  ① FGI를 진행해본 유경험자
  ② 논의할 주제에 대해서 이미 어느 정도 인지하고 있거나 정보를 숙지할 수 있는 자
  ③ FGI 참여자의 의견을 편안하게 잘 이끌어낼 수 있는 자
  ④ FGI 프로젝트의 기획자와 원활한 업무협의가 가능한 자

- FGI 참여자 후보 선정 및 연락
  ① 참여자 후보 선정 시 고려사항
    ㉠ 목적에 맞는 참여자
    ㉡ 주제를 잘 알고 있는 사람
    ㉢ 참여자끼리 서로 아는 사람이 없도록 가급적 독립적으로 선별
    ㉣ 성별과 연령을 파악하여, FGI가 가장 효율적인 방향으로 선별
  ② FGI 참여자 연락 : 우선순위대로 참여자에게 연락을 취하여, FGI 참여 가능 여부를 확인하며, 최종 참여자는 실제 예정 수의 20~30% 정도 더 많은 수를 선정한다.

02 FGI 실시하기

> **출제기준**
> 1. 작성된 진행 지침에 따라 그룹인터뷰를 진행할 수 있다.
> 2. 제한된 시간 안에 선정된 주제를 모두 인터뷰 할 수 있다.
> 3. 인터뷰가 진행되는 동안 적절한 질문과 경청으로 참가자의 응답을 이끌어 낼 수 있다.

1 FGI 실시

- **진행자 주의사항**
  ① 진행자의 목표
     참여자의 다양한 의견들을 토대로 최대한 많은 유효 결론을 도출해야 한다.
  ② 질문의 특징
     ㉠ 간결하고 명료한 질문으로 참여자가 최대한 이해하기 쉽게 질문해야 한다.
     ㉡ 예/아니오로 끝나는 질문보다는 서술형으로 설명할 수 있는 질문을 덧붙여야 한다.
     ㉢ FGI 진행 과정에서 참여자들이 더 많은 의견을 내면서 내용이 고조되는데, 중요한 답변은 특별히 주제에 맞는 추가 질문으로 FGI의 분위기를 잘 형성해야 한다.
     ㉣ 참여자가 단답형으로 답변할 경우, 예를 들어 줄 것을 요청해야 한다.
     ㉤ FGI 과정에서 나오는 소수 의견은 다른 말로 바꾸어 다시 설명하고, 해당 내용에 대해 추가적인 의견이 있는지 확인하는 질문을 해야 한다.
  ③ 진행방식
     ㉠ 진행되는 질문의 순서를 잘 만들어야 한다. 원칙적으로는 가이드라인대로 진행하나 기존에 짜인 방식과 상황에 따라 다르게 흘러갈 수도 있음을 명심해야 한다.
     ㉡ 질문의 중요도에 따라 해당 질문을 얼마나 오래 논의할지 고민해야 한다.
     ㉢ 진행되는 방식을 중간중간 정리하여 모두에게 알려야 한다.
  ④ 진행자의 태도
     ㉠ 참여자 중 소극적인 사람들이 의견을 제시할 수 있도록 돕는다.
     ㉡ 진행자는 반드시 내용을 잘 듣고, 이를 의도에 맞게 정리해서 말로 잘 표현해야 한다.
     ㉢ 참여자의 모든 의견은 존중받아야 하며, 진행자는 중립적인 자세를 취해야 한다.

03 FGI 분석하기

출제기준
1. FGI 결과를 구체적인 정보단위로 정리할 수 있다.
2. 정리된 정보를 FGI 목적에 맞춰 분류할 수 있다.
3. FGI 자료 분석결과를 해석할 수 있다.
4. FGI 자료 분석결과 및 해석을 보고서 형태로 정리할 수 있다.

1 FGI 자료 분석

- 데이터 분석
  데이터 분석은 가능한 한 FGI가 끝난 직후에 하는 편이 좋다.
  ① 촬영 혹은 녹음한 내용을 다시 확인하며, FGI 내용을 정리한다. 모든 대사를 리뷰하며 정리해보고, 엑셀에 이를 최대한 정량화해보도록 한다.
  ② 정리한 내용을 바탕으로 어떤 '패턴'이 보이는지 확인한다.
    - 어떤 주제가 계속해서 도출되는가?
    - 어떤 새로운 질문이 나왔나?
    - 도출된 결론은 사실인 것 같은가?

- 결과 분석 공유
  ① 팀/조직 내 공유
     FGI 분석한 내용을 문서화하여 공유한다.
  ② 참여자 공유

CHAPTER 06 2차 자료 분석

01 2차 자료 선정하기

> **출제기준**
> 1. 조사목적에 부합하는 2차 자료 유형을 조사할 수 있다.
> 2. 조사목적에 적합한 2차 자료 후보군을 수집할 수 있다.
> 3. 예산과 기간 범위 내에서 조사목적을 달성할 수 있는 2차 자료 대상을 결정할 수 있다.

- **1차 자료(Primary Data)**
  - 현재 수행중인 연구의 목적을 달성하기 위해 적절한 조사설계를 통하여 직접 수집한 자료
  - 조사목적에 적합한 정보를 필요한 시기에 제공
  - 자료 수집에 인력과 시간, 비용이 많이 소요됨.

- **2차 자료(Secondary Data)**
  - 이미 만들어 놓은 자료를 활용한 자료
  - 비관여적 연구방법
  - 자료의 적합성을 평가하여 연구에 활용
  - 1차 자료에 비해 비용과 시간 절약
  - 경우에 따라 당면한 조사문제를 평가할 수도 있음.
  - 조사목적의 적합성, 자료의 정확성, 일치성 등을 기준으로 평가
  - 다른 방법에 의해 수집된 자료를 보충하고 타당성을 검토하기 위해 사용
  - 연구자가 원하는 개념을 마음대로 측정할 수 없으므로 척도의 타당도에 문제가 될 수 있음.

- **문헌고찰**
  - 2차 자료를 이용하는 조사방법
  - 연구의 과정에서 매우 중요한 위치를 차지하며, 가능한 연구 초기에 수행해야 함.
  - 문헌고찰을 통해 해당 연구주제에 대한 과거 관련 연구들의 결과를 학습할 수 있음.
  - 인간의 모든 형태의 의사소통기록 활용 가능

- **2차 문헌자료를 활용할 때 주의해야 할 사항**
  샘플링의 편향성(bias), 자료 간 일관성 부재, 불완전한 정보의 한계

1 1차 자료와 2차 자료

01
1차 자료와 2차 자료에 대해서 예를 들어 설명하시오.

▪ 2011년 상반기 출제

02
조사연구에서 자료는 그 성격에 따라 1, 2차로 구분할 수 있다. 1, 2차가 무엇인지 설명하고 각각 예를 한 가지씩 쓰시오.

▪ 2014년 제 2회 출제

03
1차 자료와 2차 자료의 의미를 쓰고 각각 예를 한 가지씩 쓰시오.

▪ 2015년 제 2회 출제

04
1차 자료, 2차 자료의 의미를 설명하고 예를 한 가지씩 드시오.

▪ 2015년 제 3회 출제

05
1차 자료(Primary Data)와 2차 자료(Secondary Data)를 각각의 예를 들어 설명하시오.

▪ 2019년 제 1회 출제
▪ 2021년 제 2회 출제

01~05
■ 1차 자료와 2차 자료
① 1차 자료(Primary Data)
   1차 자료는 현재 수행중인 연구의 목적을 달성하기 위해 적절한 조사설계를 통하여 직접 수집한 자료이며 자료수집방법으로 질문지법, 면접법, 관찰법 등이 있다.
② 2차 자료(Secondary Data)
   다른 목적을 위해 이미 수집된 자료로서 연구자가 자신이 수행 중인 연구문제를 해결하기 위해 사용하는 자료이다. 1차 자료에 비해 비용과 시간이 절약되나 연구자가 원하는 개념을 마음대로 측정할 수 없으므로 척도의 타당도에 문제가 될 수 있다.
③ 1차 자료와 2차 자료의 예
   '비정규직 근로자에 대한 직장만족도 조사'를 실시할 때, 연구자가 직접 비정규직 근로자를 수집하여 직장만족도 조사 설문조사를 수행할 경우 1차 자료에 해당하며, 고용노동부로부터 비정규직 근로자에 대한 자료(2차 자료)를 제공받아 연구목적과 내용에 맞게 활용한다면 2차 자료에 해당한다.

06

1차 자료와 비교한 2차 자료의 장단점을 쓰시오.

■ 2019년 제 2회 출제

06

■ **2차 자료**

① **2차 자료(Secondary Data)**
다른 목적을 위해 이미 수집된 자료로서 연구자가 자신이 수행 중인 연구문제를 해결하기 위해 사용하는 자료이다.

② **2차 자료의 장점**
- 1차 자료의 수집에 따른 시간, 노력, 비용을 절감할 수 있다.
- 직접적이고 즉각적인 사용이 가능하다.
- 국제비교나 종단적 비교가 가능하다.
- 공신력 있는 기관에서 수집한 자료는 신뢰도와 타당도가 높다.
- 실력 있는 전문 연구자의 연구성과를 활용할 수 있다.

③ **2차 자료의 단점**
- 연구자가 원하는 개념을 마음대로 측정할 수 없으므로 척도의 타당도에 문제가 될 수 있다.
- 연구의 분석단위나 조작적 정의가 다른 경우 사용이 곤란하다.
- 시간이 경과하여 시의적절하지 못한 정보일 수도 있다.
- 샘플링의 편향성(bias), 자료 간 일관성 부재, 불완전한 정보의 한계로 일반적으로 신뢰도와 타당도가 낮다.
- 연구에 필요한 2차 자료의 소재를 파악하기 어렵다.
- 수집한 자료에 결측값이 많은지 확인이 필요하다.

02 2차 자료 수집하기

> 📎 **출제기준**
> 1. 선정된 2차 자료를 효과적으로 수집하기 위한 계획을 수립할 수 있다.
> 2. 수립한 계획에 따라 2차 자료를 수집할 수 있다.
> 3. 조사목적에 따라 수집한 2차 자료를 점검할 수 있다.
> 4. 점검 결과에 따라 필요한 조치를 취할 수 있다.

1 2차 자료의 유형

- **2차 자료의 유형**
  ① 내부자료
     조직 내부에 보유하고 있는 자료
     > 📖 일상 업무와 관련하여 발생하는 각종 기록과 보고 자료, 이전에 실시된 마케팅 조사 자료, 그 외 마케팅 첩보나 POS와 데이터베이스 시스템에 저장되어 있는 자료
     - 비용을 거의 들이지 않고 언제든지 얻을 수 있는 자료
     - 외부자료보다 신뢰할 수 있다.
  ② 외부자료
     기업 외부에 있는 개인이나 조직이 보유하고 있는 자료
     > 📖 공공기관에서 발행한 각종 센서스 및 통계자료, 개인이나 각종 조직에서 발행한 연구보고서 및 정기간행물, 전문조사기관에서 상업적으로 판매하는 자료
     - 인터넷이나 도서관 등에서 무료로 얻을 수 있다.
     - 판매하는 경우에도 가격이 저렴하고 자료의 왜곡이 없으며 사적 기관에서 예산상 조사하기 힘든 자료가 많다.
     - 사적 연구보고서(논문, 연구조사보고서)와 정기간행물(서적, 잡지, 협회보)도 비교적 저렴하게 획득할 수 있으나 그 수가 많고 원하는 자료가 포함된 자료원을 찾기가 쉽지 않다.
     - 자료의 개인적 목적이나 이해관계가 반영된 자료가 많아 신중한 평가가 요구된다.

03 2차 자료 분석하기

출제기준
1. 분석하고자 하는 목적에 맞게 2차 자료를 분류할 수 있다.
2. 자료의 특성에 따라 적절한 분석기법을 적용하여 정밀 분석할 수 있다.
3. 조사목적에 맞게 분석한 결과의 결론을 도출할 수 있다.
4. 조사목적에 따라 2차 자료 분석 보고서를 작성할 수 있다.

1 사례조사

01

사례조사의 장·단점을 각각 세 가지씩 설명하시오.

■ 2011년 하반기 출제

01
■ 사례조사(Case Study)
① 사례조사의 의미
특정 사례와 그에 수반되는 상황에 관한 기존 문서의 분석이나 관찰 등과 같은 방법으로 자료를 수집하는 연구방법
② 사례조사의 장점
- 사회현상의 가치적 측면의 파악 가능
- 개별적 상황의 특수성을 명확히 파악 가능
- 탐색적 연구방법으로 사용이 가능
- 단일사례연구(연구대상이 되는 사례가 1개) 개입효과에 대한 즉각적인 피드백 가능
- 조사연구 과정과 실천과정이 통합될 수 있음.
- 개인과 집단뿐만 아니라 조직이나 지역사회도 연구대상이 될 수 있음
- 연구 대상에 대한 문제의 원인을 밝혀 줄 수 있다.
- 연구 대상에 대한 종합적인 문제를 구체적이고 상세하게 연구하는데 유용하다.
- 본조사에 앞서 예비조사로 활용할 수 있다.
- 주어진 비용에서 많은 자료를 포괄할 수 있는 방법을 제공해 준다.
- 다수의 상황들을 포괄하여 일반화한 후 결론에 도달하는 과정을 용이하게 해준다.
③ 사례조사의 단점
- 대표성이 불분명하여 조사결과의 일반화 가능성이 낮다.
- 조사 변수에 대한 조사의 폭과 깊이가 불분명하다.
- 다른 연구와 같은 변수에 대해 관찰이 이루어지지 않기 때문에 비교가 불가능하다.
- 특정 대상이 자연적 발전이나 생활사를 연구하므로 시간이 과도하게 소비된다.
- 추출된 표본들의 통계적인 타당성이 부족하다.

2 내용분석

01
내용분석의 의미와 장점 세 가지를 쓰시오.

2010년 하반기 출제

02
내용분석의 장점 3가지를 쓰시오.

2018년 제 2회 출제

01~02
■ 내용분석(Content Analysis)
① 내용분석의 의미
  기록물을 통하여 연구 주제에 관련된 자료를 수집·분석함으로써 객관적이고 체계적이며 계량적인 방법으로 분석하는 방법이다.
② 내용분석의 장점
  - 2차 자료를 이용함으로써 시간과 비용 측면에서 경제적이다.
  - 설문조사나 현지조사 등에 비해 안전도가 높고, 필요한 경우 재분석이 가능하고, 연구 진행 중에 연구계획의 부분적인 수정 가능
  - 장기간에 걸쳐서 발생하는 과정을 연구할 수 있어 역사적 연구에 적용 가능하다.
  - 피조사자가 반작용(Reactivity)을 일으키지 않으며, 분석대상에 영향을 미치지 않으므로, 다양한 기록 자료의 유형 분석 가능
  - 다른 조사에 비해 실패할 경우 위험부담이 적다.
③ 내용분석의 단점
  - 기록된 자료만 다룰 수 있어 자료의 입수가 제한적이다.
  - 분류범주의 타당성 확보가 곤란하다.
  - 복잡한 변수가 작용하는 경우 신뢰도가 낮을 수 있다.
  - 양적 분석이지만 모집단의 파악이 어렵다.

03

내용분석에 대한 사항이다. 순서대로 나열하시오.

ㄱ. 모집단의 결정
ㄴ. 분석단위의 결정
ㄷ. 분석 카테고리 결정
ㄹ. 조사대상의 표본추출
ㅁ. 연구주제의 결정
ㅂ. 결론의 도출
ㅅ. 수량화 체계 결정

■ 2017년 제1회 출제

03
■ 내용분석(Content Analysis)
① 내용분석의 의미
　기록물을 통하여 연구 주제에 관련된 자료를 수집·분석함으로써 객관적이고 체계적이며 계량적인 방법으로 분석하는 방법이다.
② 내용분석의 절차
　연구문제와 가설 검정(ㅁ) → 모집단 결정(ㄱ) → 내용분석 자료의 표본추출(ㄹ) → 분석 카테고리 설정(ㄷ) → 분석단위 결정(ㄴ) → 집계체계 결정 및 내용분석 작업(ㅅ) → 보고서 작성(ㅂ)

02

필답형 기출문제 풀이

빅픽처 사회조사분석사2급
[실기형] 기출문제집

CHAPTER 01 2022년 제1회 필답형 기출문제

01
비표본오류(오차)의 정의와 발생하는 원인 4가지를 작성하시오

- 2012년 상반기 출제
- 2017년 제 3회 출제
- 2020년 제 3회 출제

01

■ **비표본 오차** : 표본오차를 제외한 조사의 전체과정에서 발생할 수 있는 모든 오차
- 표본추출과 관계없이 자료를 수집하는 과정 즉 면접이나, 조사표 구성방법의 오류, 조사관의 자질, 조사표작성 및 집계 과정에서 나타나는 오류
- 비표본추출오차는 표본조사와 전수조사에서 모두 발생할 수 있음.

■ **발생하는 원인**
① 면접원 때문에 발생하는 오류
  - 면접원의 말투, 성별 등 개인차에 의한 오류
  - 면접원의 복장, 인상 등 첫인상에 의한 오류
  - 면접원의 질문방식 차이에 의한 오류
② 면접 진행과정에서 발생하는 오류
  - 면접진행과정에서 면접원의 선입견과 편견 개입에 의한 오류
  - 면접진행과정에서 면접원의 기입오류
  - 측정 장소와 시간 등에게서 오는 오류
  - 질문순서, 부적절한 어구 사용에 의한 오류
③ 응답자에 의한 오류
  - 측정 대상자의 기분, 심리상태, 피로도 등으로 인한 오류
  - 무성의하게 습관적으로 '예'라고 답할 때 나타나는 오류(습관성 효과)
  - 가장 무난하고 튀지 않는 응답항목을 택했을 때 나타나는 오류(집중 효과)
④ 조사표 작성 및 집계 과정에서 나타나는 오류

02
확률추출법과 비확률추출법의 특징과 장단점을 설명하시오.

▪ 2015년 제1회 출제, 2011년 상반기 출제, 2012년 하반기 출제, 2015년 제3회 출제, 2016년 제3회 출제, 2017년 제1회 출제, 2017년 제3회 출제, 2019년 제1회 출제, 2019년 제3회 출제, 2020년 제2회 출제

03
외생변수의 통제방법 두 가지를 쓰고 설명하시오.

▪ 2013년 제1회 출제, 2015년 제3회 출제, 2019년 제2회 출제

02
■ **확률표본추출법과 비확률표본추출법**

확률표본추출법	비확률표본추출법
• 연구대상이 표본으로 추출될 확률이 알려져 있으며 표본오차추정이 가능하다. • 무작위적으로 표본을 추출한다. • 모수추정에 편의가 없다. • 분석 결과의 일반화가 가능하다. • 표본의 크기가 커질수록 대표성이 높아짐. • 시간과 비용이 많이 든다.	• 연구대상이 표본으로 추출될 확률이 알려져 있지 않을 때 사용한다. 모집단 구성원의 프레임이 없음. • 모집단의 구성요소가 표본으로 선정될 확률이 동일하지 않음. 작위적으로 표본을 추출한다. • 모수추정에 편의가 있다. • 분석결과의 일반화에 제약이 있다. • 표집오류를 확인하기 어려움. 표본오차 측정이 불가능하다. • 시간과 비용이 적게 든다.

03
■ **실험설계(Experimental Design)의 타당성을 높이기 위한 외생변수 통제방법**
① 제거(Elimination) : 실험에 영향을 미칠 수 있는 외생변수가 개입하지 않도록 모두 제거하는 방법
② 균형화(Matching) : 외생변수를 사전에 아는 경우, 외생변수가 실험대상이 되는 각 집단에 균등하게 영향을 미칠 수 있도록 실험집단과 통제집단을 선정하여 외생변수의 효과를 통제하는 방법
③ 무작위화(Randomization) : 모집단에서 실험집단과 통제집단을 무작위로 추출함으로써 외생변수의 영향력을 없애는 방법
④ 상쇄(Counterbalancing) : 하나의 실험집단에 두 개 이상의 실험변수가 가해질 때 사용하는 방법으로 외생변수가 작용하는 강도가 다른 상황에서 다른 실험을 함으로써 외생변수 영향을 상쇄
　　예) 두 가지 광고 A와 B에 대한 사람들의 선호도를 알아보고자 할 때, 실험집단 참여자의 절반에게는 광고를 A→B의 순으로 제시하고, 나머지 반에게는 B→A의 순으로 제시하여 각 광고에 대한 그들의 선호도를 측정한다.

04

"사회경제적 지위" 개념의 측정타당도를 평가하는 방법과 절차를 설명하시오.

05

집단조사법의 의미와 장·단점을 한 가지씩 설명하시오.

- 2010년 하반기 출제,
  2015년 제 1회 출제,
  2017년 제 2회 출제,
  2021년 제 1회 출제

04
■ **기준타당도(준거타당도)**
척도를 잘 평가할 수 있다고 생각되는 이미 타당성이 입증된 다른 알려진 기준과의 비교를 통해서 척도의 타당성을 검증하는 타당도

(1) 동시적 타당도(동시타당도 ; concurrent validity)
  ① 동일 시점에서 검사와 준거를 동시에 측정하여 상관을 계산
  ② 신뢰할 수 있는 다른 측정도구와 비교하는 것
  예 새로 개발된 주관적인 피로감 측정도구를 사용하여 측정한 결과와 이미 검증되고 통용중인 주관적인 피로감 측정도구의 결과를 비교하여 타당도를 확인하였다.

(2) 예측적 타당도(예언타당도 ; predictive validity)
  먼저 실시한 검사 점수와 나중에 측정한 준거점수의 상관을 계산
  예 대학수학능력시험의 타당도를 평가하기 위해 대학수학능력시험 점수와 대학 진학 후 학업 성적과의 상관관계를 조사하는 방법

05
① **집단조사(Group Questionnaire Survey)**
  집단조사 : 연구대상자를 개별적으로 만나서 조사하는 것이 아니라 집단을 모아서 질문지를 배부하여 응답자가 직접 기입하게 하는 방식
② **집단조사의 장점**
  • 조사자가 많이 필요하지 않아 조사가 간편하여 시간과 비용 절약이 가능하다.
  • 조사조건을 표준화하여 응답조건의 동일성 확보가 가능하다.
  • 응답자들과 동시에 직접 대화할 기회가 있어 질문에 대한 오해를 줄일 수 있다.
③ **집단조사의 단점**
  • 피조사자를 한 장소에 모으는 것이 쉽지 않다. 조사기관으로부터 협력을 얻어야 한다.
  • 피조사자의 수준이 동일하다고 가정하는 오류를 범할 수 있어 조사 자체에 타당도가 낮아지기 쉽다.
  • 응답자들이 한 장소에 모여 있어 통제가 용이하지 않고, 집단상황이 응답을 왜곡시킬 가능성 농후하다.

06

사회적으로 바람직하게 보이려는 편향(Social Desirability Bias)의 발생원인과 이것을 줄일 수 있는 방법 네 가지만 쓰시오.

■ 2017년 제1회 출제,
2018년 제2회 출제,
2020년 제3회 출제

06

■ 사회적으로 바람직하게 보이려는 편향

① 사회적으로 바람직하게 보이려는 편향의 개념

질문자의 의도에 맞추어 자신의 생각과 무관하게 본인이나 본인이 소속한 집단을 우월하게 보이기 위해 응답하는 경우 나타나는 편향이다.

② 사회적으로 바람직하게 보이려는 편향의 감소 방법
- 질문지 작성 시 사회적 규범을 나타내는 단어를 표현하지 않고 가능한 우회적 단어를 사용한다.
- 철저한 비밀 보장을 약속한다.
- 설문조사 이외의 관찰이나 기계적 장치 등을 이용한다. 응답을 자유롭게 표현할 수 있는 환경을 제공한다.
- 조사자가 객관적인 지침에 따라 조사할 수 있도록 교육에 만전을 기한다.
- 면접조사보다는 조사자의 영향을 줄일 수 있는 집단조사 또는 우편조사를 실시한다.
- 조사의 목적과 중요성을 강조한다.
- 조사원의 라포, 프로빙 능력이 중요시 된다.

07

면접조사와 비교한 질문지의 장점 세 가지를 쓰시오.

08

조사과정에서 발생할 수 있는 불포함오류와 무응답오류의 의미를 쓰시오.

■ 2018년 제 3회 출제

07

	질문지법	면접법
장점	① 특성상 면접보다 시간, 노력, 비용이 적게 든다. ② 표준화된 언어구성, 질문순서, 지시 등으로 질문의 일관성을 기할 수 있다. 조사자의 주관이 개입될 소지가 제한되어 있다. ③ 피조사자가 익명으로 응답할 수 있으므로, 자유롭게 표현하기가 용이하다. ④ 시간적 여유가 있기 때문에 심사숙고한 결과 정확한 응답을 할 수 있다. ⑤ 응답자의 과거의 행동이나 사적 행위에 관한 정보를 얻을 수 있다. ⑥ 보다 넓은 범위에 걸쳐 보다 쉽게 응답자에게 접근할 수 있다.	① 면접법은 모든 사람에 대해서 할 수 있다. ② 질문법보다 공정한 표본을 얻을 수 있다. ③ 개별적 상황에 따라 높은 신축성과 적응성을 갖는다. ④ 복잡한 질문을 사용할 수 있고 정확한 응답을 얻어낼 수 있다. ⑤ 환경을 통제, 표준화할 수 있다 ⑥ 제3자의 영향을 배제시킬 수 있다. ⑦ 응답자의 사적 정보를 얻을 수 있다.
단점	① 필요에 따라 질문의 요지를 설명할 수 없어 융통성이 결여되어 있다. ② 필기에 의한 응답만을 취급하기 때문에 비언어적 행위나 개인적인 특성이 자료로 활용될 수 없다. ③ 읽고 쓸 수 있는 능력이 없는 사람에 대해서는 조사가 불가능 하다(아동, 노인). ④ 무응답 처리가 많은 것을 통제할 수 없다. ⑤ 응답자가 보고할 의사를 가지고 있고, 또 보고할 수 있는 소재에 대해서만 원만한 성과를 거둘 수 있다.	① 절차가 복잡하고 불편하다. ② 시간, 비용, 노력이 많이 든다. ③ 면접자에 따라 면접내용에 편견적 기록이 생길 수 있다. ④ 응답자의 상태에 따라 응답에 영향을 미칠 수 있다. ⑤ 응답에 대한 표준화가 어려울 수 있다. ⑥ 대상이 넓은 지역에 분포된 경우 면접이 어렵다. ⑦ 익명성이 결여되어 있다. ⑧ 응답자에게 부담을 줄 수 있다.

08

■ **불포함오류와 무응답오류**

① **불포함오류** : 표본추출틀이 불완전하여 목표모집단에는 포함되어 있으나 표집추출틀(Sample Frame)에는 포함되지 않은 표본 요소들로부터 발생하는 오류이다.

② **무응답오류** : 표본추출과정에서 표본으로 선정되었으나 연결이 되지 않거나 응답을 거부할 경우에 발생하는 오류이다.

09

양적 자료와 질적 자료에 대해 설명하고 각각의 사례를 한 가지 제시하시오.

■ 2014년 제1회 출제

10

신뢰도를 향상시키기 위한 방법 다섯 가지를 쓰시오.

■ 2015년 제1회 출제,
2015년 제2회 출제,
2017년 제1회 출제,
2020년 제2회 출제

09
■ 질적 자료와 양적 자료
① 질적 자료 : 수치로 측정이 불가능한 자료로서 측정 대상의 특성을 분류를 위해 수치를 부여한 자료
　예 성별, 혈액형, 종교, 취미
② 양적 자료 : 수치로 측정이 가능한 자료
　예 나이, 키, 몸무게, 온도, 무게

10
■ 신뢰도를 높이기 위한 방법
① 신뢰도의 개념
　측정도구가 측정하고자 하는 현상을 일관성 있게 측정하는 능력으로 어떤 측정도구를 동일한 현상에 반복 적용하여 동일한 결과를 얻게 되는 정도를 의미한다.
② 신뢰도를 높이기 위한 방법
- 측정도구의 모호성을 제거: 측정도구를 구성하는 문항을 분명하게 작성한다. 누구나 동일하게 이해하도록 측정 항목을 구성한다.
- 다수의 측정항목: 측정항목을 늘린다. 측정항목의 수를 늘린다. 중요한 질문의 경우 동일하거나 유사한 질문을 2회 이상 한다.
- 측정의 일관성 유지: 측정자의 태도와 측정방식의 일관성을 유지한다. 면접자들의 면접방식과 태도에 일관성을 유지한다.
- 표준화된 측정도구 이용: 사전에 신뢰도가 검증된 표준화된 측정도구를 이용한다. 이전의 조사에서 이미 신뢰성이 있다고 인정된 측정도구를 이용한다.
- 대조적인 항목들의 비교·분석: 측정도구가 되는 각 항목의 성격을 비교하여 서로 대조적인 항목들을 비교·분석한다.
- 측정자가 무관심하거나 잘 모르는 내용은 측정하지 않는다. 응답자가 모르는 내용은 측정하지 않는다.
- 응답자를 배려한 환경, 분위기를 조성한다.
- 연구자가 임의로 응답자에 대한 가정을 해서는 안 된다.

11

현지조사는 현실적인 사회생활에서 독립변수를 조작하여 종속변수의 변화를 살펴보고자 한다. 현지조사의 장단점을 두 가지씩 쓰시오.

11

■ 현지조사의 장단점

① 장점
- 실험이나 설문 조사에 비하여 타당도가 높은 경우가 많다.
- 조사자가 현지에 있다는 점은 연구대상에 대한 깊은 통찰력을 얻게 하며 조사하고자 하는 대상을 정확히 조사할 수 있다.
- 일반적으로 사용하는 용어에 대한 의미를 깊이 이해할 수 있게 해 준다.
- 비용이 적게 든다. 한사람이나 조사자가 연필과 노트만 있으면 실시가능하다.

② 단점
- 양적인 자료보다는 질적인 자료를 생산한다.
- 간결하고 정확한 기술이 어려운 경우가 많다.
- 조사자에 의하여 도출되는 결론은 단정적이라기보다는 제안적인(suggestive) 경우가 많다.
- 신뢰도가 떨어지는 경우가 많고, 조사자의 개인적인 성향에 따른 조사결과의 상이성 가능성이 크다.
- 일반화가 어렵다.

CHAPTER 02 2022년 제 2회 필답형 기출문제

01
관찰 조사 시 발생할 수 있는 오류를 감소시키기 위한 방법 네 가지를 쓰시오.

02
실험설계의 전제조건 3가지를 쓰고 각각에 대해 설명하시오.

■ 2010년 하반기 출제,
2016년 제 3회 출제,
2019년 제 3회 출제,
2020년 제 3회 출제

01
■ 관찰을 통한 자료수집 시 지각과정에서 나타나는 오류를 감소하기 위한 방안
① 보다 큰 단위의 관찰을 함.
② 객관적인 관찰 도구를 사용함.
③ 관찰기간을 될 수 있는 한 짧게 잡는다.
④ 가능한 한 관찰단위를 명세화해야 함.

02
■ 실험의 전제조건
• 독립변수의 조작 : 독립변수의 조작이 가능해야 함.
• 외생변수의 통제 : 외생변수를 통제하거나 제거해야 함.
• 실험대상의 무작위화 : 실험대상을 무작위로 추출해야 함.
• 종속변수의 비교 : 종속변수의 전후 및 그룹 간 비교가 가능해야 함.

03
생태학적 오류의 의미를 쓰고 예를 들어 설명하시오.

04
관찰법을 통한 자료수집방법의 장·단점을 두 가지씩 쓰시오.

03
집합단위의 자료를 바탕으로 개인의 특성을 추리할 때 저지를 수 있는 오류

 1. 흑인인구가 많은 도시가 흑인인구가 적은 도시보다 범죄율이 높게 나타났다고 해서 실제로 흑인들이 범죄를 저질렀다고 단정 지어서는 안 된다.
2. 전국의 시·도를 조사하여 대학 졸업 이상의 인구비율이 높은 지역이 낮은 지역에 비해 소득이 더 높음을 알게 되었고, 이를 통해 학력수준이 높은 사람이 낮은 사람에 비해 소득수준이 높다는 결론에 도달했다.

04
■ 관찰법
① 관찰법의 의미
  자료의 근거가 되는 대상을 감각이나 관찰도구를 활용해 지켜보고 응답자가 행동을 통해 나타내는 태도나 의견 등을 조사하고 분석하는 방법이다.
② 관찰법의 장점
  • 조사연구 설계를 수정할 수 있어 연구에 유연성이 있다.
  • 어린이와 같이 언어구사력이 떨어지는 집단에 효과적이다.
  • 자연스러운 상황에서 관찰하므로 자료가 세밀하고 정교하다.
  • 관찰법은 피관찰자가 의식적으로 인지하지 못하는 연구주제에 대해서도 관찰 및 측정이 가능하다.
③ 관찰법의 단점
  • 관찰자는 관찰대상의 행위가 발생할 때까지 기다려야 한다.
  • 어떤 업무를 수행하면서 관찰해야 하므로 관찰활동에 제약이 있다.
  • 관찰자의 주관이 개입되어 일반화 가능성이 낮을 수 있다.
  • 동조현상으로 인한 객관성을 잃을 때가 있다.
  • 연구 도중에 예상치 못한 뜻밖의 사태가 발생할 위험이 있어 대처하기가 어렵다.
  • 관찰 대상이 자신이 관찰되고 있다는 것을 알게 되면 연구결과의 왜곡이 발생할 수 있다.
  • 관찰결과의 해석 단계에서 연구자 본인의 주관이나 편견, 개인적 성향 등이 개입될 여지가 있다.

05

신뢰도를 높이기 위한 방법 다섯 가지를 쓰시오.

■ 2015년 제1회 출제,
2015년 제2회 출제,
2017년 제1회 출제,
2020년 제2회 출제

06

추세조사, 코호트조사, 패널조사를 각각 설명하시오.

■ 2019년 제2회 출제

05

■ **신뢰도를 높이기 위한 방법**

① **신뢰도의 개념**
  측정도구가 측정하고자 하는 현상을 일관성 있게 측정하는 능력으로 어떤 측정도구를 동일한 현상에 반복 적용하여 동일한 결과를 얻게 되는 정도를 의미한다.

② **신뢰도를 높이기 위한 방법**
  - 측정도구의 모호성을 제거 : 측정도구를 구성하는 문항을 분명하게 작성한다. 누구나 동일하게 이해하도록 측정항목을 구성한다.
  - 다수의 측정항목 : 측정항목의 수를 늘린다. 중요한 질문의 경우 동일하거나 유사한 질문을 2회 이상 한다.
  - 측정의 일관성 유지 : 측정자의 태도와 측정방식의 일관성을 유지한다. 면접자들의 면접방식과 태도에 일관성을 유지한다.
  - 표준화된 측정도구 이용 : 사전에 신뢰도가 검증된 표준화된 측정도구를 이용한다. 이전의 조사에서 이미 신뢰성이 있다고 인정된 측정도구를 이용한다.
  - 대조적인 항목들의 비교·분석 : 측정도구가 되는 각 항목의 성격을 비교하여 서로 대조적인 항목들을 비교·분석한다.
  - 측정자가 무관심하거나 잘 모르는 내용은 측정하지 않는다. 응답자가 모르는 내용은 측정하지 않는다.
  - 응답자를 배려한 환경, 분위기를 조성한다.
  - 연구자가 임의로 응답자에 대한 가정을 해서는 안 된다.

06

■ **패널조사, 추세조사, 코호트조사**

① **패널조사** : 특정 조사대상자들을 선정해 놓고 시간의 흐름에 따라 어떻게 변화하는지 파악하기 위해 반복적으로 조사하는 방법
② **추세조사** : 구성원은 변하지만 성격이 동일한 모집단에서 상이한 표본을 상이한 시점에 반복조사하는 방법으로 패널조사와 달리 사전에 조사대상자를 선정해 두지 않는 조사방법
③ **코호트조사** : 동시경험집단을 연구하는 것으로 일정한 기간 동안에 어떤 한정된 부분의 모집단을 연구하는 방법

07
표본크기를 결정하기 위해 자주 사용되는 신뢰구간접근법의 개념을 설명하고 그 절차를 5단계로 구분하여 순서대로 쓰시오.

■ 2013년 제1회 출제, 2015년 제3회 출제

08
조사에서 설문의 순서를 정할 때 고려해야 할 사항 세 가지만 쓰시오.

■ 2012년 상반기 출제, 2014년 제1회 출제, 2014년 제2회 출제, 2017년 제1회 출제, 2017년 제2회 출제, 2018년 제2회 출제

07
■ 신뢰구간접근법에 의한 표본크기 결정 개념과 절차
① 신뢰구간접근법에 의한 표본크기 결정
모집단의 분산을 알고 있다고 가정하면 우리가 원하는 정확도의 정도를 결정하여 그에 따라 적정 표본의 크기를 산정하여 표본크기를 구할 수 있다. 신뢰구간의 길이는 오차한계의 두 배이므로 사전에 오차한계를 결정하며 그에 따라 적정 표본크기를 산출할 수 있다.
② 신뢰구간접근법에 의한 표본크기 결정 절차
오차한계 결정 → 신뢰수준 결정 → 신뢰수준에 따른 Z값 결정 → 모표준편차 또는 표본표준편차 결정 → 표본크기 결정

08
■ 질문지 배열 시 고려사항
• 민감한 문제들은 설문지의 뒤에 배치한다.
• 개인 사생활에 관한 질문과 같이 민감한 질문은 가급적 뒤로 배치하는 것이 좋다.
• 문항이 담고 있는 내용의 범위가 넓은 것에서부터 점차 좁아지도록 배열하는 것이 좋다.
• 간단한 내용의 질문이라도 응답자들이 응답하기를 주저하는 내용의 질문은 가급적 마지막에 배치해야 한다.
• 부담감 없이 쉽게 응답할 수 있는 단순한 내용의 질문은 복잡한 내용의 질문보다 먼저 제시되어야 한다.
• 응답자들의 관심을 끌 수 있는 일반적인 내용의 질문은 앞부분에 제시되어야 한다.
• 동일한 척도항목들은 모아서 배열한다.

09

TV 구매와 관련하여 5가지 항목(디자인, 기능, 가격, 견고함, A/S)에 대한 만족도를 의미분화 척도를 이용하여 작성하고자 한다. 형용사를 이용하여 다음 표를 완성하시오.

디자인	(　　　)	1—2—3—4—5—6—7	(　　　)
기능	(　　　)	1—2—3—4—5—6—7	(　　　)
가격	(　　　)	1—2—3—4—5—6—7	(　　　)
견고함	(　　　)	1—2—3—4—5—6—7	(　　　)
A/S	(　　　)	1—2—3—4—5—6—7	(　　　)

09

■ **어의차이척도(Semantic Differential Scale)**

① 어떤 대상에 대해 서로 상반되는 두 개의 형용사를 배치하여 대상의 속성에 대한 평가를 내리도록 하는 척도로 양극단에 서로 상반되는 형용사나 표현을 이용해서 측정하는 척도방법으로 의미분화척도라고도 함.
- 의미적 공간에 어떤 대상을 위치시킬 수 있다는 이론적 가정에 기초, 어떠한 개념에 함축되어 있는 의미를 평가하기 위한 방법으로 고안됨.
- 조사대상에 대한 프로파일분석에 유용하게 사용
- 하나의 개념을 주고 응답자들로 하여금 여러 가지 의미의 차원에서 그 개념을 평가하도록 함.
- 측정된 자료는 요인분석 등과 같은 다변량 분석의 적용이 가능함.
- 양적 판단법으로 다변량 분석에 적용이 용이하도록 자료를 얻을 수 있게 해주는 방법
- 마케팅조사에서 기업이나 브랜드, 광고에 대한 이미지, 태도 등의 방향과 정도를 알기 위해 널리 이용됨.

② **의미분화 척도법의 사례**
해당 제품의 기능성에 대해 아래 척도에 표기해 주십시오.

디자인	(　비창의적이다　)	1—2—3—4—5—6—7	(　창의적이다　)
기능	(　비기능적이다　)	1—2—3—4—5—6—7	(　기능적이다　)
가격	(　비합리적이다　)	1—2—3—4—5—6—7	(　합리적이다　)
견고함	(　허술하다　)	1—2—3—4—5—6—7	(　견고하다　)
A/S	(　미흡하다　)	1—2—3—4—5—6—7	(　우수하다　)

10

확률표본추출방법과 비확률표본추출방법의 종류를 각각 세 가지씩 쓰시오.

■ 2010년 상반기 출제, 2019년 제2회 출제

11

집단표본조사의 단점 두 가지를 서술하시오.

10
■ **표본추출방법**
① **확률표본추출방법** : 단순무작위추출법, 계통추출법, 층화추출법, 집락추출법 등
② **비확률표본추출방법** : 임의표본추출법, 판단표본추출법, 할당표본추출법, 눈덩이 표본추출법 등

11
■ **집단표본조사**
연구대상자를 개별적으로 만나서 조사하는 것이 아니라 집단을 모아서 질문지를 배부하여 응답자가 직접 기입하게 하는 방식

① 장점
　㉠ 조사자가 많이 필요하지 않아 비용과 시간이 절약된다.
　㉡ 조사의 설명이나 조건을 똑같이 할 수 있어 동일성 확보가 가능하다.
　㉢ 필요 시 응답자와 직접 대화할 수 있어 질문에 대한 오류를 줄일 수 있다.
② 단점
　㉠ 응답자들을 한 장소에 모으는 것이 쉽지 않으므로 특수한 조사에만 가능하다.
　㉡ 응답자들의 개인별 차이를 무시함으로써 조사 자체에 타당도가 낮아지기 쉽다.
　㉢ 응답자가 한 장소에 모여 있어 통제가 용이하지 않다.

CHAPTER 03

2022년 제 3회 필답형 기출문제

01 　　　　　　　　　　　　　　　　　　　　　　　　　회독 ☐☐☐

집락표본추출(Cluster Sample)의 절차를 설명하고 장·단점을 두 가지씩 쓰시오.

■ 2012년 하반기 출제,
　2015년 제 2회 출제,
　2018년 제 2회 출제,
　2018년 제 3회 출제

01

■ **군집(집락)표본추출**
모집단을 여러 가지 이질적인 구성요소를 포함하는 여러 개의 집단으로 구분한 다음, 이를 표집단위로 표집하는 방법
집단 간 동질적, 집단 내 이질적인 특성을 가진 추출방법

① **집락표본추출의 절차**
　㉠ 모집단을 여러 개의 군집으로 형성한다.
　㉡ 단순임의표본추출법에 의하여 군집을 추출하는 군집표본을 구성한다.
　㉢ 추출된 군집 내에 있는 모든 대상 또는 일부를 표본조사단위로 하여 표본을 구성한다.

② **장점**
　㉠ 표본추출에 시간과 비용이 적게 든다. 신속한 조사결과를 산출할 수 있다.
　㉡ 표본 추출 대상의 범위를 좁혀 효율적인 표본추출이 가능하다.
　㉢ 전체 모집단의 목록이 없는 경우에 매우 유용하다.

③ **단점**
　㉠ 집단 간 동질적, 집단 내 이질적인 특성을 만족해야 한다.
　㉡ 동일한 표본 수의 경우, 일반적으로 층화표본추출이나 단순무작위추출보다 표본오차가 크다.
　㉢ 집락이 동질적이면 오차의 개입 가능성이 높다.
　㉣ 오차의 개입을 방지하거나 평가하는 방법이 없다.
　㉤ 단순무작위표본추출보다 특정집단(집락)을 과대, 과소 표현할 위험이 크다.

④ **집락추출법의 특징**
　㉠ 표본추출단위는 집락이다.
　㉡ 집락 내는 이질적이고 집락 간은 동질적이다.
　㉢ 집락 내부가 모집단이 지닌 특성의 분포와 정확히 일치하면 가장 이상적이다.

02
비확률표집의 장·단점을 2가지씩 쓰시오.

■ 2011년 상반기 출제,
2015년 제 3회 출제,
2016년 제 3회 출제,
2017년 제 1회 출제

03
층화표본추출법의 절차를 3단계로 쓰시오.

■ 2011년 하반기 출제

02
■ **확률표본추출법과 비확률표본추출법**

확률표본추출법	비확률표본추출법
• 연구대상이 표본으로 추출될 확률이 알려져 있으며 표본오차추정이 가능하다.	• 연구대상이 표본으로 추출될 확률이 알려져 있지 않을 때 사용한다. 모집단 구성원의 프레임이 없다.
• 무작위적으로 표본을 추출한다.	• 모집단의 구성요소가 표본으로 선정될 확률이 동일하지 않다. 작위적으로 표본을 추출한다.
• 모수추정에 편의가 없다.	• 모수추정에 편의가 있다.
• 분석 결과의 일반화가 가능하다.	• 분석결과의 일반화에 제약이 있다.
• 표본의 크기가 커질수록 대표성이 높아진다.	• 표집오류를 확인하기 어렵다. 표본오차 측정이 불가능하다.
• 시간과 비용이 많이 든다.	• 시간과 비용이 적게 든다.

03
■ **층화추출법(층화표본추출방법)**
- 개념
  모집단을 비슷한 성질을 갖는 두개 이상의 층으로 구분하고, 각 층으로부터 단순무작위추출방법을 적용하여 표본을 추출하는 방법
- 표본추출과정
  모집단의 크기가 N이고 표본크기가 n일 때 난수표를 이용하여 최초의 표본단위만 무작위로 추출하고, 나머지는 일정한 간격(k)를 두고 표본크기 만큼 표본 추출
- 과정 3단계
  ① 모집단을 비슷한 성질을 갖는 두개 이상의 동질적인 층으로 구분한다.
  ② 각 층으로부터 독립적으로 뽑을 표본의 크기를 결정한다.
  ③ 결정된 표본의 크기만큼 각 층으로부터 단순임의추출한다.

04

전화면접 의의와 장·단점을 두 가지씩 쓰시오.

■ 2014년 제 2회 출제, 2019년 제 1회 출제

05

비구조화된 조사도구의 의미와 이를 사용하여 자료를 수집할 수 있는 면접방법 두 가지 쓰시오.

■ 2012년 상반기 출제

04

① 전화조사의 장점
- 면접조사에 비해 조사가 간단하고 신속하기 때문에 시간과 비용이 적게 든다.
- 우편조사에 비해 응답 대상자 자신이 직접 응답했는지에 대한 통제가 가능하다.
- 면접이 어려운 사람에게 쉽게 접근할 수 있다.
- 면접조사에 비해 타당도가 높다.
- 면접자에 대한 감독이 용이하다.
- 컴퓨터 지원 CATI(Computer Assisted Telephone Interviewing)조사 : 무작위 표본추출 응답자 추출, 질문, 응답 등이 자동 처리될 수 있다.

② 전화조사의 단점
- 보조도구를 사용할 수 없다. 복잡한 문제들에 대한 의견을 파악하기 어렵다.
- 질문의 내용이 어렵고 시간이 길어질수록 응답률이 떨어진다. 면접조사에 비해 심층면접을 하기 곤란하다.
- 모집단이 불완전하며, 응답자가 선정된 표본인지를 확인하기 어렵다.
- 대인면접에 비해 소요시간이 짧으며, 질문의 길이와 내용을 제한받는다.

05

① 비구조화된 조사도구의 의미
연구문제의 범위만 정하고 별도의 조사표나 지침서와 같은 구조화된 조사도구를 사용하지 않고 유연하고 자유롭게 면접을 진행하는 방법이다.

② 비구조화된 면접방법
- 심층면접 : 면접자와 제보자가 다루고자 하는 일정한 범위의 주제나 논제에 대하여 개방적이고 대화적인 형식으로 자료를 창출하는 연구방법이다.
- 비지시적 면접 : 면접자가 피면접자의 감정을 표현할 수 있도록 자유로운 분위기를 조성해 주는 것으로 비구조화 된 면접방법이다.
- 초점집단면접 : 전문 지식을 갖춘 조사자가 동질의 소수 응답자 집단을 대상으로 특정한 주제에 대하여 자유롭게 토론하는 가운데 필요한 정보를 얻는 조사 방법이다.

06
역사적 요인(우발적 사건)의 의미에 대해 설명하시오.

07
과학적 연구의 특징 중 간결성의 원칙에 대해 설명하시오.

06
■ 역사적 요인(우발적 사건)
조사설계 이전 또는 설계과정에서 전혀 예기치 못했던 통제 불가능한 상황이 발생하여 실험에 영향을 미치는 요인으로, 타당도를 해치게 된다.
예 신제품의 광고가 상품의 인지도에 미치는 영향을 조사하는 실험설계

07
■ 과학적 연구의 특징
- 인과성 : 모든 현상에는 원인이 있으면 결과가 있음.
- 논리성 : 논리적 사고의 활동으로 과학적 설명이 이치에 맞아야 함.
- 간결성 : 가급적 적은 수의 변수로 가능한 최대의 설명력을 얻음.
- 경험적 검증가능성 : 이론을 현실세계에서 경험을 통해 검증이 될 수 있어야 함.
- 구체성 : 정의의 조작화를 통해 검증하고자 하는 개념을 보다 정확히 측정하고 정의해야 함.
- 상호주관성 : 서로 다른 연구자가 서로 다른 동기를 가지고 연구를 하더라도 동일한 방법과 과정을 통해 검증할 경우 동일한 결론에 도달해야 함.
- 일반성 : 경험을 통해 얻은 구체적 사실로 보편적인 원리 추구
- 수정가능성 : 기존의 신념이나 연구결과는 언제든지 비판되고 수정이 가능하다. 즉, 현재의 결과는 확정적 결론이 아니라 잠정적 결론에 불과함.

08
문헌조사의 장·단점을 두 가지씩 적으시오.

09
다음 사례에서 사용된 각각의 분석단위를 쓰시오(단, 분석단위는 개인, 조직, 국가이다).

> A. 고등학교 학생들은 집에서 생활하는 시간이 적기 때문에 초등학교 학생보다 TV 시청시간이 적다.
> B. 1997년 4월 당시 30대 기업그룹 가운데 지난 1년간 사실상 부도나 부도유예협약 또는 협조융자대상이 된 그룹은 10개에 달하였고, 나머지 많은 기업그룹도 거의 유사한 경제적 곤란을 겪어 왔다.
> C. 미국은 전자정부 이용률이 34%에서 43%로 증가해 상위국으로 평가받은 반면 한국은 23%로 중간수준이고, 일본과 영국은 13%대의 저수준인 것으로 조사됐다.
> D. 담뱃값 인상에 대해 성별로는 흡연자가 많은 남성은 담뱃값 인상에 대한 반대가 54%로 과반수였고, 반대로 여성은 찬성이 52%로 과반수였다.
> E. 공공부문 정보화의 경우 서울과 대전이 각각 210억원 이상을 투자해 전국 평균 105원의 두 배를 상회했다. 반면 광주, 강원, 울산, 충남, 부산지역은 평균을 밑돌았다.

■ 2012년 하반기 출제, 2019년 제1회 출제

08
■ 문헌조사
① 장점
- 저렴한 비용, 단기간에 많은 기록, 다양한 의견 및 지식 확보
- 자료수집이 어려운 대상 적용 가능
- 타당도와 신뢰도 확보에 용이(공신력 높은 문헌)

② 단점
- 대상 통제 불가능
- 상반된 내용이 많을 경우 혼란 가중
- 타당도와 신뢰도 검증의 한계

09
A: 개인(학생)
B: 조직(기업)
C: 국가
D: 개인
E: 조직(자치단체)

10

질문지를 작성함에 있어 다음 질문의 문제점을 쓰고, 보다 적합한 형태의 질문으로 수정하시오.

> 귀하께서는 현재 근무하는 회사의 임금수준과 작업조건에 대해 만족하고 계십니까?
> ① 문제점 :
> ② 수정된 질문
>   •
>   •

11

조사에서 설문의 순서를 정할 때 고려해야 할 사항 세 가지만 쓰시오.

10
■ 단순성 위배
① 문제점 : 하나의 질문항목으로 두 가지 질문을 했으므로 단순성에 위배된다.
② 수정된 질문
  • 귀하께서는 현재 근무하는 회사의 임금수준에 대해 만족하고 계십니까?
  • 귀하께서는 현재 근무하는 회사의 작업조건에 대해 만족하고 계십니까?

11
■ 질문지 배열 시 고려사항
• 민감한 문제들은 설문지의 뒤에 배치한다.
• 개인 사생활에 관한 질문과 같이 민감한 질문은 가급적 뒤로 배치하는 것이 좋다.
• 문항이 담고 있는 내용의 범위가 넓은 것에서부터 점차 좁아지도록 배열하는 것이 좋다.
• 간단한 내용의 질문이라도 응답자들이 응답하기를 주저하는 내용의 질문은 가급적 마지막에 배치해야 한다.
• 부담감 없이 쉽게 응답할 수 있는 단순한 내용의 질문은 복잡한 내용의 질문보다 먼저 제시되어야 한다.
• 응답자들의 관심을 끌 수 있는 일반적인 내용의 질문은 앞부분에 제시되어야 한다.
• 동일한 척도항목들은 모아서 배열한다.

MEMO

03

설문지 작성법

빅픽처 사회조사분석사2급
[실기형] 기출문제집

CHAPTER 01 설문지 작성법

01 질문지 설계 및 작성

1 질문지의 중요성

질문지는 질문에 대한 응답을 수집하는 조사도구로서 조사 목적에 알맞은 질문지를 제작하는 것은 조사연구의 매우 중요한 과정이다. 세심한 설계 없이 제작된 질문지는 자료수집과정에서 응답오차, 무응답오차 등과 같은 비표집오차를 발생시킬 수 있다.

표본을 추출과정에서 표집오차를 줄이기 위해 최적의 표본설계 및 유효 표본크기를 증가시켜야겠으나 이는 비용의 증가로 인해 쉽지 않으므로 비표집오차를 줄이기 위해 질문지 설계과정에서 세심한 주의가 필요하다.

2 질문지 작성과정

필요한 정보의 결정 → 자료수집방법의 결정 → 개별항목 내용의 결정 → 질문형태의 결정 → 개별항목의 결정 → 질문순서의 결정 → 질문지의 초안 완성 → 질문지의 사전조사 → 질문지의 완성

① 질문지 작성 시 요구되는 원칙
  ㉠ 명확성 : 질문의 의미가 명확해야 한다.
  ㉡ 간결성 : 질문의 의미가 간결해야 한다.
  ㉢ 가치중립성 : 편견에 치우친 항목과 용어사용을 지양해야 한다.
  ㉣ 상호배타성 : 질문항목들이 서로 중복되어서는 안 된다.
  ㉤ 포괄성 : 응답 범주들은 응답 가능한 모든 상황을 포괄해야 한다.
② 질문지의 지시문에 들어갈 내용
  연구목적, 연구자 신분, 표집방법, 주의사항, 행동지시 사항 등

3 질문의 유형

① 개방형 질문과 폐쇄형 질문
  ㉠ 개방형 질문
    ⓐ 응답자가 질문에 대해 자유롭게 응답할 수 있는 질문이다.
    ⓑ 예비조사(Pilot Test)에서 사용하기 가장 적합한 질문유형

장점	단점
• 복합적인 질문을 하기에 유리함. • 응답유형에 대한 사전지식이 부족할 때 사용함. • 응답에 대한 제한을 받지 않으므로 새로운 사실을 발견할 가능성이 큼. • 본조사에 사용될 조사표 작성 시 폐쇄형 질문의 응답유형을 결정할 수 있게 해줌.	• 응답을 분류하고 코딩하는 데 어려움. • 응답자가 어느 정도의 교육수준을 갖추어야 함. • 폐쇄형 질문에 비해 상대적으로 응답률이 낮음. • 결과를 분석하여 설문지를 완성하기까지 많은 시간이 소요됨.

  ㉡ 폐쇄형 질문
    ⓐ 사전에 응답 선택 항목을 연구자가 제시해 놓고 그 중에서 택하게 하는 질문이다.
    ⓑ 다지선다형, 양자택일형

장점	단점
• 자료의 기록 및 코딩이 용이함. • 응답 관련 오류가 적음. • 사적인 질문 또는 응답하기 곤란한 질문에 용이함. • 조사자의 편견개입을 방지할 수 있음.	• 응답자의 의견을 충분히 반영시킬 수 없음. • 질문의 순서가 바뀌었을 때 응답한 내용에 변화가 나타날 수 있음. • 응답자 생각과 달리 응답범주가 획일화되어 있어 편향이 발생할 수 있음. • 조사자가 적절한 응답지를 제시하기가 어려움.

② 직접 질문과 간접 질문

직접 질문	• 직접 질문은 사실에 관한 응답자의 태도나 의견 등을 직접적으로 질문하는 방식 • 응답자를 불쾌하게 하거나, 응답자의 불충분한 기억으로 인해 효과적이지 못한 경우도 존재

간접 질문	• 응답자가 여러 가지의 이유로 응답을 회피하거나 거절할 경우 보다 정확한 응답을 얻기 위해 사용되는 방법
	• 문맥상의 질문이 실제 조사자가 파악하려는 내용과 상이하며, 응답자가 조사자의 직접적인 의도를 파악하지 못하는 것을 그 요건으로 함.
	
	■ **투사법(Projective Method)**
	(1) 투사법의 개념
	    특정 주제에 대해 직접적으로 질문하지 않고 단어, 문장, 이야기, 그림 등 간접적인 자극을 제공해 응답자가 자신의 신념과 감정을 이러한 자극에 자유롭게 투사하게 함으로써 진솔한 반응을 표현하게 하는 방법
	(2) 투사법의 종류
	    ① 단어연상법 : 특정 단어를 제시하고 떠오르는 연상 내용을 적거나 말하게 하는 방법

② 문장완성법 : 불완전한 문장 혹은 스토리를 제시하고 이를 완성하도록 하는 방법
③ 그림투사법 : 응답자가 이야기나 설명을 구성하도록 하기 위해 응답자에게 그림을 보여주고 이에 대한 반응을 표현하도록 하는 방법
④ 역할수행 : 자신이 아닌 제3자의 역할을 수행하라고 하고 그 역할자로서 행동을 하도록 하는 방법
⑤ 이야기완성법 : 미완성된 이야기를 들려주고 나머지를 완성하도록 요구하는 방법

■ 오류 선택법(Error-choice Method)
어떤 질문에 대한 틀린 답을 여러 개 제시해 놓은 후 그것을 선택하도록 하는 방법

③ 찬반형 질문
일반적으로 찬성, 반대 등과 같이 양자택일에 적합한 질문을 의미한다.

④ 다항선택식 질문
여러 개의 응답범주를 나열해 놓고 그 중에서 몇 개를 선택하도록 하는 질문을 의미한다.

⑤ 서열식 질문
여러 개의 응답범주를 나열해 놓고 그 중에서 중요도 또는 선호도 등을 고려하여 우선순위에 따라 응답하는 질문을 의미한다.

⑥ 평정식 질문
어떤 질문에 대해 응답의 강도를 달리하여 서열화된 응답범주 중에서 하나를 선택하는 질문이다.

⑦ 행렬식 질문

■ 행렬식 질문
① 행렬식 질문의 의미
동일응답범주를 가지고 있는 여러 개의 질문 문항들을 한데 묶어서 하나의 질문세트로 제시하는 효율적 형태의 질문형식으로 평정형 질문의 응용형태이다. 예 하위요소별 만족도 리커트 5점 척도
② 행렬식 질문의 장점
• 조사 문항들 간의 비교가 용이하다.
• 응답자들이 신속하게 응답할 수 있으며 높은 집중도를 발휘할 수 있다.
• 동일한 주제에 대하여 설명과 문항을 한 곳으로 배치하여 지면을 경제적으로 활용할 수 있다.
③ 행렬식 질문의 단점
• 문항을 행렬식 질문에 맞게 억지로 구성할 수 있다.
• 응답자가 질문의 내용을 상세히 검토하지 않고 모든 질문문항에 대해 유사하게 응답하려는 경향을 나타낼 수 있다.
• 응답자들에게 특정한 응답 세트를 유도하게끔 할 수 있다.
• 한 곳에 배치되어 있어 유사한 응답이 나올 수 있다.
• 후광효과, 배열 순서에 따라 차이가 발생할 가능성이 있다.

⑧ 여과 질문
어떤 질문을 하고 나면 다음 질문이 필요한지의 여부를 판별할 수 있도록 일련의 관련 질문들을 배열하는 질문 방식

4 질문지 작성 시 유의사항

① 질문지 작성 시 고려해야 할 사항
- 질문의 의미가 명확하고 간결해야 하며, 모호한 질문은 피해야 함.
- 추상적인 개념에 대해 조작적 정의가 필요
- 질문은 되도록 짧을수록 좋고 부연설명이나 단어의 중복 사용은 피해야 함.
- 편견에 치우친 항목과 용어를 지양하고, 특정한 대답을 암시하거나 유도해서는 안 됨.
- 질문은 그 자체로서 의미가 명확히 전달될 수 있도록 구성
- 복합적인 질문을 피하고, 두 개 이상의 질문을 하나로 묶지 말아야 함.
- 질문의 용어는 응답자 모두가 이해할 수 있도록 이해력이 낮은 사람의 수준에 맞춰야 함.
- 필요한 정보의 종류, 측정방법, 분석할 내용, 분석의 기법까지 모두 미리 고려된 상황에서 질문지를 작성해야 함.

② 질문지 작성 시 질문의 순서를 결정할 때 고려할 사항
- 시작하는 질문은 응답자의 흥미를 유발하는 것으로 쉽게 대답할 수 있는 것으로 배치
- 응답자들의 관심을 끌 수 있는 일반적인 내용의 질문은 앞부분에 배치
- 단순한 내용의 질문은 복잡한 내용의 질문보다 먼저 제시되어야 함.
- 문항이 담고 있는 내용의 범위가 넓은 것에서부터 점차 좁아지도록 배열하는 것이 좋음.
- 간단한 내용의 질문이라도 응답자들이 응답하기를 주저하는 내용(인적사항, 사생활 등)의 질문은 가급적 마지막에 배치
- 논리적인 순서에 따라 배열함으로써 응답자 자신도 조사의 의미를 찾을 수 있도록 함.
- 설문항목의 배치는 자료수집의 형태에 따라 달라질 수 있음.
- 연상작용을 일으키는 문항들은 간격을 멀리 떨어뜨려 놓아야 함.

③ 이전효과
- 설문지 문항 배열에서 앞의 질문과 응답내용이 뒤의 질문에 대한 응답에 영향을 미치는 것, 연상작용을 일으키는 문항들은 간격을 멀리 떨어뜨려 놓는다.
- 비슷한 형태로 질문을 계속하면 정형화 된 불성실 응답이 발생할 수 있다. 응답자가 응답 시 피로를 느끼지 않도록 심각하고 골치 아픈 질문은 분산시킨다.

④ 응답자들이 일반적으로 응답을 꺼리는 위협적인 질문을 처리하는 방법
- 질문배열의 순서를 조정한다.
- 솔직한 응답의 필요성을 강조한다.
- 비밀과 익명성의 보장을 강조한다.

⑤ 응답률을 높이는 방법
- 질문배열의 순서 조정
- 솔직한 응답의 필요성 강조
- 비밀과 익명성의 보장 강조

02 척도의 종류 및 구성방법

1 척도의 종류

① 명목척도
측정 대상의 특성을 분류하거나 확인할 목적으로 숫자를 부여하는 것
- 일반적으로 가장 적은 정보를 제공해주는 측정수준
- 측정의 각 응답 범주들이 상호 배타적이어야 함.
- 하나의 측정 대상이 두 개의 값을 가질 수는 없음.
- 변수 간의 사칙연산은 의미가 없음
  예) 운동선수 등번호, 학번, 주민등록번호, 도서분류번호, 자동차번호 출신지역 등

② 서열척도
관찰하는 대상의 특성을 측정해서 그 값을 순위로 나타낸 것
- 매겨진 숫자가 가지고 있는 의미가 있어 대상끼리의 평가가 가능하나, 어느 정도의 차이인지는 알 수 없음.
- 중앙값, 순위상관관계, 비모수통계검증 등의 통계방법에 주로 활용되는 척도유형
  예) 리커트 5점 척도, 학년, 암의 진행정도 등

③ 등간척도
관찰대상의 속성을 상대적 크기로 나타낸 것
- 순위를 부여할 뿐만 아니라 어느 정도 큰지 숫자 간의 의미가 있음.
  예) 온도 등

④ 비율척도
절대적인 기준을 가지고 속성의 상대적 크기비교 및 절대적 크기까지 측정할 수 있도록 비율의 개념이 추가된 것
- 절대 영점이 존재
- 수치상 가감승제와 같은 모든 산술적인 사칙연산 가능
- 비율척도로 측정된 값들이 가장 많은 정보를 포함하고 있음.
  예) 각 나라의 국방 예산, 각 나라의 일인당 평균 소득, 각 나라의 일인당 교육 년 수, 월평균 소득금액을 '원' 단위로 조사 등

2 척도의 구성방법

① 평정 척도(Rating Scale)
- 응답범주들이 상호배타적이어야 함.
- 찬반의 응답범주 수가 균형을 이루어야 함.
- 응답범주들이 논리적 연관성을 가지고 있어야 함.

예 강의 만족도에 대해 정해진 척도상의 지점의 정도에 따라 표시하시오.

(5점 척도법)

장점	단점
• 제작하기 쉽고 사용이 용이하다. • 시간 및 비용 면에서 경제적이다. • 적용범위가 넓고 신축적인 적용이 가능하다. • 다른 자료수집방법에 대한 보충적 방법으로도 사용할 수 있다.	• 후광효과(Halo Effect) : 평가자가 처음 질문항목에 좋게 또는 나쁘게 평가했다면 그 다음 질문항목도 계속 연쇄적으로 평가하는 경향이 있다. • 집중화경향(Error of Central Tendency) : 가장 무난한 평정으로 척도의 중간점을 선택하려는 경향이 있다. • 관대화경향(Error of Leniency) : 평가자는 대부분 관대하게 평정하려는 경향이 있다. • 대조오류 : 평가자가 자신과 대조되는 특징을 찾아내어 그것을 부각시키는 경향이 있다.

② 리커트(Likert)척도

■ 리커트(Likert)척도
서열측정을 위한 방법으로 단순합산법을 사용하는 대표적인 척도로서 총화평정척도라고도 함
태도척도에서 부정적인 극단에는 1점을, 긍정적인 극단에는 5점을 부여한 후, 전체 문항의 총점 또는 평균을 가지고 태도를 측정하는 척도로서 총화평정척도라고도 함.
- 적은 문항으로도 높은 타당도를 얻을 수 있어서 매우 경제적임.
- 한 항목에 대한 응답의 범위에 따라 측정의 정밀성을 확보할 수 있음.
- 응답 카테고리가 명백하게 서열화 되어 응답자에게 혼란을 주지 않음.
- 엄격한 의미에서의 등간척도가 될 수 없음.
- 각 문항의 점수를 더한 총점으로는 각 문항에 대한 응답의 강도를 정확히 알 수 없음.
- 척도가 측정하고자 하는 개념을 제대로 측정하고 있는지의 문제가 여전히 남음.

■ 리커트(Likert)척도를 작성하는 기본절차
① 척도문항의 선정과 척도의 서열화
② 응답범주에 대한 배점과 응답자들의 총점순위에 따른 배열
③ 상위응답자들과 하위응답자들의 각 문항에 대한 판별력의 계산

③ 어의차이척도(Semantic Differential Scale)

> 어떤 대상에 대해 서로 상반되는 두 개의 형용사를 배치하여 대상의 속성에 대한 평가를 내리도록 하는 척도로 양극단에 서로 상반되는 형용사나 표현을 이용해서 측정하는 척도방법으로 의미분화척도라고도 함.
> - 의미적 공간에 어떤 대상을 위치시킬 수 있다는 이론적 가정에 기초, 어떠한 개념에 함축되어 있는 의미를 평가하기 위한 방법으로 고안됨.
> - 조사대상에 대한 프로파일분석에 유용하게 사용
> - 하나의 개념을 주고 응답자들로 하여금 여러 가지 의미의 차원에서 그 개념을 평가하도록 함.
> - 측정된 자료는 요인분석 등과 같은 다변량 분석의 적용이 가능함.
> - 양적 판단법으로 다변량 분석에 적용이 용이하도록 자료를 얻을 수 있게 해주는 방법
> - 마케팅조사에서 기업이나 브랜드, 광고에 대한 이미지, 태도 등의 방향과 정도를 알기 위해 널리 이용됨.

예 민주주의에 대해서 다음 4가지 차원에 응답자들에게 평가하도록 한 질문지

차원		매우 약간 보통 약간 매우	
평가	좋다	1 2 3 4 5	나쁘다
체제 능력	강하다	1 2 3 4 5	약하다
평등도	평등 하다	1 2 3 4 5	불평등 하다
권력 분산도	집중 되다	1 2 3 4 5	분산 되다

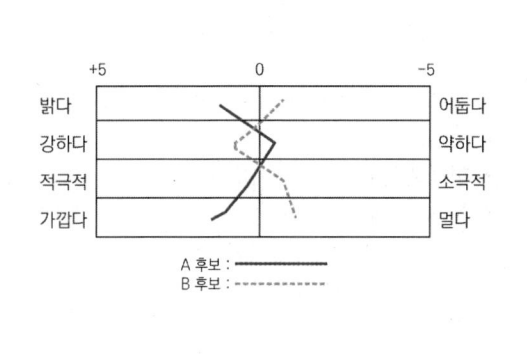

④ 스타펠척도(Stapel Scale)

> 양극단의 상반된 수식어 대신 하나의 수식어(Unpolar Adjective)만을 평가기준으로 제시하는 척도
> - 등간척도를 이용함.
>
> - 단국적 형용사구에 대해 +5에서부터 -5에 이르는 10점 척도로 구성
> - 태도의 방향과 강도를 동시에 측정하기 위한 척도

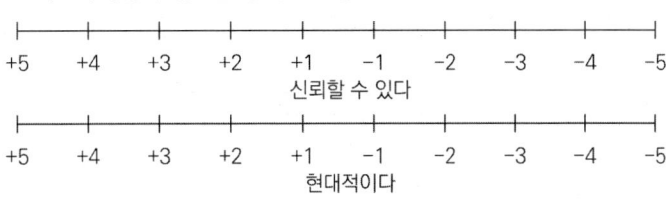

⑤ 서스톤척도(Thurston Scale)

> 어떤 사실에 대하여 가장 우호적인 태도와 가장 비우호적인 태도를 나타내는 양극단을 등간격으로 구분하여 여기에 수치를 부여하는 등간척도
> - 대체로 11점 척도로 구성되어 있음.
> - 각 문항에 대한 전문 평가자들의 의견 일치도가 높은 항목들을 골라서 척도를 구성하는 것
> - 특정 개념을 측정하기 위해 연구자가 수집한 여러 가지의 관련 진술에 대하여 평가자들이 판단을 내리도록 한 후 이를 토대로 각 진술에 점수를 부여함. 이렇게 얻어진 진술을 실제 측정하고자 하는 척도의 구성항목으로 포함시킴.
> - 최종적으로 구성된 척도는 동일한 간격을 지닐 수 있음.

⑥ 거트만척도(Guttman Scale)

> - 재생 가능한 계층에서 순서에 따라 정렬이 가능한 경우 항목의 집합에 따라 형성되는 누적 척도(Cumulative Scale)
> - 합성측정(Composite Measurements)의 유형 중 하나
> - 누적 스케일링(Cumulative Scaling)의 대표적인 형태
> - 측정에 동원된 특정 문항이 다른 지표보다 더 극단적인 지표가 될 수 있다는 점에 근거
> - 측정에 동원된 개별 항목 자체에 서열상을 미리 부여
> - 척도를 구성하는 과정에서 질문 문항들이 단일차원을 이루는지를 검증할 수 있는 척도
> - 재생가능성을 통해 척도의 질을 판단하며 일반적으로 재생계수가 0.9 이상이면 적절한 척도로 판단
>
> **예 1.**
>
> | 문항 | 응답 | |
> |---|---|---|
> | | 안한다 | 한다 |
> | 1. 쓰레기 분리수거 | | ○ |
> | 2. 재활용 봉투 사용 | | ○ |
> | 3. 자녀 환경교육 | | ○ |
> | 4. 환경운동참여 | ○ | |
>
> 2. 외국인 거주에 대한 인식 조사입니다. 해당되는 것에 모두 V 표시해주세요.
>
> | 문항 | O | X |
> |---|---|---|
> | 외국인이 우리나라에 거주하는 것이 괜찮다. | | |
> | 외국인이 부산에 거주하는 것이 괜찮다. | | |
> | 외국인이 내가 사는 구에 거주하는 것이 괜찮다. | | |
> | 외국인이 내가 사는 동에 거주하는 것이 괜찮다. | | |
> | 외국인이 내 옆집에 거주하는 것이 괜찮다. | | |

〈재생계수〉
- 강한 태도를 나타내는 문항에 긍정적인 견해를 표현한 응답자는 약한 태도를 나타내는 문항에 대해서도 긍정적일 것이라는 거트만 척도의 일관성을 검증하기 위해 재생계수가 이용된다.

$$재생계수(CR) = 1 - \frac{응답의\ 오차\ 수}{문항수 \times 응답자수}$$

- 재생계수의 값이 1이면 완벽한 척도이며 적어도 0.9 이상이 되어야 바람직한 척도이다. 만약 0.9 미만이면 구성항목을 조정하여 척도를 다시 구성해야 한다.

⑦ 보가더스척도(Bogardus Social Distance Scale)

> 인종, 사회계급과 같은 여러 가지 형태의 사회집단에 대한 사회적 거리를 측정하기 위한 척도
> - 서열척도
> - 주로 인종이나 민족, 가족구성원이나 사회집단 간의 사회심리적 거리감을 측정하기 위하여 개발된 척도로 사회적 거리척도라고도 함.
> - 적용 범위가 넓고 예비조사에 적합한 면이 있음.
> - 집단 상호 간의 거리를 측정하는 데 유용
> - 집단뿐 아니라 개인 또는 추상적인 가치에 관해서도 적용 가능
>
> 예
> | 문항 | 중국인 | 미국인 | 일본인 | 한국인 |
> |---|---|---|---|---|
> | [1] 결혼하여 가족으로 받아들임 | | | | |
> | [2] 개인적인 친구로 클럽에 받아들임 | | | | |
> | [3] 이웃으로 우리 동네에 받아들임 | | | | |
> | [4] 같은 직장에서 일함 | | | | |
> | [5] 우리나라 국민으로 받아들임 | | | | |
> | [6] 우리나라 방문객으로 받아들임 | | | | |
> | [7] 우리나라에서 추방함 | | | | |

⑧ 소시오메트리 척도[사회성측정법(Sociometry)]

> 집단 내의 의사소통 및 상호작용 패턴에 관한 자료를 수집하고 분석하여 그 빈도와 강도에 따라 집단구조를 이해하는 척도방법
> - 집단 내의 개인 간의 심리적 거리를 측정
> - 집단결속력의 정도를 저울질하는 데 사용
> - 조사대상인원이 소수일 때 적용이 용이
> - 통계학에서 다루는 조합의 원리가 적용

03 예비조사와 사전검사

① **예비조사** : 연구하고자 하는 문제에 대한 사전지식이 부족하거나 핵심적인 개념을 분명히 알지 못할 때 조사설계 확정 이전에 예비적으로 실시하는 비지시적 방식의 조사이다.
  ▶ 예비조사의 종류
   - 문헌조사 : 연구의 기초가 되는 작업으로 기존에 발간된 각종 문헌을 통하여 연구의 초점을 명백히 하고 연구에 대한 이론적인 준거틀, 연구경향, 자료수집, 분석방법에 이르기까지 포괄적인 지식을 얻고자 하는 데 목적이 있다.
   - 경험자조사(전문가 의견조사) : 연구문제에 대해 전문적인 지식과 경험을 가진 전문가들로부터 정보를 얻어내는 방법으로 주로 문헌조사에 대한 보완적 수단으로 이용된다.
   - 특례분석(소수사례분석) : 어떤 특정된 사례와 관련하여 가능한 모든 방법과 기술을 이용하여 종합적인 연구를 실시함으로써 연구문제와 관련된 연관성을 찾아내는 조사방법이다.

② **사전조사** : 설문지의 개선할 사항을 찾아내기 위해 설문지 초안 작성 후, 본 조사 실시 전 본 조사에서 실시하는 것과 똑같은 절차와 방법으로 실시하는 조사이다.
  ▶ 설문지 사전검사(Pre-test)의 주된 목적
   - 설문지의 확정 전에 질문들이 갖고 있는 문제 파악
   - 응답자체의 거부 여부, 응답에 일관성이 있는지의 여부 확인
   - 응답이 한쪽으로 치우치지 않는지 확인
   - 한쪽에 치우치는 응답이 나오는가의 여부
   - 질문 순서가 바뀌었을 때 응답에 실질적 변화 확인
   - 무응답, 기타응답이 많은 경우 확인
   - 본 조사에서 사용하고자 하는 방법과 동일하게 시행
   - 반드시 많은 수의 응답자를 상대로 실시할 필요는 없음.

③ 예비조사, 사전조사 비교

구분	예비조사	사전조사
조사목적	연구의 가설을 명백히 하기 위해	설문지의 개선할 사항을 찾아내기 위해
조사시기	본 연구를 진행하기에 앞서	설문지 초안 작성 후, 본 조사 실시 전
조사방법	문헌조사, 경험자 조사, 현지답사, 특례분석(소수사례분석)	본 조사에서 실시하는 것과 똑같은 절차와 방법

04 질문지 표지

(1) 질문지 표지
사전조사를 통해 질문지 작성이 완료되면 마지막 작업으로 질문지 표지를 작성한다. 질문지 표지는 응답자에게 조사참여 동기를 부여하고 응답에 대한 협조를 구함으로써 응답률을 높이는 역할을 한다.

(2) 질문지 표지의 수록사항
질문지 표지는 가능한 짧고 설득력 있게 작성해야 하며, 다음의 사항을 포함해야 한다.
① 조사기관 : 공신력 있는 조사기관에서 조사한다는 신뢰감을 부여한다.
② 조사목적 : 조사의 중요성을 강조한다.
③ 조사대상 : 조사대상을 밝힌다.
④ 응답이유 : 응답의 필요성을 강조한다.
⑤ 비밀보장 : 개인정보 보호에 대해 강조한다.

CHAPTER 02 예상문제

01 정당

문제 1

평소 가깝게 느끼는 정당이 있는지 여부를 판단하는 질문 1-1을 작성하시오.

양자택일형
양자택일형(찬반형)이므로 '① 있다.', '② 없다.'로 작성한다. 그러나 평소 가깝게 느끼는 정당이 없다고 응답하거나, 응답하지 않은 경우 여과 질문을 이용하여 최대한 응답자의 정치성향을 파악하기 위해 질문을 이어간다.

답 질문 1-1. 귀하는 평소 가깝게 느끼는 정당이 있으십니까?
   ① 있다. → 질문 1-2로 이동
   ② 없다. → 질문 1-3으로 이동

문제 2

평소 가깝게 느끼는 정당이 무엇인지를 묻는 질문 1-2를 개방형으로 작성하시오.

개방형
응답자가 직접 기재할 수 있도록 작성한다.

답 질문 1-2. 귀하가 평소에 가깝게 느끼는 정당(명)을 기재 바랍니다.
   (   ) → 질문 2로 이동

문제 3

질문 1-1에서 "있다"라고 밝히지 않은 응답자에게 다시 한 번 조금이라도 가깝게 느끼는 정당이 있는지 여부를 캐어묻는 질문으로 작성하시오.

프로빙(Probing)
응답자의 대답이 불충분할 때, 보다 자세한 응답을 얻어내기 위해 추가로 질문하는 기법이다.

답 질문 1-3. 귀하께서 응답해 주신 내용은 오직 통계 자료로만 사용되며 비밀이 절대 보장됩니다. 조금이라도 가깝게 느껴지는 정당이 있으십니까?
① 있다. → 질문 1-4로 이동
② 없다. → 질문 2로 이동

문제 4

질문 1-3에서 "있다." 응답자의 가장 가깝게 느끼는 정당이 무엇인지를 묻는 질문을 개방형으로 작성하시오.

개방형 질문
응답자가 질문에 대해 자유롭게 응답할 수 있는 질문으로 응답자가 직접 기재할 수 있도록 작성한다.

답 질문 1-4. 조금이라도 가깝게 느껴지는 정당 중에서 어느 정당을 가장 가깝게 느끼십니까?
(   )

문제 5

특정정당에 대해 평소 가깝게 느끼거나 멀게 느끼는 정도를 5점 척도로 파악하기 위한 질문을 작성하시오.

리커트 5점 척도
응답항목은 중립적인 견해를 기준으로 서로 대칭이 되도록 작성해야 한다.

답 질문 2. 귀하는 OOO정당에 대해 평소 어떻게 느끼고 계십니까?
① 아주 멀게 느낀다.
② 조금 멀게 느낀다.
③ 보통이다.
④ 조금 가깝게 느낀다.
⑤ 아주 가깝게 느낀다.

문제 6

응답자의 최종학력 질문을 정규학력 구분에 기초한 4등급 응답항목으로 작성하시오.

응답항목의 포괄성 및 상호배타성
응답 가능한 모든 항목을 빠짐없이 제시해 주어야 하며 응답항목들은 내용이나 범위가 서로 중복되지 않도록 표현해야 한다.

답 질문 3. 귀하의 학력은 어떻게 되십니까?
① 고졸 이하
② 전문대졸
③ 대졸
④ 대학원졸 이상

02 신문구독

문제 1

응답자가 가정에서 신문을 구독하고 있는지 알아보고자 한다. 다음 질문의 응답항목을 양자택일형으로 작성하시오.

양자택일형 응답항목
위의 응답항목이 양자택일형(찬반형)이므로 '① 예', '② 아니오'로 작성한다.

답 질문 1. 귀하는 가정에서 현재 신문을 구독하고 있습니까?
　　① 예 → 질문 2로 이동
　　② 아니오 → 질문 5로 이동

문제 2

가정에서 신문을 구독하는 사람에게 구독하고 있는 신문이 무엇인지를 조사하기 위한 질문을 작성하시오(단, 신문의 종류가 매우 많고 신문을 보는 사람들 중에서 여러 개의 신문을 보는 사람도 있기 때문에 자유 응답형 질문(Open-question)으로 조사한다).

여과 질문
질문 1에서 신문을 구독한다고 응답한 사람에게만 구독하는 신문이 무엇인지 물어본다.

답 질문 2. 귀하께서 현재 가정에서 구독하고 있는 신문(명)을 모두 기재 바랍니다.
　　(　　　　　)

문제 3

질문 2에서 현재 구독하고 있는 신문에 대한 전반적인 만족도를 측정하는 질문을 작성하시오(단, 응답항목은 5점 척도로 하여 여러 개의 신문을 보는 경우 하나만 본다는 가정 하에 질문을 작성하시오).

리커트 5점 척도
응답항목은 중립적인 견해를 기준으로 서로 대칭이 되도록 작성해야 한다.

답 질문 3. 귀하께서 현재 구독하고 있는 신문에 대해 어느 정도 만족하십니까? (단, 여러 개의 신문을 보는 경우 하나만 본다는 가정 하에 답변 바랍니다)
　　① 매우 불만족　　② 약간 불만족　　③ 보통　　④ 약간 만족　　⑤ 매우 만족

질문 3-1. 위 만족도는 어느 신문을 근거로 평가되었습니까?
(　　　)

문제 4

사람들이 신문을 왜 구독하는지에 대하여 탐색적인 사전조사를 실시한 결과 집회/뉴스보기, 시간보내기, 흥미/오락 때문에, 교양을 쌓기 위해, 광고보기 등으로 주로 응답하였다. 신문을 보는 가장 중요한 이유가 무엇인지를 알아내기 위한 질문을 작성하시오(단, 신문구독 이유를 모두 포괄할 수 있도록 응답항목을 작성하시오).

우선순위 배정
응답항목이 많은 경우 사안에 따라 복수응답이 가능하므로 중요한 순위에 따라 응답하도록 제시한다.

답 질문 4. 귀하께서 신문을 구독하는 가장 중요한 이유를 순서대로 2개만 고르세요.

1순위	2순위

① 집회/뉴스보기
② 시간보내기
③ 흥미/오락 때문에
④ 교양을 쌓기 위해
⑤ 광고보기
⑥ 기타 (　　)

문제 5

우리나라 신문보도 내용에 대한 전반적인 신뢰여부를 묻는 질문을 5점 척도로 작성하시오(단, 질문은 긍정과 부정이 균형이 잡히도록 제시하시오).

리커트 5점 척도
응답항목은 중립적인 견해를 기준으로 서로 대칭이 되도록 작성해야 한다.

답 질문 5. 귀하의 우리나라 신문보도 내용에 대한 신뢰도는 어느 정도입니까?
① 매우 불신　　② 약간 불신　　③ 보통　　④ 약간 신뢰　　⑤ 매우 신뢰

문제 6

응답자의 연령을 조사하기 위해 10세 간격으로 5개의 연령대로 범주화하여 응답항목을 완성하시오.

응답항목의 포괄성 및 상호배타성
응답 가능한 모든 항목을 빠짐없이 제시해 주어야 하며 응답의 선택항목들은 내용이나 범위가 서로 중복되지 않도록 표현해야 한다.

답 질문 6. 귀하의 연령대는 무엇입니까?
① 20대 이하
② 30대
③ 40대
④ 50대
⑤ 60대 이상

03 인간노동

문제 1

직업의 유무를 묻는 질문 1을 작성하시오.

양자택일형 응답항목
위의 응답항목이 양자택일형(찬반형)이므로 '① 예', '② 아니오'로 작성한다.

답 질문 1. 귀하는 현재 직업을 가지고 있습니까?
  ① 예 → 질문 2로 이동
  ② 아니오 → 질문 10으로 이동

질문 2. 귀하의 직업은 무엇입니까?
  ① 전문직   ② 경영직   ③ 관리직   ④ 사무직   ⑤ 영업직
  ⑥ 생산직   ⑦ 판매서비스 ⑧ 자영업   ⑨ 공무원   ⑩ 기타 (   )

문제 2

다음 질문 3. 항목을 참고하여 아래 질문에 답하시오.

질문 3. 귀하께서 지금하고 계시는 일에 대해 어느 정도 만족하십니까?
       100점을 만점으로 하여 만족도를 점수로 표시하여 주십시오. (   )점

문제 2-1

질문 3. 항목의 문제점을 두 가지만 지적하시오.

답 등간척도
  ① 만족도 점수가 등간척도로 되어있어 모든 수학적 연산(+, -, ×, ÷)이 가능한 것은 아니다.
  ② 절대영점이 존재하는 비율척도로 척도를 구성하면 수학적으로 ×, ÷까지 가능하게 할 수 있다.

문제 2-2

그러한 문제점이 있음에도 불구하고 위의 질문형태를 택한 이유를 설명하시오.

답 서열척도와 등간척도
  서열 간의 간격의 동일성을 유지하는 등간척도이므로 수학적으로 +, - 연산이 가능하다.

문제 2-3

위의 질문형태의 문제점을 완화하기 위해 질문에 어떤 내용을 추가하면 좋을지 설명하시오.

> **절대영점**
> 특성이 전혀 존재하지 않는다는 것을 나타낸다. 주어진 등간척도의 성격에 더하여 절대 영점이 존재하는 비율척도로 만들어 모든 수학적 연산(+, −, ×, ÷)이 가능하도록 한다.

답 질문 3. 귀하는 지금하고 있는 일에 대해 어느 정도 만족하십니까?
  100점을 만점으로 하여 만족도를 점수로 표시하여 주십시오. (   )점
  단, 만족도가 없으면 '0'으로 기입해 주십시오.

문제 3

도구 합리성 만족척도를 구성하는 3개 문항을 5점 척도로 작성하시오.

> **리커트 5점 척도**
> 응답항목은 중립적인 견해를 기준으로 서로 대칭이 되도록 작성해야 한다.

답 질문 4. 귀하께서 현재 하고 계시는 일의 임금 수준에 대한 만족도는 어느 정도입니까?
  ① 매우 불만   ② 약간 불만   ③ 보통   ④ 약간 만족   ⑤ 매우 만족

질문 5. 귀하께서 현재 하고 계시는 일의 근로시간에 대한 만족도는 어느 정도입니까?
  ① 매우 불만   ② 약간 불만   ③ 보통   ④ 약간 만족   ⑤ 매우 만족

질문 6. 귀하께서 현재 하고 계시는 일-생활 균형에 대한 만족도는 어느 정도입니까?
  ① 매우 불만   ② 약간 불만   ③ 보통   ④ 약간 만족   ⑤ 매우 만족

문제 4

가치합리성 만족척도를 구성하는 세 가지 문항을 4점 척도로 작성하시오.

> **리커트 4점 척도**
> 리커트 4점 척도는 응답항목의 중립적인 견해를 기준으로 서로 대칭이 되도록 작성한다.

답 질문 7. 귀하께서 현재 하고 계시는 일이 귀하의 적성과 관련하여 어느 정도 만족하십니까?
  ① 매우 불만   ② 약간 불만   ③ 약간 만족   ④ 매우 만족

질문 8. 귀하께서 현재 하고 계시는 일이 귀하의 자아실현과 관련하여 어느 정도 만족하십니까?
① 매우 불만　　② 약간 불만　　③ 약간 만족　　④ 매우 만족

질문 9. 귀하께서 현재 하고 계시는 일이 귀하의 사회적 기여도와 관련하여 어느 정도 만족하십니까?
① 매우 불만　　② 약간 불만　　③ 약간 만족　　④ 매우 만족

문제 5

다음 문항을 연령에 맞게 완성하시오.

답 질문 10.
　① 20세 미만
　②
　③ 30세 이상 40세 미만
　④
　⑤
　⑥

응답항목의 포괄성 및 상호배제성
응답 가능한 모든 항목을 빠짐없이 제시해 주어야 하며 응답의 선택항목들은 내용이나 범위가 서로 중복되지 않도록 표현해야 한다.

답 질문 10. 귀하의 연령대는 무엇입니까?
　① 20세 미만
　② 20세 이상 30세 미만
　③ 30세 이상 40세 미만
　④ 40세 이상 50세 미만
　⑤ 50세 이상 60세 미만
　⑥ 60세 이상

04

SPSS 기본 이론

빅픽처 사회조사분석사2급
[실기형] 기출문제집

CHAPTER 01 SPSS 분석 준비

01 SPSS 기본 구성

1 SPSS 프로그램이란?

SPSS(Statistical Package for Social Science) 프로그램은 여러 학문분야, 특히 사회과학분야에서 얻어지는 각종 자료를 보다 편리하게 분석할 수 있도록 만들어진 통계분석 전용 소프트웨어를 말한다.

2 설치 방법

① 구글에 'SPSS 체험판'을 검색하여 [https://www.ibm.com/kr-ko/analytics/spss-trials]에 접속한다.

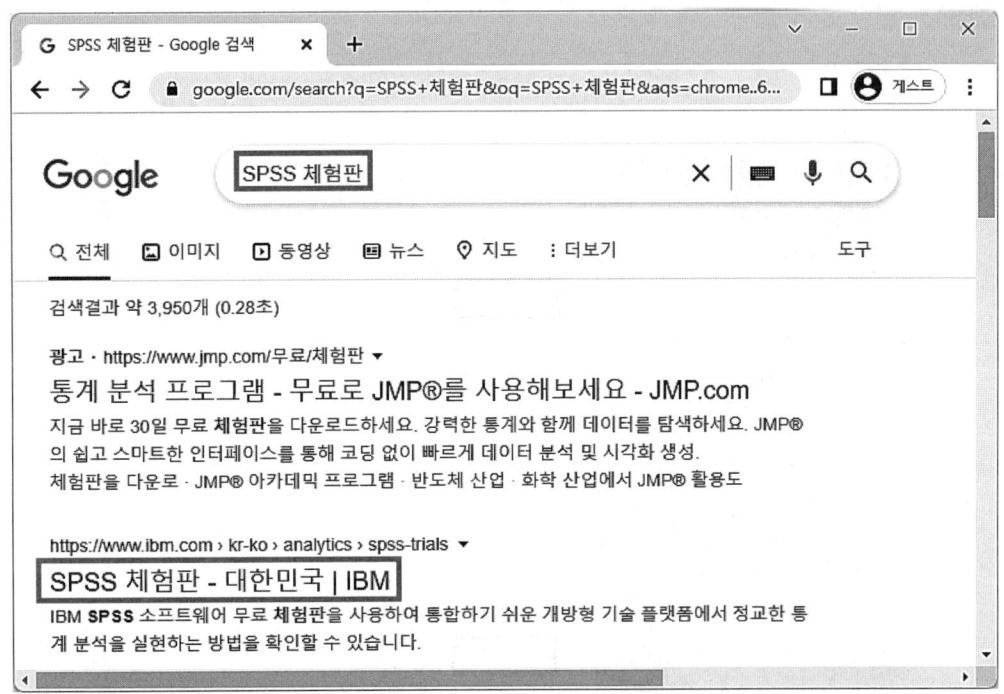

② 'SPSS Statistics 무료 체험하기'를 클릭한다.

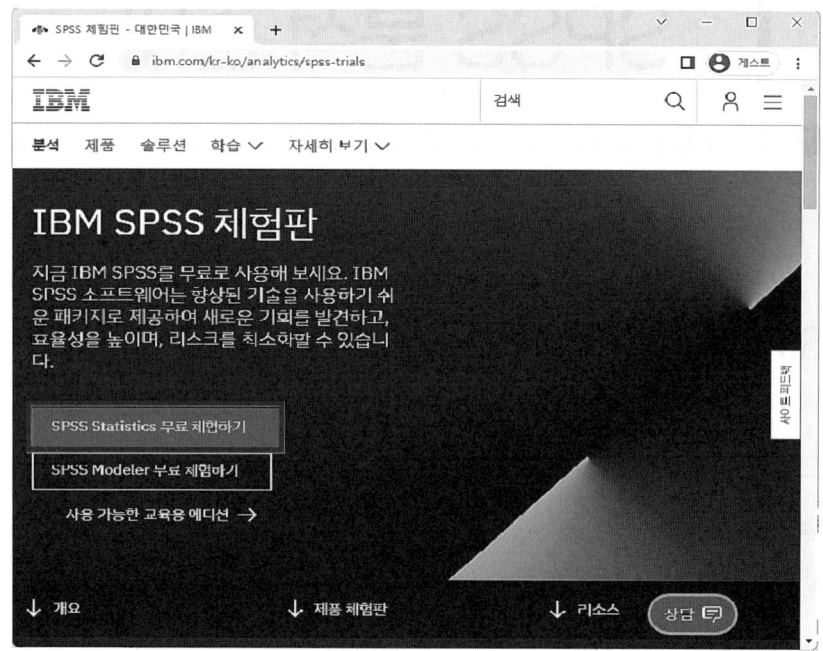

③ 계정을 만들기 위해 계정 정보를 작성하고 '다음'을 클릭한다.
(계정이 있는 경우 상단의 '로그인'을 눌러 로그인을 한다)

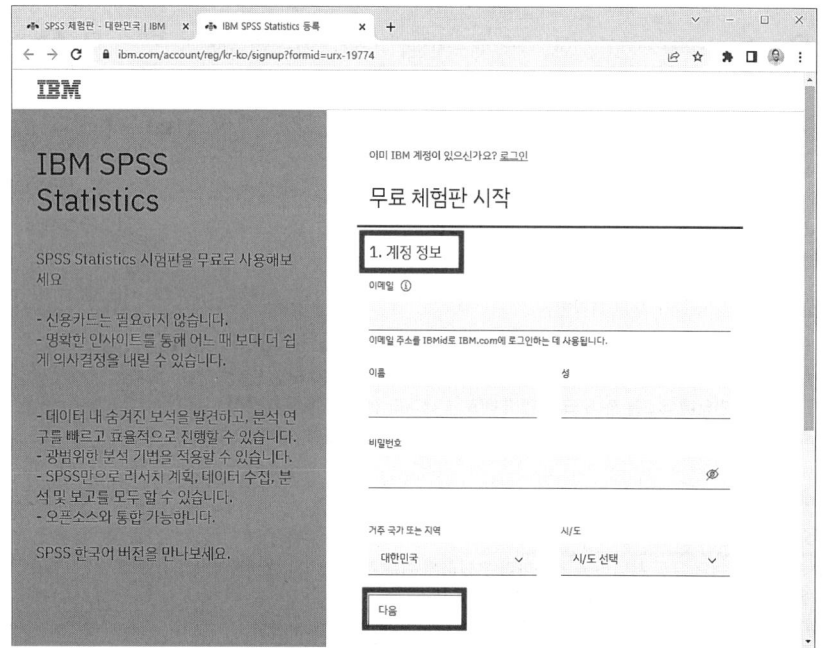

④ 추가정보를 입력하고 이메일 인증을 완료한다.

⑤ 이메일 인증을 완료하면 '계정 생성'을 클릭한다.

⑥ 개인정보처리방침 등에 '계속' 버튼을 눌러서 넘어가면, 전용 설치 페이지가 보인다.

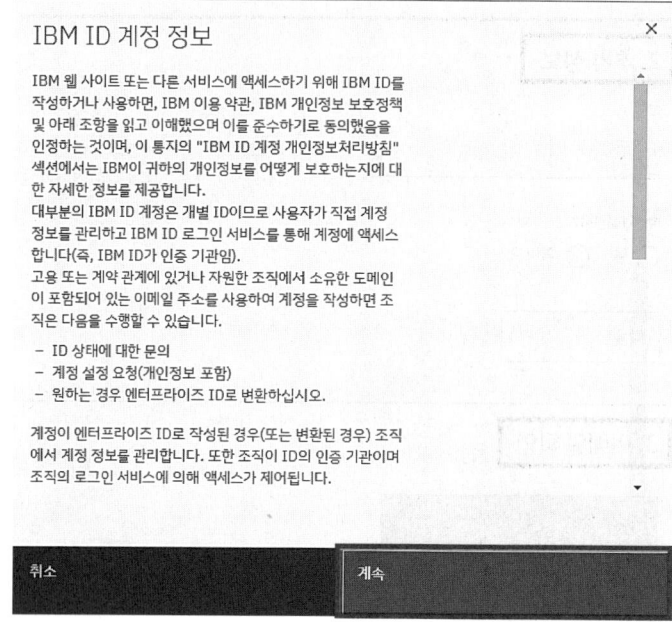

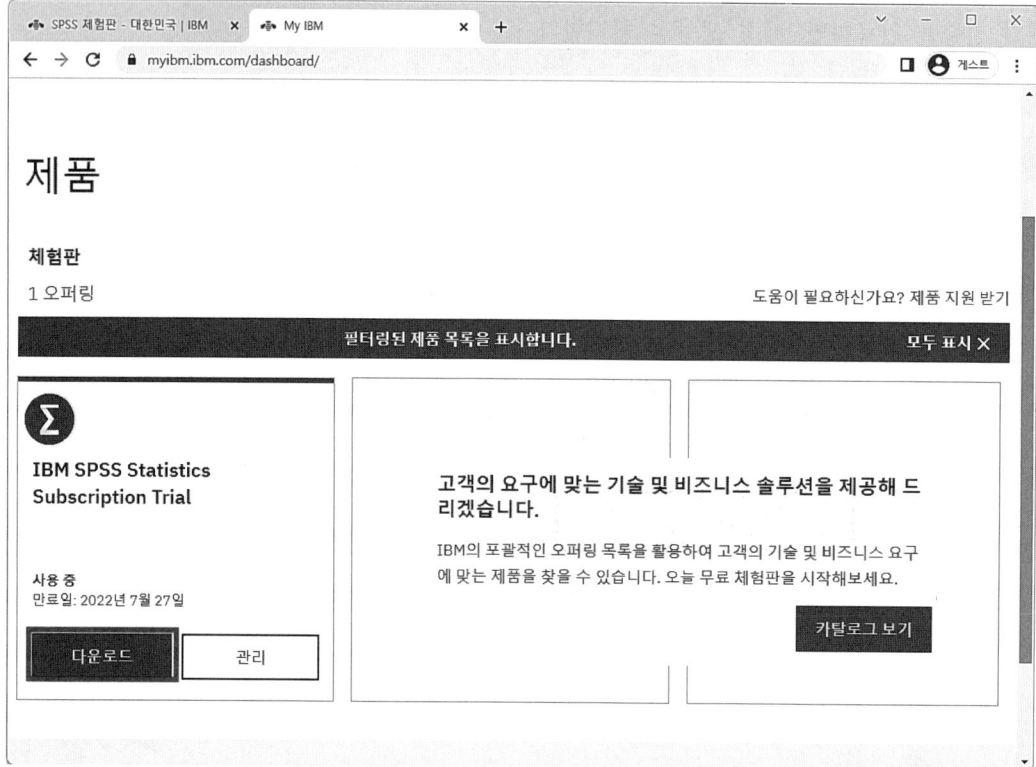

⑦ 해당되는 운영체제 사양에 맞게 SPSS 체험판을 다운로드 한다.

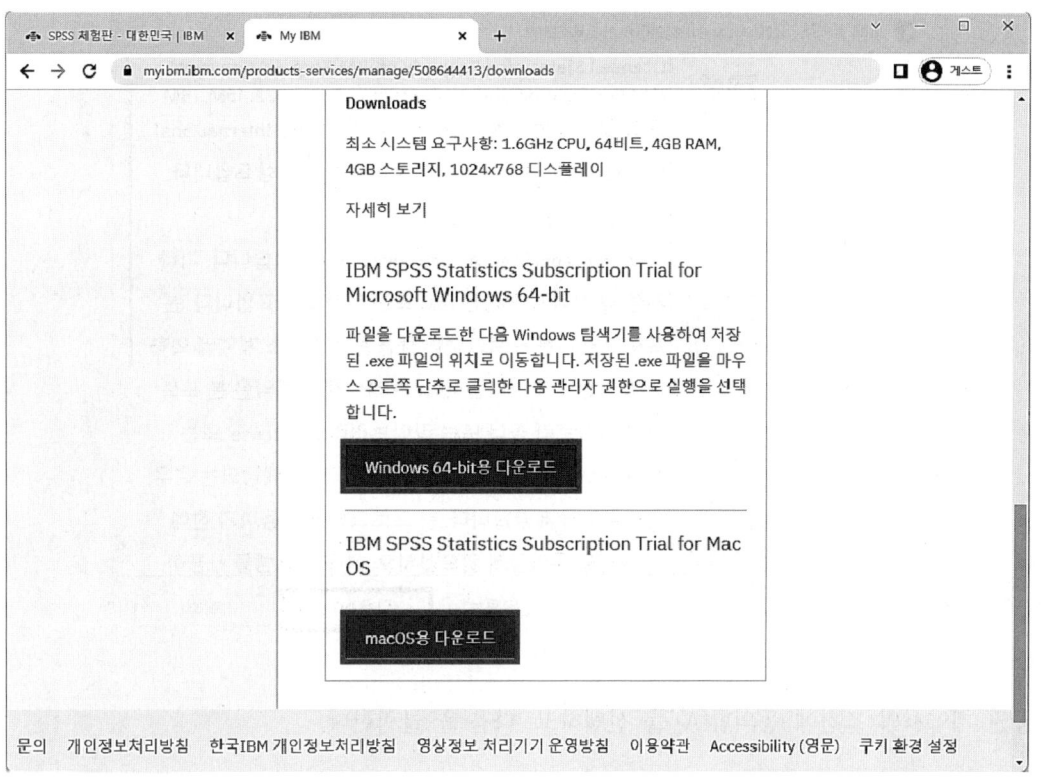

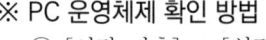
① [시작 단추] – [설정] – [시스템] – [정보]
② [장치 사양] – [시스템 유형]에서 32비트 또는 64비트 중 어떤 Windows 버전을 실행하고 있는지 확인한다.

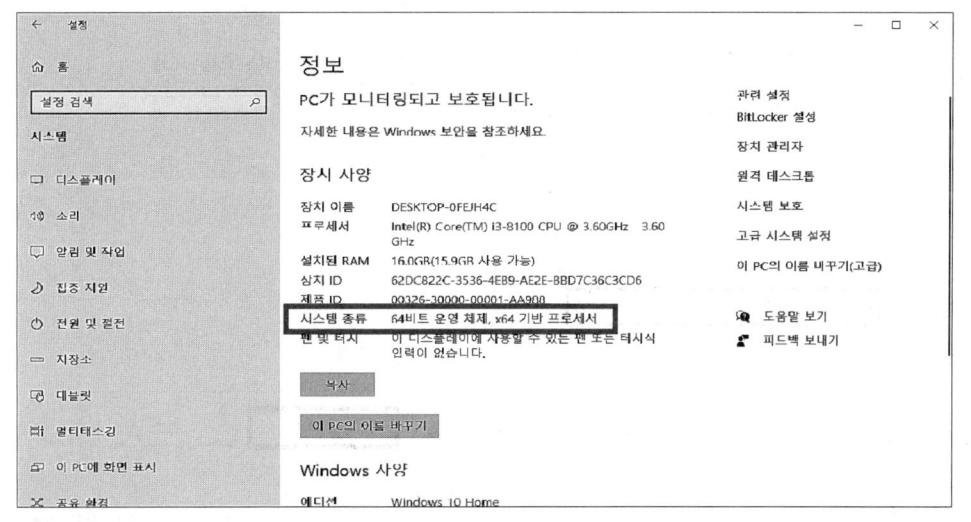

⑧ 프로그램을 다운로드 받고 실행하면 다음과 같은 창이 나타난다. '다음'을 클릭하여 넘어간다.

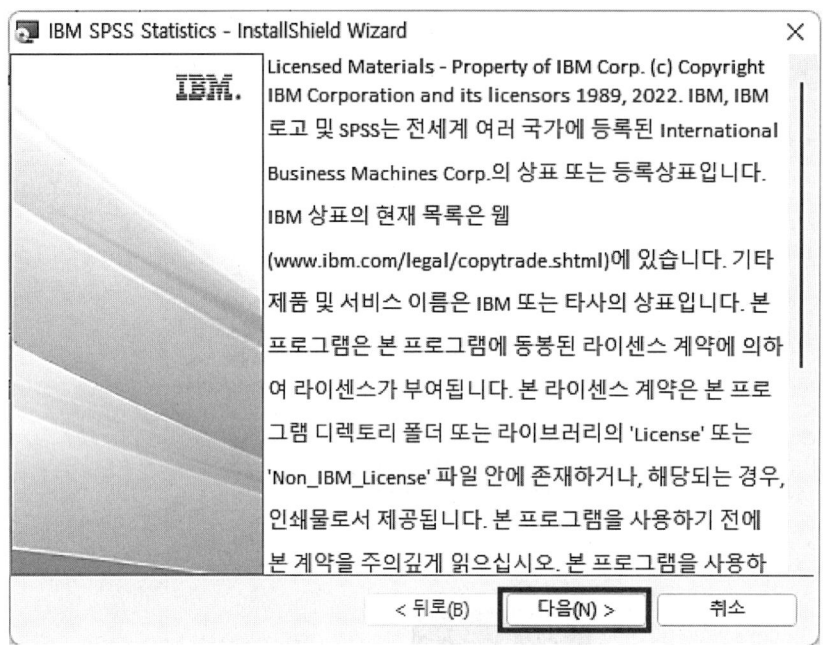

⑨ '사용권 계약서의 조건에 동의함(A)'를 선택하고 '다음'을 클릭한다.

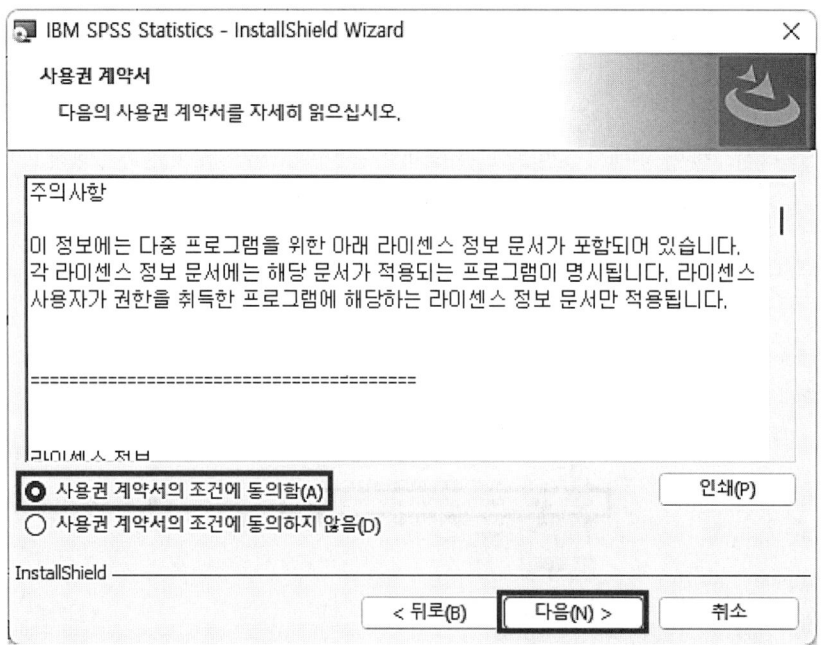

⑩ SPSS의 설치 위치를 지정하고 다음으로 넘어간다.

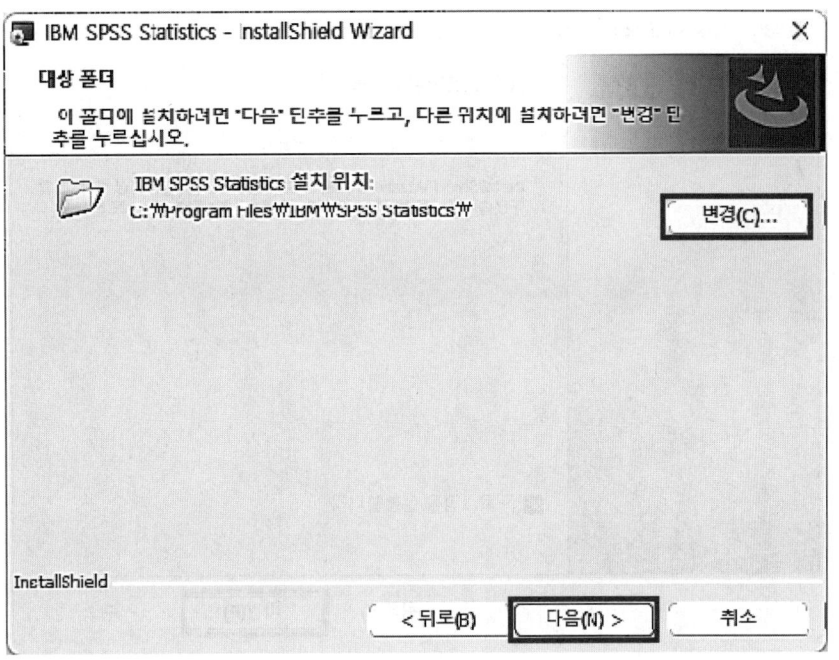

⑪ '설치'를 눌러 프로그램을 설치한다.

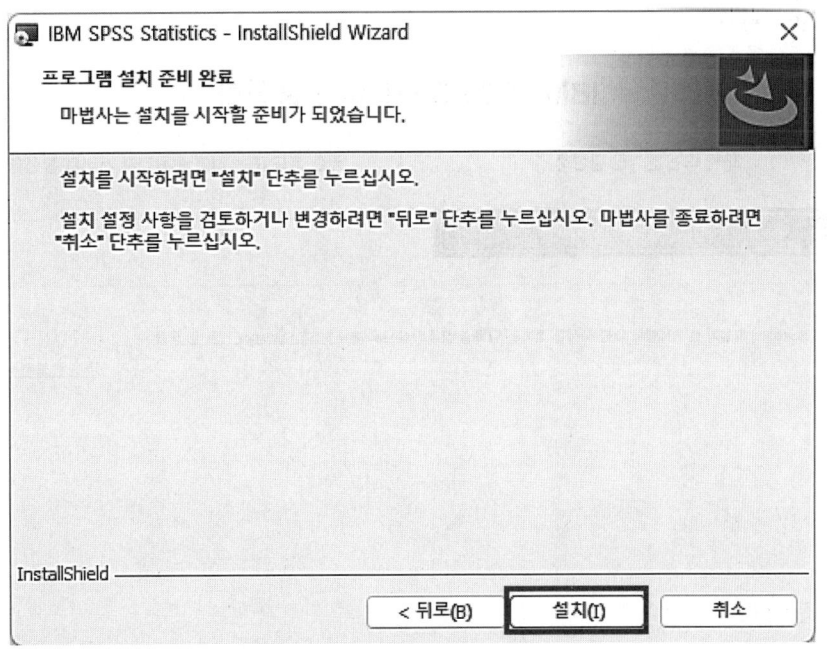

⑫ 설치가 다 된 후, '마침'을 클릭하여 설치를 마무리한다.

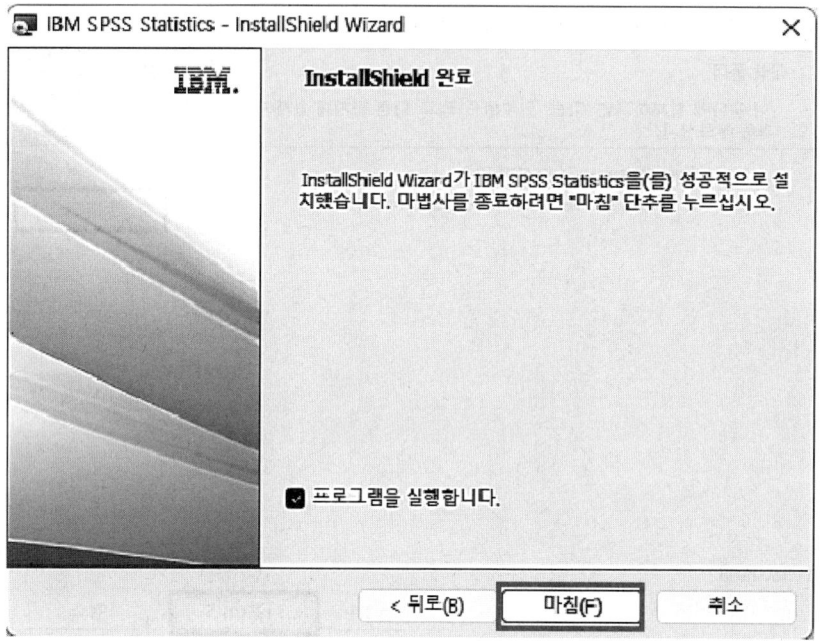

⑬ 설치된 SPSS를 실행하여 평가판을 활성화하기 위해 IBM ID로 로그인한다.

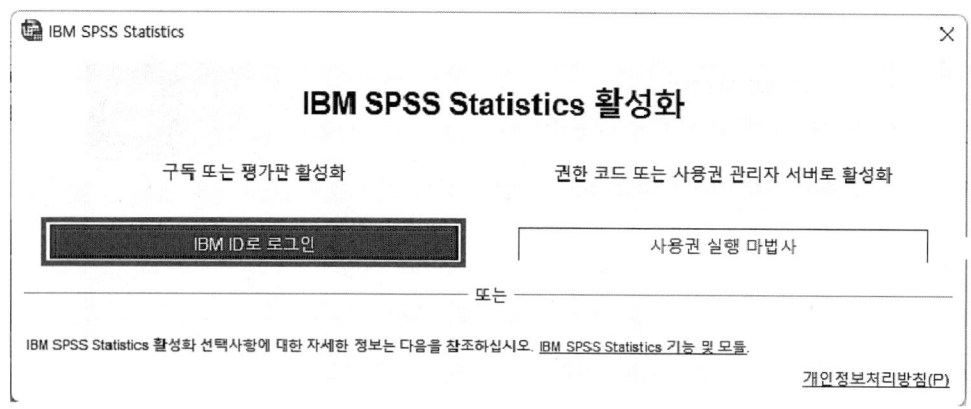

3 창(Window) 구성

(1) 데이터 편집기 창(Data Editor)

① 데이터 보기 창

② 변수 보기 창

㉠ 각 변수의 특성을 보여주는 창
㉡ 각 행은 변수를 의미하고, 각 열은 변수의 특성을 지정해주게 된다.

(2) 결과 보기 창(Output)

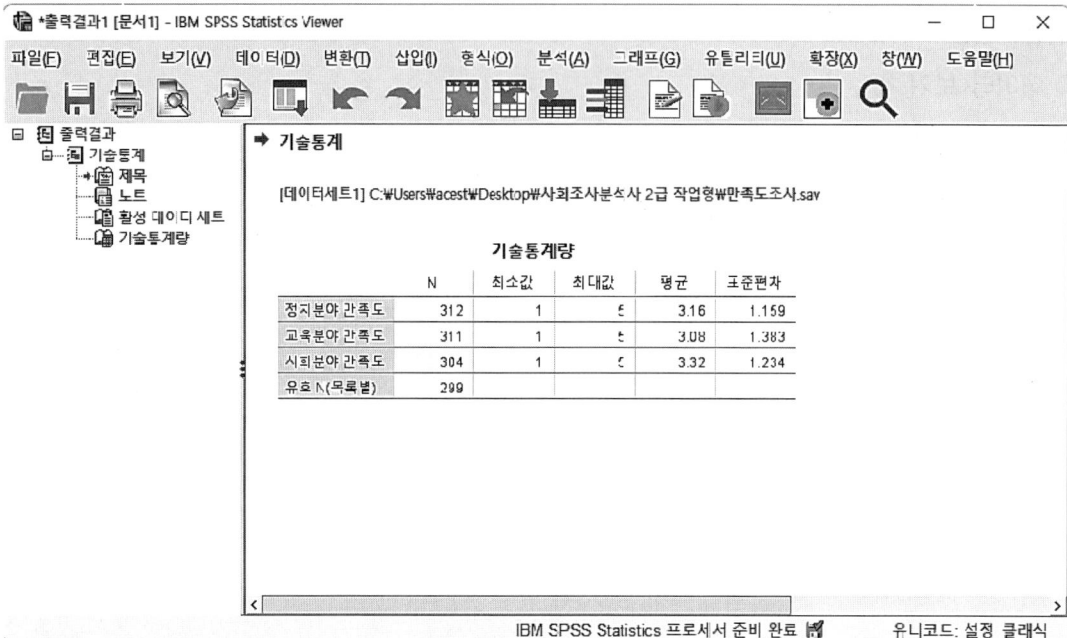

① 분석을 실행하면 분석 결과를 보여주는 창
② 처음부터 열려 있는 것이 아니라 분석을 실행해야만 나타나는 결과이다.

02 예제 데이터 소개

주어진 데이터는 남녀 314명을 대상으로 "개인특성에 따른 만족도조사"를 실시한 결과이다. "data.txt"로 저장되어 있는 텍스트 파일이며, 아래의 [표1]과 [표2]는 데이터의 코딩가이드와 데이터의 입력 형태이다. 변인과 변인 간에는 TAB으로 구분되어 있고, 모든 문항에 무응답이 있는 경우에는 "9" 혹은 "99", "999"로 입력되어 있다. 결측값은 해당 분석에서만 제외한다.

[표 1] 데이터 코딩 가이드

변수	변수설명	내용	결측값
id	일련번호	일련번호(5자리)	없음
YYYYMMDD	생년월일	연도(4자리), 월(2자리), 일(2자리)	없음
Q1	정치분야 만족도	1 : 매우 불만족 2 : 불만족 3 : 보통 4 : 만족 5 : 매우 만족	9
Q2	교육분야 만족도		9
Q3	사회분야 만족도		9
gender	성별	M : 남자 F : 여자	없음
age	연령	20세~49세	99
edu	교육년수	8년~20년	99
region	지역	1 : 대도시 2 : 중소도시 3 : 군소도시	9
income	수입	71만원~546만원	999

```
data - 메모장
파일   편집   보기

id      YYYYMMDD    Q1  Q2  Q3  gender  age  edu  region  income
11203   1991-05-06  2   5   4   M       31   14   1       205
11210   1995-08-15  3   4   4   F       27   12   2       182
11506   1993-12-26  4   4   9   F       29   16   2       230
11508   1997-11-23  3   2   3   F       25   14   2       269
11605   1987-03-19  4   4   3   F       35   12   3       168
11608   1988-04-27  4   3   2   F       34   16   1       325
11609   1989-09-01  9   5   4   M       33   18   1       156
11705   1982-07-18  1   2   1   F       40   14   2       254
11710   1995-11-14  3   1   2   F       27   14   3       92
11811   1989-01-22  2   2   2   M       33   16   3       202
11901   1994-09-06  2   2   3   M       28   12   3       131
11907   1982-07-14  4   5   4   M       40   12   3       182
12003   1994-06-19  2   4   4   M       28   12   1       111
12007   1997-04-13  4   4   5   M       25   14   2       246
12010   1987-01-31  4   4   2   F       35   11   2       93
12101   1989-02-05  9   2   2   F       33   14   2       301
줄 1, 열 1                 100%   Windows (CRLF)    UTF-8
```

CHAPTER 02 SPSS 기본운영

01 자료 파일 불러오기

메뉴 이용 : [파일(F)] - [데이터 가져오기(D)] - [텍스트 데이터(T)]

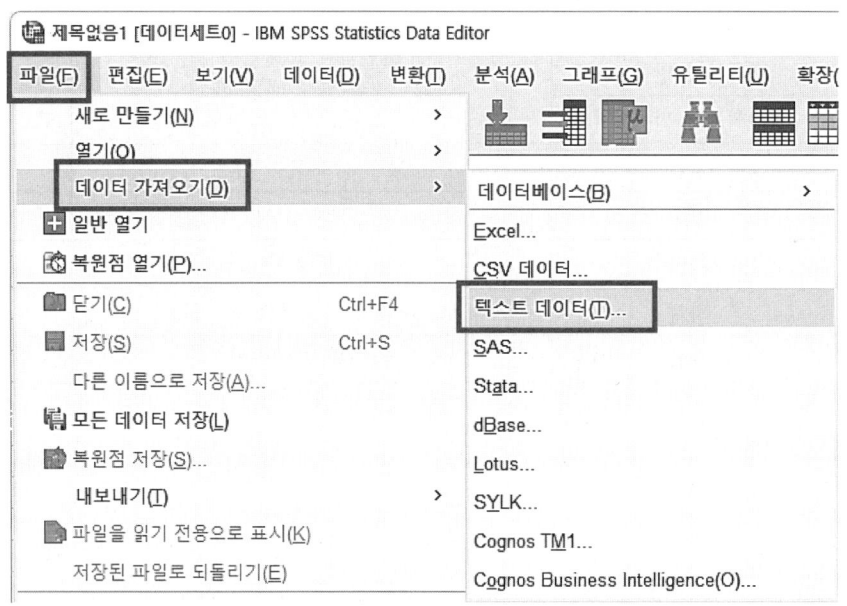

아래와 같은 데이터 열기 대화상자가 나타나면 파일 유형을 텍스트로 설정하고 인코딩을 유니코드 (UTF-8)로 설정한다. 다음으로 자료가 저장되어 있는 위치를 확인하여 가져올 자료인 "data.txt" 파일을 선택하고 열기를 클릭하면 텍스트 가져오기 마법사 6단계 창이 나타난다.

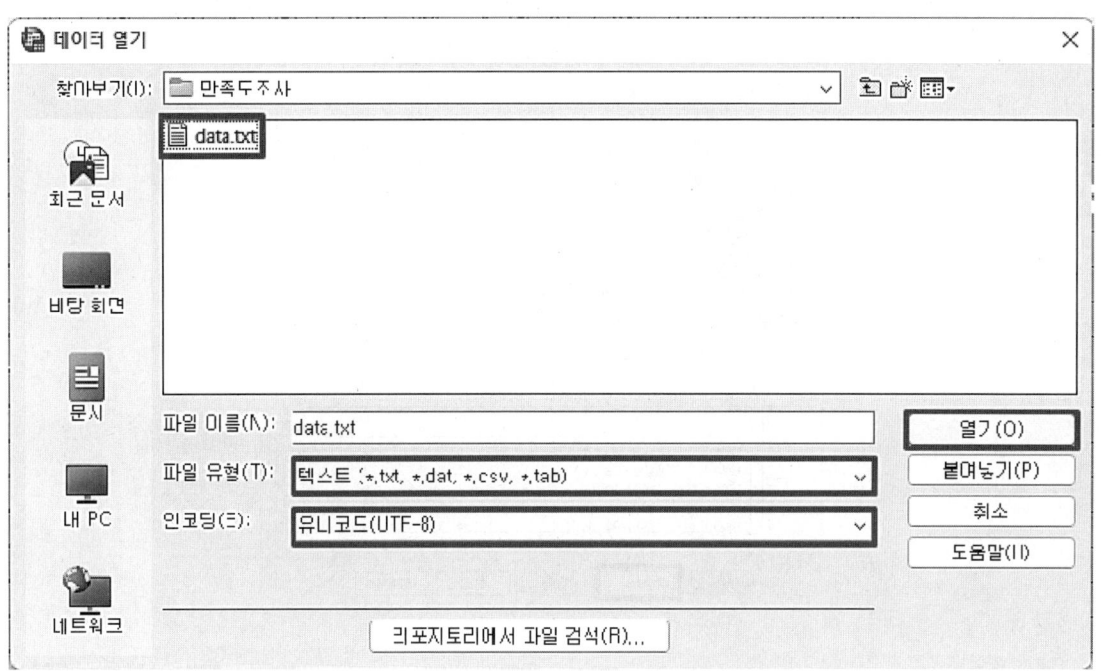

인코딩
파일의 인코딩은 문자 데이터가 읽히는 방식에 영향을 미칩니다. 일반적으로 유니코드 데이터 파일은 문자 인코딩을 식별하는 바이트 순서 표시를 포함합니다. 일부 애플리케이션에서는 바이트 순서 표시없이 유니코드 파일을 작성하고 코드 페이지 데이터 파일은 인코딩 식별자를 포함하지 않습니다.
- 유니코드(UTF-8). 파일을 유니코드 UTF-8로 읽습니다.
- 유니코드(UTF-16). 운영 체제에 상관 없이 파일을 유니코드 UTF-16으로 읽습니다.
- 유니코드(UTF-16BE). 파일을 유니코드 UTF-16(빅 엔디언)으로 읽습니다.
- 유니코드(UTF-16LE). 파일을 유니코드 UTF-16(리틀 엔디언)으로 읽습니다.

로컬 인코딩. 파일을 현재 로케일 코드 페이지 문자 인코딩으로 읽습니다.

파일에 유니코드 바이트 순서 표시가 있는 경우 선택한 인코딩에 상관 없이 파일을 유니코드 인코딩으로 읽습니다. 파일에 유니코드 바이트 순서 표시가 없는 경우 유니코드 인코딩 중 하나를 선택하지 않아도 인코딩은 현재 로케일 코드 페이지 문자 인코딩으로 가정됩니다.
다른 코드 페이지 문자 인코딩으로 된 데이터 파일의 현재 로케일을 변경하려면 메뉴에서 편집 > 옵션을 선택하고 언어 탭에서 로케일을 변경하십시오.

출처 : IBM SPSS Statistics 25 CoreSystem 사용자 안내서

1 구분자에 의한 배열

〈텍스트 가져오기 마법사 6단계〉

① 1단계는 텍스트 파일이 사전 정의된 형식과 일치하는지를 묻는 단계이다. '텍스트 파일이 사전 정의된 형식과 일치합니까?' 라는 질문에 '아니오(O)'를 선택한다. 사전에 정의한 형식이 없고, 변인에 대한 정의는 나중에 이루어지기 때문이다. '다음(N)'을 클릭하여 2단계로 넘어간다.

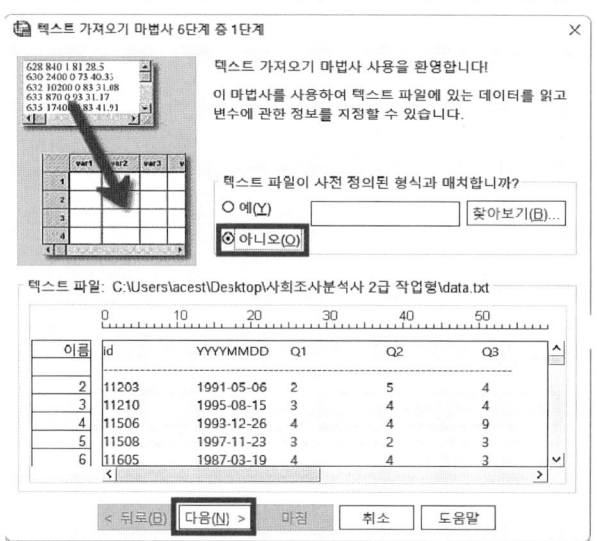

② 2단계는 변수의 배열과 변수의 이름 유무를 묻는 단계이다.

위의 자료는 자료가 탭에 의해 구분되어 있으므로 '변수는 어떻게 배열되어 있습니까?'라는 질문에는 '구분자에 의한 배열(D)'을 선택한다. 그리고 자료의 첫 행에 변수 이름이 있으므로 '변수이름이 파일의 처음에 있습니까?'라는 질문에는 '예(Y)'를 선택하고 '다음(N)'을 클릭하여 3단계로 넘어간다.

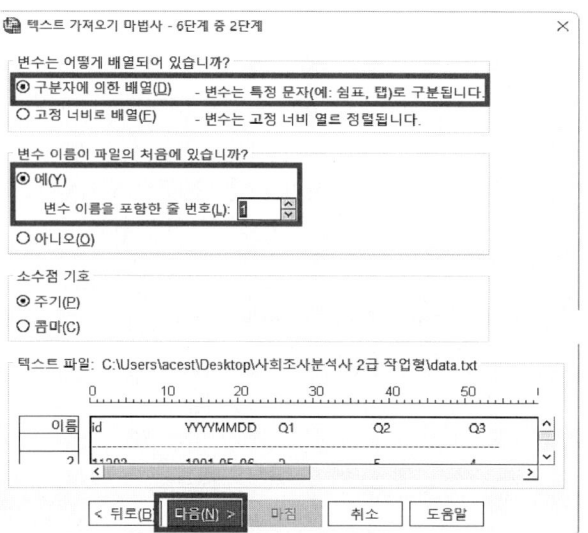

③ 3단계는 가져올 데이터의 범위를 설정하는 단계이다.

위의 자료의 첫 행에 변수의 이름이 들어가 있어 데이터의 첫 번째 케이스는 2행부터 시작하므로 '데이터의 첫 번째 케이스가 몇 번째 줄에서 시작합니까?'라는 항목에는 '2'를 선택한다. 그리고 위 자료의 경우 하나의 케이스가 한 줄에 나타나므로 '케이스가 어떻게 표시되고 있습니까?'라는 질문에 '각 줄은 케이스를 나타냅니다.(L)'를 선택한다. 마지막으로 자료의 모든 케이스를 가져오기 위해 '몇 개의 케이스를 가져오시겠습니까?'라는 질문에 '모든 케이스(A)'를 선택하고 '다음(N)'을 클릭하여 4단계로 넘어간다.

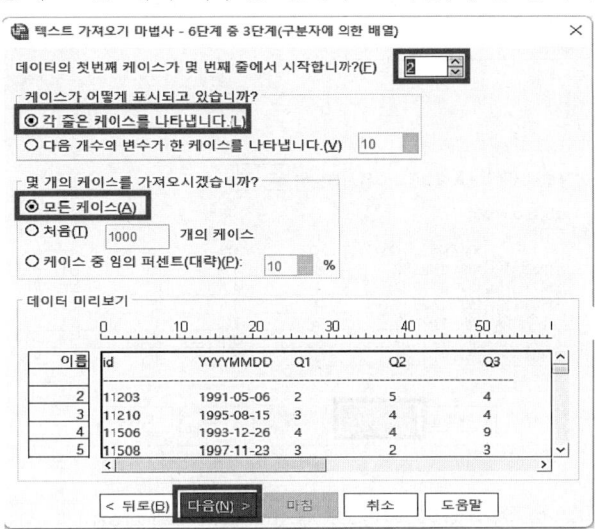

④ 4단계는 변수가 어떤 구분자로 구분되어 있는지를 묻는 단계이다.

위의 자료는 탭에 의해 구분되어 있는 자료이므로 '변수 사이에 어떤 구분자를 사용했습니까?'라는 질문에는 '탭(T)'을 선택한다. 그리고 데이터 미리보기에서 불러오려는 데이터들이 각 변수에 정확히 불러들여졌는지를 확인하고, '다음(N)'을 눌러 5단계로 넘어간다.

⑤ 5단계는 변수이름과 데이터 형식을 지정하는 단계이다.

변수이름과 데이터 형식은 데이터를 불러온 후 SPSS의 변수 보기 창에서 지정하는 것이 더 편리하므로 디폴트로 놔두고 '다음(N)'을 눌러 6단계로 넘어간다.

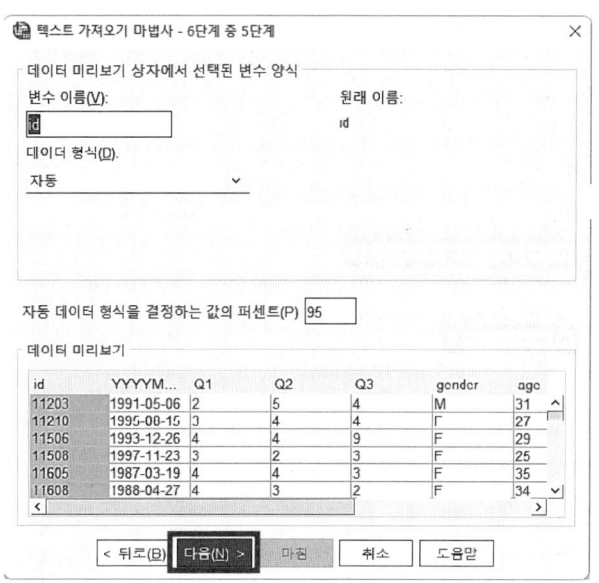

⑥ 6단계는 파일 형식을 저장할 것인지와 명령문 생성에 관한 단계이다.

대부분의 경우 새로운 연구를 수행하기 때문에 '다음에 사용할 수 있도록 이 파일 형식을 저장하시겠습니까?'라는 질문에 '아니오(O)'를 선택한다. 또한 '명령문을 붙여넣으시겠습니까?'라는 질문에도 '아니오(N)'를 선택한다. 지금까지의 단계를 되풀이할 예정이면 명령문을 저장하는 것이 편리하지만 그렇지 않다면 명령문을 붙일 필요가 없다. 마지막으로 '마침'을 클릭하면 SPSS 데이터 화면이 나타난다.

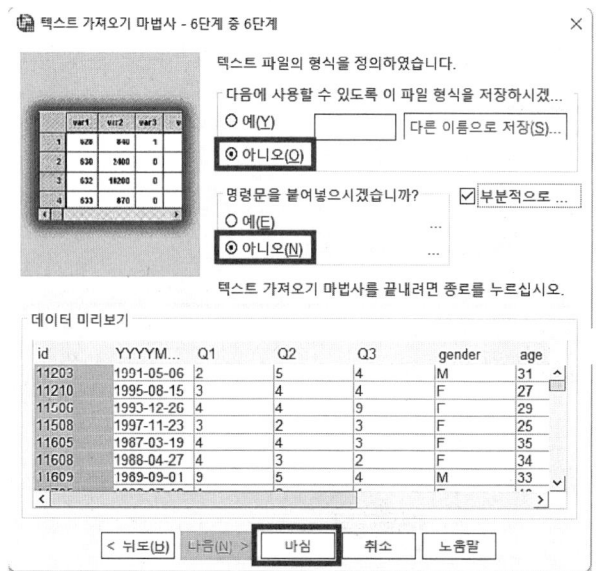

"data.txt" 파일이 다음과 같이 데이터 보기 창에 불러들여진 것을 확인할 수 있다.

02 변수 정의

메뉴 이용 : [데이터 편집기] - [변수보기]

1 변수 이름

- SPSS 변수 보기 창의 이름에 변수 이름이 정확히 입력되어 있는지를 확인
- 코딩 가이드를 참고하여 변수 이름을 직접 입력하여 변경 가능

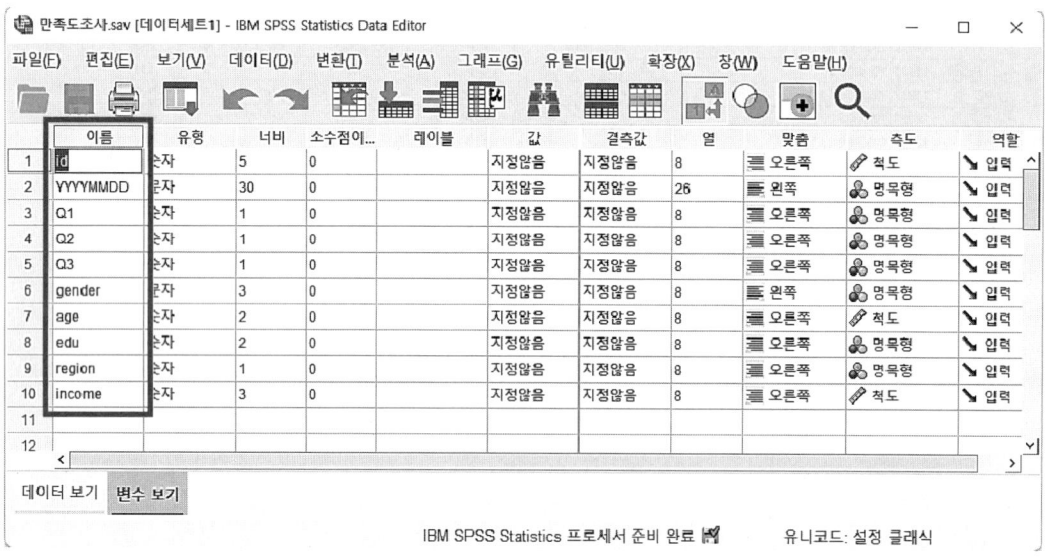

[변수 이름 입력 시 주의할 점]
1) 변수 이름 !, #, $, % 등의 특수문자와 띄어쓰기를 사용할 수 없다.(@는 사용가능)
2) 숫자, 마침표, 밑줄은 사용 가능하지만 변수 이름의 첫 문자로 사용할 수 없다.
3) 변수 이름은 한글과 영문만 가능하며 대소문자 구별하지 않는다.
4) 변수 이름은 간단하고 쉬운 단어로 설정하며, 중복되어서는 안 된다.

2 변수 유형

- 변수 유형에서는 각 변수의 유형(숫자, 문자, 날짜 등)을 지정
- 셀을 클릭한 후 […] 버튼을 클릭하여 변수의 유형을 변경 가능

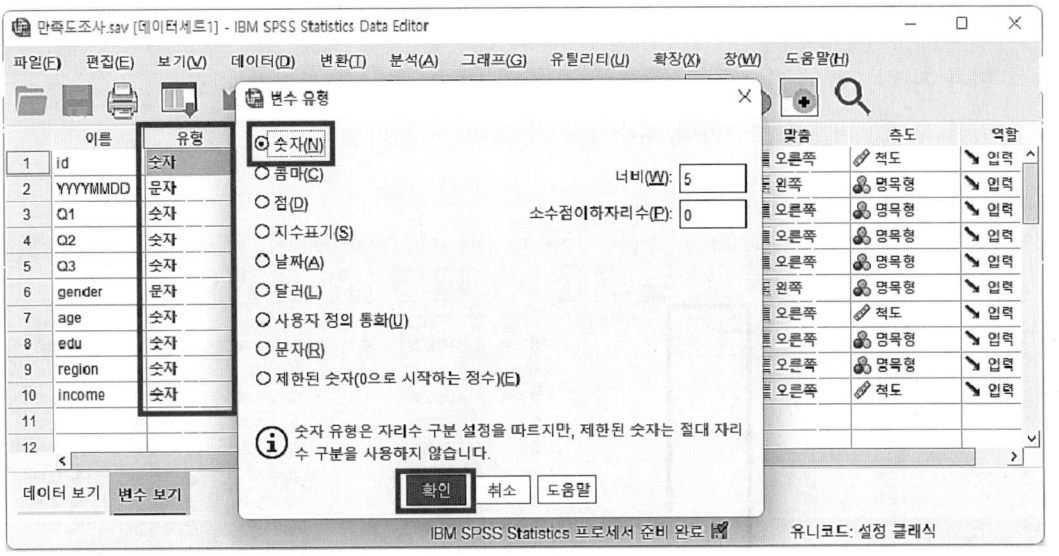

3 변수 너비

- 변수 너비는 해당 변수 데이터 값의 최대 너비를 나타낸다.
  - 예 너비가 6이면 최대 6자리까지 입력 가능

- 셀을 클릭한 후 🔼 버튼을 클릭하여 변수 너비 변경 가능
  영어 알파벳 한 글자는 한자리를 차지하지만 한글은 한 글자가 두 자리를 차지하므로 유형이 문자인 경우 주의가 필요
  - 예 너비가 6으로 지정된 경우, 영어는 'abcdef'의 6글자까지만 입력 가능하고 한글은 '가나다'의 3글자만 입력 가능

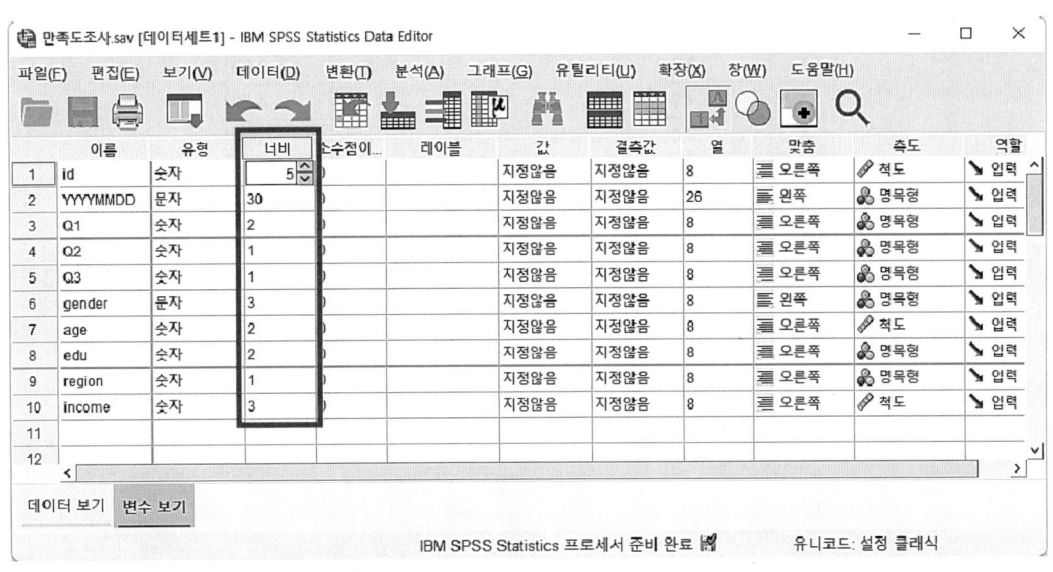

4 소수점 이하 자리

- 소수점 이하 자리는 각 숫자 변수를 소수점 몇째 자리까지 표시할 것인지 지정
- 셀을 클릭한 후 ⬆ 버튼을 클릭하여 소수점 이하 자리 변경 가능

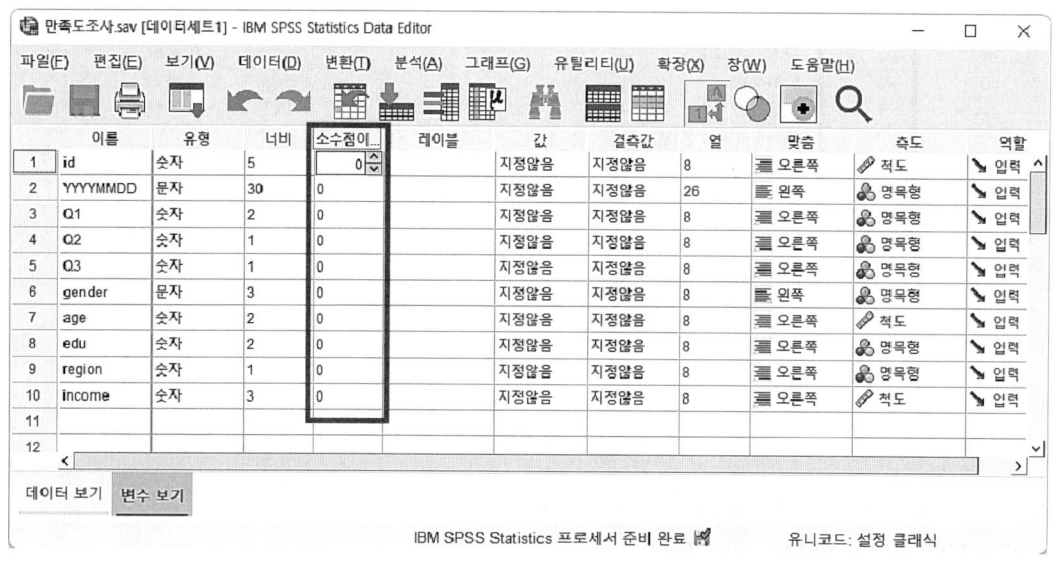

* 주의할 점 : 변수의 너비는 소수점 이하 자릿수보다 작을 수 없다.
  예 만약 Q1(정치분야 만족도)를 소수점 둘째자리까지 표시하고자 한다면 변수의 너비를 3이상으로 변경 후 소수점 이하 자리를 2로 변경하면 데이터 보기 창에서 Q1(정치분야 만족도)이 소수점 둘째 자리까지 표시된 것을 확인할 수 있다.

	Q1
1	2.0
2	3.0
3	4.0
4	3.0
5	4.0
6	4.0
7	9.0
8	1.0
9	3.0
10	2.0

소수점 이하 자릿수가 1인 경우

	Q1
1	2.00
2	3.00
3	4.00
4	3.00
5	4.00
6	4.00
7	9.00
8	1.00
9	3.00
10	2.00

소수점 이하 자릿수가 2인 경우

5 변수 레이블

- 레이블에 변수에 대한 추가 설명을 작성 가능
- 변수 이름을 간단히 적은 경우, 레이블을 작성하여 혼동 방지

6 변수 값 지정

- 명목척도 및 서열척도와 같은 범주형 자료의 값을 설정

① 지정하고자 하는 변수의 셀의 오른쪽 [...] 버튼을 클릭하면 '값 레이블' 창이 나타난다.

② 레이블 개수만큼 ➕ 버튼을 눌러 칸을 추가하고, '값(U)'과 '레이블(L)'에 해당하는 변수값과 설명을 기입한다. 변수값들을 모두 설정한 후 '확인' 버튼을 누른다.

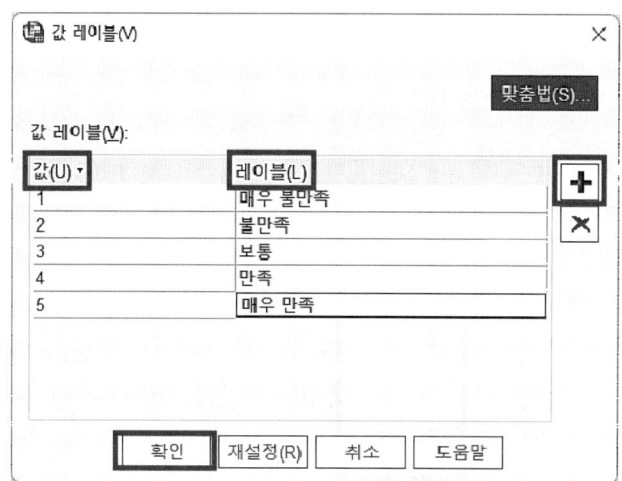

③ 코딩가이드를 참고하여 변수 값 지정이 필요한 변수들에 값을 지정해준다.

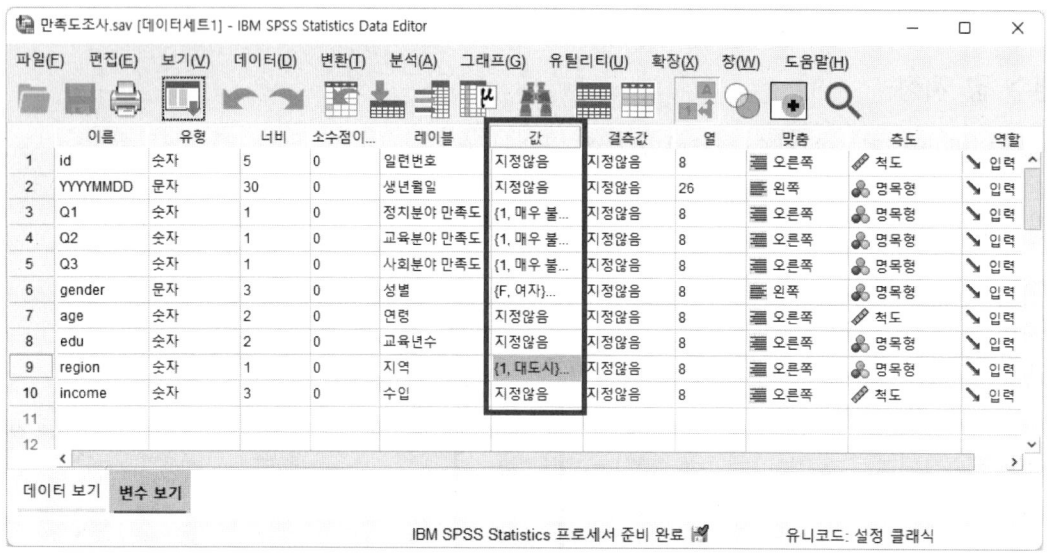

[변수값에 대한 입력 내용이 동일한 경우]
변수값에 대한 입력 내용이 동일하여 같은 정의를 반복해서 수행해야 하는 경우에는 복사 기능을 사용하면 편리하다. 우선 하나의 변수에 대하여 변수값을 설정한 후, 마우스 오른쪽을 클릭하여 '복사'를 클릭한다. 동일한 내용을 입력하고자 하는 변수 혹은 변수들을 선택(여러 변수의 선택은 왼쪽 마우스를 눌러 드래그)한 후, 마우스 오른쪽을 클릭하여 '붙여넣기'를 클릭한다.

7 오류값과 결측값 처리

- 오류값은 응답의 범주를 벗어난 값
- 결측값은 데이터 수집을 위한 설문조사 등을 진행시 응답이 누락된 항목들
- 결측값의 경우 설문조사 결과를 입력할 때 해당 문항이 누락되었음을 표시하기 위하여 어떤 특정한 값을 부여하기도 하는데, 보통 9, 99, 999 등의 값을 부여
- 결측치로 지정한 값은 숫자로 인식하지 않고 무응답으로 인식하여 각종 분석에서 제외됨

① 지정하고자 하는 변수의 셀의 오른쪽 ⋯ 버튼을 클릭하면 '결측값' 창이 나타난다.
② 코딩가이드를 참고하여 이산형 결측값에 오류값 또는 결측값을 입력하고 '확인' 버튼을 누른다.

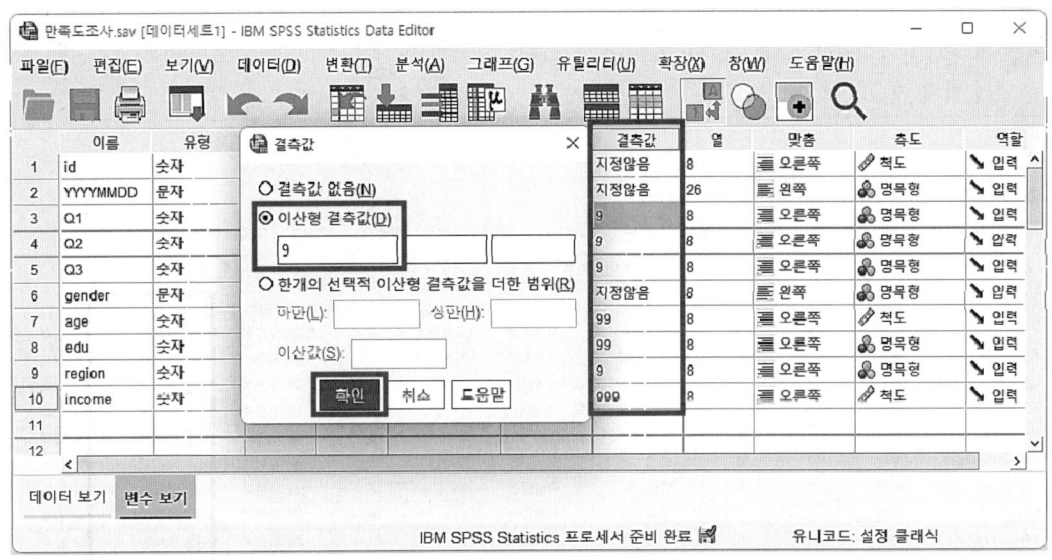

8 측도

- 측도는 자료의 척도를 지정할 때 사용
- 종류 : 척도(등간척도, 비율척도에 사용), 순서형(서열척도에 사용), 명목형(명목척도에 사용)

척도	설명	예시	측도 설정값
명목척도	측정 대상의 특성을 분류하거나 확인할 목적으로 숫자를 부여한 것	성별, 축구선수의 등번호, 종교 등	명목형
서열척도	관찰하는 대상의 특성을 측정해서 그 값을 순위로 나타낸 것	교육수준(중졸 이하, 고졸, 대졸 이상) 등	순서형
등간척도	관찰대상의 속성을 상대적 크기로 나타낸 것	온도(기온), IQ 등	척도
비율척도	절대적인 기준을 가지고 속성의 상대적 크기 비교 및 절대적 크기까지 측정할 수 있도록 비율의 개념이 추가된 것	소득, 몸무게 저축금액, 청년실업자수 등	

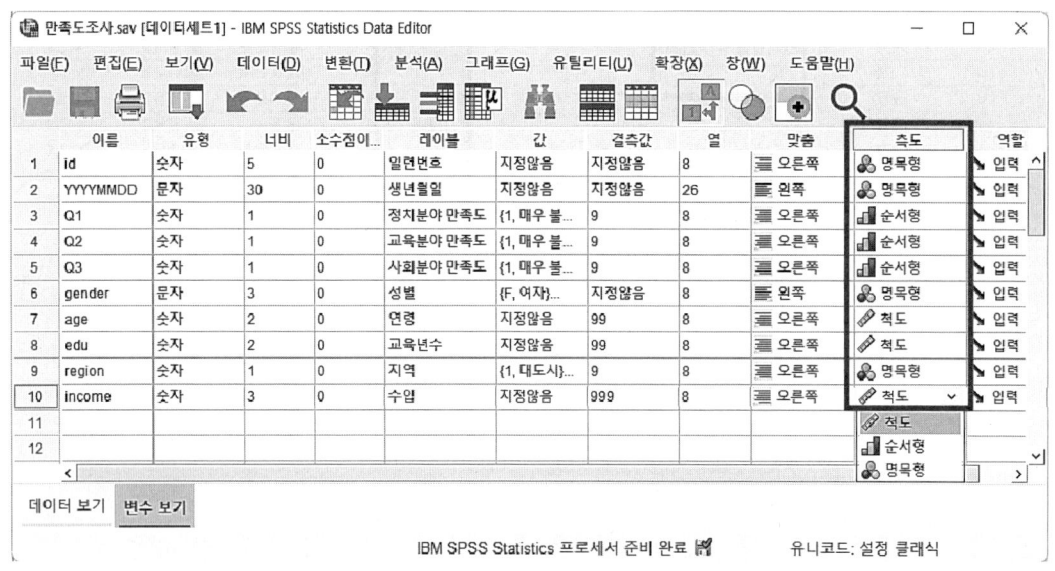

03 자료 변환

1 변수 계산

- 연구자의 의도에 따라 기존의 변수를 연산을 이용해 새로운 변수를 생성할 때 사용
  - 예) 1) cm로 입력된 0.01을 곱하여 m로 바꾸는 경우
  - 2) BMI를 구하기 위하여 몸무게에서 키의 제곱을 나누는 경우
  - 3) 문항 1번부터 5번까지의 평균을 새로운 변수로 사용하는 경우

> **예제 1-1**
> '개인특성에 따른 만족도조사' 자료에서 정치분야 만족도(Q1), 교육분야 만족도(Q2), 사회분야 만족도(Q3)의 평균을 구하여 만족도 평균(Qmean)이라는 새로운 변수를 생성하시오(결측값은 해당 분석에서 제외하시오).

① 메뉴 이용 : [변환(T)] - [변수 계산(C)]

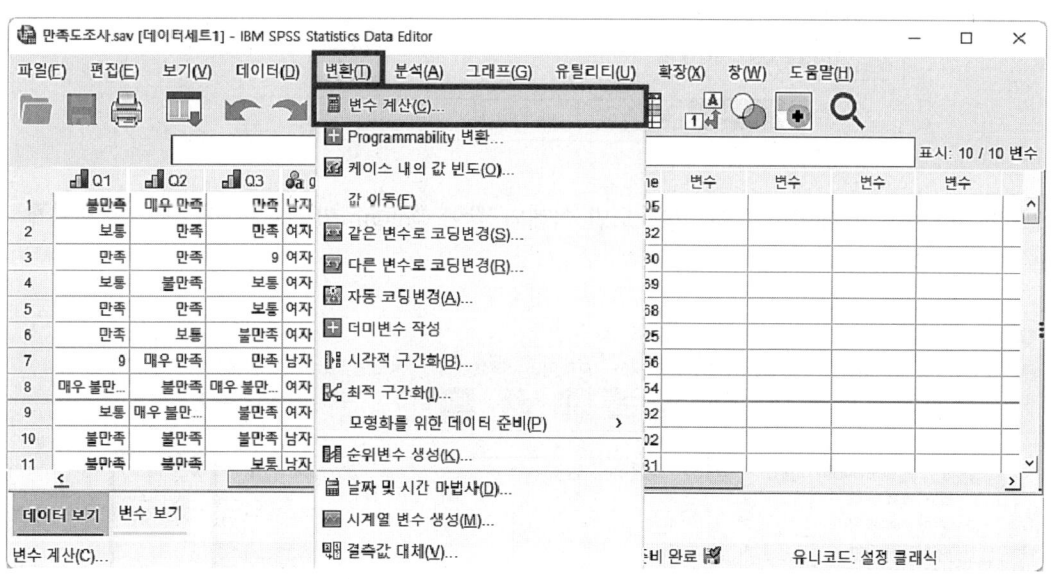

② 변수 계산 창에서 '목표변수(T)'에 Qmean이라고 입력하고 '숫자표현식(E)'에 Q1, Q2, Q3의 평균을 나타내는 수식((Q1+Q2+Q3)/3)을 입력한다.

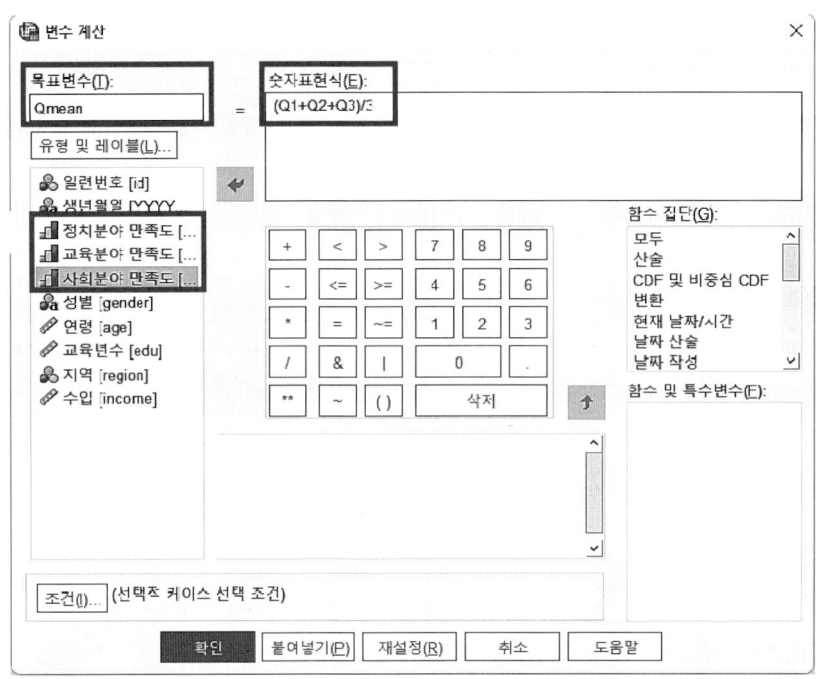

③ '확인' 버튼을 누르고 데이터 보기 창을 보면 아래와 같이 Qmean(만족도 평균) 변수가 새롭게 생성된 것을 확인할 수 있다.

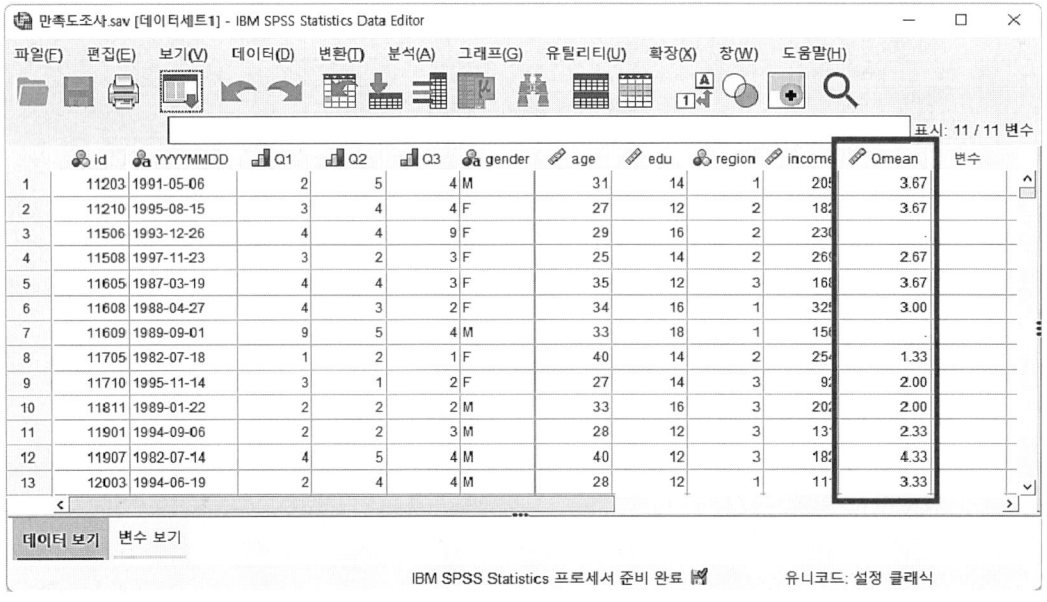

- 함수를 이용한 변수 계산
  변수 계산 창의 우측에 있는 함수 집단, 함수 및 특수변수에서 변수 계산에 쓰일 수 있는 여러 가지 함수를 찾아 쓸 수 있다.

- 계산식을 이용하여 평균구하기 vs 함수를 이용해서 평균구하기

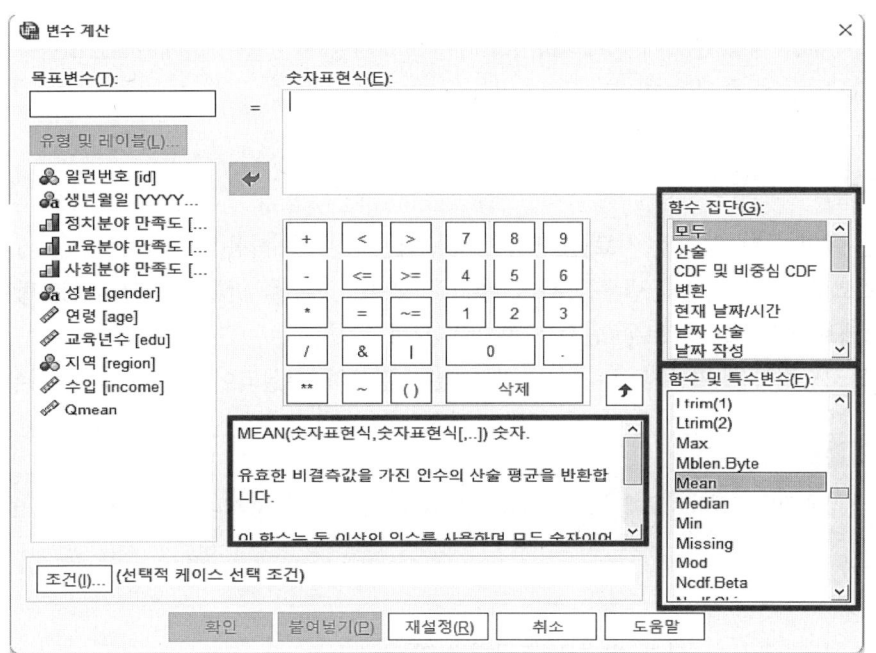

- mean1은 계산식을 이용((Q1+Q2+Q3)/3))하여 구한 평균으로, 기존 변수에 결측값이 존재하는 행은 새로 생성하는 변수에서도 결측값으로 처리한다.
- mean2는 함수를 이용(mean(Q1, Q2, Q3))하여 구한 평균으로, 결측값이 존재하는 경우 그 값을 제외하고 계산한 평균을 새로운 변수에 적용시킨다.
☞ 따라서 '결측값을 해당 분석에서 제외하시오'라는 요구사항이 있을 경우에는 mean함수가 아닌 평균을 구하는 계산식을 이용해야 한다.

2 다른 변수로 코딩변경

- 코딩 변경은 이미 코딩 입력된 자료를 변경하고자 하는 경우에 사용
- 다른 변수로 코딩변경은 기존의 변수를 두고, 추가로 새로운 변수를 만들어 변환시키는 방법으로, 기존의 변수값은 그대로 남아있고 새로운 변수를 추가로 생성
- 다른 변수로 코딩변경은 기존의 변수가 가지고 있는 정보가 손실되어서는 안 되는 경우에 사용

> **예제 1-2**
>
> '개인특성에 따른 만족도조사' 자료에서 연령(age)을 ① 20대 미만 ② 20대 ③ 30대 ④ 40대 이상으로 범주화하여 연령대(age_new)라는 다른 변수로 코딩변경 하시오.

① 메뉴 이용 : [변환(T)] - [다른 변수로 코딩변경(R)]

② '다른 변수로 코딩변경' 창에서 변환하고자 하는 변수를 선택하여 우측으로 옮기고, '출력변수'의 '이름(N)'에 원하는 변수명을 기입한다('출력변수'의 '레이블(L)'은 변수보기의 레이블에 들어가는 내용으로, 변수의 설명을 쓰면 된다). '변경(H)'를 클릭하고, '기존값 및 새로운 값(O)'을 클릭한다.

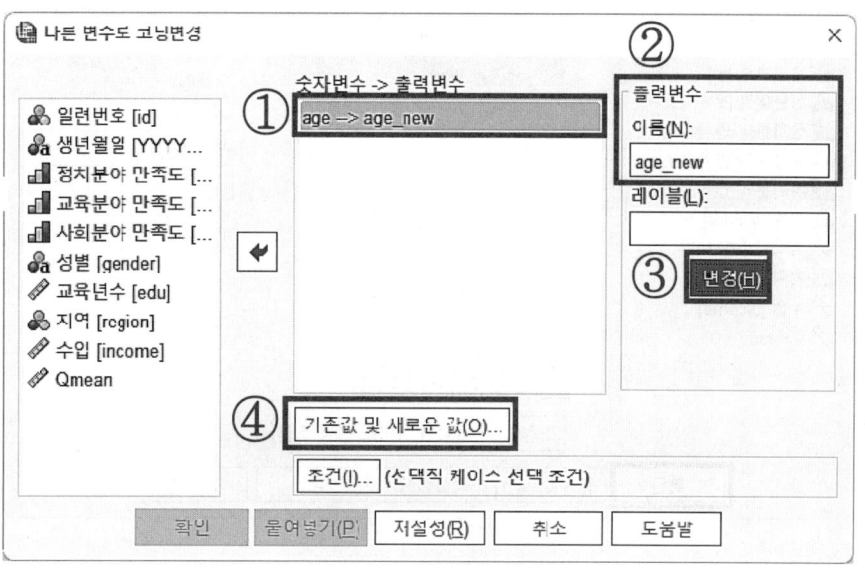

③ '다른 변수로 코딩변경 : 기존값 및 새로운 값' 창에서 '기존값'과 '새로운 값'에 다음과 같이 각각의 값을 설성하고 '추가(A)'를 누른다. 만약 값을 질못 입력하였다면 '변경(C)'이니 '제기(M)'를 이용하면 된다.

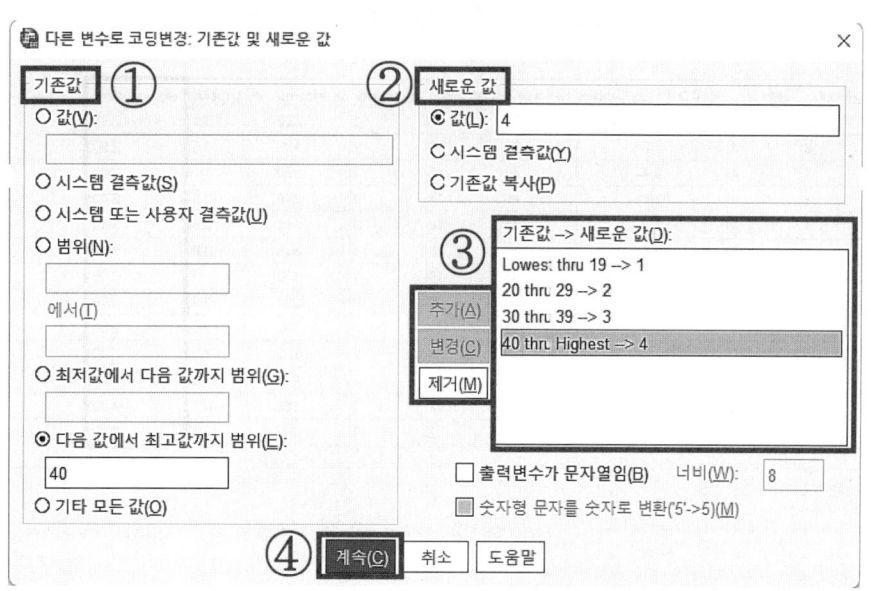

④ 값을 모두 입력한 후 '계속(C)'을 누르면 다시 '다른 변수로 코딩변경' 창이 나타나고, '확인' 버튼이 활성화 되어있는 것을 확인할 수 있다.

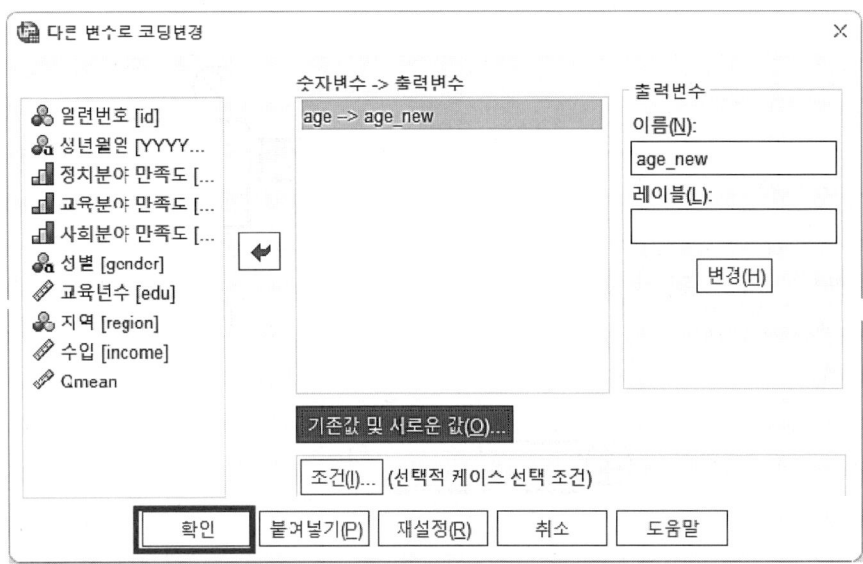

⑤ '확인'을 누르면 데이터 보기 창에 age_new라는 새로운 범주형 변수가 생성되었음을 확인할 수 있다.

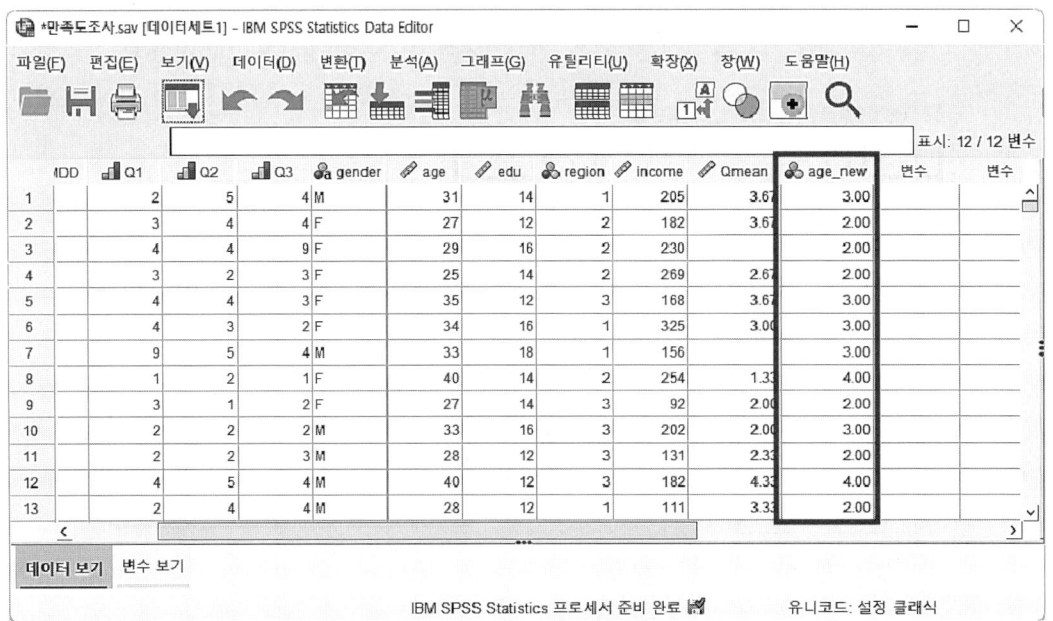

⑥ [데이터 편집기] - [변수 보기]에서 새로 만들어진 변수의 레이블과 값 등을 지정해준다.

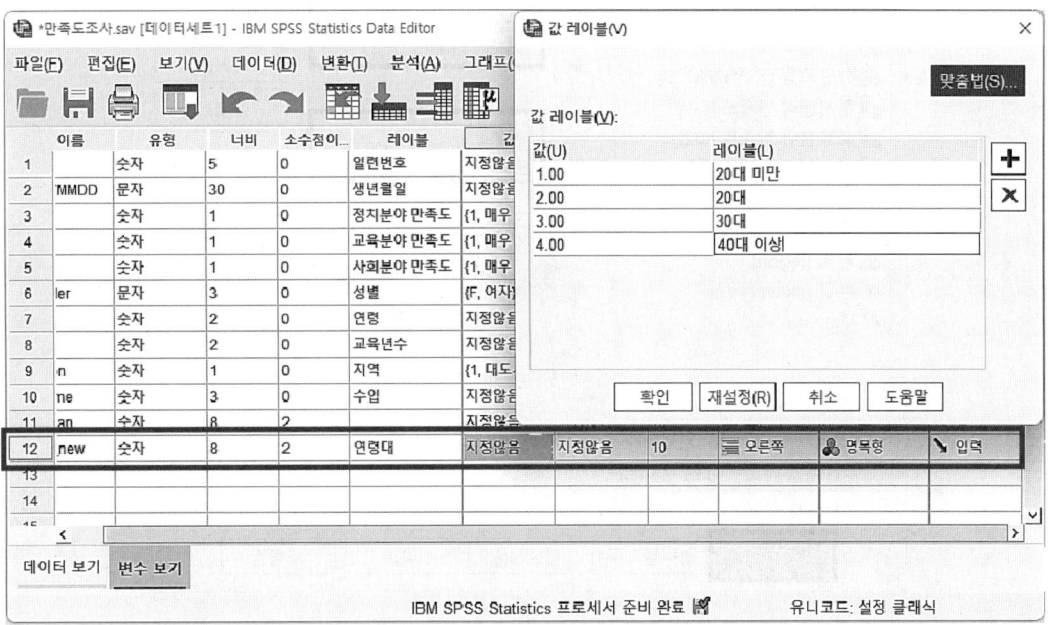

⑦ [분석(A)] - [기술통계량(E)] - [교차분석(C)]에서 '행'과 '열'에 기존 변수와 새로 생성한 변수를 넣고 교차표를 작성하여 변수가 제대로 생성되었는지 확인한다.

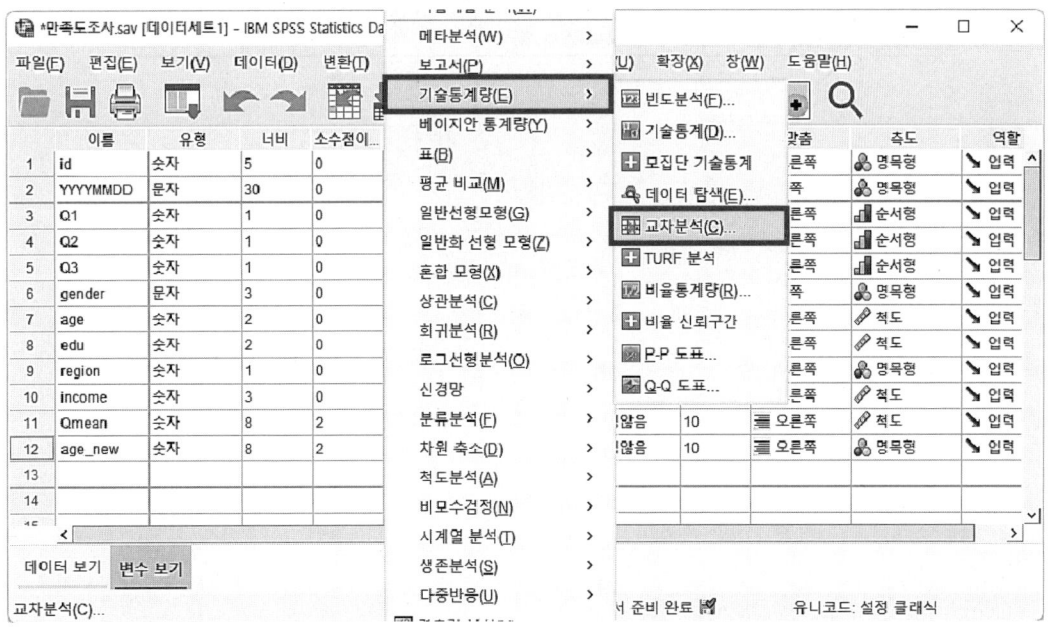

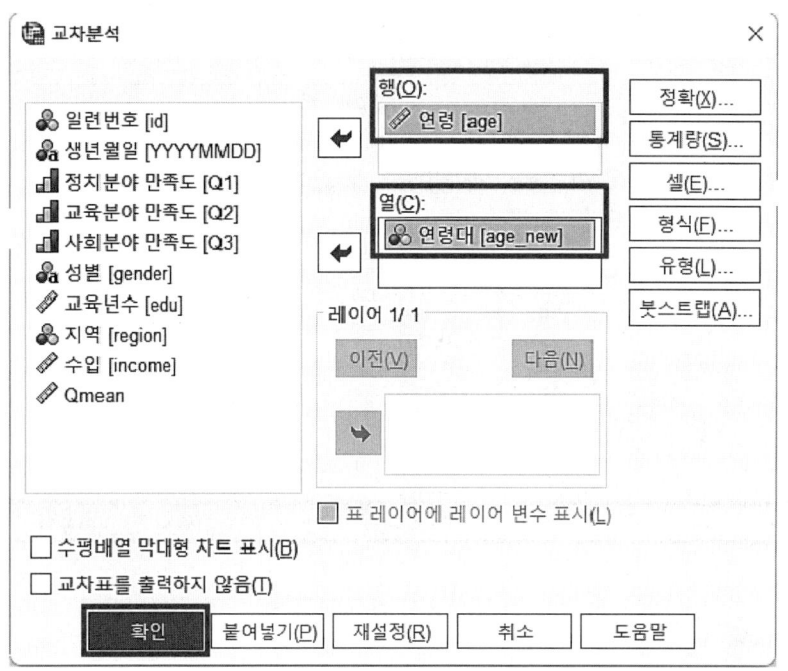

케이스 처리 요약

	케이스					
	유효		결측		전체	
	N	퍼센트	N	퍼센트	N	퍼센트
연령 * 연령대	309	98.4%	5	1.6%	314	100.0%

연령 * 연령대 교차표

빈도

		연령대				전체
		20대 미만	20대	30대	40대 이상	
연령	19	1	0	0	0	1
	20	0	1	0	0	1
	21	0	4	0	0	4
	22	0	3	0	0	3
	23	0	3	0	0	3
	24	0	6	0	0	6
	25	0	12	0	0	12
	26	0	16	0	0	16
	27	0	22	0	0	22
	28	0	19	0	0	19
	29	0	24	0	0	24
	30	0	0	17	0	17
	31	0	0	16	0	16
	32	0	0	17	0	17
	33	0	0	25	0	25
	34	0	0	15	0	15
	35	0	0	24	0	24
	36	0	0	12	0	12
	37	0	0	7	0	7
	38	0	0	10	0	10
	39	0	0	1	0	1
	40	0	0	0	18	18
	41	0	0	0	11	11
	42	0	0	0	8	8
	43	0	0	0	10	10
	44	0	0	0	4	4
	46	0	0	0	1	1
	47	0	0	0	1	1
	49	0	0	0	1	1
전체		1	110	144	54	309

교차분석 결과, 변수가 제대로 생성되었음을 알 수 있다.

> **＊ 같은 변수로 코딩변경**
> 같은 변수로 코딩변경은 동일한 변수 내에서 값이 변환되는 경우로, 기존의 변수값이 새로운 변수값으로 대체됨.

3 자동 코딩변경

- 문자로 입력되어진 자료는 분석의 용이를 위해 숫자로 변환되어야 함.
- 자동 코딩변경은 문자로 구성된 변수를 숫자로 변환하여 새로운 변수를 생성

> **예제 1-3**
>
> '개인특성에 따른 만족도조사' 자료에서 문자로 입력되어 있는 성별(gender) 변수를 숫자형으로 바꾸어 새로운 변수 (gender_new)를 생성하시오. 이후 분석에서는 변환된 변수를 사용하시오.

① 메뉴 이용 : [변환(T)] - [자동 코딩변경(A)]

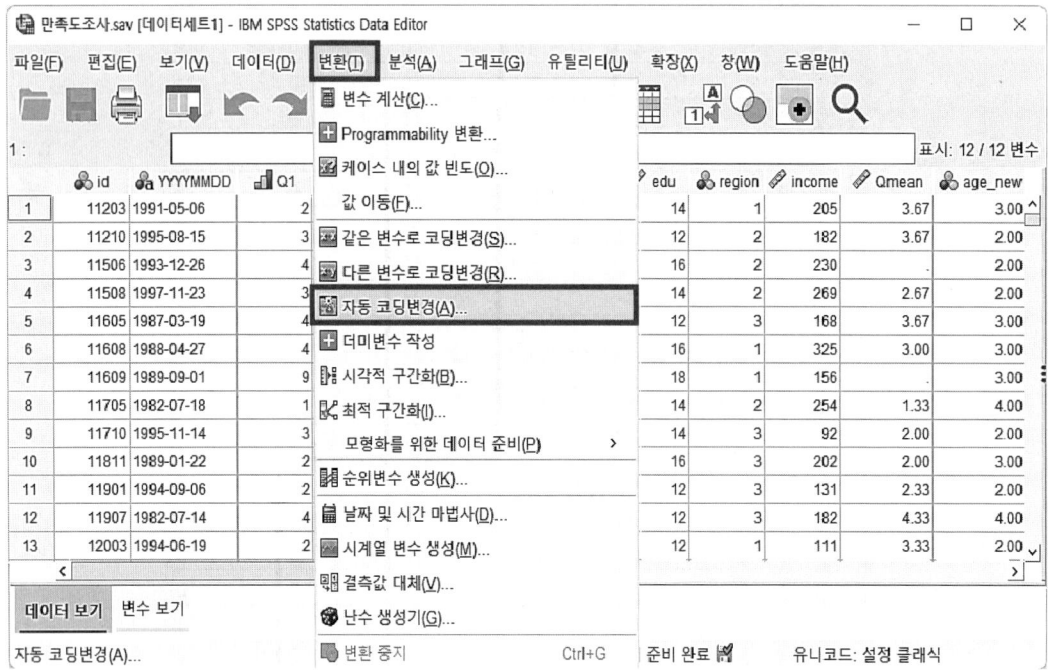

② '자동 코딩변경' 창에서 변환하고자 하는 변수를 선택하여 우측으로 옮긴다.

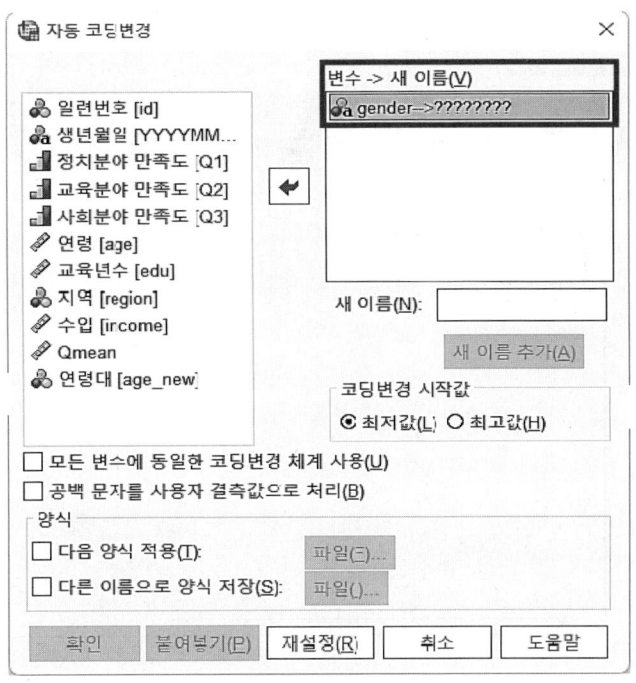

③ '새 이름(N)' 입력칸에 새로 생성될 변수명을 입력하고 '새 이름 추가(A)'를 클릭한다.

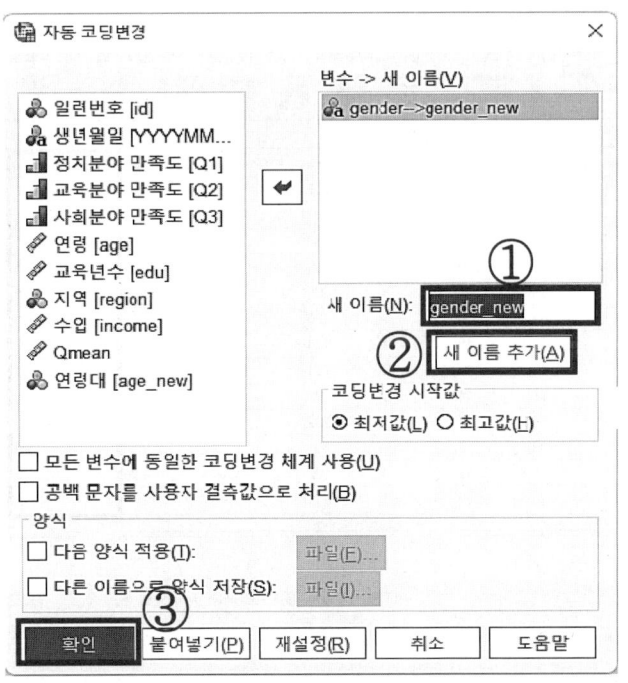

④ '확인'을 클릭하면 출력결과에 자동 코딩변경 결과가 출력되는데, 여자(F)는 1로, 남자(M)은 2로 코딩변경된 것을 확인할 수 있다.

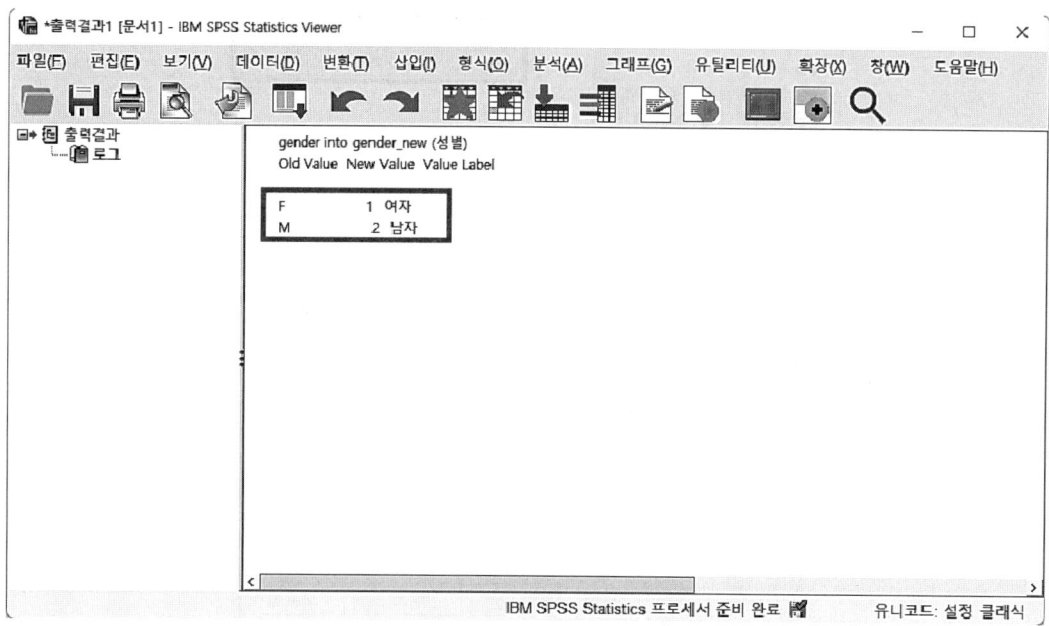

⑤ 데이터 보기 창을 보면 gender_new라는 새로운 변수가 생성되었음을 확인할 수 있다.

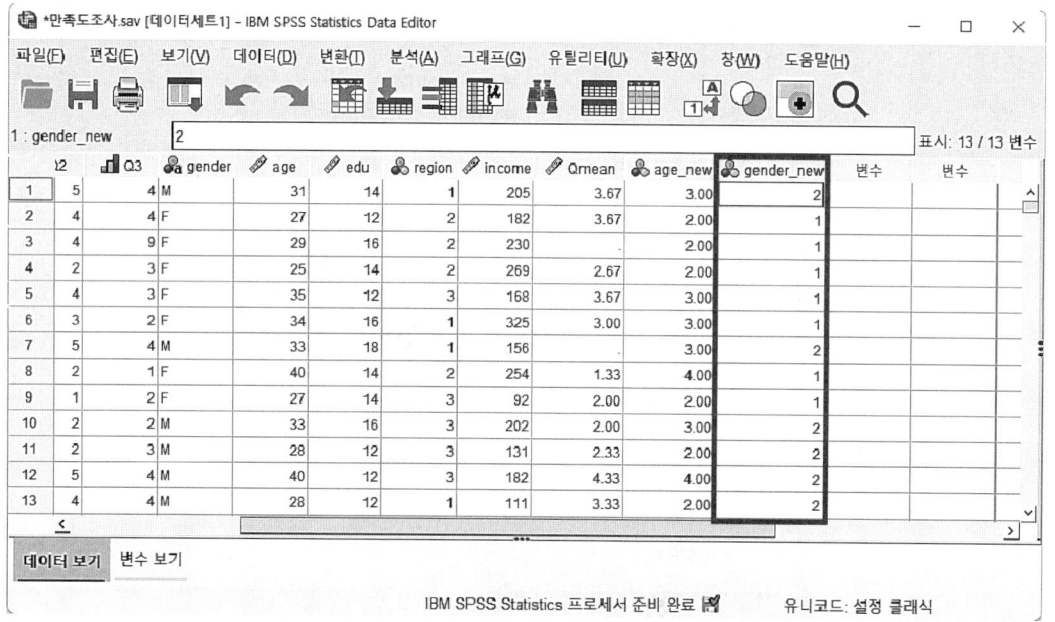

04 케이스 선택 및 파일분할

1 케이스 선택

- 특정 사례만을 대상으로 분석을 실시하고자 할 때 케이스 선택을 이용

'개인특성에 따른 만족도조사' 자료에서 30대 이상만을 대상으로 분석을 실시하고자 한다.

① 메뉴 이용 : [데이터(D)] - [케이스 선택(S)]

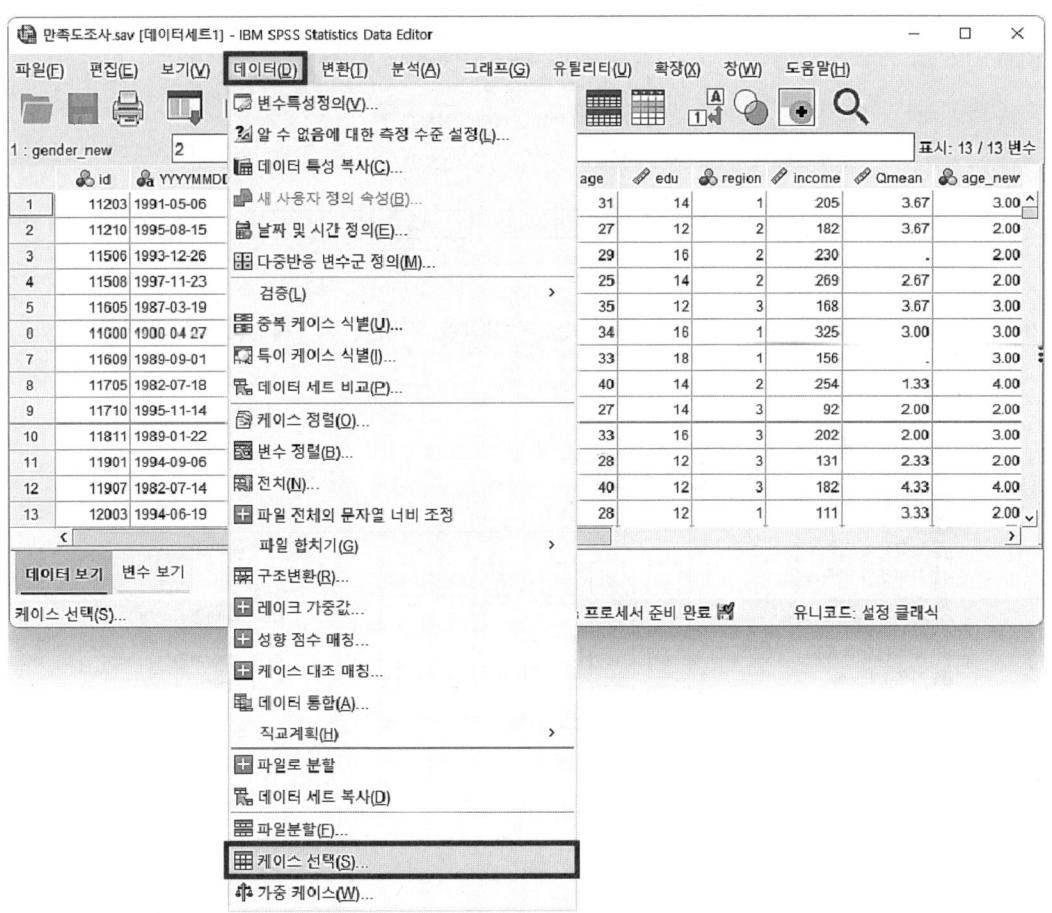

Chapter 02 SPSS 기본운영

② '케이스 선택' 창에서 '조건을 만족하는 케이스(C)'를 선택하고, '조건(I)'을 클릭하면 '케이스 선택: 조건' 창이 뜬다.

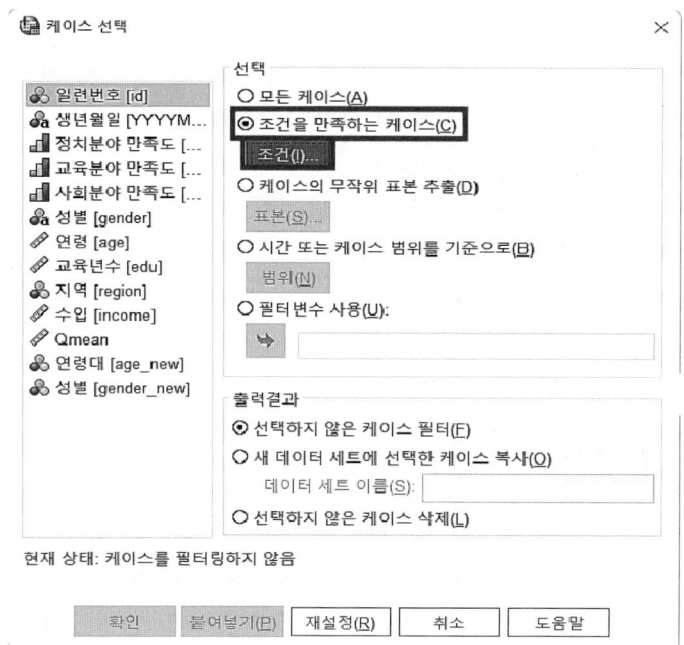

③ '케이스 선택: 조건' 창의 우측 빈칸에 조건(age>=30)을 기입한 후 '계속(C)'을 클릭한다.

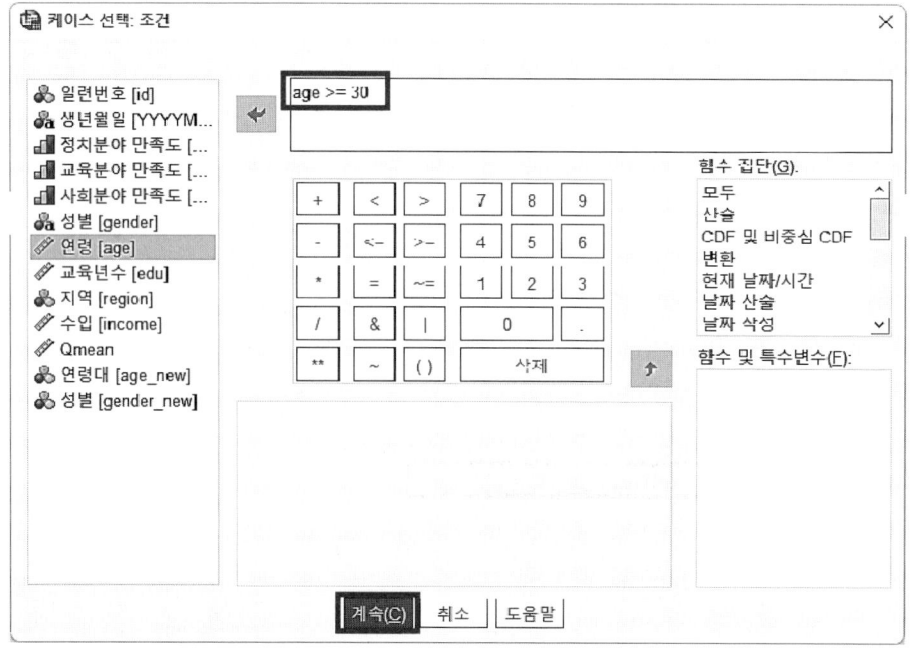

④ '케이스 선택' 대화창에서 조건이 알맞게 입력되었는지 확인 후, '확인'을 누르면 케이스 선택이 완료된다.

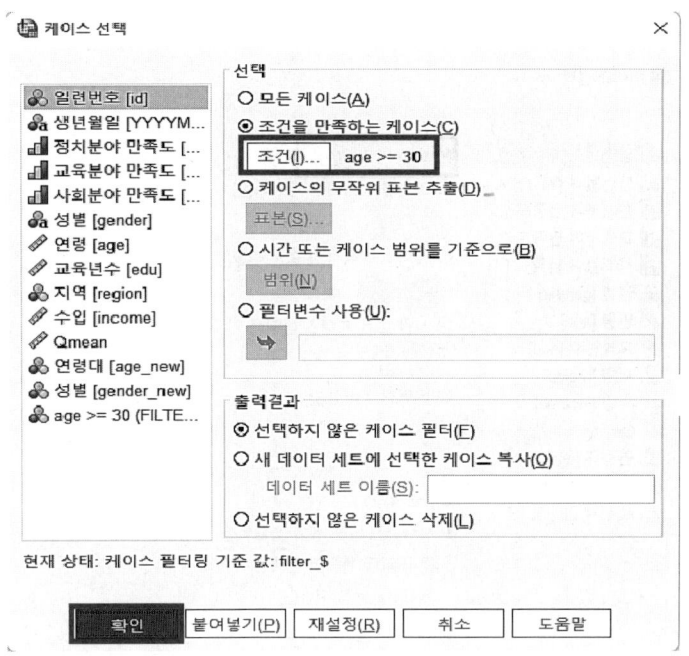

⑤ 데이터 보기 창을 보면 왼쪽의 케이스 번호에서 조건을 만족하지 않는 경우는 제외되었음을 알 수 있다. 조건을 만족하지 않는 사례들은 분석에서 제외된다.

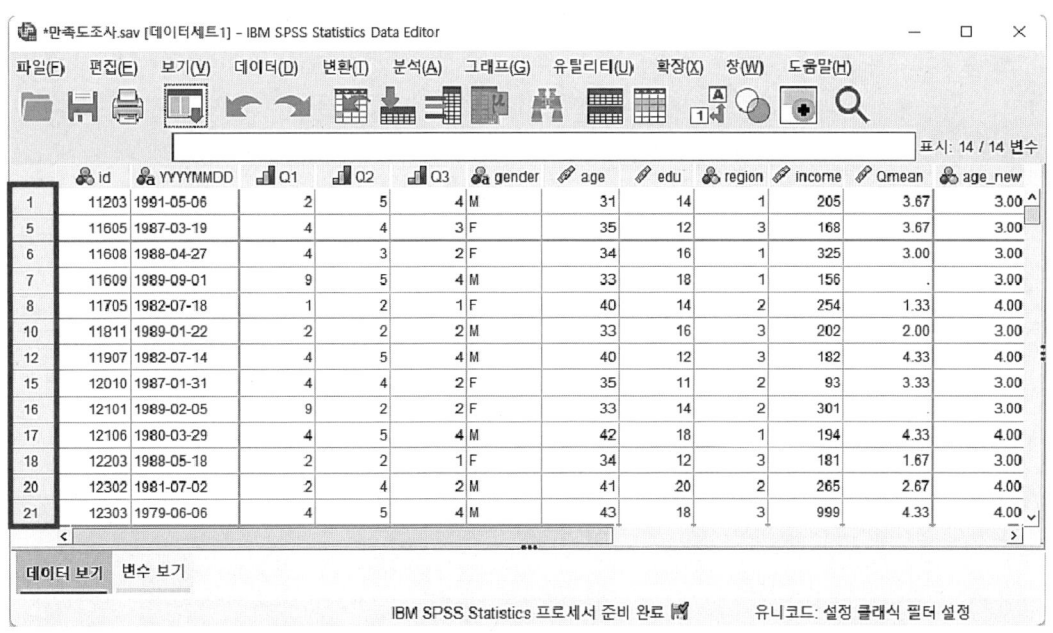

⑥ 해당 분석을 완료하면 다시 [데이터(D)] – [케이스 선택(S)]으로 돌아가 '모든 케이스(A)'를 선택하고 '확인'을 클릭한다.

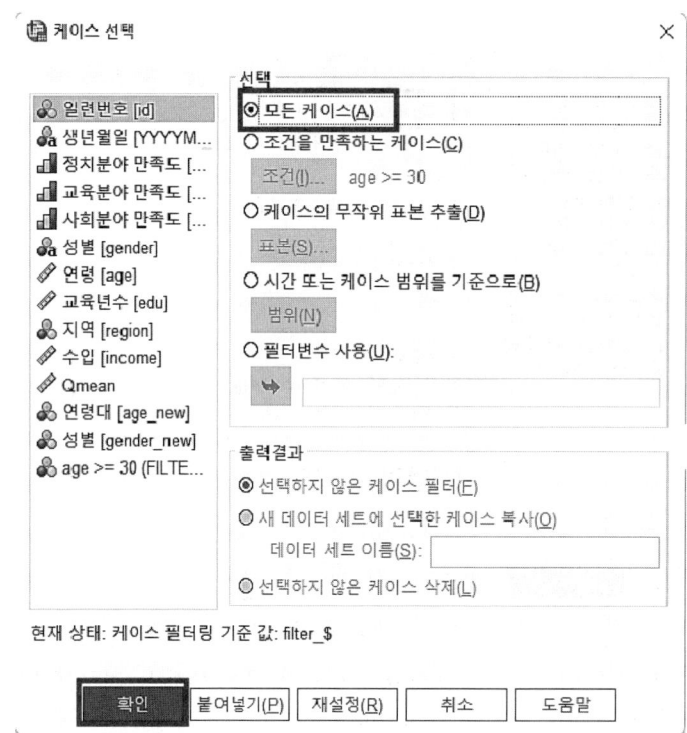

2 파일분할

- 분석 결과를 분할하여 출력하고자 할 때 파일분할을 이용
- 파일 분할 시 실제 데이터에는 영향은 없지만, 분석 시 출력결과에서 사용자가 분할한 대로 출력
  예) 성별을 분리하여 출력값을 보거나 연령대 별로 분석을 실시하는 경우

> **예제 1-5**
> '개인특성에 따른 만족도조사' 자료에서 지역(region)별로 분석을 실시하고자 한다.

① 메뉴 이용 : [데이터(D)] - [파일분할(F)]

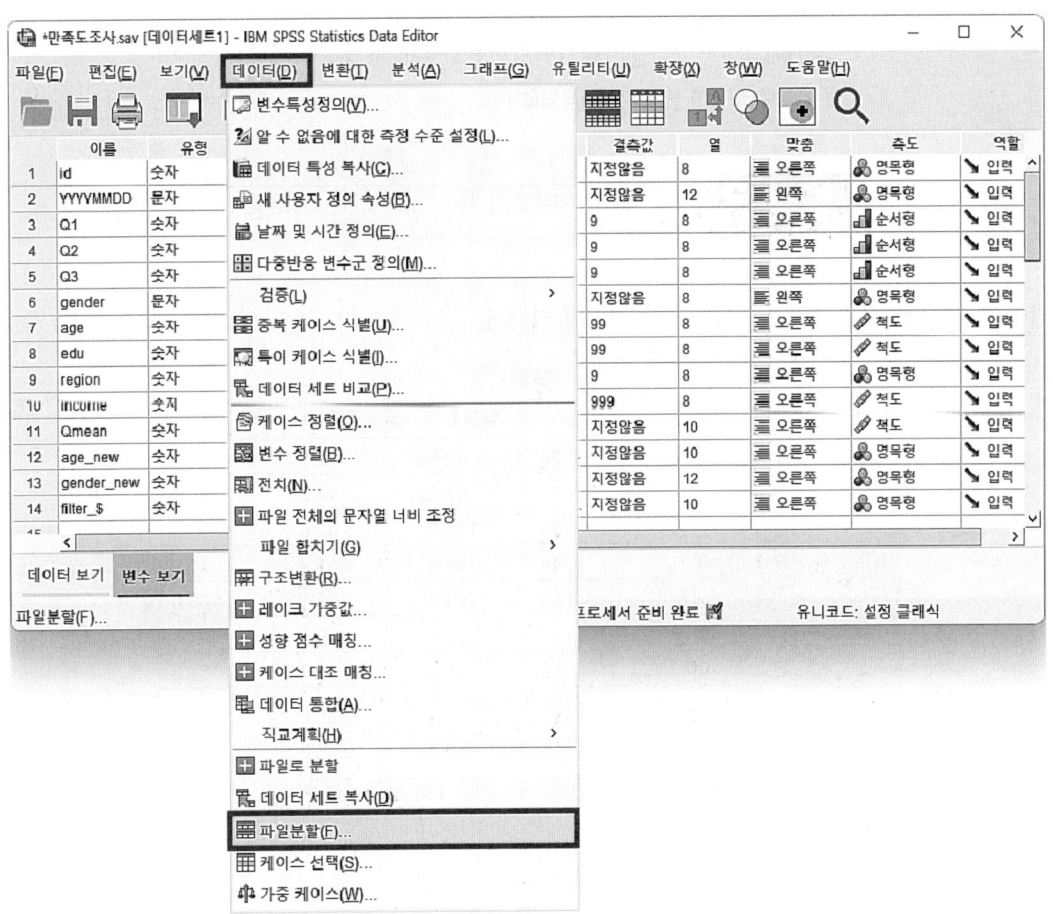

② '파일분할' 창에서 '집단들 비교(C)'를 선택하여 지역(region) 변수를 '분할 집단변수(G)'로 이동시키고 '확인'을 클릭한다.

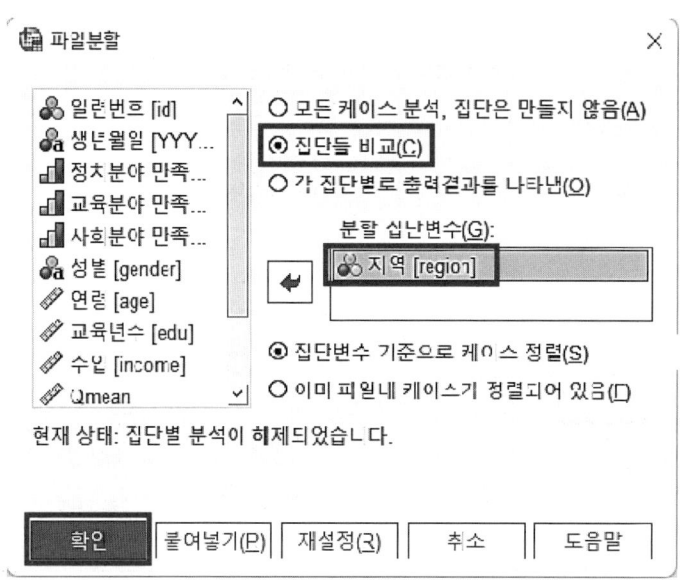

③ 분석을 시행하면 결과가 지역별로 분할되어 출력된다.

성별

지역			빈도	퍼센트	유효 퍼센트	누적 퍼센트
대도시	유효	여자	26	32.5	32.5	32.5
		남자	54	67.5	67.5	100.0
		전체	80	100.0	100.0	
중소도시	유효	여자	49	41.9	41.9	41.9
		남자	68	58.1	58.1	100.0
		전체	117	100.0	100.0	
군소도시	유효	여자	58	51.3	51.3	51.3
		남자	55	48.7	48.7	100.0
		전체	113	100.0	100.0	

[지역에 대해 파일분할 후 성별 빈도분석 결과]

④ 해당 분석을 완료하면 다시 [데이터(D)] – [파일분할(F)]으로 돌아가 '모든 케이스 분석, 집단은 만들지 않음(A)'를 선택하고 '확인'을 클릭한다.

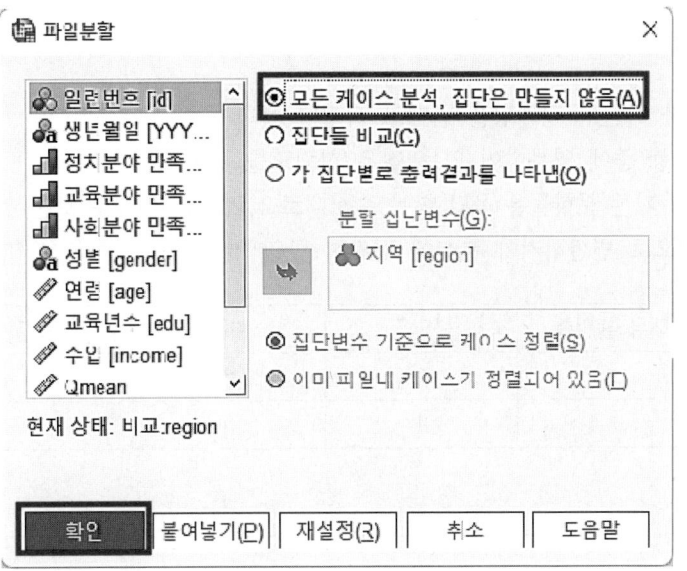

05 데이터 연산 및 문자변수 추출

1 역문항의 처리

- 역문항 : 측정하고자 하는 구성개념을 반대로 측정한 문항
- 척도를 구성하는 문항 중에 역문항이 있는 경우 신뢰도를 떨어뜨림
- 리커트 5점 척도에서 기존 문항들은 응답 항목 순서대로 1,2,3,4,5점으로 보는 것이 적절하고, 역문항은 반대로 5,4,3,2,1점으로 변환시켜야 분석에 정확히 반영 가능

	매우 불만족	불만족	보통	만족	매우 만족
일반 문항	1	2	3	4	5
역채점 문항	5	4	3	2	1

문항	1: 전혀 그렇지 않다	2: 그렇지 않다	3: 보통 이다	4: 그렇다	5: 매우 그렇다
Q1. 나는 ○○ 레스토랑 음식의 맛에 만족한다.					
Q2. 나는 ○○ 레스토랑 직원의 서비스에 만족한다.					
Q3. 나는 ○○ 레스토랑을 타인에게 추천하지 않겠다.					

다음은 위와 같은 설문지에 대한 자료이다. 다음 설문문항 중 응답의 방향성이 반대인 문항을 찾아 역변환해보시오. ("역변환.sav" 파일을 이용하시오).

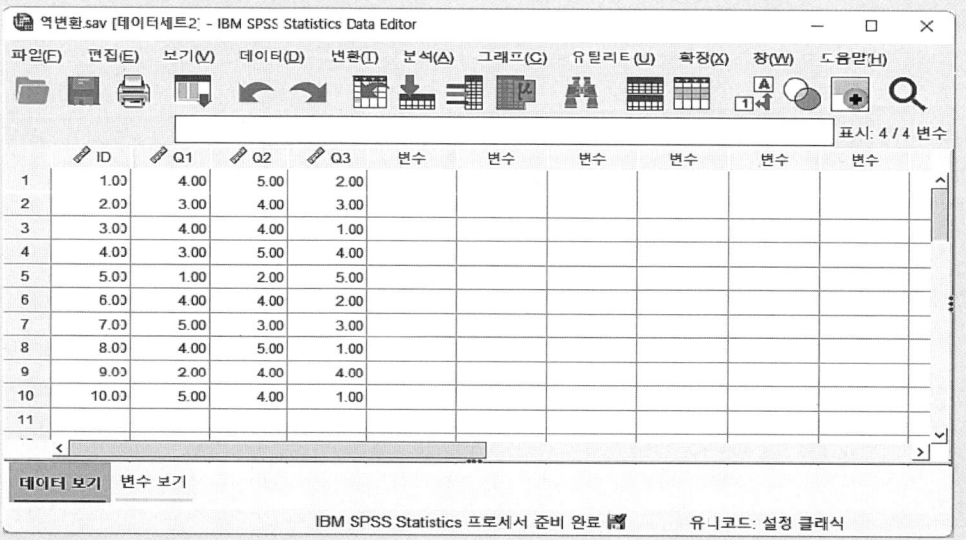

총 세 개의 문항이 있는데, 3번 문항은 부정문이다. 응답자가 부정 문항에 대한 응답을 '전혀 그렇지 않다'라고 체크했다면 부정 질문에 대한 부정 응답이므로 실제로는 긍정이 되어야 하는 답변이다. 반대로, 응답자가 부정 문항에 대한 응답을 '매우 그렇다'라고 체크했다면 부정 질문에 대한 긍정 응답이므로 실제로는 부정이 되어야 하는 답변이다. 따라서 역문항인 Q3을 다음과 같이 역변환 처리를 하여 구성 변인의 신뢰도를 높여야 한다.

기존 응답	6-기존 응답 = 변경된 응답	변경된 응답
1: 전혀 그렇지 않다	6-1 → 5	5: 전혀 그렇지 않다
2: 그렇지 않다	6-2 → 4	4: 그렇지 않다
3: 보통이다	6-3 → 3	3: 보통이다
4: 그렇다	6-4 → 2	2: 그렇다
5: 매우 그렇다	6-5 → 1	1: 매우 그렇다

방법1) 다른 변수로 코딩변경

① 메뉴 이용 : [변환(T)] - [다른 변수로 코딩변경(R)]

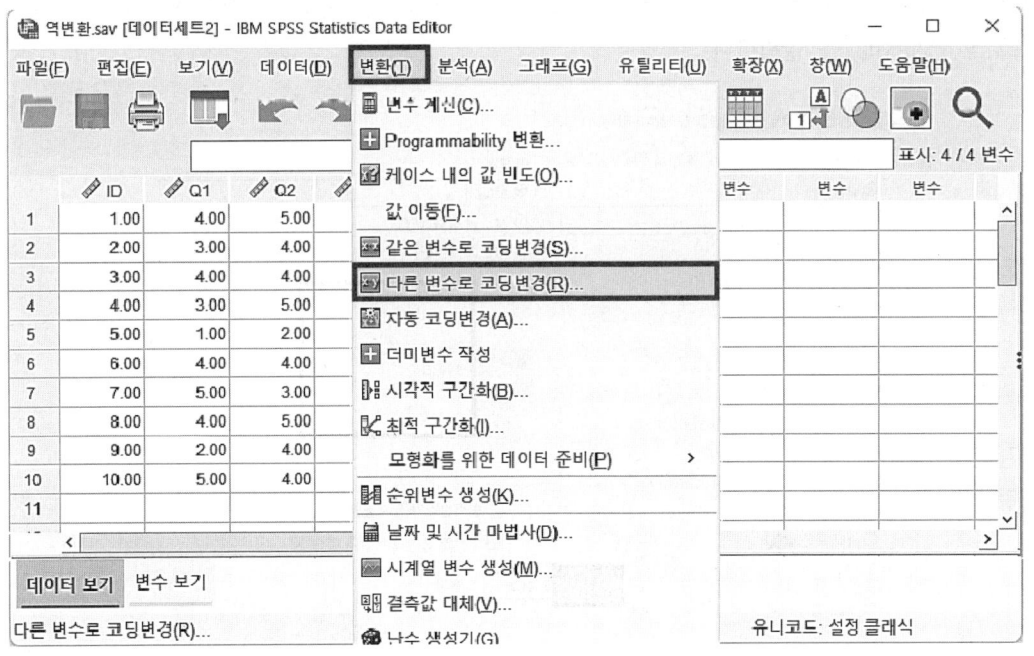

② '다른 변수로 코딩변경' 창에서 세 번째 문항(Q3)을 선택하여 우측으로 옮기고, '출력변수'의 '이름(N)'에 원하는 변수명(Q3_역변환)을 기입한다. '변경(H)'를 클릭하고, '기존값 및 새로운 값(O)'을 클릭한다.

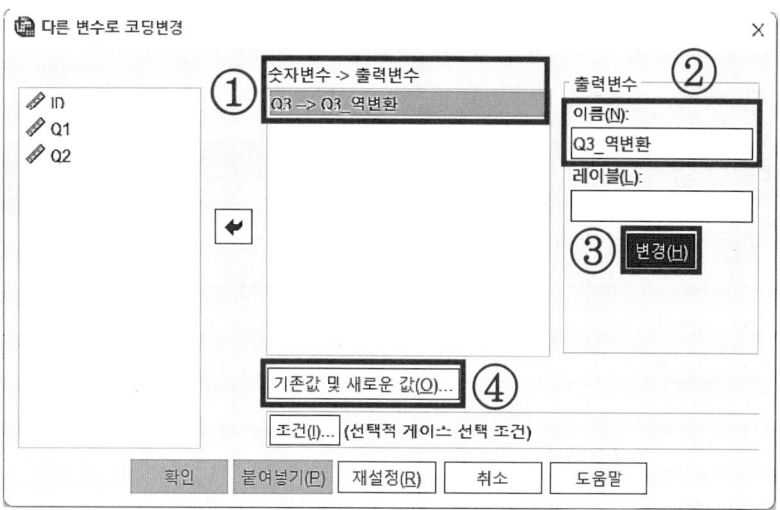

③ '다른 변수로 코딩변경 : 기존값 및 새로운 값' 창에서 '기존값'의 '값(V)'과 '새로운 값'의 '값(L)'에 각각의 값을 입력하고 '추가(A)'를 누른다. 만약 값을 잘못 입력하였다면 '변경(C)'이나 '제거(M)'를 이용하면 된다. 그 후, '계속(C)'을 클릭한다.

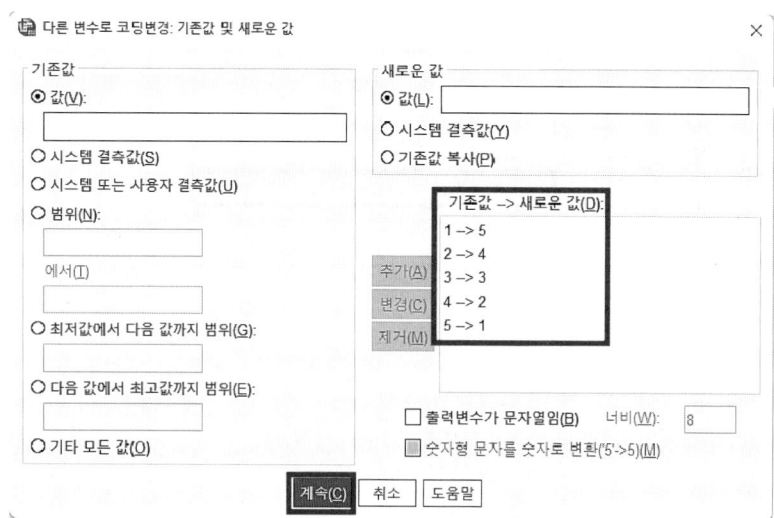

④ 값을 모두 입력한 후 '계속(C)'을 누르면 다시 '다른 변수로 코딩변경' 창이 나타나고, '확인' 버튼이 활성화 되어있는 것을 확인할 수 있다. '확인'을 누르면 데이터 보기 창에 역변환된 변수가 생성되었음을 확인할 수 있다.

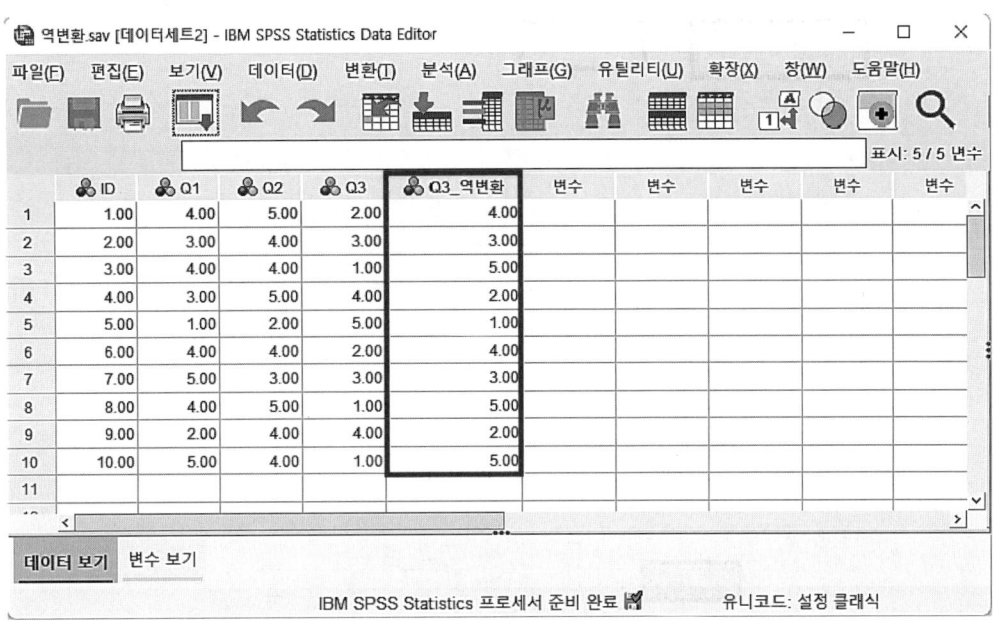

방법2) 변수 계산

① 메뉴 이용 : [변환(T)] – [변수 계산(C)]

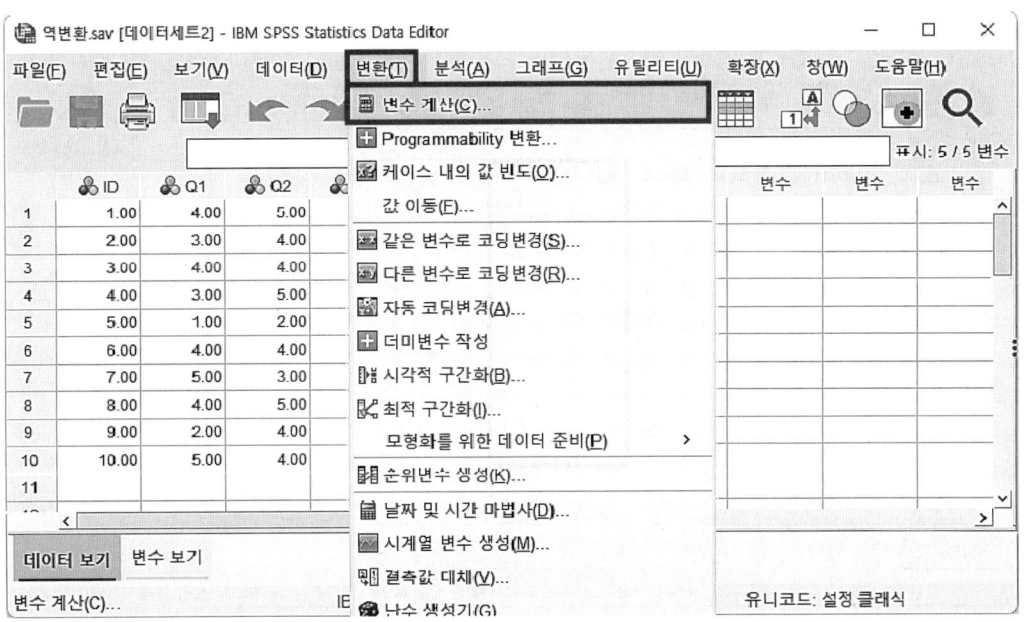

② 변수 계산 창에서 '목표변수(T)'에 원하는 변수명(Q3_역변환)을 입력하고 '숫자표현식(E)'에 역변환 수식 (6-Q3)을 입력한다.

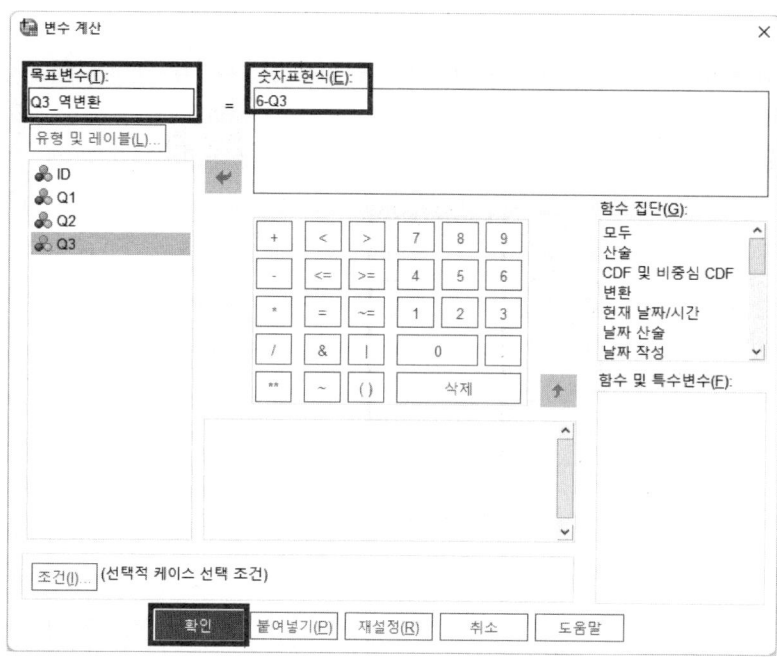

③ '확인' 버튼을 누르고 데이터 보기 창을 보면 아래와 같이 역변환된 변수가 새롭게 생성된 것을 확인할 수 있다.

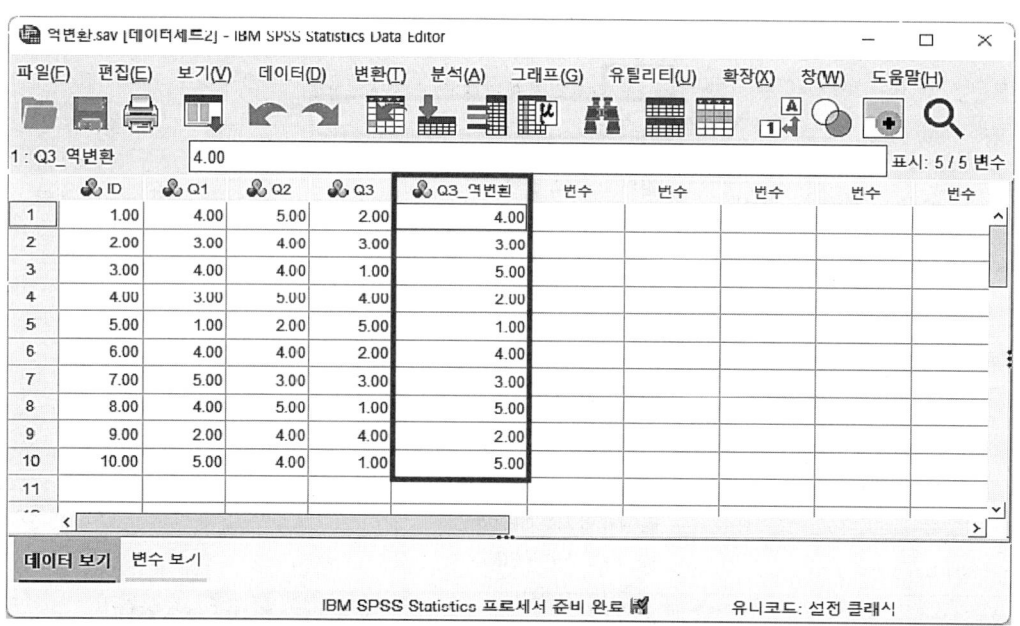

2 문자변수 추출

- 문자 변수가 두 가지 이상의 정보를 담고 있을 때는 문자변수 추출을 이용하여 여러 정보를 구분하여 분석에 사용할 수 있다.

'개인특성에 따른 만족도조사' 자료에서 생년월일(YYYYMMDD) 변수에서 처음부터 네 번째 자리까지를 추출하여 출생연도(year)변수를 생성하시오.

① 메뉴 이용 : [변환(T)] - [변수 계산(C)]

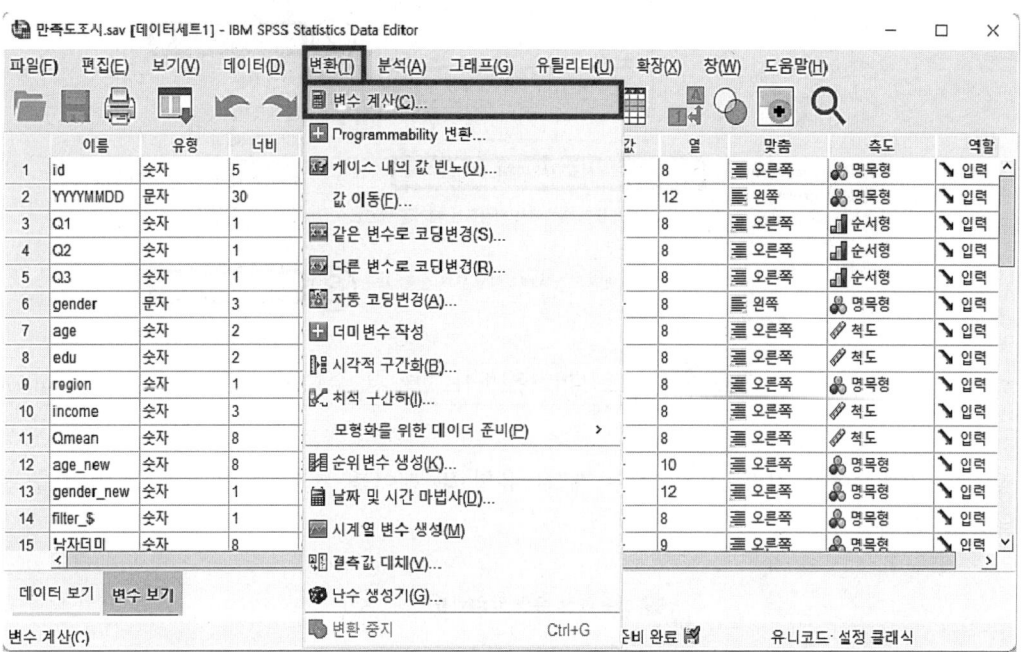

② 좌측 '목표변수(T)'에 'year'을 입력한다. 우측 '함수집단(G)'에서 '문자'를 선택하고 '함수 및 특수변수(F)'에서 문자추출함수인 'Char.Substr(3)'을 선택하여 숫자표현식에 Char.Substr(YYYYMMDD, 1, 4)를 입력한다. 그 후, '유형 및 레이블(L)'을 클릭한다.

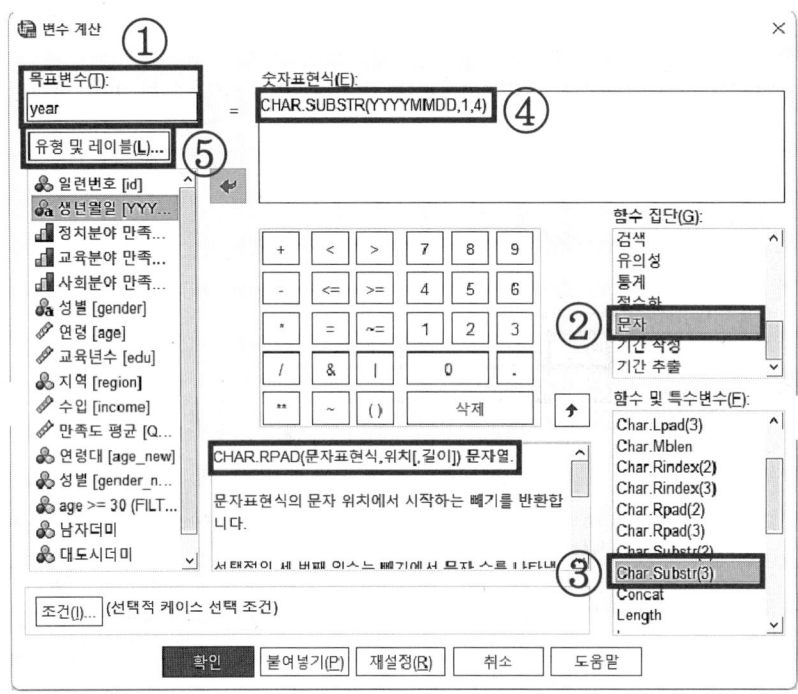

③ 문자열은 문자변수에만 지정되므로 '변수 계산: 유형 및 레이블' 창의 '유형'에서 '문자(S)'을 선택하고 '계속(C)'을 클릭한다.

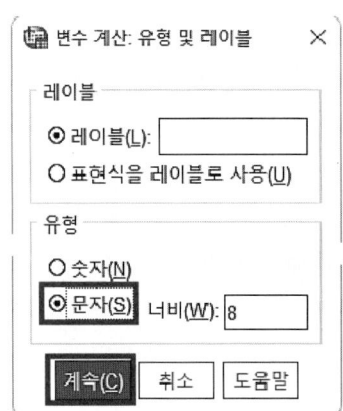

④ '확인'을 누르면 데이터 보기 창에 'year' 변수가 새롭게 생성된 것을 알 수 있다.

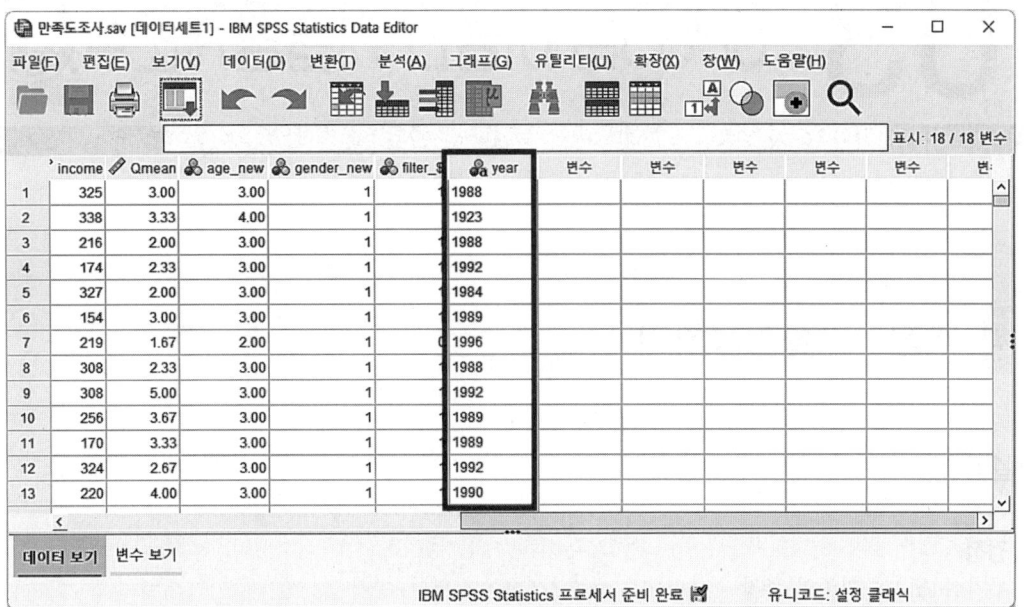

CHAPTER 03 SPSS를 이용한 기술통계분석

01 추정 · 가설검정하기

1 가설설정

- **가설검정**
  - 귀무가설(H_0) : 기존의 주장
  - 대립가설(H_1) : 연구자가 입증하고자 하는 새로운 주장

- **가설채택 기준**

  | 귀무가설을 입증할만한 뚜렷한 근거가 자료에 있음 | → | 귀무가설(H_0) 채택, 대립가설(H_1) 기각 |

  | 귀무가설과 대립가설 중 어느 쪽에도 뚜렷한 근거가 자료에 없음 | → | 귀무가설(H_0) 채택, 대립가설(H_1) 기각 |

  | 대립가설을 입증할만한 뚜렷한 근거가 자료에 있음 | → | 귀무가설(H_0) 기각, 대립가설(H_1) 채택 |

  ⇒ 애매할 경우, 현상유지를 위해 귀무가설(H_0)을 채택하므로 기존의 주장을 귀무가설로 설정

- **단측검정과 양측검정**
  - 단측검정(One-sided Test) : 대립가설이 어느 특정 모수 이상이거나 이하일 때 검정하는 것
    가설을 세울 때 방향이 정해지는 것

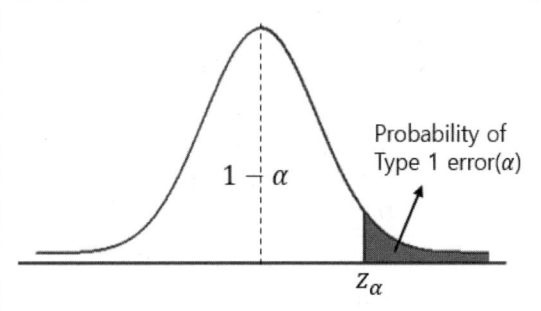 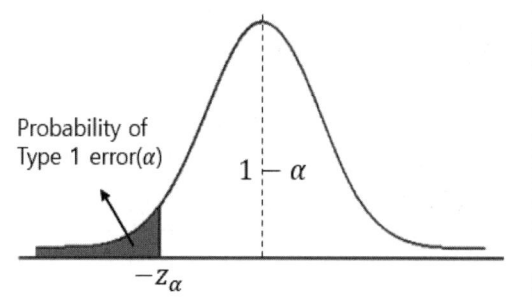

$H_0 : \mu = \mu_0$ 또는 $H_0 : \mu \leq \mu_0$ $H_1 : \mu > \mu_0$ $H_1 : \mu > \mu_0$	$H_0 : \mu = \mu_0$ 또는 $H_0 : \mu \geq \mu_0$ $H_1 : \mu < \mu_0$ $H_1 : \mu < \mu_0$
예 "어느 고등학교 한 반 학생들의 평균키가 175cm 보다 크다" $\Rightarrow H_0 : \mu \leq 175 \ vs \ H_1 : \mu > 175$	예 "어느 고등학교 한 반 학생들의 평균키가 175cm 보다 작다" $\Rightarrow H_0 : \mu \geq 175 \ vs \ H_1 : \mu < 175$

  - 양측검정(Two-sided Test) : 가설을 세울 때 방향이 정해지지 않는 것

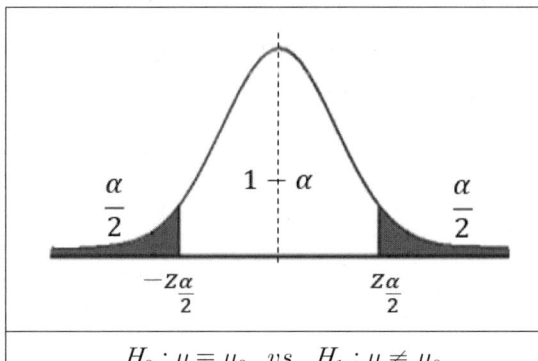

예 "어느 고등학교 한 반 학생들의 평균키가 175cm 와 차이가 있다."
$\Rightarrow H_0 : \mu = 175 \ vs \ H_1 : \mu \neq 175$

$H_0 : \mu = \mu_0 \ vs \ H_1 : \mu \neq \mu_0$

- **가설검정의 절차**
  ① 귀무가설과 대립가설 설정
  ② 검정통계량의 결정 및 관련 분포 확인
  ③ 주어진 유의수준 하에서 기각역 결정
  ④ 자료로부터 귀무가설 기각여부 판정 및 결과 해석

2 통계분석 기본 개념

- SPSS의 평균 비교 메뉴에는 평균분석, 일표본 T검정, 독립표본 T검정, 대응표본 T검정, 일원배치 분산분석 등이 있다.

구분		독립	종속	해답
평균 차이 검정	일표본	성인 남성의 평균 신장은	170cm와 차이가 있는지 검정	H_0 : 성인 남성의 평균 신장은 170cm와 같다 ($\mu = 170$). H_1 : 성인 남성의 평균 신장은 170cm와 같지 않다 ($\mu \neq 170$).
		수입의 평균이	200만원과 차이가 있는지 검정	H_0 : 수입의 평균은 200만원이다($\mu = 200$). H_1 : 수입의 평균은 200만원이 아니다($\mu \neq 200$).
	독립t	문과(A)와 이과(B)에 따라	수능점수의 평균에 차이가 있는지 검정	H_0 : 문과와 이과에 따라 수능점수의 모평균에 차이가 없다($\mu_A = \mu_B$). H_1 : 문과와 이과에 따라 수능점수의 모평균에 차이가 있다($\mu_A \neq \mu_B$).
		성별(남, 여)에 따라	고객만족도(연속형 자료)에 차이가 있는지 검정	H_0 : 성별에 따라 고객만족도에 차이가 없다 ($\mu_{남} = \mu_{여}$). H_1 : 성별에 따라 고객만족도에 차이가 있다 ($\mu_{남} \neq \mu_{여}$).
		고용형태(A : 정규직, B : 비정규직)에 따라	조직몰입(연속형 자료)에 차이가 있는지를 검정	H_0 : 고용형태에 따라 조직몰입에 차이가 없다 ($\mu_A = \mu_B$). H_1 : 고용형태에 따라 조직몰입에 차이가 있다 ($\mu_A \neq \mu_B$).
	대응t	토론식 수업 전과 후의	영어점수의 평균에 차이가 있는지를 검정	H_0 : 토론식 수업 전과 후의 영어점수의 평균에 차이가 없다($\delta = 0$). H_1 : 토론식 수업 전과 후의 영어점수의 평균에 차이가 있다($\delta \neq 0$).
	분산분석	지역(A : 대도시, B : 중소도시, C : 군소도시)에 따라	아파트 분양률(연속형 자료)에 차이가 있는지를 검정	H_0 : 지역에 따라 아파트 분양률에 차이가 없다 ($\mu_A = \mu_B = \mu_C$). H_1 : 지역에 따라 아파트 분양률에 차이가 있다 (모든 μ_i가 같은 것은 아니다).
		연령대(1 : 19세 이하, 2 : 20~29세, 3 : 30~39세, 4 : 40세 이상)에 따라	외모만족도(연속형 자료)에 차이가 있는지를 검정	H_0 : 연령대에 따라 외모만족도의 모평균은 차이가 없다($\mu_1 = \mu_2 = \mu_3 = \mu_4$). H_1 : 연령대에 따라 외모만족도의 모평균은 차이가 있다(모든 μ_i가 같은 것은 아니다).

모분산 차이 검정	문과(A)와 이과(B)에 따라	수능점수의 모분산에 차이가 있는지 검정	H_0 : 문과와 이과에 따라 수능점수의 모분산에 차이가 없다($\sigma_A^2 = \sigma_B^2$). H_1 : 문과와 이과에 따라 수능점수의 모분산에 차이가 있다($\sigma_A^2 \neq \sigma_B^2$).
	성별(남, 여)에 따라	고객만족도(연속형 자료)의 모분산에 차이가 있는지 검정	H_0 : 성별에 따라 학교만족도의 모분산에 차이가 없다($\sigma_남^2 = \sigma_여^2$). H_1 : 성별에 따라 학교만족도의 모분산에 차이가 있다($\sigma_남^2 \neq \sigma_여^2$).
	지역(1 : 대도시, 2 : 중소도시, 3 : 군소도시)에 따라	아파트 분양률의 모분산이 같은지를 검정	H_0 : 자습시간범주에 따라 수능점수의 모분산은 같다($\sigma_1^2 = \sigma_2^2 = \sigma_3^2$). H_1 : 자습시간범주에 따라 수능점수의 모분산이 모두 같은 것은 아니다(모든 σ_i^2이 같은 것은 아니다).
교차분석	성별에 따라	고용형태(정규직, 비정규직)에 차이가 있는지를 검정	H_0 : 성별에 따라 고용형태에 차이가 없다. H_1 : 성별에 따라 고용형태에 차이가 있다.
	성별(1 : 남자, 2 : 여자)과	질병중등도(1: 심각하지 않음, 2 : 보통, 3 : 심각함)가 관련이 있는지를 검정	H_0 : 성별과 질병중등도는 서로 독립이다 (성별과 거래횟수는 서로 연관성이 없다). H_1 : 성별과 질병중등도는 서로 독립이 아니다 (성별과 거래횟수는 서로 연관성이 있다).
상관분석	외모만족도(연속형 자료)와	심리적 안녕감(연속형 자료)에 연관성이 있는지 상관분석을 통해 검정	H_0 : 외모만족도와 심리적 안녕감은 선형 연관성이 없다($\rho = 0$). H_1 : 외모만족도와 심리적 안녕감은 선형 연관성이 있다($\rho \neq 0$).
	유머분위기(연속형 자료)와	조직몰입(연속형 자료)가 관련이 있는지 검정	H_0 : 유머분위기와 조직몰입은 선형 연관성이 없다 ($\rho = 0$). H_1 : 유머분위기와 조직몰입은 선형 연관성이 있다 ($\rho \neq 0$).
회귀분석	외모만족도가	심리적 안녕감에 영향을 미치는지를 단순회귀분석을 통해 검정	H_0 : 외모만족도는 유의하지 않다($\beta = 0$). H_1 : 외모만족도는 유의하다($\beta \neq 0$).
	성별, 고용형태, 상사지지, 동료지지, 유머분위기를 독립변수로 하여	조직몰입에 미치는 영향을 파악하고자 할 때 회귀모형의 유의성 검정 및 회귀계수의 유의성 검정	① 회귀모형의 유의성 검정 H_0 : 회귀모형은 유의하지 않다(모든 $\beta_i = 0$이다). H_1 : 회귀모형은 유의하다(모든 $\beta_i = 0$인 것은 아니다). ② 회귀계수의 유의성 검정 H_0 : 회귀계수 β_i는 유의하지 않다($\beta_i = 0$). H_1 : 회귀계수 β_i는 유의하다($\beta_i \neq 0$).

3 일표본 T검정

- t검정 : 집단 간의 평균을 비교하는 통계 검정 방법
- 단일표본 t검정 : 단일 자료의 평균이 기준값과 유의한 차이가 있는지 확인할 때 수행
  > 예 어느 학급의 성적이 그 학년의 성적의 평균값과 비슷한가?

> **예제 1-1**
> '개인특성에 따른 만족도조사' 자료에서 수입(income)의 평균이 200(만원)인지를 유의수준 5%에서 양측검정하고 결과를 해석하시오.

① 수입의 평균이 200(만원)인지를 검정하기 위한 귀무가설과 대립가설은 다음과 같다.

귀무가설(H_0)	수입의 평균은 200(만원)이다($\mu = 200$).
대립가설(H_1)	수입의 평균은 200(만원)이 아니다($\mu \neq 200$).

② 메뉴 이용 : [분석(A)] - [평균 비교(M)] - [일표본 T검정(S)]

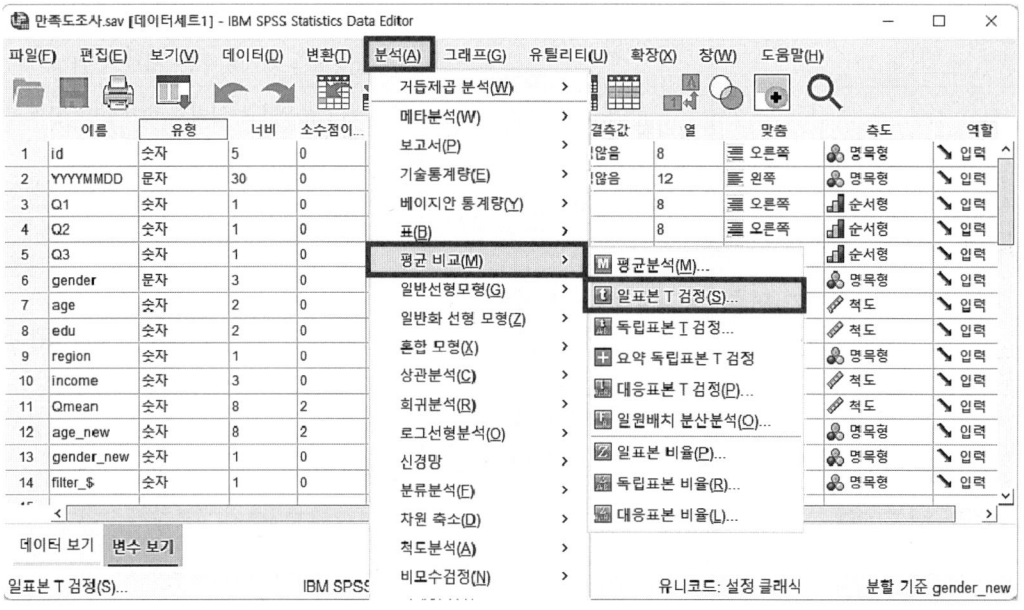

③ '일표본 T검정' 창에서 검정하고자 하는 변수인 수입(income)을 '검정 변수(T)'로 옮기고, '검정값(V)'에 200을 입력한다. 그 후, '옵션(O)'을 클릭한다.

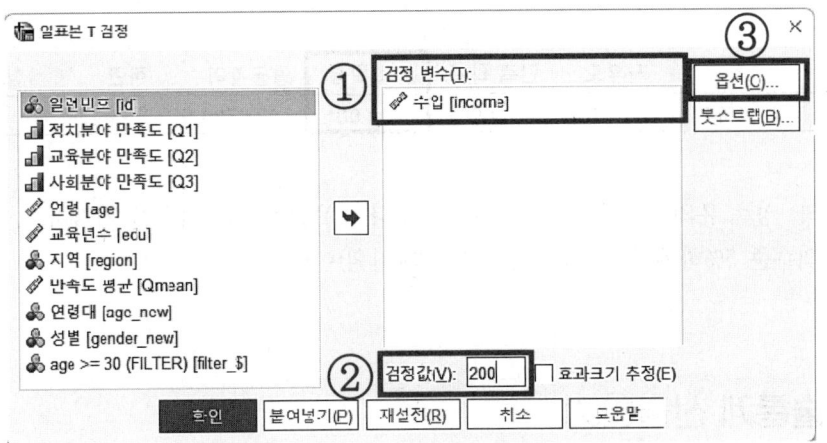

④ '옵션(O)'을 눌러 신뢰구간에 95를 입력하고 '계속(C)'을 클릭한다.

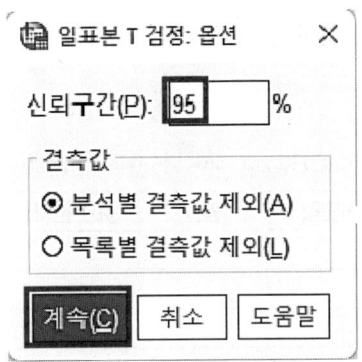

* **결측 제외 방법**
  • 분석별 결측값 제외 : 각 t검정에서는 검정된 변수의 데이터가 유효한 모든 케이스를 사용하며, 표본 결과는 검정마다 다를 수 있다.
  • 목록별 결측값 제외 : 각 t검정에서는 요청된 t검정에 사용한 모든 변수의 데이터가 유효한 케이스만 사용하며, 표본 결과는 여러 검정에서 일정하다.

⑤ '확인'을 클릭하면 다음과 같은 결과를 얻을 수 있다.

일표본 검정

	t	자유도	유의확률 단측 확률	유의확률 양측 확률	평균차이	차이의 95% 신뢰구간 하한	차이의 95% 신뢰구간 상한
수입	6.944	307	<.001	<.001	33.799	24.22	43.38

검정값 = 200

⑥ 위의 검정 결과, 양측 유의확률이 <.001으로 .05보다 낮으므로 귀무가설을 기각하고, 대립가설을 채택한다. 즉, 유의수준 5%하에서 수입의 평균은 200(만원)이라고 할 수 없다.

02 기술통계 산출하기

1 기술통계

- 변수들의 평균, 표준편차, 최솟값, 최댓값 등을 파악하기 위해 시행

예제 1-1

'개인특성에 따른 만족도조사' 자료에서 연령(age), 교육년수(edu), 수입(income)에 대한 다음의 통계량을 구하시오.

변수	최솟값	최댓값	평균	표준편차	표준오차	첨도	왜도
연령(age)							
교육년수(edu)							
수입(income)							

방법1) 기술통계 분석

① 메뉴 이용 : [분석(A)] - [기술통계량(E)] - [기술통계(D)]

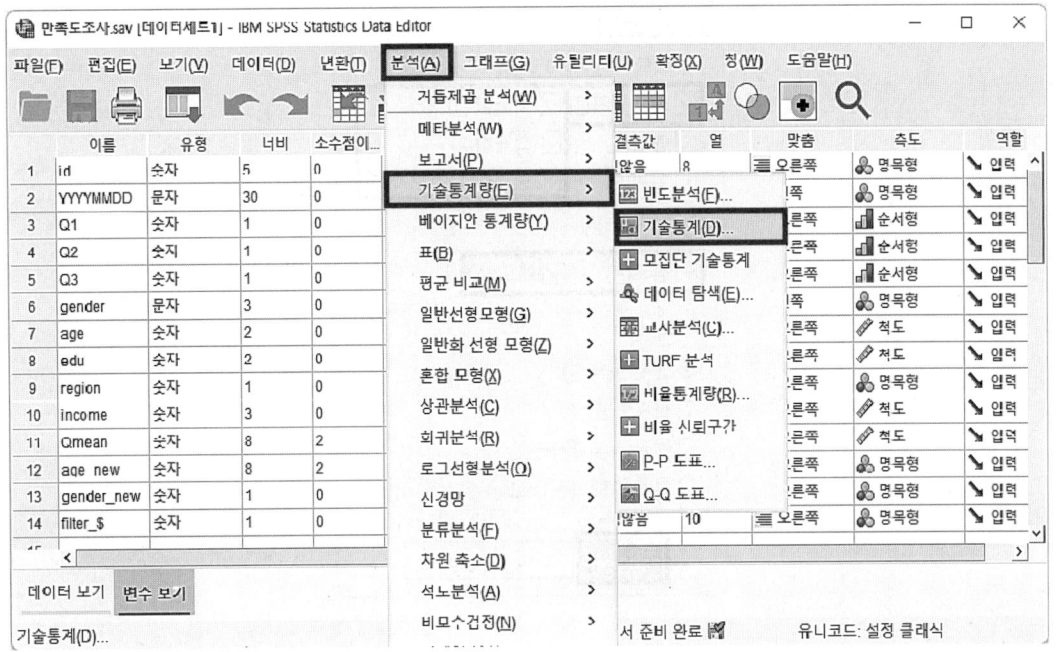

② '기술통계' 창에서 분석하고자 하는 변수를 '변수(V)'로 옮기고 '옵션(O)'을 클릭한다.

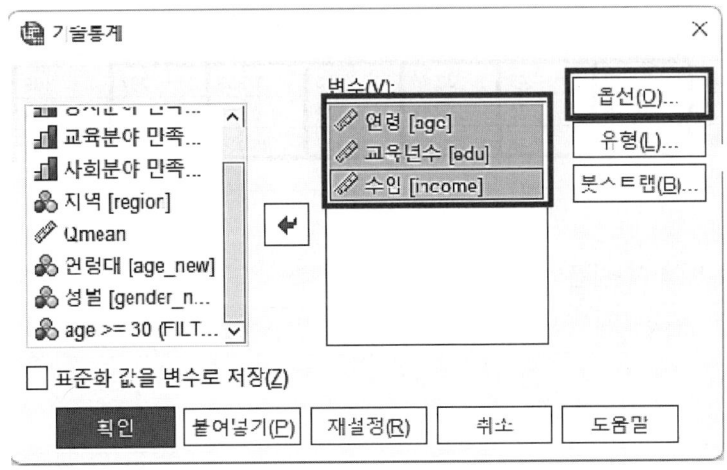

③ '기술통계: 옵션' 창에서 산출하고자 하는 통계량을 모두 선택하고 '계속(C)'을 클릭한다.

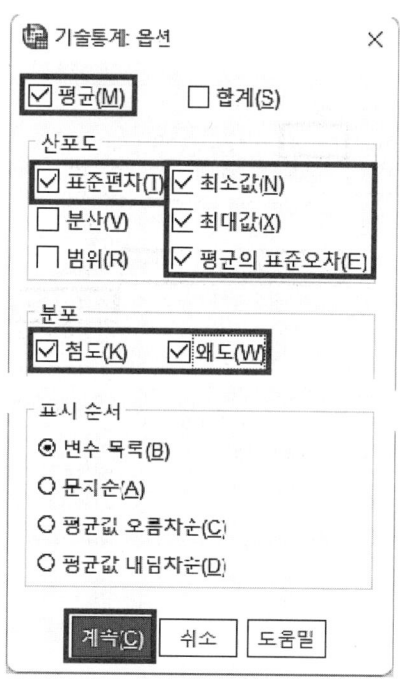

④ '확인'을 클릭하면 다음과 같은 결과를 얻을 수 있다.

기술통계량

	N 통계량	최소값 통계량	최대값 통계량	평균 통계량	평균 표준오차	표준편차 통계량	왜도 통계량	왜도 표준오차	첨도 통계량	첨도 표준오차
연령	309	19	49	32.46	.330	5.809	.287	.139	-.527	.276
교육년수	312	8	20	14.88	.142	2.506	.144	.138	-.589	.275
수입	308	71	546	233.80	4.867	85.415	.456	.139	.610	.277
유효 N(목록별)	301									

⑤ 위의 출력결과를 이용하여 다음의 표를 작성할 수 있다.

변수	최솟값	최댓값	평균	표준편차	표준오차	첨도	왜도
연령(age)	19	49	32.46	5.809	0.330	−0.527	0.287
교육년수(edu)	8	20	14.88	2.506	0.142	−0.589	0.144
수입(income)	71	546	233.80	85.415	4.867	0.610	0.456

방법2) 빈도분석
- 빈도분석의 통계량 메뉴를 이용해서 통계량을 얻을 수도 있음
- 빈도분석의 통계량은 기술통계량의 기술통계에서 얻을 수 없는 중위수, 최빈수, 백분위수 값을 추가적으로 제공

① 메뉴 이용 : [분석(A)] - [기술통계량(E)] - [빈도분석(F)]

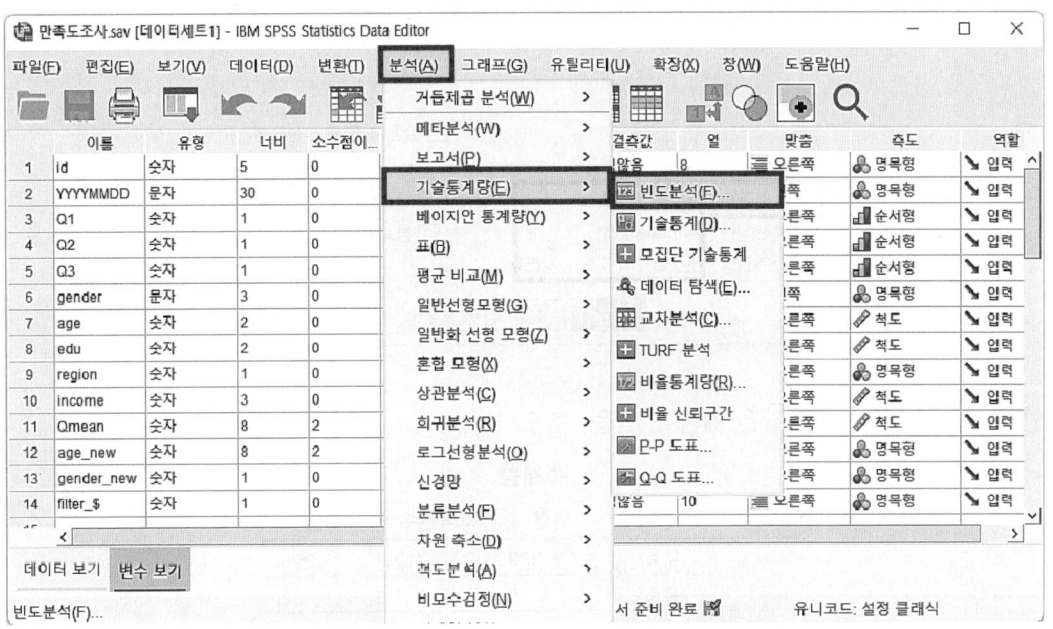

② '빈도분석' 창에서 연령(age)과 교육년수(edu), 수입(income)을 오른쪽의 '변수(V)'로 옮기고, 빈도표는 필요하지 않으므로 '빈도표 표시(D)'는 선택해제한다. 우측의 '통계량(S)' 버튼을 클릭한다.

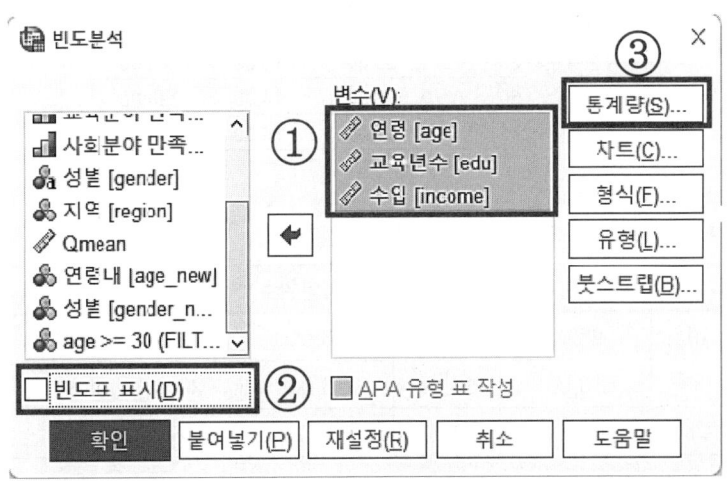

③ '빈도분석 : 통계량' 창에서 산출하고자 하는 통계량을 모두 선택하고 '계속(C)'을 클릭한다.

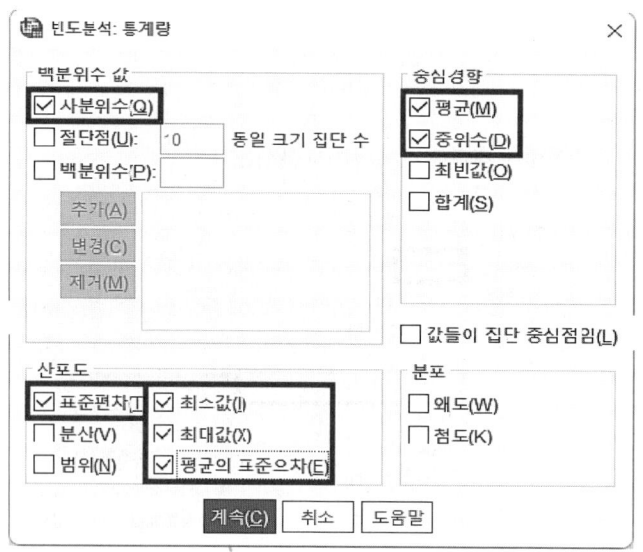

④ '확인'을 클릭하면 다음과 같은 결과를 얻을 수 있다.

통계량

		연령	교육년수	수입
N	유효	309	312	308
	결측	5	2	6
평균		32.46	14.88	233.80
표준화 평균 오차		.330	.142	4.867
중위수		32.00	14.00	236.00
표준화 편차		5.809	2.506	85.415
최소값		19	8	71
최대값		49	20	546
백분위수	25	28.00	13.00	173.00
	50	32.00	14.00	236.00
	75	36.00	16.00	283.75

⑤ 위의 출력결과를 이용하여 다음의 표를 작성할 수 있다.

변수	최솟값	제1사분위수	중위수	제3사분위수	최댓값	평균	표준편차	표준오차
연령(age)	19	28.00	32.00	36.00	49	32.46	5.809	0.330
교육년수(edu)	8	13.00	14.00	16.00	20	14.88	2.506	0.142
수입(income)	71	173.00	236.00	283.75	546	233.80	85.415	4.867

2 집단별 기술통계

- 기술통계와 빈도분석의 통계량은 각 변수에 대한 기술통계량 값을 구할 때 사용
- 범주로 이루어진 어떤 변수에 대한 다른 변수의 기술통계량을 구할 때는 '기술통계량'의 '데이터 탐색'을 이용하는 방법과 파일을 분할하여 '기술통계량'의 '기술통계'를 이용하는 방법이 있음

예제 1-1

'개인특성에 따른 만족도조사' 자료에서 성별(gender_new)별로 만족도 평균(Qmean)의 평균, 표준편차, 표준오차를 구하시오.

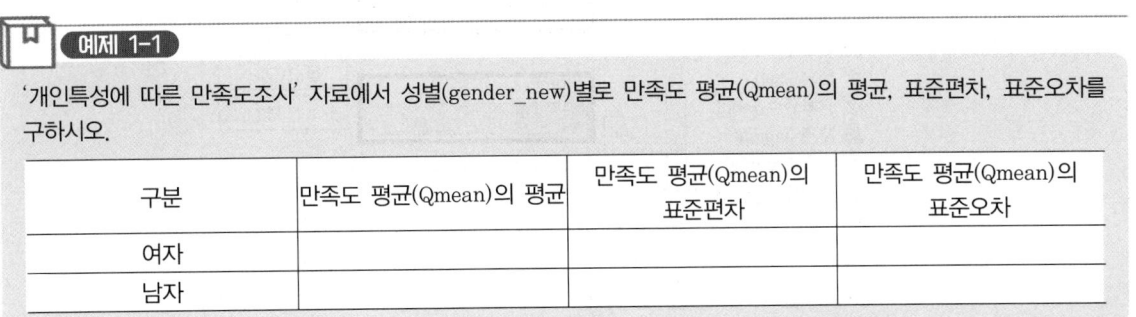

구분	만족도 평균(Qmean)의 평균	만족도 평균(Qmean)의 표준편차	만족도 평균(Qmean)의 표준오차
여자			
남자			

방법1) 데이터 탐색 이용

① 메뉴 이용 : [분석(A)] – [기술통계량(E)] – [데이터 탐색(E)]

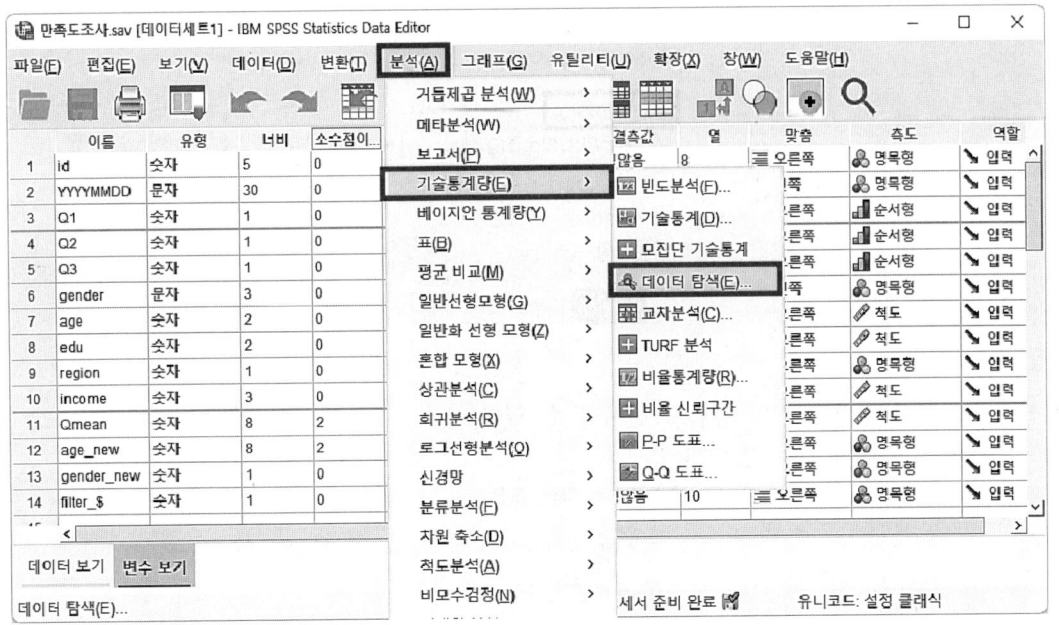

② '데이터 탐색' 창에서 '종속변수(D)'에 통계량을 구하고자 하는 변수(만족도 평균, Qmean)를 넣고, '요인(F)'에 집단(성별, gender_new)을 넣는다.

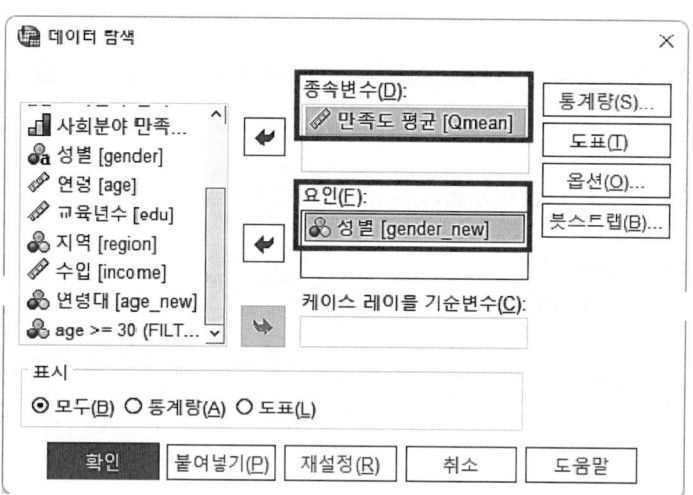

③ '통계량(S)'을 클릭하면 '데이터 탐색: 통계량' 창이 뜨는데, 여러 항목 중 원하는 통계량을 선택한다. 본 예제에서는 '기술통계(D)'를 선택하고 '계속(C)'을 클릭한다.

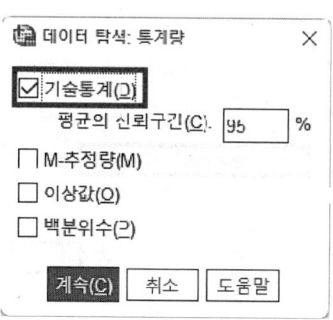

'옵션(O)'을 눌러 결측값 제외 방법도 선택할 수 있다.

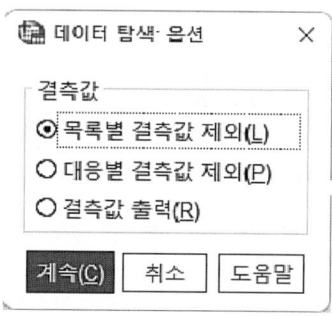

* **결측 제외 방법**
  - 목록별 결측값 제외(L) : 종속변수나 요인변수에 대한 결측값이 있는 케이스는 모든 분석에서 제외된다(기본값).
  - 대응별 결측값 제외(P) : 그룹(셀)에서 변수에 대한 결측값이 없는 케이스는 해당 그룹의 분석에 포함된다. 이러한 케이스에는 다른 그룹에서 사용한 변수에 대한 결측값이 있을 수 있다.
  - 결측값 출력(R) : 요인변수에 대한 결측값이 구분된 범주로 처리되며, 이 추가 범주에 대해 모든 결과가 작성된다. 빈도표에 결측값에 대한 범주가 포함되고, 요인변수에 대한 결측값은 포함되나 결측값이라는 레이블이 붙습니다.

④ '확인'을 클릭하면 다음과 같은 결과가 출력된다.

케이스 처리 요약(O)

		케이스(S)					
		유효		결측값		총계	
	성별	N(C)	퍼센트(C)	N(C)	퍼센트(C)	N(C)	퍼센트(C)
만족도 평균	여자	131	96.3%	5	3.7%	136	100.0%
	남자	168	94.4%	10	5.6%	178	100.0%

기술통계

	성별			통계	표준화 오차
만족도 평균	여자	평균 순위		2.8295	.07759
		평균의 95% 신뢰구간	하한	2.6760	
			상한	2.9830	
		5% 절사평균		2.8178	
		중위수(D)		2.6667	
		분산(V)		.789	
		표준화 편차		.88807	
		최소값(U)		1.00	
		최대값(X)		5.00	
		범위(R)		4.00	
		사분위수 범위		1.00	
		왜도(W)		.148	.212
		첨도(K)		-.604	.420
	남자	평균 순위		3.4444	.07195
		평균의 95% 신뢰구간	하한	3.3024	
			상한	3.5865	
		5% 절사평균		3.4731	
		중위수(D)		3.6667	
		분산(V)		.870	
		표준화 편차		.93264	
		최소값(U)		1.33	
		최대값(X)		5.00	
		범위(R)		3.67	
		사분위수 범위		1.67	
		왜도(W)		-.479	.187
		첨도(K)		-.890	.373

⑤ 위의 출력결과를 이용하여 다음의 표를 작성할 수 있다.

구분	만족도 평균(Qmean)의 평균	만족도 평균(Qmean)의 표준편차	만족도 평균(Qmean)의 표준오차
여자	2.8295	0.88807	0.07759
남자	3.4444	0.93264	0.07195

방법2) 파일 분할 후 기술통계 이용

① 메뉴 이용 : [데이터(D)] - [파일분할(F)]

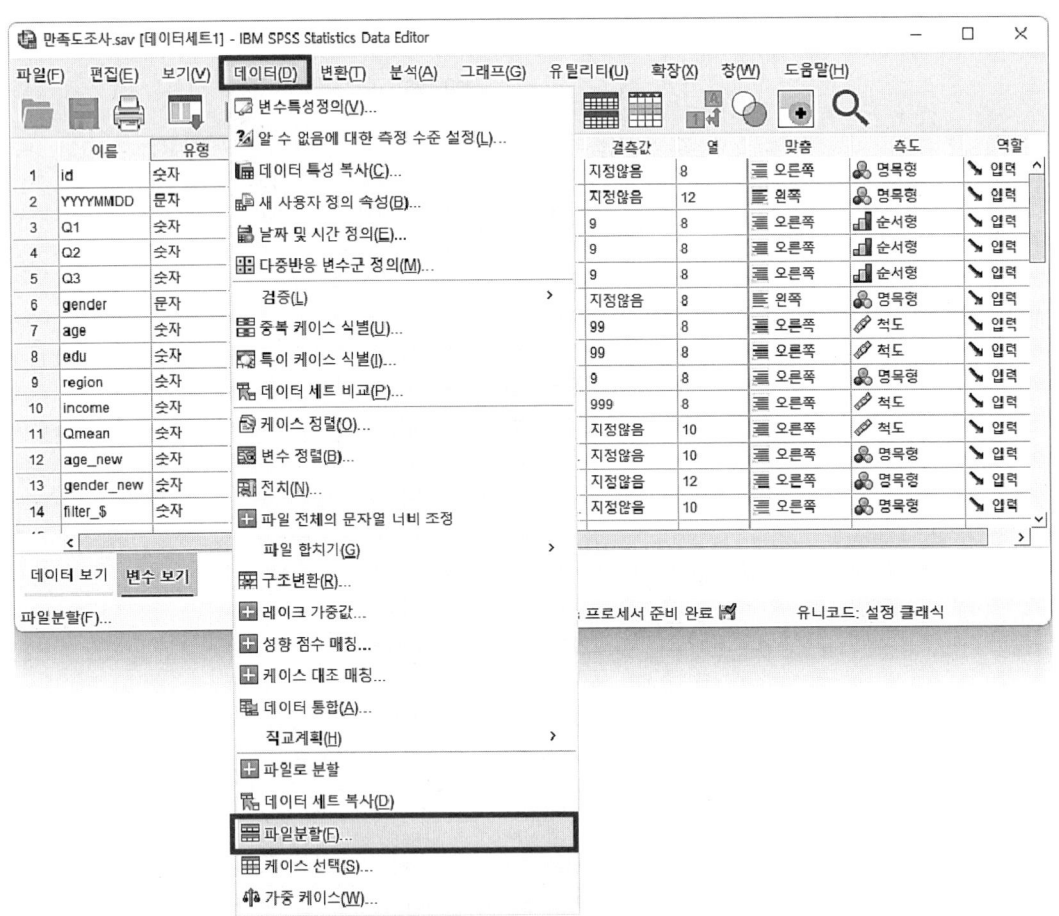

② '파일분할' 창에서 '집단들 비교(C)'를 선택하여 성별(gender_new) 변수를 '분할 집단변수(G)'로 이동시키고 '확인'을 클릭한다.

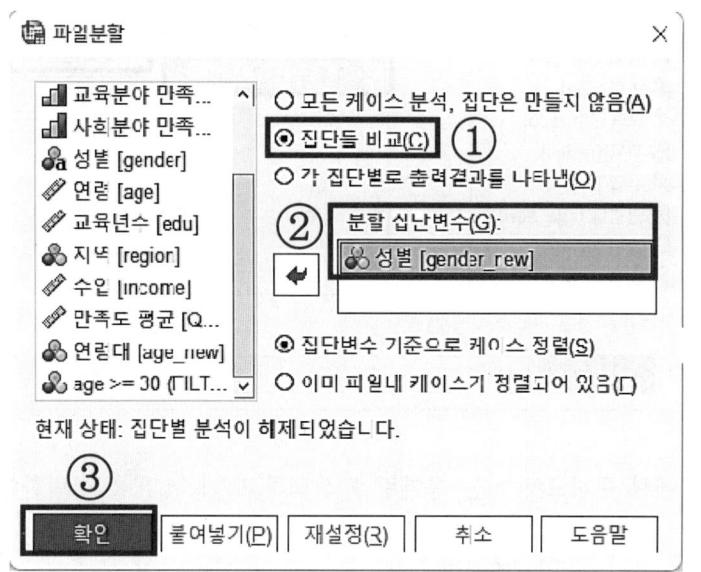

③ 메뉴 이용 : [분석(A)] - [기술통계량(E)] - [기술통계(D)]

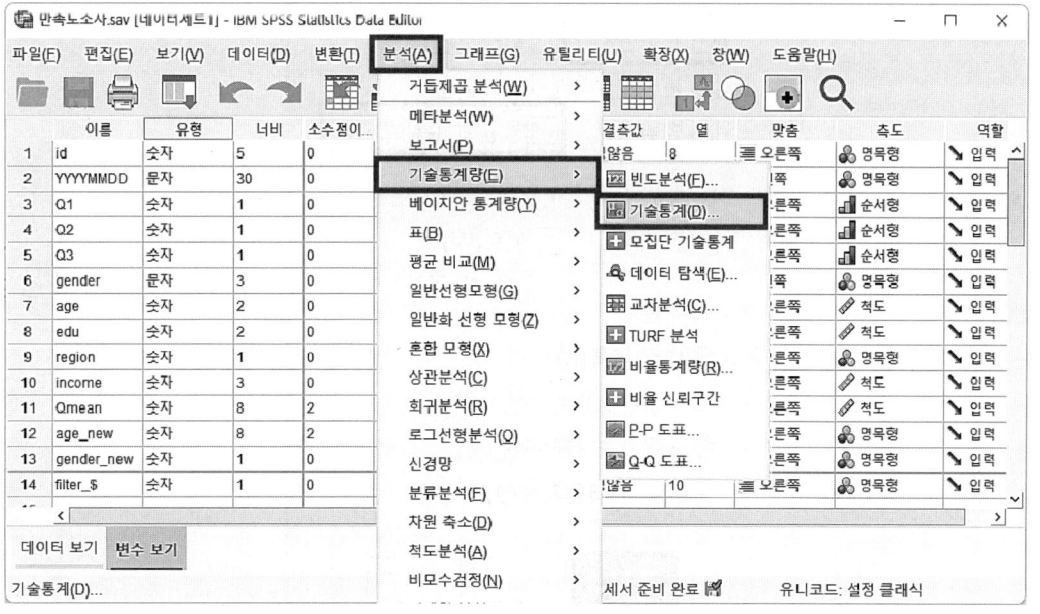

④ '기술통계' 창에서 만족도 평균(Qmean)을 '변수(V)'로 이동시키고, '옵션(O)'을 클릭한다.

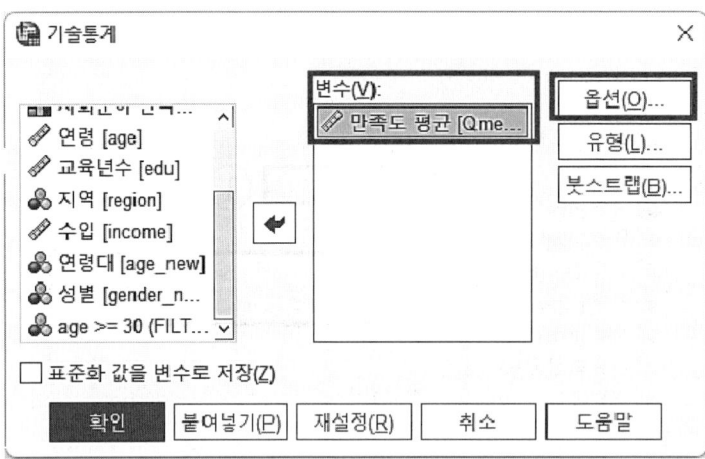

⑤ '기술통계: 옵션' 창에서 구하고자 하는 통계량을 선택하고 '계속(C)'을 클릭한다.

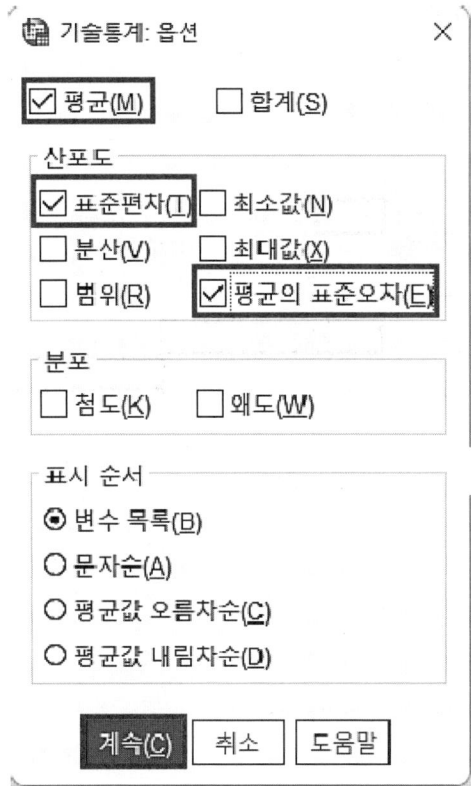

⑥ '확인'을 클릭하면 다음과 같은 결과가 출력된다.

기술통계량

성별		N 통계량	평균 통계량	평균 표준오차	표준편차 통계량
여자	만족도 평균	131	2.8295	.07759	.88807
	유효 N(목록별)	131			
남자	만족도 평균	168	3.4444	.07195	.93264
	유효 N(목록별)	168			

⑦ 위의 출력결과를 이용하여 다음의 표를 작성할 수 있다.

구분	만족도 평균(Qmean)의 평균	만족도 평균(Qmean)의 표준편차	만족도 평균(Qmean)의 표준오차
여자	2.8295	0.88807	0.07759
남자	3.4444	0.93264	0.07195

⑧ 해당 분석을 완료하면 다시 [데이터(D)] - [파일분할(F)]으로 돌아가 '모든 케이스 분석, 집단은 만들지 않음(A)'를 선택하고 '확인'을 클릭한다.

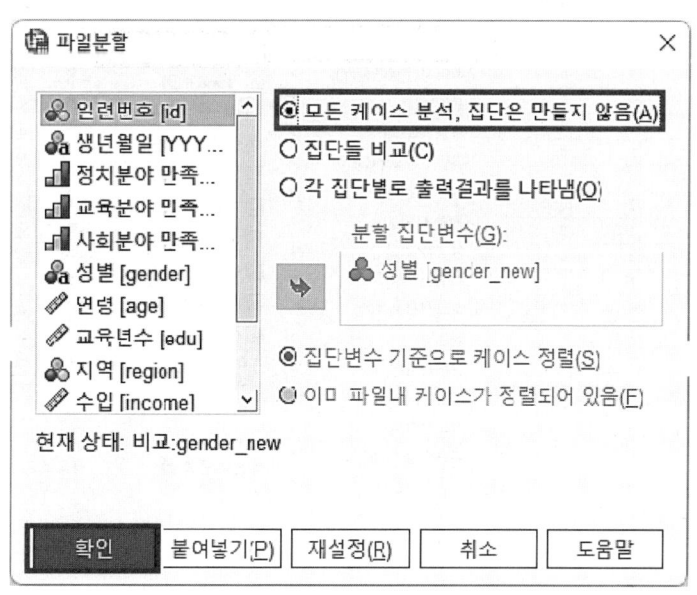

03 빈도분석하기

1 빈도분석

- 변수의 값이 어떤 분포를 보이는지 알고자 할 때 빈도분석을 이용
- 빈도분석을 통해 변수가 가지는 전반적인 특성 파악 가능
- 조사 항목에 대한 설문 응답자, 실험 대상자의 분포, 빈도, 비율 확인 가능
- 빈도표를 이용하여 응답의 범주를 벗어난 오류값을 찾아낼 수도 있음

'개인특성에 따른 만족도조사' 자료에서 성별(gender), 연령대(age_new), 지역(region)의 빈도분석을 실시하시오.

① 메뉴 이용 : [분석(A)] - [기술통계량(E)] - [빈도분석(F)]

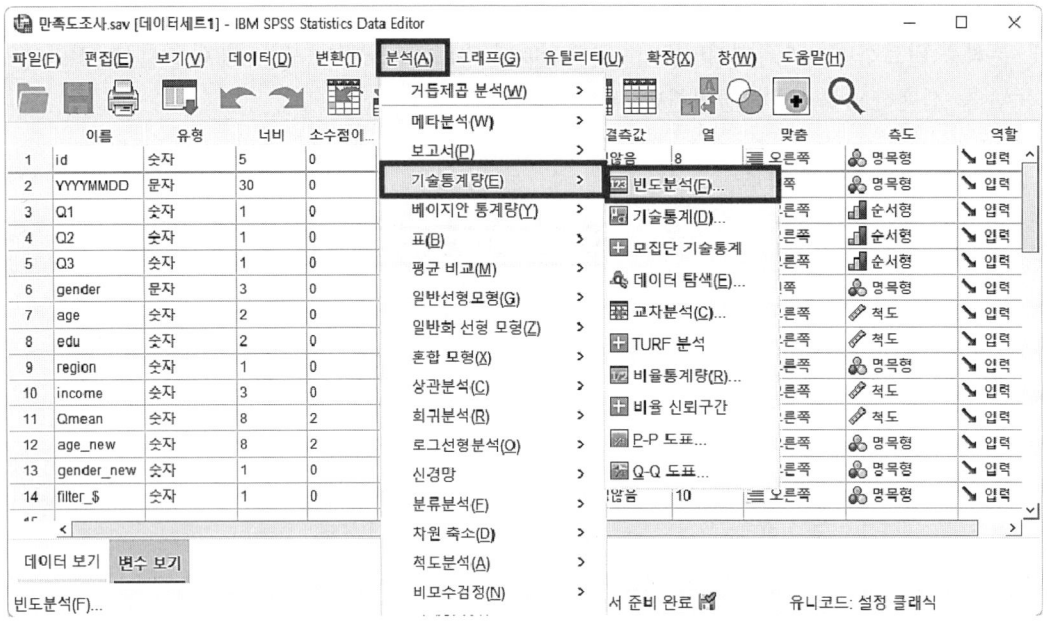

② '빈도분석' 창에서 분석하고자 하는 변수를 '변수(V)'로 옮기고 '빈도표 표시(D)'를 선택하고 '확인'을 클릭한다.

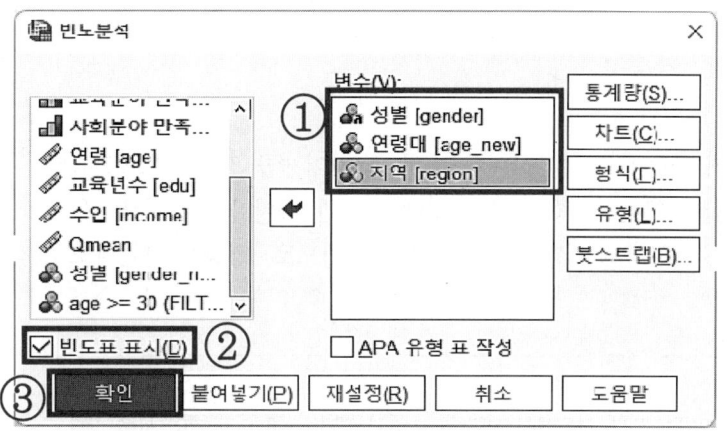

③ 성별(gender), 연령대(age_new), 지역(region)의 빈도분석 결과는 다음과 같다.

빈도표

성별

		빈도	퍼센트	유효 퍼센트	누적 퍼센트
유효	여자	136	43.3	43.3	43.3
	남자	178	56.7	56.7	100.0
	전체	314	100.0	100.0	

연령대

		빈도	퍼센트	유효 퍼센트	누적 퍼센트
유효	20대 미만	1	.3	.3	.3
	20대	110	35.0	35.0	35.4
	30대	144	45.9	45.9	81.2
	40대 이상	59	18.8	18.8	100.0
	전체	314	100.0	100.0	

지역

		빈도	퍼센트	유효 퍼센트	누적 퍼센트
유효	대도시	80	25.5	25.8	25.8
	중소도시	117	37.3	37.7	63.5
	군소도시	113	36.0	36.5	100.0
	전체	310	98.7	100.0	
결측	9	4	1.3		
전체		314	100.0		

* **퍼센트와 유효 퍼센트**
  - 퍼센트는 결측값을 포함하여 전체가 100%가 되도록 분석한 결과이고 유효 퍼센트는 결측값을 제외하여 결측값을 제외한 나머지가 100%가 되도록 분석한 결과이다.
  - '결측값을 해당 분석에서 제외하시오'라는 요구사항이 있을 경우 퍼센트가 아닌 유효 퍼센트를 이용한다.

04 교차분석

1 카이제곱검정

- 교차표를 활용하기 때문에 교차분석이라고 하며, 카이제곱 검정이라고도 함.
- 두 범주형 변수 간의 연관성, 즉 비율 구성에 유의한 차이가 있는지를 확인
- 일반적으로 영향을 미친다고 생각되는 독립변수를 행으로, 영향을 받는다고 생각되는 종속변수로 열로 설정함

예제 1-1

'개인특성에 따른 만족도조사' 자료에서 지역(region)과 성별(gender_new)이 서로 연관성을 가지는지를 유의수준 5% 하에서 검정하시오.

① 지역(region)과 성별(gender_new)이 서로 연관성을 가지는지를 검정하기 위한 귀무가설과 대립가설은 다음과 같다.

귀무가설(H_0)	지역과 성별은 서로 연관성이 없다(지역에 따른 성별의 비율에는 유의한 차이가 없다).
대립가설(H_1)	지역과 성별은 서로 연관성이 있다(지역에 따른 성별의 비율에는 유의한 차이가 있다).

② 메뉴 이용 : [분석(A)] – [기술통계량(E)] – [교차분석(C)]

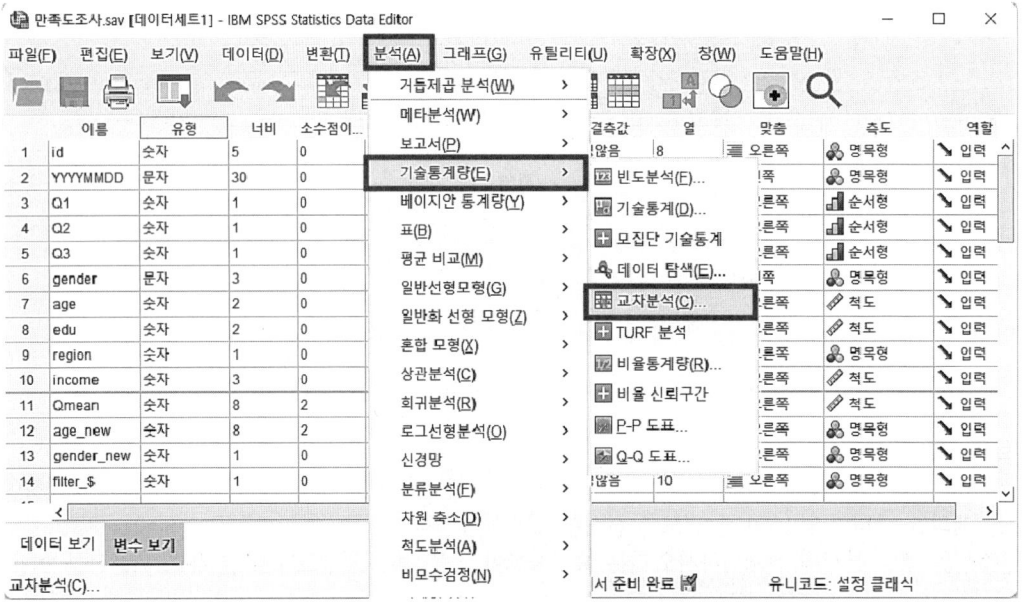

③ '교차분석' 창에서 독립변수인 지역(region)을 '행(O)'으로 옮기고, 종속변수인 성별(gender_new)을 '열(C)'으로 옮긴다. 그 후, '통계량(S)'을 클릭한다.

④ '교차분석: 통계량' 창에서 '카이제곱(H)'을 선택하고 '계속(C)'을 클릭한다.

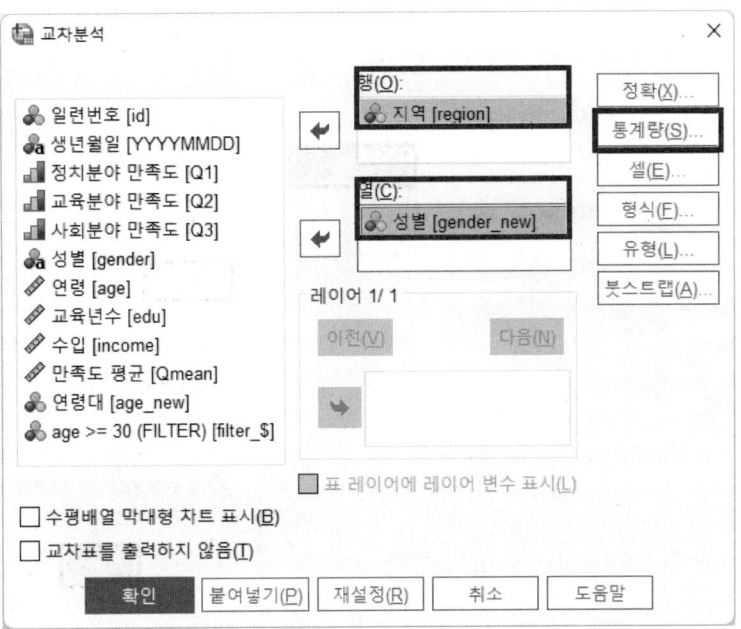

⑤ '셀(E)'을 클릭하면 '교차분석: 셀 표시' 창이 뜨는데, 지역별로 성별의 퍼센트를 출력하기 위해 '퍼센트'에서 '행(R)'을 선택하고 '계속(C)'을 클릭한다.

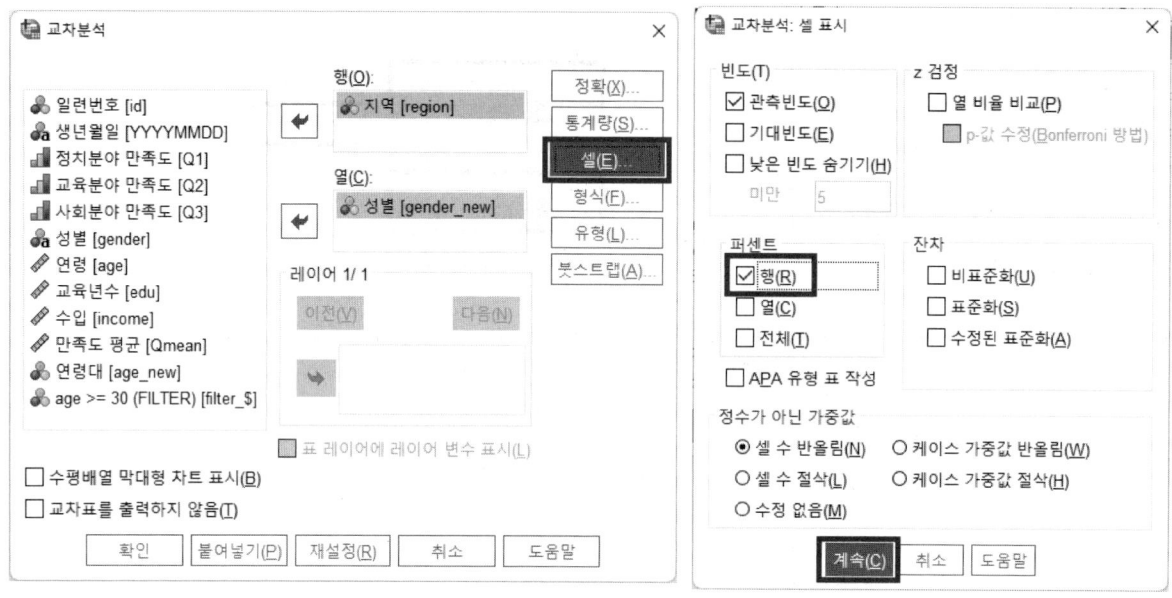

⑥ '확인'을 클릭하면 다음과 같은 결과를 얻을 수 있다.

지역 * 성별 교차표

			성별		전체
			여자	남자	
지역	대도시	빈도	26	54	80
		지역 중 %	32.5%	67.5%	100.0%
	중소도시	빈도	49	68	117
		지역 중 %	41.9%	58.1%	100.0%
	군소도시	빈도	58	55	113
		지역 중 %	51.3%	48.7%	100.0%
전체		빈도	133	177	310
		지역 중 %	42.9%	57.1%	100.0%

카이제곱 검정

	값	자유도	근사 유의확률 (양측검정)
Pearson 카이제곱	6.858ª	2	.032
우도비	6.923	2	.031
선형 대 선형결합	6.836	1	.009
유효 케이스 수	310		

a. 0 셀 (0.0%)은(는) 5보다 작은 기대 빈도를 가지는 셀입니다. 최소 기대빈도는 34.32입니다.

⑦ 카이제곱 검정 결과, 유의확률이 .032로 0.05보다 작으므로 귀무가설을 기각하고 대립가설을 채택한다. 즉, 유의수준 5%하에서 지역과 성별은 서로 연관성이 있다고 할 수 있다.
교차표를 보면, 대도시-중소도시-군소도시 순으로 남자의 비율이 더 많은 것을 확인할 수 있다.

2 가중 케이스

– 각 수준 조합별 관찰값들의 빈도를 나타낸 교차표를 분석할 경우 가중값 부여 방법을 이용하여 원자료들이 모두 있는 것처럼 간주해서 분석 가능

예제 1-1

앞의 예제에서 구한 교차표를 이용하여 지역(region)과 성별(gender_new)이 서로 연관성을 가지는지를 유의수준 5% 하에서 검정하시오("가중케이스.sav" 파일을 이용하시오).

① 교차표를 참고하여 SPSS 새 파일에 다음과 같이 데이터를 입력한다.

지역 * 성별 교차표

			성별		전체
			여자	남자	
지역	대도시	빈도	26	54	80
		지역 중 %	32.5%	67.5%	100.0%
	중소도시	빈도	49	68	117
		지역 중 %	41.9%	58.1%	100.0%
	군소도시	빈도	58	55	113
		지역 중 %	51.3%	48.7%	100.0%
전체		빈도	133	177	310
		지역 중 %	42.9%	57.1%	100.0%

→

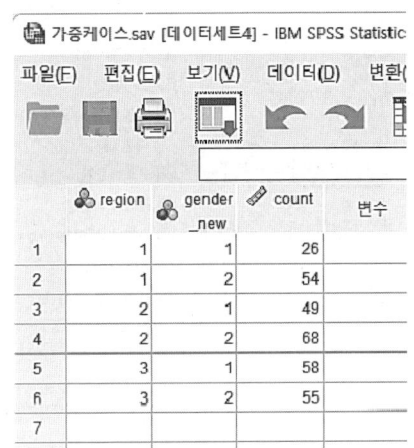

② 메뉴 이용 : [데이터(D)] - [가중 케이스(W)]

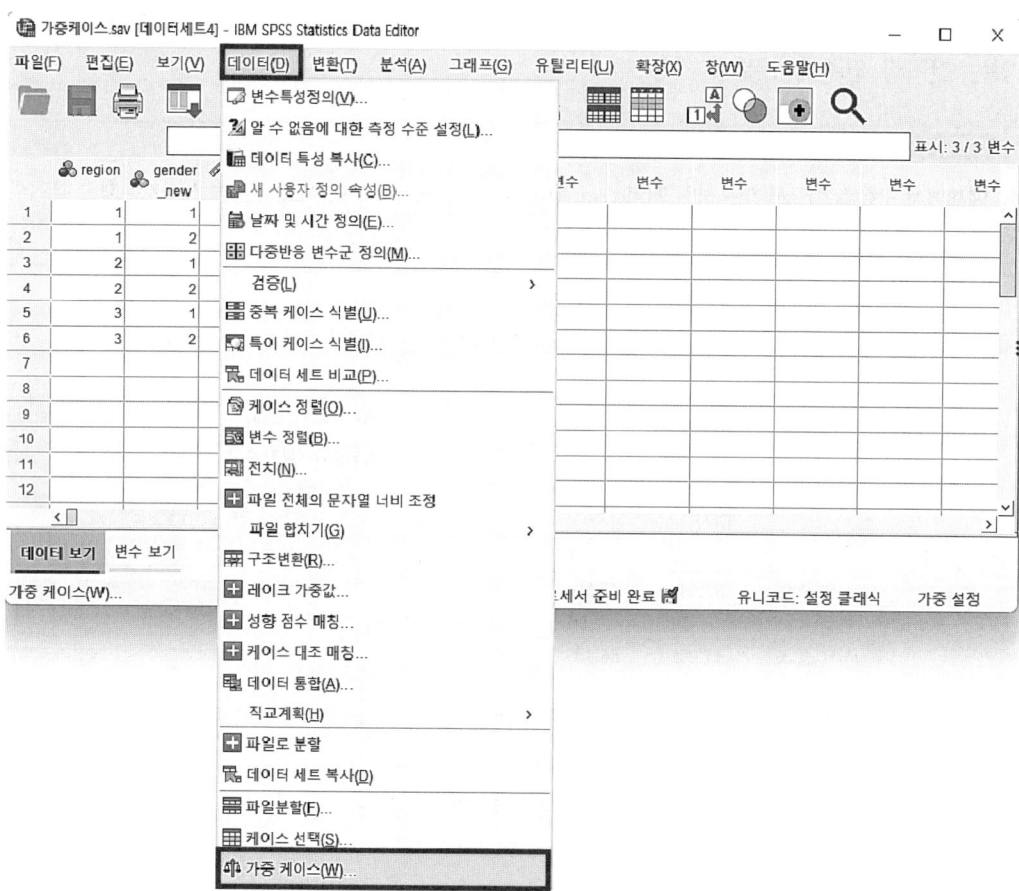

③ '가중 케이스' 창에서 '가중 케이스 지정(W)'을 선택하고 관찰값의 빈도를 나타내는 변수(count)를 '빈도변수(F)'로 옮긴다.

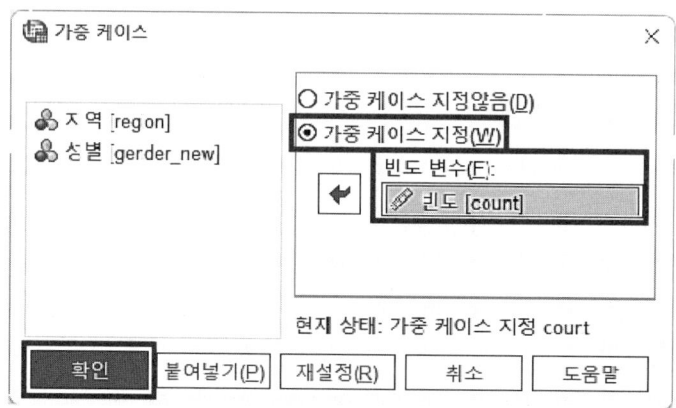

④ '확인'을 누르고 SPSS 창 오른쪽 하단을 보면 '가중 설정'이라고 표시되는 것을 확인할 수 있다.

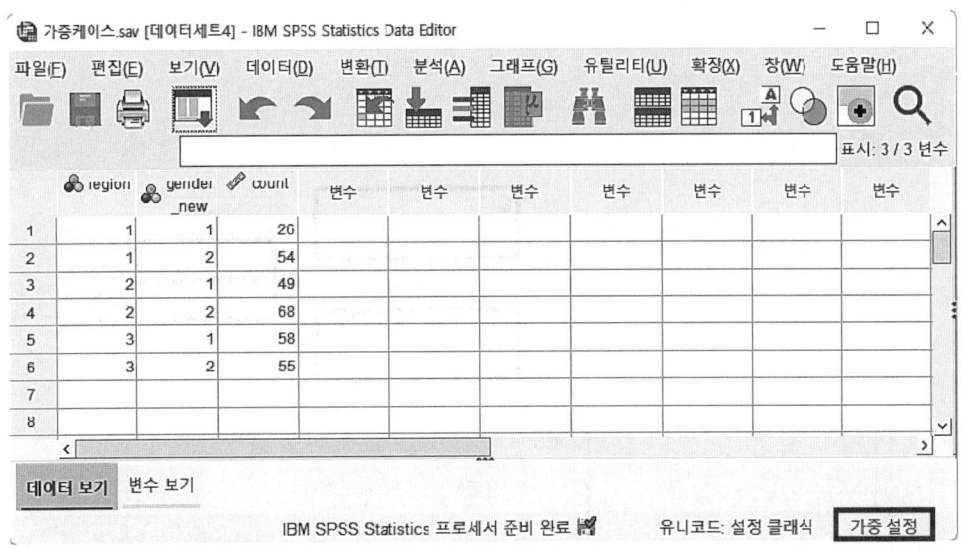

[가중케이스 지정 전후 지역(region) & 성별(gender_new) 교차표 작성 결과]

지역 * 성별 교차표

빈도

		성별		전체
		여자	남자	
지역	대도시	1	1	2
	중소도시	1	1	2
	군소도시	1	1	2
전체		3	3	6

지정 전

지역 * 성별 교차표

빈도

		성별		전체
		여자	남자	
지역	대도시	26	54	80
	중소도시	49	68	117
	군소도시	58	55	113
전체		133	177	310

지정 후

⑤ 가중치 설정 후 예제 7-1처럼 동일하게 분석을 시행하면 다음과 같이 동일한 결과가 나옴을 확인할 수 있다.

[분석 과정]

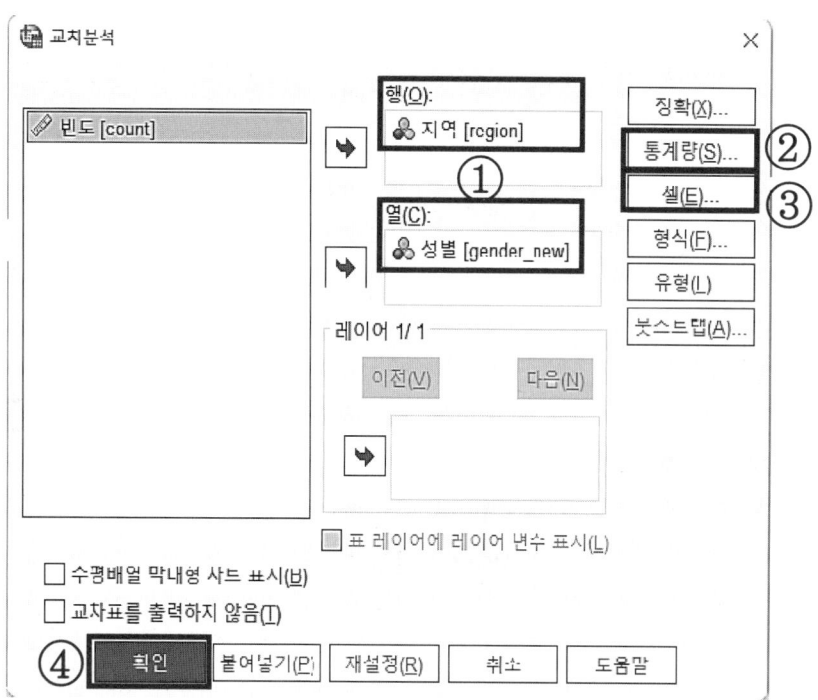

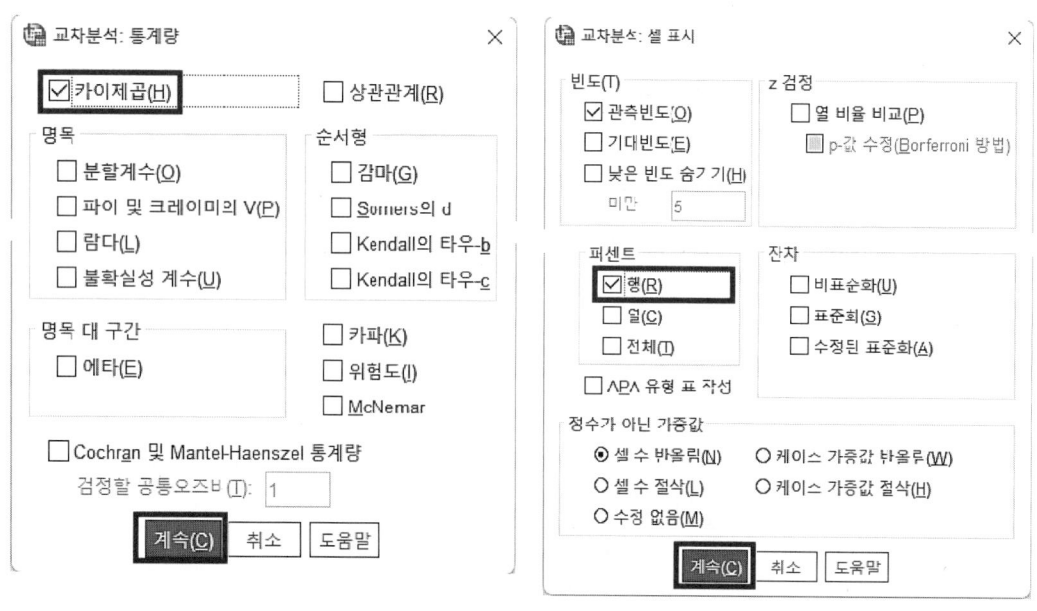

[분석 결과]

카이제곱 검정

	값	자유도	근사 유의확률 (양측검정)
Pearson 카이제곱	6.858[a]	2	.032
우도비	6.923	2	.031
선형 대 선형결합	6.836	1	.009
유효 케이스 수	310		

a. 0 셀 (0.0%)은(는) 5보다 작은 기대 빈도를 가지는 셀입니다. 최소 기대빈도는 34.32입니다.

05 평균차이 분석하기

1 독립표본 T검정

- 독립표본 t검정 : 두 집단 간 평균치의 차이를 비교하는 통계검정 기법
- 독립표본 : 모집단에서 표본을 추출할 때 비교하려는 두 표본 간에 서로 영향을 받지 않고, 독립적으로 추출된 표본
- 독립변수는 범주형 자료, 종속변수는 연속형 자료인 경우에 해당
    - 예) 성별에 따른 우울 정도에 차이가 있는가?

> **예제 1-1**
> '개인특성에 따른 만족도조사' 자료에서 성별(gender_new)에 따라 만족도 평균(Qmean)에 차이가 있는지 유의수준 5%에서 검정하고 결과를 해석하시오.

① 성별에 따라 수입에 차이가 있는지를 검정하기 위한 귀무가설과 대립가설은 다음과 같다.

귀무가설(H_0)	성별(gender_new)에 따라 만족도 평균(Qmean)에 차이가 없다($\mu_남 = \mu_여$).
대립가설(H_1)	성별(gender_new)에 따라 만족도 평균(Qmean)에 차이가 있다($\mu_남 \neq \mu_여$).

② 메뉴 이용 : [분석(A)] - [평균 비교(M)] - [독립표본 T검정]

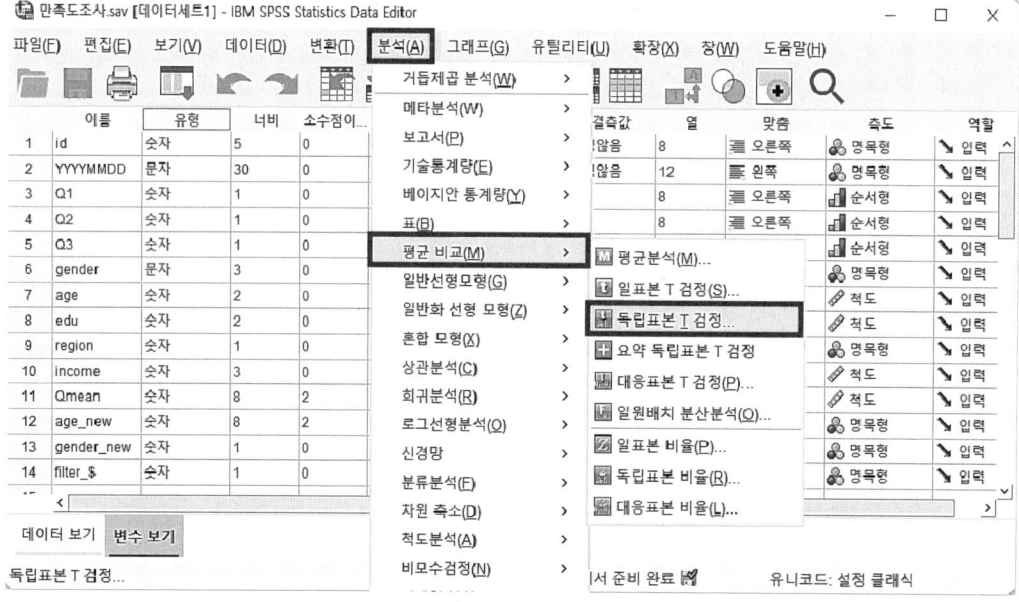

③ '독립표본 T검정' 창에서 '검정 변수(T)'에 만족도 평균(Qmean)을, '집단 변수(G)'에 성별(gender_new)을 옮기고 '집단 정의(D)'를 클릭한다.

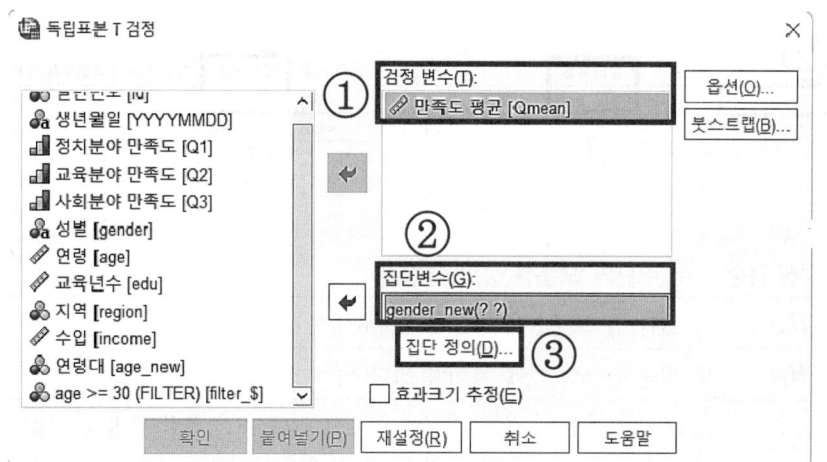

④ '집단 정의' 창에서 '지정값 사용(U)'의 집단 1과 집단 2에 각각 1, 2를 입력하고, '계속(C)'을 클릭한다. (만약 코딩값이 0,1이라면 0과 1을 입력)

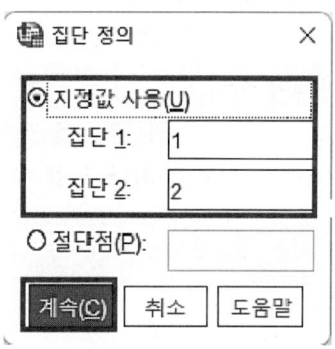

⑤ '옵션(O)'을 눌러 신뢰구간에 95를 입력하고 '계속(C)'을 클릭한다.

Chapter 03 SPSS를 이용한 기술통계분석 281

⑥ '확인'을 클릭하면 다음과 같은 결과를 얻을 수 있다.

독립표본 검정

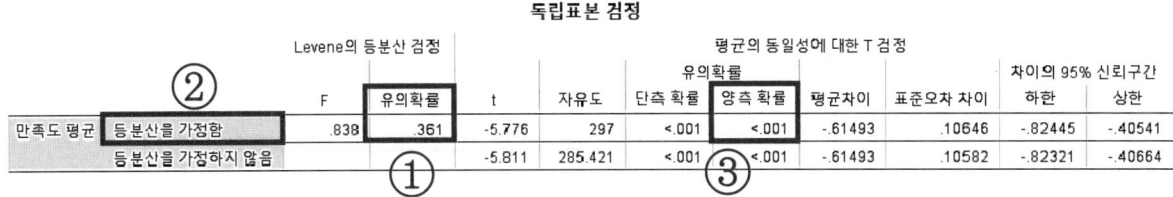

* **Levene의 등분산 검정** : 두 집단의 모분산 동일성 검정

귀무가설(H_0)	두 집단 간 모분산에 차이가 없다($\sigma_1^2 = \sigma_2^2$).
대립가설(H_1)	두 집단 간 모분산에 차이가 있다($\sigma_1^2 \neq \sigma_2^2$).

→ 유의수준 5%하에서 Levene의 등분산 검정 결과에 따라서 적절한 t-검정 결과를 이용해야 한다.

    유의확률 > 0.05 → '등분산이 가정됨'의 t-검정 결과를 이용

    유의확률 < 0.05 → '등분산이 가정되지 않음'의 t-검정 결과를 이용

⑦ 위의 검정 결과, Levene의 등분산 검정에서 유의확률이 .361으로 유의수준 .05보다 크므로 귀무가설을 기각하지 못한다. 즉, 유의수준 5%하에서 성별에 따른 수입의 모분산은 같다고 할 수 있다. 따라서 '등분산이 가정됨'의 t-검정 결과를 이용해야 한다.

이때의 유의확률은 <.001으로 .05보다 낮으므로 귀무가설을 기각하고 대립가설을 채택한다. 즉, 유의수준 5%하에서 성별에 따라 만족도 평균에 차이가 있다고 할 수 있다.

2 대응표본 T검정

- 대응표본 t검정 : 두 개의 연속형 변수 간 평균값을 비교하는 통계 검정 방법
- 대응표본 : 독립표본과 달리 모집단에서 표본을 추출할 때 비교하려는 두 표본 간에 서로 상관이 있는 경우
  - 예 고등학교 한 학급에서 중간고사 성적과 기말고사 성적을 비교

예제 1-1

다음 자료는 30명의 흡연자를 무작위로 선정하여 체중을 측정하고, 금연을 시킨 뒤 4주 후에 다시 체중을 측정한 자료이다. 금연 전후의 체중에 변화가 있는가에 대해 유의수준 5%하에서 검정하시오("대응t검정.sav" 파일을 이용하시오).

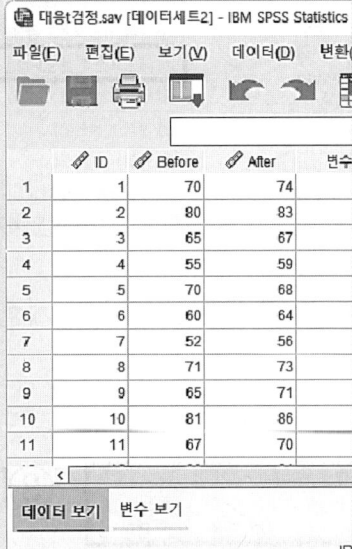

ID : 일련번호
Before : 금연 전 체중
After : 금연 후 체중

① 금연 전후의 체중에 변화가 있는지를 검정하기 위한 귀무가설과 대립가설은 다음과 같다.

귀무가설(H_0)	금연 전후의 체중에 차이가 없다($\mu_{전} = \mu_{후}$).
대립가설(H_1)	금연 전후의 체중에 차이가 있다($\mu_{전} \neq \mu_{후}$).

② 메뉴 이용 : [분석(A)] - [평균 비교(M)] - [대응표본 T검정(P)]

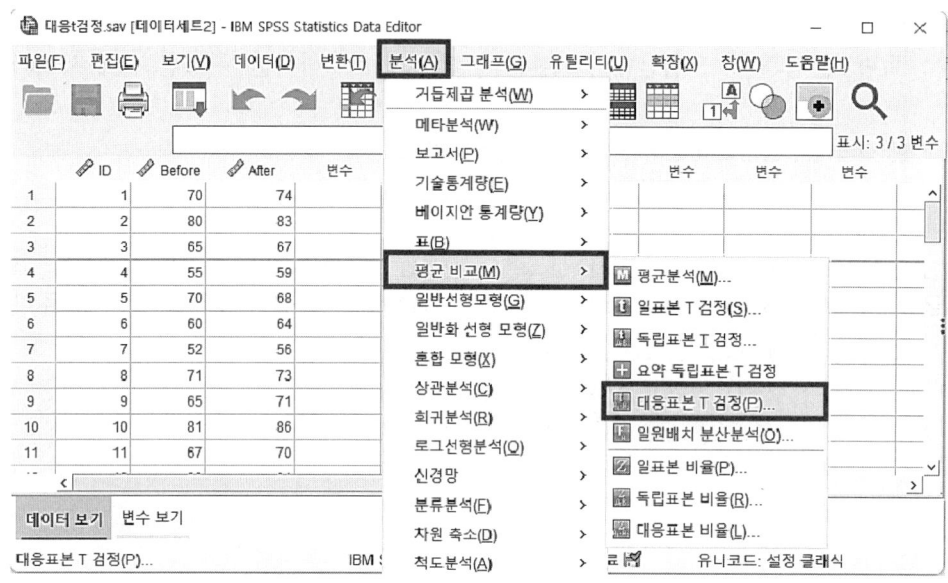

③ '대응표본 T검정' 창에서 차이를 비교하고자 하는 두 개의 변수(금연 전후 체중)를 '대응 변수(V)'로 옮긴다. 그 후, '옵션(O)'을 클릭한다.

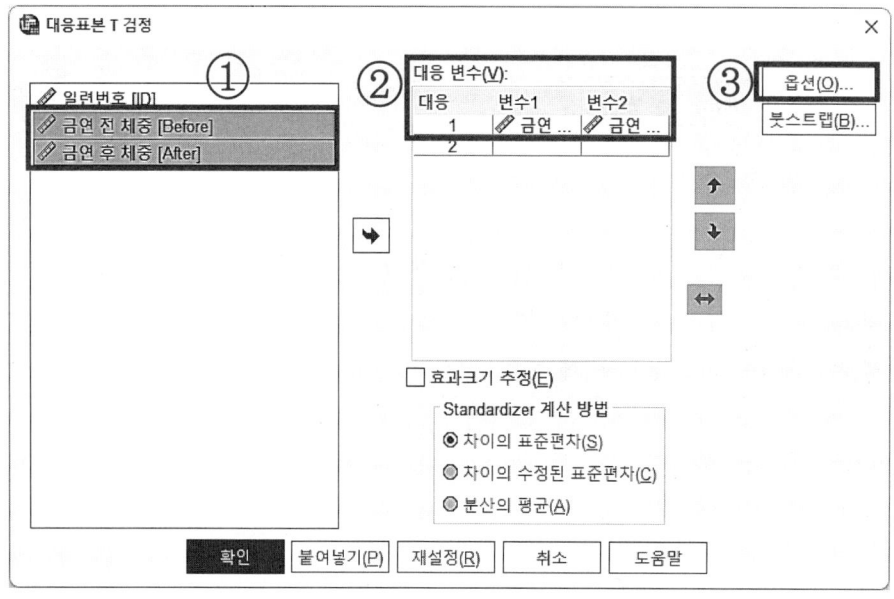

④ '대응표본 T 검정: 옵션' 창에서 신뢰구간에 95를 입력하고 '계속(C)'을 클릭한다.

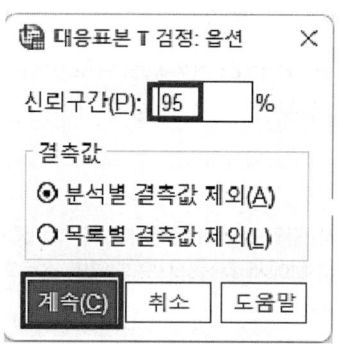

⑤ '확인'을 클릭하면 다음과 같은 결과를 얻을 수 있다.

대응표본 검정

		대응차				t	자유도	유의확률	
				차이의 95% 신뢰구간					
	평균	표준편차	평균의 표준오차	하한	상한			단측 확률	양측 확률
대응 1 금연 전 체중 - 금연 후 체중	-3.267	2.273	.415	-4.116	-2.418	-7.871	29	<.001	<.001

⑥ 위의 검정 결과, 양측 유의확률이 <.001으로 유의수준 .05보다 작으므로 귀무가설을 기각한다. 즉, 유의수준 5%하에서 금연 전과 후의 체중에 차이가 있다고 할 수 있다.

3 일원배치 분산분석

- 일원배치 분산분석은 세 개 이상 집단 간 평균을 비교하는 통계 검정 방법
- 독립변수가 세 집단 이상으로 구성된 범주형 자료, 종속변수가 연속형 자료인 경우
- 독립변수가 1개인 경우 일원배치 분산분석, 독립변수가 2개인 경우 이원배치 분산분석이라고 함.

> **예제 1-1**
>
> '개인특성에 따른 만족도조사' 자료에서 지역(region, 1: 대도시, 2: 중소도시, 3: 군소도시)에 따라 만족도 평균(Qmean)에 차이가 있는지를 유의수준 5%하에서 검정하시오(지역별 소득의 분산에 대한 동일성 검정은 평균을 기준으로 한 Levene 검정을 실시하시오).

① 지역에 따라 수입에 차이가 있는지를 검정하기 위한 귀무가설과 대립가설은 다음과 같다.

귀무가설(H_0)	지역(region)에 따라 만족도 평균(Qmean)에 차이가 없다($\mu_1 = \mu_2 = \mu_3$).
대립가설(H_1)	지역(region)에 따라 만족도 평균(Qmean)에 차이가 있다. (모든 μ_i가 같은 것은 아니다.)

② 메뉴 이용 : [분석(A)] - [평균 비교(M)] - [일원배치 분산분석(O)]

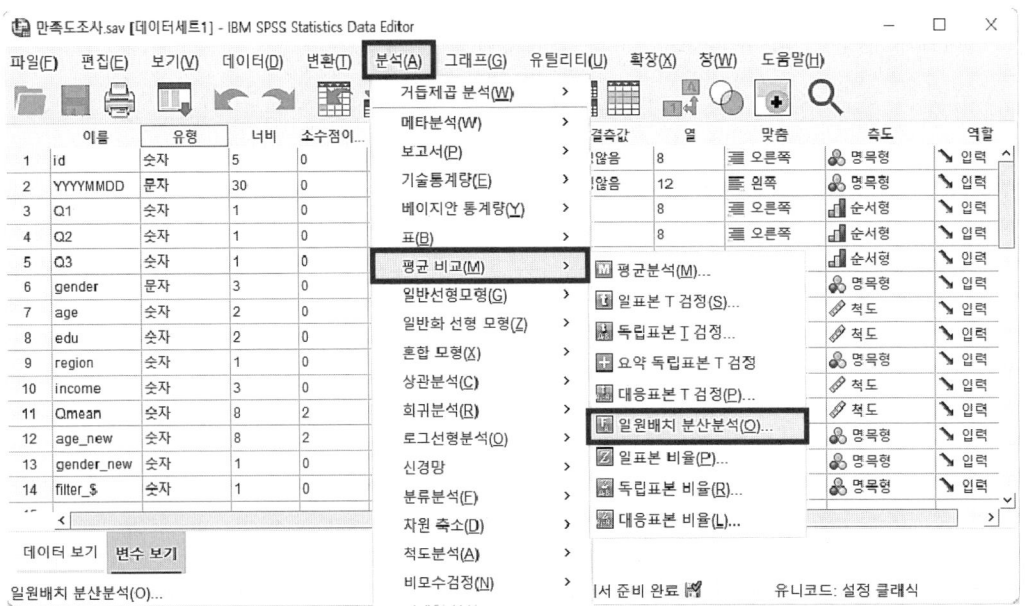

③ '일원배치 분산분석' 창에서 '종속 변수(E)'에 만족도 평균(Qmean)을, '요인(F)'에 지역(region)을 옮긴다. 그 후, 지역(region)별 만족도 평균(Qmean)의 분산의 동질성을 검정하기 위해 '옵션(O)'을 클릭한다.

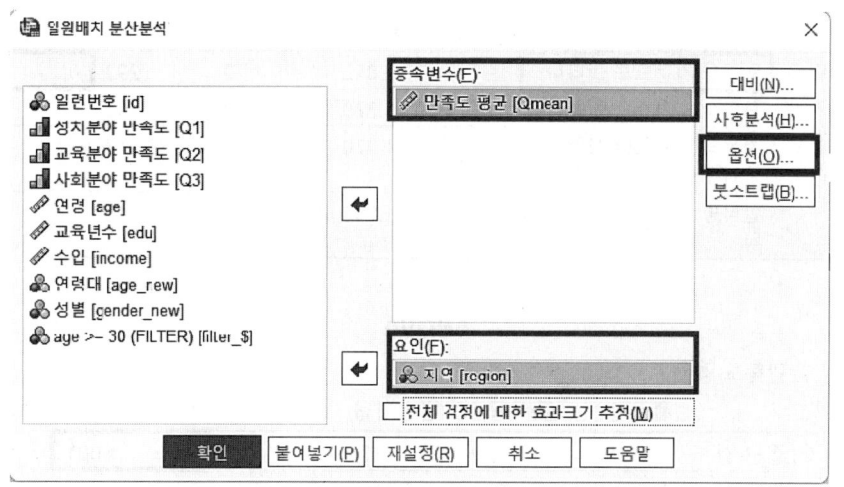

④ '일원배치 분산분석: 옵션'에서 '분산 동질성 검정(H)'을 선택하고 '계속(C)'을 클릭한다.

⑤ '확인'을 클릭하면 다음과 같은 결과를 얻을 수 있다.

분산의 동질성 검정

		Levene 통계량	df1	df2	CTT 유의확률
만족도 평균	평균을 기준으로 합니다.	2.022	2	292	.134
	중위수를 기준으로 합니다.	1.370	2	292	.256
	자유도를 수정한 상태에서 중위수를 기준으로 합니다.	1.370	2	289.917	.256
	절삭평균을 기준으로 합니다.	1.943	2	292	.145

ANOVA

만족도 평균

	제곱합	자유도	평균제곱	F	CTT 유의확률
집단-간	13.750	2	6.875	7.767	<.001
집단-내	258.444	292	.885		
전체	272.194	294			

---

* Levene의 등분산 검정

집단의 수가 k개인 경우 분산의 동일성 검정에 대한 가설

귀무가설(H_0)	k개의 집단 간 분산에 차이가 없다.($\sigma_1^2 = \sigma_2^2 = \cdots = \sigma_k^2$).
대립가설(H_1)	k개의 집단의 분산이 모두 같은 것은 아니다.(모든 σ_i^2이 같은 것은 아니다.)

→ 유의수준 5%하에서 Levene의 등분산 검정 결과에 따라서 적절한 검정 결과를 이용해야 한다.

  유의확률 > 0.05 → 분산분석 결과를 이용
  유의확률 < 0.05 → Welch 검정 결과를 이용

---

⑥ 평균을 기준으로 한 Levene 분산의 동질성 검정 결과, 유의확률(=CTT 유의확률)이 .134로 유의수준 .05보다 크므로 귀무가설을 채택한다. 즉, 유의수준 5%하에서 지역(region)별 만족도 평균(Qmean)의 모분산은 같다고 할 수 있다.

분산분석결과, 유의확률이 <.001로 유의수준 .05보다 작으므로 귀무가설을 기각하고 대립가설을 채택한다. 즉, 유의수준 5%하에서 지역(region)별로 만족도 평균(Qmean)에는 차이가 있다.

4 사후분석(다중비교)

- 집단 간의 차이가 유의하게 나타났을 때, 집단을 분리시켜 각각의 차이 정도를 볼 때 사용
- 집단을 분리시켜주는 사후분석방법으로는 보편적으로 Duncan, Tukey, Scheffe, Bonferroni가 존재

Duncan	- 4가지 방법 중 집단을 분리시키려는 성격이 가장 강함 - ANOVA 분석 대상의 집단을 면밀히 나누고자 할 때 유용
Tukey	- 각 집단의 개체수가 동일한 경우 사용하는 사후분석 - Duncan 방법에 비해 상대적으로 집단을 분리하는 정도가 낮아 인문사회, 사회과학 등과 같은 분야에서 통용되고 있음
Bonferroni	- 각 집단의 개체수가 동일하지 않는 경우에 사용하는 사후분석 - 집단을 분리하는 정도는 Tukey와 비슷하거나 낮음
Scheffe	- 사후분석방법 중 가장 보수적으로 집단을 분리

예제 1-1

예제 8-3 로부터 유의수준 5%하에서 지역(region, 1: 대도시, 2: 중소도시, 3: 군소도시)에 따라 만족도 평균(Qmean)에 차이가 있다는 것을 알았다. 어떤 그룹에 차이가 있는지를 유의수준 5%하에서 사후검정(Duncan, Scheffe)을 실시하시오.

① 메뉴 이용 : [분석(A)] - [평균 비교(M)] - [일원배치 분산분석(O)]

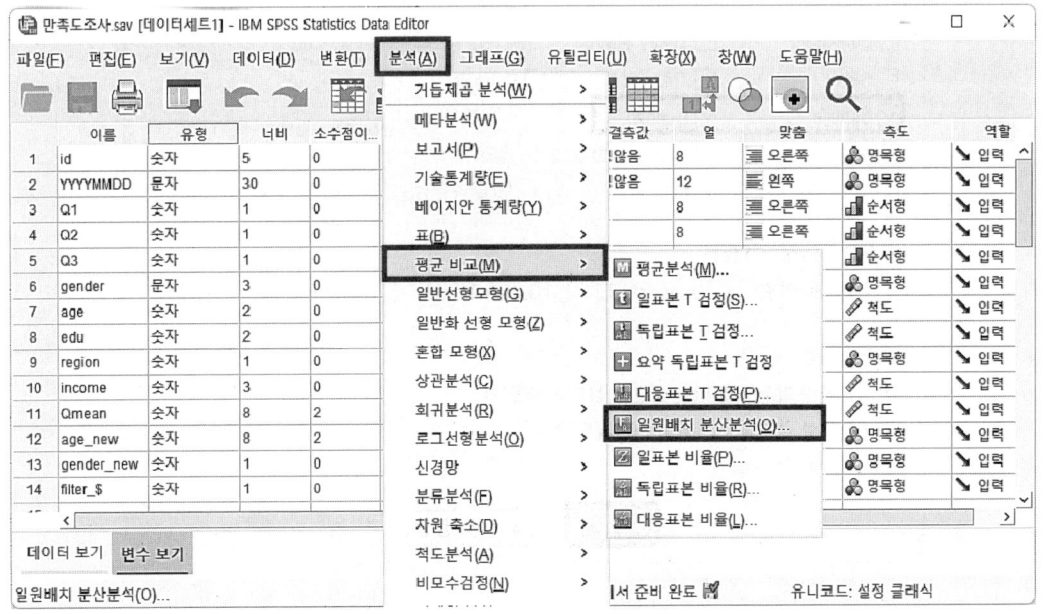

② '일원배치 분산분석' 창에서 '종속 변수(E)'에 만족도 평균(Qmean)이, '요인(F)'에 지역(region)이 옮겨져 있는 상태에서 '사후분석(H)'을 클릭한다.

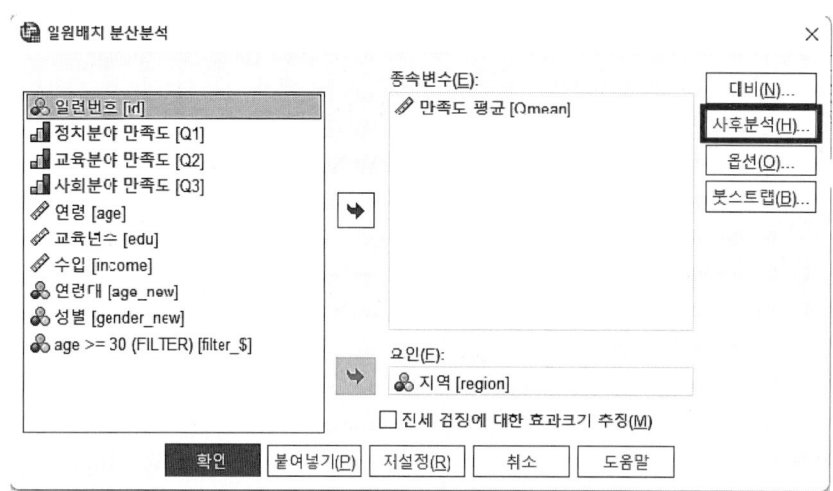

③ '일원배치 분산분석: 사후분석-다중비교' 창에서 'Scheffe', 'Duncan'을 선택한 후 '계속(C)'을 클릭한다.

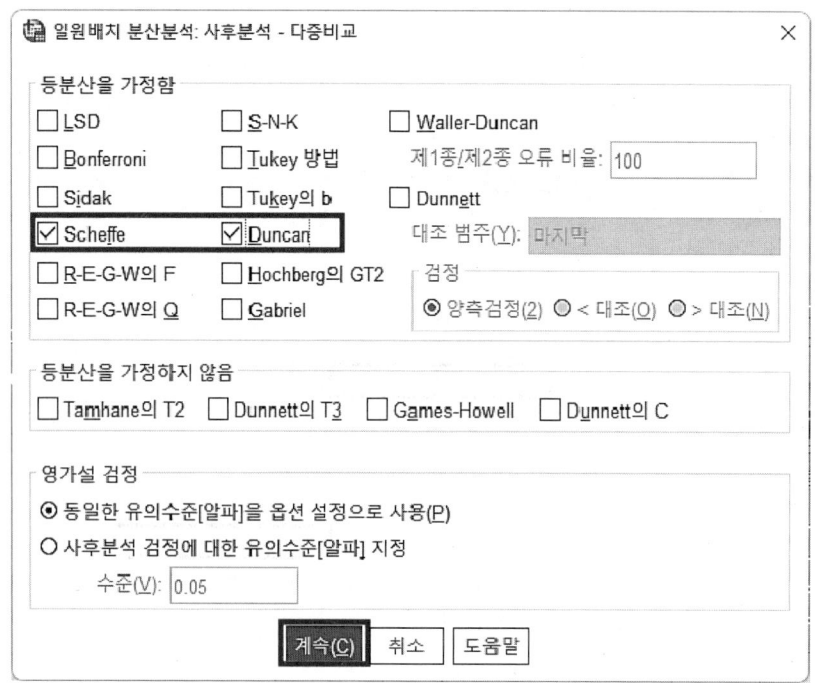

④ '확인'을 클릭하면 다음과 같은 결과를 얻을 수 있다.

사후검정

다중비교

종속변수: 만족도 평균

	(I) 지역	(J) 지역	평균차이(I-J)	표준오차	CTT 유의확률	95% 신뢰구간 하한	95% 신뢰구간 상한
Scheffe	대도시	중소도시	.19340	.14032	.388	-.1518	.5386
		군소도시	.53117*	.13979	<.001	.1872	.8751
	중소도시	대도시	-.19340	.14032	.388	-.5386	.1518
		군소도시	.33777*	.12744	.031	.0242	.6513
	군소도시	대도시	-.53117*	.13979	<.001	-.8751	-.1872
		중소도시	-.33777*	.12744	.031	-.6513	-.0242

*. 평균차이는 0.05 수준에서 유의합니다.

동질적 부분집합

만족도 평균

	지역	N	유의수준 = 0.05에 대한 부분집합 1	2
Duncan[a,b]	군소도시	110	2.9061	
	중소도시	108		3.2438
	대도시	77		3.4372
	CTT 유의확률		1.000	.156
Scheffe[a,b]	군소도시	110	2.9061	
	중소도시	108		3.2438
	대도시	77		3.4372
	CTT 유의확률		1.000	.365

동질적 부분집합에 있는 집단에 대한 평균이 표시됩니다.
a. 조화평균 표본크기 95.733을(를) 사용합니다.
b. 집단 크기가 동일하지 않습니다. 집단 크기의 조화평균이 사용됩니다. I 유형 오차 수준은 보장되지 않습니다.

⑤ 사후검정(다중비교) 결과, Scheffe 방법은 유의수준 5%하에서 대도시와 군소도시(<.001) 및 중소도시와 군소도시(0.031)가 만족도 평균(Qmean)의 모평균에 유의한 차이가 있는 것으로 나타났다.
동질적 부분집합 결과, Duncan, Scheffe 방법 모두 대도시와 중소도시를 동일집단군으로 분류하고 있다.

CHAPTER 04 SPSS를 이용한 회귀분석

01 신뢰도 분석하기

1 신뢰도 분석

- **신뢰도**
  측정된 결과치의 일관성, 정확성, 예측가능성과 관련된 개념
  - 동일한 분석을 여러 번 혹은 여러 명이 했을 때 같은 결과가 도출될 경우 신뢰도가 있다고 함.
  - 측정값들 간에 비체계적 오차가 적으면 신뢰성이 높은 측정 결과
  - 신뢰도 계수는 실제값의 분산에 대한 참값의 분산의 비율로 나타냄.
  - 측정의 신뢰성(Reliability)은 안정성(Stability), 내적 일관성(Consistency), 예측가능성(Predictability)과 연관이 있음.
  - SPSS를 이용한 신뢰도 분석 : 크론바하 알파(Cronbach's alpha) 계수를 이용

- **크론바하 알파(Cronbach's alpha)**
  - 척도를 구성하는 항목들 간에 나타난 상관관계 값을 평균 처리한 것
  - 문항 간 평균상관관계가 증가할수록 값이 커짐.
  - 문항의 수가 증가할수록 값이 커짐.
  - 척도를 구성하는 항목 중 신뢰도를 저해하는 항목 발견 가능.
  - 척도를 구성하는 항목 간의 내적 일관성을 측정
  - 0에서 1 사이의 값을 가지며, 값이 높을수록 신뢰도가 높음.
  - 크론바하 알파 계수가 0.6 이상이면 신뢰도가 높고, 0.6 이하이면 신뢰도가 낮다고 평가

2 신뢰도 분석 절차

예제 4-1

다음은 우리 사회의 전반적 만족도에 대한 문항입니다.

문항		매우 불만족	불만족	보통	만족	매우 만족
Q1	나는 우리 사회 정치분야에 만족한다.	1	2	3	4	5
Q2	나는 우리 사회 교육분야에 만족한다.	1	2	3	4	5
Q3	나는 우리 사회 사회분야에 만족한다.	1	2	3	4	5

우리 사회의 전반적 만족도를 측정하는 척도의 신뢰도 분석을 실시하시오.

① 메뉴 이용 : [분석(A)] - [척도분석(A)] - [신뢰도 분석(R)]

Chapter 04 SPSS를 이용한 회귀분석 293

② '신뢰도 분석' 창에서 분석에 사용할 문항들을 '항목(I)'으로 옮기고 '통계량(S)'을 클릭한다.

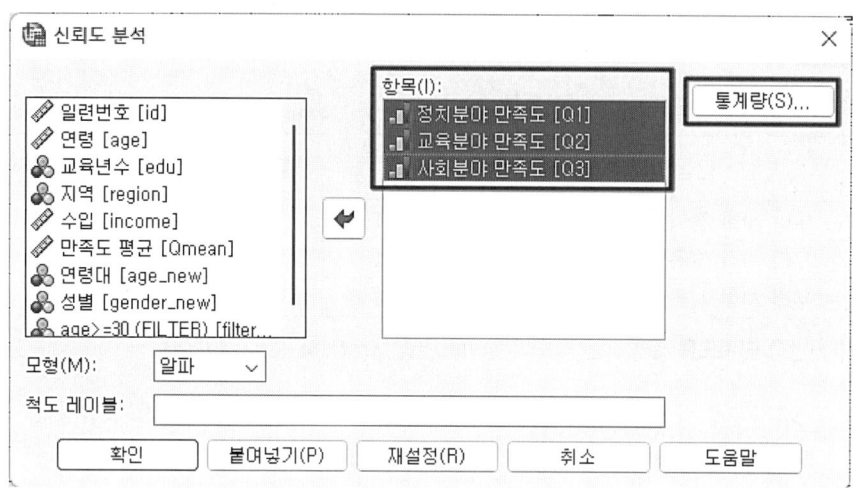

③ '신뢰도 분석: 통계량' 창에서 '항목제거시 척도(A)'를 선택하고 '계속(C)'을 클릭한다.

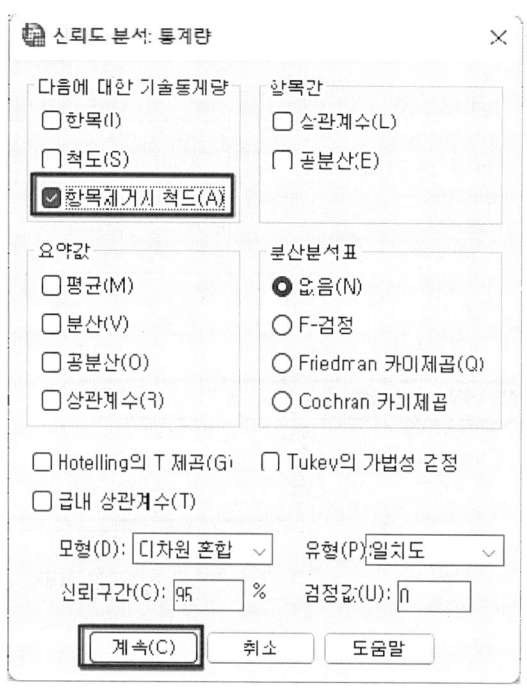

④ '확인'을 클릭하면 다음과 같은 결과를 얻을 수 있다.

신뢰도 통계량

Cronbach의 알파	항목 수
.641	3

항목 총계 통계량

	항목이 삭제된 경우 척도 평균	항목이 삭제된 경우 척도 분산	수정된 항목-전체 상관계수	항목이 삭제된 경우 Cronbach 알파
정치분야 만족도	6.36	4.479	.514	.467
교육분야 만족도	6.48	4.110	.414	.605
사회분야 만족도	6.21	4.502	.436	.563

⑤ 신뢰도 분석 결과, 세 개의 문항(정치분야 만족도, 교육분야 만족도, 사회분야 만족도)으로 이루어진 척도의 Cronbach의 알파값은 0.641로 0.6보다 큰 값을 가지므로 신뢰도가 높다고 평가할 수 있다.
또한 항목이 삭제된 경우 Cronbach의 알파값을 살펴보면, 항목을 제거했을 때 Cronbach의 알파값이 증가하는 경우가 없으므로 변수의 삭제 과정은 필요하지 않다.
(전체 Cronbach의 알파값보다 항목이 삭제된 경우의 Cronbach의 알파값이 높아지는 경우, 해당 항목을 삭제하여 전체 Cronbach의 알파값을 높이는 방법이 있다.)

02 상관분석하기

1 피어슨 상관계수, Kendall의 타우, 스피어만의 순위상관계수

피어슨 상관계수	- 피어슨 상관계수는 연속형 변수로 측정된 변수들 사이의 선형관계를 나타내는 측도 - 확률분포가 정규분포를 따른다고 가정
Kendall의 타우	- 켄달의 타우와 스피어만의 순위상관계수는 순위척도로 측정된 변수들 사이의 연관성을 나타내는 측도 - 확률분포가 무엇인지 모르는 비모수적 방법의 상관분석 - sample size가 작거나 데이터의 동률이 많을 때 유용
스피어만의 순위상관계수	- 상관계수를 계산할 두 데이터의 실제값 대신 두 값의 순위를 사용해 상관 계수를 계산하는 방식 - 피어슨 상관 계수와 달리 비선형 관계의 연관성 파악 가능 - 데이터에 순위만 매길 수 있다면 적용이 가능하므로 이산형, 순서형 데이터에 적용 가능 　예 국어 점수와 영어 점수 간의 상관계수는 피어슨 상관계수로 계산 가능, 국어 성적 석차와 영어 성적 석차의 상관계수는 스피어만 순위 상관계수로 계산 가능 - 스피어만 순위상관계수는 자료 내 편차와 오류에 민감하며 일반적으로 켄달의 타우보다 높은 값을 가짐

* 상관계수의 해석
  - 피어슨 상관 계수, Kendall의 타우, 스피어만의 순위상관계수는 모두 -1과 1 사이의 값을 가짐
  - +1은 완벽한 양의 선형 상관 관계, 0은 선형 상관 관계 없음, -1은 완벽한 음의 선형 상관 관계를 의미

예제 1-1

'개인특성과 경력에 따른 만족도조사' 자료에서 만족도 평균(Qmean)과 수입(income), 만족도 평균(Qmean)과 연령(age)의 피어슨 상관계수, 켄달의 타우, 스피어만 순위상관계수를 구하고, 각각을 유의수준 5%에서 검정하시오.

① 만족도 평균(Qmean)과 수입(income)의 상관계수 검정을 위한 귀무가설과 대립가설은 다음과 같다.

귀무가설(H_0)	만족도 평균(Qmean)과 수입(income) 간에 선형 연관성이 없다.
대립가설(H_1)	만족도 평균(Qmean)과 수입(income) 간에 선형 연관성이 있다.

만족도 평균(Qmean)과 연령(age)의 상관계수 검정을 위한 귀무가설과 대립가설은 다음과 같다.

귀무가설(H_0)	만족도 평균(Qmean)과 연령(age) 간에 선형 연관성이 없다.
대립가설(H_1)	만족도 평균(Qmean)과 연령(age) 간에 선형 연관성이 있다.

② 메뉴 이용 : [분석(A)] - [상관분석(C)] - [이변량 상관(B)]

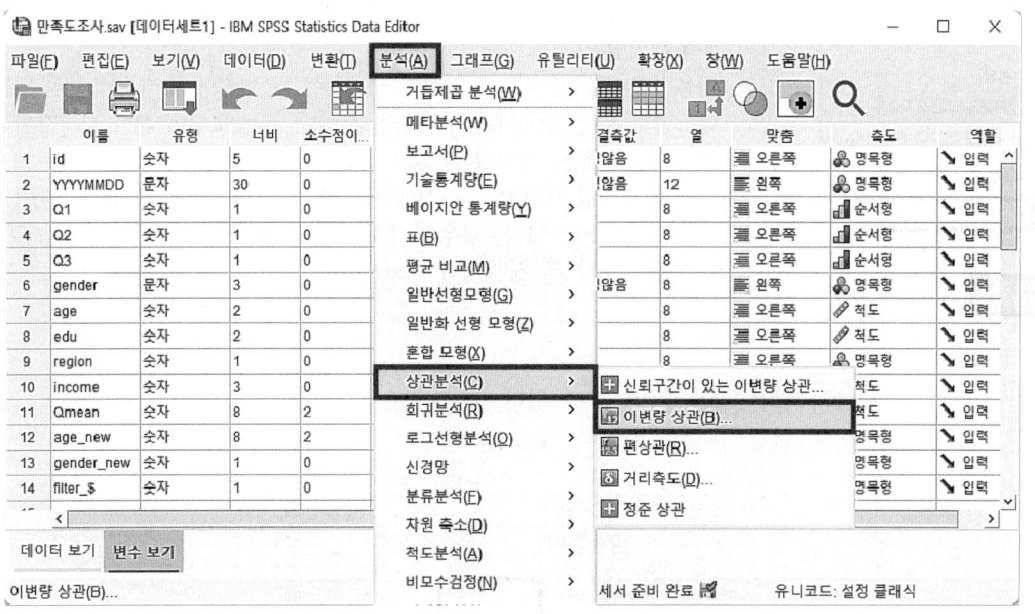

③ '이변량 상관계수' 창에서 만족도 평균(Qmean)과 수입(income), 연령(age)을 '변수(V)'로 옮기고, '상관계수'에서 'Pearson', 'Kendall의 타우-b', 'Spearman'과 '유의성 검정'에서 '양측'을 선택한다. 그 후, '옵션(O)'을 클릭한다.

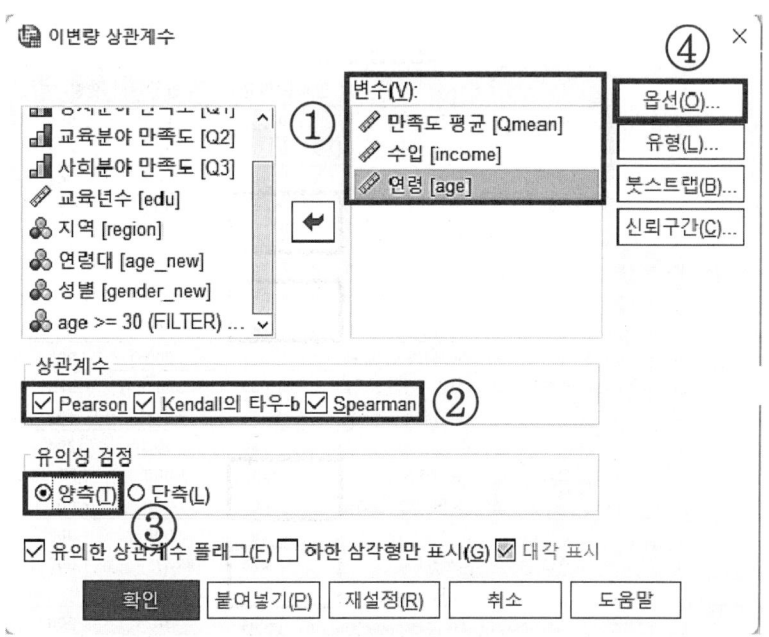

④ '이변량 상관계수: 옵션'의 '결측값'에서 '대응별 결측값 제외(P)'를 선택하고, '계속(C)'을 클릭한다.

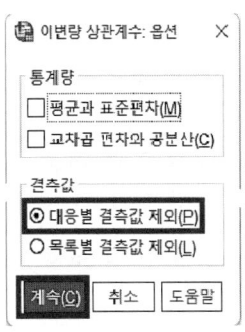

* **결측 제외 방법**
  - 대응별 결측값 제외(P) : 분석에 사용하는 두 변수에 대해 결측값이 없는 케이스만 사용(한 상관계수의 대응변수 하나 또는 모두에 대한 결측값이 있는 케이스는 분석시 제외된다)
  - 목록별 결측값 제외(L) : 분석에 사용한 모든 변수에 대해서 결측값이 없는 케이스만 이용 → 모든 경우에 대해 N이 같다(변수에 대한 결측값을 포함하는 케이스는 모든 상관에서 제외된다).

⑤ '확인'을 누르면 다음과 같은 결과를 얻을 수 있다.

상관관계

		만족도 평균	수입	연령
만족도 평균	Pearson 상관	1	.313**	.095
	유의확률 (양측)		<.001	.103
	N	299	293	294
수입	Pearson 상관	.313**	1	.260**
	유의확률 (양측)	<.001		<.001
	N	293	308	303
연령	Pearson 상관	.095	.260**	1
	유의확률 (양측)	.103	<.001	
	N	294	303	309

**. 상관관계가 0.01 수준에서 유의합니다(양측).

비모수 상관

상관관계

			만족도 평균	수입	연령
Kendall의 타우-b	만족도 평균	상관계수	1.000	.213**	.055
		유의확률 (양측)	.	<.001	.186
		N	299	293	294
	수입	상관계수	.213**	1.000	.172**
		유의확률 (양측)	<.001	.	<.001
		N	293	308	303
	연령	상관계수	.055	.172**	1.000
		유의확률 (양측)	.186	<.001	.
		N	294	303	309
Spearman의 rho	만족도 평균	상관계수	1.000	.308**	.078
		유의확률 (양측)	.	<.001	.182
		N	299	293	294
	수입	상관계수	.308**	1.000	.238**
		유의확률 (양측)	<.001	.	<.001
		N	293	308	303
	연령	상관계수	.078	.238**	1.000
		유의확률 (양측)	.182	<.001	.
		N	294	303	309

**. 상관관계가 0.01 수준에서 유의합니다(양측).

⑥ 피어슨 상관계수 분석결과, 만족도 평균(Qmean)과 수입(income) 간의 상관계수는 0.313이고 유의확률은 <.001으로 0.05보다 작으므로 유의수준 5%하에서 귀무가설을 기각한다. 즉, 만족도 평균(Qmean)과 수입(income) 간에 선형연관성이 있다고 할 수 있다.
만족도 평균(Qmean)과 연령(age) 간의 상관계수는 0.096이고 유의확률은 0.103으로 0.05보다 크므로 유의수준 5%하에서 귀무가설을 채택한다. 즉, 만족도 평균(Qmean)과 연령(age) 간에는 선형 연관성이 있다고 할 수 없다.

켄달의 타우 분석결과, 만족도 평균(Qmean)과 수입(income) 간의 상관계수는 0.213이고 유의확률은 <.001으로 0.05보다 작으므로 유의수준 5%하에서 귀무가설을 기각한다. 즉, 만족도 평균(Qmean)과 수입(income) 간에 선형연관성이 있다고 할 수 있다.
만족도 평균(Qmean)과 연령(age) 간의 상관계수는 0.055이고 유의확률은 0.186으로 0.05보다 크므로 유의수준 5%하에서 귀무가설을 채택한다. 즉, 만족도 평균(Qmean)과 연령(age) 간에는 선형 연관성이 있다고 할 수 없다.

스피어만 순위상관계수 분석결과, 만족도 평균(Qmean)과 수입(income) 간의 상관계수는 0.308이고 유의확률은 <.001으로 0.05보다 작으므로 유의수준 5%하에서 귀무가설을 기각한다. 즉, 만족도 평균(Qmean)과 수입(income) 간에 선형연관성이 있다고 할 수 있다.
만족도 평균(Qmean)과 연령(age) 간의 상관계수는 0.078이고 유의확률은 0.182로 0.05보다 크므로 유의수준 5%하에서 귀무가설을 채택한다. 즉, 만족도 평균(Qmean)과 연령(age) 간에는 선형 연관성이 있다고 할 수 없다.

* '대응별 결측값 제외'를 선택하였으므로 분석별 케이스 수가 다르게 나타난다.
  만약 '목록별 결측값 제외'를 선택하면, 오른쪽과 같이 모든 분석에서 케이스 수가 같다.

상관관계

		만족도 평균	수입	연령
만족도 평균	Pearson 상관	1	.313**	.095
	유의확률 (양측)		<.001	.103
	N	299	293	294
수입	Pearson 상관	.313**	1	.260**
	유의확률 (양측)	<.001		<.001
	N	293	308	303
연령	Pearson 상관	.095	.260**	1
	유의확률 (양측)	.103	<.001	
	N	294	303	309

**. 상관관계가 0.01 수준에서 유의합니다(양측).

대응별 결측값 제외 시

상관관계ᵇ

		만족도 평균	수입	연령
만족도 평균	Pearson 상관	1	.312**	.096
	유의확률 (양측)		<.001	.104
수입	Pearson 상관	.312**	1	.265**
	유의확률 (양측)	<.001		<.001
연령	Pearson 상관	.096	.265**	1
	유의확률 (양측)	.104	<.001	

**. 상관관계가 0.01 수준에서 유의합니다(양측).
b. 목록별 N=288

목록별 결측값 제외 시

03 단순회귀분석하기

1 단순회귀분석의 기본개념

- 회귀분석 : 설명변수와 반응변수 사이에 식으로 표현되는 관계가 존재하는지를 알아보고, 만약 그러한 관계가 존재한다면 그것이 어떠한 형태로 표현되는지를 파악하여 추론 및 예측을 하고자 하는 것
- 단순선형회귀분석 : 하나의 설명변수와 하나의 반응변수가 있는 모형. 두 변수 사이의 직선 관계를 파악

자료구조 $(x_1, y_1), (x_2, y_2), \cdots, (x_n, y_n)$

$y_i = \beta_0 + \beta_1 x_i + \epsilon_i$, $\epsilon_i \sim N(0, \sigma^2)$이고 독립, $i = 1, 2, \cdots, n$

- **설명(독립)변수** : 반응변수에 대한 설명력이 있을 것으로 판단되며 규정적인 변수
- **반응(종속)변수** : 관심의 대상이며 설명변수에 의해 규정되는 변수

2 단순회귀모형의 적합성

■ 변동의 분해

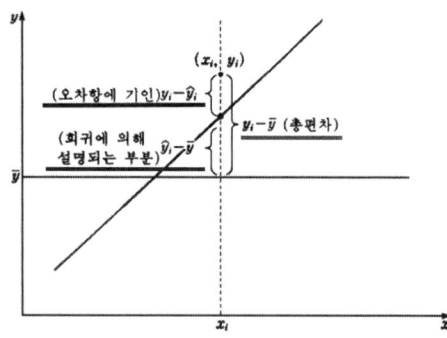

$$\sum_{i=1}^{n}(y_i - \bar{y})^2 = \sum_{i=1}^{n}(\hat{y}_i - \bar{y})^2 + \sum_{i=1}^{n}(y_i - \hat{y}_i)^2$$

SST(총제곱합) = **SSR**(회귀제곱합) + **SSE**(오차제곱합)

| 평균과의 차이에 대한 제곱합 | 회귀선이 설명하는 부분 | 회귀선이 설명하지 못하는 부분 |

- 결정계수(R^2) : 총제곱합 중 처리제곱합의 비율로 모형에 의해 설명되는 부분의 비율

$$R^2 : \frac{SSR}{SST} = 1 - \frac{SSE}{SST}$$

- 결정 계수의 특징
  - 결정 계수의 값은 0부터 1의 값을 가짐.
  - 1에 가까울수록 설명변수와 반응변수의 선형 상관관계의 정도가 크다고 할 수 있음.
  - 단순선형회귀분석에서는 상관계수 r의 제곱의 값이 결정 계수

3 단순회귀모형의 유의성 검정

- 분산분석표(F 분석표)

요인	제곱합	자유도	평균제곱	F값
회귀	SSR	1	SSR/1=MSR	MSR/MSE
잔차	SSE	n−2	SSE/(n−2)=MSE	
계	SST	n−1		

- $SST = \sum_{i=1}^{n}(y_i - \overline{y})^2 = S_{(yy)}$ 총제곱합의 자유도: 표본의 크기−1
- $SSR = \sum_{i=1}^{n}(\hat{y}_i - \overline{y})^2 = \dfrac{S_{(xy)}}{S_{(xx)}^2}$ 회귀제곱합의 자유도: 설명변수의 개수
- $SSE = SST - SSR$ 잔차제곱합의 자유도: 총제곱합의 자유도−회귀제곱합의 자유도

귀무가설(H_0)	회귀모형은 유의하지 않다($\beta_1 = 0$).
대립가설(H_1)	회귀모형은 유의하다($\beta_1 \neq 0$).

$F = \dfrac{MSR}{MSE} > F_{(\alpha, 1, n-2)}$ 이면 H_0 기각

⇒ 모형의 유의미성, 즉 설명변수의 반응변수에 대한 설명력의 유무를 판별

오차분산 σ^2의 추정 $\hat{\sigma}^2 = MSE = \dfrac{SSE}{n-2}$

4 단순회귀계수의 유의성 검정

- 기울기(β_1) 가설검정
  - 가설 : $H_0 : \beta_1 = 0 \; vs \; H_1 : \beta_1 \neq 0$
  - 검정통계량 $T = \dfrac{\widehat{\beta_1} - \beta_1}{s/\sqrt{S_{xx}}} \sim t_{(n-2)}$
- 절편(β_0) 가설검정
  - 가설 : $H_0 : \beta_0 = 0 \; vs \; H_1 : \beta_0 \neq 0$
  - 검정통계량 $T = \dfrac{\widehat{\beta_0} - \beta_0}{s/\sqrt{\dfrac{1}{n} + \dfrac{x^2}{S_{xx}}}} \sim t_{(n-2)}$

예제 1-1

'개인특성에 따른 만족도조사' 자료에서 만족도 평균(Qmean)을 종속변수로 하고 수입(income)을 독립변수로 하여 회귀식을 추정하고 유의수준 5%하에서 회귀모형의 유의성 검정을 실시하시오.

① 메뉴 이용 : [분석(A)] - [회귀분석(R)] - [선형(L)]

② '선형 회귀분석' 창에서 '종속변수(D)'에 만족도 평균(Qmean)을, '독립변수(I)'에 '수입(income)'을 옮기고 '방법(M)'은 '입력'으로 설정한다. 그 후 '통계량(S)'을 선택한다.

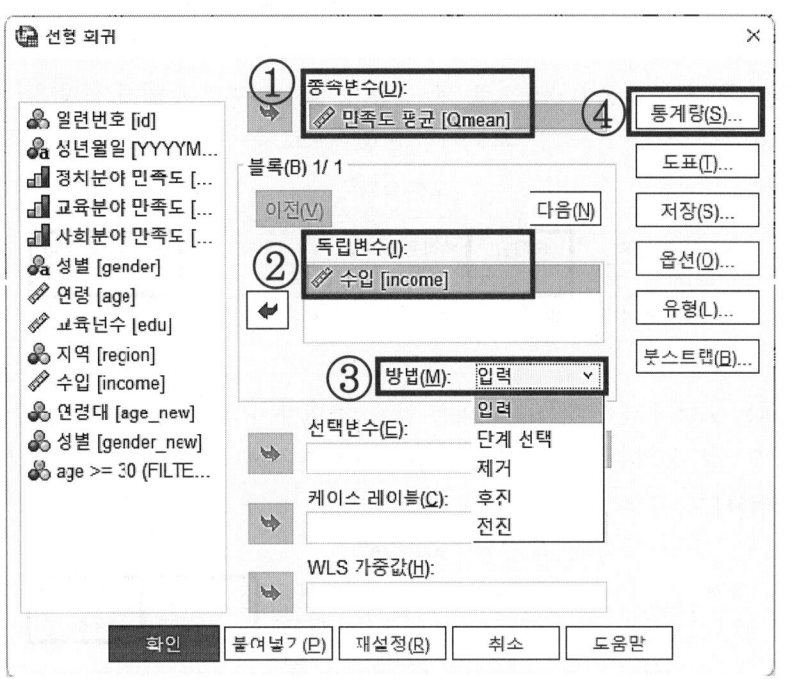

③ '통계량(S)'을 누르고 '추정값(E)', '모형 적합(M)', 그리고 잔차의 독립성 가정을 만족하는지 보기 위한 'Durbin-Watson'을 선택하고 '계속(C)'을 클릭한다.

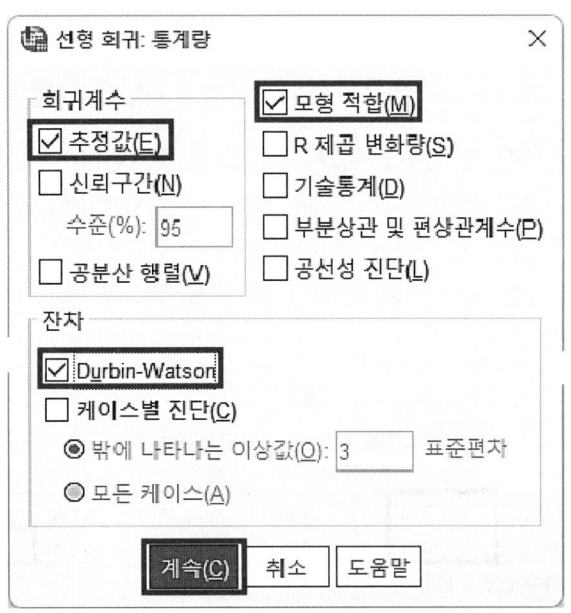

④ '확인'을 클릭하면 아래와 같은 결과를 확인할 수 있다.

⑤ '모형 요약' 표에서는 결정계수 값과 Durbin-Watson 통계량을 얻을 수 있다. Durbin-Watson 통계량은 잔차의 자기상관을 검증하는 방법으로, 0과 4 사이의 값을 가지며 2에 가까울수록 자기상관이 없고 독립성이 있다고 볼 수 있다.

아래의 결과에서 결정계수 값은 0.098으로, 총 변동 중에서 회귀선에 의해 설명되는 비율은 9.8%이다. Durbin-Watson 통계량 값 1.981는 2에 가까운 값이므로 독립성의 가정을 만족함을 알 수 있다.

모형 요약[b]

모형	R	R 제곱	수정된 R 제곱	추정값의 표준오차	Durbin-Watson
1	.313[a]	.098	.095	.91494	1.981

a. 예측자: (상수), 수입
b. 종속변수: 만족도 평균

⑥ 'ANOVA' 표에서는 모형에 대한 적합도 결과를 얻을 수 있다. F값이 31.698이고, 유의확률이 <.001으로 0.05보다 작으므로 유의수준 5%하에서 귀무가설($\beta_1 = 0$)을 기각한다. 따라서 유의수준 5%하에서 회귀모형은 유의하다고 할 수 있다.

ANOVA[a]

모형		제곱합	자유도	평균제곱	F	유의확률
1	회귀	26.535	1	26.535	31.698	<.001[b]
	잔차	243.603	291	.837		
	전체	270.138	292			

a. 종속변수: 만족도 평균
b. 예측자: (상수), 수입

⑦ '계수' 표에서는 회귀계수의 유의성 검정 결과를 얻을 수 있다. 우선, 비표준화 계수 값을 통해 회귀식을 아래와 같이 표현할 수 있다.

$$Y = 2.345 + 0.004X \quad (Y : 만족도\ 평균(Qmean),\ X : 수입(income))$$

회귀식은 수입이 1만원 증가할 때 만족도 평균은 0.004점 증가한다는 것을 의미한다(수입이 100만원 증가할 때 만족도 평균은 0.4점 증가). 표준화 계수 베타값은 독립변수의 영향력을 나타내며, 1에 가까울수록 영향력이 높다는 것을 말한다. 수입에 대한 회귀계수의 유의확률은 <.001으로 0.05보다 작으므로 귀무가설($\beta_1 = 0$)을 기각한다. 따라서 유의수준 5%하에서 수입에 대한 회귀계수는 유의하다고 할 수 있다.

계수[a]

모형		비표준화 계수		표준화 계수	t	유의확률
		B	표준화 오류	베타		
1	(상수)	2.345	.155		15.124	<.001
	수입	.004	.001	.313	5.630	<.001

a. 종속변수: 만족도 평균

5 절편이 없는 회귀(원점을 통한 회귀)

- 일반적으로 단순선형회귀모형은 절편항을 가지고 있음
- 독립변수가 0이면 종속변수도 0이 되어 회귀식이 원점을 지날 때(예 판매량이 0이면 판매수익도 0)는 회귀모형의 상수항(절편항)이 0이 되는데, 이때의 회귀분석을 절편이 없는 회귀(원점을 지나는 회귀)라고 함

> **예제 1-1**
> '개인특성에 따른 만족도조사' 자료에서 만족도 평균(Qmean)을 종속변수로 하고 수입(income)을 독립변수로 하여 절편이 없는 회귀식을 추정하고 유의수준 5%하에서 회귀모형의 유의성 검정을 실시하시오.

① 예제 11-1처럼 '선형 회귀분석' 창에 들어가 독립변수와 종속변수에 분석하고자 하는 변수를 넣어주고 우측의 '옵션(O)'을 클릭한다.

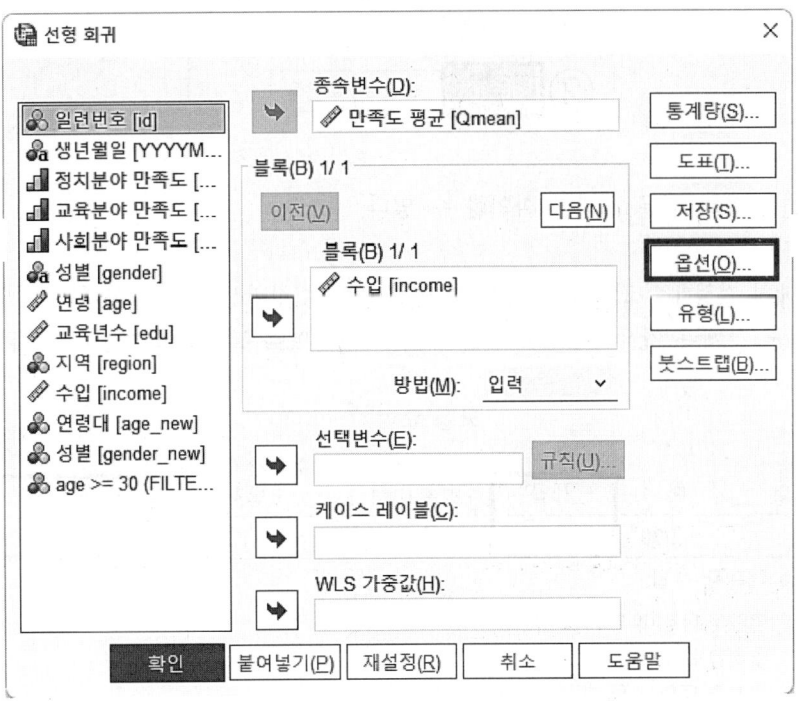

② '옵션' 창에서 '방정식에 상수항 포함(I)'을 체크 해제한 후 '계속(C)'을 클릭한다.

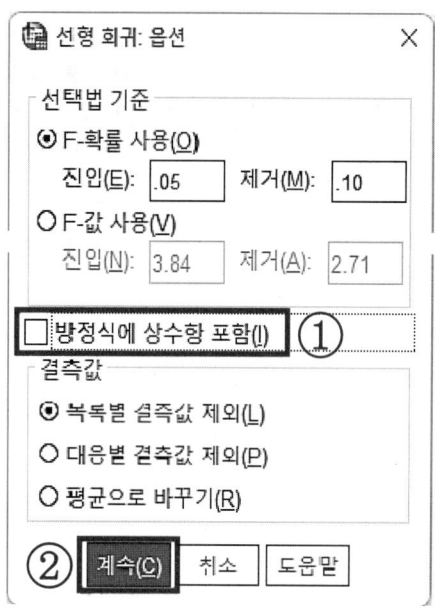

③ '확인'을 누르면 다음과 같은 결과를 확인할 수 있다.

④ '모형 요약' 표에서 결정계수 값이 0.864로, 총 변동 중에서 회귀선에 의해 설명되는 비율은 86.4%이다. Durbin-Watson 통계량 값은 1.905로 2에 가까운 값이므로 독립성의 가정을 만족함을 알 수 있다.

모형 요약[c,d]

모형	R	R 제곱[b]	수정된 R 제곱	추정값의 표준오차	Durbin-Watson
1	.930[a]	.864	.864	1.22064	1.905

a. 예측자: 수입
b. measures the propotionality...
c. 종속변수: 만족도 평균
d. 원점을 통한 선형 회귀

⑤ '분산분석' 표에서 F값이 1859.123이고, 유의확률이 <.001으로 0.05보다 작으므로 유의수준 5%하에서 귀무가설을 기각한다. 따라서 유의수준 5%하에서 회귀모형은 유의하다고 할 수 있다.

ANOVA[a,b]

모형		제곱합	자유도	평균제곱	F	유의확률
1	회귀	2770.040	1	2770.040	1859.123	<.001[c]
	잔차	435.071	292	1.490		
	전체	3205.111[d]	293			

a. 종속변수: 만족도 평균
b. 원점을 통한 선형 회귀
c. 예측자: 수입
d. 해당 상수가 원점으로부터의 회귀에 대해 0이므로 이 전체 제곱합은 상수에 대해 수정되지 않습니다.

⑥ '계수' 표를 통해 다음과 같은 절편이 없는 회귀식을 추정할 수 있다.

> Y=0.012X (Y : 만족도 평균(Qmean), X : 수입(income))

회귀식은 수입이 1만원 증가할 때 만족도 평균은 0.012점 증가한다는 것을 의미한다. 회귀계수에 대한 유의확률은 <.001으로 0.05보다 작으므로 유의수준 5%하에서 귀무가설을 기각한다. 따라서 유의수준 5%하에시 회귀계수는 유의하다고 할 수 있다.

계수[a,b]

모형		비표준화 계수		표준화 계수	t	유의확률
		B	표준화 오류	베타		
1	수입	.012	.000	.930	43.118	<.001

a. 종속변수: 만족도 평균
b. 원점을 통한 선형 회귀

04 다중회귀분석하기

1 다중회귀분석 기본개념

- **중회귀분석**
  두 개 이상의 독립 변수들과 하나의 종속변수의 관계를 분석하는 기법으로 단순회귀 분석을 확장한 것

- 자료구조 $(x_{11}, x_{12}, \cdots, x_{1k}, y_1), (x_{21}, x_{22}, \cdots, x_{2k}, y_2), \ldots, (x_{n1}, x_{n2}, \cdots, x_{nk}, y_n)$
- 모형

$$y_i = \beta_0 + \beta_1 x_{i1} + \beta_2 x_{i2} + \cdots + \beta_n x_{ik} \xrightarrow{\text{행렬표현}} y_{n \times 1} = X_{n \times (k+1)} \beta_{(k+1) \times 1} + \epsilon_{n \times 1}$$

y : 반응벡터
X : 상수행렬
β : 모수벡터
ϵ : $E(\epsilon) = 0, Cov(\epsilon) = \sigma^2 I$인 정규확률변수 벡터

- 추정회귀식 : $\hat{y} = X\beta$
- 회귀계수의 추정
  오차제곱합 $\epsilon'\epsilon = (y - X\beta)'(y - X\beta)$을 최소로 하는 β의 추정치(최소제곱추정량)
  $\Rightarrow \hat{\beta} = (X'X)^{-1}X'y$

2 가변수(Dummy Variable)의 이해

- **가변수를 활용한 회귀분석**
  가변수(Dummy Variables)를 활용하여 회귀모형에 범주형 데이터 추가 가능
  - 가변수는 0 또는 1의 값을 가진다.
  - 가변수의 개수 = 범주형 변수의 범주 개수 - 1
    (가변수로 만들어지지 않고 생략되는 범주는 기준이 되는 값이라고 이해)

- 예 범주형 변수 : 학년(범주: 1학년, 2학년, 3학년)
  범주의 개수가 3개이므로 2개의 가변수 필요

  가변수$1 = \begin{cases} 1 & (1\text{학년일 때}) \\ 0 & (\text{그렇지 않을 때}) \end{cases}$

  가변수$2 = \begin{cases} 1 & (2\text{학년일 때}) \\ 0 & (\text{그렇지 않을 때}) \end{cases}$

	가변수1	가변수2
1학년	1	0
2학년	0	1
3학년	0	0

예제 1-1

'개인특성에 따른 만족도조사' 자료에서 성별(gender_new, 1 : 여자, 2: 남자)을 더미변수화하여 남자더미 변수(남자인 경우 1, 그 외는 0)를 생성하시오. 지역(region, 1 : 대도시, 2 : 중소도시, 3 : 군소도시) 또한 더미변수화 하여 대도시더미 변수(대도시인 경우 1, 그 외는 0)와 중소도시더미 변수(중소도시인 경우 1, 그 외는 0)를 생성하시오.

다음과 같은 변환이 필요하다.

성별	남자더미
1 : 여자	0
2 : 남자	1

지역	대도시더미	중소도시더미
1 : 대도시	1	0
2 : 중소도시	0	1
3 : 군소도시	0	0

① [변환(T)] - [다른 변수로 코딩변경(R)]

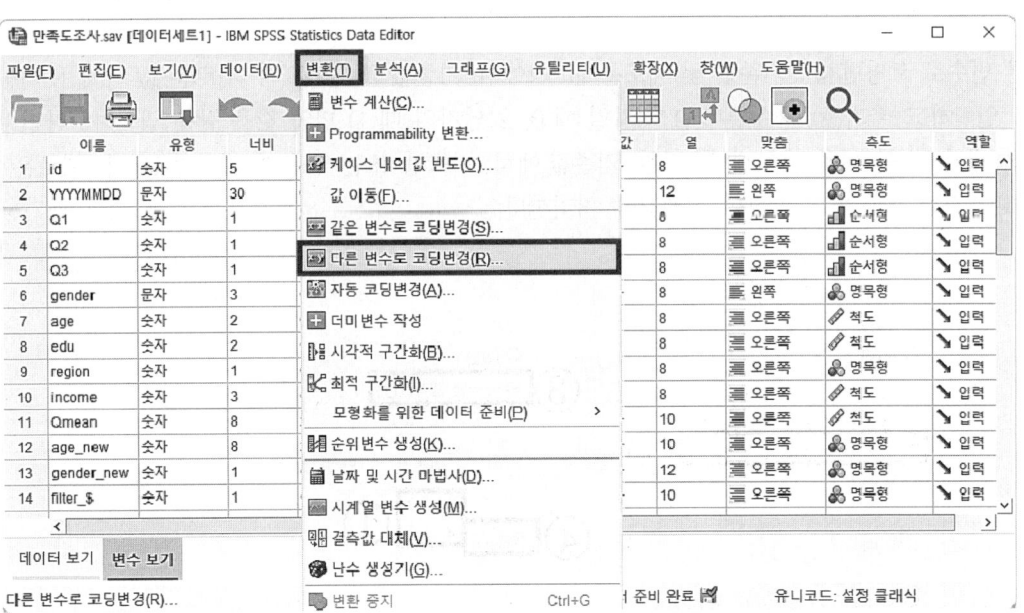

② '다른 변수로 코딩변경' 창에서 성별(gender_new)을 선택하여 우측으로 옮기고, '출력변수'의 '이름(N)'에 원하는 변수명(남자더미)을 기입한다. '변경(H)'을 클릭하고, '기존값 및 새로운 값(O)'을 클릭한다.

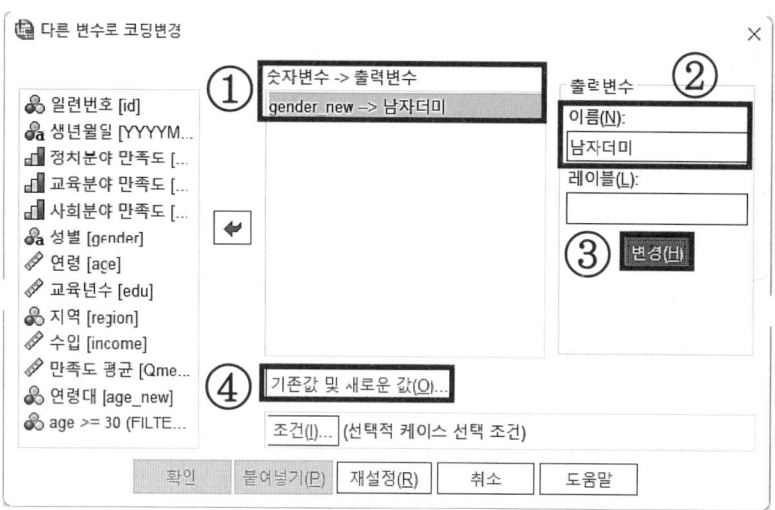

③ '다른 변수로 코딩변경 : 기존값 및 새로운 값' 창에서 '기존값'의 '값(V)'과 '새로운 값'의 '값(L)'에 각각의 값을 입력하고 '추가(A)'를 누른다.(1:여자일 때 0, 2:남자일 때 1) 만약 값을 잘못 입력하였다면 '변경(C)'이나 '제거(M)'를 이용하면 된다. 또한 '기존값'에서 '시스템 또는 사용자 결측값(U)'과 '새로운 값'에서 '시스템 결측값(Y)'을 추가하여 결측값을 처리한다.

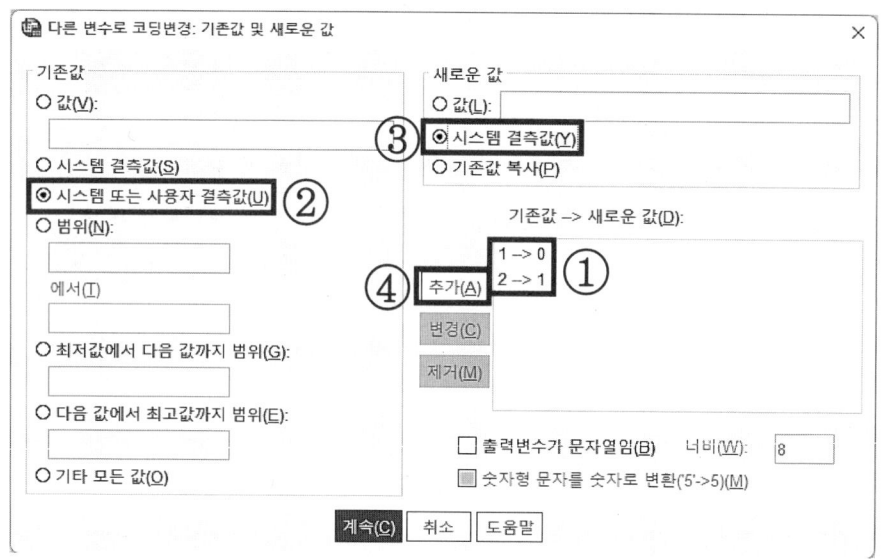

④ 값을 모두 입력한 후 '계속'을 누르면 다시 '다른 변수로 코딩변경' 창이 나타나고, '확인'을 클릭한다.

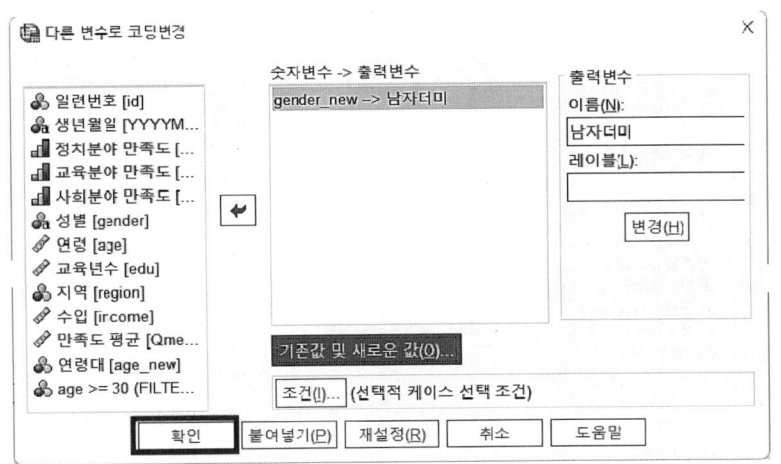

⑤ 대도시더미와 중소도시더미 변수도 동일한 방법으로 생성한다.
 [대도시더미 생성]

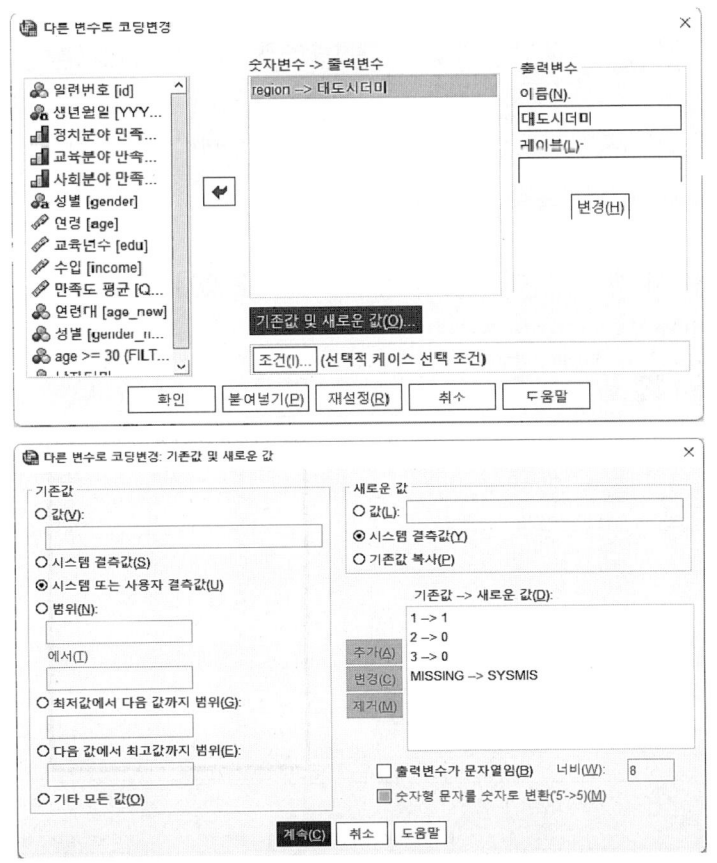

[중소도시더미 생성]

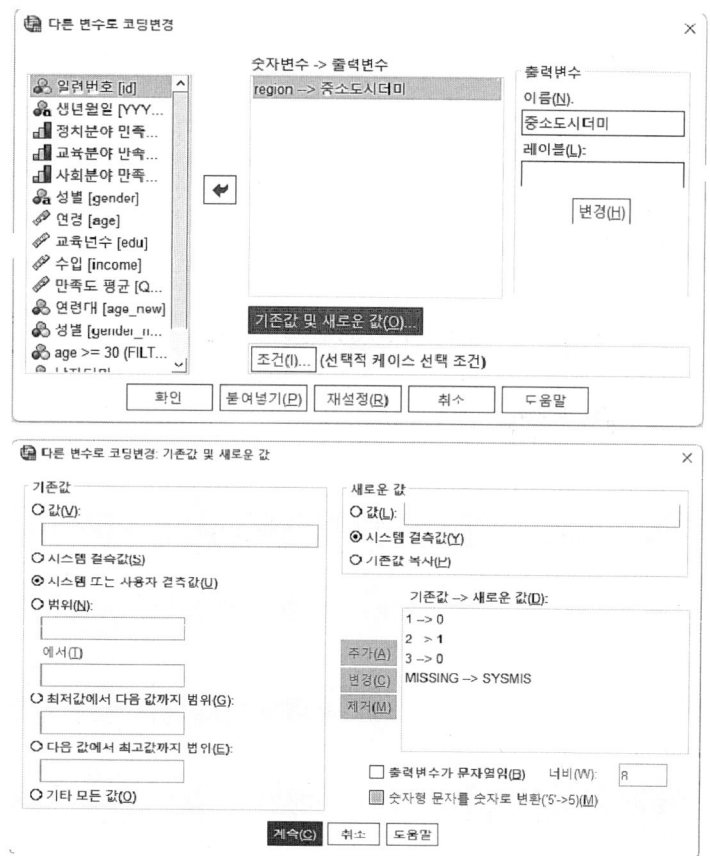

다음과 같이 새로운 세 개의 변수가 생성된 것을 확인할 수 있다.

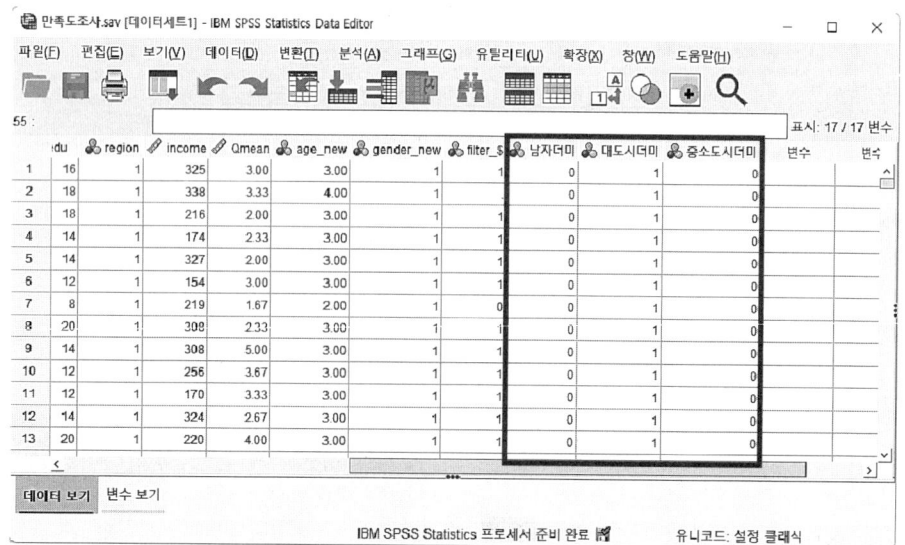

⑥ 성별(gender_new)과 남자더미의 교차표, 지역(region)과 대도시더미, 중소도시더미의 교차표를 작성하여 변수가 제대로 생성되었는지 확인한다.

성별	남자더미
여자	0
남자	1

성별 * 남자더미 교차표

빈도

		남자더미		전체
		0	1	
성별	여자	136	0	136
	남자	0	178	178
전체		136	178	314

지역	대도시더미	중소도시더미
대도시	1	0
중소도시	0	1
군소도시	0	0

지역 * 대도시더미 교차표

빈도

		대도시더미		전체
		0	1	
지역	대도시	0	80	80
	중소도시	117	0	117
	군소도시	113	0	113
전체		230	80	310

지역 * 중소도시더미 교차표

빈도

		중소도시더미		전체
		0	1	
지역	대도시	80	0	80
	중소도시	0	117	117
	군소도시	113	0	113
전체		193	117	310

3 다중회귀모형의 적합성

- 결정계수(R^2) : 총제곱합 중 처리제곱합의 비율로 모형에 의해 설명되는 부분의 비율

$$R^2 : \frac{SSR}{SST} = 1 - \frac{SSE}{SST}$$

  * 다중회귀모형에서는 독립변수의 개수가 늘어나면 독립변수의 영향에 관계없이, 통계적으로 유의하지 않아도 결정계수가 상승할 수 있다. 이 때 수정 결정계수를 사용

- 수정 결정계수($adjusted\ R^2$) : 수정된 결정계수는 표본의 크기(n)와 독립변수의 수(k)를 고려한 결정계수

$$adjusted\ R^2 : 1 - \frac{SSE/(n-k-1)}{SST/(n-1)} = 1 - (1-R^2)\frac{n-1}{n-k-1}$$

4 다중회귀모형의 유의성 검정

- **전체 F-검정**
  설정된 회귀모형이 y를 예측하는데 있어 실제로 유용한지를 결정하는 방법
  모든 β(β_0는 제외)를 동시에 검정

  $H_0 : \beta_1 = \beta_2 = \cdots = \beta_p = 0$
  H_1 : 이들 중 최소한 하나는 0이 아니다.

  $\Leftrightarrow H_0$: y를 예측하는데 있어 어떤 설명변수도 유의하지 않다.
  H_1 : y를 예측하는데 있어 유의한 설명변수가 있다.

- **분산분석표(F 분석표)**

요인	제곱합	자유도	평균제곱	F값
회귀	SSR	k	SSR / k = MSR	MSR/MSE
잔차	SSE	n-k-1	SSE / (n-k-1) = MSE	
계	SST	n-1		

  $SST = \sum_{i=1}^{n}(y_i - \overline{y})^2 = S_{(yy)}$ 총제곱합의 자유도 : 표본의 크기-1

  $SSR = \sum_{i=1}^{n}(\hat{y_i} - \overline{y})^2 = \dfrac{S_{(xy)}}{S_{(xx)}^2}$ 회귀제곱합의 자유도 : 설명변수의 개수

  $SSE = \sum_{i=1}^{n}(y_i - \hat{y_i})^2 = SST - SSR$

  　　　　　　　잔차제곱합의 자유도 : 총제곱합의 자유도-회귀제곱합의 자유도

  ⇒ 판정
  $F = \dfrac{MSR}{MSE} > F_{(\alpha, k, n-k-1)}$이면 H_0 기각, 설명된 모형이 유의하다.

5 다중회귀계수의 유의성 검정

- **회귀계수에 대한 추론**
- 추정회귀계수 $\hat{\beta}$에 대한 평균과 공분산
  - 평균 : $E(\hat{\beta}) = \beta$
  - 공분산행렬 : $Cov(\hat{\beta}) = \sigma^2 (X'X)^{-1}$
  - 추정된 공분산행렬 : $\widehat{Cov(\hat{\beta})} = MSE(X'X)^{-1}$
- 회귀계수에 대한 추론
  - 개별회귀계수 β_i의 신뢰구간 : β_i의 신뢰구간 : $\hat{\beta}_i \pm t_{(n-k-1,\,\alpha/2)} \sqrt{MSEc_{ii}}$

$$\left(\text{이 때, } (X'X)^{-1} = \begin{bmatrix} c_{00} & c_{01} & \cdots & c_{0k} \\ c_{10} & c_{11} & \cdots & c_{1k} \\ \vdots & \vdots & \cdots & \vdots \\ c_{k0} & c_{k1} & \cdots & c_{kk} \end{bmatrix}\right)$$

  - β_i에 대한 가설검정

가설	$H_0 : \beta_i = \beta_{i0}$ vs $H_1 : \beta_i \neq \beta_{i0}$
검정통계량	$T_0 = \dfrac{\hat{\beta}_i - \beta_{i0}}{\sqrt{MSEc_{ii}}} \sim t(n-k-1)$
판정	$\|T_0\| > t(n-k-1, \alpha/2)$ 또는 $p-$값< 0.05이면 귀무가설 기각 * 만약 $\beta_i = 0$인지를 검정하는 경우($H_0 : \beta_i = 0$), H_0가 기각되면 모형에 해당변수를 포함하는 것이 옳다고 판정

- **변수선택**

구분	설명	장단점
전진선택법 (Forward Selection)	절편만 있는 상수모형으로부터 시작하여, 중요하다고 생각되는 설명변수부터 차례로 모형에 추가	〈장점〉 이해하기 쉽고 변수의 개수가 많은 경우에도 사용가능 〈단점〉 변수값의 작은 변동에도 그 결과가 크게 달라져 안정성이 부족
후진제거법 (Backward Elimination)	독립변수 후보 모두를 포함한 모형에서 출발하여, 가장 적은 영향을 주는 변수부터 하나씩 제거하면서 더 이상 제거할 변수가 없을 때의 모형을 선택	〈장점〉 전체 변수들의 정보를 이용 〈단점〉 변수의 개수가 많은 경우 사용하기 어려움
단계선택법 (Stepwise Method)	전진선택법에 의해 변수를 추가하면서 새롭게 추가된 변수에 기인해 기존 변수의 중요도가 약화되면 해당변수를 제거하는 등 단계별로 추가 또는 제거되는 변수의 여부를 검토해 더 이상 없을 때 중단	

📖 **예제 1-1**

'개인특성에 따른 만족도조사' 자료에서 만족도 평균(Qmean)을 종속변수로 하고 수입(income), 연령(age), 성별 (gender_new), 지역(region)을 독립변수로 하여 다중회귀식을 추정하고 유의수준 5%하에서 회귀모형의 유의성 검정을 실시하시오(성별(gender_new)과 지역(region)은 범주형 변수이므로 예제 12-1에서 생성한 더미변수를 활용하시오).

① 메뉴 이용 : [분석(A)] - [회귀분석(R)] - [선형(L)]

② '선형 회귀분석' 창에서 '종속변수(D)'에 만족도 평균(Qmean)을, '독립변수(I)'에 '수입(income)', 연령(age), 남자더미, 대도시더미, 중소도시더미를 옮기고 '방법(M)'은 '입력'으로 설정한다. 그 후, '통계량(S)'을 클릭한다.

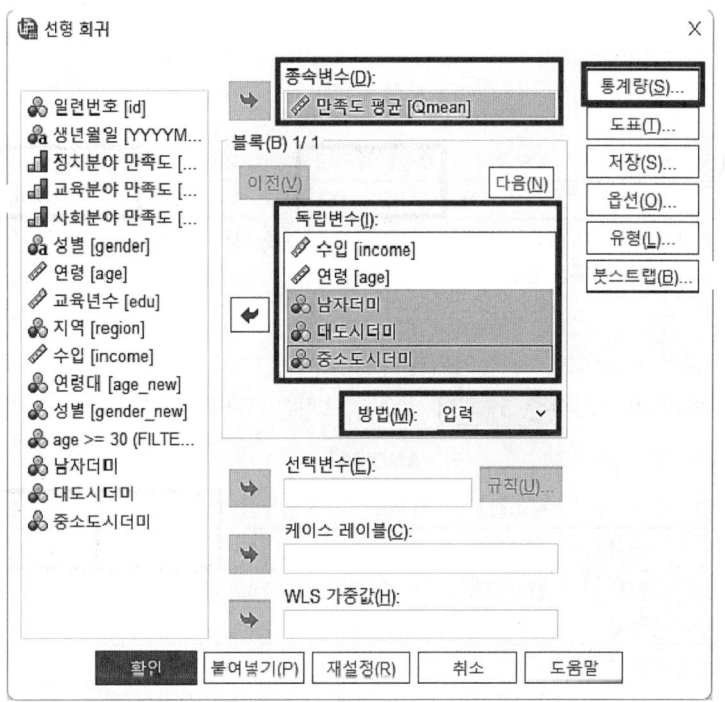

③ '선형 회귀: 통계량' 창에서 '추정값(E)', '모형 적합(M)', 그리고 다중공선성을 살펴보기 위한 '공선성 진단(L)'과 잔차의 독립성 가정을 만족하는지 보기 위한 'Durbin-Watson'을 선택하고 '계속(C)'을 클릭한다.

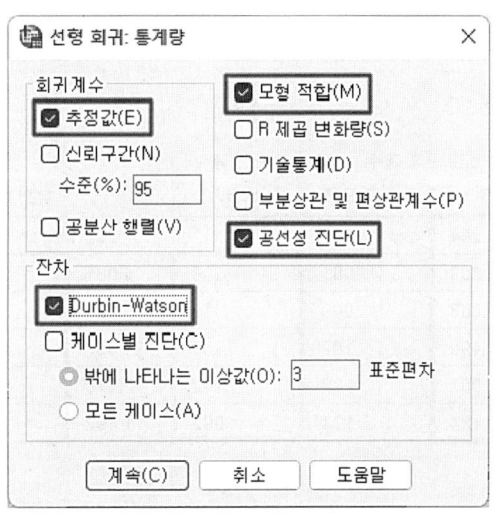

④ '확인'을 클릭하면 다음과 같은 결과를 확인할 수 있다.

⑤ '모형 요약' 표에서 수정된 결정계수 값이 0.166으로, 총 변동 중에서 회귀선에 의해 설명되는 비율은 16.6%이다. Durbin-Watson 통계량 값은 2.257으로 2에 가까운 값이므로 독립성의 가정을 만족함을 알 수 있다.

모형 요약[b]

모형	R	R 제곱	수정된 R 제곱	추정값의 표준오차	Durbin-Watson
1	.425[a]	.181	.166	.87321	2.257

a. 예측자: (상수), 중소도시더미, 남자더미, 수입, 연령, 대도시더미
b. 종속변수: 만족도 평균

⑥ 'ANOVA' 표에서 F값이 12.272이고, 유의확률이 <.001로 0.05보다 작으므로 유의수준 5%하에서 귀무가설을 기각한다. 따라서 유의수준 5%하에서 회귀모형은 유의하다고 할 수 있다.

ANOVA[a]

모형		제곱합	자유도	평균제곱	F	유의확률
1	회귀	46.786	5	9.357	12.272	<.001[b]
	잔차	211.973	278	.762		
	전체	258.759	283			

a. 종속변수: 만족도 평균
b. 예측자: (상수), 중소도시더미, 남자더미, 수입, 연령, 대도시더미

⑦ '계수' 표를 통해 다음과 같은 회귀식을 추정할 수 있다.

Y=2.204 + 0.003*수입 - 0.003*연령 + 0.498*남자더미 + 0.307*대도시더미 + 0.184*중소도시더미
(Y : 만족도 평균(Qmean))

계수[a]

모형		비표준화 계수		표준화 계수	t	유의확률	공선성 통계량	
		B	표준화 오류	베타			공차	VIF
1	(상수)	2.204	.302		7.303	.000		
	수입	.003	.001	.238	4.081	.000	.866	1.154
	연령	-.003	.009	-.019	-.327	.744	.913	1.096
	남자더미	.498	.107	.258	4.637	.000	.952	1.050
	대도시더미	.307	.138	.142	2.218	.027	.717	1.395
	중소도시더미	.184	.124	.093	1.492	.137	.753	1.328

a. 종속변수: 만족도 평균

먼저 공선성 통계량 값을 보면, 공차의 값이 모두 0.1 이상이고 VIF 값이 10 미만이므로 다중공선성 문제는 나타나지 않는다.

> ■ **다중공선성(Multicollinearity)**
> – 다수의 독립변수가 서로 지나치게 높은 상관관계를 가지면서 회귀계수 추정의 오류가 발생하는 문제
> – 공차(Tolerance)<0.1이고 VIF(분산팽창지수)≥10이면 다중공선성이 나타났다고 판단

회귀계수에 대한 유의확률을 보면 수입은 .000 남자더미는 .000, 대도시더미는 0.027로 0.05보다 작으므로 유의수준 5%하에서 귀무가설을 기각한다. 따라서 유의수준 5%하에서 수입, 남자더미, 대도시더미의 회귀계수는 유의하다고 할 수 있다.
연령의 경우 유의확률이 0.744, 중소도시더미의 경우에는 0.137로 0.05보다 크므로 유의수준 5%하에서 귀무가설을 채택한다. 따라서 유의수준 5%하에서 연령, 중소도시더미의 회귀계수는 유의하다고 할 수 없다.
표준화 계수 베타값를 보면, 남자더미(0.258) > 수입(0.238) > 대도시더미(0.142) > 중소도시더미(0.093) > 연령(-0.019) 순으로 만족도 평균을 설명하는 데 더 중요한 변수로 나타난다.

예제 12-2의 다중회귀분석을 단계선택법으로 변경하여 최종적으로 추정된 회귀식을 구하시오.

① '선형 회귀분석' 창에서 예제와 동일하게 '종속변수(D)'와 '독립변수(I)'를 지정하고 '방법(M)'은 '단계 선택'으로 설정한다.

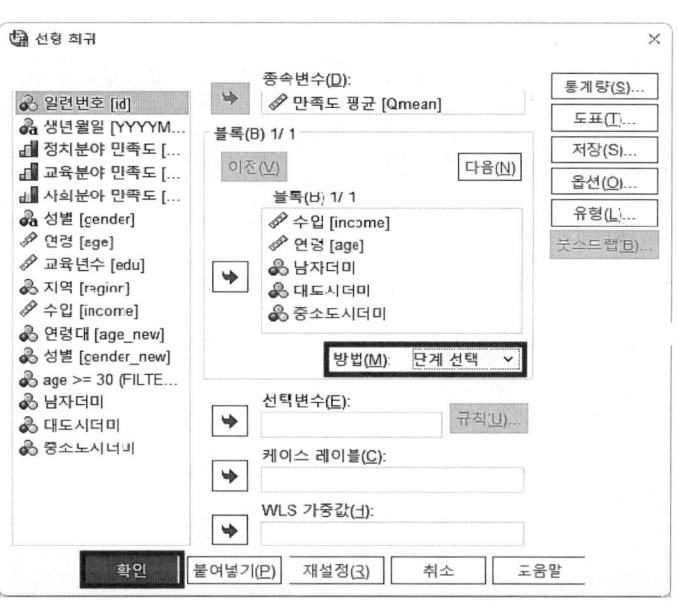

② '확인'을 클릭하면 다음과 같은 결과를 확인할 수 있다.

③ '입력/제거된 변수' 표에서 모형1에서는 남자더미 변수가 선택되었고, 모형2에서는 수입 변수가 선택되었음을 확인할 수 있다. '계수'표로부터 모형1, 모형2의 각각의 회귀식을 추정할 수 있다.

| 모형1 | Y=2.815 + 0.598*남자더미 |
| 모형2 | Y=2.167 + 0.521*남자더미 + 0.003*수입 |

입력/제거된 변수[a]

모형	입력된 변수	제거된 변수	방법
1	남자더미	.	단계선택 (기준: 입력에 대한 F의 확률 <=.050, 제거에 대한 F의 확률 >=.100).
2	수입	.	단계선택 (기준: 입력에 대한 F의 확률 <=.050, 제거에 대한 F의 확률 >=.100).

a. 종속변수: 만족도 평균

계수[a]

모형		비표준화 계수 B	표준화 오류	표준화 계수 베타	t	유의확률
1	(상수)	2.815	.083		34.001	<.001
	남자더미	.598	.109	.310	5.468	<.001
2	(상수)	2.167	.156		13.903	<.001
	남자더미	.521	.106	.270	4.900	<.001
	수입	.003	.001	.267	4.846	<.001

a. 종속변수: 만족도 평균

④ 위의 모형2에서 남자더미와 수입의 회귀계수의 유의확률이 모두 유의한 것으로 나타났다. 유의한 변수가 모두 포함되어 있는 모형2를 최종모형으로 선택한다.

6 자료의 유형에 따른 분석방법의 결정

		독립변수	
		범주형	연속형
종속변수	범주형	카이제곱검정(교차분석)	로지스틱 회귀분석
	연속형	T-검정, 분산분석	회귀분석, 상관분석

05

SPSS 문제 풀이

빅픽처 사회조사분석사2급
[실기형] 기출문제집

CHAPTER 05 SPSS 문제 풀이

출제 경향 분석

분석준비

- 자료 파일 불러오기(txt파일, Tab 구분자)
- 변수 보기 창에서 유형, 레이블, 값, 결측값, 측도 처리
- 변수계산
- 자동 코딩변경(문자형 → 숫자형)
- 다른 변수로 코딩변경
- 문자변수 추출
- 역문항 처리
- 케이스 선택
- 파일분할
- 빈도분석으로 오류값 찾기 및 결측값 처리

기술통계량

- 기술통계량의 기술통계
- 빈도분석으로 기술통계량 계산

교차분석

- 교차표 작성, 교차분석

T검정

- 집단별 평균분석
- 일표본 T검정
- 두 집단에 대한 독립표본 T 검정

일원배치 분산분석

- 일원배치 분산분석에서 기술통계표 작성
- Levene 통계량을 이용한 분산의 동질성 검정
- Duncan 방법을 이용한 사후검정
- Scheffe 방법을 이용한 사후검정

상관분석

- 피어슨 상관계수 및 상관분석

회귀분석

- 회귀모형의 적합성 검정
- 절편이 없는 회귀
- 다중회귀모형의 유의성 검정
- 다중회귀식 추정
- 다중회귀식의 예측값과 잔차
- 더미변수 회귀분석
- 단계별 회귀분석
- 회귀분석에서 독립변수의 상대적 중요도
- 수정결정계수

01 작업형 유사 기출문제 풀이

※ SPSS를 이용하여 통계분석을 수행한 결과의 일부를 답안지에 직접 작성하시기 바랍니다. 결과 값은 특별한 언급이 없는 한 반올림하여 작성하시기 바랍니다.

주어진 데이터는 총 200명을 남녀 근로자를 대상으로 "직무만족도 조사"를 실시한 결과이다. 질문은 크게 직무내적 만족도와 직무외적 만족도로 구성되어 있으며, 인구통계학적 변수로는 성별, 연령, 근속년수가 있다. 만족도는 모두 리커트 7점 척도(1: 매우 불만족 ~ 7: 매우 만족)로 측정하였는데, 이 중 '일 생활 균형 문항(S5)은 반대로 질문(1: 매우 만족 ~ 7: 매우 불만족)하였다. 응답데이터는 "직무만족도.txt"로 저장되어 있는 텍스트 파일이며, 아래의 [표1]은 데이터 코딩 양식이다. 변인과 변인 간에는 TAB으로 구분되어 있고, 모든 문항에 무응답이 있는 경우에는 "9" 혹은 "99"로 입력되어 있다. 결측값은 해당 분석에서만 제외한다.

[표1] 데이터 코딩 양식

변수명	변수설명		내용	결측값
ID	일련번호		일련번호(1~200)	없음
S1	직무내적	업무	1: 매우 불만족 2: 대체로 불만족 3: 약간 불만족 4: 보통 5: 약간 만족 6: 대체로 만족 7: 매우 만족	9
S2		장래성		
S3	직무외적	보수 및 승진		
S4		대인관계		
S5		일-생활 균형	1: 매우 만족 ~ 7: 매우 불만족	
Sat	전반적 만족도		1: 매우 불만족 ~ 7: 매우 만족	
gender	성별		1: 남자 2: 여자	없음
age	연령		20세 이상	99
period	근속년수		1: 3년 미만 2: 3년 이상 5년 미만 3: 5년 이상 10년 미만 4: 10년 이상 20년 미만 5: 20년 이상	9

문제 1 근로자의 인구통계학적 특성에 따른 응답자들의 빈도 및 전체 응답자에 대한 비율(퍼센트)을 구하시오.

(1) 근로자의 성별(gender)에 따른 응답자들의 빈도 및 전체 응답자에 대한 비율(퍼센트)을 구하시오.

성별	빈도(명)	유효 퍼센트(%)	누적 퍼센트(%)
남자			
여자			
전체			

(2) 근로자의 연령(age)를 범주화(30대 이하, 40대, 50대 이상)한 후 범주화된 연령대에 따른 응답자들의 빈도 및 전체 응답자에 대한 비율(퍼센트)을 구하시오.

연령대	빈도(명)	유효 퍼센트(%)	누적 퍼센트(%)
30대 이하			
40대			
50대 이상			
전체			

문제 2 근로자의 성별에 따른 전반적 만족도(Sat)에 차이가 있는지 검정하고자 한다.

(1) 분석에 앞서 무엇을 검정할 것인지 가설을 설정하고 μ_1, μ_2를 이용해 수식으로 작성하시오.

귀무가설(H_0)	
대립가설(H_1)	

(2) 다음 통계량 값을 구하시오.

$\mu_1 - \mu_2$의 추정치	□.□□	
$\mu_1 - \mu_2$ 추정량의 표준오차	□.□□	
$\mu_1 - \mu_2$의 95% 신뢰구간	하한 □.□□	상한 □.□□

(3) 검정통계량 값과 유의확률을 구하고 유의수준 5%에서 가설검정을 실시하시오.

검정통계량 값	□.□□□
유의확률	□.□□□
검정결과	

문제 3 남녀 근로자의 직무내적 만족도를 Y1, 직무외적 만족도를 Y2로 새 변수 생성한 후 각 항목별 평균만족도를 구하고자 한다. 단, 일-생활 균형 문항(S5)은 반대로 질문하였으므로 역으로 코딩 변환 후 분석에 사용하시오.

(1) 근로자들의 만족도 조사 결과 다음의 각 항목에 대한 평균만족도 통계량 값을 구하시오.

변수	최솟값	최댓값	중위수	평균	표준편차
직무내적 만족도(Y1)					
직무외적 만족도(Y2)					

(2) 직무내적 만족도(Y1)와 직무외적 만족도(Y2) 간 선형관계의 정도를 알기 위해 상관분석을 실시하여 피어슨의 상관계수를 구하시오.

변수	직무내적 만족도(Y1)	직무외적 만족도(Y2)
직무내적 만족도(Y1)	1.000	□.□□□
직무외적 만족도(Y2)		1.000

문제 4 근로자들의 연령대(30대 이하, 40대, 50대 이상)에 따른 전반적 만족도(Sat)에 차이가 있는지를 유의수준 5%에서 가설검정하고자 한다.

(1) 분석에 앞서 무엇을 검정할 것인지 가설을 설정하고 μ_1, μ_2, μ_3을 이용해 수식으로 작성하시오.

귀무가설(H_0)	
대립가설(H_1)	

(2) 세 개의 범주로 범주화된 연령대별 전반적 만족도(Sat)의 기술통계량 값을 구하시오.

연령대	빈도수	평균	표준편차
30대 이하	***	□.□□	□.□□
40대	***	***	□.□□
50대 이상	***	□.□□	***

(3) 다음의 분산분석표를 작성하시오.

구분	제곱합	자유도	평균제곱	F	유의확률
그룹 간	□□.□	***	□□.□	□□.□□□	***
그룹 내	***	***	□□.□		
합계	***	***			

(4) 위의 분산분석 결과를 보고 분석에 따른 결과 및 이유를 작성하시오.

결과	
이유	

(5) 분석 결과 유의한 차이가 있다면 유의수준 5%에서 Duncan의 방법으로 사후분석한 후 다중비교 결과를 아래의 표에 작성하시오. 유의한 차이가 있을 경우 'O'로 표시하시오.

전반적 만족도의 평균 순위	1	2	3
연령대			
유의한 평균차이	⌊__ ( ) ____⌋	⌊_ ( ) _____⌋	
	⌊_____ ( ) _____⌋		

문제 5 세 개의 범주로 범주화된 연령대별 근속년수(period)에 차이가 있는지를 가설검정하고자 한다.

(1) 연령대에 따라 근속년수(period)에 차이가 있는지 알고자 할 때 아래 교차표를 작성하시오(단, 비중은 행 퍼센트임).

연령대		근속년수					전체
		3년 미만	3~5년 미만	5~10년 미만	10~20년 미만	20년 이상	
1: 30대 이하	근로자 수	***	***	***	***	□□	***
	비중(%)	***	***	***	***	□□.□	100.0
2: 40대	근로자 수	***	***	***	***	□□	***
	비중(%)	***	***	***	***	□□.□	100.0
3: 50대 이상	근로자 수	***	***	***	***	□□	***
	비중(%)	***	***	***	***	□□.□	100.0
전체 근로자 수(%)		***	***	***	***	***	***

(2) 위 교차분석은 어떤 가설검정을 실시하기 위해서인지 가설을 설정하시오.

귀무가설(H_0)	
대립가설(H_1)	

(3) 검정통계량의 값과 유의수준 5%에서 검정한 결과를 작성하시오.

검정통계량의 값	□□□.□□□
검정결과	

문제 6 각 항목의 평균만족도 직무내적 만족도(Y1)와 직무외적 만족도(Y2)와 연령(age)이 전반적 만족도(Sat)에 미치는 영향을 알아보기 위해 회귀분석을 실시하고자 한다.

(1) 중회귀분석을 수행한 후 다음의 F검정 표를 작성하시오.

구분	제곱합	자유도	평균제곱	검정통계량	유의확률
회귀모형	***	□	***	□□□.□□□	***
잔차	***	□□	***		
합계	***	□□			

(2) 위의 F검정은 어떤 가설검정을 실시하기 위해서인지 가설을 설정하시오.

귀무가설(H_0)	
대립가설(H_1)	

(3) 중회귀분석 결과로부터 유의수준 5%에서 회귀모형의 적합도에 대한 유의성 검정 결과와 이유, 그리고 수정된 결정계수(%)를 작성하시오.

회귀모형의 적합도 검정결과	
이유	
수정된 결정계수(단위: %)	

(4) 추정된 회귀직선식을 작성하시오(단, 소숫점은 반올림하여 소수 셋째 자리로 표현하시오).

1 분석을 위해 필요한 핵심역량

문제 1. 빈도분석, 코딩변경으로 새로운 변수 생성
문제 2. 독립표본 T검정
문제 3. 역문항 코딩 변경, 변수 계산, 기술통계분석, 피어슨의 상관계수 및 상관분석
문제 4. 일원배치 분산분석, Duncan의 방법을 이용한 사후검정
문제 5. 교차분석
문제 6. 중회귀모형의 적합도 검정, 회귀식 추정, 수정된 결정계수

2 분석을 위한 준비

(1) 데이터 불러오기

파일(F) - 데이터 가져오기(D) - 텍스트 데이터(T)

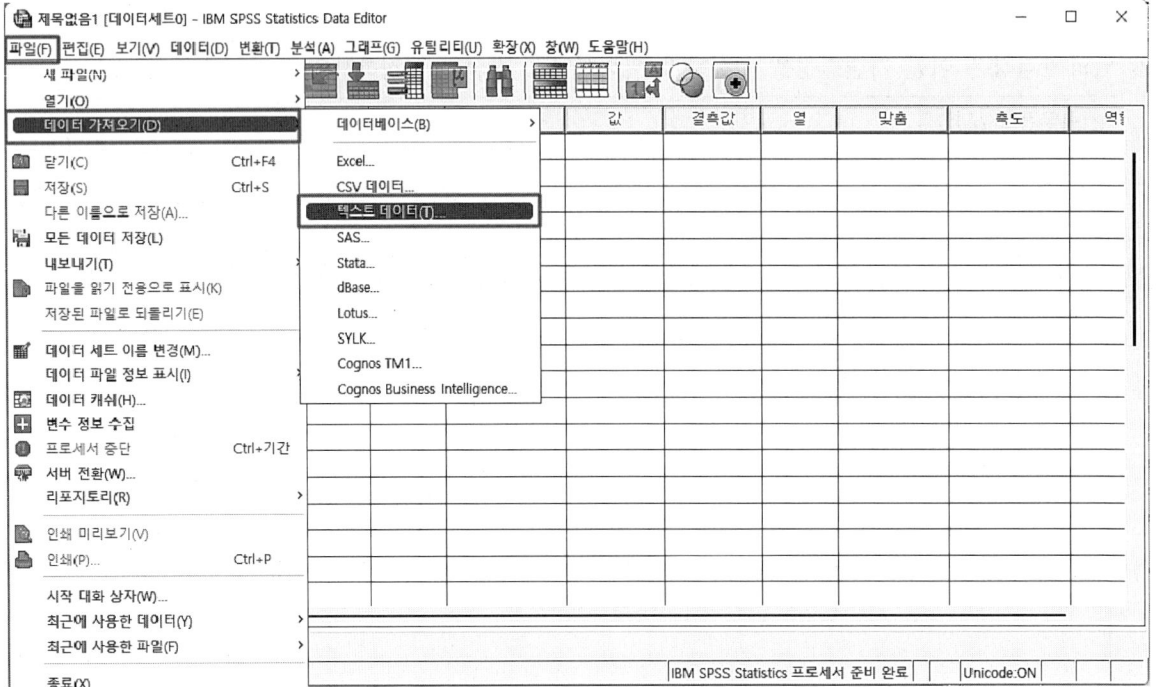

아래와 같은 데이터 열기 대화상자가 나타나면 파일 유형을 텍스트로 설정하고 인코딩을 유니코드(UTF-8)로 설정한다. 다음으로 자료가 저장되어 있는 위치를 확인하여 가져올 자료인 "직무만족도.txt" 파일을 선택하고 열기를 클릭하면 텍스트 가져오기 마법사 6단계 창이 나타난다.

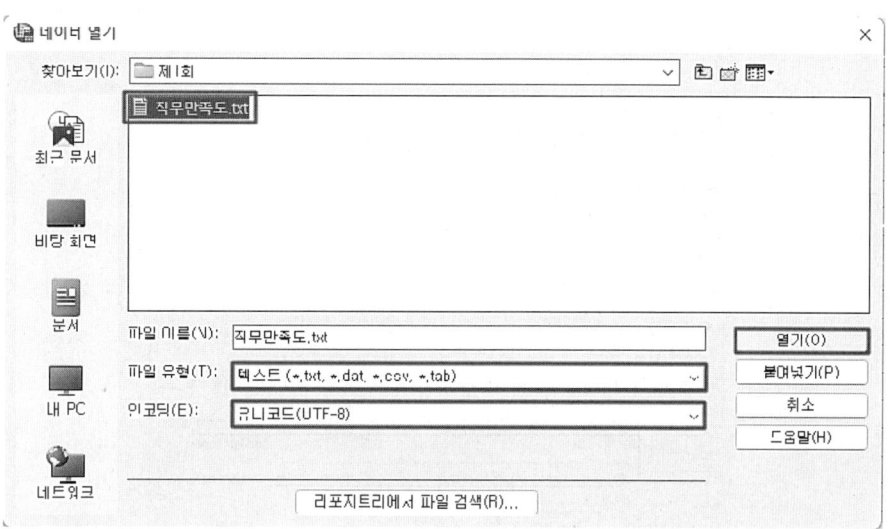

〈텍스트 가져오기 마법사 6단계〉

① 1단계는 텍스트 파일이 사전 정의된 형식과 일치하는지를 묻는 단계이다. '텍스트 파일이 사전 정의된 형식과 일치합니까?' 라는 질문에 '아니오(O)'를 선택한다. 사전에 정의한 형식이 없고, 변인에 대한 정의는 나중에 이루어지기 때문이다. '다음(N)'을 클릭하여 2단계로 넘어간다.

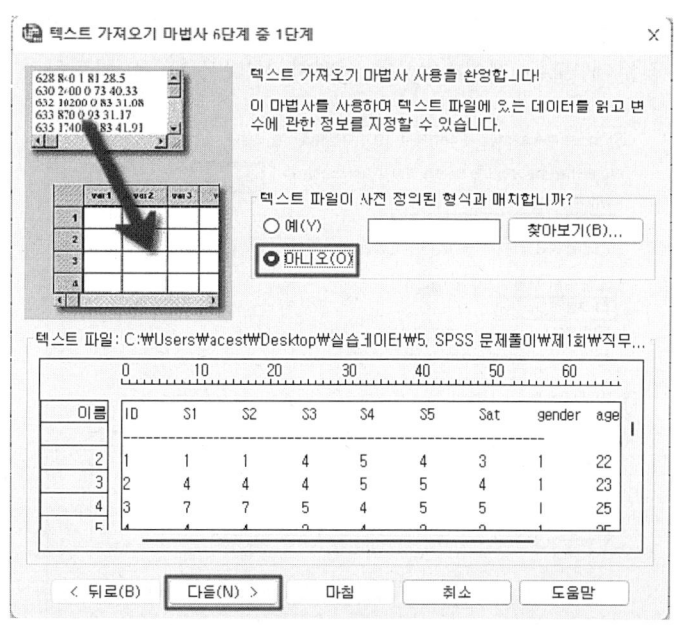

② 2단계는 변수의 배열과 변수의 이름 유무를 묻는 단계이다.

위의 자료는 자료가 탭에 의해 구분되어 있으므로 '변수는 어떻게 배열되어 있습니까?'라는 질문에는 '구분자에 의한 배열(D)'을 선택한다. 그리고 자료의 첫 행에 변수 이름이 있으므로 '변수이름이 파일의 처음에 있습니까?'라는 질문에는 '예(Y)'를 선택하고 '다음(N)'을 클릭하여 3단계로 넘어간다.

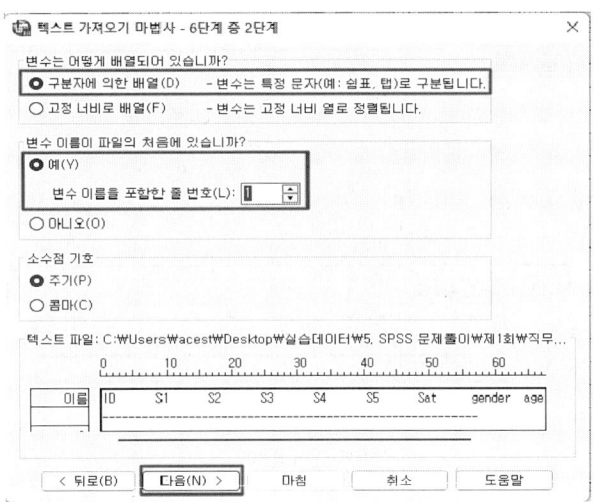

③ 3단계는 가져올 데이터의 범위를 설정하는 단계이다.

위의 자료의 첫 행에 변수의 이름이 들어가 있어 데이터의 첫 번째 케이스는 2행부터 시작하므로 '데이터의 첫 번째 케이스가 몇 번째 줄에서 시작합니까?'라는 항목에는 '2'를 선택한다. 그리고 위 자료의 경우 하나의 케이스가 한 줄에 나타나므로 '케이스가 어떻게 표시되고 있습니까?'라는 질문에 '각 줄은 케이스를 나타냅니다.(L)'를 선택한다. 마지막으로 자료의 모든 케이스를 가져오기 위해 '몇 개의 케이스를 가져오시겠습니까?'라는 질문에 '모든 케이스(A)'를 선택하고 '다음(N)'을 클릭하여 4단계로 넘어간다.

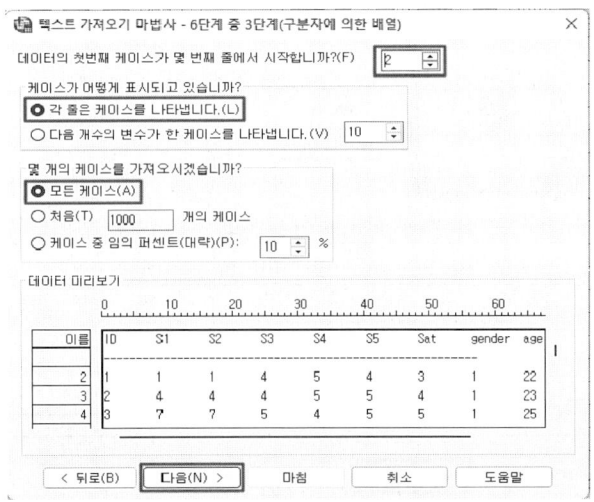

④ 4단계는 변수가 어떤 구분자로 구분되어 있는지를 묻는 단계이다.

위의 자료는 탭에 의해 구분되어 있는 자료이므로 '변수 사이에 어떤 구분자를 사용했습니까?'라는 질문에는 '탭(T)'을 선택한다. 그리고 데이터 미리보기에서 불러오려는 데이터들이 각 변수에 정확히 불러들여졌는지를 확인하고, '다음(N)'을 눌러 5단계로 넘어간다.

⑤ 5단계는 변수이름과 데이터 형식을 지정하는 단계이다.

변수이름과 데이터 형식은 데이터를 불러온 후 SPSS의 변수 보기 창에서 지정하는 것이 더 편리하므로 디폴트로 놔두고 '다음(N)'을 눌러 6단계로 넘어간다.

⑥ 6단계는 파일 형식을 저장할 것인지와 명령문 생성에 관한 단계이다.

대부분의 경우 새로운 연구를 수행하기 때문에 '다음에 사용할 수 있도록 이 파일 형식을 저장하시겠습니까?'라는 질문에 '아니오(O)'를 선택한다. 또한 '명령문을 붙여 넣으시겠습니까?'라는 질문에도 '아니오(N)'를 선택한다. 지금까지의 단계를 되풀이할 예정이면 명령문을 저장하는 것이 편리하지만 그렇지 않다면 명령문을 붙일 필요가 없다. 마지막으로 '마침'을 클릭하면 SPSS 데이터 화면이 나타난다.

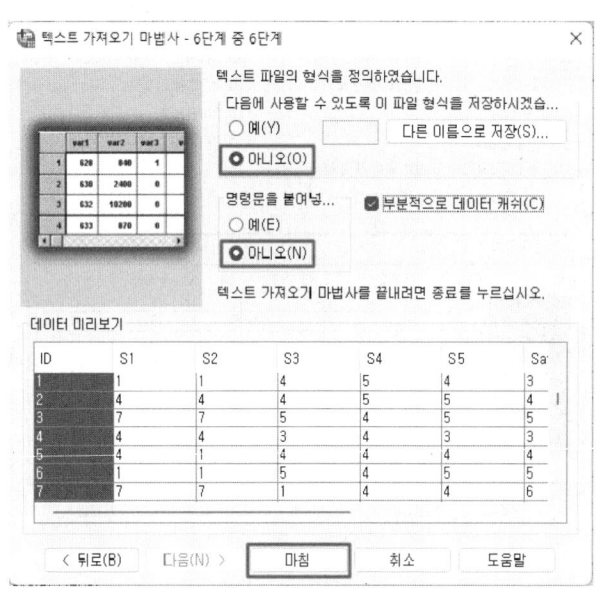

"직무만족도.txt" 파일이 다음과 같이 데이터 보기 창에 불러들여진 것을 확인할 수 있다.

	ID	S1	S2	S3	S4	S5	Sat	gender	age	period	변수
1	1	1	1	4	5	4	3	1	22	1	
2	2	4	4	4	5	5	4	1	23	1	
3	3	7	7	5	4	5	5	1	25	1	
4	4	4	4	3	4	3	3	1	25	1	
5	5	4	1	4	4	4	4	1	26	1	
6	6	1	1	5	4	5	5	1	26	1	
7	7	7	7	1	4	4	6	1	26	1	
8	8	1	1	1	2	1	1	1	27	1	
9	9	3	3	3	3	2	2	1	28	1	
10	10	3	3	3	3	2	3	1	30	1	
11	11	1	1	4	5	5	4	1	30	1	
12	12	7	3	3	4	3	3	1	35	1	
13	13	2	2	2	2	2	2	1	35	1	
14	14	4	4	3	3	3	3	1	31	1	
15	15	7	7	7	7	7	7	1	31	1	
16	16	2	2	3	3	7	5	1	29	1	

(2) 변수 보기 입력 및 결측치 처리

불러온 데이터의 변수 보기 창에서 먼저 변수 이름과 유형이 알맞게 불러들여졌는지 확인하고, 아래와 같이 레이블, 값, 결측값, 측도 등을 처리해 준다.

[레이블]

데이터 코딩 양식을 참고하여 다음과 같이 레이블을 작성한다.

[값]

데이터 코딩 양식을 참고하여 다음과 같이 변수에 알맞은 값을 지정해준다.

- 직무내적_업무(S1), 직무내적_장래성(S2), 직무외적_보수 및 승진(S3), 직무외적_대인관계(S4), 전반적 만족도(Sat) 변수의 값 지정

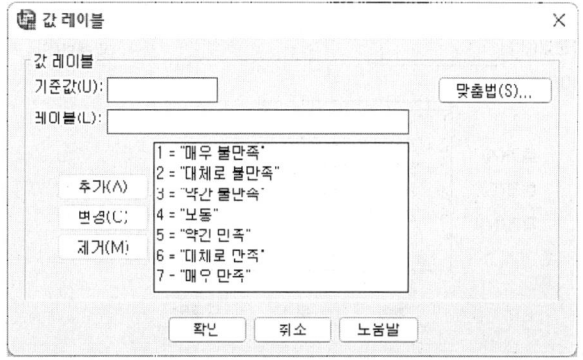

- 직무외적_일 생활 균형(S5) 변수의 값 지정

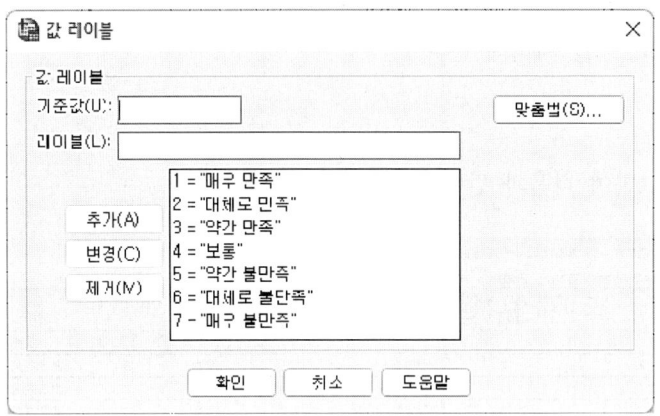

- 성별(gender)의 값 지정

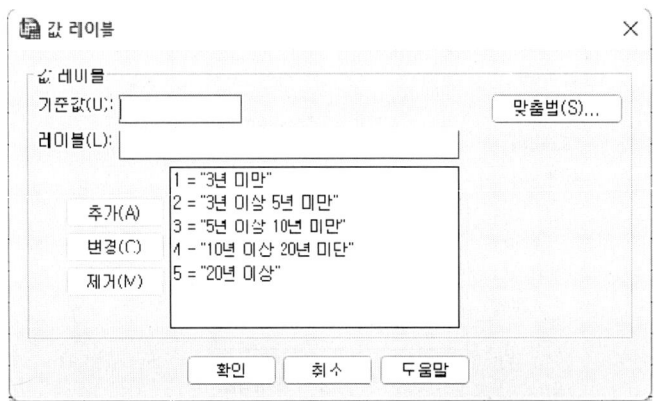

- 근속년수(period)의 값 지정

[결측값]

데이터 코딩 양식을 참고하여 다음과 같이 변수에 결측값을 지정해준다.

- 직무내적_업무(S1), 직무내적_장래성(S2), 직무외적_보수 및 승진(S3), 직무외적_대인관계(S4), 직무외적_일 생활 균형(S5), 전반적 만족도(Sat) 변수의 결측값 지정

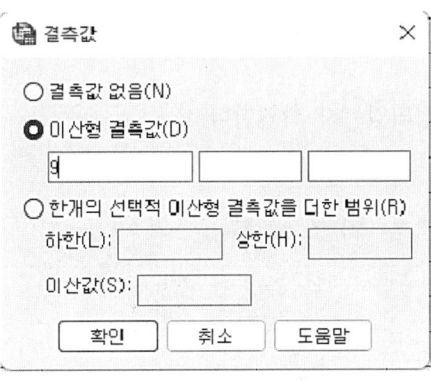

- 연령(age) 변수의 결측값 지정

[측도]

마지막으로 변수의 측도가 잘 지정되었는지 확인한다.

3 분석 수행

문제 1 근로자의 인구통계학적 특성에 따른 응답자들의 빈도 및 전체 응답자에 대한 비율(퍼센트)을 구하시오.

(1) 근로자의 성별(gender)에 따른 응답자들의 빈도 및 전체 응답자에 대한 비율(퍼센트)을 구하시오.

성별	빈도(명)	유효 퍼센트(%)	누적 퍼센트(%)
남자			
여자			
전체			

[풀이]

① 성별(gender)에 대한 응답자들의 빈도 및 퍼센트를 구하기 위해서 빈도분석을 수행한다.

분석(A) → 기술통계량(E) → 빈도분석(F)

② '빈도분석' 창에서 성별(gender)을 우측 '변수'로 이동시키고 '빈도표 표시(D)'를 체크한다.

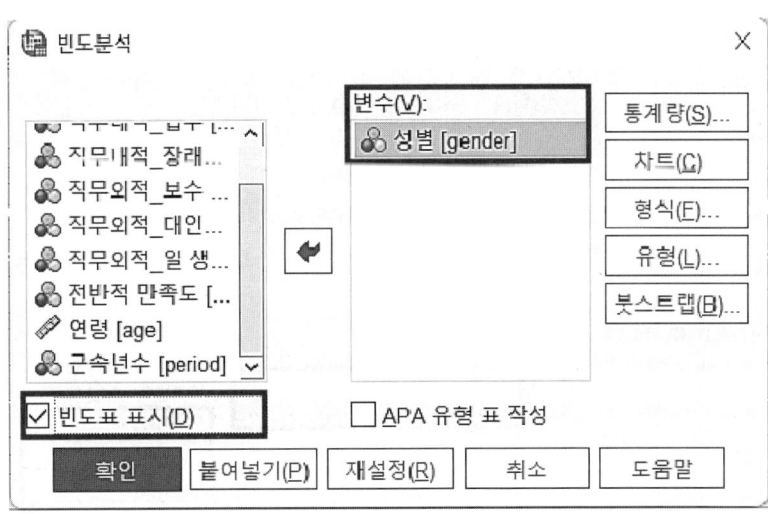

③ 확인을 클릭하면 다음과 같은 빈도표를 얻게 된다.

성별

		빈도	퍼센트	유효 퍼센트	누적 퍼센트
유효	남자	128	64.0	64.0	64.0
	여자	72	36.0	36.0	100.0
	전체	200	100.0	100.0	

④ 위의 빈도분석 결과를 이용하여 다음의 표를 완성한다.

성별	빈도(명)	유효 퍼센트(%)	누적 퍼센트(%)
남자	128	64.0	64.0
여자	72	36.0	100.0
전체	200	100.0	

(2) 근로자의 연령(age)를 범주화(30대 이하, 40대, 50대 이상)한 후 범주화된 연령대에 따른 응답자들의 빈도 및 전체 응답자에 대한 비율(퍼센트)을 구하시오.

연령대	빈도(명)	유효 퍼센트(%)	누적 퍼센트(%)
30대 이하			
40대			
50대 이상			
전체			

풀이

① 연령(age)를 범주화(30대 이하, 40대, 50대 이상)하기 위해 다른 변수로 코딩 변경을 실시한다.

> 변환(T) → 다른 변수로 코딩변경(R)

② '다른 변수로 코딩변경' 창에서 연령(age)을 우측 '숫자변수'로 옮긴다. '출력변수'의 '이름(N)'과 '레이블(L)'에 각각 C_age와 연령범주를 입력하고 변경을 누른다. 그 후, '기존값 및 새로운 값(O)'을 클릭한다.

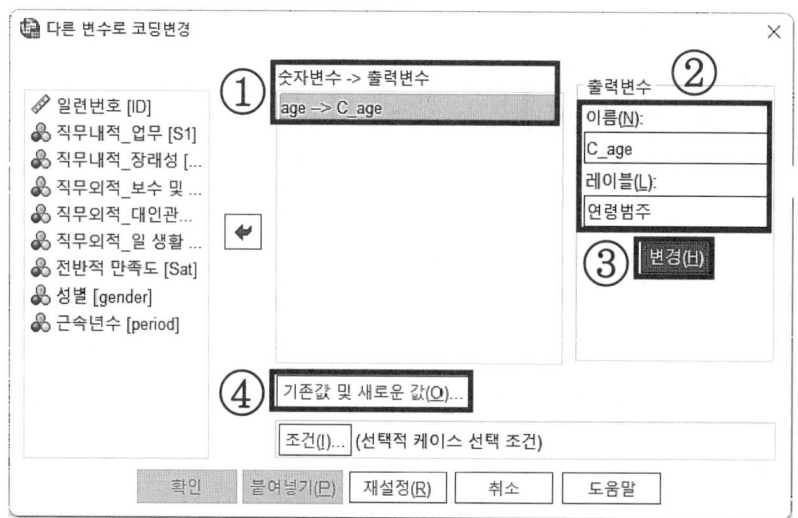

③ '다른 변수로 코딩변경: 기존값 및 새로운 값'에서 다음과 같이 입력하고 '계속(C)'을 클릭한다.

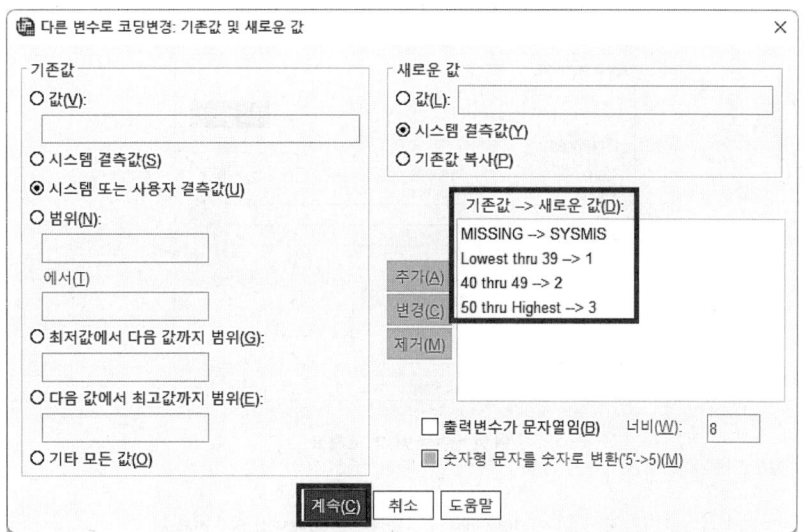

④ '확인'을 누르면 다음과 같이 새로운 변수 C_age가 생성되었음을 확인할 수 있다.

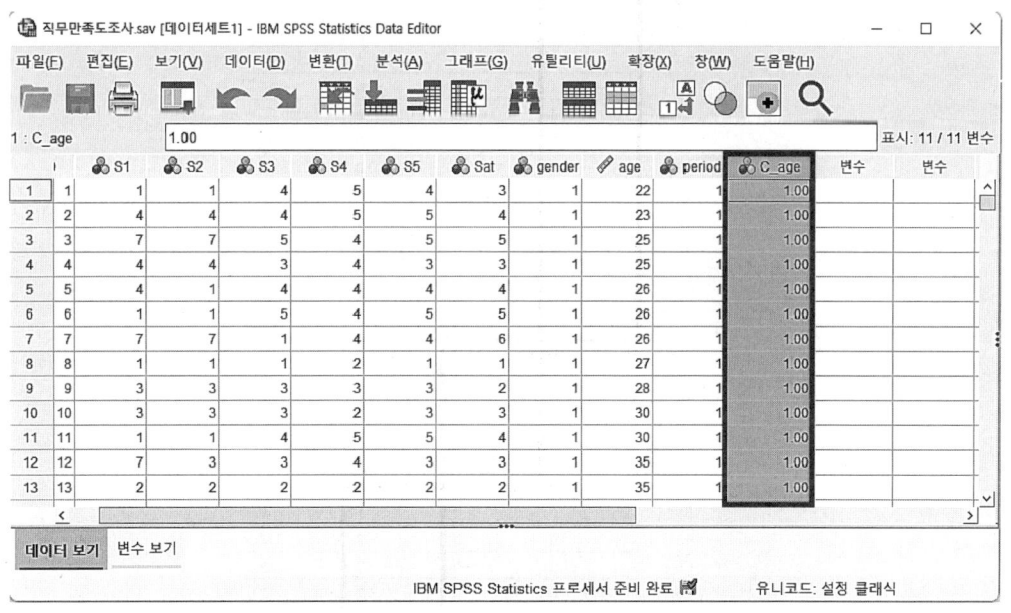

⑤ 변수 보기 창에서 연령범주(C_age)의 값을 지정해주고, 기존 변수인 연령(age)과 연령범주(C_age)의 교차표를 작성하여 변수가 제대로 생성되었는지 확인한다.

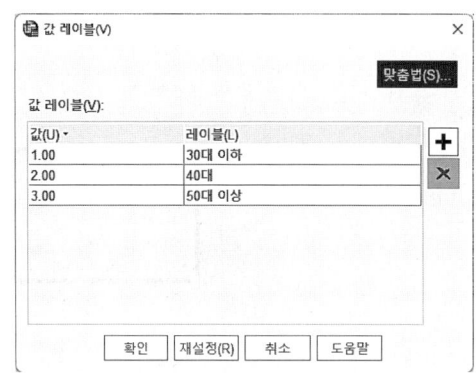

연령 * 연령범주 교차표

빈도

		연령범주			전체
		30대 이하	40대	50대 이상	
연령	22	2	0	0	2
	23	2	0	0	2
	25	4	0	0	4
	26	6	0	0	6
	27	12	0	0	12
	28	8	0	0	8
	29	11	0	0	11
	30	24	0	0	24
	31	14	0	0	14
	32	1	0	0	1
	33	12	0	0	12
	34	4	0	0	4
	35	9	0	0	9
	36	6	0	0	6
	37	7	0	0	7
	38	6	0	0	6
	39	11	0	0	11
	40	0	9	0	9
	41	0	2	0	2
	44	0	8	0	8
	48	0	1	0	1
	49	0	6	0	6
	50	0	0	5	5
	51	0	0	1	1
	53	0	0	7	7
	55	0	0	2	2
	56	0	0	2	2
	57	0	0	3	3
	58	0	0	6	6
	59	0	0	3	3
	60	0	0	1	1
	61	0	0	1	1
	62	0	0	3	3
	63	0	0	1	1
전체		139	26	35	200

⑥ 연령범주(C_age)에 따른 응답자들의 빈도 및 퍼센트를 구하기 위해서 빈도분석을 수행한다.

분석(A) → 기술통계량(E) → 빈도분석(F)

⑦ '빈도분석' 창에서 연령범주(C_age)를 우측 '변수(V)'로 이동시키고 '빈도표 표시(D)'를 체크한다.

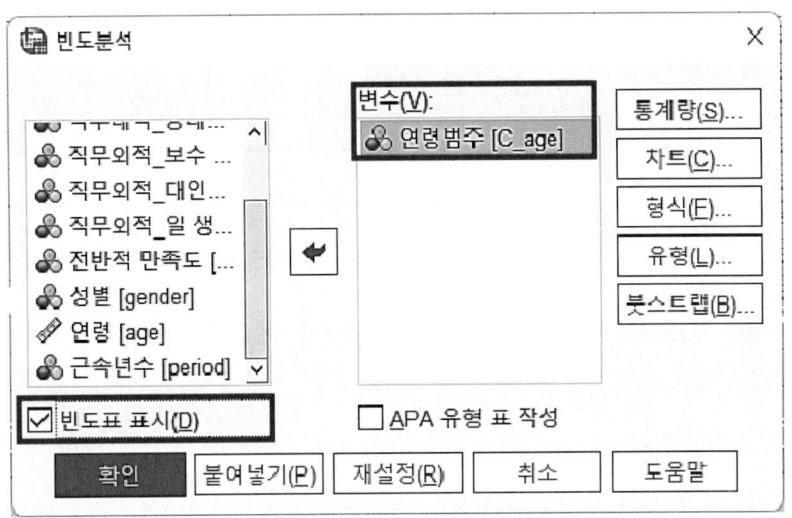

⑧ 확인을 클릭하면 다음과 같은 빈도표를 얻게 된다.

연령범주

		빈도	퍼센트	유효 퍼센트	누적 퍼센트
유효	30대 이하	139	69.5	69.5	69.5
	40대	26	13.0	13.0	82.5
	50대 이상	35	17.5	17.5	100.0
	전체	200	100.0	100.0	

⑨ 위의 빈도분석 결과를 이용하여 다음의 표를 완성한다.

연령대	빈도(명)	유효 퍼센트(%)	누적 퍼센트(%)
30대 이하	139	69.5	69.5
40대	26	13.0	82.5
50대 이상	35	17.5	100.0
전체	200	100.0	

문제 2 근로자의 성별(gender)에 따른 전반적 만족도(Sat)에 차이가 있는지 검정하고자 한다.

(1) 분석에 앞서 무엇을 검정할 것인지 가설을 설정하고 μ_1, μ_2를 이용해 수식으로 작성하시오.

귀무가설(H_0)	성별(gender)에 따른 전반적 만족도(Sat)에 차이가 없다($\mu_1 = \mu_2$).
대립가설(H_1)	성별(gender)에 따른 전반적 만족도(Sat)에 차이가 있다($\mu_1 \neq \mu_2$).

(2) 다음 통계량 값을 구하시오.

$\mu_1 - \mu_2$의 추정치	□.□□	
$\mu_1 - \mu_2$ 추정량의 표준오차	□.□□	
$\mu_1 - \mu_2$의 95% 신뢰구간	하한 □.□□	상한 □.□□

풀이

① 성별(gender)에 따른 전반적 만족도(Sat)에 차이가 있는지 검정하기 위해 독립표본 T검정을 수행한다.

분석(A) → 평균 비교(M) → 독립표본 T검정

② '독립표본 T검정' 창에서 '검정변수(T)'에 전반적 만족도(Sat)을, '집단변수(G)'에 성별(gender)을 옮기고 '집단 정의(D)'를 클릭한다.

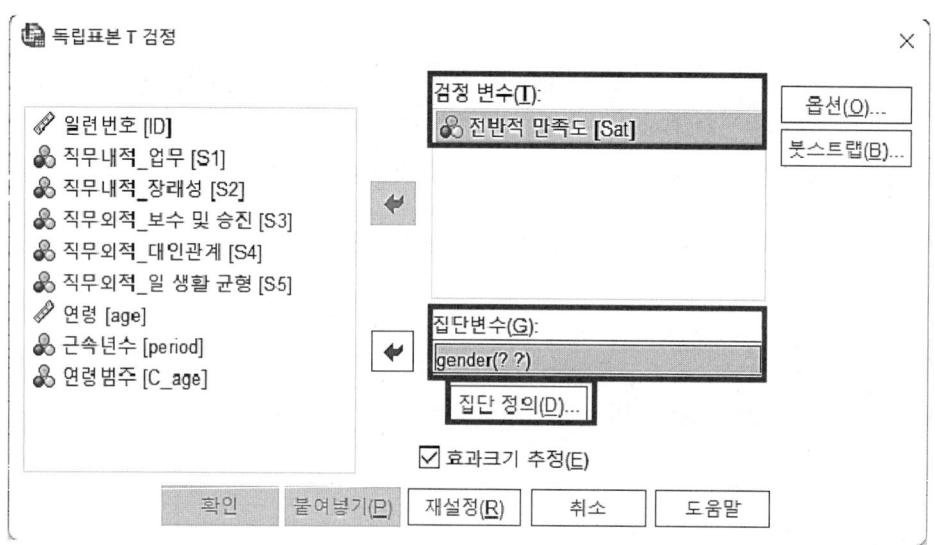

③ '집단 정의' 창의 '지정값 사용(U)'에서 집단1과 집단2에 각각 1,2를 지정한다. '계속(C)'을 클릭하면 '독립표본 T검정'창의 '집단변수(G)'에 gender(1 2)와 같이 나타나게 된다.

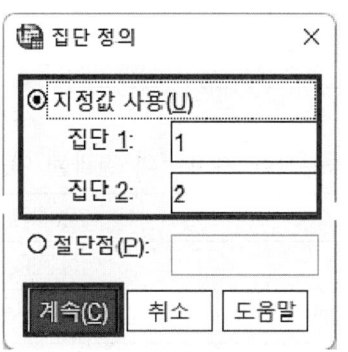

④ '확인'을 클릭하면 다음과 같은 결과를 얻게 된다.

독립표본 검정

		Levene의 등분산 검정		평균의 동일성에 대한 T 검정						차이의 95% 신뢰구간	
						유의확률					
		F	유의확률	t	자유도	단측 확률	양측 확률	평균차이	표준오차 차이	하한	상한
전반적 만족도	등분산을 가정함	.090	.765	.279	198	.390	.781	.061	.218	-.369	.491
	등분산을 가정하지 않음			.277	143.798	.391	.782	.061	.220	-.373	.495

⑤ 독립표본 T검정 결과, Levene의 등분산 검정에서 검정통계량 F값이 0.090이고 유의확률이 0.765로 유의수준 0.05보다 크기 때문에 귀무가설을 채택한다. 따라서 유의수준 5%하에서 성별(gender)에 따른 전반적 만족도(Sat)의 모분산은 같다고 할 수 있다.

⑥ '등분산을 가정함'의 결과를 이용하여 다음의 표를 완성한다.

$\mu_1 - \mu_2$의 추정치	0.06	
$\mu_1 - \mu_2$ 추정량의 표준오차	0.22	
$\mu_1 - \mu_2$의 95% 신뢰구간	하한 -0.37	상한 0.49

(3) 검정통계량 값과 유의확률을 구하고 유의수준 5%에서 가설검정을 실시하시오.

검정통계량 값	□.□□□
유의확률	□.□□□
검정결과	

위의 독립표본 T검정 결과에서 '등분산을 가정함'의 결과를 이용하여 다음의 표를 완성한다.

검정통계량 값	0.279
유의확률	0.781
검정결과	유의수준 5%에서 성별(gender)에 따른 전반적 만족도(Sat)에 차이가 없다($\mu_1 = \mu_2$).

문제 3 남녀 근로자의 직무내적 만족도를 Y1, 직무외적 만족도를 Y2로 새 변수 생성한 후 각 항목별 평균만족도를 구하고자 한다. 단, 일-생활 균형 문항(S5)은 반대로 질문하였으므로 역으로 코딩 변환 후 분석에 사용하시오.

(1) 근로자들의 만족도 조사 결과 다음의 각 항목에 대한 평균만족도 통계량 값을 구하시오.

변수	최솟값	최댓값	중위수	평균	표준편차
직무내적 만족도(Y1)					
직무외적 만족도(Y2)					

풀이

① 각 항목에 대한 평균만족도 변수(Y1, Y2)를 생성하기 위해 변수 계산을 수행한다.

> 변환(T) → 변수 계산(C)

② 직무내적 만족도의 평균 변수를 만들기 위해 '변수 계산' 창에서 '목표변수(T)'에 Y1을, '숫자표현식(E)'에 (S1+S2)/2을 각각 입력하고 '확인'을 클릭한다.

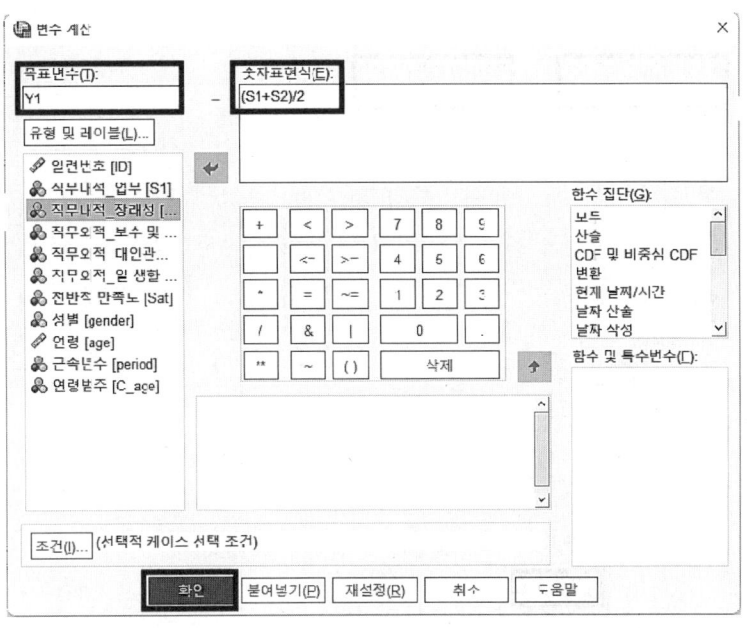

③ Y2를 계산하기 전에, 일-생활 균형 문항(S5)은 반대로 질문하였으므로 역으로 코딩 변환을 해야한다. '변수 계산' 창에서 '목표변수(T)'에 S5_역변환을 입력하고, '숫자표현식(E)'에 역변환을 위한 수식 8-S5을 입력하고 '확인'을 클릭한다.

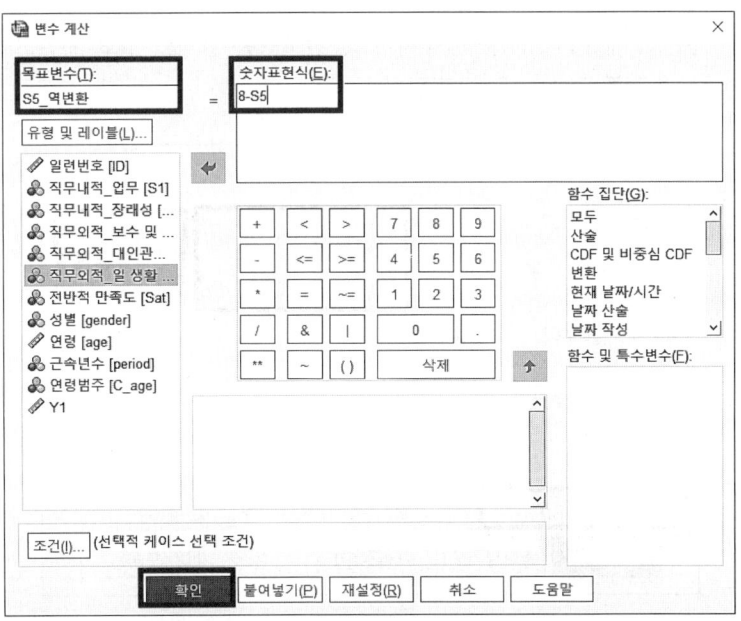

④ S5가 역변환되었으므로 직무외적 만족도의 평균 변수를 만들기 위해 '변수 계산' 창에서 '목표변수(T)'에 Y2를, '숫자표현식(E)'에 (S3+S4+S5_역변환)/3을 각각 입력하고 '확인'을 클릭한다.

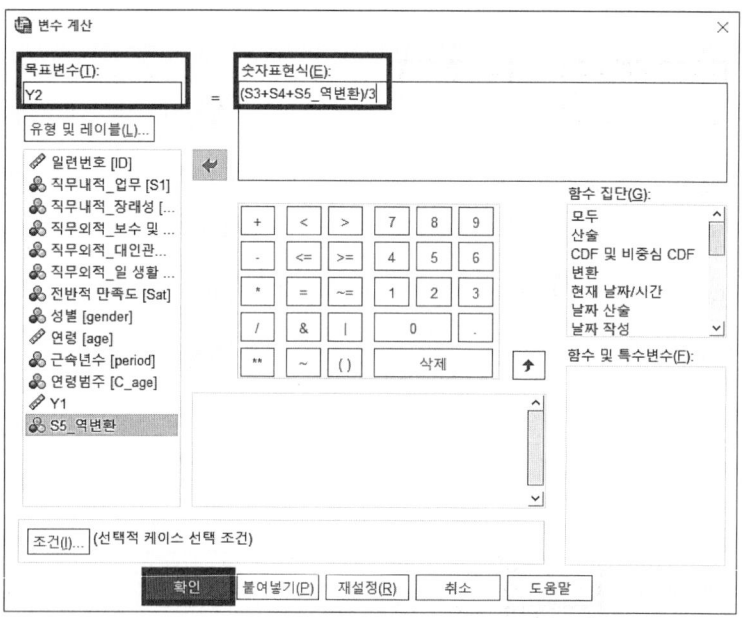

⑤ Y1, Y2에 대한 기술통계량을 구하기 위해 다음의 메뉴를 이용한다.

분석(A) → 기술통계량(E) → 빈도분석(F)

⑥ '빈도분석' 창에서 '변수(V)'에 Y1과 Y2를 이동시키고, 빈도표는 출력할 필요가 없으므로 '빈도표 표시(D)' 선택을 해제한다. 그 후, '통계량(S)'을 클릭한다.

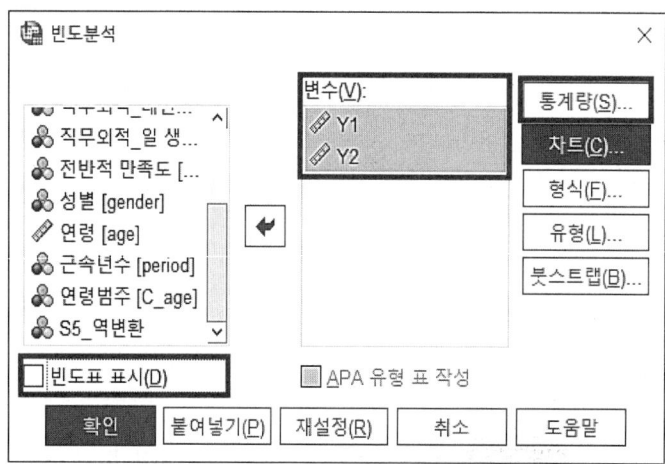

⑦ '빈도분석: 통계량' 창에서 평균(M), 중위수(D), 표준편차(T), 최솟값(I), 최댓값(X)을 선택하고 '계속(C)'
을 클릭한다.

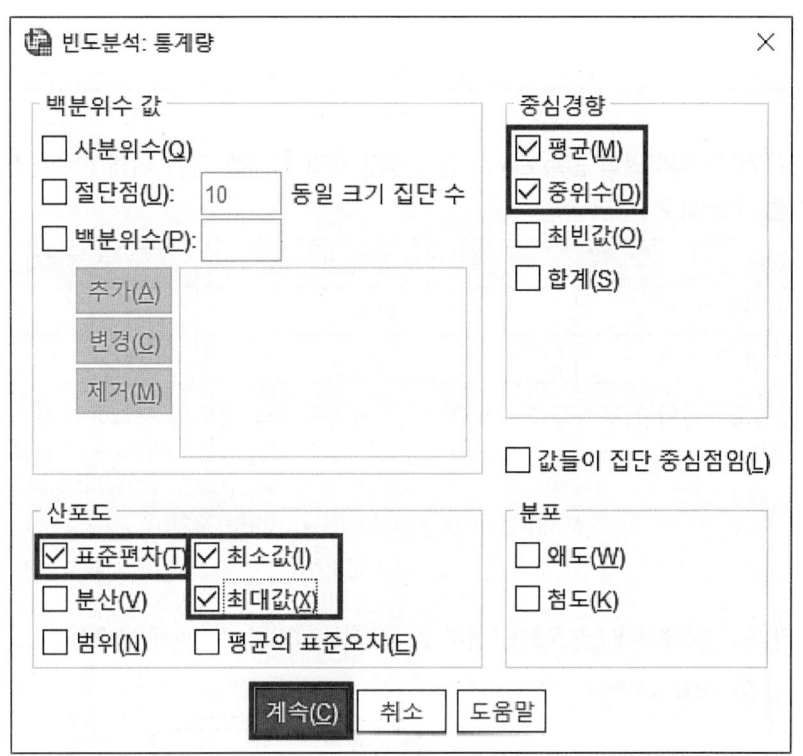

⑧ '확인'을 클릭하면 다음과 같은 결과를 얻을 수 있다.

통계량

		Y1	Y2
N	유효	191	192
	결측	9	8
평균		3.3743	3.9097
중위수		3.0000	4.0000
표준화 편차		1.84745	.66049
최소값		1.00	1.67
최대값		7.00	5.33

⑨ 위의 출력결과를 이용하여 다음의 표를 완성한다.

변수	최솟값	최댓값	중위수	평균	표준편차
직무내적 만족도(Y1)	1.00	7.00	3.00	3.3743	1.84745
직무외적 만족도(Y2)	1.67	5.33	4.00	3.9097	0.66049

(2) 직무내적 만족도(Y1)와 직무외적 만족도(Y2) 간 선형관계의 정도를 알기 위해 상관분석을 실시하여 피어슨의 상관계수를 구하시오.

변수	직무내적 만족도(Y1)	직무외적 만족도(Y2)
직무내적 만족도(Y1)	1.000	□.□□□
직무외적 만족도(Y2)		1.000

① 직무내적 만족도(Y1)와 직무외적 만족도(Y2) 간 선형관계의 정도를 파악하기 위해 상관분석을 실시한다.

> 분석(A) → 상관분석(C) → 이변량 상관(B)

② '이변량 상관계수' 창에서 Y1과 Y2를 '변수(V)'로 이동시키고, '상관계수'에서 'Pearson'을 선택한다.

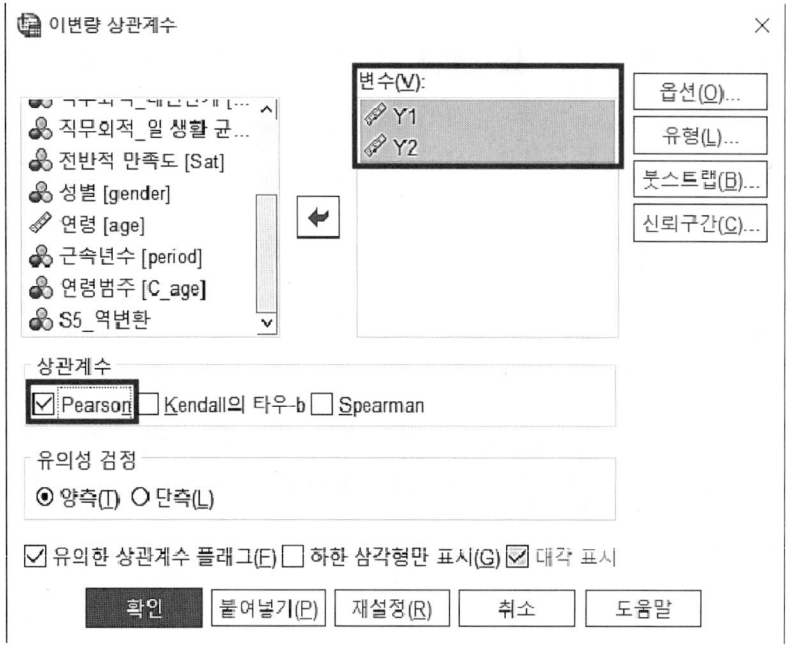

⑦ '빈도분석: 통계량' 창에서 평균(M), 중위수(D), 표준편차(T), 최솟값(I), 최댓값(X)을 선택하고 '계속(C)'을 클릭한다.

⑧ '확인'을 클릭하면 다음과 같은 결과를 얻을 수 있다.

통계량

		Y1	Y2
N	유효	191	192
	결측	9	8
평균		3.3743	3.9097
중위수		3.0000	4.0000
표준화 편차		1.84745	.66049
최소값		1.00	1.67
최대값		7.00	5.33

⑨ 위의 출력결과를 이용하여 다음의 표를 완성한다.

변수	최솟값	최댓값	중위수	평균	표준편차
직무내적 만족도(Y1)	1.00	7.00	3.00	3.3743	1.84745
직무외적 만족도(Y2)	1.67	5.33	4.00	3.9097	0.66049

(2) 직무내적 만족도(Y1)와 직무외적 만족도(Y2) 간 선형관계의 정도를 알기 위해 상관분석을 실시하여 피어슨의 상관계수를 구하시오.

변수	직무내적 만족도(Y1)	직무외적 만족도(Y2)
직무내적 만족도(Y1)	1.000	□.□□□
직무외적 만족도(Y2)		1.000

① 직무내적 만족도(Y1)와 직무외적 만족도(Y2) 간 선형관계의 정도를 파악하기 위해 상관분석을 실시한다.

분석(A) → 상관분석(C) → 이변량 상관(B)

② '이변량 상관계수' 창에서 Y1과 Y2를 '변수(V)'로 이동시키고, '상관계수'에서 'Pearson'을 선택한다.

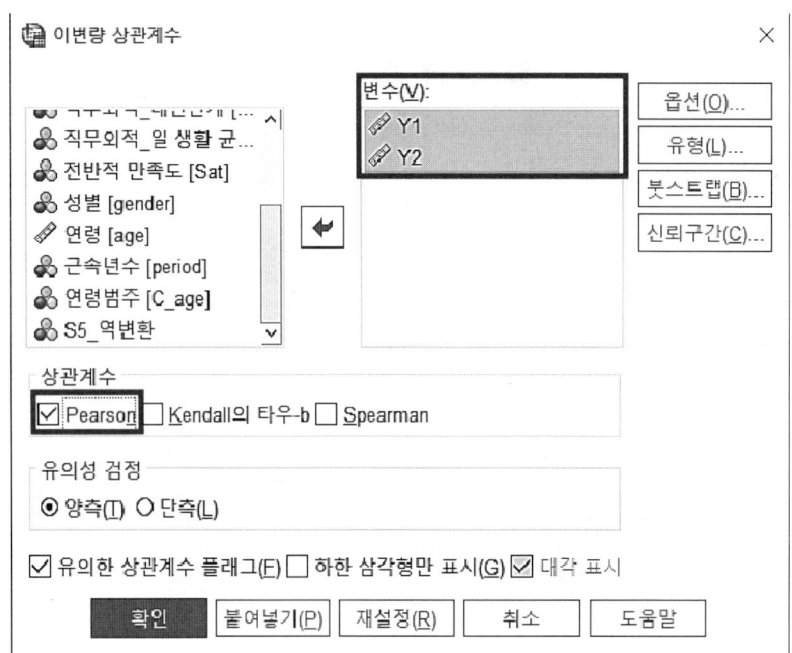

③ '확인'을 누르면 다음과 같은 결과를 얻을 수 있다.

상관관계

		Y1	Y2
Y1	Pearson 상관	1	.093
	유의확률 (양측)		.207
	N	191	185
Y2	Pearson 상관	.093	1
	유의확률 (양측)	.207	
	N	185	192

④ 위의 상관관계 결과를 이용하여 다음의 표를 완성한다.

변수	직무내적 만족도(Y1)	직무외적 만족도(Y2)
직무내적 만족도(Y1)	1.000	0.093
직무외적 만족도(Y2)		1.000

문제 4 근로자들의 연령대(30대 이하, 40대, 50대 이상)에 따른 전반적 만족도(Sat)에 차이가 있는지를 유의수준 5%에서 가설검정하고자 한다.

(1) 분석에 앞서 무엇을 검정할 것인지 가설을 설정하고 μ_1, μ_2, μ_3을 이용해 수식으로 작성하시오.

귀무가설(H_0)	연령대(C_age)에 따라 전반적 만족도(Sat)에 차이가 없다($\mu_1 = \mu_2 = \mu_3$).
대립가설(H_1)	연령대(C_age)에 따라 전반적 만족도(Sat)에 차이가 있다(모든 μ_i가 같은 것은 아니다).

(2) 세 개의 범주로 범주화된 연령대별 전반적 만족도(Sat)의 기술통계량 값을 구하시오.

연령대	빈도수	평균	표준편차
30대 이하	***	□.□□	□.□□
40대	***	***	□.□□
50대 이상	***	□.□□	***

① 연령대에 따른 전반적 만족도에 차이가 있는지 검정하기 위해 일원배치 분산분석을 수행한다.

분석(A) → 평균비교(M) → 일원배치 분산분석(O)

② '일원배치 분산분석' 창에서 '종속변수(E)'에 전반적 만족도(Sat)를, '요인(F)'에 연령범주(C_age)를 이동시키고 '옵션(O)'을 클릭한다.

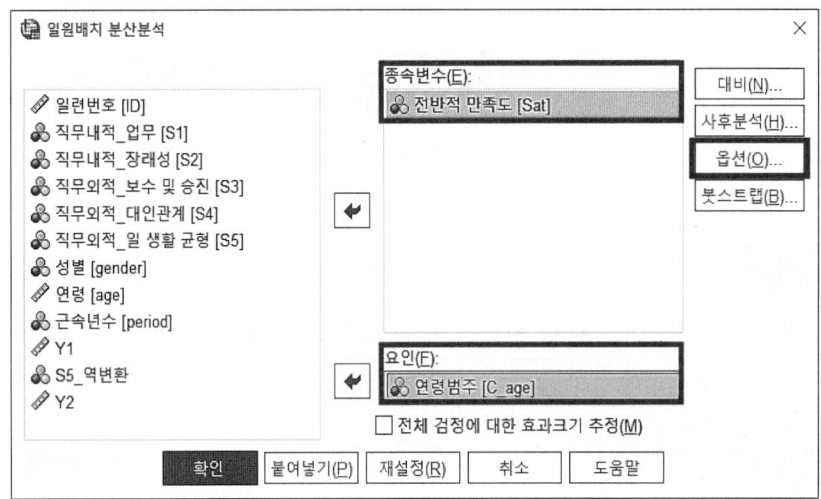

③ '일원배치 분산분석: 옵션'에서 '기술통계(D)'를 선택하고 '계속(C)'을 클릭한다.

④ '확인'을 클릭하면 다음과 같은 결과가 나타난다.

기술통계

전반적 만족도

	N	평균	표준편차	표준오차	평균의 95% 신뢰구간 하한	평균의 95% 신뢰구간 상한	최소값	최대값
30대 이하	139	4.49	1.461	.124	4.24	4.73	1	7
40대	26	4.69	1.289	.253	4.17	5.21	2	7
50대 이상	35	5.26	1.540	.260	4.73	5.79	1	7
전체	200	4.65	1.476	.104	4.44	4.86	1	7

ANOVA

전반적 만족도

	제곱합	자유도	평균제곱	F	CTT 유의확률
집단-간	16.542	2	8.271	3.908	.022
집단-내	416.958	197	2.117		
전체	433.500	199			

⑤ 위의 결과를 바탕으로 아래의 표를 완성한다.

연령대	빈도수	평균	표준편차
30대 이하	***	4.49	1.46
40대	***	***	1.29
50대 이상	***	5.26	***

(3) 다음의 분산분석표를 작성하시오.

위에서 구한 일원배치 분산분석 결과를 바탕으로 다음의 분산분석표를 작성한다.

구분	제곱합	자유도	평균제곱	F	유의확률
그룹 간	16.5	***	8.3	3.908	***
그룹 내	***	***	2.1		
합계	***	***			

(4) 위의 분산분석 결과를 보고 분석에 따른 결과 및 이유를 작성하시오.

결과	연령대에 따라 전반적 만족도에 차이가 있다.
이유	검정통계량 F값이 3.908이고 유의확률이 0.022로 유의수준 0.05보다 작으므로 귀무가설을 기각한다.

(5) 분석 결과 유의한 차이가 있다면 유의수준 5%에서 Duncan의 방법으로 사후분석한 후 다중비교 결과를 아래의 표에 작성하시오.

전반적 만족도의 평균 순위	1	2	3
연령대			
유의한 평균차이	└──( )──┘		└──( )──┘
	└────────( )────────┘		

① '일원배치 분산분석' 창에서 '사후분석(H)'을 클릭한 후 'Duncan'를 선택하고 '계속'을 클릭한다.

② '확인'을 클릭하면 다음과 같은 결과가 나타난다.

전반적 만족도

Duncan^{a,b}

연령범주	N	유의수준 = 0.05에 대한 부분집합	
		1	2
30대 이하	139	4.49	
40대	26	4.69	4.69
50대 이상	35		5.26
CTT 유의확률		.531	.082

동질적 부분집합에 있는 집단에 대한 평균이 표시됩니다.
 a. 조화평균 표본크기 40.416을(를) 사용합니다.
 b. 집단 크기가 동일하지 않습니다. 집단 크기의 조화평균이 사용됩니다. I 유형 오차 수준은 보장되지 않습니다.

③ 동질적 부분집합의 집단에 대한 평균과 다중비교 결과를 이용하여 다음의 표를 작성한다.

전반적 만족도의 평균 순위	1	2	3
연령대	50대 이상	40대	30대 이하
유의한 평균차이	└──( )──┘		└──( )──┘
	└─────────(O)─────────┘		

문제 5 세 개의 범주로 범주화된 연령대별 근속년수(period)에 차이가 있는지를 가설검정하고자 한다.

(1) 연령대에 따라 근속년수(period)에 차이가 있는지 알고자 할 때 아래 교차표를 작성하시오(단, 비중은 행 퍼센트임).

연령대		근속년수					전체
		3년 미만	3~5년 미만	5~10년 미만	10~20년 미만	20년 이상	
1: 30대 이하	근로자 수	***	***	***	***	□□	***
	비중(%)	***	***	***	***	□□.□	100.0
2: 40대	근로자 수	***	***	***	***	□□	***
	비중(%)	***	***	***	***	□□.□	100.0
3: 50대 이상	근로자 수	***	***	***	***	□□	***
	비중(%)	***	***	***	***	□□.□	100.0
전체 근로자 수(%)		***	***	***	***	***	***

① 연령대(C_age)에 따른 근속년수(period)의 빈도를 구하기 위해 교차분석을 수행한다.

분석(A) → 기술통계량(E) → 교차분석(C)

② '교차분석' 창에서 '행(O)'에 연령범주(C_age)를, '열(C)'에 근속년수(period)를 이동시키고 '셀(E)'을 클릭한다.

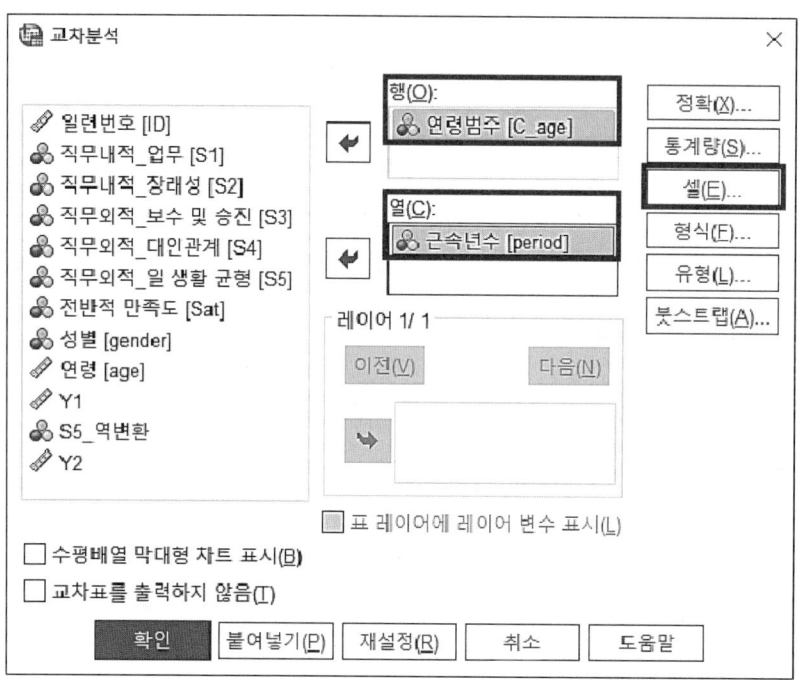

③ '교차분석 : 셀 표시' 창에서 '퍼센트'의 '행(R)'을 선택하고 '계속'을 클릭한다.

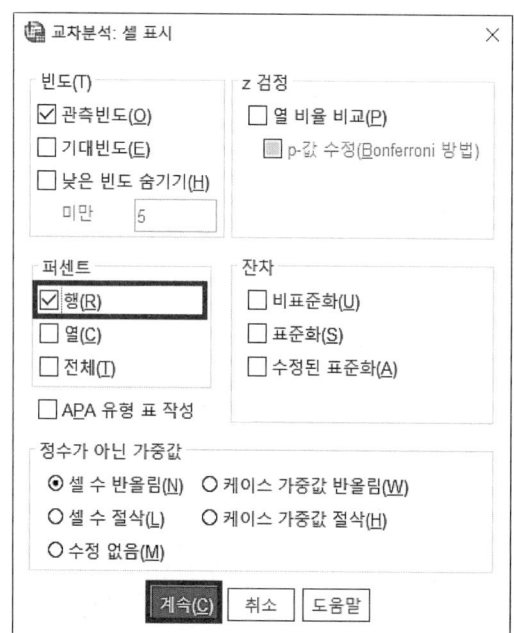

④ '확인'을 누르면 다음과 같은 결과가 나타난다.

연령범주 * 근속년수 교차표

			근속년수					전체
			3년 미만	3년 이상 5년 미만	5년 이상 10년 미만	10년 이상 20년 미만	20년 이상	
연령범주	30대 이하	빈도	41	42	40	16	0	139
		연령범주 중 %	29.5%	30.2%	28.8%	11.5%	0.0%	100.0%
	40대	빈도	0	8	3	8	7	26
		연령범주 중 %	0.0%	30.8%	11.5%	30.8%	26.9%	100.0%
	50대 이상	빈도	2	3	1	1	28	35
		연령범주 중 %	5.7%	8.6%	2.9%	2.9%	80.0%	100.0%
전체		빈도	43	53	44	25	35	200
		연령범주 중 %	21.5%	26.5%	22.0%	12.5%	17.5%	100.0%

⑤ 위의 교차표 결과를 이용하여 다음의 표를 완성한다.

연령대		근속년수					전체
		3년 미만	3~5년 미만	5~10년 미만	10~20년 미만	20년 이상	
1: 30대 이하	근로자 수	***	***	***	***	0	***
	비중(%)	***	***	***	***	0.0	100.0
2: 40대	근로자 수	***	***	***	***	7	***
	비중(%)	***	***	***	***	26.9	100.0
3: 50대 이상	근로자 수	***	***	***	***	28	***
	비중(%)	***	***	***	***	80.0	100.0
전체 근로자 수(%)		***	***	***	***	***	***

(2) 위 교차분석은 어떤 가설검정을 실시하기 위해서인지 가설을 설정하시오.

귀무가설(H_0)	연령대(C_age)와 근속년수(period)는 연관성이 없다.
대립가설(H_1)	연령대(C_age)와 근속년수(period)는 연관성이 있다.

(3) 검정통계량의 값과 유의수준 5%에서 검정한 결과를 작성하시오.

검정통계량의 값	□□□.□□□
검정결과	

① '교차분석' 창에서 '통계량'을 클릭한 후 '카이제곱(H)'을 선택하고 '계속(C)'을 클릭한다.

② '확인'을 클릭하면 다음과 같은 결과가 나타난다.

카이제곱 검정

	값	자유도	근사 유의확률 (양측검정)
Pearson 카이제곱	142.378[a]	8	<.001
우도비	140.761	8	<.001
선형 대 선형결합	79.662	1	<.001
유효 케이스 수	200		

a. 3 셀 (20.0%)은(는) 5보다 작은 기대 빈도를 가지는 셀입니다. 최소 기대빈도는 3.25입니다.

③ 위의 카이제곱 검정 결과 Pearson 카이제곱 값을 이용하여 다음의 표를 완성한다.

검정통계량의 값	1 4 2 . 3 7 8
검정결과	검정통계량 값이 142.378이고 유의확률이 <0.001으로 유의수준 0.05보다 작으므로 귀무가설을 기각한다. 따라서 유의수준 5%하에서 연령대와 근속년수는 연관성이 있다.

문제 6 각 항목의 평균만족도 직무내적 만족도(Y1)와 직무외적 만족도(Y2)와 연령(age)이 전반적 만족도(Sat)에 미치는 영향을 알아보기 위해 회귀분석을 실시하고자 한다.

(1) 중회귀분석을 수행한 후 다음의 F검정 표를 작성하시오.

구분	제곱합	자유도	평균제곱	검정통계량	유의확률
회귀모형	***	□	***	□□.□□□	***
잔차	***	□□□	***		
합계	***	□□□			

① 직무내적 만족도(Y1)와 직무외적 만족도(Y2), 연령(age)이 전반적 만족도(Sat)에 얼마나 영향을 미치는지 알아보기 위해 다중회귀분석을 수행한다.

분석(A) → 회귀분석(R) → 선형(L)

② '선형 회귀' 창에서 '종속변수(D)'에는 전반적 만족도(Sat)를, '독립변수(age)'에는 Y1, Y2, 연령(age)을 이동시킨다. '방법(M)'은 입력을 선택한다.

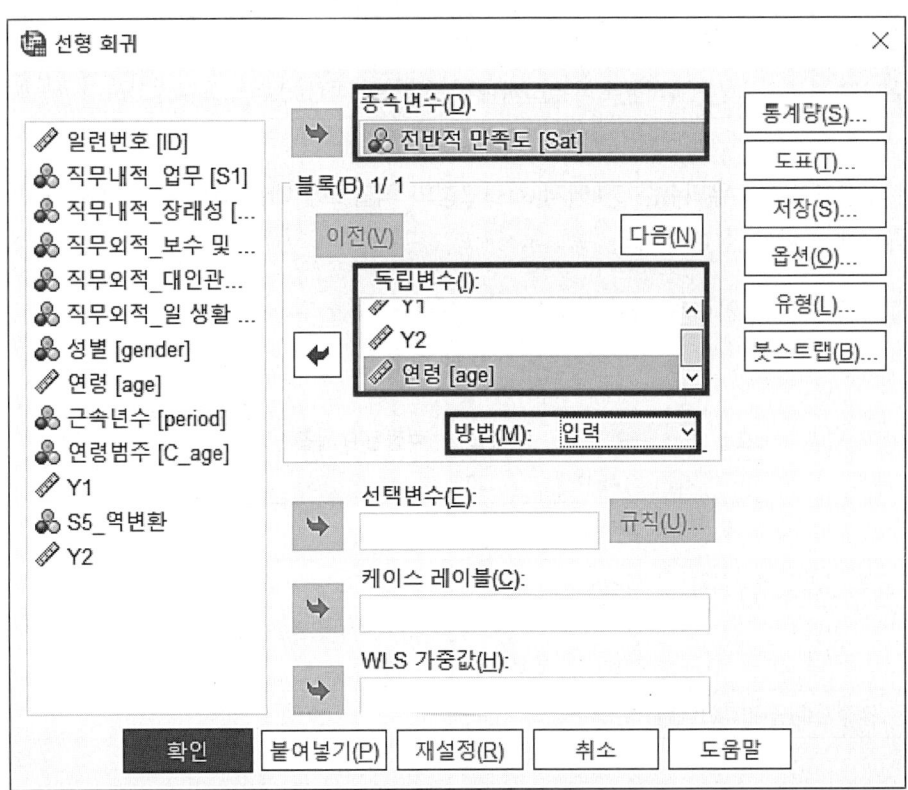

③ '확인'을 누르면 다음과 같은 결과를 얻을 수 있다.

ANOVA[a]

모형		제곱합	자유도	평균제곱	F	유의확률
1	회귀	76.817	3	25.606	15.645	<.001[b]
	잔차	296.232	181	1.637		
	전체	373.049	184			

a. 종속변수: 전반적 만족도
b. 예측자: (상수), 연령, Y2, Y1

④ 위의 분산분석 결과표를 이용하여 다음의 표를 완성한다.

구분	제곱합	자유도	평균제곱	검정통계량	유의확률
회귀모형	***	③	***	15.645	***
잔차	***	181	***		
합계	***	184			

(2) 위의 F검정은 어떤 가설검정을 실시하기 위해서인지 가설을 설정하시오.

귀무가설(H_0)	회귀모형은 유의하지 않다($\beta_1 = \beta_2 = \beta_3 = 0$).
대립가설(H_1)	회귀모형은 유의하다(적어도 하나의 β_i는 0이 아니다).

(3) 중회귀분석 결과로부터 유의수준 5%에서 회귀모형의 적합도에 대한 유의성 검정 결과와 이유, 그리고 수정된 결정계수(%)를 작성하시오.

수정된 결정계수(%)는 아래의 결과를 통해 19.3%라는 것을 알 수 있다.

모형 요약

모형	R	R 제곱	수정된 R 제곱	추정값의 표준오차
1	.454[a]	.206	.193	1.279

a. 예측자: (상수), 연령, Y2, Y1

회귀모형의 적합도 검정결과	회귀모형은 유의하다.
이유	검정통계량 F값이 15.645이고 유의확률 p값이 <0.001으로 유의수준 0.05보다 작으므로 귀무가설을 기각한다.
수정된 결정계수(단위: %)	19.3

(4) 추정된 회귀직선식을 작성하시오(단, 소숫점은 반올림하여 소수 셋째 자리로 표현하시오).

회귀분석 결과의 계수 표는 다음과 같다.

계수[a]

모형		비표준화 계수 B	표준화 오류	표준화 계수 베타	t	유의확률
1	(상수)	1.010	.657		1.538	.126
	Y1	.221	.052	.287	4.220	<.001
	Y2	.544	.148	.245	3.671	<.001
	연령	.022	.009	.156	2.301	.023

a. 종속변수: 전반적 만족도

$$\text{Sat} = 1.010 + 0.221*Y1 + 0.544*Y2 + 0.022*\text{age}$$

02 작업형 유사 기출문제 풀이

※ SPSS를 이용하여 통계분석을 수행한 결과의 일부를 답안지에 직접 작성하시기 바랍니다. 결과 값은 특별한 언급이 없는 한 반올림하여 작성하시기 바랍니다.

주어진 데이터는 총 361개의 아파트를 대상으로 "분양률 조사"를 실시한 결과이다. 자료는 지역, 세대수, 사업방식, 주력평형규모, 교육여건(인근 500m 내 초등학교 유무), 편의시설 유무(인근 1km 내 시장/마트 유무)와 분양률로 구성되어 있다. 데이터는 "분양률.txt"로 저장되어 있는 텍스트 파일이며, 아래의 [표1]는 데이터 코딩 양식이다. 변인과 변인 간에는 TAB으로 구분되어 있고, 모든 문항에 무응답이 있는 경우에는 "9" 혹은 "99"로 입력되어 있다. 결측값은 해당 분석에서만 제외한다.

[표1] 데이터 코딩 양식

변수명	변수설명	내용	결측값
ID	일련번호	일련번호(1~361)	없음
Region	지역	서울 및 광역시 또는 기타지역	없음
House	세대수	연속형 자료	없음
Gubun	사업방식	1: 재건축 2: 일반	없음
Size	주력평형규모	1: 60 이하 2: 60초과 102 이하 3: 102 초과	없음
Edu	교육시설 유무 (인근 500m 내 초등학교 유무)	1: 없음 2: 있음	없음
Convenient	편의시설 유무 (인근 1km 내 시장/마트 유무)	1: 없음 2: 있음	없음
Rate	분양률(%)	연속형 자료(0-100)	없음

문제 1 아파트의 지역(N_Region)에 따른 아파트 분양률(Rate) 통계량 값을 구하시오.

지역	최솟값	최댓값	중위수	평균	표준편차
1: 서울 및 광역시		***			
2: 기타지역			***		

문제 2 사업방식(Gubun)에 따른 분양률(Rate)에 차이가 있는지 검정하고자 한다.

(1) 분석에 앞서 무엇을 검정할 것인지 가설을 설정하고 μ_1, μ_2를 이용해 수식으로 작성하시오.

귀무가설(H_0)	
대립가설(H_1)	

(2) 사업방식(Gubun)별로 분양률(Rate)에 차이가 있는지 검정통계량 값과 유의확률을 구하시오.

지역	아파트 수	평균	표준편차	검정통계량	유의확률
1: 재건축	□□□	□□.□□	***	□.□□□	***
2: 일반	□□□	***	□□.□□□		

(3) 위 분석에 따른 결과 및 이유를 작성하시오.

결과	
이유	

문제 3 아파트의 분양률(Rate)과 세대수(House) 간 선형관계의 정도를 알기 위해 상관분석을 실시하여 피어슨의 상관계수를 구하시오.

(1) 아파트의 분양률(Rate)과 세대수(House) 통계량 값을 구하시오.

변수	최솟값	최댓값	중위수	평균	표준편차
아파트의 분양률			***		
세대수			***		

(2) 아파트의 분양률(Rate)과 세대수(House) 간 선형관계의 정도를 알기 위해 상관분석을 실시하여 피어슨의 상관계수를 구하시오.

변수	분양률	세대수
분양률	1.000	□.□□□
세대수		1.000

문제 4 지역(N_Region)별 사업방식(Gubun)에 차이가 있는지를 가설검정하고자 한다.

(1) 지역(N_Region)에 따라 사업방식(Gubun)에 차이가 있는지 알고자 할 때 아래 교차표를 작성하시오 (단, 비중은 행 퍼센트임).

| 지역 | | 사업방식 | | 전체 |
		재건축	일반	
1: 서울 및 광역시	아파트 수	***	□□□	***
	비중(%)	***	□□.□	100.0
2: 기타지역	아파트 수	***	□□□	***
	비중(%)	***	□□.□	100.0
전체 아파트 수(%)		***	***	***

(2) 위 교차분석이 어떤 가설검정을 실시하기 위해서인지 가설을 설정하시오.

귀무가설(H_0)	
대립가설(H_1)	

(3) 검정통계량의 값과 유의수준 5%에서 검정한 결과를 작성하시오.

검정통계량의 값	□□□.□□□
검정결과	

문제 5 분양률(Rate)을 종속변수로 하고 세대수(House), 사업방식(Gubun), 교육시설 유무(Edu), 편의시설 유무(Convenient)를 독립변수로 설정하여 중회귀분석을 수행하고자 한다. 단, 사업방식(Gubun)과 교육시설 유무(Edu), 편의시설 유무(Convenient)는 더미변수 생성 후 분석에 반영한다.

(1) '일반'을 기준으로 한 사업방식 더미변수, '없음'을 기준으로 한 교육시설 유무(Edu), 편의시설 유무(Convenient) 더미변수를 생성 후 아래를 작성하시오.

사업방식	사업방식더미
1: 재건축	☐
2: 일반	☐

교육시설 유무	교육시설유무더미	편의시설 유무	편의시설유무더미
1: 없음	☐	1: 없음	☐
2: 있음	☐	2: 있음	☐

(2) 중회귀분석을 수행한 후 다음의 F검정 표를 작성하시오.

구분	제곱합	자유도	평균제곱	검정통계량	유의확률
회귀모형	***	☐	***	☐☐☐.☐☐☐	***
잔차	***	☐☐☐	***		
합계	***	☐☐☐			

(3) 중회귀분석 결과로부터 유의수준 5%에서 회귀모형의 적합도에 대한 유의성 검정 결과와 이유, 그리고 수정된 결정계수(%)를 작성하시오.

회귀모형의 적합도 검정결과	
이유	
수정된 결정계수(단위: %)	

(4) 추정된 회귀직선식을 작성하시오(단, 소숫점은 반올림하여 소수 셋째 자리로 표현하시오).

(5) 회귀계수의 유의성 검정 결과 유의수준 5%에서 유의한 회귀계수는 "O", 유의하지 않은 회귀계수는 "X" 표시하시오.

회귀계수	통계적 유의성 검정 결과
상수항	
사업방식더미(1: 재건축 vs 0: 일반)	
교육시설유무더미(1: 있음 vs 0: 없음)	
편의시설유무더미(1: 있음 vs 0: 없음)	
세대수	

(6) 분양률(Rate)에 대한 사업방식더미의 추정 회귀계수 부호는 무엇이며 그 의미에 대해 기술하시오.

(7) 중회귀모형에 포함된 독립변수의 표준화 회귀계수를 쓰고, 분양률에 가장 영향을 많이 미치는 독립변수를 표준화 회귀계수의 절댓값 크기에 따라 순위(가장 큰 것부터 1~4)를 쓰시오.

변수	표준화 회귀계수	영향이 가장 큰 변수
사업방식더미(1: 재건축 vs 0: 일반)		
교육시설유무더미(1: 있음 vs 0: 없음)		
편의시설유무더미(1: 있음 vs 0: 없음)		
세대수		

(8) 지역(N_Region)별로 위 중회귀분석과 동일한 분석을 수행하고 표준화 회귀계수의 절댓값 크기에 따라 순위(가장 큰 것부터 1~4)를 작성하시오.

변수	1: 서울 및 광역시	2: 기타지역
사업방식더미(1: 재건축 vs 0: 일반)		
교육시설유무더미(1: 있음 vs 0: 없음)		
편의시설유무더미(1: 있음 vs 0: 없음)		
세대수		

1 분석을 위해 필요한 핵심역량

문제 1. 기술통계분석
문제 2. 독립표본 T검정
문제 3. 피어슨의 상관계수 및 상관분석
문제 4. 교차분석
문제 5. 가변수 생성, 중회귀모형의 적합도 검정, 회귀식 추정, 수정된 결정계수

2 분석을 위한 준비

(1) 데이터 불러오기

파일(F) – 데이터 가져오기(D) – 텍스트 데이터(T)

아래와 같은 데이터 열기 대화상자가 나타나면 파일 유형을 텍스트로 설정하고 인코딩을 유니코드(UTF-8)로 설정한다. 다음으로 자료가 저장되어 있는 위치를 확인하여 가져올 자료인 "분양률.txt" 파일을 선택하고 열기를 클릭하면 텍스트 가져오기 마법사 6단계 창이 나타난다.

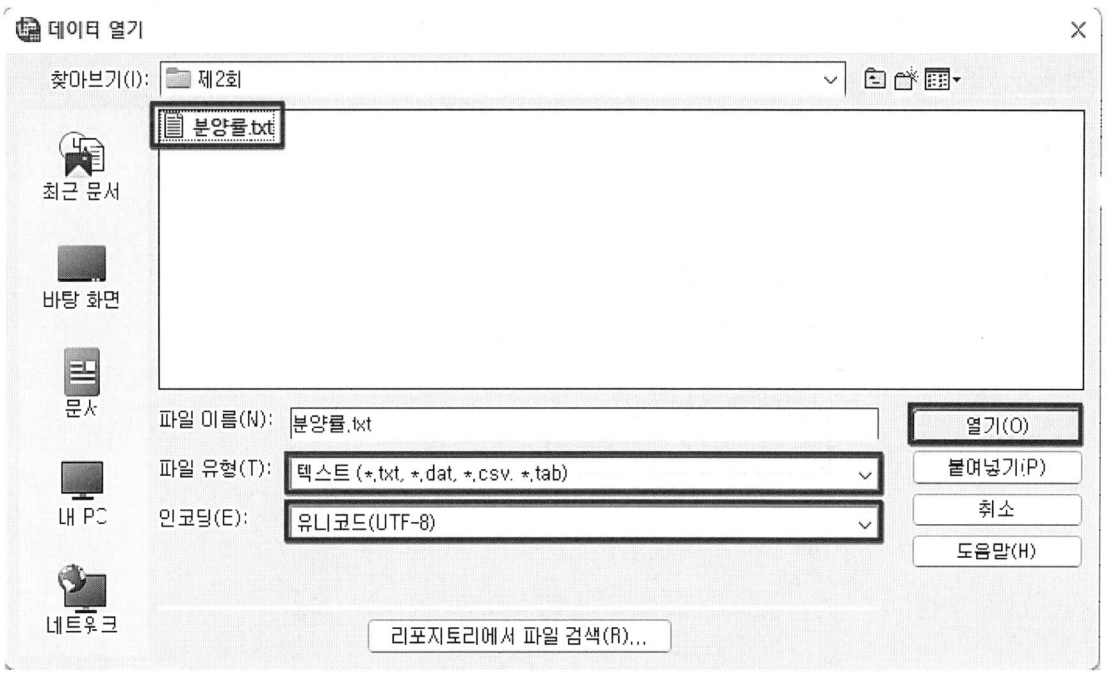

〈텍스트 가져오기 마법사 6단계〉

① 1단계는 텍스트 파일이 사전 정의된 형식과 일치하는지를 묻는 단계이다. '텍스트 파일이 사전 정의된 형식과 일치합니까?' 라는 질문에 '아니오(O)'를 선택한다. 사전에 정의한 형식이 없고, 변인에 대한 정의는 나중에 이루어지기 때문이다. '다음(N)'을 클릭하여 2단계로 넘어간다.

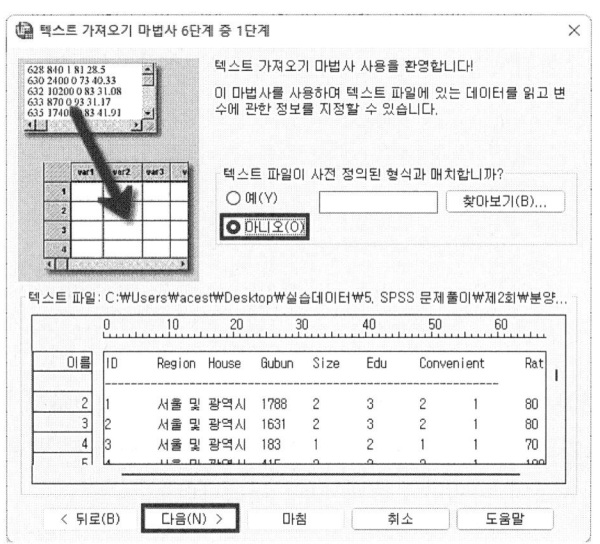

② 2단계는 변수의 배열과 변수의 이름 유무를 묻는 단계이다.
위의 자료는 자료가 탭에 의해 구분되어 있으므로 '변수는 어떻게 배열되어 있습니까?'라는 질문에는 '구분자에 의한 배열(D)'을 선택한다. 그리고 자료의 첫 행에 변수 이름이 있으므로 '변수이름이 파일의 처음에 있습니까?'라는 질문에는 '예(Y)'를 선택하고 '다음(N)'을 클릭하여 3단계로 넘어간다.

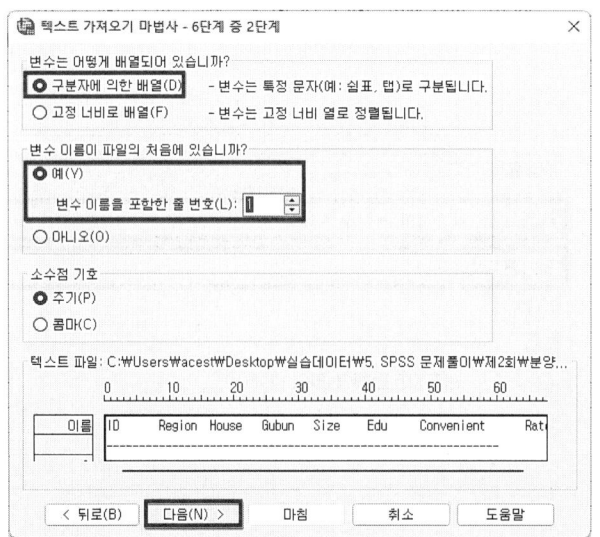

③ 3단계는 가져올 데이터의 범위를 설정하는 단계이다.

위의 자료의 첫 행에 변수의 이름이 들어가 있어 데이터의 첫 번째 케이스는 2행부터 시작하므로 '데이터의 첫 번째 케이스가 몇 번째 줄에서 시작합니까?'라는 항목에는 '2'를 선택한다. 그리고 위 자료의 경우 하나의 케이스가 한 줄에 나타나므로 '케이스가 어떻게 표시되고 있습니까?'라는 질문에 '각 줄은 케이스를 나타냅니다.(L)'를 선택한다. 마지막으로 자료의 모든 케이스를 가져오기 위해 '몇 개의 케이스를 가져오시겠습니까?'라는 질문에 '모든 케이스(A)'를 선택하고 '다음(N)'을 클릭하여 4단계로 넘어간다.

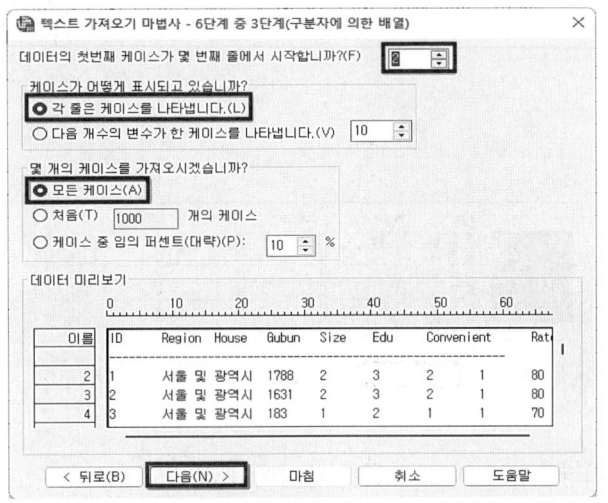

④ 4단계는 변수가 어떤 구분자로 구분되어 있는지를 묻는 단계이다.

위의 자료는 탭에 의해 구분되어 있는 자료이므로 '변수 사이에 어떤 구분자를 사용했습니까?'라는 질문에는 '탭(T)'을 선택한다. 그리고 데이터 미리보기에서 불러오려는 데이터들이 각 변수에 정확히 불러들여졌는지를 확인하고, '다음(N)'을 눌러 5단계로 넘어간다.

⑤ 5단계는 변수이름과 데이터 형식을 지정하는 단계이다.

　　변수이름과 데이터 형식은 데이터를 불러온 후 SPSS의 변수 보기 창에서 지정하는 것이 더 편리하므로 디폴트로 놔두고 '다음(N)'을 눌러 6단계로 넘어간다.

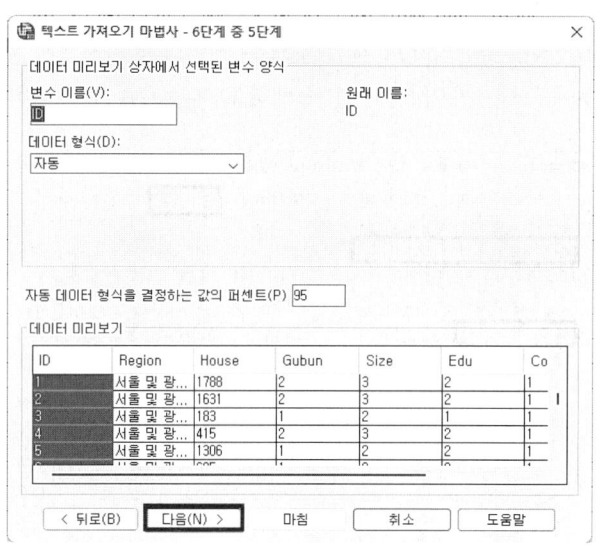

⑥ 6단계는 파일 형식을 저장할 것인지와 명령문 생성에 관한 단계이다.

　　대부분의 경우 새로운 연구를 수행하기 때문에 '다음에 사용할 수 있도록 이 파일 형식을 저장하시겠습니까?'라는 질문에 '아니오(O)'를 선택한다. 또한 '명령문을 붙여 넣으시겠습니까?'라는 질문에도 '아니오(N)'를 선택한다. 지금까지의 단계를 되풀이할 예정이면 명령문을 저장하는 것이 편리하지만 그렇지 않다면 명령문을 붙일 필요가 없다. 마지막으로 '마침'을 클릭하면 SPSS 데이터 화면이 나타난다.

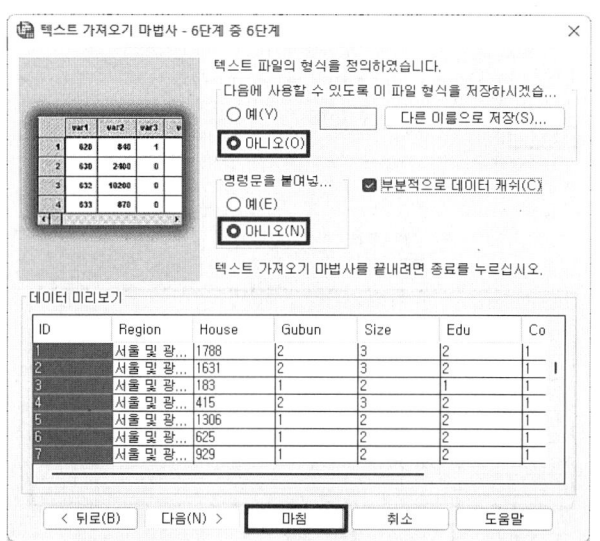

"분양률.txt" 파일이 다음과 같이 데이터 보기 창에 불러들여진 것을 확인할 수 있다.

(2) 변수 보기 입력 및 결측치 처리

불러온 데이터의 변수 보기 창에서 먼저 변수 이름과 유형이 알맞게 불러들여졌는지 확인하고, 아래와 같이 레이블, 값, 결측값, 측도 등을 처리해 준다.

[레이블]

데이터 코딩 양식을 참고하여 다음과 같이 레이블을 작성한다.

[값]

데이터 코딩 양식을 참고하여 다음과 같이 변수에 알맞은 값을 지정해준다.

- 사업방식(Gubun) 변수의 값 지정

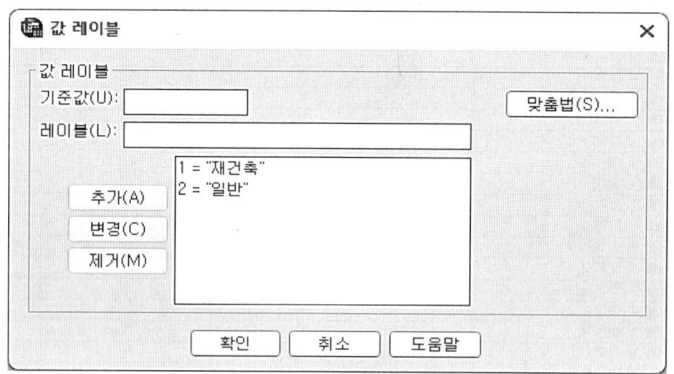

- 주력평형규모(Size) 변수의 값 지정

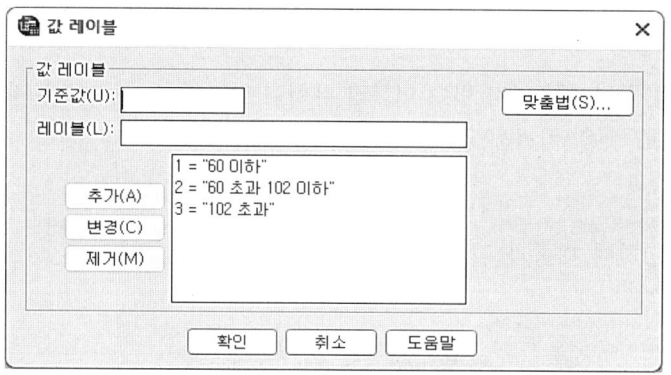

- 교육시설 유무(Edu), 편의시설 유무(Convenient)의 값 지정

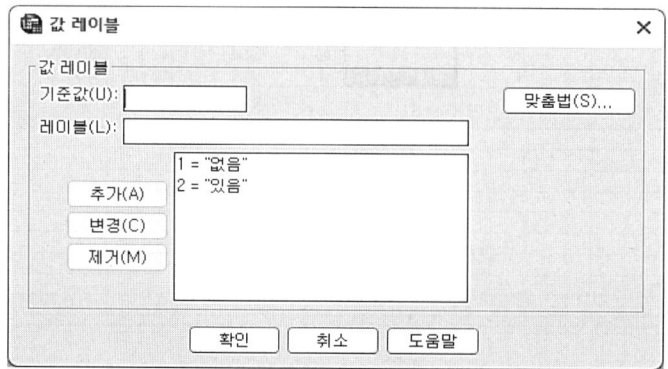

[측도]

마지막으로 변수의 측도가 잘 지정되었는지 확인한다.

(3) 문자형 변수를 숫자형 변수로 코딩변경

① 문자형 변수를 숫자형 변수로 바꾸기 위해서는 아래 메뉴를 이용한다.

변환(T) → 자동 코딩변경(A)

② '자동 코딩변경' 창에서 지역(Region)을 오른쪽의 '변수'로 옮기고, '새 이름(N)'에 'N_Region'을 입력한 후 '새 이름 추가(A)'를 클릭한다. '서울 및 광역시'가 1의 값을, '기타지역'이 2의 값을 가질 수 있도록 '코딩변경 시작값'은 '최고값(H)'로 설정한다.

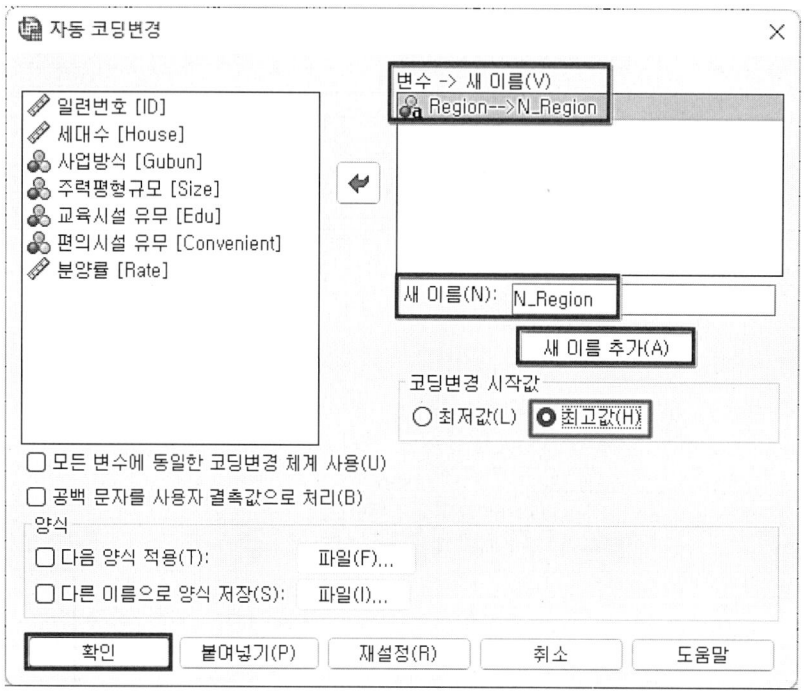

③ '확인'을 클릭하면 데이터 보기 창에 N_Region이라는 새로운 변수가 생성되었음을 확인할 수 있다.

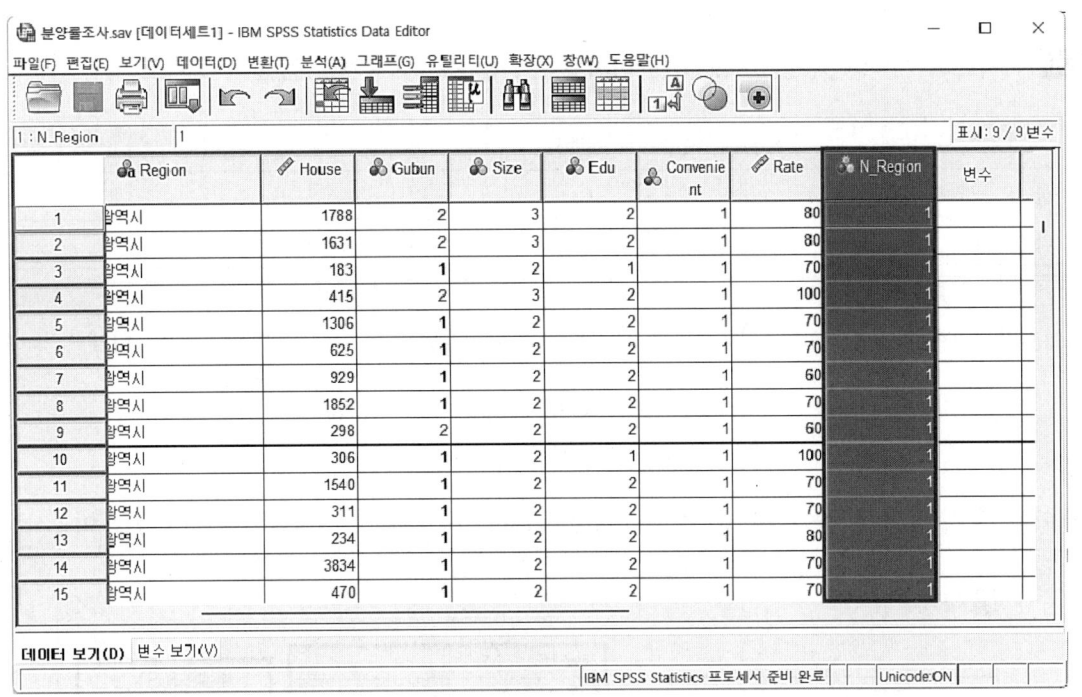

출력결과를 보면 '서울 및 광역시'는 1로, '기타지역'은 2로 코딩되었음을 알 수 있다.

Region into N_Region (지역)
Old Value   New Value   Value Label

서울 및 광역시   1 서울 및 광역시
기타지역   2 기타지역

3 분석 수행

문제 1 아파트의 지역(N_Region)에 따른 아파트 분양률(Rate) 통계량 값을 구하시오.

지역	최솟값	최댓값	중위수	평균	표준편차
1: 서울 및 광역시		***			
2: 기타지역			***		

① 아파트의 지역(N_Region)에 따른 아파트 분양률(Rate)의 통계량을 구하기 위해 데이터 탐색을 수행한다.

분석(A) → 기술통계량(E) → 데이터 탐색(E)

② '데이터 탐색' 창에서 '종속변수(D)'에는 분양률(Rate), '요인(F)'에는 지역(N_Region)을 이동시킨다.

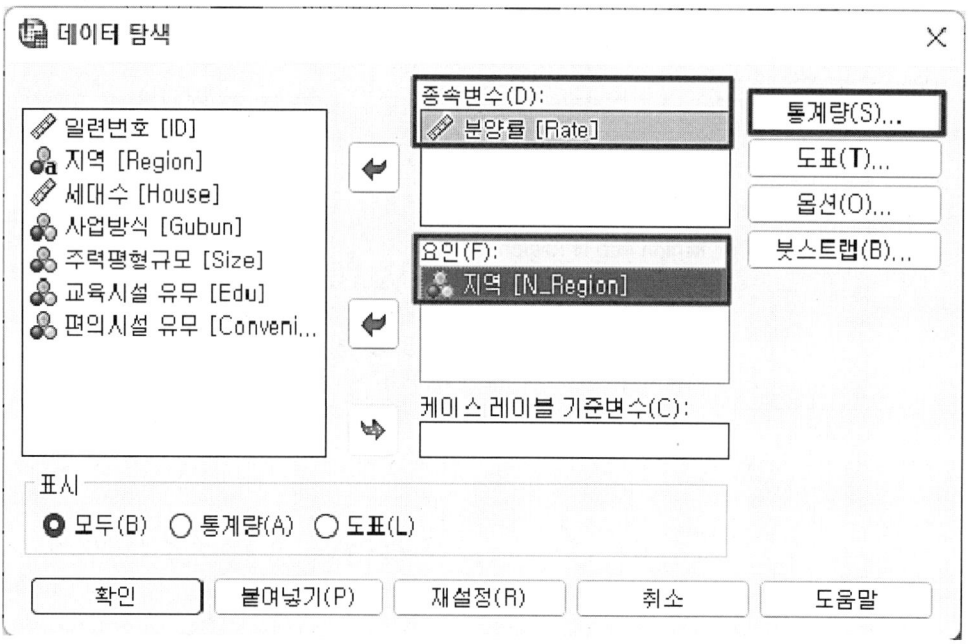

③ '통계량(S)'을 클릭한 후 '기술통계(D)'를 선택하고 '계속(C)'을 클릭한다.

④ '확인'을 클릭하면 다음과 같은 결과가 나타난다.

기술통계

지역			통계	표준화 오차
분양률	서울 및 광역시	평균 순위	66.10	2.081
		평균의 95% 신뢰구간 하한	62.00	
		상한	70.20	
		5% 절사평균	67.58	
		중위수(D)	70.00	
		분산(V)	917.796	
		표준화 편차	30.295	
		최소값(U)	3	
		최대값(X)	100	
		범위(R)	97	
		사분위수 범위	45	
		왜도(W)	-.576	.167
		첨도(K)	-.858	.333
	기타지역	평균 순위	46.74	2.193
		평균의 95% 신뢰구간 하한	42.41	
		상한	51.08	
		5% 절사평균	46.27	
		중위수(D)	50.00	
		분산(V)	716.313	
		표준화 편차	26.764	
		최소값(U)	5	
		최대값(X)	100	
		범위(R)	95	
		사분위수 범위	50	
		왜도(W)	.204	.199
		첨도(K)	-1.017	.395

⑤ 위의 출력결과를 참고하여 아래의 표를 완성한다.

지역	최솟값	최댓값	중위수	평균	표준편차
1: 서울 및 광역시	3	***	70	66.10	30.295
2: 기타지역	5	100	***	46.74	26.764

문제 2 사업방식(Gubun)에 따른 분양률(Rate)에 차이가 있는지 검정하고자 한다.

(1) 분석에 앞서 무엇을 검정할 것인지 가설을 설정하고 μ_1, μ_2를 이용해 수식으로 작성하시오.

귀무가설(H_0)	사업방식(Gubun)에 따른 분양률(Rate)에 차이가 없다($\mu_1 = \mu_2$).
대립가설(H_1)	사업방식(Gubun)에 따른 분양률(Rate)에 차이가 있다($\mu_1 \neq \mu_2$).

(2) 사업방식(Gubun)별로 분양률(Rate)에 차이가 있는지 검정통계량 값과 유의확률을 구하시오.

지역	아파트 수	평균	표준편차	검정통계량	유의확률
1: 재건축	□□□	□□.□□	***	□.□□□	***
2: 일반	□□□	***	□□.□□□		

① 사업방식(Gubun)에 따른 분양률(Rate)에 차이가 있는지 검정하기 위해 독립표본 T검정을 수행한다.

분석(A) → 평균비교(M) → 독립표본 T검정

② '독립표본 T검정' 창에서 '검정 변수(T)'에 분양률(Rate)을, '집단 변수(G)'에 사업방식(Gubun)을 옮기고 '집단정의(D)'를 클릭한다.

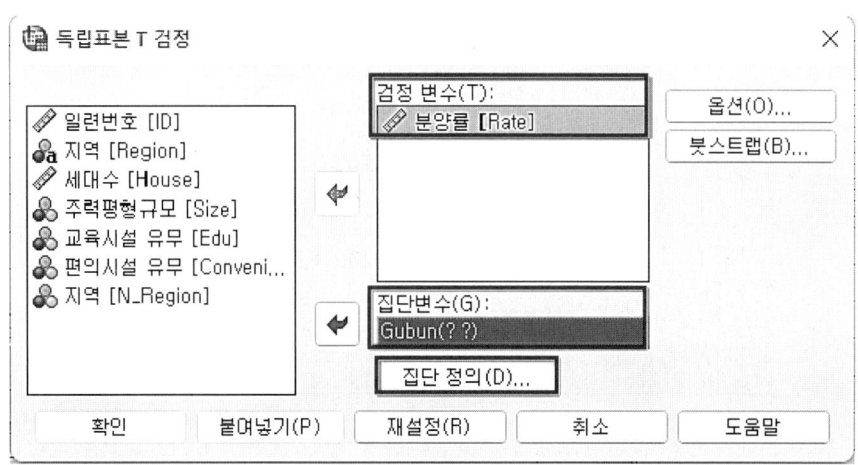

③ '집단 정의' 창에서 '지정값 사용(U)'의 집단 1과 집단 2에 각각 1, 2를 입력하고, '계속(C)'을 클릭한다.

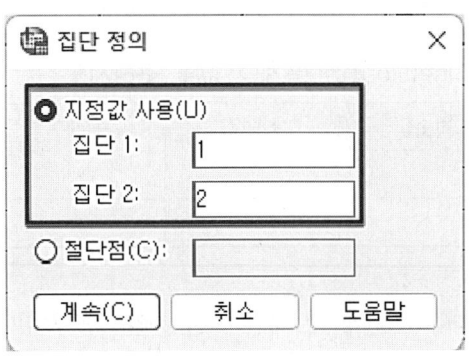

④ '확인'을 클릭하면 다음과 같은 결과를 얻을 수 있다.

집단통계량

	사업방식	N	평균	표준화 편차	표준오차 평균
분양률	재건축	54	74.56	28.815	3.921
	일반	307	55.22	29.774	1.699

독립표본 검정

		Levene의 등분산 검정		평균의 동일성에 대한 T 검정					차이의 95% 신뢰구간	
		F	유의확률	t	자유도	유의확률 (양측)	평균차이	표준오차 차이	하한	상한
분양률	등분산을 가정함	.982	.322	4.422	359	.000	19.337	4.373	10.737	27.937
	등분산을 가정하지 않음			4.525	74.321	.000	19.337	4.274	10.823	27.852

⑤ 위 결과를 이용하여 아래의 표를 완성한다. Levene의 등분산 검정에서 유의확률이 0.322으로 유의수준 0.05보다 크므로 귀무가설을 기각하지 않는다. 따라서 '등분산을 가정함'의 T 검정 결과를 이용해야 한다.

지역	아파트 수	평균	표준편차	검정통계량	유의확률
1: 재건축	54	74.56	***	4.422	***
2: 일반	307	***	29.774		

(3) 위 분석에 따른 결과 및 이유를 작성하시오.

결과	사업방식(Gubun)에 따른 분양률(Rate)에 차이가 있다.
이유	검정통계량 t값이 4.422이고 유의확률이 0.000으로 유의수준 0.05보다 작으므로 귀무가설을 기각한다.

문제 3 아파트의 분양률(Rate)과 세대수(House) 간 선형관계의 정도를 알기 위해 상관분석을 실시하여 피어슨의 상관계수를 구하시오.

(1) 아파트의 분양률(Rate)과 세대수(House) 통계량 값을 구하시오.

변수	최솟값	최댓값	중위수	평균	표준편차
아파트의 분양률			***		
세대수			***		

① 아파트의 분양률(Rate)과 세대수(House)에 대한 기술통계량을 구하기 위해 다음의 메뉴를 이용한다.

분석(A) → 기술통계량(E) → 빈도분석(F)

② '빈도분석' 창에서 '변수(V)'에 분양률(Rate)과 세대수(House)를 이동시키고, 빈도표는 출력할 필요가 없으므로 '빈도표 표시(D)' 선택을 해제한다. 그 후, '통계량(S)'을 클릭한다.

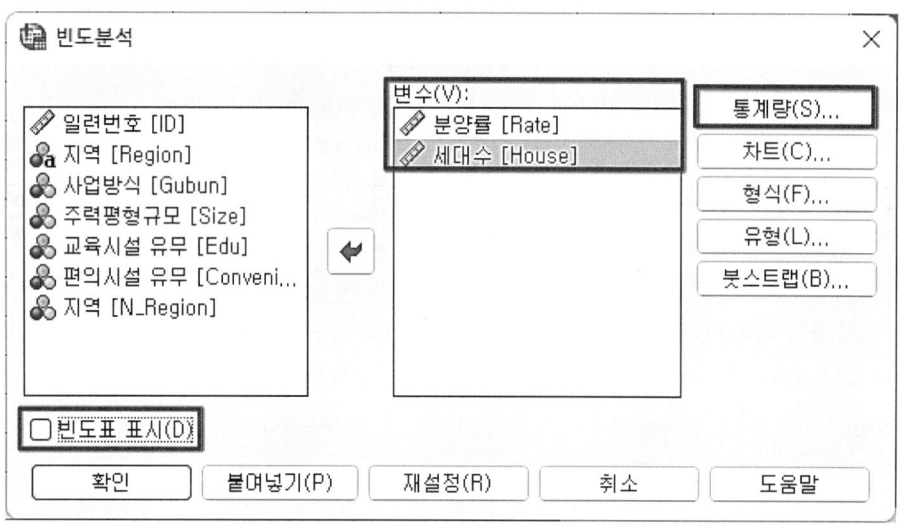

③ '빈도분석: 통계량' 창에서 평균(M), 중위수(D), 표준편차(T), 최솟값(I), 최댓값(X)을 선택하고 '계속(C)'을 클릭한다.

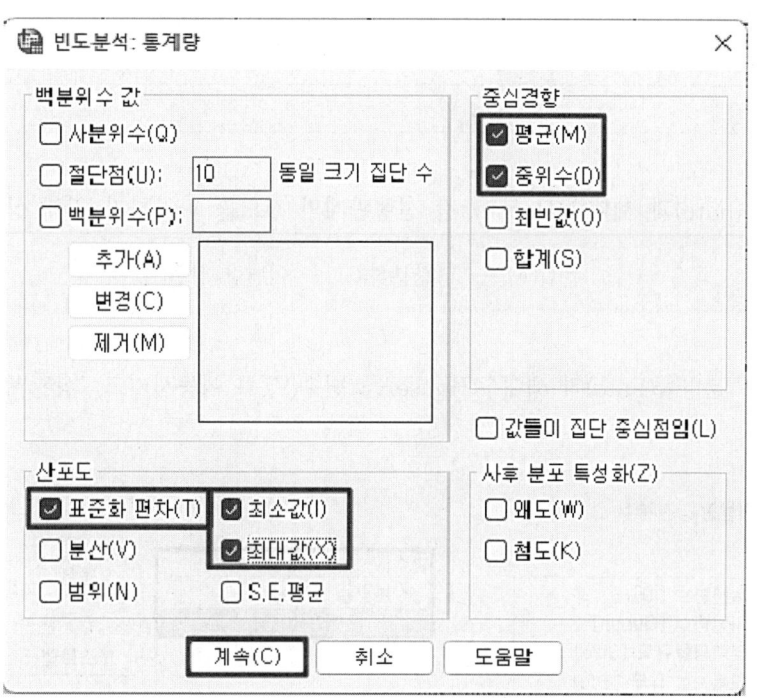

④ '확인'을 클릭하면 다음과 같은 결과를 얻을 수 있다.

통계량

		분양률	세대수
N	유효	361	361
	결측	0	0
평균		58.11	698.84
중위수		60.00	544.00
표준화 편차		30.388	553.915
최소값		3	88
최대값		100	3834

⑤ 위의 출력결과를 이용하여 다음의 표를 완성한다.

변수	최솟값	최댓값	중위수	평균	표준편차
아파트의 분양률	3	100	***	58.11	30.388
세대수	88	3834	***	698.84	553.915

(2) 아파트의 분양률(Rate)과 세대수(House) 간 선형관계의 정도를 알기 위해 상관분석을 실시하여 피어슨의 상관계수를 구하시오.

변수	분양률	세대수
분양률	1.000	□.□□□
세대수		1.000

① 아파트의 분양률(Rate)과 세대수(House) 간 선형관계의 정도를 파악하기 위해 상관분석을 실시한다.

분석(A) → 상관분석(C) → 이변량 상관(B)

② '이변량 상관계수' 분양률(Rate)과 세대수(House)를 '변수(V)'로 이동시키고, '상관계수'에서 'Pearson'을 선택한다.

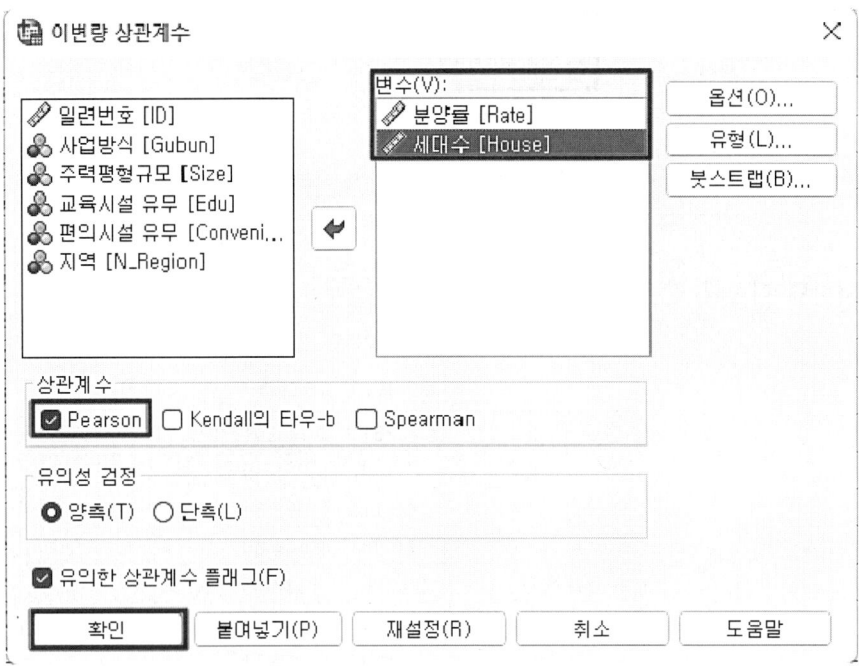

③ '확인'을 누르면 다음과 같은 결과를 얻을 수 있다.

상관관계

		분양률	세대수
분양률	Pearson 상관	1	.097
	유의확률 (양측)		.066
	N	361	361
세대수	Pearson 상관	.097	1
	유의확률 (양측)	.066	
	N	361	361

④ 위의 상관관계 결과를 이용하여 다음의 표를 완성한다.

변수	분양률	세대수
분양률	1.000	0.097
세대수		1.000

문제 4 지역(N_Region)별 사업방식(Gubun)에 차이가 있는지를 가설검정하고자 한다.

(1) 지역(N_Region)에 따라 사업방식(Gubun)에 차이가 있는지 알고자 할 때 아래 교차표를 작성하시오(단, 비중은 행 퍼센트임).

지역		사업방식		전체
		재건축	일반	
1: 서울 및 광역시	아파트 수	***	□□□	***
	비중(%)	***	□□.□	100.0
2: 기타지역	아파트 수	***	□□□	***
	비중(%)	***	□□.□	100.0
전체 아파트 수(%)		***	***	***

① 지역(N_Region)별 사업방식(Gubun)에 대한 교차표를 작성하기 위해 교차분석을 수행한다.

분석(A) → 기술통계량(E) → 교차분석(C)

② '교차분석' 창에서 '행(O)'에 지역(N_Region)을, '열(C)'에 사업방식(Gubun)을 이동시키고 '셀(E)'을 클릭한다.

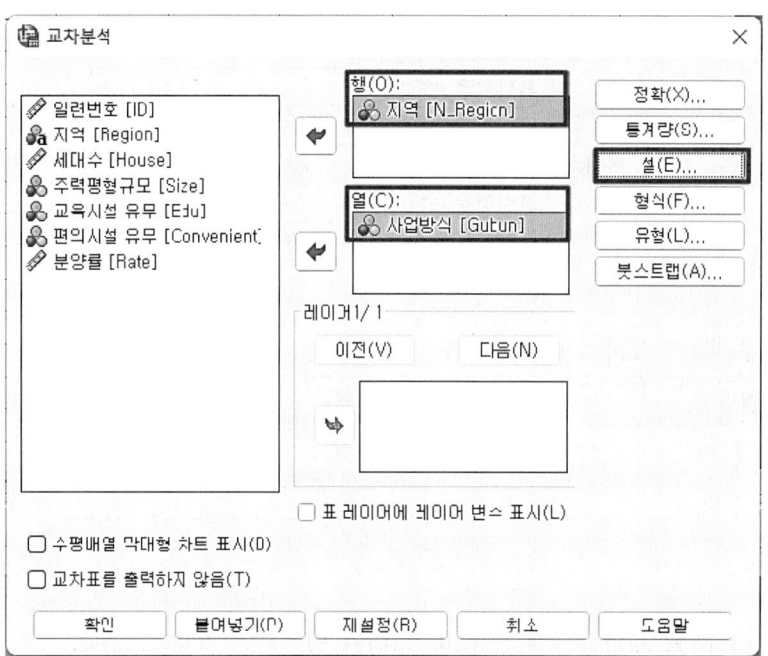

③ '교차분석: 셀 표시' 창에서 '퍼센트'의 '행(R)'을 선택하고 '계속(C)'을 클릭한다.

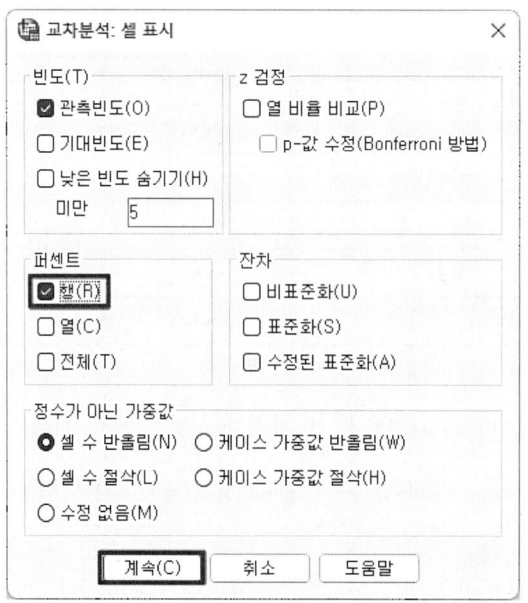

④ '확인'을 클릭하면 다음과 같은 결과가 나타난다.

지역 * 사업방식 교차표

			사업방식		전체
			재건축	일반	
지역	서울 및 광역시	빈도	52	160	212
		지역 중 %	24.5%	75.5%	100.0%
	기타지역	빈도	2	147	149
		지역 중 %	1.3%	98.7%	100.0%
전체		빈도	54	307	361
		지역 중 %	15.0%	85.0%	100.0%

⑤ 위의 교차표 결과를 이용하여 다음의 표를 완성한다.

지역		사업방식		전체
		재건축	일반	
1: 서울 및 광역시	아파트 수	***	①⑥⓪	***
	비중(%)	***	⑦⑤.⑤	100.0
2: 기타지역	아파트 수	***	①④⑦	***
	비중(%)	***	⑨⑧.⑦	100.0
전체 아파트 수(%)		***	***	***

(2) 위 교차분석 어떤 가설검정을 실시하기 위해서인지 가설을 설정하시오.

귀무가설(H_0)	지역(N_Region)과 사업방식(Gubun)은 서로 연관성이 없다.
대립가설(H_1)	지역(N_Region)과 사업방식(Gubun)은 서로 연관성이 있다.

(3) 검정통계량의 값과 유의수준 5%에서 검정한 결과를 작성하시오.

검정통계량의 값	□□.□□□
검정결과	

① '교차분석' 창에서 '통계량(S)'을 클릭한 후 '카이제곱(H)'을 선택하고 '계속(C)'을 클릭한다.

② '확인'을 클릭하면 다음과 같은 결과가 나타난다.

카이제곱 검정

	값	자유도	근사 유의확률 (양측검정)	정확 유의확률 (양측검정)	정확 유의확률 (단측검정)
Pearson 카이제곱	36.979[a]	1	<.001		
연속성 수정[b]	35.178	1	<.001		
우도비	47.251	1	<.001		
Fisher의 정확검정				<.001	<.001
선형 대 선형결합	36.876	1	<.001		
유효 케이스 수	361				

a. 0 셀 (0.0%)은(는) 5보다 작은 기대 빈도를 가지는 셀입니다. 최소 기대빈도는 22.29입니다.
b. 2x2 표에 대해서만 계산됨

③ 위의 카이제곱 검정 결과 Pearson 카이제곱 값을 이용하여 다음의 표를 완성한다.

검정통계량의 값	36.979
검정결과	검정통계량 값이 36.979이고 유의확률이 <0.001으로 유의수준 0.05보다 작으므로 귀무가설을 기각한다. 따라서 유의수준 5%하에서 지역과 사업방식은 연관성이 있다.

문제 5 분양률(Rate)을 종속변수로 하고 세대수(House), 사업방식(Gubun), 교육시설 유무(Edu), 편의시설 유무(Convenient)를 독립변수로 설정하여 중회귀분석을 수행하고자 한다. 단, 사업방식(Gubun)과 교육시설 유무(Edu), 편의시설 유무(Convenient)는 더미변수 생성 후 분석에 반영한다.

(1) '일반'을 기준으로 한 사업방식 더미변수, '없음'을 기준으로 한 교육시설 유무(Edu), 편의시설 유무(Convenient) 더미변수를 생성 후 아래를 작성하시오.

사업방식	사업방식더미
1: 재건축	1
2: 일반	0

교육시설 유무	교육시설유무더미		편의시설 유무	편의시설유무더미
1: 없음	0		1: 없음	0
2: 있음	1		2: 있음	1

① 위와 같은 3개의 더미변수를 만들기 위해 다른 변수로 코딩변경을 수행한다.

> 변환(T) → 다른 변수로 코딩변경(R)

② '다른 변수로 코딩변경' 창에서 사업방식(Gubun)를 우측 '숫자변수'로 옮긴다. '출력변수'의 '이름(N)'에 사업방식더미를 입력하고 '변경(H)'을 누른다. 그 후, '기존값 및 새로운 값(O)'을 클릭한다.

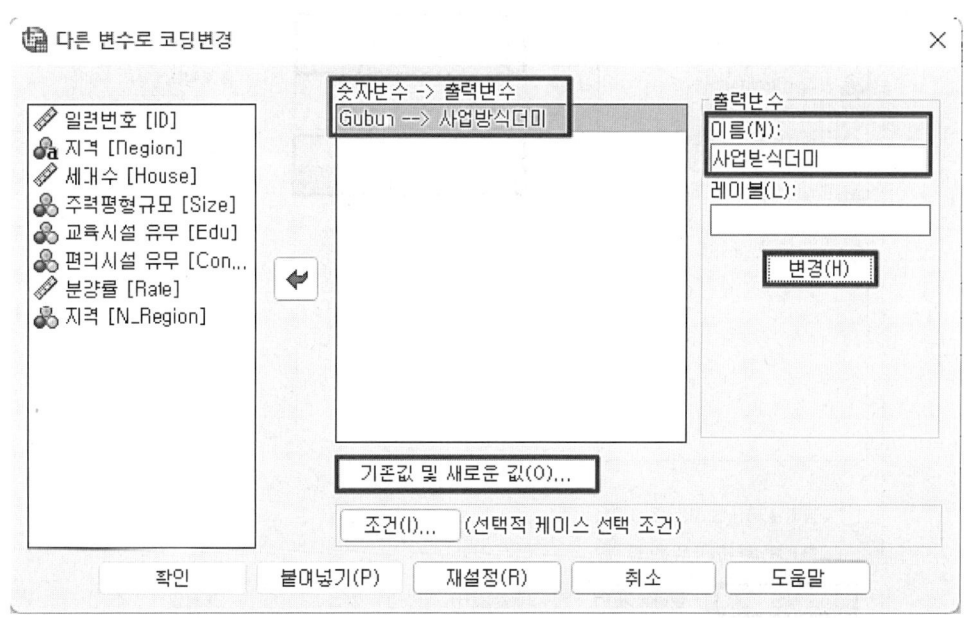

③ '다른 변수로 코딩변경: 기존값 및 새로운 값'에서 다음과 같이 입력하고 '계속(C)'을 클릭한 후, '확인'을 누르면 사업방식더미가 생성된다.

④ 기존 변수인 사업방식(Gubun)과 사업방식더미의 교차표를 작성하여 변수가 제대로 생성되었는지 확인한다. '교차분석' 창에서 '행(O)'에 사업방식(Gubun)을, '열(C)'에 사업방식더미를 이동시킨다.

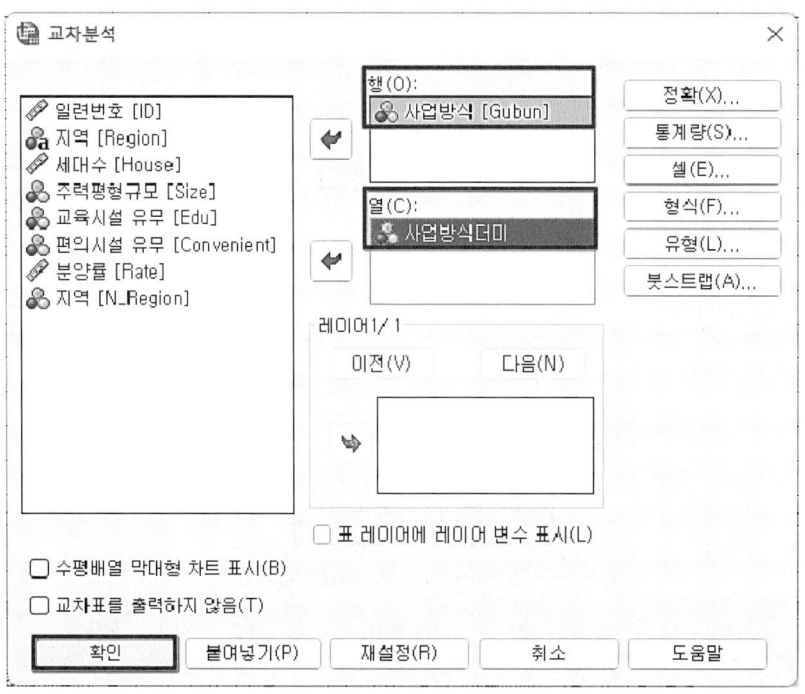

⑤ 확인을 누르면 다음과 같은 결과가 나타난다.

사업방식	사업방식더미
1: 재건축	1
2: 일반	0

사업방식 * 사업방식더미 교차표

빈도

		사업방식더미		전체
		.00	1.00	
사업방식	재건축	0	54	54
	일반	307	0	307
전체		307	54	361

⑥ 동일한 방법으로 나머지 3개의 더미변수도 생성한다.

[교육시설유무더미 변수 생성]

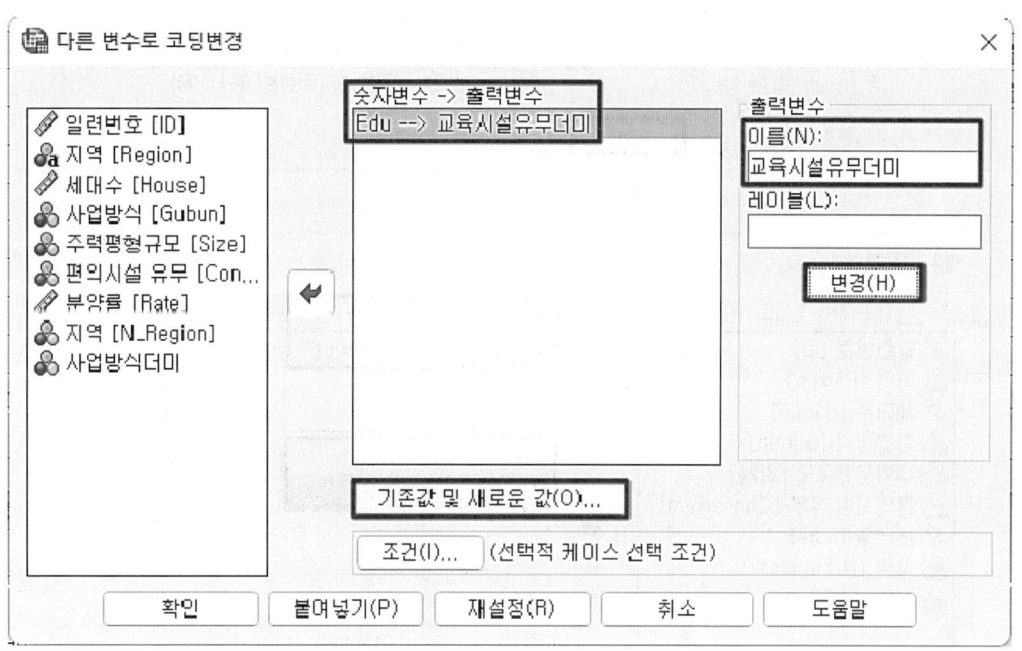

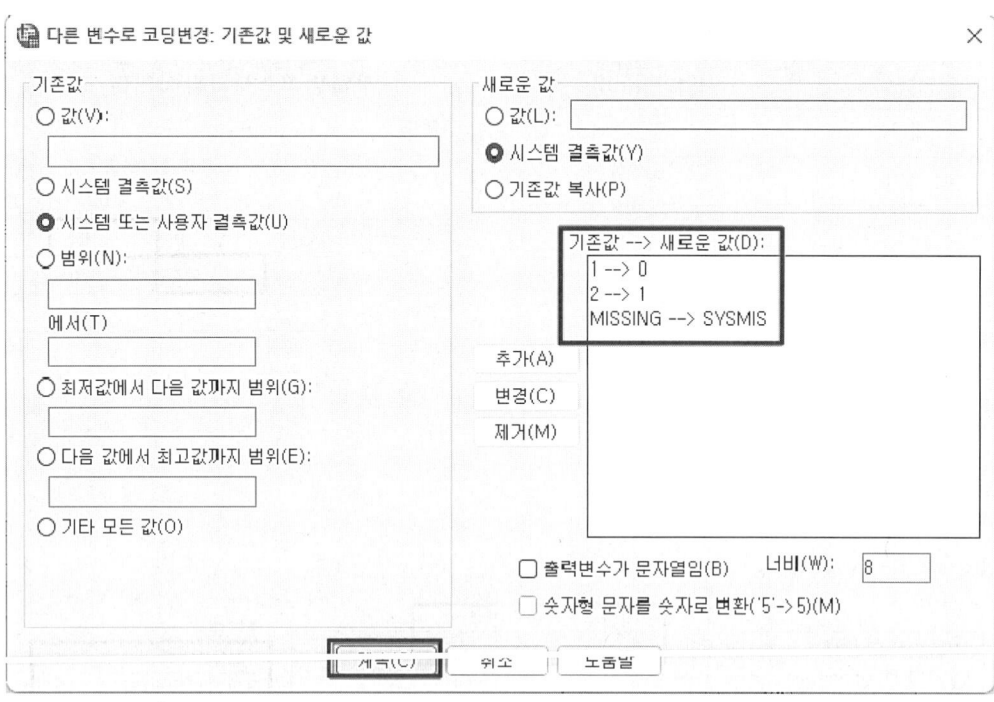

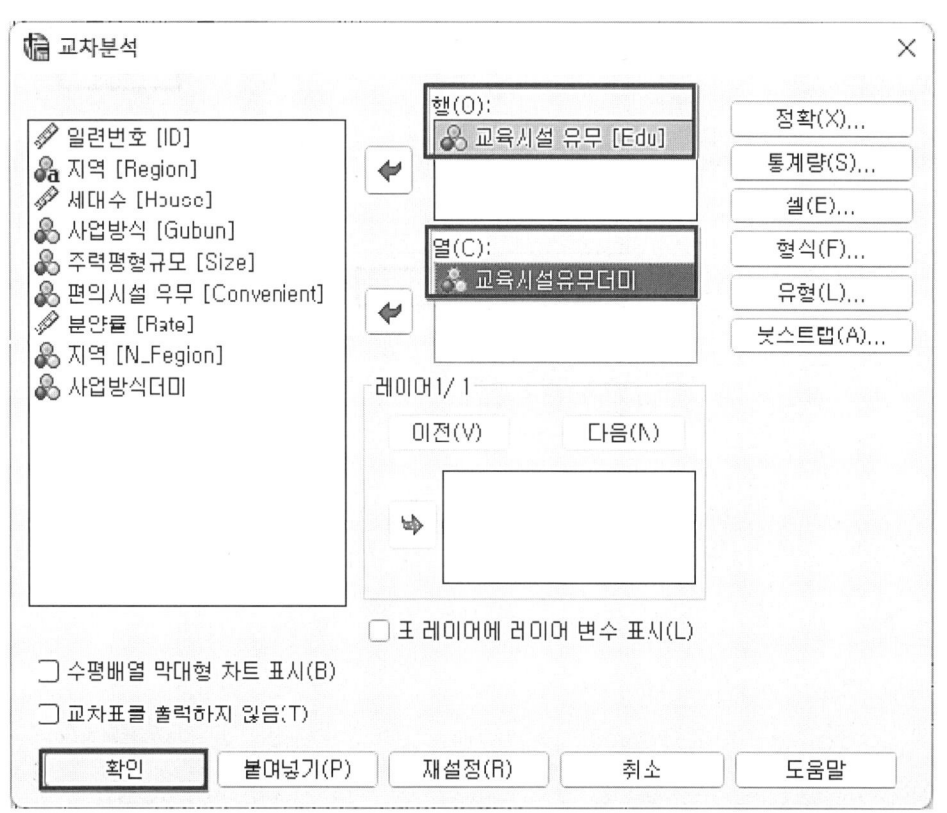

교육시설 유무	교육시설유무더미
1: 없음	0
2: 있음	1

교육여건 * 교육여건더미 교차표

빈도

		교육여건더미 .00	교육여건더미 1.00	전체
교육여건	없음	67	0	67
	있음	0	294	294
전체		67	294	361

[편의시설유무더미 변수 생성]

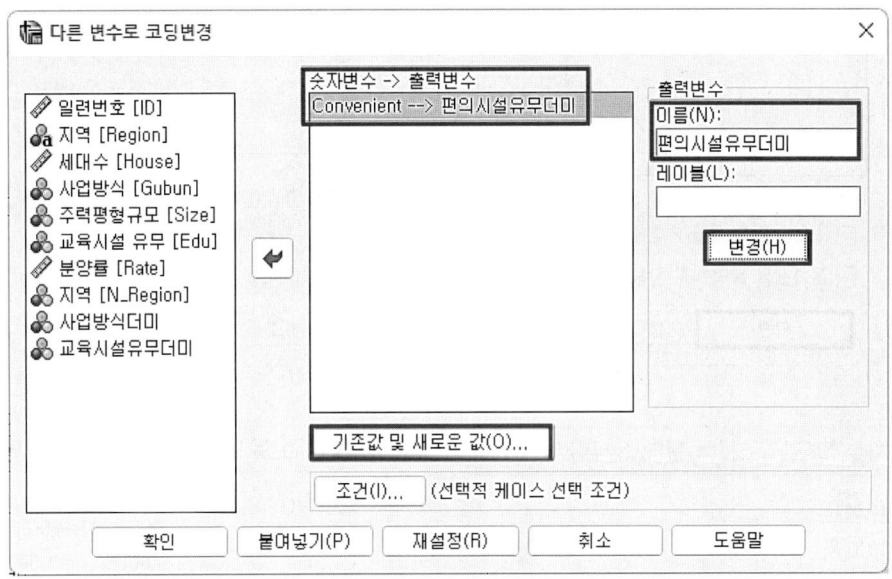

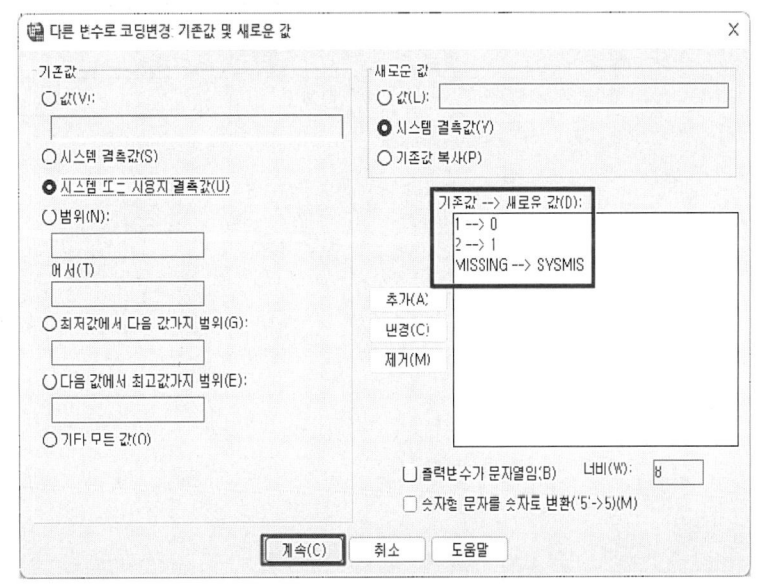

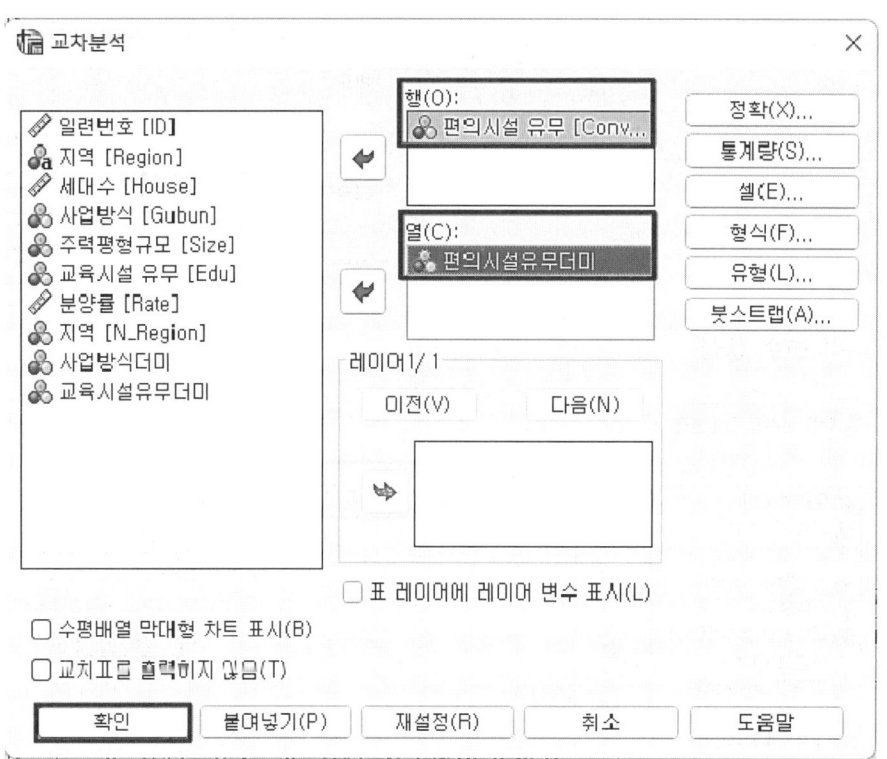

편의시설 유무	편의시설유무더미
1: 없음	0
2: 있음	1

편의시설 유무 * 편의시설유무더미 교차표

빈도

		편의시설유무더미		전체
		.00	1.00	
편의시설 유무	없음	328	0	328
	있음	0	33	33
전체		328	33	361

(2) 중회귀분석을 수행한 후 다음의 F검정 표를 작성하시오.

구분	제곱합	자유도	평균제곱	검정통계량	유의확률
회귀모형	***	□	***	□.□□□	***
잔차	***	□□	***		
합계	***	□□			

① 세대수(House), 사업방식(Gubun), 교육시설 유무(Edu), 편의시설 유무(Convenient)가 분양률(Rate)에 얼마나 영향을 미치는지 알아보기 위해 다중회귀분석을 수행한다.

> 분석(A) → 회귀분석(R) → 선형(L)

② '선형 회귀' 창에서 '종속변수(D)'에는 분양률(Rate)을, '독립변수(I)'에는 사업방식더미, 교육시설유무더미, 편의시설유무더미, 세대수(House)를 이동시킨다. '방법(M)'은 입력을 선택한다.

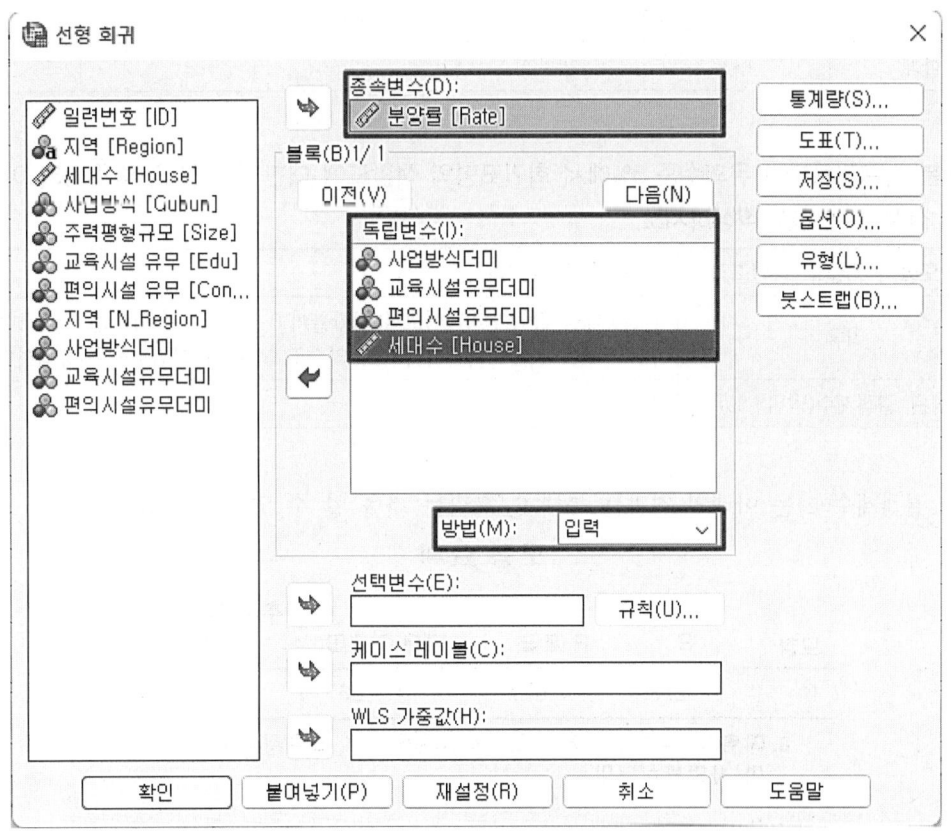

③ '확인'을 누르면 다음과 같은 결과를 얻을 수 있다.

ANOVA[a]

모형		제곱합	자유도	평균제곱	F	유의확률
1	회귀	25691.956	4	6422.989	7.454	.000[b]
	잔차	306753.612	356	861.667		
	전체	332445.568	360			

a. 종속변수: 분양률
b. 예측자: (상수), 세대수, 편의시설유무더미, 교육시설유무더미, 사업방식더미

④ 위의 분산분석 결과표를 이용하여 다음의 표를 완성한다.

구분	제곱합	자유도	평균제곱	검정통계량	유의확률
회귀모형	***	4	***	7.454	***
잔차	***	356	***		
합계	***	360			

(3) 중회귀분석 결과로부터 유의수준 5%에서 회귀모형의 적합도에 대한 유의성 검정 결과와 이유, 그리고 수정된 결정계수(%)를 작성하시오.

회귀모형의 적합도 검정결과	회귀모형은 유의하다.
이유	검정통계량 값이 7.454이고 유의확률이 0.000으로 유의수준 0.05보다 작으므로 귀무가설을 기각한다. 따라서 유의수준 5%에서 회귀모형은 유의하다.
수정된 결정계수(단위: %)	6.7%

수정된 결정계수(%)는 아래의 결과를 통해 6.7%라는 것을 알 수 있다.

모형 요약

모형	R	R 제곱	수정된 R 제곱	추정값의 표준오차
1	.278[a]	.077	.067	29.354

a. 예측자: (상수), 세대수, 편의시설유무더미, 교육시설유무더미, 사업방식더미

(4) 추정된 회귀직선식을 작성하시오(단, 소숫점은 반올림하여 소수 셋째 자리로 표현하시오).

회귀분석 결과의 계수 표는 다음과 같다.

계수ª

모형		비표준화 계수 B	표준화 오류	표준화 계수 베타	t	유의확률
1	(상수)	44.227	4.090		10.813	.000
	사업방식더미	17.626	4.486	.207	3.929	.000
	교육시설유무더미	11.142	4.095	.143	2.721	.007
	편의시설유무더미	9.648	5.502	.092	1.754	.080
	세대수	.002	.003	.034	.641	.522

a. 종속변수: 분양률

> 분양률 = 44.227 + 17.626*사업방식더미 + 11.142*교육시설유무더미 + 9.648*편의시설유무더미 + 0.002*세대수

(5) 회귀계수의 유의성 검정 결과 유의수준 5%에서 유의한 회귀계수는 "O", 유의하지 않은 회귀계수는 "X" 표시하시오.

회귀계수	통계적 유의성 검정 결과
상수항	O
사업방식더미(1: 재건축 vs 0: 일반)	O
교육시설유무더미(1: 있음 vs 0: 없음)	O
편의시설유무더미(1: 있음 vs 0: 없음)	X
세대수	X

상수항과 사업방식더미의 유의확률은 0.000, 교육시설유무더미의 유의확률은 0.007으로 0.05보다 작으므로 유의하다. 편의시설유무더미는 0.080, 세대수는 0.522로 0.05보다 큰 유의확률을 가지므로 유의하지 않다.

(6) 분양률(Rate)에 대한 사업방식더미의 추정 회귀계수 부호는 무엇이며 그 의미에 대해 기술하시오.

> 사업방식더미의 추정 회귀계수 부호가 '+'이므로 사업방식이 재건축일 때가 일반일 때보다 분양률이 높다.

(7) 중회귀모형에 포함된 독립변수의 표준화 회귀계수를 쓰고, 분양률에 가장 영향을 많이 미치는 독립변수를 표준화 회귀계수의 절댓값 크기에 따라 순위(가장 큰 것부터 1~4)를 쓰시오.

변수	표준화 회귀계수	영향이 가장 큰 변수
사업방식더미(1: 재건축 vs 0: 일반)	0.207	1
교육시설유무더미(1: 있음 vs 0: 없음)	0.143	2
편의시설유무더미(1: 있음 vs 0: 없음)	0.092	3
세대수	0.034	4

(8) 지역(N_Region)별로 위 중회귀분석과 동일한 분석을 수행하고 표준화 회귀계수의 절댓값 크기에 따라 순위(가장 큰 것부터 1~4)를 작성하시오.

변수	1: 서울 및 광역시	2: 기타지역
사업방식더미(1: 재건축 vs 0: 일반)		
교육시설유무더미(1: 있음 vs 0: 없음)		
편의시설유무더미(1: 있음 vs 0: 없음)		
세대수		

① 지역별로 중회귀분석을 실시하기 위해 파일분할을 수행한다.

> 데이터(D) → 파일분할(F)

② '파일분할' 창에서 '집단들 비교(C)'를 선택하여 지역(N_Region) 변수를 '분할 집단변수(G)'로 이동시키고 '확인'을 클릭한다.

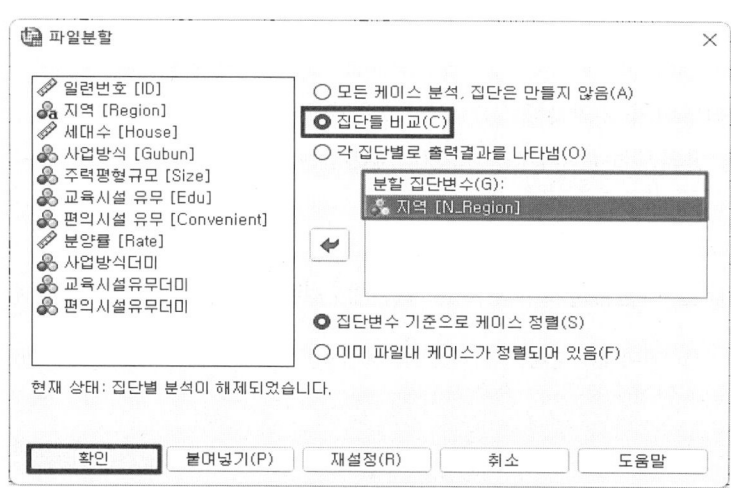

③ 파일 분할을 완료한 뒤, 동일한 회귀분석을 실시하면 다음과 같이 지역별 중회귀분석 결과가 나타난다.

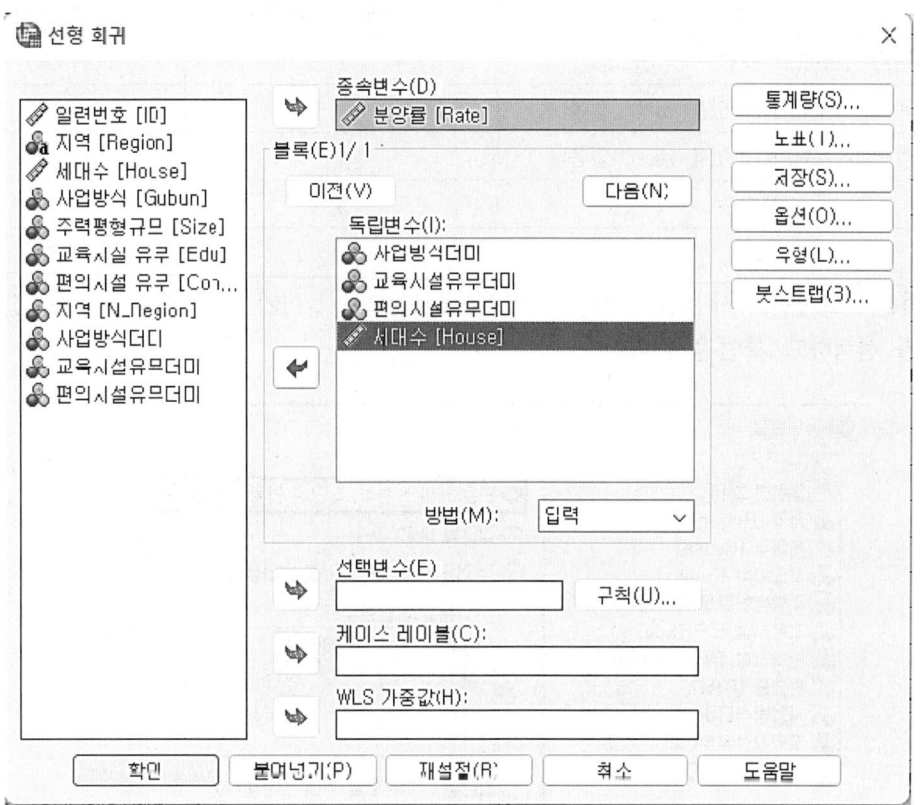

계수ª

지역	모형		비표준화 계수		표준화 계수	t	유의확률
			B	표준화 오류	베타		
서울 및 광역시	1	(상수)	57.675	5.517		10.455	.000
		사업방식더미	13.655	4.974	.194	2.745	.007
		교육시설유무더미	5.496	5.461	.070	1.007	.315
		편의시설유무더미	10.757	6.954	.106	1.547	.123
		세대수	-.001	.003	-.013	-.193	.847
기타지역	1	(상수)	29.978	5.571		5.381	.000
		사업방식더미	-20.028	18.538	-.086	-1.080	.282
		교육시설유무더미	19.113	5.788	.284	3.302	.001
		편의시설유무더미	5.880	8.378	.060	.702	.484
		세대수	.002	.005	.030	.364	.717

a. 종속변수: 분양률

④ 위의 결과를 이용하여 다음의 표를 완성한다.

변수	1: 서울 및 광역시	2: 기타지역
사업방식더미(1: 재건축 vs 0: 일반)	1	2
교육시설유무더미(1: 있음 vs 0: 없음)	3	1
편의시설유무더미(1: 있음 vs 0: 없음)	2	3
세대수	4	4

⑤ 해당 분석을 완료하면 다시 [데이터(D)] - [파일분할(F)]으로 돌아가 '모든 케이스 분석, 집단은 만들지 않음(A)'를 선택하고 '확인'을 클릭한다.

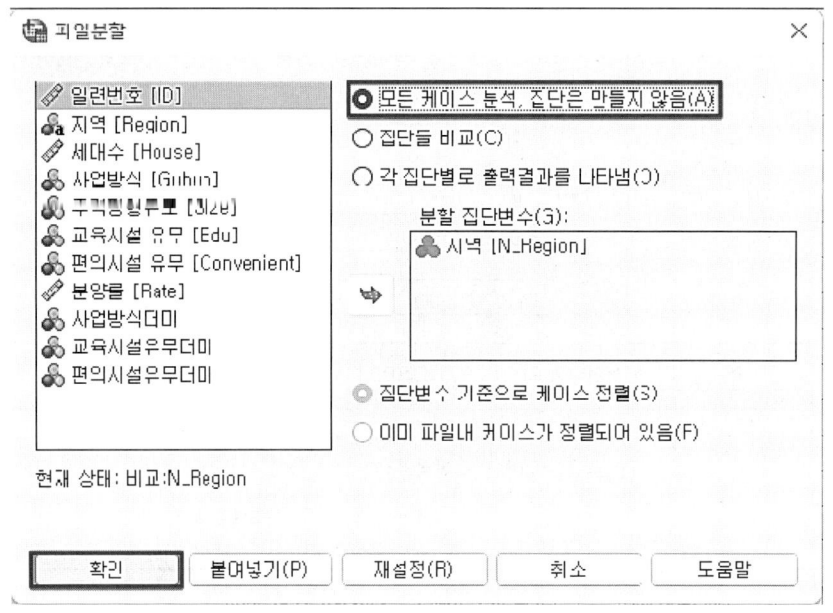

03 작업형 유사 기출문제 풀이

※ SPSS를 이용하여 통계분석을 수행한 결과의 일부를 답안지에 직접 작성하시기 바랍니다. 결과 값은 특별한 언급이 없는 한 반올림하여 작성하시기 바랍니다.

다음 자료는 2015년 우리나라 20세 이상 성인 총 14,604명을 대상으로 건강상태에 대한 실태를 조사한 자료이다. 자료는 조사대상자번호, 만나이, 성별, 키, 몸무게, 수면시간, 주관적 스트레스 수준, 주관적 건강수준, 행복감 지수, 불안우울정도, 교육수준, 혼인상태로 구성되어 있다. 데이터는 "국민건강영양조사.txt"로 저장되어 있는 텍스트 파일이며, 아래의 [표1]는 데이터 코딩 양식이다. 결측값이 있는 경우에는 "7", "77", "777" 또는 "9", "99", "999"로 입력되어 있고 해당 분석에서 제외한다. 변인과 변인 간에는 TAB으로 구분되어 있다.

[표1] 데이터 코딩 양식

변수명	변수설명	내용	결측값
ID	조사대상자번호	일련번호(1~14,604)	없음
Age	만 나이	□□□ 세	없음
Gender	성별	1. 남자 2. 여자	없음
Height	키	□□□.□ cm	777: 응답거부 999: 모름
Weight	몸무게	□□□.□ kg	777: 응답거부 999: 모름
Sleep	수면시간	□□ 시간	없음
Stress	주관적스트레스수준	1: 대단히 많이 느낀다. 2: 많이 느끼는 편이다. 3: 조금 느끼는 편이다. 4: 거의 느끼지 않는다.	7: 응답거부 9: 모름
Health	주관적건강수준	1: 매우 건강하다. 2: 건강한 편이다. 3: 보통이다. 4: 건강하지 않은 편이다. 5: 전혀 건강하지 않다.	없음
Happiness	행복감지수	1: 매우 불만족 ~ 10: 매우 만족	77: 응답거부 99: 모름

변수명	설명	값	결측값
Depress	EQ5D불안우울	1: 나는 불안하거나 우울하지 않다. 2: 나는 다소 불안하거나 우울하다. 3: 나는 매우 심하게 불안하거나 우울하다.	7: 응답거부 9: 모름
Edu	교육수준	1: 무학 2: 서당/한학 3: 초등학교 4: 중학교 5: 고등학교 6: 2년/3년제 대학 7: 4년제 대학 8: 대학원 이상	77: 응답거부 99: 모름
Marriage	혼인상태	1: 배우자 있음 2: 이혼 3: 사별 4: 별거 5: 미혼	7: 응답거부

문제 1 응답자의 인구통계학적 특성에 따른 응답자들의 빈도 및 전체 응답자에 대한 비율(퍼센트)을 구하시오.

(1) 응답자의 성별(Gender)에 따른 응답자들의 빈도 및 전체 응답자에 대한 비율(퍼센트)을 구하시오.

성별	빈도(명)	유효 퍼센트(%)	누적 퍼센트(%)
남자			
여자			
전체			

(2) 응답자의 혼인상태(Marriage)에 따른 응답자들의 빈도 및 전체 응답자에 대한 비율(퍼센트)을 구하시오.

혼인상태	빈도(명)	유효 퍼센트(%)	누적 퍼센트(%)
1: 배우자 있음			
2: 이혼			
3: 사별			
4: 별거			
5: 미혼			
전체			

문제 2 응답자의 성별(Gender)에 따른 행복감 지수(Happiness)에 차이가 있는지 검정하고자 한다.

(1) 분석에 앞서 무엇을 검정할 것인지 가설을 설정하고 μ_1, μ_2를 이용해 수식으로 작성하시오.

귀무가설(H_0)	
대립가설(H_1)	

(2) 유의수준 5%에서 분산의 동질성 검정을 실시하시오.

검정통계량의 값	
결과	
이유	

(3) 응답자의 성별(Gender)에 따라 행복감 지수(Happiness)에 차이가 있는지 검정통계량 값과 유의확률을 구하시오.

성별	응답자 수	평균	표준편차	검정통계량	유의확률
1: 남자					
2: 여자					

(4) 위 분석에 따른 결과 및 이유를 작성하시오.

	검정통계량의 값	□□.□□□
	유의확률	□.□□□
H_0의	채택 또는 기각을 쓰시오.	
	그 이유	

문제 3 행복감 지수(Happiness)와 만 나이(Age), 수면시간(Sleep), 주관적 스트레스 수준(Stress), 주관적 건강 수준(Health) 간 선형관계의 정도를 알기 위해 상관분석을 실시하여 피어슨의 상관계수를 구하시오(단, 모든 변수는 연속형 변수로 간주한다. 또한, 주관적 스트레스 수준(Stress)과 주관적 건강 수준(Health)은 반대로 질문하였으므로 역으로 코딩 변환 후 분석에 사용하시오).

(1) 모든 변수의 통계량 값을 구하시오.

변수	N	최솟값	최댓값	중위수	평균	표준편차
행복감 지수				***	***	***
만 나이		***	***			***
수면시간						***
주관적 스트레스 수준				***		
주관적 건강 수준						***

(2) 변수들 간 선형관계의 정도를 알기 위해 상관분석을 실시하여 피어슨의 상관계수를 구하시오.

변수	행복감 지수	만 나이	수면시간	주관적 스트레스 수준	주관적 건강 수준
행복감 지수	1.000	□.□□□	***	***	***
만 나이		1.000	□.□□□	□.□□□	***
수면시간			1.000	□.□□□	***
주관적 스트레스 수준				1.000	□.□□□
주관적 건강 수준					1.000

(3) 변수들 간 선형관계의 정도가 가장 높은 변수들과 상관계수를 쓰시오.

변수명	피어슨 상관계수	
	부호	값
	□	□.□□□

문제 4 응답자의 교육수준(Edu)을 재범주화(고등학교 이하(1~5), 대학교(6,7), 대학원 이상(8))한 후 응답자의 교육수준에 따른 행복감 지수(Happiness)에 차이가 있는지를 유의수준 5%에서 가설검정하고자 한다.

(1) 범주화된 교육수준에 따른 응답자들의 빈도 및 전체 응답자에 대한 비율(퍼센트)을 구하시오.

교육수준	빈도(명)	유효 퍼센트(%)	누적 퍼센트(%)
고등학교 이하			
대학교			
대학원 이상			
전체			

(2) 분석에 앞서 무엇을 검정할 것인지 가설을 설정하고 μ_1, μ_2, μ_3을 이용해 수식으로 작성하시오.

귀무가설(H_0)	
대립가설(H_1)	

(3) 응답자의 교육수준별 행복감 지수(Happiness)의 기술통계량 값을 구하시오.

교육수준	최솟값	최댓값	평균	표준편차
고등학교 이하	***	□□	□.□□	□.□□
대학교	***	□□	***	□.□□
대학원 이상	***	□□	□.□□	***

(4) 다음의 분산분석표를 작성하시오.

구분	제곱합	자유도	평균제곱	F	유의확률
그룹 간	□□□□.□□□	***	□□□.□□□	□□□.□□□	***
그룹 내	***	***	□□□.□□□		
합계	***	***			

(5) 위의 결과를 해석하기 위해 다음의 표를 작성하시오.

	검정통계량의 값	□□.□□□
	유의확률	□.□□□
H_0의	채택 또는 기각을 쓰시오.	
	그 이유	

(6) 분석 결과 유의한 차이가 있다면 Scheffe의 방법으로 사후분석한 후 유의수준 5%에서 동일집단군의 평균을 작성하시오.

교육수준	집단		
	1	2	3
고등학교 이하	□□.□□		
대학교		□□.□□	
대학원 이상			□□.□□

문제 5 혼인상태(Marriage)별 불안우울정도(Depress)에 차이가 있는지를 가설검정하고자 한다.

(1) 혼인상태(Marriage)에 따라 불안우울정도(Depress)에 차이가 있는지 알고자 할 때 아래 교차표를 작성하시오(단, 비중은 행 퍼센트임).

혼인상태		불안우울정도			전체
		1: 나는 불안하거나 우울하지 않다.	2: 나는 다소 불안하거나 우울하다.	3: 나는 매우 심하게 불안하거나 우울하다.	
1: 배우자 있음	응답자 수	***	□□□□	□□□□	***
	비중(%)	***	□□.□	□□.□	100.0
2: 이혼	응답자 수	***	□□□□	***	***
	비중(%)	***	□□.□	***	100.0
3: 사별	응답자 수	□□□□	***	***	***
	비중(%)	□□.□	***	***	100.0
4: 별거	응답자 수	□□□□	***	***	***
	비중(%)	□□.□	***	***	100.0
5: 미혼	응답자 수	□□□□	***	***	***
	비중(%)	□□.□	***	***	100.0
전체 응답자 수(%)		***	***	***	***

(2) 위 교차분석이 어떤 가설검정을 실시하기 위해서인지 가설을 설정하시오.

귀무가설(H_0)	
대립가설(H_1)	

(3) 검정통계량의 값과 유의수준 5%에서 검정한 결과를 작성하시오.

검정통계량의 값	□□□.□□□
검정결과	

문제 6 행복감 지수(Happiness)를 종속변수로 만 나이(Age), BMI, 수면시간(Sleep), 주관적 스트레스 수준(Stress), 주관적 건강 수준(Health), 불안우울정도(Depress)를 독립변수로 설정하여 중회귀분석을 수행하고자 한다. 단, 주관적 스트레스 수준과 주관적 건강 수준은 역변환하고, 불안우울정도(Depress)는 더미변수 생성 후 분석에 반영한다. 단계선택방법(변수 포함기준=0.05, 제외 기준=0.10)으로 회귀분석을 실시하여 최종 회귀식을 추정하시오.

(1) 키(Height)와 몸무게(Weight)를 이용해 BMI 변수를 생성 후 아래 표를 작성하시오(단, BMI는 체중(kg)/키(m)^{2}이다).

변수	최솟값	최댓값	중위수	평균	표준편차
BMI	***	□□.□□	***	□□.□□	□.□□

(2) '1: 나는 불안하거나 우울하지 않다'를 기준으로 한 불안우울정도 더미변수를 생성 후 아래를 작성하시오.

불안우울정도	불안우울정도더미1	불안우울정도더미2
1: 나는 불안하거나 우울하지 않다.	0	0
2: 나는 다소 불안하거나 우울하다.	□	□
3: 나는 매우 심하게 불안하거나 우울하다.	□	1

(3) 추정된 최종회귀식을 작성하시오(단, 소숫점은 반올림하여 소수 셋째 자리로 표현하시오).

1 분석을 위해 필요한 핵심역량

문제 1. 빈도분석
문제 2. 독립표본 T검정
문제 3. 역문항 코딩 변경, 기술통계분석, 피어슨의 상관계수 및 상관분석
문제 4. 코딩변경으로 새로운 변수 생성, 빈도분석, 일원배치 분산분석, Scheffe의 방법을 이용한 사후검정
문제 5. 교차분석
문제 6. 변수 계산, 더미변수 생성, 단계 선택 방법을 이용한 중회귀모형의 회귀식 추정

2 분석을 위한 준비

(1) 데이터 불러오기

> 파일(F) - 데이터 가져오기(D) - 텍스트 데이터(T)

아래와 같은 데이터 열기 대화상자가 나타나면 파일 유형을 텍스트로 설정하고 인코딩을 유니코드(UTF-8)로 설정한다. 다음으로 자료가 저장되어 있는 위치를 확인하여 가져올 자료인 "국민건강영양조사.txt" 파일을 선택하고 열기를 클릭하면 텍스트 가져오기 마법사 6단계 창이 나타난다.

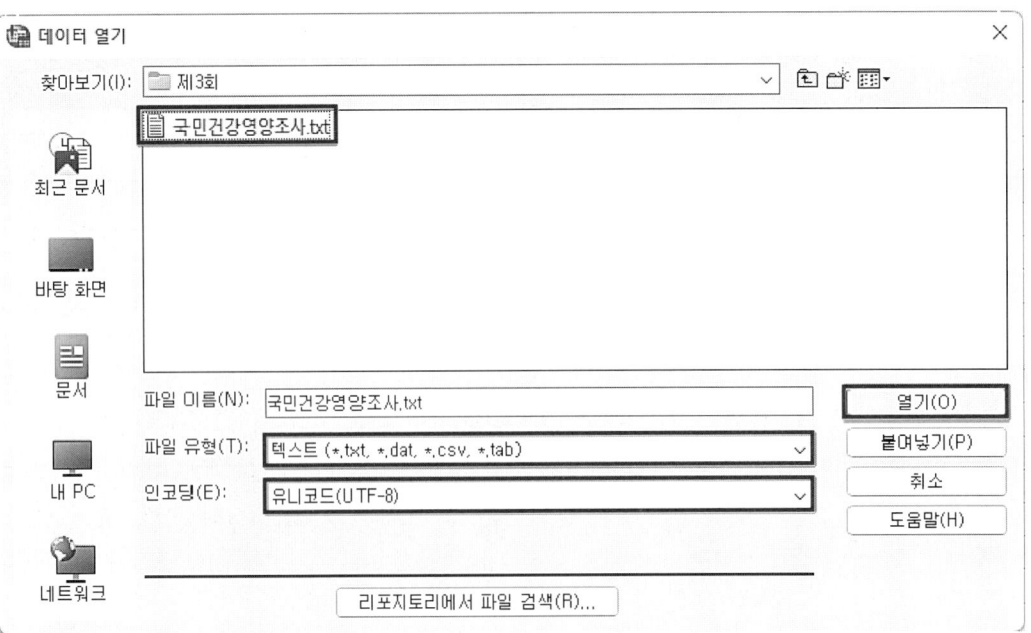

〈텍스트 가져오기 마법사 6단계〉

① 1단계는 텍스트 파일이 사전 정의된 형식과 일치하는지를 묻는 단계이다. '텍스트 파일이 사전 정의된 형식과 일치합니까?' 라는 질문에 '아니오(O)'를 선택한다. 사전에 정의한 형식이 없고, 변인에 대한 정의는 나중에 이루어지기 때문이다. '다음(N)'을 클릭하여 2단계로 넘어간다.

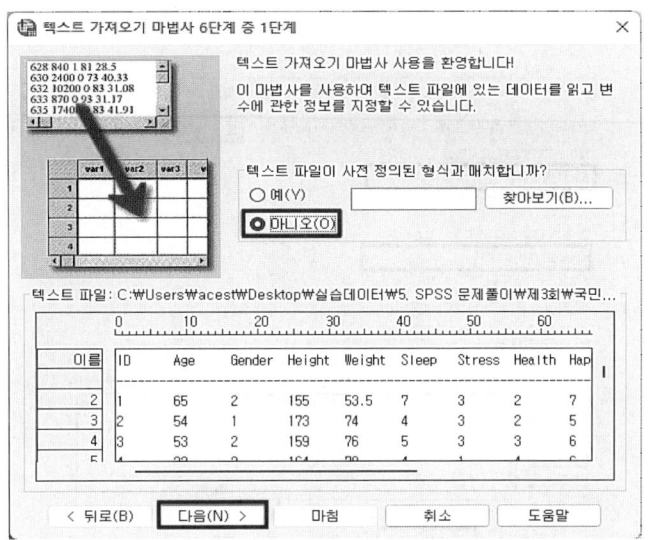

② 2단계는 변수의 배열과 변수의 이름 유무를 묻는 단계이다.

위의 자료는 자료가 탭에 의해 구분되어 있으므로 '변수는 어떻게 배열되어 있습니까?'라는 질문에는 '구분자에 의한 배열(D)'을 선택한다. 그리고 자료의 첫 행에 변수 이름이 있으므로 '변수이름이 파일의 처음에 있습니까?'라는 질문에는 '예(Y)'를 선택하고 '다음(N)'을 클릭하여 3단계로 넘어간다.

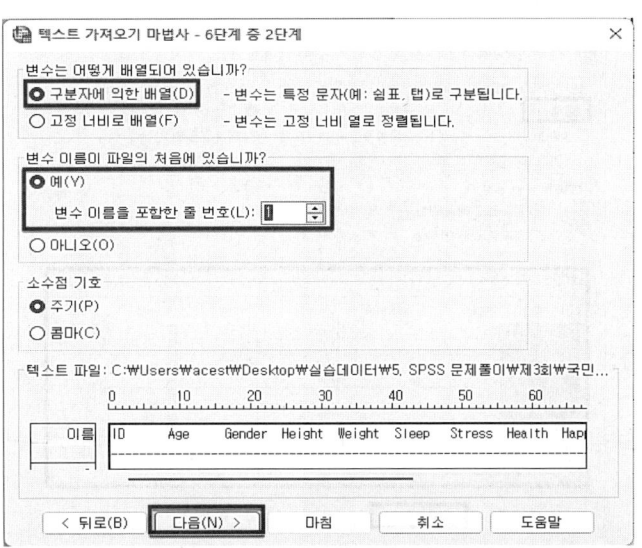

③ 3단계는 가져올 데이터의 범위를 설정하는 단계이다.

위의 자료의 첫 행에 변수의 이름이 들어가 있어 데이터의 첫 번째 케이스는 2행부터 시작하므로 '데이터의 첫 번째 케이스가 몇 번째 줄에서 시작합니까?'라는 항목에는 '2'를 선택한다. 그리고 위 자료의 경우 하나의 케이스가 한 줄에 나타나므로 '케이스가 어떻게 표시되고 있습니까?'라는 질문에 '각 줄은 케이스를 나타냅니다.(L)'를 선택한다. 마지막으로 자료의 모든 케이스를 가져오기 위해 '몇 개의 케이스를 가져오시겠습니까?'라는 질문에 '모든 케이스(A)'를 선택하고 '다음(N)'을 클릭하여 4단계로 넘어간다.

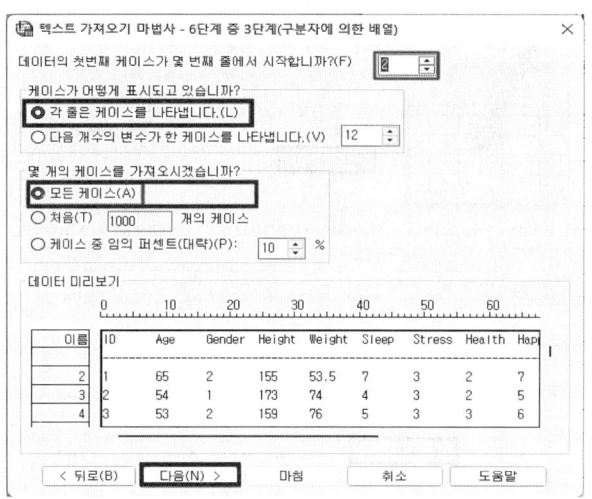

④ 4단계는 변수가 어떤 구분자로 구분되어 있는지를 묻는 단계이다.

위의 자료는 탭에 의해 구분되어 있는 자료이므로 '변수 사이에 어떤 구분자를 사용했습니까?'라는 질문에는 '탭(T)'을 선택한다. 그리고 데이터 미리보기에서 불러오려는 데이터들이 각 변수에 정확히 불러들여졌는지를 확인하고, '다음(N)'을 눌러 5단계로 넘어간다.

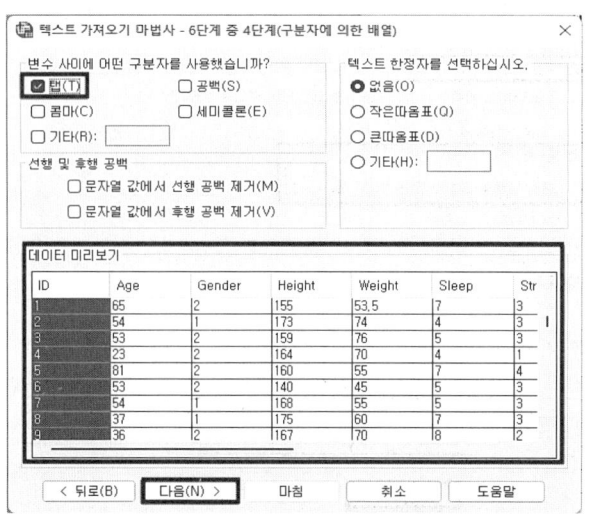

⑤ 5단계는 변수이름과 데이터 형식을 지정하는 단계이다.

변수이름과 데이터 형식은 데이터를 불러온 후 SPSS의 변수 보기 창에서 지정하는 것이 더 편리하므로 디폴트로 놔두고 '다음(N)'을 눌러 6단계로 넘어간다.

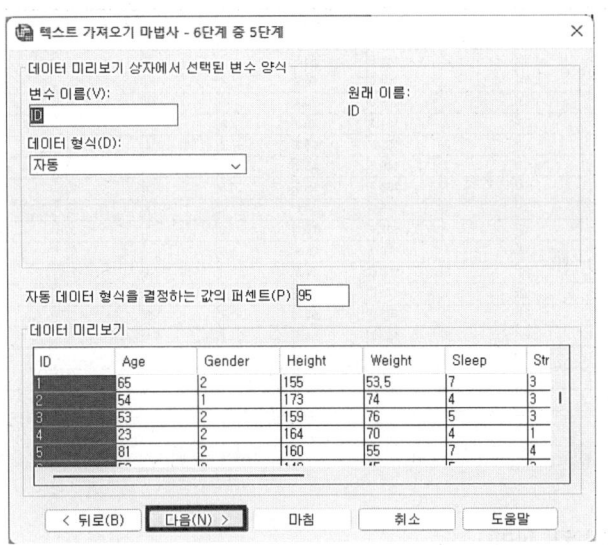

⑥ 6단계는 파일 형식을 저장할 것인지와 명령문 생성에 관한 단계이다.

대부분의 경우 새로운 연구를 수행하기 때문에 '다음에 사용할 수 있도록 이 파일 형식을 저장하시겠습니까?'라는 질문에 '아니오(U)'를 선택한다. 또한 '명령문을 붙여 넣으시겠습니까?'라는 질문에도 '아니오(N)'를 선택한다. 지금까지의 단계를 되풀이할 예정이면 명령문을 저장하는 것이 편리하지만 그렇지 않다면 명령문을 붙일 필요가 없다. 마지막으로 '마침'을 클릭하면 SPSS 데이터 화면이 나타난다.

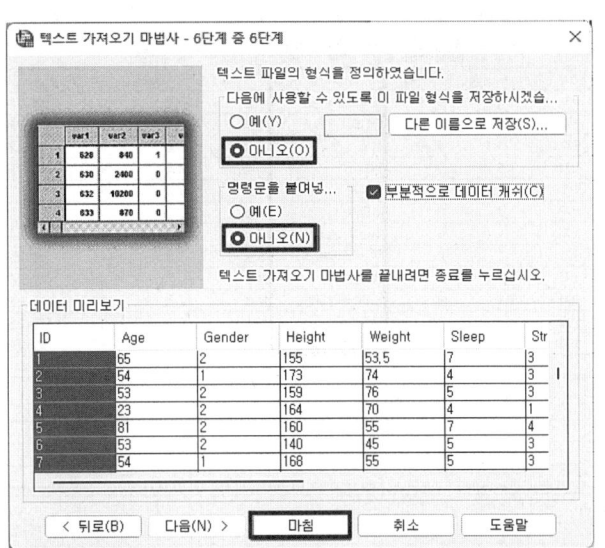

"국민건강영양조사.txt" 파일이 다음과 같이 데이터 보기 창에 불러들여진 것을 확인할 수 있다.

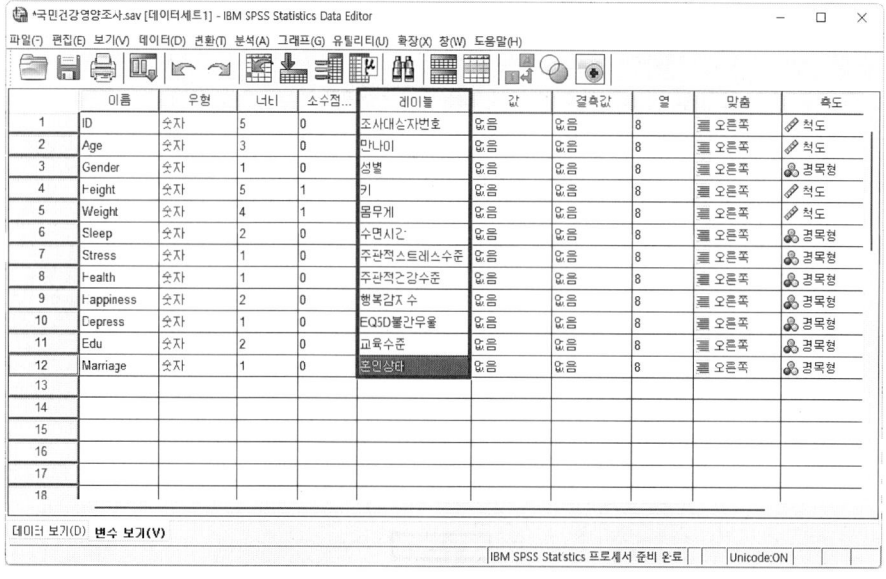

(2) 변수 보기 입력 및 결측치 처리

불러온 데이터의 변수 보기 창에서 먼저 변수 이름과 유형이 알맞게 불러들여졌는지 확인하고, 아래와 같이 레이블, 값, 결측값, 측도 등을 처리해 준다.

[레이블]

데이터 코딩 양식을 참고하여 다음과 같이 레이블을 작성한다.

[값]
데이터 코딩 양식을 참고하여 다음과 같이 변수에 알맞은 값을 지정해준다.

- 성별(Gender) 변수의 값 지정

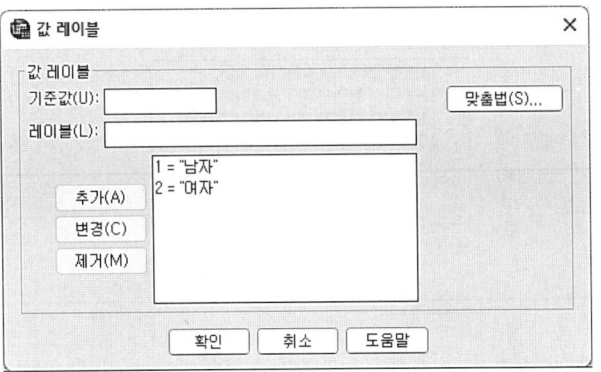

- 주관적스트레스 수준(Stress) 변수의 값 지정

- 주관적건강 수준(Health) 변수의 값 지정

- EQ5D불안우울(Depress) 변수의 값 지정

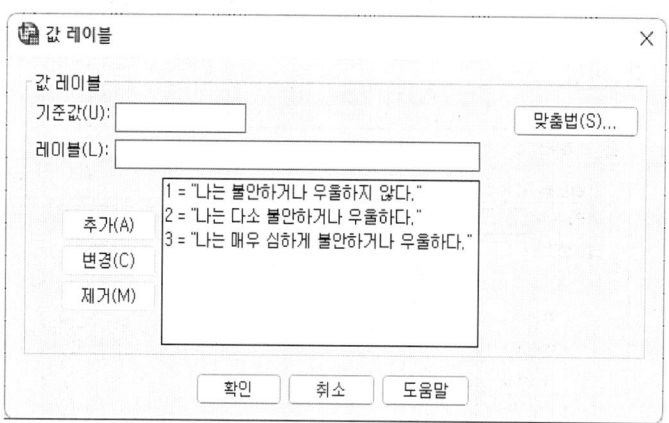

- 교육수준(Edu) 변수의 값 지정

- 혼인상태(Marriage) 변수의 값 지정

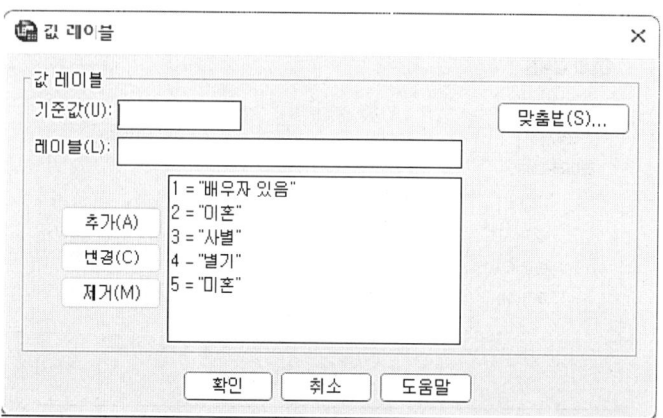

문제 3 행복감 지수(Happiness)와 만 나이(Age), 수면시간(Sleep), 주관적 스트레스 수준(Stress), 주관적 건강 수준(Health) 간 선형관계의 정도를 알기 위해 상관분석을 실시하여 피어슨의 상관계수를 구하시오(단, 모든 변수는 연속형 변수로 간주한다. 또한, 주관적 스트레스 수준(Stress)과 주관적 건강 수준(Health)은 반대로 질문하였으므로 역으로 코딩 변환 후 분석에 사용하시오).

(1) 모든 변수의 통계량 값을 구하시오.

변수	N	최솟값	최댓값	중위수	평균	표준편차
행복감 지수				***	***	***
만 나이		***	***			***
수면시간						***
주관적 스트레스 수준				***		
주관적 건강 수준						***

주관적 스트레스 수준(Stress)과 주관적 건강 수준(Health)은 다음과 같이 역코딩이 필요하다.

주관적 스트레스 수준(Stress)		
기존 응답	5-기존 응답 = 변경된 응답	변경된 응답
1: 대단히 많이 느낀다.	5-1 → 4	4: 대단히 많이 느낀다.
2: 많이 느끼는 편이다.	5-2 → 3	3: 많이 느끼는 편이다.
3: 조금 느끼는 편이다.	5-3 → 2	2: 조금 느끼는 편이다.
4: 거의 느끼지 않는다.	5-4 → 1	1: 거의 느끼지 않는다.

주관적 건강 수준(Health)		
기존 응답	6-기존 응답 = 변경된 응답	변경된 응답
1: 매우 건강하다.	6-1 → 5	5: 매우 건강하다.
2: 건강한 편이다.	6-2 → 4	4: 건강한 편이다.
3: 보통이다.	6-3 → 3	3: 보통이다.
4: 건강하지 않은 편이다.	6-4 → 2	2: 건강하지 않은 편이다.
5: 전혀 건강하지 않다.	6-5 → 1	1: 전혀 건강하지 않다.

① 기술통계 분석을 실시하기 전에 주관적 스트레스 수준(Stress)과 주관적 건강 수준(Health)의 역코딩을 위해 변수 계산을 수행한다.

> 변환(T) → 변수 계산(C)

	이름	유형	너비	소수점...	레이블	값	결측값	열	맞춤	측도
1	ID	숫자	5	0	조사대상자번호	없음	없음	8	오른쪽	척도
2	Age	숫자	3	0	만나이	없음	없음	8	오른쪽	척도
3	Gender	숫자	1	0	성별	{1, 남자}...	없음	8	오른쪽	명목형
4	Height	숫자	5	1	키	없음	없음	8	오른쪽	척도
5	Weight	숫자	4	1	몸무게	없음	없음	8	오른쪽	척도
6	Sleep	숫자	2	0	수면시간	없음	없음	8	오른쪽	명목형
7	Stress	숫자	1	0	주관적스트레스수준	{1, 대단히 ...	없음	8	오른쪽	명목형
8	Health	숫자	1	0	주관적건강수준	{1, 매우 건...	없음	8	오른쪽	명목형
9	Happiness	숫자	2	0	행복감지수	없음	없음	8	오른쪽	명목형
10	Depress	숫자	1	0	EQ5D불안우울	{1, 나는 불...	없음	8	오른쪽	명목형
11	Edu	숫자	2	0	교육수준	{1, 무학}...	없음	8	오른쪽	명목형
12	Marriage	숫자	1	0	혼인상태	자 있음)...	없음	8	오른쪽	명목형

[결측값]

데이터 코딩 양식을 참고하여 다음과 같이 변수의 결측값 7,77,777과 9,99,999를 이산형 결측값을 이용하여 아래와 같이 처리한다.

- 키(Height), 몸무게(Weight) 변수의 결측값 지정

결측값
- 결측값 없음(N)
- ● 이산형 결측값(D)
  - 777.000
  - 999.000
- 한개의 선택적 이산형 결측값을 더한 범위(R)
  - 하한(L):
  - 상한(H):
  - 이산값(S):

- 주관적스트레스수준(Stress), EQ5D불안우울(Depress) 변수의 결측값 지정

  결측값
  ○ 결측값 없음(N)
  ● 이산형 결측값(D)
  7.000   9.000
  ○ 한개의 선택적 이산형 결측값을 더한 범위(R)
  하한(L):   상한(H):
  이산값(S):
  확인   취소   도움말

- 행복감지수(Happiness), 교육수준(Edu) 변수의 결측값 지정

  결측값
  ○ 결측값 없음(N)
  ● 이산형 결측값(D)
  77.000   99.000
  ○ 한개의 선택적 이산형 결측값을 더한 범위(R)
  하한(L):   상한(H):
  이산값(S):
  확인   취소   도움말

- 혼인상태(Marriage) 변수의 결측값 지정

  결측값
  ○ 결측값 없음(N)
  ● 이산형 결측값(D)
  7.000
  ○ 한개의 선택적 이산형 결측값을 더한 범위(R)
  하한(L):   상한(H):
  이산값(S):
  확인   취소   도움말

	이름	유형	너비	소수점...	레이블	값	결측값	열	맞춤	측도
1	ID	숫자	5	0	조사대상자번호	없음	없음	8	룰 오른쪽	척도
2	Age	숫자	3	0	만나이	없음	없음	8	룰 오른쪽	척도
3	Gender	숫자	1	0	성별	{1, 남자}...	없음	8	룰 오른쪽	명목형
4	Height	숫자	5	1	키	없음	777.0, 999.0	8	룰 오른쪽	척도
5	Weight	숫자	4	1	몸무게	없음	777.0, 999.0	8	룰 오른쪽	척도
6	Sleep	숫자	2	0	수면시간	없음	없음	8	룰 오른쪽	명목형
7	Stress	숫자	1	0	주관적스트레스수준	{1, 대단히 ...	7, 9	8	룰 오른쪽	명목형
8	Health	숫자	1	0	주관적건강수준	{1, 매우 건...	없음	8	룰 오른쪽	명목형
9	Happiness	숫자	2	0	행복감지수	없음	77, 99	8	룰 오른쪽	명목형
10	Depress	숫자	1	0	EQ5D불안우울	{1, 나는 불...	7, 9	8	룰 오른쪽	명목형
11	Edu	숫자	2	0	교육수준	{1, 무학}...	77, 99	8	룰 오른쪽	명목형
12	Marriage	숫자	1	0	혼인상태	{1, 배우자 ...	7	8	룰 오른쪽	명목형

[측도]

마지막으로 변수의 척도가 잘 지정되었는지 확인한다.

	이름	유형	너비	소수점	레이블	값	결측값	열	맞춤	측도
1		숫자	5	0	조사대상자번호	없음	없음	8	룰 오른쪽	척도
2	je	숫자	3	0	만나이	없음	없음	8	룰 오른쪽	척도
3	nder	숫자	1	0	성별	{1, 남자}...	없음	8	룰 오른쪽	명목형
4	ight	숫자	5	1	키	없음	777.0, 999.0	8	룰 오른쪽	척도
5	eight	숫자	4	1	몸무게	없음	777.0, 999.0	8	룰 오른쪽	척도
6	ep	숫자	2	0	수면시간	없음	없음	8	룰 오른쪽	척도
7	ress	숫자	1	0	주관적스트레스수준	{1, 대단히 ...	7, 9	8	룰 오른쪽	명목형
8	alth	숫자	1	0	주관적건강수준	{1, 매우 건...	없음	8	룰 오른쪽	명목형
9	ppiness	숫자	2	0	행복감지수	없음	77, 99	8	룰 오른쪽	명목형
10	press	숫자	1	0	EQ5D불안우울	{1, 나는 불...	7, 9	8	룰 오른쪽	명목형
11	u	숫자	2	0	교육수준	{1, 무학}...	77, 99	8	룰 오른쪽	명목형
12	arriage	숫자	1	0	혼인상태	{1, 배우자 ...	7	8	룰 오른쪽	명목형

척도
순서형
명목형

3 분석 수행

문제 1 응답자의 인구통계학적 특성에 따른 응답자들의 빈도 및 전체 응답자에 대한 비율(퍼센트)을 구하시오.

(1) 응답자의 성별(Gender)에 따른 응답자들의 빈도 및 전체 응답자에 대한 비율(퍼센트)을 구하시오.

성별	빈도(명)	유효 퍼센트(%)	누적 퍼센트(%)
남자			
여자			
전체			

(2) 응답자의 혼인상태(Marriage)에 따른 응답자들의 빈도 및 전체 응답자에 대한 비율(퍼센트)을 구하시오.

혼인상태	빈도(명)	유효 퍼센트(%)	누적 퍼센트(%)
1: 배우자 있음			
2: 이혼			
3: 사별			
4: 별거			
5: 미혼			
전체			

① 성별(Gender)과 혼인상태(Marriage)에 대한 응답자들의 빈도 및 퍼센트를 구하기 위해서 빈도분석을 수행한다.

분석(A) → 기술통계량(E) → 빈도분석(F)

② '빈도분석' 창에서 성별(Gender)과 혼인상태(Marriage)를 우측 '변수(V)'로 이동시키고 '빈도표 표시(D)'를 체크한다.

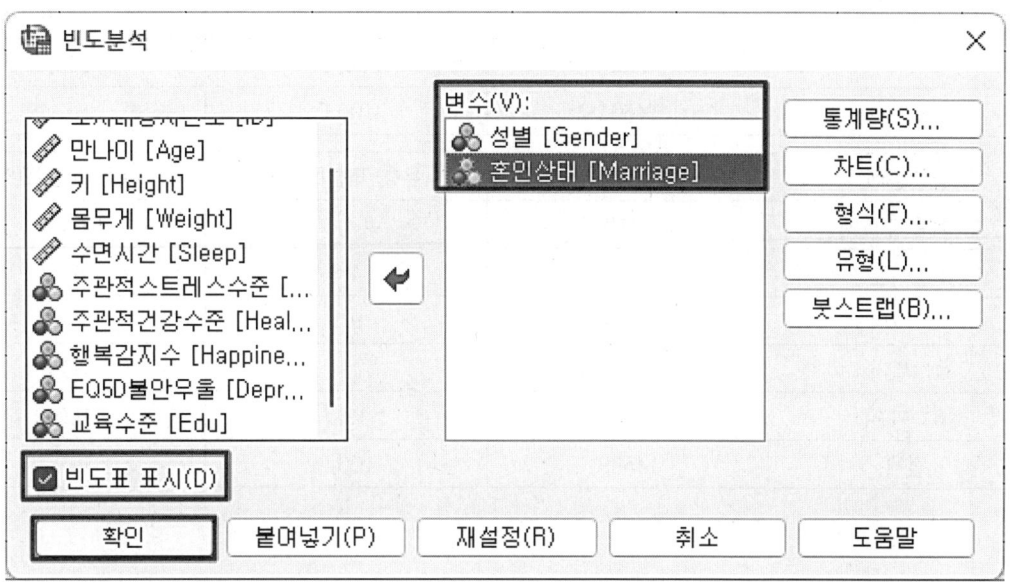

③ 확인을 클릭하면 다음과 같은 빈도표를 얻게 된다.

성별

		빈도	퍼센트	유효 퍼센트	누적 퍼센트
유효	남자	6516	44.6	44.6	44.6
	여자	8088	55.4	55.4	100.0
	전체	14604	100.0	100.0	

혼인상태

		빈도	퍼센트	유효 퍼센트	누적 퍼센트
유효	배우자 있음	9413	64.5	64.5	64.5
	이혼	695	4.8	4.8	69.2
	사별	1416	9.7	9.7	78.9
	별거	199	1.4	1.4	80.3
	미혼	2876	19.7	19.7	100.0
	전체	14599	100.0	100.0	
결측	7	5	.0		
전체		14604	100.0		

④ 위의 빈도분석 결과를 이용하여 다음의 표를 완성한다.

성별	빈도(명)	유효 퍼센트(%)	누적 퍼센트(%)
남자	6516	44.6	44.6
여자	8088	55.4	100.0
전체	14604	100.0	

혼인상태	빈도(명)	유효 퍼센트(%)	누적 퍼센트(%)
1: 배우자 있음	9413	64.5	64.5
2: 이혼	695	4.8	69.2
3: 사별	1416	9.7	78.9
4: 별거	199	1.4	80.3
5: 미혼	2876	19.7	100.0
전체	14599	100.0	

문제 2
응답자의 성별(Gender)에 따른 행복감 지수(Happiness)에 차이가 있는지 검정하고자 한다.

(1) 분석에 앞서 무엇을 검정할 것인지 가설을 설정하고 μ_1, μ_2를 이용해 수식으로 작성하시오.

귀무가설(H_0)	응답자의 성별(Gender)에 따라 행복감 지수(Happiness)에 차이가 없다($\mu_1 = \mu_2$).
대립가설(H_1)	응답자의 성별(Gender)에 따라 행복감 지수(Happiness)에 차이가 있다($\mu_1 \neq \mu_2$).

(2) 유의수준 5%에서 분산의 동질성 검정을 실시하시오.

검정통계량의 값	
결과	
이유	

① 성별(Gender)에 따른 행복감 지수(Happiness)에 차이가 있는지 검정하기 위해 독립 T검정을 수행한다.

분석(A) → 평균비교(M) → 독립표본 T검정

② '독립표본 T검정' 창에서 '검정변수(T)'에 행복감지수(Happiness)를, '집단변수(G)'에 성별(Gender)을 옮기고 '집단 정의(D)'를 클릭한다.

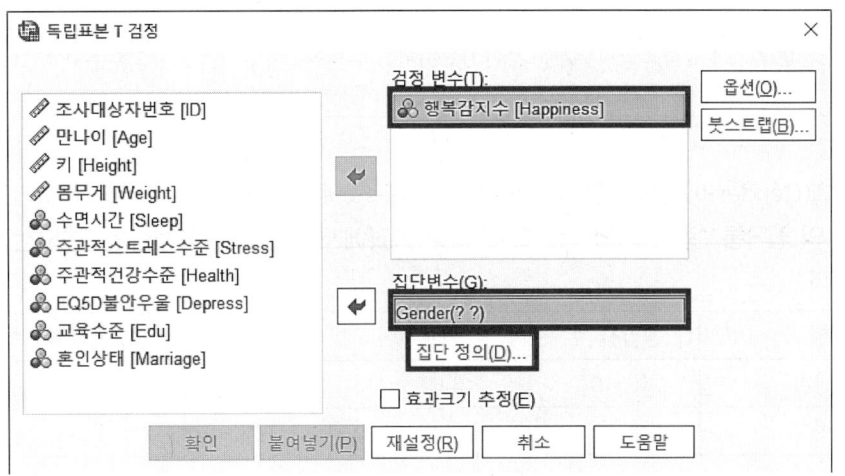

③ '집단 정의' 창에서 집단1과 집단2에 각각 1, 2를 지정해준 후 '계속(C)'을 클릭한다.

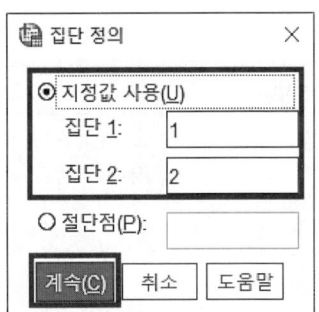

④ '확인'을 누르면 다음과 같은 결과가 나타난다.

집단통계량

	성별	N	평균	표준편차	평균의 표준오차
행복감지수	남자	6510	6.62	1.820	.023
	여자	8080	6.61	1.791	.020

독립표본 검정

		Levene의 등분산 검정		평균의 동일성에 대한 T 검정						차이의 95% 신뢰구간	
		F	유의확률	t	자유도	단측 확률	양측 확률	평균차이	표준오차 차이	하한	상한
행복감지수	등분산을 가정함	.348	.555	.370	14588	.356	.712	.011	.030	-.048	.070
	등분산을 가정하지 않음			.369	13838.659	.356	.712	.011	.030	-.048	.070

⑤ '독립표본 검정' 결과의 Levene의 등분산 검정을 이용하여 다음의 표를 완성한다.

검정통계량의 값	0.348
결과	성별에 따라 행복감 지수의 모분산이 동일하다.
이유	Levene 검정통계량 값이 0.348이고 유의확률이 0.555로 유의수준 0.05보다 크므로 귀무가설을 채택한다.

(3) 응답자의 성별(Gender)에 따라 행복감 지수(Happiness)에 차이가 있는지 검정통계량 값과 유의확률을 구하시오. 위의 집단통계량 결과와 독립표본 검정 결과에서 등분산을 가정함의 결과를 이용하여 다음의 표를 완성한다.

성별	응답자 수	평균	표준편차	검정통계량	유의확률
1: 남자	6510	6.62	1.820	0.370	0.712
2: 여자	8080	6.61	1.791		

(4) 위 분석에 따른 결과 및 이유를 작성하시오.

	검정통계량의 값	0.370
	유의확률	0.712
H₀의	채택 또는 기각을 쓰시오.	채택
	그 이유	유의확률이 0.712로 0.05보다 크므로 귀무가설을 채택한다. 따라서 응답자의 성별(Gender)에 따라 행복감 지수(Happiness)에 차이가 없다.

② 4점 척도인 주관적 스트레스 수준(Stress) 변수의 역코딩을 위해 '변수 계산' 창에서 '목표변수(T)'에 '주관적스트레스수준_역변환'을 입력하고, '숫자표현식(E)'에 역변환을 위한 수식 '5-Stress'를 입력하고 '확인'을 클릭한다.

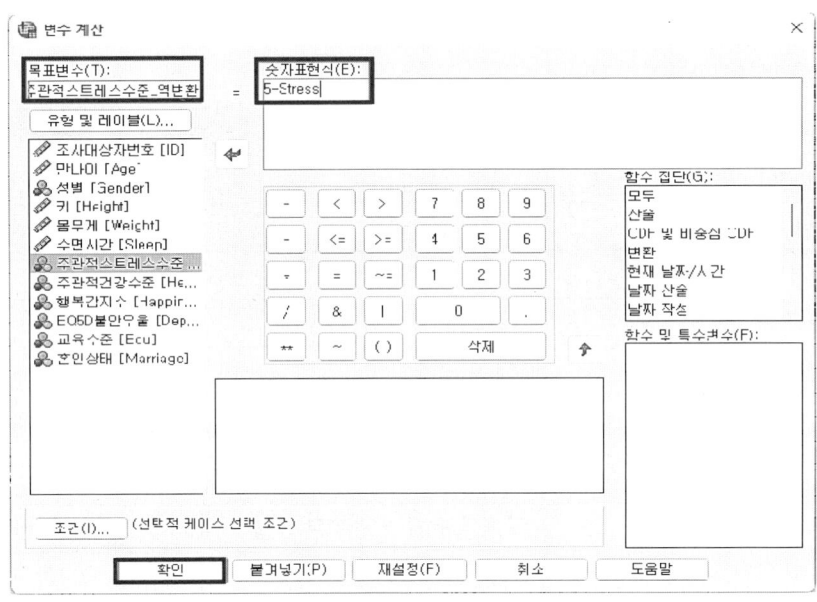

③ 5점 척도인 주관적 건강 수준(Health) 변수의 역코딩을 위해 '변수 계산' 창에서 '목표변수(T)'에 '주관적건강수준_역변환'을 입력하고, '숫자표현식(E)'에 역변환을 위한 수식 '6-Health'를 입력하고 '확인'을 클릭한다.

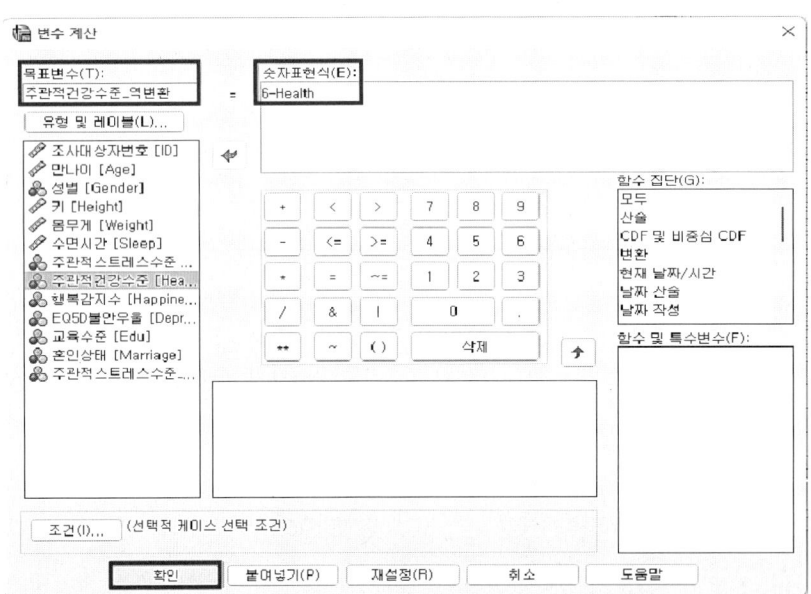

④ 데이터 보기 창을 보면, 다음과 같이 역변환된 두 개의 변수가 생성된 것을 볼 수 있다.

⑤ 여러 변수들의 통계량 값을 구하기 위해 빈도분석을 수행한다.

> 분석(A) → 기술통계량(E) → 빈도분석(F)

⑥ '빈도분석' 창에서 '변수(V)'에 행복감 지수(Happiness)와 만 나이(Age), 수면시간(Sleep), 주관적스트레스수준_역변환, 주관적건강수준_역변환을 이동시키고, 빈도표는 출력할 필요가 없으므로 '빈도표 표시(D)' 선택을 해제한다. 그 후, '통계량(S)'을 클릭한다.

⑦ '빈도분석: 통계량' 창에서 평균(M), 중위수(D), 표준편차(T), 최솟값(I), 최댓값(X)을 선택하고 '계속(C)'을 클릭한다.

⑧ '확인'을 클릭하면 다음과 같이 나타난다.

통계량

		행복감지수	만나이	수면시간	주관적스트레스수준_역변환	주관적건강수준_역변환
N	유효	14590	14604	14604	14599	14604
	결측	14	0	0	5	0
평균		6.62	50.50	6.52	2.10	3.21
중위수		7.00	52.00	7.00	2.00	3.00
표준화 편차		1.804	16.700	1.189	.743	.921
최소값		1	19	2	1	1
최대값		10	102	14	4	5

⑨ 위의 결과를 이용하여 다음의 표를 완성한다.

변수	N	최솟값	최댓값	중위수	평균	표준편차
행복감 지수	14590	1	10	***	***	***
만 나이	14604	***	***	52.00	50.50	***
수면시간	14604	2	14	7.00	6.52	***
주관적 스트레스 수준	14599	1	4	***	2.10	0.743
주관적 건강 수준	14604	1	5	3.00	3.21	***

(2) 변수들 간 선형관계의 정도를 알기 위해 상관분석을 실시하여 피어슨의 상관계수를 구하시오.

변수	행복감 지수	만 나이	수면시간	주관적 스트레스 수준	주관적 건강 수준
행복감 지수	1.000	□.□□□	***	***	***
만 나이		1.000	□.□□□	□.□□□	***
수면시간			1.000	□.□□□	***
주관적 스트레스 수준				1.000	□.□□□
주관적 건강 수준					1.000

① 변수들 간 선형관계의 정도를 알기 위해 상관분석을 수행한다.

> 분석(A) → 상관분석(C) → 이변량 상관(B)

② '이변량 상관계수' 창에서 '변수(V)'에 행복감 지수(Happiness)와 만 나이(Age), 수면시간(Sleep), 주관적 스트레스수준_역변환, 주관적건강수준_역변환을 이동시키고 '상관계수'에서 'Pearson'을 선택한다.

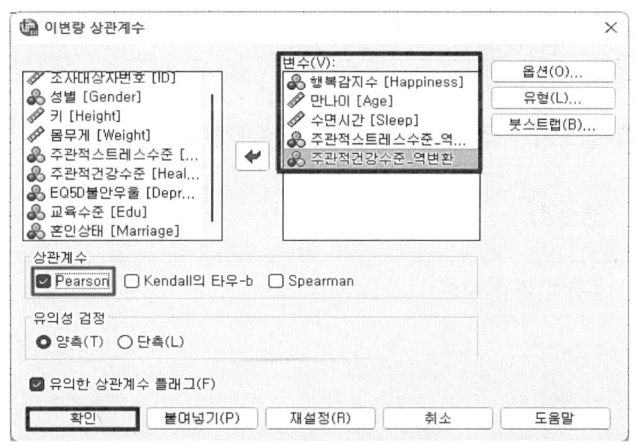

③ '확인'을 클릭하면 다음과 같은 결과가 나타난다.

상관관계

		행복감지수	만나이	수면시간	주관적스트레스수준_역변환	주관적건강수준_역변환
행복감지수	Pearson 상관	1	-.114**	.073**	-.310**	.327**
	유의확률 (양측)		.000	.000	.000	.000
	N	14590	14590	14590	14587	14590
만나이	Pearson 상관	-.114**	1	-.099**	-.176**	-.403**
	유의확률 (양측)	.000		.000	.000	.000
	N	14590	14604	14604	14599	14604
수면시간	Pearson 상관	.073**	-.099**	1	-.104**	.088**
	유의확률 (양측)	.000	.000		.000	.000
	N	14590	14604	14604	14599	14604
주관적스트레스수준_역변환	Pearson 상관	-.310**	-.176**	-.104**	1	-.138**
	유의확률 (양측)	.000	.000	.000		.000
	N	14587	14599	14599	14599	14599
주관적건강수준_역변환	Pearson 상관	.327**	-.403**	.088**	-.138**	1
	유의확률 (양측)	.000	.000	.000	.000	
	N	14590	14604	14604	14599	14604

**. 상관관계가 0.01 수준에서 유의합니다(양측).

④ 위의 상관관계 결과를 이용하여 다음의 표를 완성한다.

변수	행복감 지수	만 나이	수면시간	주관적 스트레스 수준	주관적 건강 수준
행복감 지수	1.000	-0.114	***	***	***
만 나이		1.000	-0.099	-0.176	***
수면시간			1.000	-0.104	***
주관적 스트레스 수준				1.000	-0.138
주관적 건강 수준					1.000

(3) 변수들 간 선형관계의 정도가 가장 높은 변수들과 상관계수를 쓰시오.

변수명	피어슨 상관계수	
	부호	값
만 나이, 주관적 건강 수준	-	0.403

문제 4 응답자의 교육수준(Edu)을 재범주화(고등학교 이하(1~5), 대학교(6,7), 대학원 이상(8))한 후 응답자의 교육수준에 따른 행복감 지수(Happiness)에 차이가 있는지를 유의수준 5%에서 가설검정하고자 한다.

(1) 범주화된 교육수준에 따른 응답자들의 빈도 및 전체 응답자에 대한 비율(퍼센트)을 구하시오.

교육수준	빈도(명)	유효 퍼센트(%)	누적 퍼센트(%)
고등학교 이하			
대학교			
대학원 이상			
전체			

① 응답자의 교육수준을 재범주화하기 위해 다른 변수로 코딩변경을 수행한다.

> 변환(T) → 다른 변수로 코딩변경(R)

② '다른 변수로 코딩변경' 창에서 교육수준(Edu)를 우측 '숫자변수'로 옮긴다. '출력변수'의 '이름(N)'에 N_Edu를, '레이블(L)'에 교육수준 재범주를 입력하고 '변경(H)'을 누른다. 그 후, '기존값 및 새로운 값(O)'을 클릭한다.

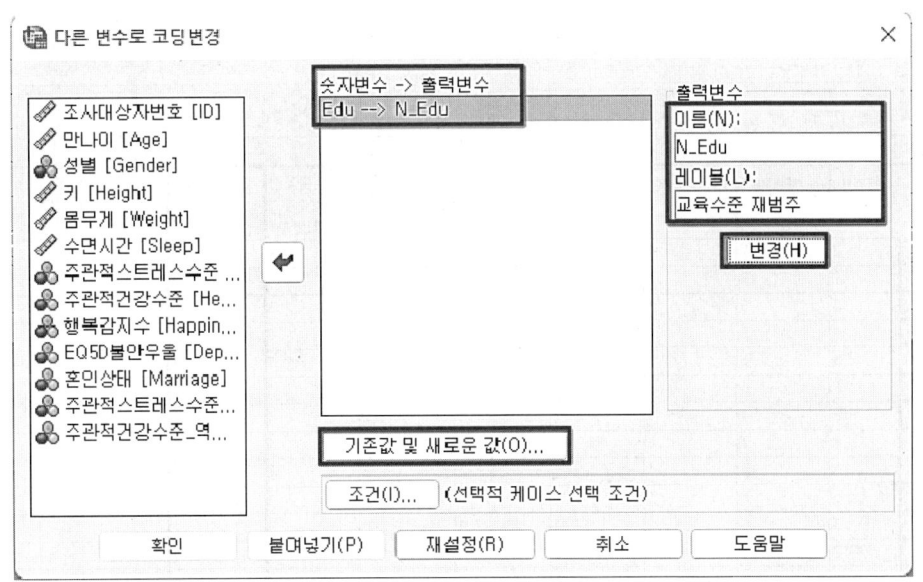

③ '다른 변수로 코딩변경: 기존값 및 새로운 값'에서 다음과 같이 입력하고 '계속(C)'을 클릭한다.

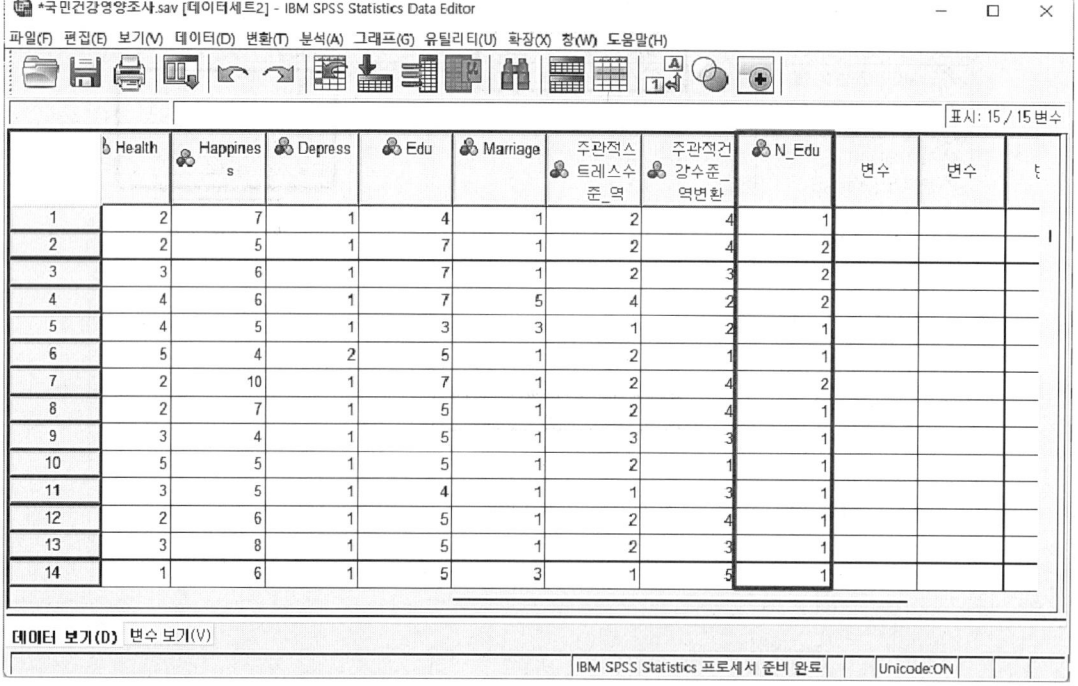

④ '확인'을 누르면 다음과 같이 새로운 변수 교육수준 재범주(N_Edu)가 생성되었음을 확인할 수 있다.

⑤ 변수 보기 창에서 교육수준 재범주(N_Edu)의 값을 지정해준다.

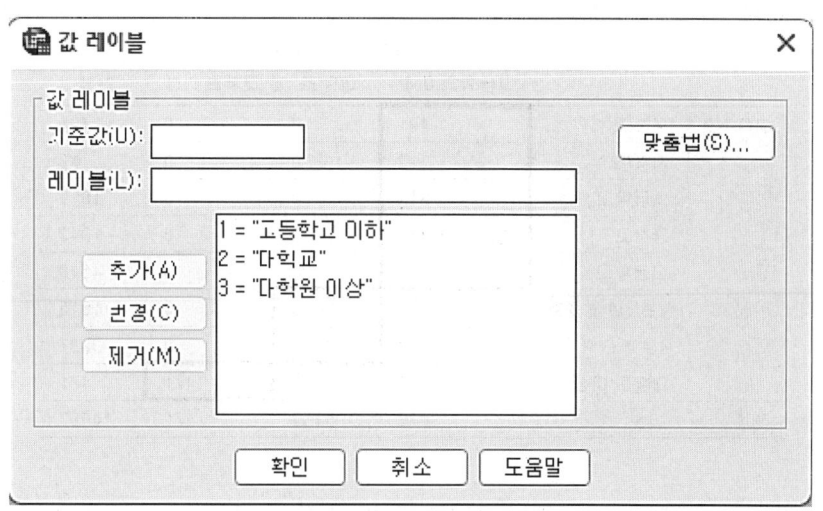

⑥ 기존 변수인 교육수준(Edu)과 교육수준 재범주(N_Edu)의 교차표를 작성하여 변수가 제대로 생성되었는지 확인한다.

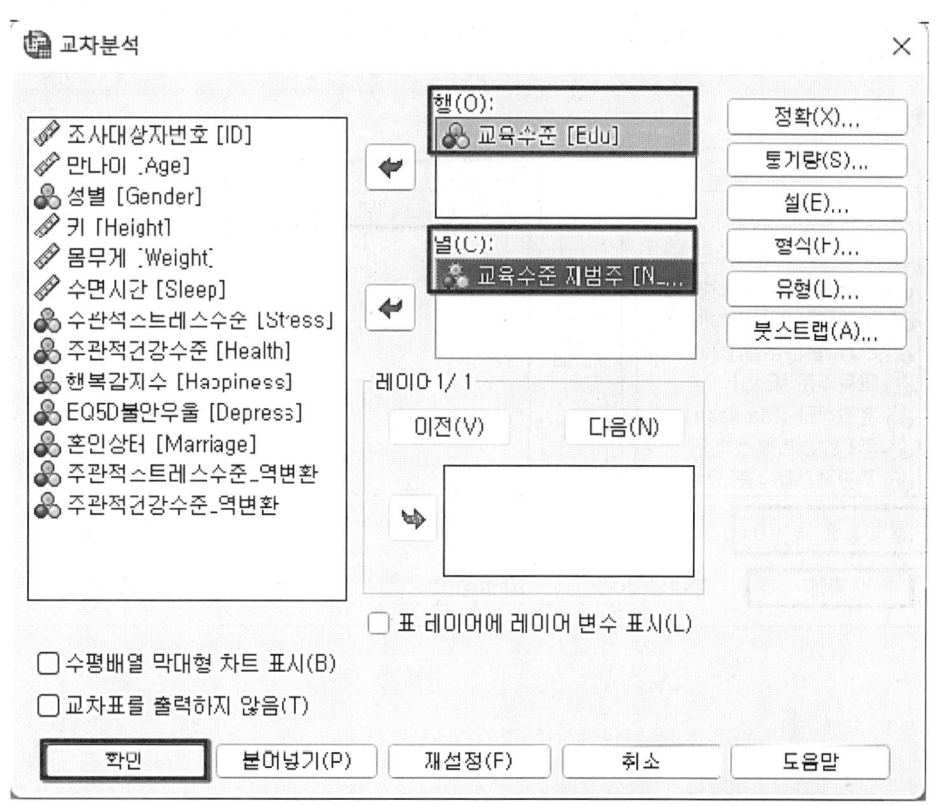

교육수준 * 교육수준 재범주 교차표

빈도

		교육수준 재범주			전체
		고등학교 이하	대학교	대학원 이상	
교육수준	무학	491	0	0	491
	서학/한학	12	0	0	12
	초등학교	1812	0	0	1812
	중학교	1843	0	0	1843
	고등학교	4516	0	0	4516
	2년/3년제 대학	0	1615	0	1615
	4년제 대학	0	3837	0	3837
	대학원 이상	0	0	471	471
전체		8674	5452	471	14597

⑦ 교육수준 재범주(N_Edu)에 대한 응답자들의 빈도 및 퍼센트를 구하기 위해서 빈도분석을 수행한다.

분석(A) → 기술통계량(E) → 빈도분석(F)

⑧ '빈도분석' 창에서 교육수준 재범주(N_Edu)를 우측의 '변수(V)'로 이동시키고 '빈도표 표시(D)'를 체크한다.

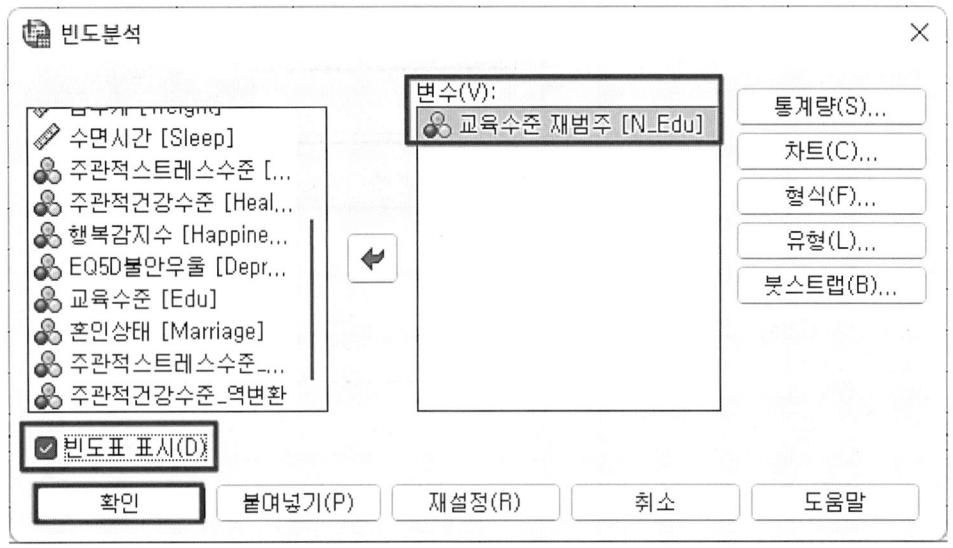

⑨ 확인을 클릭하면 다음과 같은 빈도표를 얻게 된다.

교육수준 재범주

		빈도	퍼센트	유효 퍼센트	누적 퍼센트
유효	고등학교 이하	8674	59.4	59.4	59.4
	대학교	5452	37.3	37.4	96.8
	대학원 이상	471	3.2	3.2	100.0
	전체	14597	100.0	100.0	
결측	시스템	7	.0		
전체		14604	100.0		

⑩ 위의 빈도분석 결과를 이용하여 다음의 표를 완성한다.

교육수준	빈도(명)	유효 퍼센트(%)	누적 퍼센트(%)
고등학교 이하	8674	59.4	59.4
대학교	5452	37.4	96.8
대학원 이상	471	3.2	100.0
전체	14597	100.0	

(2) 분석에 앞서 무엇을 검정할 것인지 가설을 설정하고 μ_1, μ_2, μ_3을 이용해 수식으로 작성하시오.

귀무가설(H_0)	교육수준(N_Edu)에 따라 행복감 지수(Happiness)에 차이가 없다($\mu_1 = \mu_2 = \mu_3$).
대립가설(H_1)	교육수준(N_Edu)에 따라 행복감 지수(Happiness)에 차이가 있다(모든 μ_i는 같지 않다).

(3) 응답자의 교육수준별 행복감 지수(Happiness)의 기술통계량 값을 구하시오.

교육수준	최솟값	최댓값	평균	표준편차
고등학교 이하	***	□□	□.□□	□.□□
대학교	***	□□	***	□.□□
대학원 이상	***	□□	□.□□	***

① 교육수준별 기술통계량을 작성하기 위해 일원배치 분산분석을 수행한다.

분석(A) → 평균 비교(M) → 일원배치 분산분석(O)

② '일원배치 분산분석' 창에서 '종속변수(E)'에 행복감 지수(Happiness)를, '요인(F)'에 교육수준 재범주
(N_Edu)를 이동시키고 '옵션(O)'을 클릭한다.

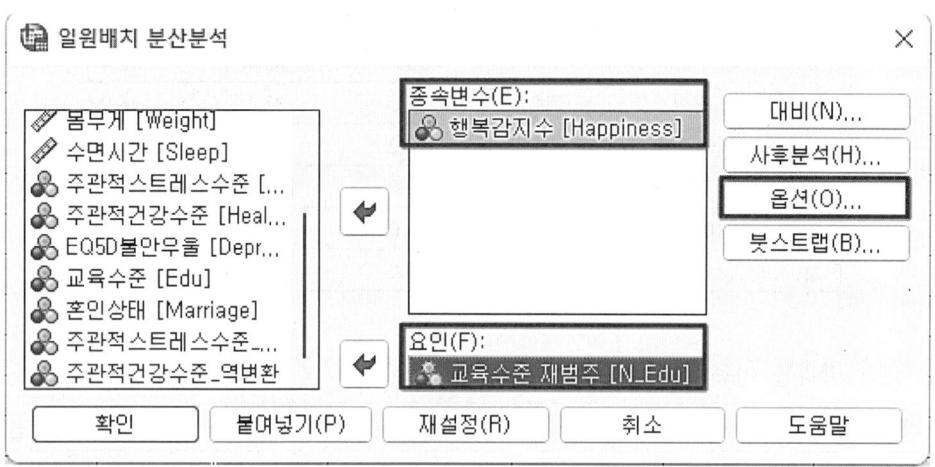

③ '일원배치 분산분석: 옵션' 창에서 '기술통계(D)'를 선택하고 '계속(C)'을 클릭한다.

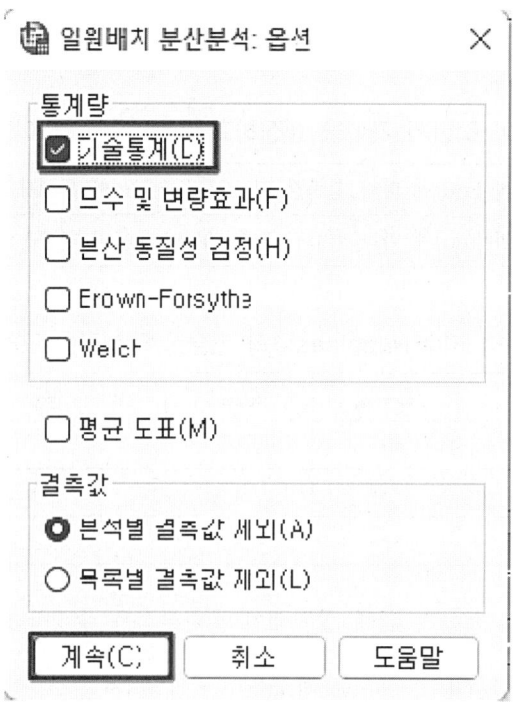

④ '확인'을 누르면 다음과 같은 결과가 나타난다.

기술통계

행복감지수

	N	평균	표준편차	표준오차	평균의 95% 신뢰구간 하한	평균의 95% 신뢰구간 상한	최소값	최대값
고등학교 이하	8661	6.36	1.880	.020	6.32	6.40	1	10
대학교	5452	6.94	1.619	.022	6.90	6.99	1	10
대학원 이상	470	7.59	1.428	.066	7.46	7.71	1	10
전체	14583	6.62	1.804	.015	6.59	6.64	1	10

ANOVA

행복감지수

	제곱합	자유도	평균제곱	F	CTT 유의확률
집단-간	1604.931	2	802.466	255.097	<.001
집단-내	45864.702	14580	3.146		
전체	47469.633	14582			

⑤ 위의 결과를 이용하여 다음의 표를 완성한다.

교육수준	최솟값	최댓값	평균	표준편차
고등학교 이하	***	⑩	⑥.③⑥	①.⑧⑧
대학교	***	①⓪	***	①.⑥②
대학원 이상	***	⑩	⑦.⑤⑨	***

(4) 다음의 분산분석표를 작성하시오.

구분	제곱합	자유도	평균제곱	F	유의확률
그룹 간	□□□□.□□□	***	□□□.□□□	□□□.□□□	***
그룹 내	***	***	□□□.□□□		
합계	***	***			

(3)의 ④에서 구한 일원배치 분산분석 결과를 바탕으로 다음의 표를 완성한다.

구분	제곱합	자유도	평균제곱	F	유의확률
그룹 간	①⑥⓪④.③⑨①	***	⑧⓪②.④⑥⑥	②⑤⑤.⓪⑨⑦	***
그룹 내	***	***	③.①④⑥		
합계	***	***			

(5) 위의 결과를 해석하기 위해 다음의 표를 작성하시오.

검정통계량의 값		2 5 5 . 0 9 7
유의확률		<0.001
H_0의	채택 또는 기각을 쓰시오.	기각
	그 이유	검정통계량 F값이 255.097이고 유의확률이 <0.001로 0.05보다 작으므로 귀무가설을 기각한다. 따라서 유의수준 5%하에서 교육수준에 따라 행복감 지수에 차이가 있다.

(6) 분석 결과 유의한 차이가 있다면 Scheffe의 방법으로 사후분석한 후 유의수준 5%에서 동일집단군의 평균을 작성하시오.

교육수준	집단		
	1	2	3
고등학교 이하	□□.□□		
대학교		□□.□□	
대학원 이상			□□.□□

① '일원배치 분산분석' 창에서 '사후분석(H)'을 클릭한 후 'Scheffe'를 선택하고 '계속(C)'을 클릭한다.

② '확인'을 클릭하면 다음과 같은 결과가 나타난다.

다중비교

종속변수: 행복감지수
Scheffe

(I) N_Edu	(J) N_Edu	평균차이(I-J)	표준오차	CTT 유의확률	95% 신뢰구간 하한	상한
고등학교 이하	대학교	-.586*	.031	<.001	-.66	-.51
	대학원 이상	-1.228*	.084	<.001	-1.43	-1.02
대학교	고등학교 이하	.586*	.031	<.001	.51	.66
	대학원 이상	-.643*	.085	<.001	-.85	-.43
대학원 이상	고등학교 이하	1.228*	.084	<.001	1.02	1.43
	대학교	.643*	.085	<.001	.43	.85

*. 평균차이는 0.05 수준에서 유의합니다.

행복감지수

Scheffe[a,b]

N_Edu	N	유의수준 = 0.05에 대한 부분집합 1	2	3
고등학교 이하	8661	6.36		
대학교	5452		6.94	
대학원 이상	470			7.59
CTT 유의확률		1.000	1.000	1.000

동질적 부분집합에 있는 집단에 대한 평균이 표시됩니다.
a. 조화평균 표본크기 1236.329을(를) 사용합니다.
b. 집단 크기가 동일하지 않습니다. 집단 크기의 조화평균이 사용됩니다. I 유형 오차 수준은 보장되지 않습니다.

③ 위의 결과를 이용하여 다음의 표를 완성한다.

교육수준	집단 1	2	3
고등학교 이하	6.36		
대학교		6.94	
대학원 이상			7.59

문제 5 혼인상태(Marriage)별 불안우울정도(Depress)에 차이가 있는지를 가설검정하고자 한다.

(1) 혼인상태(Marriage)에 따라 불안우울정도(Depress)에 차이가 있는지 알고자 할 때 아래 교차표를 작성하시오(단, 비중은 행 퍼센트임).

혼인상태		불안우울정도			전체
		1: 나는 불안하거나 우울하지 않다.	2: 나는 다소 불안하거나 우울하다.	3: 나는 매우 심하게 불안하거나 우울하다.	
1: 배우자 있음	응답자 수	***	□□□□	□□□□	***
	비중(%)	***	□□.□	□□.□	100.0
2: 이혼	응답자 수	***	□□□□	***	***
	비중(%)	***	□□.□	***	100.0
3: 사별	응답자 수	□□□□	***	***	***
	비중(%)	□□.□	***	***	100.0
4: 별거	응답자 수	□□□□	***	***	***
	비중(%)	□□.□	***	***	100.0
5: 미혼	응답자 수	□□□□	***	***	***
	비중(%)	□□.□	***	***	100.0
전체 응답자 수(%)		***	***	***	***

① 혼인상태(Marriage)별 불안우울정도(Depress)에 대한 교차표를 작성하기 위해 교차분석을 수행한다.

분석(A) → 기술통계량(E) → 교차분석(C)

② '교차분석' 창에서 '행(O)'에 혼인상태(Marriage)를, '열(C)'에 불안우울정도(Depress)를 이동시키고 '셀(E)'을 클릭한다.

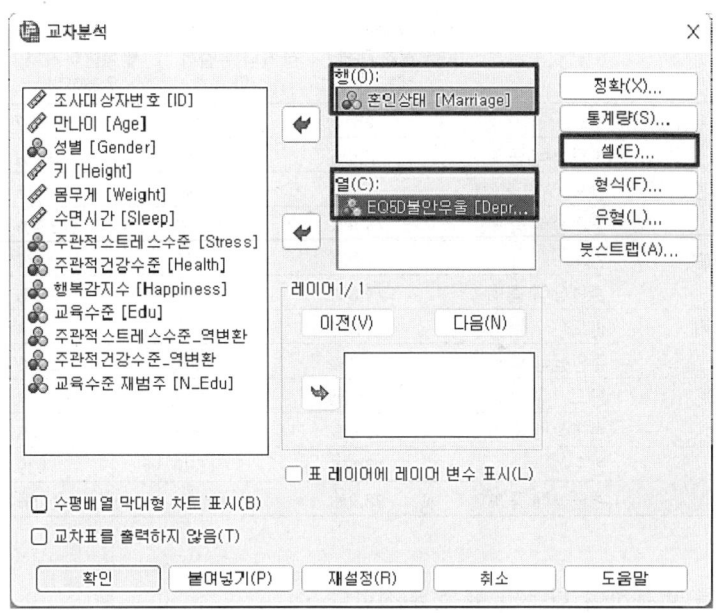

③ '교차분석: 셀 표시' 창에서 '퍼센트'의 '행(R)'을 선택하고 '계속(C)'을 클릭한다.

④ '확인'을 클릭하면 다음과 같은 결과가 나타난다.

혼인상태 * EQ5D불안우울 교차표

			EQ5D불안우울 나는 불안하거나 우울하지 않다.	EQ5D불안우울 나는 다소 불안하거나 우울하다.	EQ5D불안우울 나는 매우 심하게 불안하거나 우울하다.	전체
혼인상태	배우자 있음	빈도	8518	833	62	9413
		혼인상태 중 %	90.5%	8.8%	0.7%	100.0%
	이혼	빈도	520	148	27	695
		혼인상태 중 %	74.8%	21.3%	3.9%	100.0%
	사별	빈도	1057	325	32	1414
		혼인상태 중 %	74.8%	23.0%	2.3%	100.0%
	별거	빈도	168	27	4	199
		혼인상태 중 %	84.4%	13.6%	2.0%	100.0%
	미혼	빈도	2615	247	14	2876
		혼인상태 중 %	90.9%	8.6%	0.5%	100.0%
전체		빈도	12878	1580	139	14597
		혼인상태 중 %	88.2%	10.8%	1.0%	100.0%

⑤ 위의 교차표 결과를 이용하여 다음의 표를 완성한다.

혼인상태		불안우울정도 1: 나는 불안하거나 우울하지 않다.	불안우울정도 2: 나는 다소 불안하거나 우울하다.	불안우울정도 3: 나는 매우 심하게 불안하거나 우울하다.	전체
1: 배우자 있음	응답자 수	***	833	62	***
	비중(%)	***	8.8	0.7	100.0
2: 이혼	응답자 수	***	148	***	***
	비중(%)	***	21.3	***	100.0
3: 사별	응답자 수	1057	***	***	***
	비중(%)	74.8	***	***	100.0
4: 별거	응답자 수	168	***	***	***
	비중(%)	84.4	***	***	100.0
5: 미혼	응답자 수	2615	***	***	***
	비중(%)	90.9	***	***	100.0
전체 응답자 수(%)		***	***	***	***

(2) 위 교차분석 어떤 가설검정을 실시하기 위해서인지 가설을 설정하시오.

귀무가설(H_0)	혼인상태(Marriage)와 불안우울정도(Depress)는 서로 연관성이 없다.
대립가설(H_1)	혼인상태(Marriage)와 불안우울정도(Depress)는 서로 연관성이 있다.

(3) 검정통계량의 값과 유의수준 5%에서 검정한 결과를 작성하시오.

검정통계량의 값	□□□.□□□
검정결과	

① '교차분석' 창에서 '통계량(S)'을 클릭한 후 '카이제곱(H)'을 선택하고 '계속(C)'을 클릭한다.

② '확인'을 클릭하면 다음과 같은 결과가 나타난다.

카이제곱 검정

	값	자유도	근사 유의확률 (양측검정)
Pearson 카이제곱	469.264[a]	8	<.001
우도비	378.662	8	<.001
선형 대 선형결합	7.908	1	.005
유효 케이스 수	14597		

a. 1 셀 (6.7%)은(는) 5보다 작은 기대 빈도를 가지는 셀입니다. 최소 기대빈도는 1.89입니다.

③ 위의 카이제곱 검정 결과를 이용하여 다음의 표를 완성한다.

검정통계량의 값	④⑥⑨.②⑥④
검정결과	검정통계량 값이 469.264이고 유의확률이 <0.001으로 유의수준 0.05보다 작으므로 귀무가설을 기각한다. 따라서 유의수준 5%하에서 혼인상태와 불안우울정도는 연관성이 있다.

문제 6 행복감 지수(Happiness)를 종속변수로 만 나이(Age), BMI, 수면시간(Sleep), 주관적 스트레스 수준(Stress), 주관적 건강 수준(Health), 불안우울정도(Depress)를 독립변수로 설정하여 중회귀분석을 수행하고자 한다. 단, 주관적 스트레스 수준과 주관적 건강 수준은 역변환하고, 불안우울정도(Depress)는 더미변수 생성 후 분석에 반영한다. 단계선택방법(변수 포함기준=0.05, 제외 기준=0.10)으로 회귀분석을 실시하여 최종 회귀식을 추정하시오.

(1) 키(Height)와 몸무게(Weight)를 이용해 BMI 변수를 생성 후 아래 표를 작성하시오(단, BMI는 체중(kg)/키(m)^{2}이다).

변수	최솟값	최댓값	중위수	평균	표준편차
BMI	***	□□.□□	***	□□.□□	□.□□

① 키와 몸무게를 이용하여 BMI 변수를 생성하기 위해 변수 계산을 수행한다.

변환(T) → 변수 계산(C)

② BMI 변수를 만들기 위해 '변수 계산' 창에서 '목표변수(T)'에 BMI을, '숫자표현식(E)'에 Weight/(Height/100)**2을 각각 입력하고 '확인'을 클릭한다(Height 변수의 단위가 cm이므로 m로 변환해주기 위해 ÷100을 해준다).

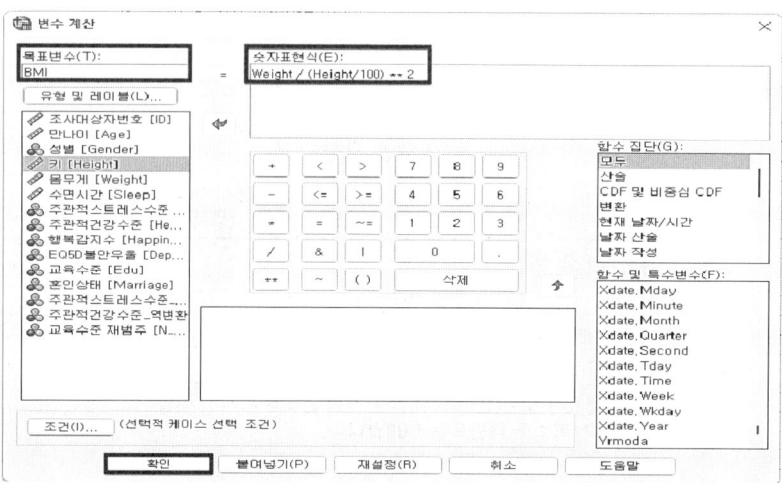

③ 데이터 보기 창에서 BMI 변수가 생성된 것을 볼 수 있다.

	Happiness	Depress	Edu	Marriage	주관적스트레스수준_역	주관적건강수준_역변환	N_Edu	BMI	변수	변수
1	7	1	4	1	2	4	1	22.27		
2	5	1	7	1	2	4	2	24.73		
3	6	1	7	1	2	3	2	30.06		
4	6	1	7	5	4	2	2	26.03		
5	5	1	3	3	1	2	1	21.48		
6	4	2	5	1	2	1	1	22.96		
7	10	1	7	1	2	4	2	19.49		
8	7	1	5	1	2	4	1	19.59		
9	4	1	5	1	3	3	1	25.10		
10	5	1	5	1	2	1	1	29.76		
11	5	1	4	1	1	3	1	21.83		
12	6	1	5	1	2	4	1	20.76		
13	8	1	5	1	2	3	1	28.44		
14	6	1	5	3	1	5	1	22.39		
15	7	1	4	1	1	2	1	24.45		

④ BMI에 대한 기술통계량을 구하기 위해 다음의 메뉴를 이용한다.

분석(A) → 기술통계량(E) → 빈도분석(F)

⑤ '빈도분석' 창에서 '변수(V)'에 BMI를 이동시키고, 빈도표는 출력할 필요가 없으므로 '빈도표 표시(D)' 선택을 해제한다. 그 후, '통계량(S)'을 클릭한다.

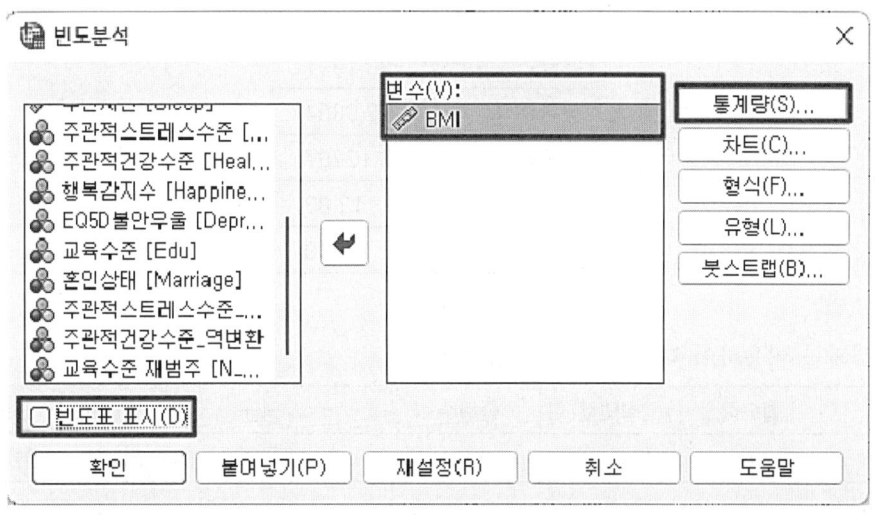

⑥ '빈도분석: 통계량' 창에서 평균(M), 중위수(D), 표준편차(T), 최솟값(I), 최댓값(X)을 선택하고 '계속(C)'을 클릭한다.

⑦ '확인'을 클릭하면 다음과 같은 결과를 얻을 수 있다.

통계량

BMI

N	유효	14447
	결측	157
평균		23.1991
중위수		22.9854
표준화 편차		3.12297
최소값		12.02
최대값		44.08

⑧ 위의 출력결과를 이용하여 다음의 표를 완성한다.

변수	최솟값	최댓값	중위수	평균	표준편차
BMI	***	44.08	***	23.20	3.12

(2) '1: 나는 불안하거나 우울하지 않다'을 기준으로 한 불안우울정도 더미변수를 생성 후 아래를 작성하시오.

불안우울정도	불안우울정도더미1	불안우울정도더미2
1: 나는 불안하거나 우울하지 않다.	0	0
2: 나는 다소 불안하거나 우울하다.	1	0
3: 나는 매우 심하게 불안하거나 우울하다.	0	1

① 위와 같이 불안우울정도와 관련된 2개의 더미변수를 만들기 위해 다른 변수로 코딩변경을 수행한다.

변환(T) → 다른 변수로 코딩변경(R)

② '다른 변수로 코딩변경' 창에서 불안우울정도(Depress)를 우측 '숫자변수'로 옮긴다. '출력변수'의 '이름(N)'에 불안우울정도더미1를 입력하고 '변경(H)'을 누른다. 그 후, '기존값 및 새로운 값(O)'을 클릭한다.

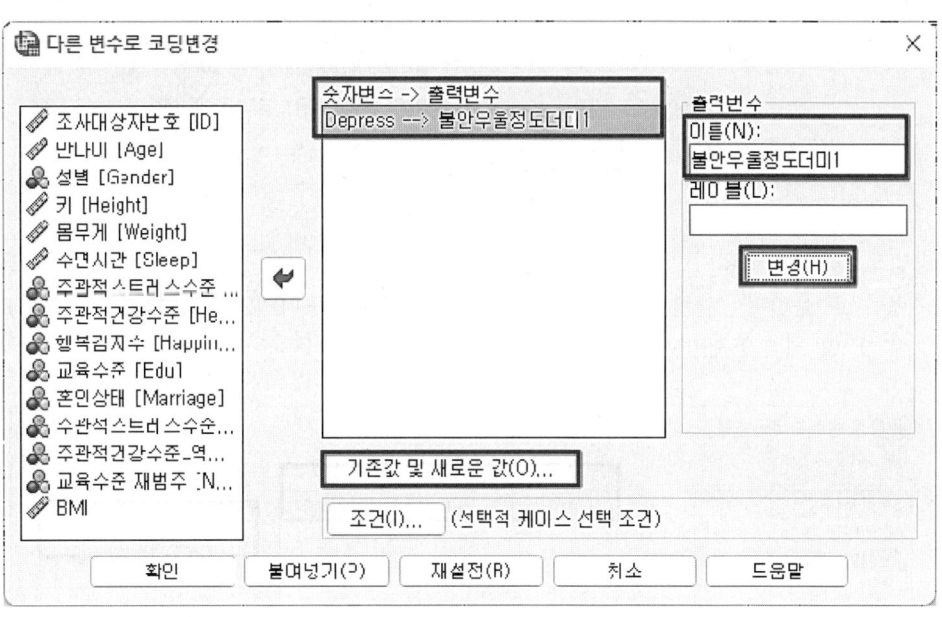

③ '다른 변수로 코딩변경: 기존값 및 새로운 값'에서 다음과 같이 입력하고 '계속(C)'을 클릭한 후, '확인'을 누르면 불안우울정도더미1 변수가 생성된다.

④ 동일한 방법으로 두 번째 더미변수도 생성한다. '다른 변수로 코딩변경' 창에서 불안우울정도(Depress)를 우측 '숫자변수'로 옮긴다. '출력변수'의 '이름(N)'에 불안우울정도더미2를 입력하고 '변경(H)'을 누른다. 그 후, '기존값 및 새로운 값(O)'을 클릭한다.

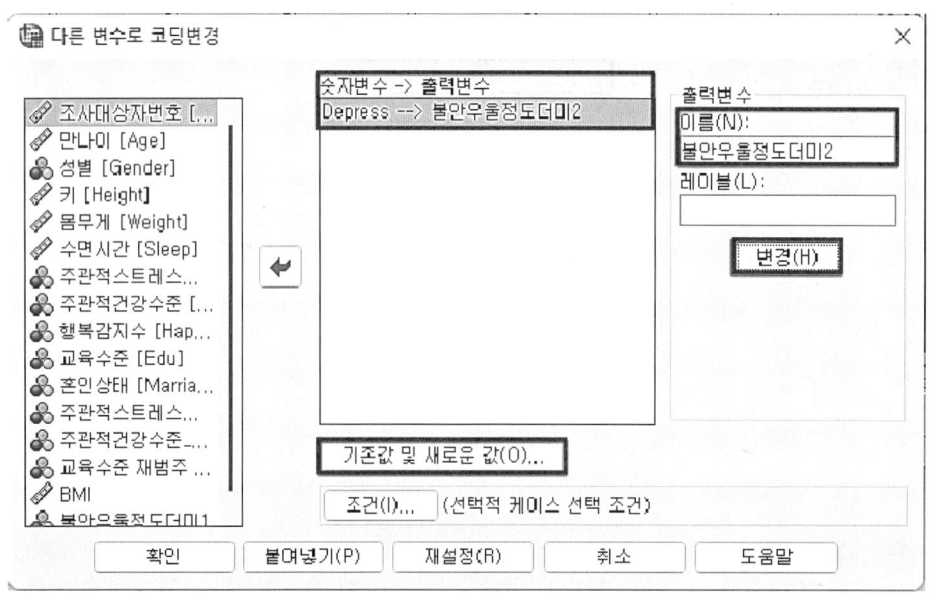

⑤ '다른 변수로 코딩변경: 기존값 및 새로운 값'에서 다음과 같이 입력하고 '계속(C)'을 클릭한다.

⑥ '확인'을 클릭하면 불안우울정도더미2 변수가 생성된다. 데이터 보기 창에서 2개의 더미변수가 생성되었음을 확인할 수 있다.

⑦ 기존 변수인 불안우울정도(Depress)와 불안우울정도더미1, 불안우울정도더미2의 교차표를 작성하여 변수가 제대로 생성되었는지 확인한다. '교차분석' 창에서 '행(O)'에 불안우울정도(Depress)를, '열(C)'에 불안우울정도더미1과 불안우울정도더미2를 이동시킨다.

⑧ '확인'을 클릭하면 다음과 같은 결과가 나타난다.

불안우울정도	불안우울정도더미1
1: 나는 불안하거나 우울하지 않다.	0
2: 나는 다소 불안하거나 우울하다.	1
3: 나는 매우 심하게 불안하거나 우울하다.	0

불안우울정도	불안우울정도더미2
1: 나는 불안하거나 우울하지 않다.	0
2: 나는 다소 불안하거나 우울하다.	0
3: 나는 매우 심하게 불안하거나 우울하다.	1

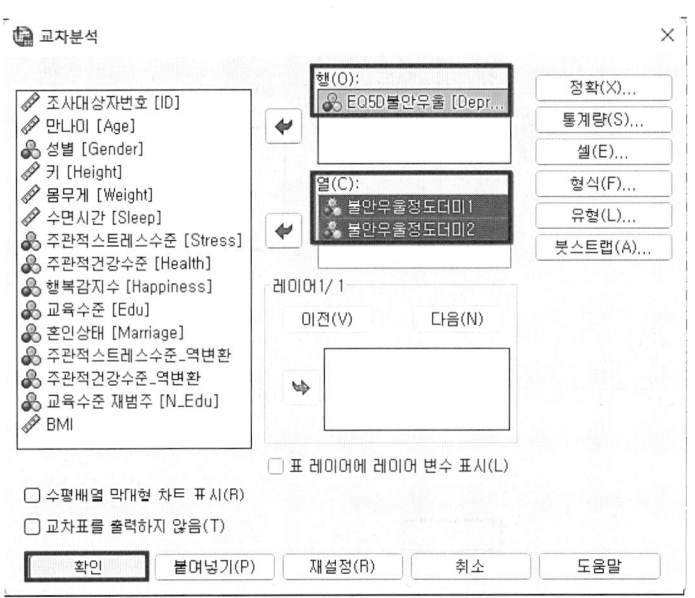

EQ5D불안우울 * 불안우울정도더미1 교차표

빈도

		불안우울정도더미1		전체
		0	1	
EQ5D불안우울	나는 불안하거나 우울하지 않다.	12881	0	12881
	나는 다소 불안하거나 우울하다.	0	1582	1582
	나는 매우 심하게 불안하거나 우울하다.	139	0	139
전체		13020	1582	14602

EQ5D불안우울 * 불안우울정도더미2 교차표

빈도

		불안우울정도더미2		전체
		0	1	
EQ5D불안우울	나는 불안하거나 우울하지 않다.	12881	0	12881
	나는 다소 불안하거나 우울하다.	1582	0	1582
	나는 매우 심하게 불안하거나 우울하다.	0	139	139
전체		14463	139	14602

(3) 추정된 최종회귀식을 작성하시오(단, 소숫점은 반올림하여 소수 셋째 자리로 표현하시오).

① 만 나이(Age), BMI, 수면시간(Sleep), 주관적 스트레스 수준(Stress), 주관적 건강 수준(Health), 불안우울정도(Stress)가 행복감 지수(Happiness)에 얼마나 영향을 미치는지 알아보기 위해 다중회귀분석을 수행한다.

분석(A) → 회귀분석(R) → 선형(L)

② '선형 회귀' 창에서 '종속변수(D)'에는 행복감 지수(Happiness)를, '독립변수(I)'에는 불안우울정도더미1, 불안우울정도더미2, 만 나이(Age), BMI, 수면시간(Sleep), 주관적스트레스수준_역변환, 주관적건강수준_역변환을 이동시킨다. '방법(M)'은 '단계선택'을 선택한다.

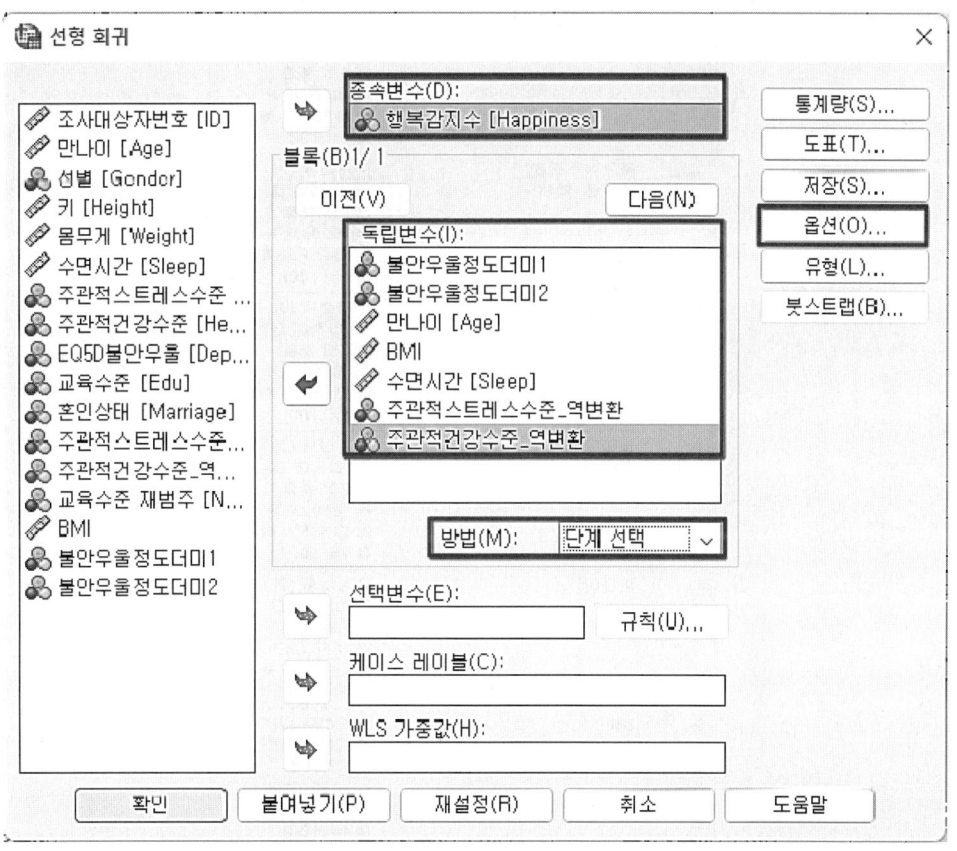

③ '옵션'을 클릭하여 'F-확률 사용(O)'의 '진입(E)'에 0.05, '제거(M)'에 0.10을 입력하고 '계속'을 클릭한다.

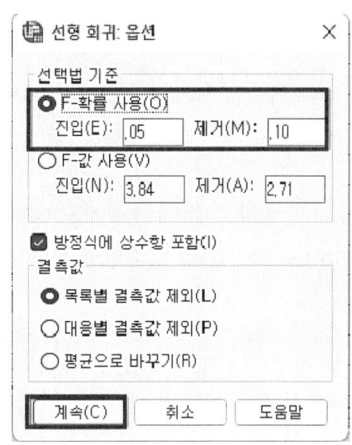

④ '확인'을 누르면 다음과 같은 결과가 나타난다.

입력/제거된 변수[a]

모형	입력된 변수	제거된 변수	방법
1	주관적건강수준_역변환	.	단계선택 (기준: 입력에 대한 F의 확률 <= .050, 제거에 대한 F의 확률 >= .100).
2	주관적스트레스수준_역변환	.	단계선택 (기준: 입력에 대한 F의 확률 <= .050, 제거에 대한 F의 확률 >= .100).
3	불안우울정도더미1	.	단계선택 (기준: 입력에 대한 F의 확률 <= .050, 제거에 대한 F의 확률 >= .100).
4	불안우울정도더미2	.	단계선택 (기준: 입력에 대한 F의 확률 <= .050, 제거에 대한 F의 확률 >= .100).
5	만나이	.	단계선택 (기준: 입력에 대한 F의 확률 <= .050, 제거에 대한 F의 확률 >= .100).
6	BMI	.	단계선택 (기준: 입력에 대한 F의 확률 <= .050, 제거에 대한 F의 확률 >= .100).

a. 종속변수: 행복감지수

계수ª

모형		비표준화 계수 B	표준화 오류	표준화 계수 베타	t	유의확률
1	(상수)	4.561	.052		87.987	.000
	주관적건강수준_역변환	.640	.015	.325	41.331	.000
2	(상수)	6.187	.067		91.780	.000
	주관적건강수준_역변환	.566	.015	.288	37.780	.000
	주관적스트레스수준_역변환	-.661	.019	-.272	-35.697	.000
3	(상수)	6.365	.067		94.517	.000
	주관적건강수준_역변환	.498	.015	.253	32.613	.000
	주관적스트레스수준_역변환	-.598	.019	-.246	-32.136	.000
	불안우울정도더미1	-.843	.046	-.144	-18.362	.000
4	(상수)	6.406	.067		95.611	.000
	주관적건강수준_역변환	.467	.015	.238	30.447	.000
	주관적스트레스수준_역변환	-.559	.019	-.230	-29.840	.000
	불안우울정도더미1	-.907	.046	-.155	-19.768	.000
	불안우울정도더미2	-1.897	.142	-.102	-13.375	.000
5	(상수)	6.730	.103		65.572	.000
	주관적건강수준_역변환	.439	.017	.223	26.260	.000
	주관적스트레스수준_역변환	-.581	.019	-.239	-29.885	.000
	불안우울정도더미1	-.889	.046	-.152	-19.304	.000
	불안우울정도더미2	-1.866	.142	-.100	-13.147	.000
	만나이	-.004	.001	-.035	-4.167	.000
6	(상수)	6.462	.141		45.954	.000
	주관적건강수준_역변환	.440	.017	.224	26.324	.000
	주관적스트레스수준_역변환	-.582	.019	-.240	-29.966	.000
	불안우울정도더미1	-.884	.046	-.151	-19.183	.000
	불안우울정도더미2	-1.858	.142	-.100	-13.085	.000
	만나이	-.004	.001	-.037	-4.360	.000
	BMI	.012	.004	.021	2.786	.005

a. 종속변수: 행복감지수

⑤ '입력/제거된 변수' 표에서 모형1에서는 주관적 건강 수준(Health)이 선택되었고, 모형2에서는 주관적 스트레스 수준(Stress) 변수가, 모형3에서는 불안우울정도더미1 변수가, 모형4에서는 불안우울정도더미2 변수가 선택되었다. 또한 모형5에서는 만 나이(Age) 변수가, 마지막으로 모형6에서는 BMI 변수가 선택되었음을 확인할 수 있다. '계수' 표에서 모든 변수의 회귀계수의 유의확률이 유의한 것으로 나타났다. 유의한 변수가 모두 포함되어 있는 모형6을 최종모형으로 선택한다.

> 행복감 지수 = 6.462 + 0.4340*주관적 건강 수준 - 0.582*주관적 스트레스 수준 - 0.884*불안우울정도더미1 -1.858*불안우울정도더미2 - 0.004*만 나이 + 0.012*BMI

04 작업형 유사 기출문제 풀이

※ SPSS를 이용하여 통계분석을 수행한 결과의 일부를 답안지에 직접 작성하시기 바랍니다. 결과 값은 특별한 언급이 없는 한 반올림하여 작성하시기 바랍니다.

다음 자료는 총 441명을 대상으로 "조직몰입 영향요인 조사"를 실시한 자료이다. 자료는 일련번호, 조직몰입 3문항, 상사지원 3문항, 동료지원 3문항, 유머분위기 4문항, 성별, 연령, 교육수준, 고용형태로 구성되어 있다. 데이터는 "조직몰입.txt"로 저장되어 있는 텍스트 파일이며, 아래의 [표1]은 데이터 코딩 양식이다. 결측값이 있는 경우에는 "9" 또는 "99", "999"로 입력되어 있고 해당 분석에서 제외한다. 변인과 변인 간에는 TAB으로 구분되어 있다.

[표1] 데이터 코딩 양식

변수명	변수설명	내용	결측값
ID	일련번호	일련번호(1~441)	없음
A1	조직몰입1	1: 전혀 아니다. 2: 대체로 아니다. 3: 보통이다. 4: 대체로 그렇다. 5: 매우 그렇다.	없음
A2	조직몰입2		
A3	조직몰입3	1: 매우 그렇다. 2: 대체로 그렇다. 3: 보통이다. 4: 대체로 아니다. 5: 전혀 아니다.	
B1	상사지원1	1: 전혀 아니다. 2: 대체로 아니다. 3: 보통이다. 4: 대체로 그렇다. 5: 매우 그렇다.	없음
B2	상사지원2		
B3	상사지원3		
C1	동료지원1		없음
C2	동료지원2		
C3	동료지원3		
D1	유머분위기1		없음
D2	유머분위기2		
D3	유머분위기3		
D4	유머분위기4		
sex	성별	1. 남자 2. 여자	없음
age	연령	18~63세	99
edu	교육수준	1: 고졸 이하 2: 전문대졸 3: 대졸 4: 대학원졸 이상	9
type	고용형태	1: 정규직 2: 비정규직	9

문제 1 응답자의 연령(age)를 범주화(20대 미만, 20대, 30대, 40대, 50대 이상)한 후 범주화된 연령대에 따른 응답자들의 빈도 및 전체 응답자에 대한 비율(퍼센트)을 구하시오.

연령대	빈도(명)	유효 퍼센트(%)	누적 퍼센트(%)
20대 미만			
20대			
30대			
40대			
50대 이상			
전체			

문제 2 근로자의 고용형태(type)에 따라 조직몰입에 차이가 있는지 검정하고자 한다(조직 몰입에 관한 문항 3개의 평균을 조직몰입 변수로 생성하고 분석을 실시하시오. A3 문항은 반대로 질문하였으므로 역으로 코딩 변환 후 분석에 사용하시오).

(1) 분석에 앞서 무엇을 검정할 것인지 가설을 설정하고 μ_1, μ_2를 이용해 수식으로 작성하시오.

귀무가설(H_0)	
대립가설(H_1)	

(2) 고용형태(type)에 따른 조직몰입의 기술통계량 값을 구하시오.

고용형태	빈도수	평균	표준편차
정규직	***	□.□□	□.□□
비정규직	□□	□.□□	***

(3) 다음 통계량 값을 구하시오.

$\mu_1 - \mu_2$의 추정치	□.□□	
$\mu_1 - \mu_2$ 추정량의 표준오차	□.□□	
$\mu_1 - \mu_2$의 95% 신뢰구간	하한 □.□□	상한 □.□□

(4) 검정통계량 값과 유의확률을 구하고 유의수준 5%에서 가설검정을 실시하시오.

검정통계량 값	□.□□□
유의확률	□.□□□
검정결과	

문제 3 응답자들의 교육수준(edu)에 따라 조직몰입에 차이가 있는지를 유의수준 5%에서 가설검정하고자 한다.

(1) 분석에 앞서 무엇을 검정할 것인지 가설을 설정하고 μ_1, μ_2, μ_3, μ_4를 이용해 수식으로 작성하시오.

귀무가설(H_0)	
대립가설(H_1)	

(2) 교육수준(edu)별 조직몰입의 기술통계량 값을 구하시오.

교육수준	빈도수	평균	표준편차
고졸 이하	***	□.□□	□.□□
전문대졸	***	***	□.□□
대졸	***	□.□□	***
대학원졸 이상	***	□.□□	□.□□

(3) 분산분석에서 분산의 동질성을 검정하기 위한 검정통계량의 값을 쓰고 그 결과를 유의수준 5%하에서 해석하시오(단, absolute residual을 이용한 Levene 분산동질성 검정을 실시하시오).

검정통계량 값	□.□□□
검정결과 해서	

(4) 다음의 분산분석표를 작성하시오.

구분	제곱합	자유도	평균제곱	F	유의확률
그룹 간	□.□	***	□.□	□.□□□	***
그룹 내	***	***	□.□		
합계	***	***			

(5) 위의 분산분석 결과를 보고 분석에 따른 결과 및 이유를 작성하시오.

결과	
이유	

(6) 분석 결과 유의한 차이가 있다면 유의수준 5%에서 Duncan의 방법으로 사후분석한 후 다중비교 결과를 아래의 표에 작성하시오.

교육수준	집단	
	1	2
대학원졸 이상	□.□□	***
전문대졸	***	□.□□
대졸	***	□.□□
고졸 이하	***	□.□□

문제 4 조직몰입과 상사지원, 동료지원, 유머분위기 간 선형관계의 정도를 알기 위해 상관분석을 실시하여 피어슨의 상관계수를 구하시오(단, 상사지원, 동료지원, 유머분위기는 관련 문항들의 평균 변수로 생성 후 분석을 실시하시오).

변수	조직몰입	상사지원	동료지원	유머분위기
조직몰입	1.000	□.□□□	□.□□□	□.□□□
상사지원		1.000	***	***
동료지원			1.000	***
유머분위기				1.000

문제 5 성별(sex)에 따라 고용형태(type)에 차이가 있는지를 가설검정하고자 한다.

(1) 성별(sex)에 따라 고용형태(type)에 차이가 있는지 알고자 할 때 아래 교차표를 작성하시오(단, 비중은 행 퍼센트임).

성별		고용형태		전체
		정규직	비정규직	
1: 남자	빈도	□□	***	***
	비중(%)	□□.□	***	100.0
2: 여자	빈도	□□	***	***
	비중(%)	□□.□	***	100.0
전체(%)		***	***	***

(2) 위 교차분석 어떤 가설검정을 실시하기 위해서인지 가설을 설정하시오.

귀무가설(H_0)	
대립가설(H_1)	

(3) 검정통계량의 값과 유의수준 5%에서 검정한 결과를 작성하시오.

검정통계량의 값	□□□.□□□
검정결과	

문제 6 조직몰입을 종속변수로 고용형태(type), 교육수준(edu), 상사지원, 동료지원. 유머분위기를 독립변수로 설정하여 중회귀분석을 수행하고자 한다. 단, 고용형태(type), 교육수준(edu)은 더미변수 생성 후 분석에 반영한다.

(1) 고용형태(type)와 교육수준(edu)의 더미변수를 생성 후 아래를 작성하시오(고용형태(type)는 비정규직 기준, 교육수준(edu)은 고졸 이하를 기준으로 더미변수를 생성하시오).

고용형태	고용형태더미_정규직
1: 정규직	□
2: 비정규직	□

교육수준	교육수준더미1 전문대졸	교육수준더미2 대졸	교육수준더미3_대학원졸
1: 고졸 이하	□	0	□
2: 전문대졸	1	□	0
3: 대졸	□	□	0
4: 대학원졸 이상	0	0	□

(2) 중회귀분석을 수행한 후 다음의 F검정 표를 작성하시오.

구분	제곱합	자유도	평균제곱	검정통계량	유의확률
회귀모형	***	□	***	□□.□□□	***
잔차	***	□□□	***		
합계	***	□□□			

(3) 중회귀분석 결과로부터 유의수준 5%에서 회귀모형의 적합도에 대한 유의성 검정 결과와 이유, 그리고 수정된 결정계수(%)를 작성하시오.

회귀모형의 적합도 검정결과	
이유	
수정된 결정계수(단위: %)	

(4) 추정된 회귀직선식을 작성하시오(단, 소숫점은 반올림하여 소수 셋째 자리로 표현하시오).

(5) 회귀계수의 유의성 검정 결과 유의수준 5%에서 유의한 회귀계수는 "O", 유의하지 않은 회귀계수는 "X" 표시하시오.

회귀계수	통계적 유의성 검정 결과
상수항	
고용형태더미_정규직	
교육수준더미1_전문대졸	
교육수준더미2_대졸	
교육수준더미3_대학원졸	
상사지원	
동료지원	
유머분위기	

(6) 조직몰입에 대한 유머분위기의 추정 회귀계수 부호는 무엇이며 그 의미에 대해 기술하시오.

(7) 중회귀모형에 포함된 독립변수의 표준화 회귀계수를 쓰고, 분양률에 가장 영향을 많이 미치는 독립변수를 표준화 회귀계수의 절댓값 크기에 따라 순위(가장 큰 것부터 1~7)를 쓰시오.

변수	표준화 회귀계수	영향이 가장 큰 변수
고용형태더미_정규직		
교육수준더미1_전문대졸		
교육수준더미2_대졸		
교육수준더미3_대학원졸		
상사지원		
동료지원		
유머분위기		

1 분석을 위해 필요한 핵심역량

문제 1. 다른 변수로 코딩변경, 빈도분석
문제 2. 변수 계산, 독립표본 T검정, 집단별 기술통계분석
문제 3. 일원배치 분산분석, Levene의 분산 동질성 검정, Duncan의 방법을 이용한 사후검정
문제 4. 변수 계산, 피어슨의 상관계수 및 상관분석
문제 5. 교차분석
문제 6. 가변수 생성, 중회귀모형의 적합도 검정, 회귀식 추정, 수정된 결정계수

2 분석을 위한 준비

(1) 데이터 불러오기

파일(F) – 데이터 가져오기(D) – 텍스트 데이터(T)

아래와 같은 데이터 열기 대화상자가 나타나면 파일 유형을 텍스트로 설정하고 인코딩을 유니코드(UTF-8)으로 설정한다. 다음으로 자료가 저장되어 있는 위치를 확인하여 가져올 자료인 "조직몰입.txt" 파일을 선택하고 열기를 클릭하면 텍스트 가져오기 마법사 6단계 창이 나타난다.

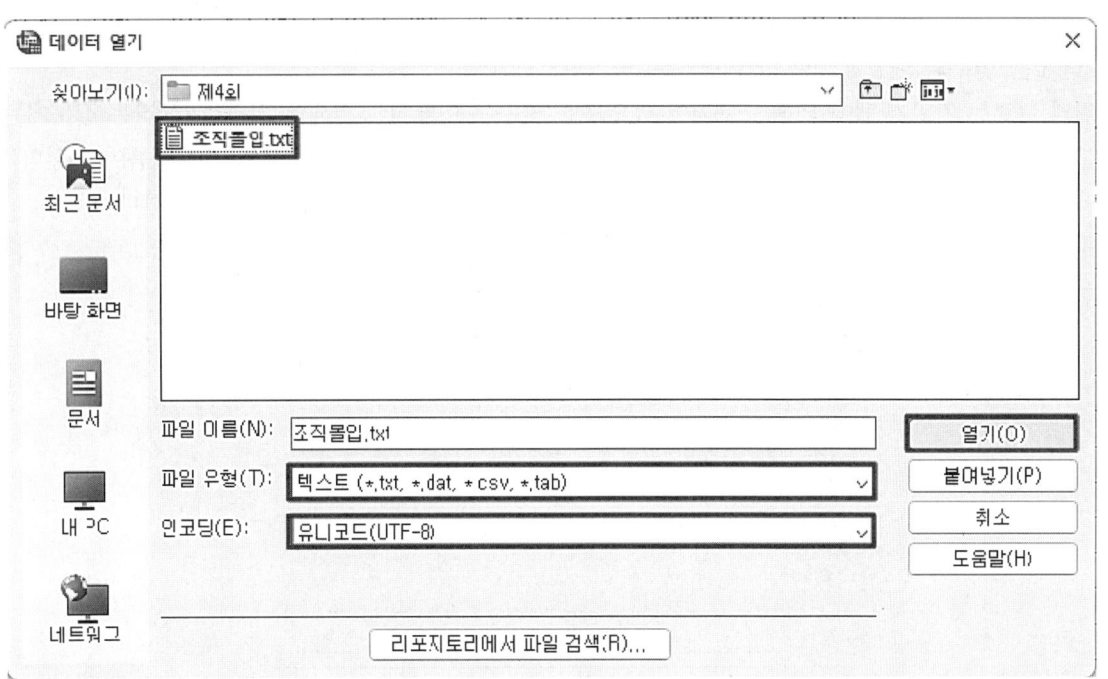

〈텍스트 가져오기 마법사 6단계〉

① 1단계는 텍스트 파일이 사전 정의된 형식과 일치하는지를 묻는 단계이다. '텍스트 파일이 사전 정의된 형식과 일치합니까?'라는 질문에 '아니오(O)'를 선택한다. 사전에 정의한 형식이 없고, 변인에 대한 정의는 나중에 이루어지기 때문이다. '다음(N)'을 클릭하여 2단계로 넘어간다.

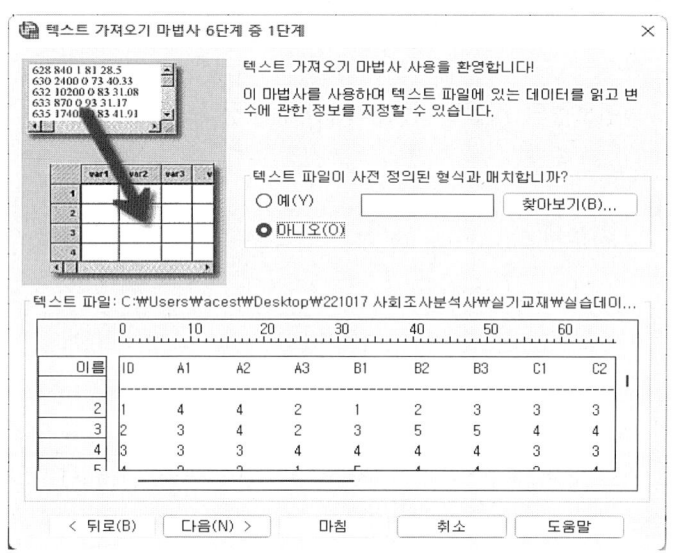

② 2단계는 변수의 배열과 변수의 이름 유무를 묻는 단계이다.

위의 자료는 자료가 탭에 의해 구분되어 있으므로 '변수는 어떻게 배열되어 있습니까?'라는 질문에는 '구분자에 의한 배열(D)'을 선택한다. 그리고 자료의 첫 행에 변수 이름이 있으므로 '변수이름이 파일의 처음에 있습니까?'라는 질문에는 '예(Y)'를 선택하고 '다음(N)'을 클릭하여 3단계로 넘어간다.

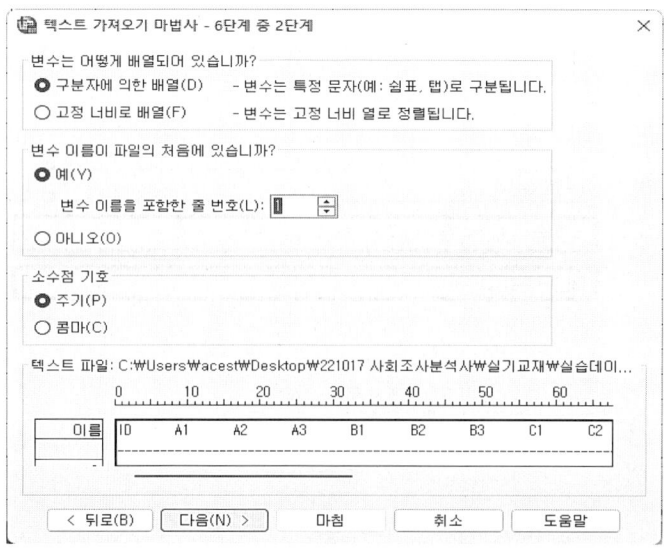

③ 3단계는 가져올 데이터의 범위를 설정하는 단계이다.

위의 자료의 첫 행에 변수의 이름이 들어가 있어 데이터의 첫 번째 케이스는 2행부터 시작하므로 '데이터의 첫 번째 케이스가 몇 번째 줄에서 시작합니까?'라는 항목에는 '2'를 선택한다. 그리고 위 자료의 경우 하나의 케이스가 한 줄에 나타나므로 '케이스가 어떻게 표시되고 있습니까?'라는 질문에 '각 줄은 케이스를 나타냅니다.(L)'를 선택한다. 마지막으로 자료의 모든 케이스를 가져오기 위해 '몇 개의 케이스를 가져오시겠습니까?'라는 질문에 '모든 케이스(A)'를 선택하고 '다음(N)'을 클릭하여 4단계로 넘어간다.

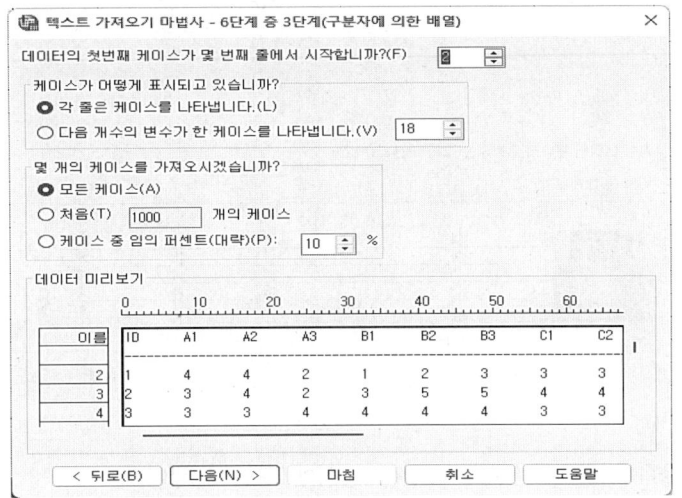

④ 4단계는 변수가 어떤 구분자로 구분되어 있는지를 묻는 단계이다.

위의 자료는 탭에 의해 구분되어 있는 자료이므로 '변수 사이에 어떤 구분자를 사용했습니까?'라는 질문에는 '탭(T)'을 선택한다. 그리고 데이터 미리보기에서 불러오려는 데이터들이 각 변수에 정확히 불러들여졌는지를 확인하고, '다음(N)'을 눌러 5단계로 넘어간다.

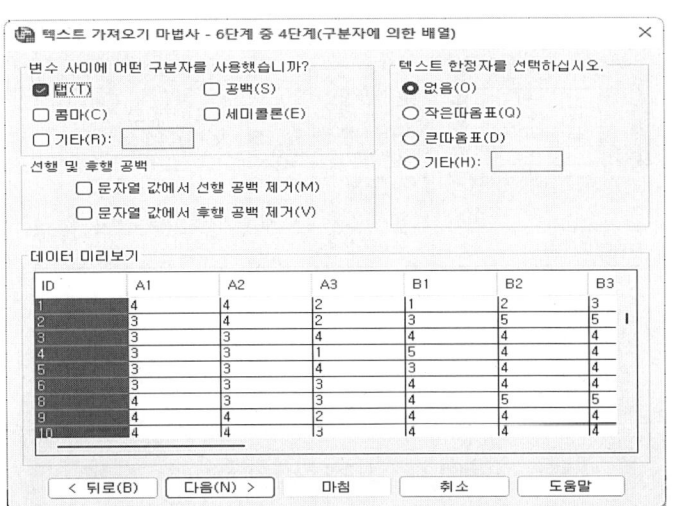

⑤ 5단계는 변수이름과 데이터 형식을 지정하는 단계이다.

변수이름과 데이터 형식은 데이터를 불러온 후 SPSS의 변수 보기 창에서 지정하는 것이 더 편리하므로 디폴트로 놔두고 '다음(N)'을 눌러 6단계로 넘어간다.

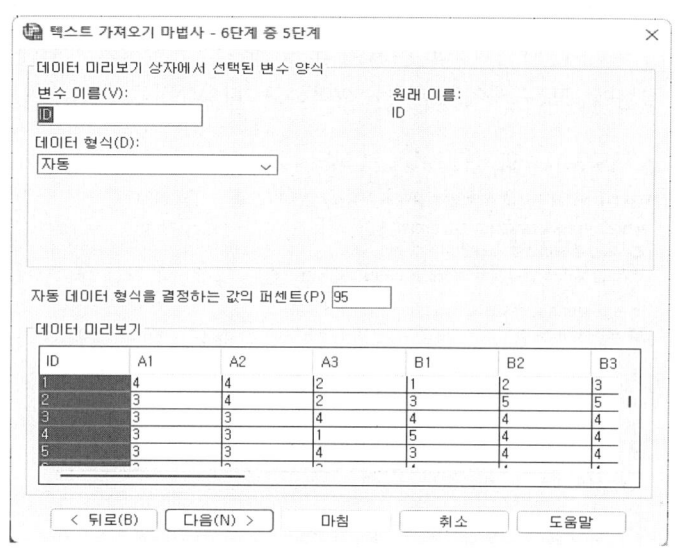

⑥ 6단계는 파일 형식을 저장할 것인지와 명령문 생성에 관한 단계이다.

대부분의 경우 새로운 연구를 수행하기 때문에 '다음에 사용할 수 있도록 이 파일 형식을 저장하시겠습니까?'라는 질문에 '아니오(O)'를 선택한다. 또한 '명령문을 붙여 넣으시겠습니까?'라는 질문에도 '아니오(N)'를 선택한다. 지금까지의 단계를 되풀이할 예정이면 명령문을 저장하는 것이 편리하지만 그렇지 않다면 명령문을 붙일 필요가 없다. 마지막으로 '마침'을 클릭하면 SPSS 데이터 화면이 나타난다.

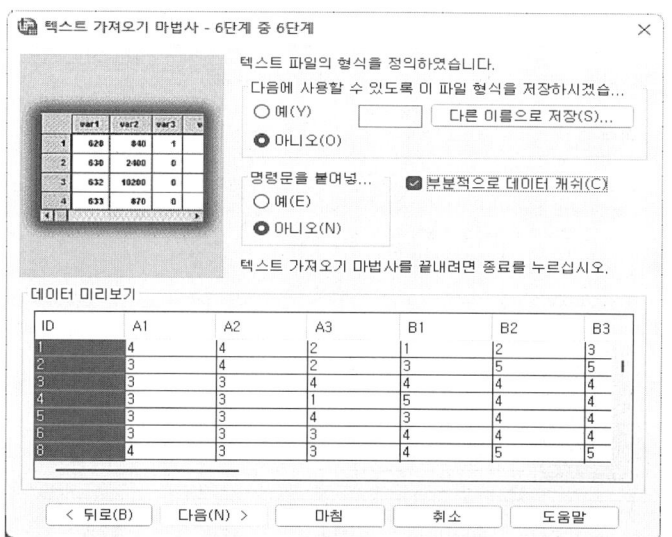

"조직몰입.txt" 파일이 다음과 같이 데이터 보기 창에 불러들여진 것을 확인할 수 있다.

(2) 변수 보기 입력 및 결측치 처리

불러온 데이터의 변수 보기 창에서 먼저 변수 이름과 유형이 알맞게 불러들여졌는지 확인하고, 아래와 같이 레이블, 값, 결측값, 측도 등을 처리해 준다.

[레이블]

데이터 코딩 양식을 참고하여 다음과 같이 레이블을 작성한다.

[값]

데이터 코딩 양식을 참고하여 다음과 같이 변수에 알맞은 값을 지정해준다.

- 성별(sex) 변수의 값 지정

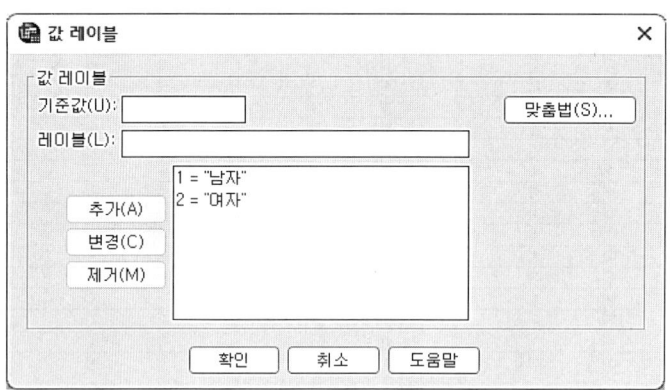

- 교육수준(edu) 변수의 값 지정

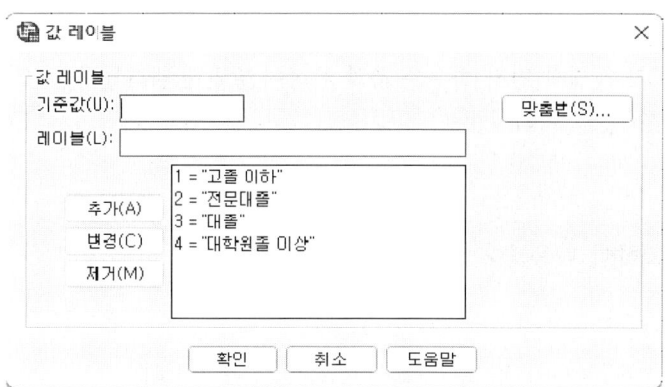

- 고용형태(type) 변수의 값 지정

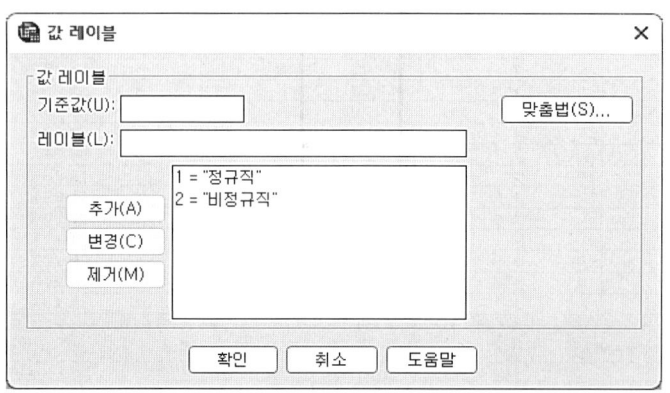

[결측값]

데이터 코딩 양식을 참고하여 다음과 같이 변수의 결측값 9, 99를 이산형 결측값을 이용하여 아래와 같이 처리한다.

- 연령(age) 변수의 결측값 지정

- 교육수준(edu), 고용형태(type) 변수의 결측값 지정

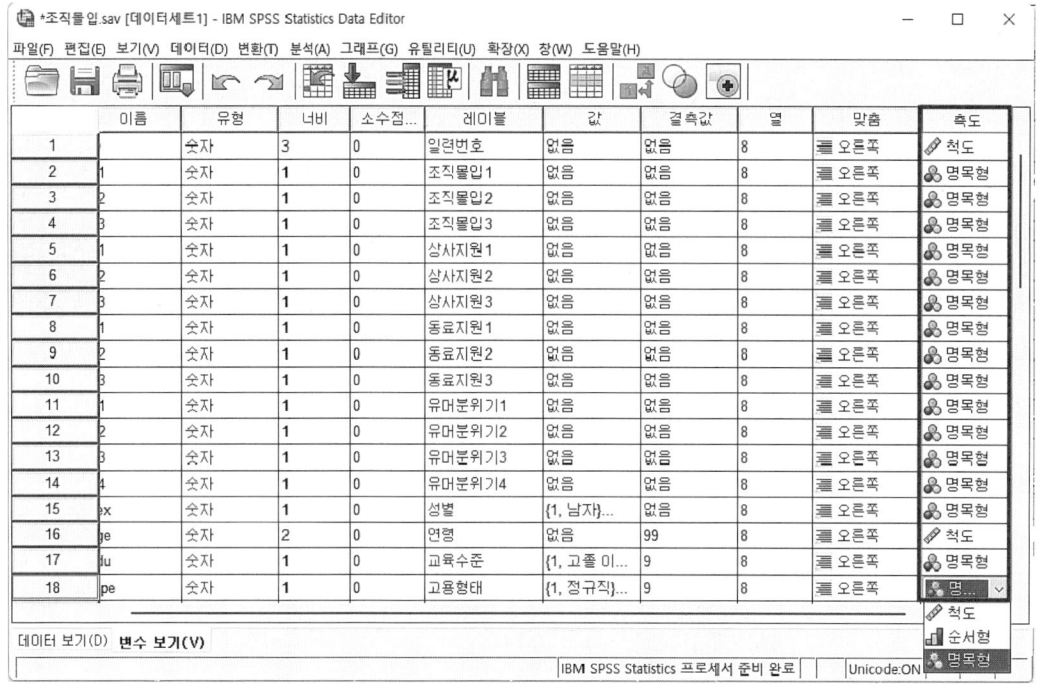

[측도]

마지막으로 변수의 척도가 잘 지정되었는지 확인한다.

3 분석 수행

문제 1 응답자의 연령(Age)을 범주화(20대 미만, 20대, 30대, 40대, 50대 이상)한 후 범주화된 연령대에 따른 응답자들의 빈도 및 전체 응답자에 대한 비율(퍼센트)을 구하시오.

연령대	빈도(명)	유효 퍼센트(%)	누적 퍼센트(%)
20대 미만			
20대			
30대			
40대			
50대 이상			
전체			

① 연령(age)을 범주화(20대 미만, 20대, 30대, 40대, 50대 이상)하기 위해 다른 변수로 코딩 변경을 실시한다.

변환(T) → 다른 변수로 코딩변경(R)

② '다른 변수로 코딩변경' 창에서 연령(age)을 우측 '숫자변수'로 옮긴다. '출력변수'의 '이름(N)'과 '레이블(L)'에 각각 C_age와 연령대를 입력하고 변경을 누른다. 그 후, '기존값 및 새로운 값(O)'을 클릭한다.

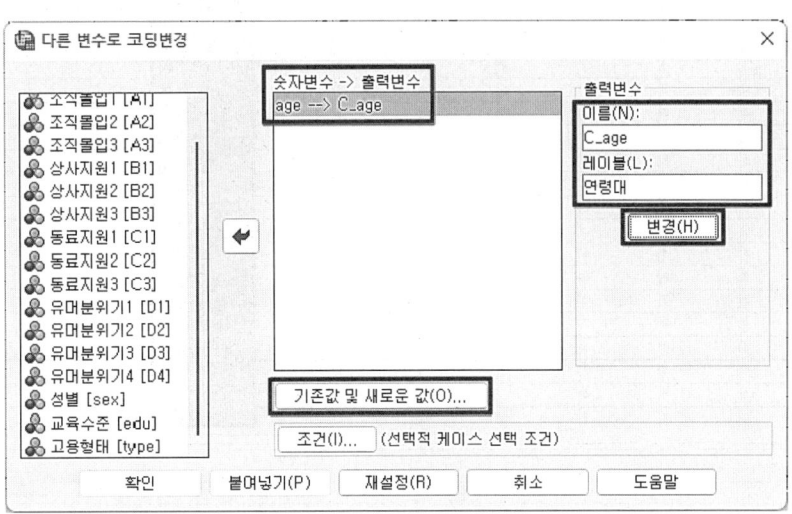

③ '다른 변수로 코딩변경: 기존값 및 새로운 값'에서 다음과 같이 입력하고 '계속(C)'을 클릭한다.

④ '확인'을 누르면 다음과 같이 새로운 변수 C_age가 생성되었음을 확인할 수 있다.

⑤ 변수 보기 창에서 연령대(C_age)의 값을 지정해주고, 기존 변수인 연령(age)과 연령대(C_age)의 교차표를 작성하여 변수가 제대로 생성되었는지 확인한다.

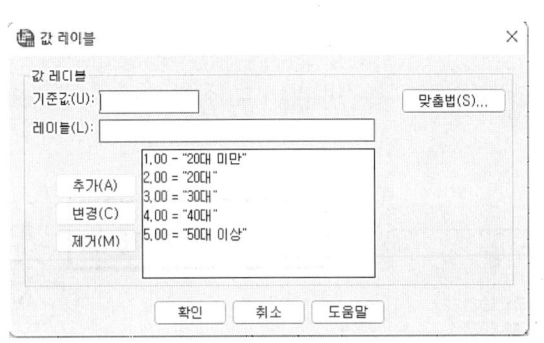

연령 * 연령대 교차표

빈도

		연령대					전체
		20대 미만	20대	30대	40대	50대 이상	
연령	18	1	0	0	0	0	1
	19	1	0	0	0	0	1
	20	0	1	0	0	0	1
	21	0	1	0	0	0	1
	22	0	2	0	0	0	2
	23	0	3	0	0	0	3
	24	0	9	0	0	0	9
	25	0	9	0	0	0	9
	26	0	8	0	0	0	8
	27	0	9	0	0	0	9
	28	0	20	0	0	0	20
	29	0	25	0	0	0	25
	30	0	0	28	0	0	28
	31	0	0	26	0	0	26
	32	0	0	19	0	0	19
	33	0	0	27	0	0	27
	34	0	0	12	0	0	12
	35	0	0	22	0	0	22
	36	0	0	16	0	0	16
	37	0	0	16	0	0	16
	38	0	0	16	0	0	16
	39	0	0	15	0	0	15
	40	0	0	0	27	0	27
	41	0	0	0	13	0	13
	42	0	0	0	16	0	16
	43	0	0	0	5	0	5
	44	0	0	0	8	0	8
	45	0	0	0	13	0	13
	46	0	0	0	10	0	10
	47	0	0	0	6	0	6
	48	0	0	0	4	0	4
	49	0	0	0	6	0	6
	50	0	0	0	0	11	11
	51	0	0	0	0	4	4
	52	0	0	0	0	5	5
	53	0	0	0	0	2	2
	54	0	0	0	0	1	1
	55	0	0	0	0	2	2
	56	0	0	0	0	2	2
	57	0	0	0	0	3	3
	60	0	0	0	0	1	1
	62	0	0	0	0	1	1
	63	0	0	0	0	1	1
전체		2	87	196	108	33	426

⑥ 연령범주(C_age)에 따른 응답자들의 빈도 및 퍼센트를 구하기 위해서 빈도분석을 수행한다.

분석(A) → 기술통계량(E) → 빈도분석(F)

⑦ '빈도분석' 창에서 연령대(C_age)를 우측 '변수(V)'로 이동시키고 '빈도표 표시(D)'를 체크한다.

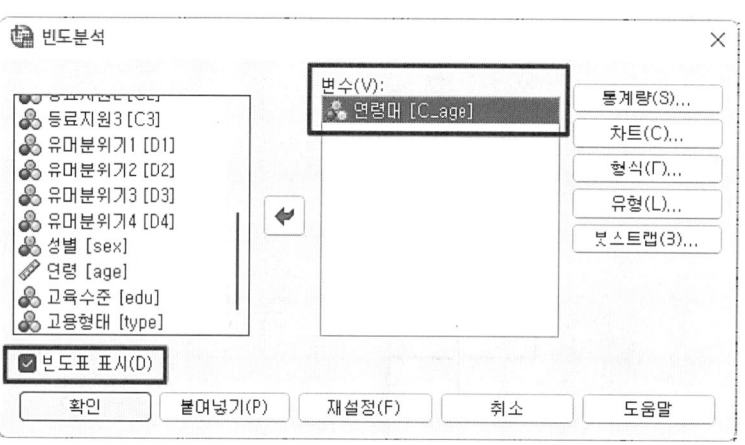

⑧ 확인을 클릭하면 다음과 같은 빈도표를 얻게 된다.

연령대

		빈도	퍼센트	유효 퍼센트	누적 퍼센트
유효	20대 미만	2	.5	.5	.5
	20대	87	19.7	20.4	20.9
	30대	196	44.4	46.0	66.9
	40대	108	24.5	25.4	92.3
	50대 이상	33	7.5	7.7	100.0
	전체	426	96.6	100.0	
결측	시스템	15	3.4		
전체		441	100.0		

⑨ 위의 빈도분석 결과를 이용하여 다음의 표를 완성한다.

연령대	빈도(명)	유효 퍼센트(%)	누적 퍼센트(%)
20대 미만	2	0.5	0.5
20대	87	20.4	20.9
30대	196	46.0	66.9
40대	108	25.4	92.3
50대 이상	33	7.7	100.0
전체	426	100.0	

문제 2 근로자의 고용형태(type)에 따라 조직몰입에 차이가 있는지 검정하고자 한다(조직 몰입에 관한 문항 3개의 평균을 조직몰입 변수로 생성하고 분석을 실시하시오. A3 문항은 반대로 질문하였으므로 역으로 코딩 변환 후 분석에 사용하시오).

(1) 분석에 앞서 무엇을 검정할 것인지 가설을 설정하고 μ_1, μ_2를 이용해 수식으로 작성하시오.

귀무가설(H_0)	고용형태(type)에 따라 조직몰입에 차이가 없다($\mu_1 = \mu_2$).
대립가설(H_1)	고용형태(type)에 따라 조직몰입에 차이가 있다($\mu_1 \neq \mu_2$).

(2) 고용형태에 따른 조직몰입의 기술통계량 값을 구하시오.

고용형태	빈도수	평균	표준편차
정규직	***	□.□□	□.□□
비정규직	□□	□.□□	***

① 조직 몰입과 관련된 세 개의 변수에 대한 평균 변수를 생성하기 전, A3 문항의 역코딩을 위해 변수 계산을 수행한다.

변환(T) → 변수 계산(C)

② 5점 척도인 A3 문항의 역코딩을 위해 '변수 계산' 창에서 '목표변수(T)'에 'A3_역변환'을 입력하고, '숫자 표현식(E)'에 역변환을 위한 수식 '6-A3'을 입력하고 '확인'을 클릭한다.

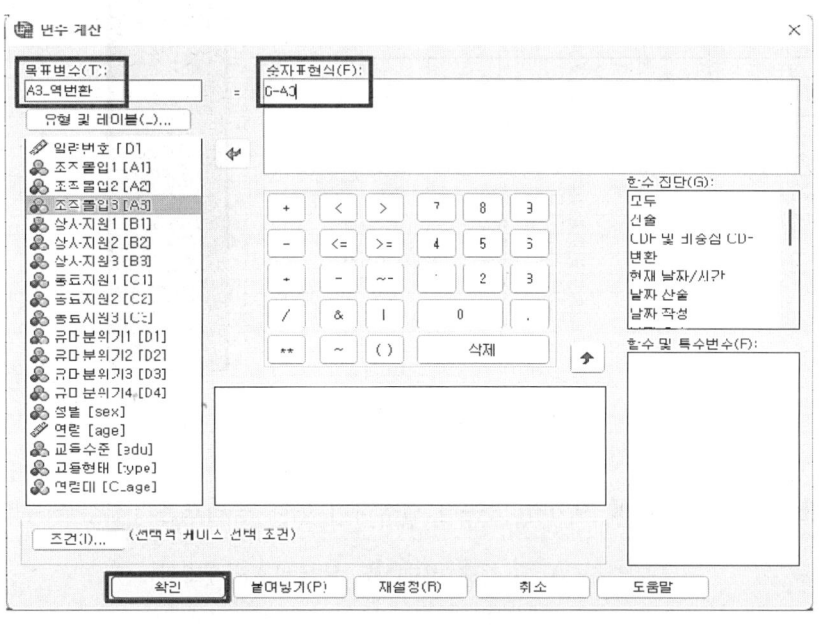

③ A3 문항이 역변환되었으므로 조직 몰입과 관련된 세 개의 변수에 대한 평균 변수를 생성하기 위해 '변수 계산' 창에서 '목표변수(T)'에 '조직몰입'을, '숫자표현식(E)'에 (A1+A2+A3_역변환)/3을 각각 입력하고 '확인'을 클릭한다.

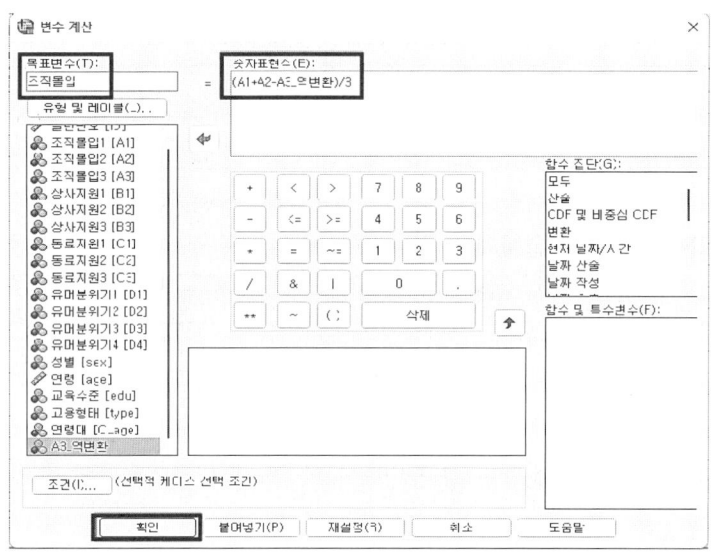

④ 데이터 보기 창에서 조직몰입 변수가 생성된 것을 볼 수 있다.

⑤ 고용형태에 따른 조직 몰입도에 차이가 있는지 검정하기 위해 독립표본 T검정을 수행한다.

분석(A) → 평균 비교(M) → 독립표본 T검정

⑥ '독립표본 T검정' 창에서 '검정변수(T)'에 조직몰입을, '집단변수(G)'에 고용형태(type)를 옮기고 '집단 정의(D)'를 클릭한다.

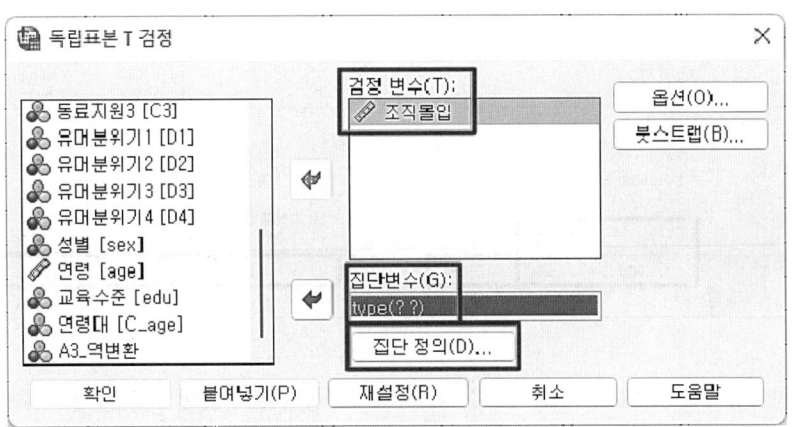

⑦ '집단 정의' 창의 '지정값 사용(U)'에서 집단1과 집단2에 각각 1,2를 지정한다. '계속(C)'을 클릭하면 '독립표본 T검정'창의 '집단변수(G)'에 type(1 2)와 같이 나타나게 된다.

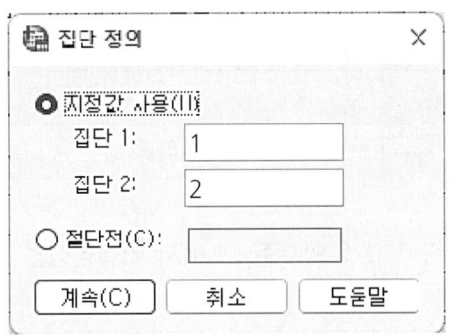

⑧ '확인'을 클릭하면 다음과 같은 결과를 얻게 된다.

집단통계량

	고용형태	N	평균	표준화 편차	표준오차 평균
조직몰입	정규직	292	3.3664	.69968	.04095
	비정규직	83	3.1847	.71046	.07798

⑨ 집단통계량 결과를 이용하여 다음의 표를 완성한다.

고용형태	빈도수	평균	표준편차
정규직	***	3.37	0.70
비정규직	83	3.18	***

(3) 다음 통계량 값을 구하시오.

$\mu_1 - \mu_2$의 추정치	□.□□	
$\mu_1 - \mu_2$ 추정량의 표준오차	□.□□	
$\mu_1 - \mu_2$의 95% 신뢰구간	하한 □.□□	상한 □.□□

독립표본 검정

		Levene의 등분산 검정		평균의 등일성에 대한 T 검정					
		F	유의확률	t	자유도	유의확률 (양측)	평균차이	표준오차 차이	차이의 95% 신뢰구간 하한	상한
조직몰입	등분산을 가정함	.000	.994	2.081	373	.038	.18170	.08733	.00998	.35342
	등분산을 가정하지 않음			2.063	130.646	.041	.18170	.08808	.00745	.35594

① 독립표본 T검정 결과, Levene의 등분산 검정에서 검정통계량 F값이 0.000이고 유의확률이 0.994로 유의수준 0.05보다 크기 때문에 귀무가설을 채택한다. 따라서 유의수준 5%하에서 성별에 따른 전반적 만족도의 모분산은 같다고 할 수 있다.

② '등분산을 가정함'의 결과를 이용하여 다음의 표를 완성한다.

$\mu_1 - \mu_2$의 추정치	0.18	
$\mu_1 - \mu_2$ 추정량의 표준오차	0.09	
$\mu_1 - \mu_2$의 95% 신뢰구간	하한 0.01	상한 0.35

(4) 검정통계량 값과 유의확률을 구하고 유의수준 5%에서 가설검정을 실시하시오.

검정통계량 값	□.□□□
유의확률	□.□□□
검정결과	

위의 독립표본 T검정 결과에서 '등분산을 가정함'의 결과를 이용하여 다음의 표를 완성한다.

검정통계량 값	2.081
유의확률	0.038
검정결과	검정통계량 값이 2.081이고 유의확률이 0.038로 유의수준 0.05보다 작기 때문에 귀무가설을 기각한다. 따라서, 유의수준 5%에서 고용형태에 따라 조직몰입에 차이가 있다($\mu_1 \neq \mu_2$).

문제 3 응답자들의 교육수준(edu)에 따라 조직몰입에 차이가 있는지를 유의수준 5%에서 가설검정하고자 한다.

(1) 분석에 앞서 무엇을 검정할 것인지 가설을 설정하고 μ_1, μ_2, μ_3, μ_4를 이용해 수식으로 작성하시오.

귀무가설(H_0)	교육수준(edu)에 따라 조직몰입에 차이가 없다($\mu_1 = \mu_2 = \mu_3 = \mu_4$).
대립가설(H_1)	교육수준(edu)에 따라 조직몰입에 차이가 있다(모든 μ_i가 같은 것은 아니다).

(2) 교육수준(edu)별 조직몰입의 기술통계량 값을 구하시오.

교육수준	빈도수	평균	표준편차
고졸 이하	***	□.□□	□.□□
전문대졸	***	***	□.□□
대졸	***	□.□□	***
대학원졸 이상	***	□.□□	□.□□

① 연령대에 따른 전반적 만족도에 차이가 있는지 검정하기 위해 일원배치 분산분석을 수행한다.

분석(A) → 평균비교(M) → 일원배치 분산분석(O)

② '일원배치 분산분석' 창에서 '종속변수(E)'에 조직몰입, '요인(F)'에 교육수준(edu)를 이동시키고 '옵션(O)'을 클릭한다.

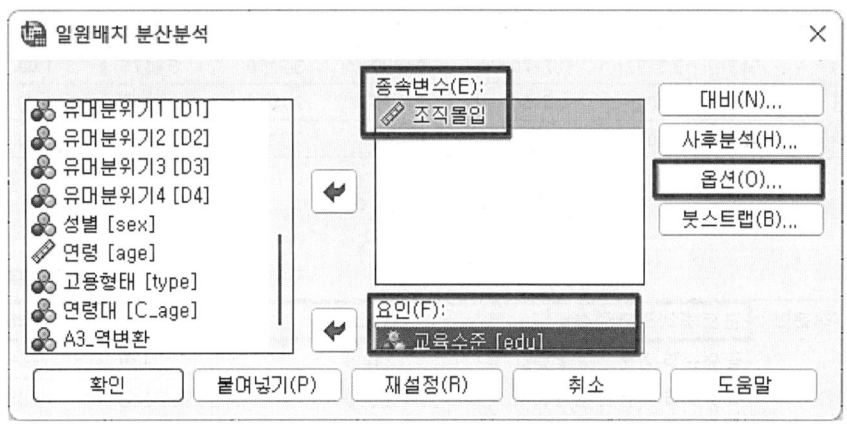

③ '일원배치 분산분석: 옵션'에서 '기술통계(D)'와 분산의 동질성을 검정하기 위한 '분산 동질성 검정(H)'를 선택하고 '계속(C)'을 클릭한다.

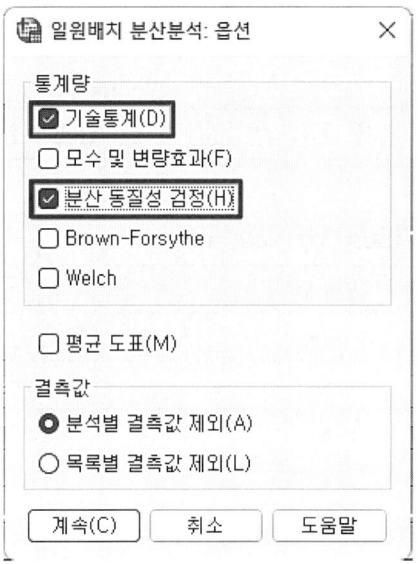

④ '확인'을 클릭하면 다음과 같은 결과가 나타난다.

기술통계

조직몰입

	N	평균	표준화 편차	표준화 오류	평균에 대한 95% 신뢰구간 하한	평균에 대한 95% 신뢰구간 상한	최소값	최대값
고졸 이하	81	3.3621	.71724	.07969	3.2035	3.5207	1.00	5.00
전문대졸	124	3.3118	.64706	.05811	3.1968	3.4268	1.00	5.00
대졸	213	3.3192	.72707	.04982	3.2210	3.4175	1.00	5.00
대학원졸 이상	16	2.6875	1.08504	.27126	2.1093	3.2657	1.00	5.00
전체	434	3.3018	.72690	.03489	3.2333	3.3704	1.00	5.00

분산의 동질성 검정

		Levene 통계량	자유도1	자유도2	유의확률
조직몰입	평균을 기준으로 합니다.	2.125	3	430	.096
	중위수를 기준으로 합니다.	2.039	3	430	.108
	자유도를 수정한 상태에서 중위수를 기준으로 합니다.	2.039	3	391.003	.108
	절삭평균을 기준으로 합니다.	2.036	3	430	.108

ANOVA

조직몰입

	제곱합	자유도	평균제곱	F	유의확률
집단-간	6.410	3	2.137	4.132	.007
집단-내	222.382	430	.517		
전체	228.792	433			

⑤ 위의 결과를 바탕으로 아래의 표를 완성한다.

교육수준	빈도수	평균	표준편차
고졸 이하	***	3.36	0.72
전문대졸	***	***	0.65
대졸	***	3.32	***
대학원졸 이상	***	2.69	1.09

(3) 분산분석에서 분산의 동질성을 검정하기 위한 검정통계량의 값을 쓰고 그 결과를 유의수준 5%하에서 해석하시오(단, absolute residual을 이용한 Levene 분산동질성 검정을 실시하시오).

위에서 구한 분산의 동질성 검정의 '평균을 기준으로 합니다.' 결과를 바탕으로 다음의 표를 작성한다.

검정통계량 값	2.125
검정결과 해석	유의확률이 0.096으로 유의수준 0.05보다 크므로 귀무가설을 기각하지 않는다. 따라서, 교육수준에 따라 조직몰입의 모분산이 동일하다.

(4) 다음의 분산분석표를 작성하시오.

위에서 구한 일원배치 분산분석 결과를 바탕으로 다음의 분산분석표를 작성한다.

구분	제곱합	자유도	평균제곱	F	유의확률
그룹 간	6.4	***	2.1	4.132	***
그룹 내	***	***	0.5		
합계	***	***			

(5) 위의 분산분석 결과를 보고 분석에 따른 결과 및 이유를 작성하시오.

결과	교육수준(edu)에 따라 조직몰입에 차이가 있다.
이유	검정통계량 F값이 3.908이고 유의확률이 0.007으로 유의수준 0.05보다 작으므로 귀무가설을 기각한다. 따라서 교육수준(edu)에 따라 조직몰입에 차이가 있다(모든 μ_i가 같은 것은 아니다).

(6) 분석 결과 유의한 차이가 있다면 유의수준 5%에서 Duncan의 방법으로 사후분석한 후 다중비교 결과를 아래의 표에 작성하시오.

교육수준	집단	
	1	2
대학원졸 이상	□.□□	***
전문대졸	***	□.□□
대졸	***	□.□□
고졸 이하	***	□.□□

① '일원배치 분산분석' 창에서 '사후분석(H)'을 클릭한 후 'Duncan'을 선택하고 '계속'을 클릭한다.

② '확인'을 클릭하면 다음과 같은 결과가 나타난다.

조직몰입

Duncan^{a,b}

교육수준	N	유의수준 = 0.05에 대한 부분집합	
		1	2
대학원졸 이상	16	2.6875	
전문대졸	124		3.3118
대졸	213		3.3192
고졸 이하	81		3.3621
유의확률		1.000	.756

등질적 부분집합에 있는 집단에 대한 평균이 표시됩니다.
a. 조화평균 표본크기 45.659을(를) 사용합니다.
b. 집단 크기가 동일하지 않습니다. 집단 크기의 조화평균 이 사용됩니다. I 유형 오차 수준은 보장되지 않습니다.

③ 동질적 부분집합의 집단에 대한 평균과 다중비교 결과를 이용하여 다음의 표를 작성한다.

교육수준	집단	
	1	2
대학원졸 이상	2.69	***
전문대졸	***	3.31
대졸	***	3.32
고졸 이하	***	3.36

문제 4 조직몰입과 상사지원, 동료지원, 유머분위기 간 선형관계의 정도를 알기 위해 상관분석을 실시하여 피어슨의 상관계수를 구하시오(단, 상사지원, 동료지원, 유머분위기는 관련 문항들의 평균 변수로 생성 후 분석을 실시하시오).

변수	조직몰입	상사지원	동료지원	유머분위기
조직몰입	1.000	☐.☐☐☐	☐.☐☐☐	☐.☐☐☐
상사지원		1.000	***	***
동료지원			1.000	***
유머분위기				1.000

① 상사지원, 동료지원, 유머분위기의 평균만족도 변수를 생성하기 위해 변수 계산을 수행한다.

변환(T) → 변수 계산(C)

② '변수 계산' 창에서 '목표변수(T)'에 '상사지원'을 입력하고, '숫자표현식(E)'에 '(B1+B2+B3)/3'을 입력하고 '확인'을 클릭한다.

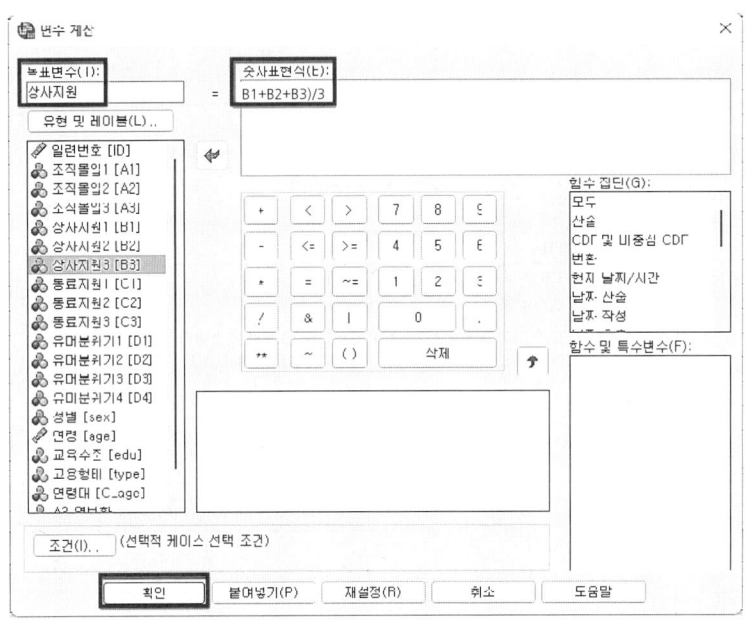

③ '변수 계산' 창에서 '목표변수(T)'에 '동료지원'을 입력하고, '숫자표현식(E)'에 '(C1+C2+C3)/3'을 입력하고 '확인'을 클릭한다.

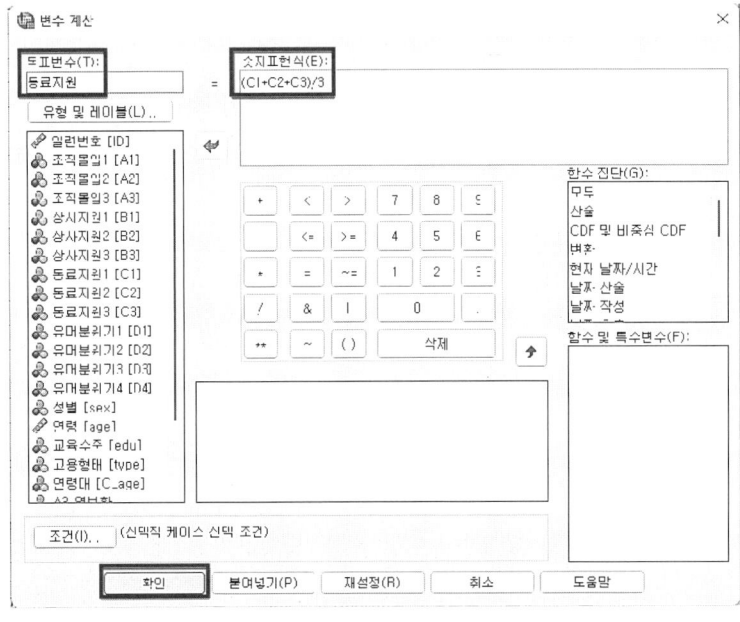

④ '변수 계산' 창에서 '목표변수(T)'에 '유머분위기'를 입력하고, '숫자표현식(E)'에 '(D1+D2+D3+D4)/4'을 입력하고 '확인'을 클릭한다.

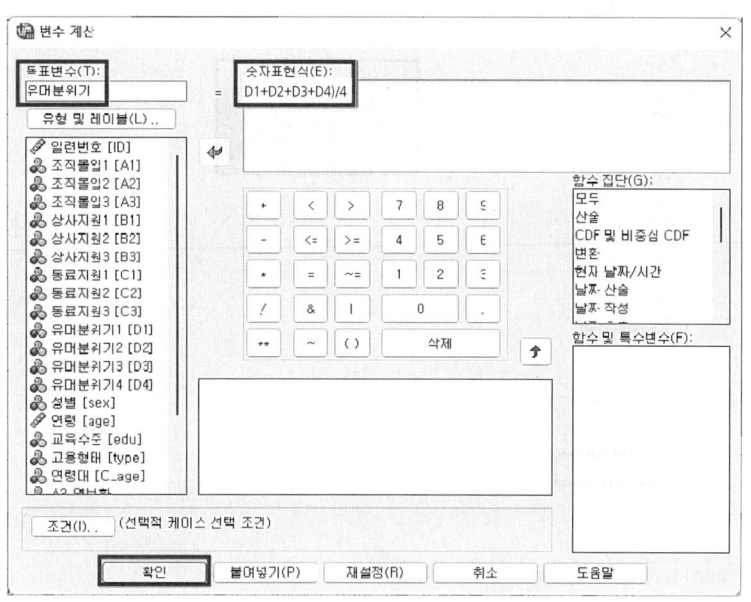

⑤ 데이터 보기 창에서 상사지원, 동료지원, 유머분위기 변수가 생성된 것을 볼 수 있다.

⑥ 조직몰입과 상사지원, 동료지원, 유머분위기 간 선형관계의 정도를 파악하기 위해 상관분석을 실시한다.

분석(A) → 상관분석(C) → 이변량 상관(B)

⑦ '이변량 상관계수' 창에서 조직몰입과 상사지원, 동료지원, 유머분위기를 '변수(V)'로 이동시키고, '상관계수'에서 'Pearson'을 선택한다.

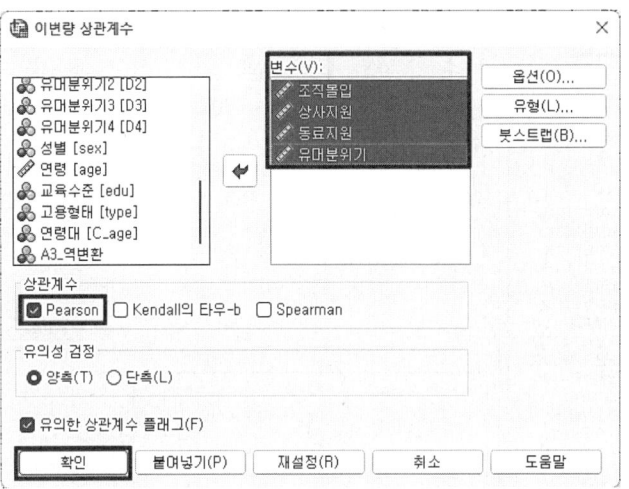

⑧ '확인'을 누르면 다음과 같은 결과를 얻을 수 있다.

상관관계

		조직몰입	상사지원	동료지원	유머분위기
조직몰입	Pearson 상관	1	.398**	.266**	.306**
	유의확률 (양측)		.000	.000	.000
	N	441	441	441	441
상사지원	Pearson 상관	.398**	1	.437**	.436**
	유의확률 (양측)	.000		.000	.000
	N	441	441	441	441
동료지원	Pearson 상관	.266**	.437**	1	.586**
	유의확률 (양측)	.000	.000		.000
	N	441	441	441	441
유머분위기	Pearson 상관	.306**	.436**	.586**	1
	유의확률 (양측)	.000	.000	.000	
	N	441	441	441	441

**. 상관관계가 0.01 수준에서 유의합니다(양측).

⑨ 위의 상관관계 결과를 이용하여 다음의 표를 완성한다.

변수	조직몰입	상사지원	동료지원	유머분위기
조직몰입	1.000	⓪.398	⓪.266	⓪.306
상사지원		1.000	***	***
동료지원			1.000	***
유머분위기				1.000

문제 5 성별(sex)에 따라 고용형태(type)에 차이가 있는지를 가설검정하고자 한다.

(1) 성별(sex)에 따라 고용형태(type)에 차이가 있는지 알고자 할 때 아래 교차표를 작성하시오(단, 비중은 행 퍼센트임).

성별		고용형태		전체
		정규직	비정규직	
1: 남자	빈도	□□□	***	***
	비중(%)	□□.□	***	100.0
2: 여자	빈도	□□	***	***
	비중(%)	□□.□	***	100.0
전체(%)		***	***	***

① 성별에 따른 고용형태에 대한 교차표를 작성하기 위해 교차분석을 수행한다.

> 분석(A) → 기술통계량(E) → 교차분석(C)

② '교차분석' 창에서 '행(O)'에 성별(sex)을, '열(C)'에 고용형태(type)를 이동시키고 '셀(E)'을 클릭한다.

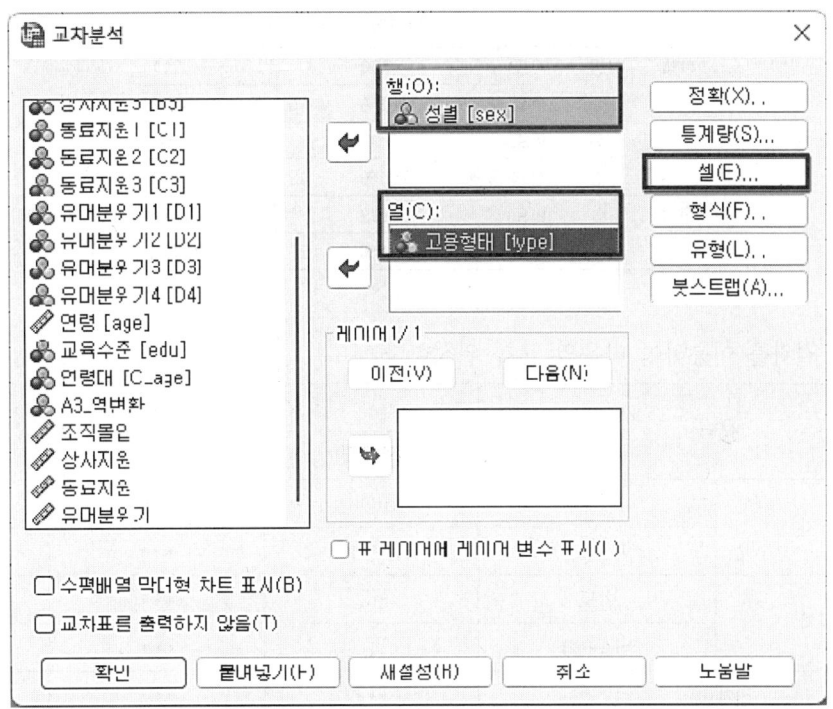

③ '교차분석: 셀 표시' 창에서 '퍼센트'의 '행(R)'을 선택하고 '계속(C)'을 클릭한다.

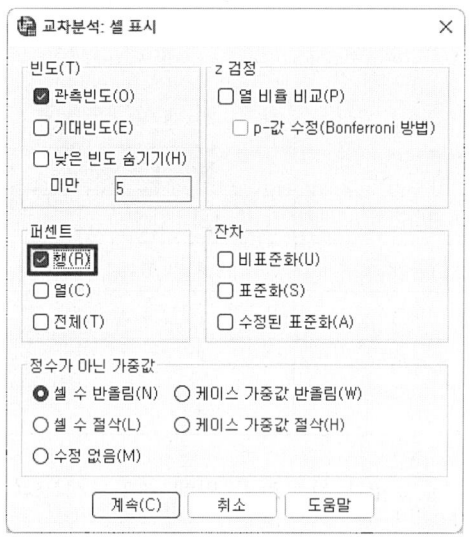

④ '확인'을 클릭하면 다음과 같은 결과가 나타난다.

성별 * 고용형태 교차표

			고용형태		전체
			정규직	비정규직	
성별	남자	빈도	200	11	211
		성별 중 %	94.8%	5.2%	100.0%
	여자	빈도	92	72	164
		성별 중 %	56.1%	43.9%	100.0%
전체		빈도	292	83	375
		성별 중 %	77.9%	22.1%	100.0%

⑤ 위의 교차표 결과를 이용하여 다음의 표를 완성한다.

성별			고용형태		전체
			정규직	비정규직	
1: 남자		빈도	2 0 0	***	***
		비중(%)	9 4 . 8	***	100.0
2: 여자		빈도	9 2	***	***
		비중(%)	5 6 . 1	***	100.0
전체(%)			***	***	***

(2) 위 교차분석 어떤 가설검정을 실시하기 위해서인지 가설을 설정하시오.

귀무가설(H_0)	성별(sex)과 고용형태(type)는 서로 연관성이 없다.
대립가설(H_1)	성별(sex)과 고용형태(type)는 서로 연관성이 있다.

(3) 검정통계량의 값과 유의수준 5%에서 검정한 결과를 작성하시오.

검정통계량의 값	□□.□□□
검정결과	

① '교차분석' 창에서 '통계량(S)'을 클릭한 후 '카이제곱(H)'을 선택하고 '계속'을 클릭한다.

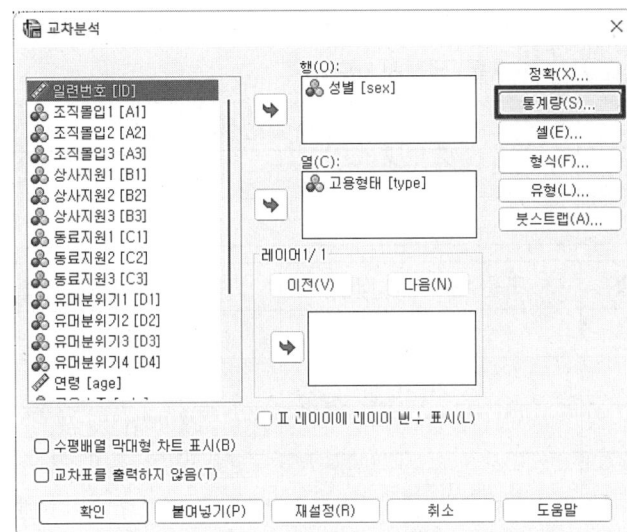 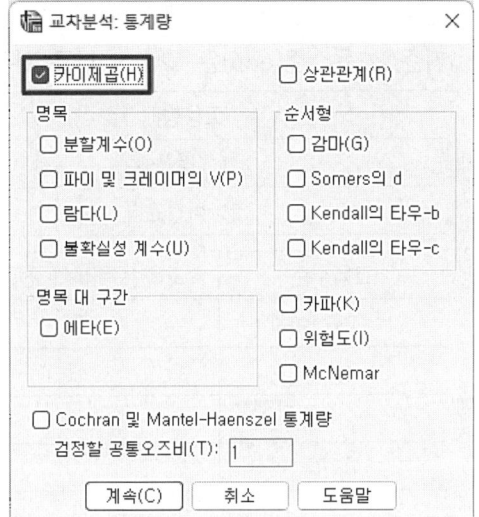

② '확인'을 클릭하면 다음과 같은 결과가 나타난다.

카이제곱 검정

	값	자유도	근사 유의확률 (양측검정)	정확 유의확률 (양측검정)	정확 유의확률 (단측검정)
Pearson 카이제곱	80.145[a]	1	.000		
연속성 수정[b]	77.916	1	.000		
우도비	85.132	1	.000		
Fisher의 정확검정				.000	.000
선형 대 선형결합	79.931	1	.000		
유효 케이스 수	375				

a. 0 셀 (0.0%)은(는) 5보다 작은 기대빈도를 가지는 셀입니다. 최소 기대빈도는 36.30입니다.
b. 2x2 표에 대해서만 계산됨

③ 위의 카이제곱 검정 결과 Pearson 카이제곱 값을 이용하여 다음의 표를 완성한다.

검정통계량의 값	8 0 . 1 4 5
검정결과	검정통계량 값이 80.145이고 유의확률이 0.000으로 유의수준 0.05보다 작으므로 귀무가설을 기각한다. 따라서 유의수준 5%하에서 성별과 고용형태는 연관성이 있다.

문제 6 조직몰입을 종속변수로 고용형태(type), 교육수준(edu), 상사지원, 동료지원, 유머분위기를 독립변수로 설정하여 중회귀분석을 수행하고자 한다. 단, 고용형태(type), 교육수준(edu)은 더미변수 생성 후 분석에 반영한다.

(1) 고용형태(type)와 교육수준(edu)의 더미변수를 생성 후 아래를 작성하시오(고용형태(type)는 비정규직 기준, 교육수준(edu)은 고졸 이하를 기준으로 더미변수를 생성하시오).

고용형태	고용형태더미_정규직
1: 정규직	1
2: 비정규직	0

교육수준	교육수준더미1_전문대졸	교육수준더미2_대졸	교육수준더미3_대학원졸
1: 고졸 이하	0	0	0
2: 전문대졸	1	0	0
3: 대졸	0	1	0
4: 대학원졸 이상	0	0	1

① 위와 같이 고용형태(type), 교육수준(edu)과 관련된 4개의 더미변수를 만들기 위해 다른 변수로 코딩변경을 수행한다.

> 변환(T) → 다른 변수로 코딩변경(R)

② '다른 변수로 코딩변경' 창에서 고용형태(type)를 우측 '숫자변수'로 옮긴다. '출력변수'의 '이름(N)'에 고용형태더미_정규직을 입력하고 '변경(H)'을 누른다. 그 후, '기존값 및 새로운 값(O)'을 클릭한다.

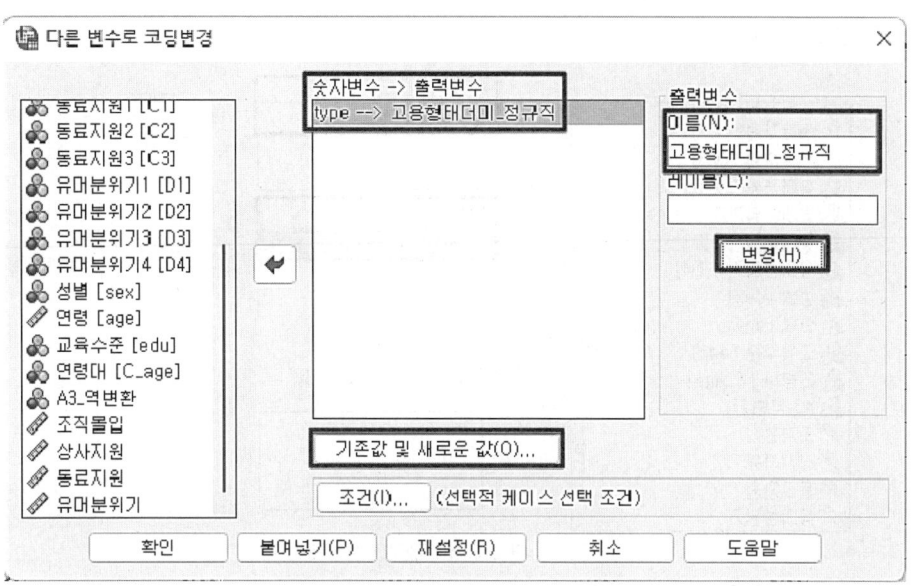

③ '다른 변수로 코딩변경: 기존값 및 새로운 값'에서 다음과 같이 입력하고 '계속(C)'을 클릭한 후, '확인'을 누르면 고용형태더미_정규직 변수가 생성된다.

④ 기존 변수인 고용형태(type)와 고용형태더미_정규직의 교차표를 작성하여 변수가 제대로 생성되었는지 확인한다. '교차분석' 창에서 '행(O)'에 고용형태(type)를, '열(C)'에 고용형태더미_정규직을 이동시킨다.

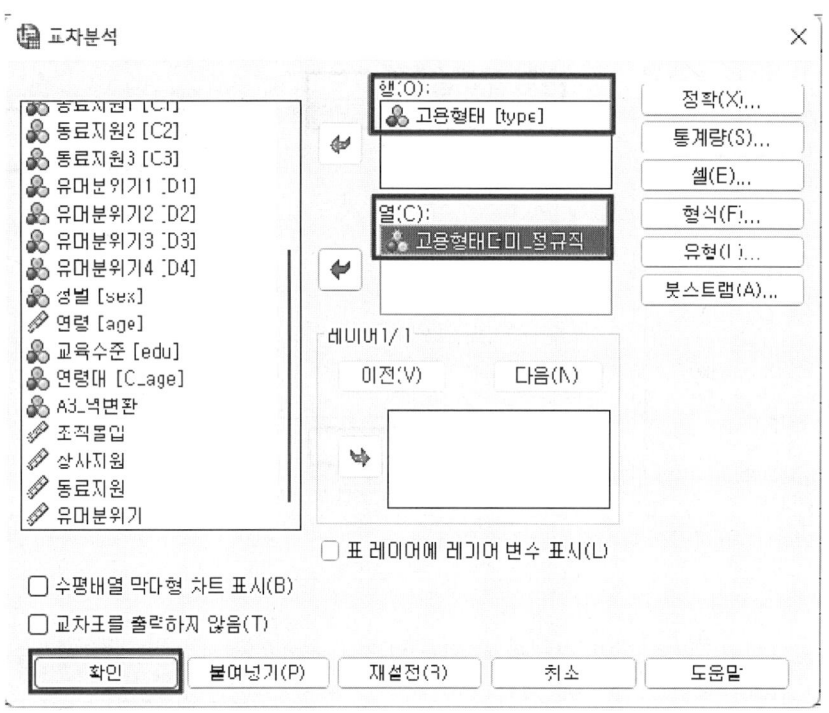

⑤ 확인을 누르면 다음과 같은 결과가 나타난다.

고용형태	고용형태더미_정규직
1: 정규직	1
2: 비정규직	0

고용형태 * 고용형태더미_정규직 교차표

빈도

		고용형태더미_정규직		전체
		.00	1.00	
고용형태	정규직	0	292	292
	비정규직	83	0	83
전체		83	292	375

⑥ 동일한 방법으로 교육수준(edu)과 관련된 더미변수도 생성한다.

[교육수준더미1_전문대졸 변수 생성]

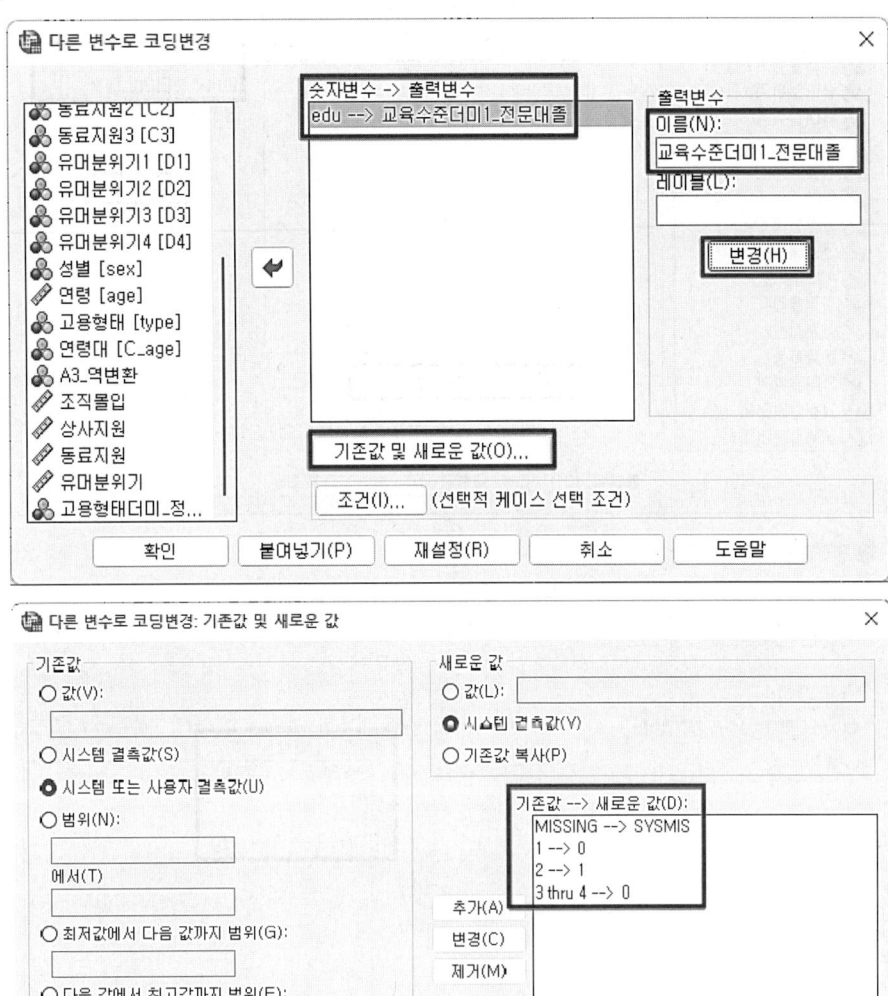

[교육수준더미2_대졸 변수 생성]

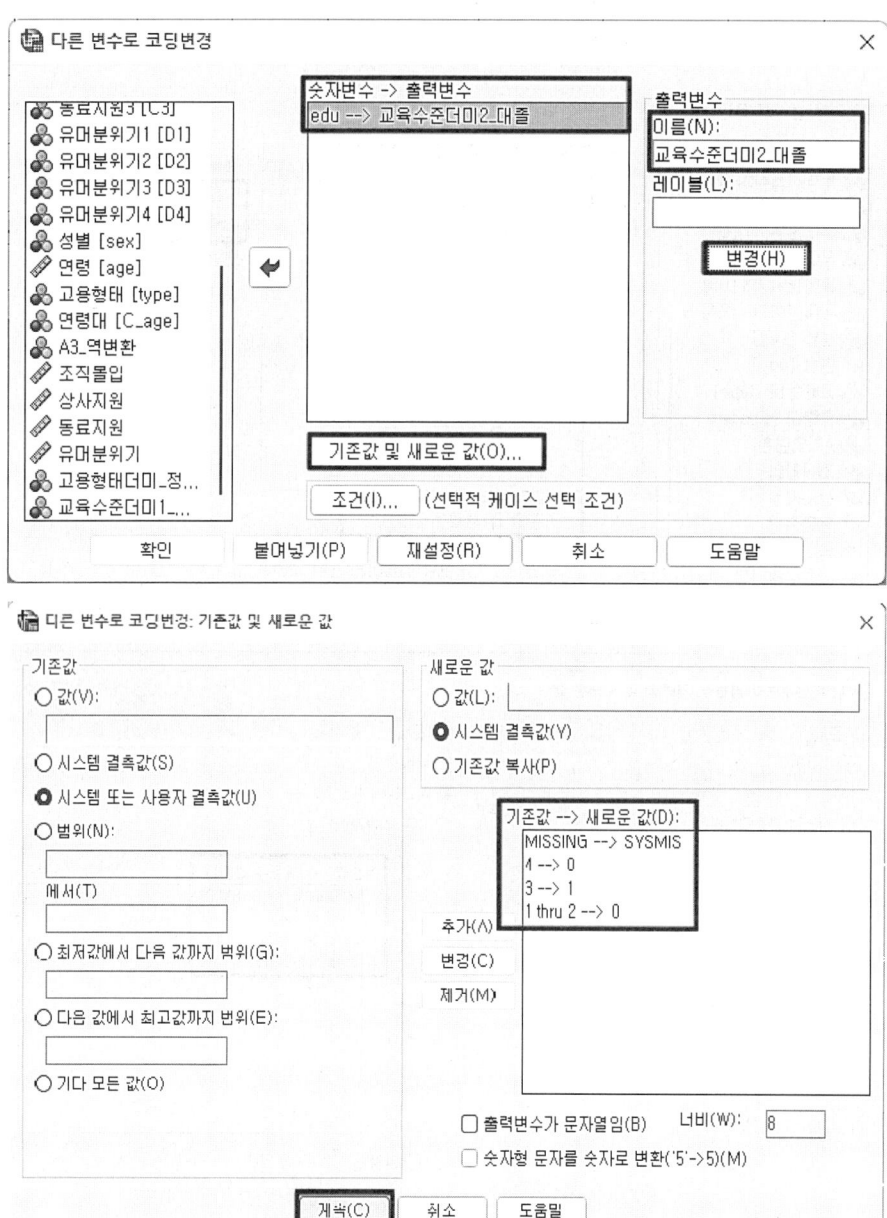

[교육수준더미3_대학원졸 변수 생성]

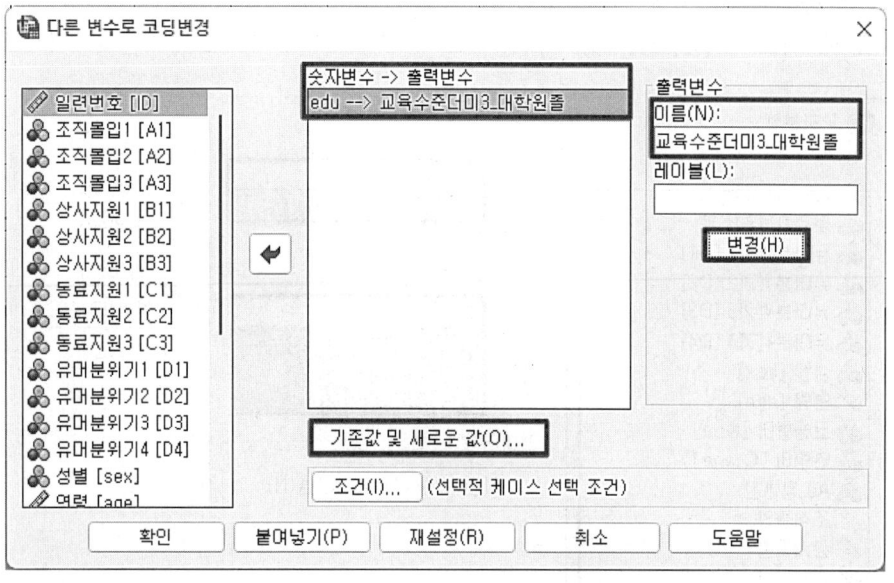

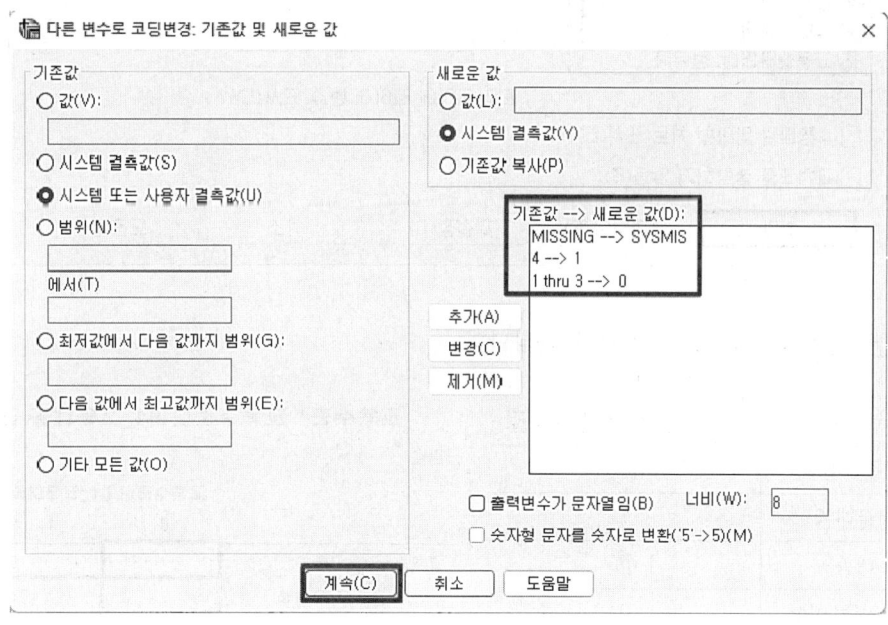

⑦ 기존 변수인 교육수준(edu)와 교육수준더미1_전문대졸, 교육수준더미2_대졸, 교육수준더미3_대학원졸의 교차표를 작성하여 변수가 제대로 생성되었는지 확인한다. '교차분석' 창에서 '행(O)'에 교육수준(edu)을, '열(C)'에 교육수준더미1_전문대졸과 교육수준더미2_대졸, 교육수준더미3_대학원졸을 이동시킨다.

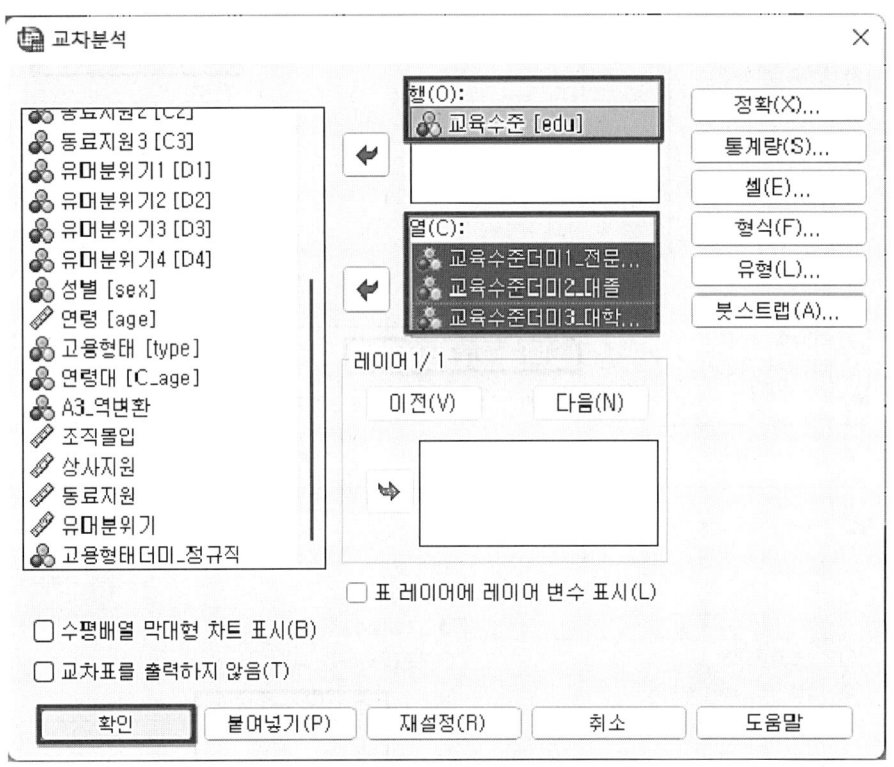

⑧ '확인'을 클릭하면 다음과 같은 결과가 나타난다.

교육수준	교육수준더미1_전문대졸
1: 고졸 이하	0
2: 전문대졸	1
3: 대졸	0
4: 대학원졸 이상	0

교육수준 * 교육수준더미1_전문대졸 교차표

빈도

		교육수준더미1_전문대졸		전체
		0	1	
교육수준	고졸 이하	81	0	81
	전문대졸	0	124	124
	대졸	213	0	213
	대학원졸 이상	16	0	16
전체		310	124	434

교육수준	교육수준더미2_대졸
1: 고졸 이하	0
2: 전문대졸	0
3: 대졸	1
4: 대학원졸 이상	0

교육수준 * 교육수준더미2_대졸 교차표

빈도

		교육수준더미2_대졸		전체
		0	1	
교육수준	고졸 이하	81	0	81
	전문대졸	124	0	124
	대졸	0	213	213
	대학원졸 이상	16	0	16
전체		221	213	434

교육수준	교육수준더미3_대학원졸
1: 고졸 이하	0
2: 전문대졸	0
3: 대졸	0
4: 대학원졸 이상	1

교육수준 * 교육수준더미3_대학원졸 교차표

빈도

		교육수준더미3_대학원졸		전체
		0	1	
교육수준	고졸 이하	81	0	81
	전문대졸	124	0	124
	대졸	213	0	213
	대학원졸 이상	0	16	16
전체		418	16	434

(2) 중회귀분석을 수행한 후 다음의 F검정 표를 작성하시오.

구분	제곱합	자유도	평균제곱	검정통계량	유의확률
회귀모형	***	□	***	□□.□□□	***
잔차	***	□□□	***		
합계	***	□□□			

① 고용형태(type), 교육수준(edu), 상사지원, 동료지원, 유머분위기가 조직몰입에 얼마나 영향을 미치는지 알아보기 위해 다중회귀분석을 수행한다.

> 분석(A) → 회귀분석(R) → 선형(L)

② '선형 회귀' 창에서 '종속변수(D)'에는 조직몰입을, '독립변수(I)'에는 고용형태더미_정규직, 교육수준더미1_전문대졸, 교육수준더미2_대졸, 교육수준더미3_대학원졸, 상사지원, 동료지원, 유머분위기를 이동시킨다. '방법(M)'은 입력을 선택한다.

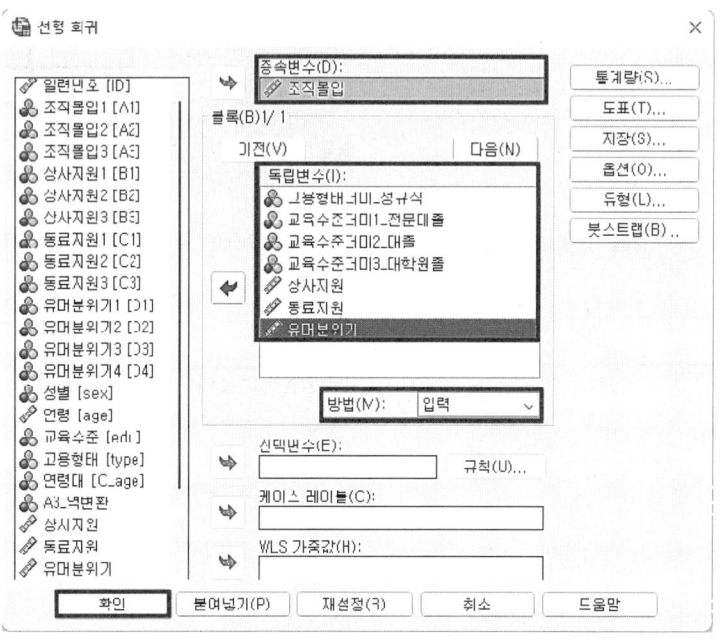

③ '확인'을 누르면 다음과 같은 결과를 얻을 수 있다.

ANOVA[a]

모형		제곱합	자유도	평균제곱	F	유의확률
1	회귀	46.554	7	6.651	17.376	.000[b]
	잔차	139.321	364	.383		
	전체	185.874	371			

a. 종속변수: 조직몰입

b. 예측자: (상수), 유머분위기, 고용형태더미_정규직, 교육수준더미1_전문대졸, 교육수준더미3_대학원졸, 상사지원, 동료지원, 교육수준더미2_대졸

④ 위의 분산분석 결과표를 이용하여 다음의 표를 완성한다.

구분	제곱합	자유도	평균제곱	검정통계량	유의확률
회귀모형	***	7	***	17.376	***
잔차	***	364	***		
합계	***	371			

(3) 중회귀분석 결과로부터 유의수준 5%에서 회귀모형의 적합도에 대한 유의성 검정 결과와 이유, 그리고 수정된 결정계수(%)를 작성하시오.

회귀모형의 적합도 검정결과	회귀모형은 유의하다.
이유	검정통계량 값이 17.376이고 유의확률이 0.000으로 유의수준 0.05보다 작으므로 귀무가설을 기각한다. 따라서 유의수준 5%에서 회귀모형은 유의하다.
수정된 결정계수(단위: %)	23.6%

수정된 결정계수(%)는 아래의 결과를 통해 23.6%라는 것을 알 수 있다.

모형 요약

모형	R	R 제곱	수정된 R 제곱	추정값의 표준오차
1	.500ª	.250	.236	.61867

a. 예측자: (상수), 유머분위기, 고용형태더미_정규직, 교육수준더미1_전문대졸, 교육수준더미3_대학원졸, 상사지원, 동료지원, 교육수준더미2_대졸

(4) 추정된 회귀직선식을 작성하시오(단, 소숫점은 반올림하여 소수 셋째 자리로 표현하시오).

회귀분석 결과의 계수 표는 다음과 같다.

계수ª

모형		비표준화 계수 B	표준화 오류	표준화 계수 베타	t	유의확률
1	(상수)	1.540	.211		7.315	.000
	고용형태더미_정규직	.149	.084	.088	1.762	.079
	교육수준더미1_전문대졸	-.017	.096	-.011	-.176	.860
	교육수준더미2_대졸	-.030	.091	-.022	-.333	.739
	교육수준더미3_대학원졸	-.715	.185	-.192	-3.861	.000
	상사지원	.331	.049	.350	6.765	.000
	동료지원	.017	.061	.016	.271	.786
	유머분위기	.159	.053	.169	2.975	.003

a. 종속변수: 조직몰입

조직몰입 = 1.540 + 0.149*고용형태더미_정규직 − 0.017*교육수준더미1_전문대졸 − 0.03*교육수준더미2_대졸 − 0.715*교육수준더미3_대학원졸 + 0.331*상사지원 + 0.017*동료지원 + 0.159*유머분위기

(5) 회귀계수의 유의성 검정 결과 유의수준 5%에서 유의한 회귀계수는 "O", 유의하지 않은 회귀계수는 "X" 표시하시오.

회귀계수	통계적 유의성 검정 결과
상수항	O
고용형태더미_정규직	X
교육수준더미1_전문대졸	X
교육수준더미2_대졸	X
교육수준더미3_대학원졸	O
상사지원	O
동료지원	X
유머분위기	O

상수항과 교육수준더미3_대학원졸, 상사지원의 유의확률은 0.000, 유머분위기의 유의확률은 0.003으로 0.05보다 작으므로 유의하다. 고용형태더미_정규직은 0.079, 교육수준더미1_전문대졸은 0.860, 교육수준더미2_대졸은 0.739, 동료지원은 0.786으로 0.05보다 큰 유의확률을 가지므로 유의하지 않다.

(6) 조직몰입에 대한 유머분위기의 추정 회귀계수 부호는 무엇이며 그 의미에 대해 기술하시오.

> 유머분위기의 추정 회귀계수 부호가 '+'이므로 유머분위기가 높을수록 조직몰입이 높다.

(7) 중회귀모형에 포함된 독립변수의 표준화 회귀계수를 쓰고, 조직몰입에 가장 영향을 많이 미치는 독립변수를 표준화 회귀계수의 절댓값 크기에 따라 순위(가장 큰 것부터 1~7)를 쓰시오.

변수	표준화 회귀계수	영향이 가장 큰 변수
고용형태더미_정규직	0.088	4
교육수준더미1_전문대졸	-0.011	7
교육수준더미2_대졸	-0.022	5
교육수준더미3_대학원졸	-0.192	2
상사지원	0.350	1
동료지원	0.016	6
유머분위기	0.169	3

05 작업형 유사 기출문제 풀이

※ SPSS를 이용하여 통계분석을 수행한 결과의 일부를 답안지에 직접 작성하시기 바랍니다. 결과 값은 특별한 언급이 없는 한 반올림하여 작성하시기 바랍니다.

다음 자료는 총 240명을 대상으로 실시한 심리적 안녕감 관련 요인에 대한 설문조사 자료이다. 자료는 일련번호, 성별, 연령, 결혼유무, 피부질환종류, 피부질환중등도, 외모만족도와 관련된 설문 5문항, 심리적 안녕감과 관련된 설문 4문항으로 구성되어 있다. 데이터는 "심리적안녕감.txt"로 저장되어 있는 텍스트 파일이며, 아래의 [표1]은 데이터 코딩 양식이다. 결측값이 있는 경우에는 "999"로 입력되어 있고 해당 분석에서 제외한다. 변인과 변인 간에는 TAB으로 구분되어 있다.

[표1] 데이터 코딩 양식

변수명	변수설명	내용	결측값
ID	일련번호	일련번호(1~240)	없음
A1	성별	1: 남자 2: 여자	없음
A2	연령	□□ 세	999
A3	결혼유무	1: 미혼 2: 기혼	없음
A4	피부질환종류	1: 여드름 2: 아토피 3: 백반증 4: 탈모증 5: 건선 6: 외상 후 흉터 7: 기타	없음
A5	피부질환중등도	1: 전혀 심각하지 않다. 2: 심각하지 않다. 3: 보통이다. 4: 심각하다. 5: 매우 심각하다.	없음
B1	외모만족도1	1: 전혀 그렇지 않다. 2: 그렇지 않다. 3: 보통이다. 4: 그렇다. 5: 매우 그렇다.	없음
B2	외모만족도2		없음
B3	외모만족도3		없음
B4	외모만족도4		없음

B5	외모만족도5		없음
C1	심리적 안녕감1		없음
C2	심리적 안녕감2		없음
C3	심리적 안녕감3		없음
C4	심리적 안녕감4		없음

문제 1 외모만족도와 관련된 5문항의 신뢰도 분석을 실시하고, 항목제거시 척도를 이용하여 신뢰도를 개선할 수 있다면 문항을 제거하시오.

Cronbach의 알파 계수	신뢰도 개선을 위해 제거해야 할 문항	문항 제거 후 Cronbach의 알파 계수

문제 2 결혼유무(A3)에 따라 외모만족도에 차이가 있는지 검정하고자 한다(단, 외모만족도와 관련된 문항들의 평균을 외모만족도 변수로 생성하고 분석을 실시하시오).

(1) 분석에 앞서 무엇을 검정할 것인지 가설을 설정하고 μ_1, μ_2를 이용해 수식으로 작성하시오.

귀무가설(H_0)	
대립가설(H_1)	

(2) 결혼유무(A3)별로 외모만족도에 차이가 있는지 검정통계량 값과 유의확률을 구하시오.

결혼유무	N	평균	표준편차	검정통계량	유의확률
1: 미혼	□□□	□□.□□	***	□.□□□	***
2: 기혼	□□□	***	□□.□□□		

(3) 위 분석에 따른 결과 및 이유를 작성하시오.

결과	
이유	

문제 3 응답자의 피부질환중등도(A5)를 재범주화(심각하지 않다(1~2), 보통이다(3), 심각하다(4~5))한 후 재범주화된 피부질환중등도에 따른 외모만족도에 차이가 있는지를 유의수준 5%에서 가설검정하고자 한다(단, 이후 분석에서는 재범주화된 피부질환중등도 변수를 사용하시오).

(1) 재범주화된 피부질환중등도에 따른 응답자들의 빈도 및 전체 응답자에 대한 비율(퍼센트)을 구하시오.

피부질환중등도	빈도(명)	유효 퍼센트(%)	누적 퍼센트(%)
심각하지 않다.			
보통이다.			
심각하다.			
전체			

(2) 분석에 앞서 무엇을 검정할 것인지 가설을 설정하고 μ_1, μ_2, μ_3을 이용해 수식으로 작성하시오.

귀무가설(H_0)	
대립가설(H_1)	

(3) 재범주화된 피부질환 중등도별 외모만족도의 기술통계량 값을 구하시오.

피부질환중등도	최솟값	최댓값	평균	표준편차
심각하지 않다.	***	☐	☐.☐☐	☐.☐☐
보통이다.	***	☐	***	☐.☐☐
심각하다.	***	☐	☐.☐☐	***

(4) 분산분석에서 분산의 동질성을 검정하기 위한 검정통계량의 값을 쓰고 그 결과를 유의수준 5%하에서 해석하시오(단, absolute residual을 이용한 Levene 분산동질성 검정을 실시하시오).

검정통계량 값	☐.☐☐☐
검정결과 해석	

(5) 다음의 분산분석표를 작성하시오.

구분	제곱합	자유도	평균제곱	F	유의확률
그룹 간	☐☐.☐☐☐	***	☐.☐☐☐	☐☐.☐☐☐	***
그룹 내	***	***	☐.☐☐☐		
합계	***	***			

(6) 위의 결과를 해석하기 위해 다음의 표를 작성하시오.

검정통계량의 값	□□.□□□
유의확률	□.□□□
H_0의	채택 또는 기각을 쓰시오.	
	그 이유	

(7) 분석 결과 유의한 차이가 있다면 Scheffe의 방법으로 사후분석한 후 유의수준 5%에서 동일집단군의 평균을 작성하시오.

피부질환중등도	집단	
	1	2
심각하다.	□.□□	
보통이다.	□.□□	□.□□
심각하지 않다.		□.□□

문제 4 성별(A1)별 피부질환종류(A4)에 차이가 있는지를 가설검정하고자 한다.

(1) 성별(A1)에 따라 피부질환종류(A4)에에 차이가 있는지 알고자 할 때 아래 교차표를 작성하시오(단, 비중은 행 퍼센트임)

성별		피부질환종류							전체
		여드름	아토피	백반증	탈모증	건선	외상 후 흉터	기타	
1: 남자	응답자 수	***	□□	***	□□	***	***	□□	***
	비중(%)	***	□□.□	***	□□.□	***	***	□□.□	100.0
2: 여자	응답자 수	***	□□	□□	***	***	□□	***	***
	비중(%)	***	□□.□	□□.□	***	***	□□.□	***	100.0
전체 응답자 수(%)		***	***	***	***	***	***	***	***

(2) 위 교차분석은 어떤 가설검정을 실시하기 위해서인지 가설을 설정하시오.

귀무가설(H_0)	
대립가설(H_1)	

(3) 검정통계량의 값과 유의수준 5%에서 검정한 결과를 작성하시오.

검정통계량의 값	□□.□□□
검정결과	

문제 5 연령(A2)과 외모만족도, 심리적 안녕감 간 선형관계의 정도를 알기 위해 상관분석을 실시하여 피어슨의 상관계수를 구하시오(단, 심리적 안녕감과 관련된 문항들의 평균을 심리적 안녕감 변수로 생성하고 분석을 실시하시오).

(1) 모든 변수의 통계량 값을 구하시오.

변수	N	최솟값	최댓값	중위수	평균	표준편차
연령				***	***	***
외모만족도		***	***			***
심리적 안녕감						***

(2) 변수들 간 선형관계의 정도를 알기 위해 상관분석을 실시하여 피어슨의 상관계수를 구하시오.

변수	연령	외모만족도	심리적 안녕감
연령	1.000	□.□□□	□.□□□
외모만족도		1.000	□.□□□
심리적 안녕감			1.000

(3) 변수들 간 선형관계의 정도가 가장 높은 변수들과 상관계수를 쓰시오.

변수명		피어슨 상관계수	
		부호	값
☐ . ☐		☐	□.□□□

문제 6 심리적 안녕감을 종속변수로 하고 피부질환중등도, 연령, 외모만족도를 독립변수로 설정하여 중회귀분석을 수행하고자 한다. 단, 피부질환중등도는 더미변수 생성 후 분석에 반영한다.

(1) '심각하지 않다'를 기준으로 한 피부질환중등도 더미변수를 생성 후 아래를 작성하시오.

피부질환중등도	피부질환중등도더미1_보통	피부질환중등도더미2_심각
1: 심각하지 않다.	☐	☐
2: 보통이다.	☐	☐
3: 심각하다.	☐	☐

(2) 중회귀분석을 수행한 후 다음의 F검정 표를 작성하시오.

구분	제곱합	자유도	평균제곱	검정통계량	유의확률
회귀모형	***	☐	***	☐☐.☐☐☐	***
잔차	***	☐☐☐	***		
합계	***	☐☐☐			

(3) 중회귀분석 결과로부터 유의수준 5%에서 회귀모형의 적합도에 대한 유의성 검정 결과와 이유, 그리고 수정된 결정계수(%)를 작성하시오.

회귀모형의 적합도 검정결과	
이유	
수정된 결정계수(단위: %)	

(4) 추정된 회귀직선식을 작성하시오(단, 소숫점은 반올림하여 소수 셋째 자리로 표현하시오).

1 분석을 위해 필요한 핵심역량

문제 1. 신뢰도 분석, 항목제거시 척도를 이용한 문항 제거
문제 2. 변수계산, 독립표본 T검정
문제 3. 다른변수로 코딩변경, 빈도분석, 일원배치 분산분석, Scheffe의 방법을 이용한 사후검정
  역문항 코딩 변경, 변수 계산, 기술통계분석, 피어슨의 상관계수 및 상관분석
문제 4. 교차분석, 카이제곱검정
문제 5. 변수계산, 피어슨의 상관계수 및 상관분석
문제 6. 더미변수 생성, 중회귀모형의 적합도 검정, 회귀식 추정, 수정된 결정계수

2 분석을 위한 준비

(1) 데이터 불러오기

파일(F) – 데이터 가져오기(D) – 텍스트 데이터(T)

아래와 같은 데이터 열기 대화상자가 나타나면 파일 유형을 텍스트로 설정하고 인코딩을 유니코드(UTF-8)로 설정한다. 다음으로 자료가 저장되어 있는 위치를 확인하여 가져올 자료인 "심리적안녕감.txt" 파일을 선택하고 열기를 클릭하면 텍스트 가져오기 마법사 6단계 창이 나타난다.

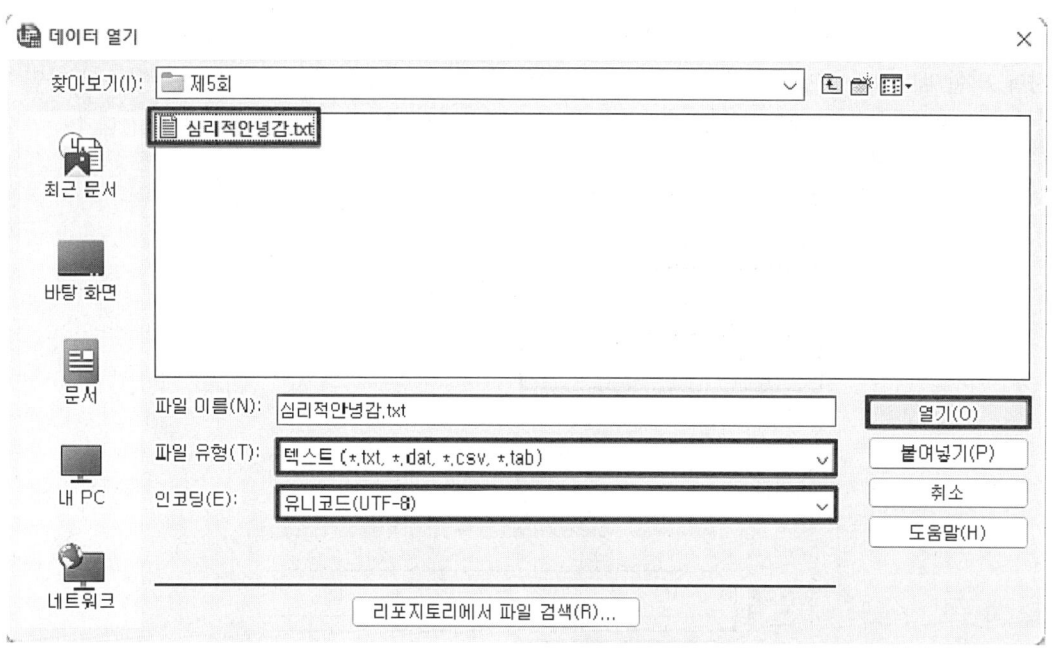

〈텍스트 가져오기 마법사 6단계〉

① 1단계는 텍스트 파일이 사전 정의된 형식과 일치하는지를 묻는 단계이다. '텍스트 파일이 사전 정의된 형식과 일치합니까?' 라는 질문에 '아니오(O)'를 선택한다. 사전에 정의한 형식이 없고, 변인에 대한 정의는 나중에 이루어지기 때문이다. '다음(N)'을 클릭하여 2단계로 넘어간다.

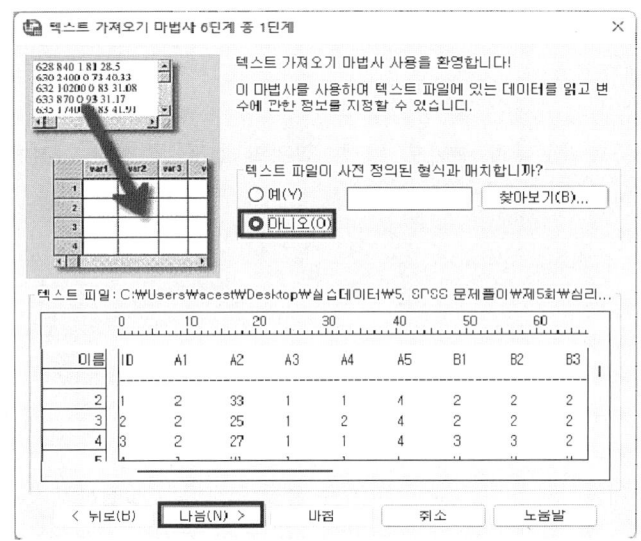

② 2단계는 변수의 배열과 변수의 이름 유무를 묻는 단계이다.

위의 자료는 자료가 탭에 의해 구분되어 있으므로 '변수는 어떻게 배열되어 있습니까?'라는 질문에는 '구분자에 의한 배열(D)'을 선택한다. 그리고 자료의 첫 행에 변수 이름이 있으므로 '변수이름이 파일의 처음에 있습니까?'라는 질문에는 '예(Y)'를 선택하고 '다음(N)'을 클릭하여 3단계로 넘어간다.

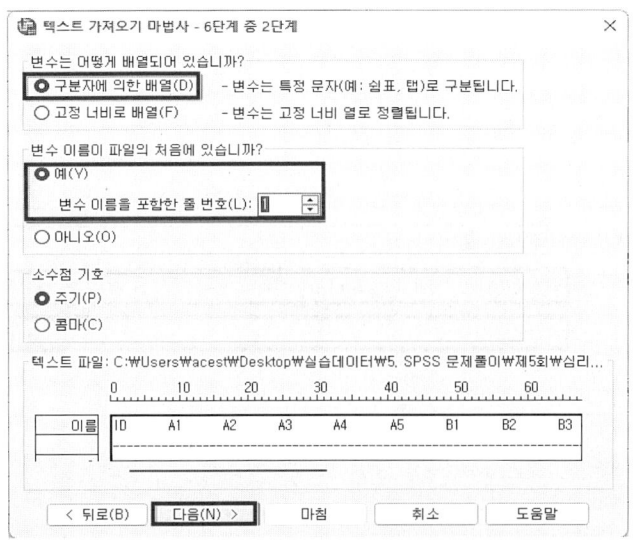

③ 3단계는 가져올 데이터의 범위를 설정하는 단계이다.

위의 자료의 첫 행에 변수의 이름이 들어가 있어 데이터의 첫 번째 케이스는 2행부터 시작하므로 '데이터의 첫 번째 케이스가 몇 번째 줄에서 시작합니까?'라는 항목에는 '2'를 선택한다. 그리고 위 자료의 경우 하나의 케이스가 한 줄에 나타나므로 '케이스가 어떻게 표시되고 있습니까?'라는 질문에 '각 줄은 케이스를 나타냅니다.(L)'를 선택한다. 마지막으로 자료의 모든 케이스를 가져오기 위해 '몇 개의 케이스를 가져오시겠습니까?'라는 질문에 '모든 케이스(A)'를 선택하고 '다음(N)'을 클릭하여 4단계로 넘어간다.

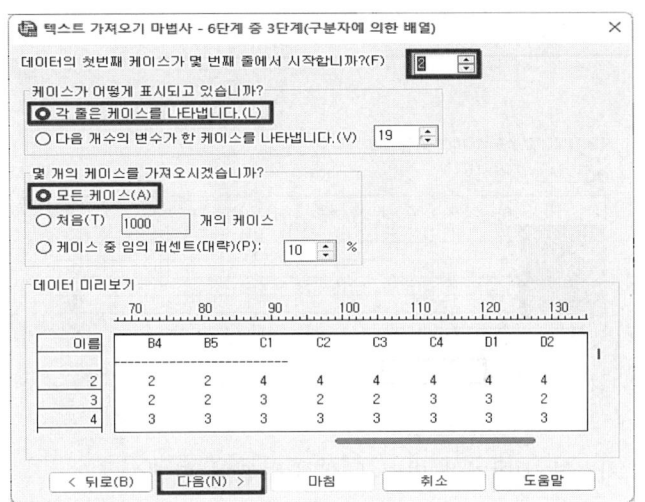

④ 4단계는 변수가 어떤 구분자로 구분되어 있는지를 묻는 단계이다.

위의 자료는 탭에 의해 구분되어 있는 자료이므로 '변수 사이에 어떤 구분자를 사용했습니까?'라는 질문에는 '탭(T)'을 선택한다. 그리고 데이터 미리보기에서 불러오려는 데이터들이 각 변수에 정확히 불러들여졌는지를 확인하고, '다음(N)'을 눌러 5단계로 넘어간다.

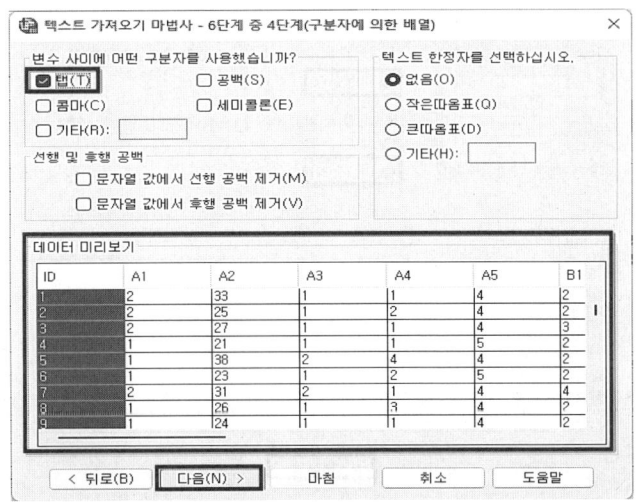

⑤ 5단계는 변수이름과 데이터 형식을 지정하는 단계이다.

변수이름과 데이터 형식은 데이터를 불러온 후 SPSS의 변수 보기 창에서 지정하는 것이 더 편리하므로 디폴트로 놔두고 '다음(N)'을 눌러 6단계로 넘어간다.

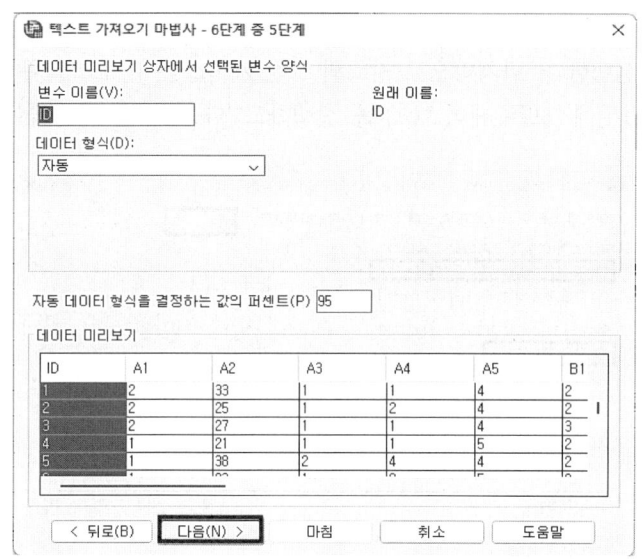

⑥ 6단계는 파일 형식을 저장할 것인지와 명령문 생성에 관한 단계이다.

대부분의 경우 새로운 연구를 수행하기 때문에 '다음에 사용할 수 있도록 이 파일 형식을 저장하시겠습니까?'라는 질문에 '아니오(O)'를 선택한다. 또한 '명령문을 붙여넣으시겠습니까?'라는 질문에도 '아니오(N)'를 선택한다. 지금까지의 단계를 되풀이할 예정이면 명령문을 저장하는 것이 편리하지만 그렇지 않다면 명령문을 붙일 필요가 없다. 마지막으로 '마침'을 클릭하면 SPSS 데이터 화면이 나타난다.

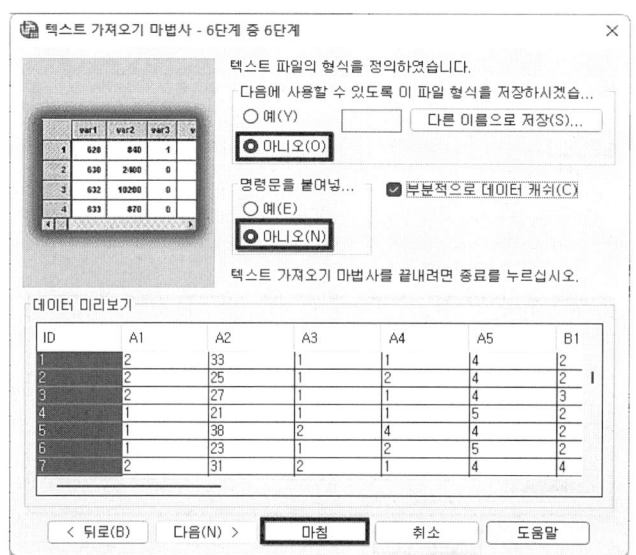

"심리적안녕감.txt" 파일이 다음과 같이 데이터 보기 창에 불러들여진 것을 확인할 수 있다.

(2) 변수 보기 입력 및 결측치 처리

불러온 데이터의 변수 보기 창에서 먼저 변수 이름과 유형이 알맞게 불러들여졌는지 확인하고, 아래와 같이 레이블, 값, 결측값, 측도 등을 처리해 준다.

[레이블]

데이터 코딩 양식을 참고하여 다음과 같이 레이블을 작성한다.

[값]
데이터 코딩 양식을 참고하여 다음과 같이 변수에 알맞은 값을 지정해준다.

• 성별(A1) 변수의 값 지정

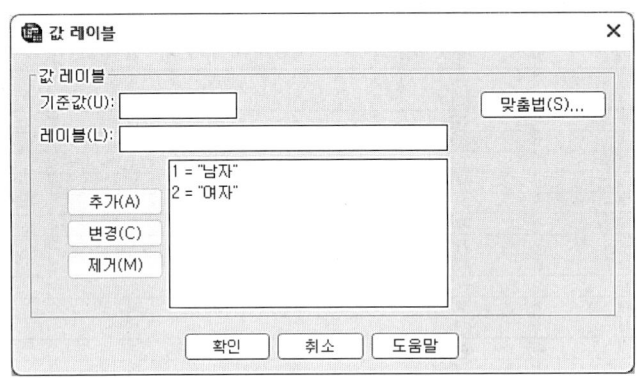

• 결혼유무(A3) 변수의 값 지정

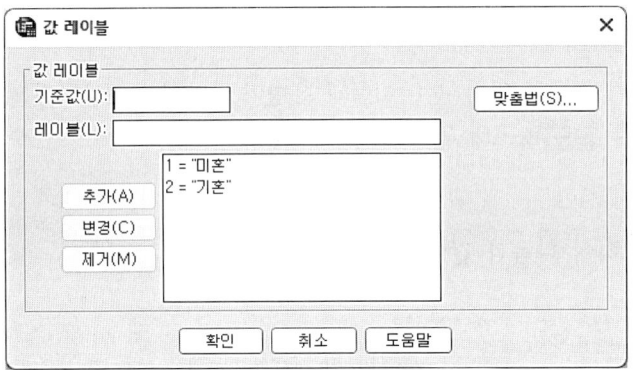

• 피부질환종류(A4) 변수의 값 지정

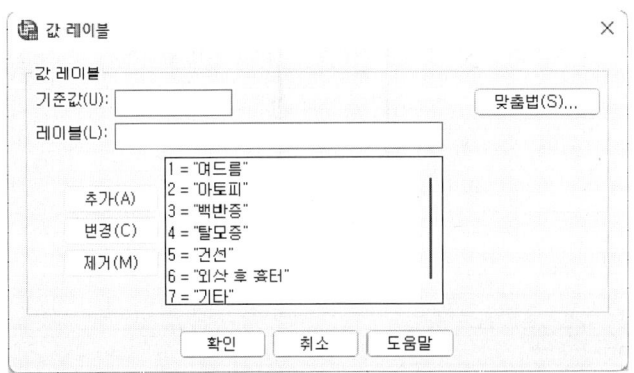

- 피부질환중등도(A5) 변수의 값 지정

값 레이블

기준값(U):
레이블(L):

1 = "전혀 심각하지 않다"
2 = "심각하지 않다"
3 = "보통이다"
4 = "심각하다"
5 = "매우 심각하다"

	이름	유형	너비	소수점...	레이블	값	결측값	열	맞춤	측도
1	ID	숫자	3	0	일련번호	없음	없음	8	오른쪽	척도
2	A1	숫자	1	0	성별	{1, 남자}...	없음	8	오른쪽	명목형
3	A2	숫자	2	0	연령	없음	없음	8	오른쪽	척도
4	A3	숫자	1	0	결혼유무	{1, 미혼}...	없음	8	오른쪽	명목형
5	A4	숫자	1	0	피부질환종류	{1, 여드름}...	없음	8	오른쪽	명목형
6	A5	숫자	1	0	피부질환중등도	지 않다}...	없음	8	오른쪽	명목형
7	B1	숫자	1	0	외모만족도1	없음	없음	8	오른쪽	명목형
8	B2	숫자	1	0	외모만족도2	없음	없음	8	오른쪽	명목형
9	B3	숫자	1	0	외모만족도3	없음	없음	8	오른쪽	명목형
10	B4	숫자	1	0	외모만족도4	없음	없음	8	오른쪽	명목형
11	B5	숫자	1	0	외모만족도5	없음	없음	8	오른쪽	명목형
12	C1	숫자	1	0	심리적 안녕감1	없음	없음	8	오른쪽	명목형
13	C2	숫자	1	0	심리적 안녕감2	없음	없음	8	오른쪽	명목형
14	C3	숫자	1	0	심리적 안녕감3	없음	없음	8	오른쪽	명목형
15	C4	숫자	1	0	심리적 안녕감4	없음	없음	8	오른쪽	명목형

[결측값]

데이터 코딩 양식을 참고하여 다음과 같이 변수에 결측값을 지정해준다.

- 연령(A2) 변수의 결측값 지정

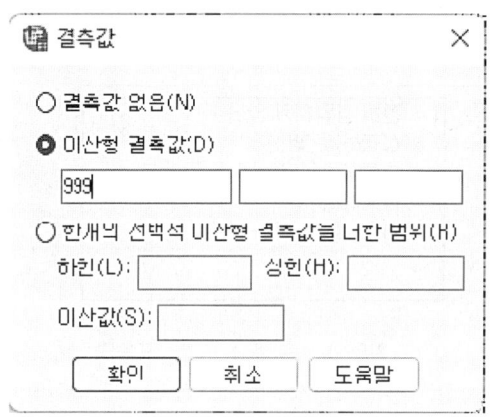

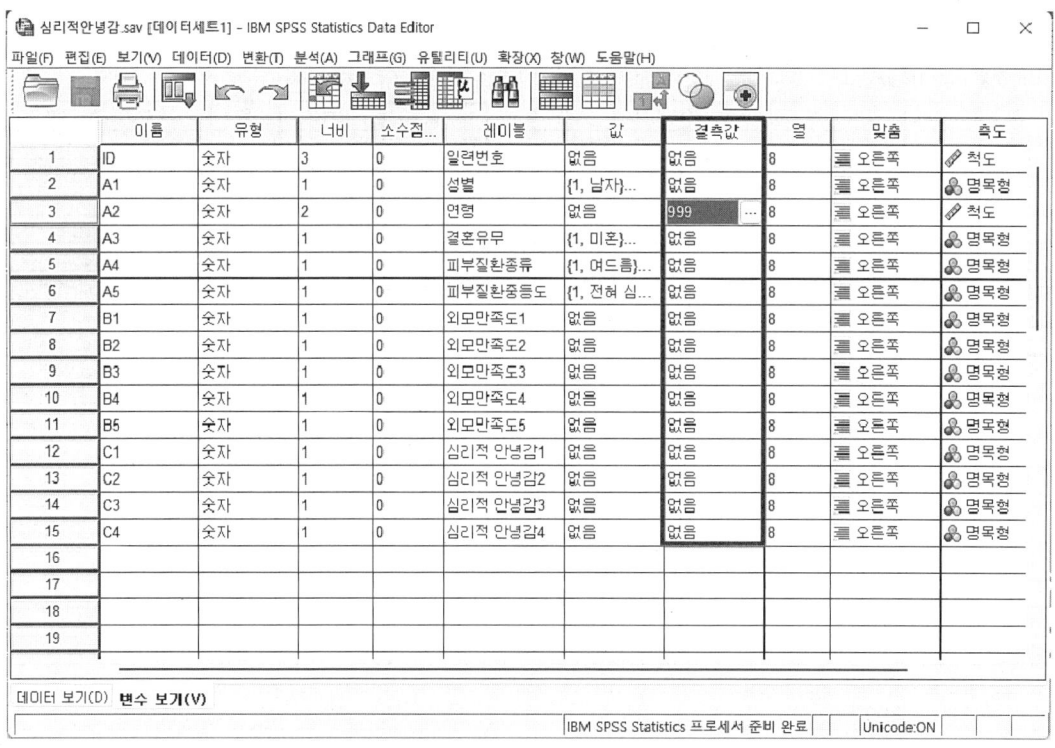

[측도]

마지막으로 변수의 척도가 잘 지정되었는지 확인한다.

	이름	유형	너비	소수점...	레이블	값	결측값	열	맞춤	측도
1		숫자	3	0	일련번호	없음	없음	8	오른쪽	척도
2	1	숫자	1	0	성별	{1, 남자}...	없음	8	오른쪽	명목형
3	2	숫자	2	0	연령	없음	999	8	오른쪽	척도
4	3	숫자	1	0	결혼유무	{1, 미혼}...	없음	8	오른쪽	명목형
5	4	숫자	1	0	피부질환종류	{1, 여드름}...	없음	8	오른쪽	명목형
6	5	숫자	1	0	피부질환중증도	{1, 전혀 심...	없음	8	오른쪽	명목형
7	1	숫자	1	0	외모만족도1	없음	없음	8	오른쪽	명목형
8	2	숫자	1	0	외모만족도2	없음	없음	8	오른쪽	명목형
9	3	숫자	1	0	외모만족도3	없음	없음	8	오른쪽	명목형
10	4	숫자	1	0	외모만족도4	없음	없음	8	오른쪽	명목형
11	5	숫자	1	0	외모만족도5	없음	없음	8	오른쪽	명목형
12	1	숫자	1	0	심리적 안녕감1	없음	없음	8	오른쪽	명목형
13	2	숫자	1	0	심리적 안녕감2	없음	없음	8	오른쪽	명목형
14	3	숫자	1	0	심리적 안녕감3	없음	없음	8	오른쪽	명목형
15	4	숫자	1	0	심리적 안녕감4	없음	없음	8	오른쪽	명목형

척도
순서형
명목형

3 분석 수행

문제 1 외모만족도와 관련된 5문항의 신뢰도 분석을 실시하고, 항목제거 시 척도를 이용하여 신뢰도를 개선할 수 있다면 문항을 제거하시오.

Cronbach의 알파 계수	신뢰도 개선을 위해 제거해야 할 문항	문항 제거 후 Cronbach의 알파 계수

① 외모만족도와 관련된 5문항의 신뢰도를 살펴보기 위해 신뢰도 분석을 실시한다.

분석(A) → 척도분석(A) → 신뢰도 분석(R)

② '신뢰도 분석' 창에서 분석에 사용할 문항들을 '항목(I)'으로 옮기고 '통계량(S)'을 클릭한다.

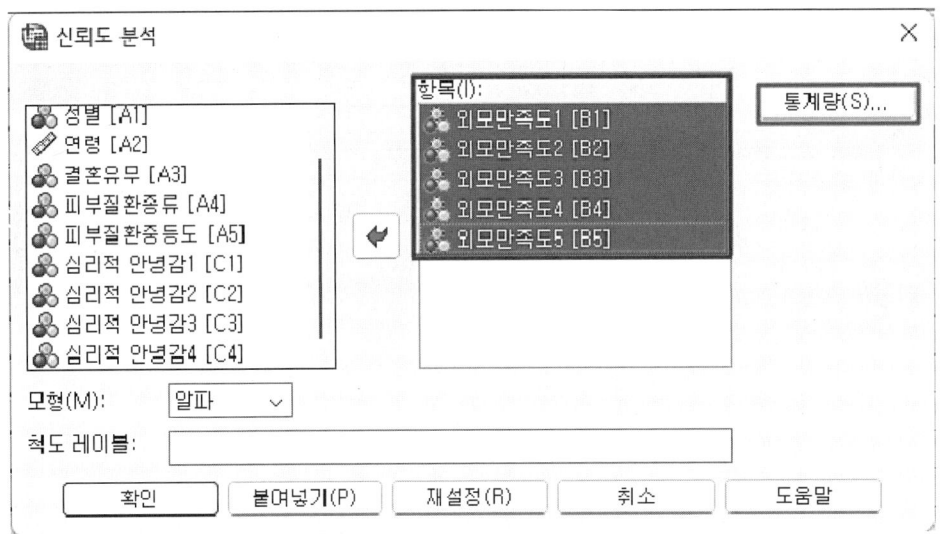

③ '신뢰도 분석: 통계량' 창에서 '항목제거시 척도(A)'를 선택하고 '계속(C)'을 클릭한다.

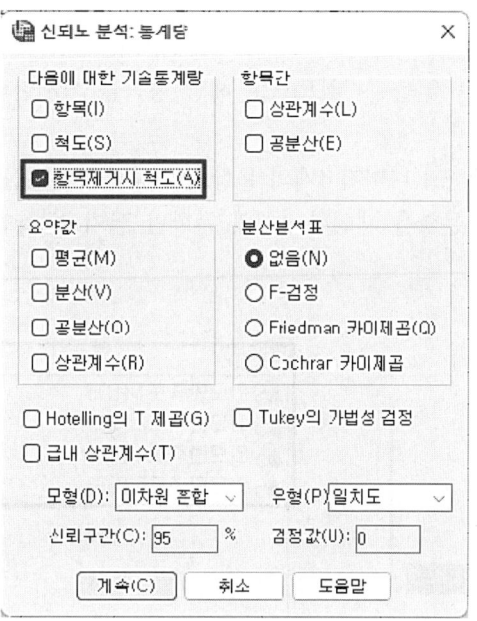

④ '확인'을 클릭하면 다음과 같은 결과를 얻을 수 있다.

신뢰도 통계량

Cronbach의 알파	항목 수
.898	5

항목 총계 통계량

	항목이 삭제된 경우 척도 평균	항목이 삭제된 경우 척도 분산	수정된 항목-전체 상관계수	항목이 삭제된 경우 Cronbach 알파
외모만족도1	9.86	8.624	.769	.871
외모만족도2	9.93	7.945	.851	.852
외모만족도3	9.92	10.609	.437	.934
외모만족도4	9.88	8.269	.881	.846
외모만족도5	10.06	8.352	.819	.860

⑤ 신뢰도 분석 결과, 5개의 문항으로 이루어진 외모만족도 척도의 Cronbach의 알파값은 0.898로 0.6보다 큰 값을 가지므로 신뢰도가 높다고 평가할 수 있다.
또한 항목이 삭제된 경우 Cronbach의 알파값을 살펴보면, 외모만족도3(B3) 항목을 제거했을 때 더 높은 Cronbach의 알파값(0.934)를 얻을 수 있으므로 해당 항목을 삭제한다.

⑥ 외모만족도3(B3) 항목을 삭제하고 나머지 4개의 문항으로 신뢰도 분석을 하기 위해, '신뢰도 분석' 창에서 '항목(I)'에 외모만족도3(B3) 문항을 제외한 4개의 문항만 남기고 '확인'을 클릭한다.

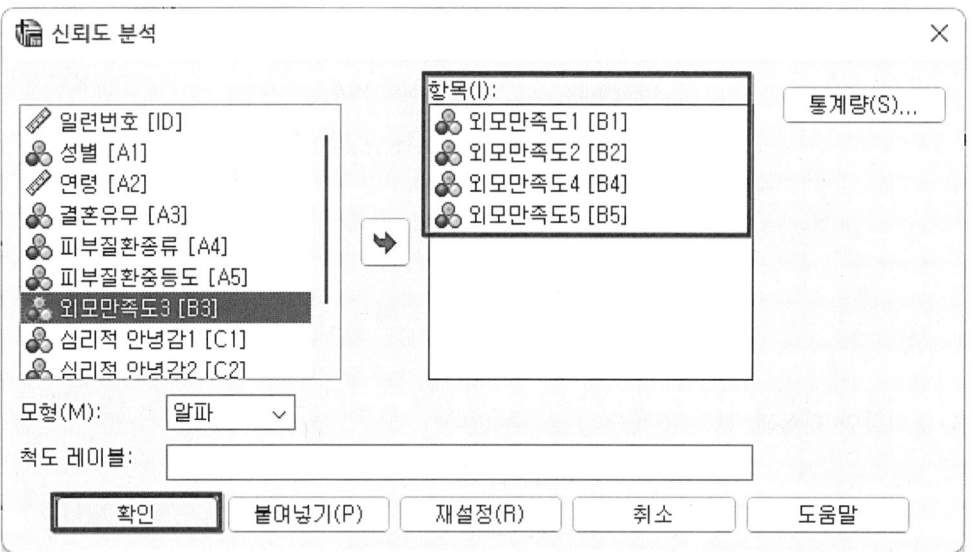

⑦ 문항을 제거한 후 실시한 신뢰도 분석 결과, 4개의 문항으로 이루어진 외모만족도 척도의 Cronbach의 알파값은 0.934로 0.6보다 큰 값을 가지므로 신뢰도가 높다고 평가할 수 있다.
또한 항목이 삭제된 경우 Cronbach의 알파값을 살펴보면, 항목을 제거했을 때 Cronbach의 알파값이 증가하는 경우가 없으므로 더 이상 변수의 삭제 과정은 필요하지 않다.

신뢰도 통계량

Cronbach의 알파	항목 수
.934	4

항목 총계 통계량

	항목이 삭제된 경우 척도 평균	항목이 삭제된 경우 척도 분산	수정된 항목-전체 상관계수	항목이 삭제된 경우 Cronbach 알파
외모만족도1	7.37	6.342	.793	.930
외모만족도2	7.44	5.695	.896	.897
외모만족도4	7.38	6.087	.895	.898
외모만족도5	7.57	6.271	.798	.929

⑧ 위에서 실시한 신뢰도 분석을 다음의 표에 정리한다.

Cronbach의 알파 계수	신뢰도 개선을 위해 제거해야 할 문항	문항 제거 후 Cronbach의 알파 계수
0.898	외모만족도3(B3)	0.934

문제 2 결혼유무(A3)에 따라 외모만족도에 차이가 있는지 검정하고자 한다(단, 외모만족도와 관련된 문항들의 평균을 외모만족도 변수로 생성하고 분석을 실시하시오).

(1) 분석에 앞서 무엇을 검정할 것인지 가설을 설정하고 μ_1, μ_2를 이용해 수식으로 작성하시오.

귀무가설(H_0)	결혼유무(A3)에 따른 외모만족도에 차이가 없다($\mu_1 = \mu_2$).
대립가설(H_1)	결혼유무(A3)에 따른 외모만족도에 차이가 있다($\mu_1 \neq \mu_2$).

(2) 결혼유무(A3)별로 외모만족도에 차이가 있는지 검정통계량 값과 유의확률을 구하시오.

결혼유무	N	평균	표준편차	검정통계량	유의확률
1: 미혼	□□□	□□.□□	***	□.□□□	***
2: 기혼	□□□	***	□□.□□□		

① 외모만족도와 관련된 문항들의 평균 변수를 생성하기 위해 변수 계산을 수행한다.

> 변환(T) → 변수 계산(C)

② '변수 계산' 창에서 '목표변수(T)'에 '외모만족도'를, '숫자표현식(E)'에 (B1+B2+B4+B5)/4를 각각 입력하고 '확인'을 클릭한다(신뢰도 분석에서 외모만족도3(B3) 문항을 삭제하였으므로 4개의 문항으로 평균을 계산한다).

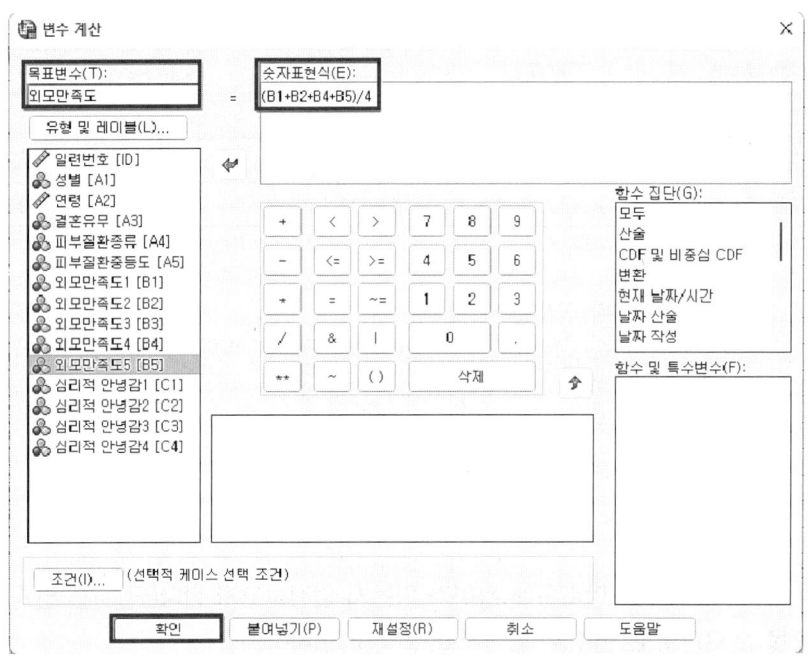

③ 데이터 보기 창에서 외모만족도 변수가 생성된 것을 볼 수 있다.

④ 결혼유무(A3)에 따른 외모만족도에 차이가 있는지 검정하기 위해 독립표본 T검정을 수행한다.

분석(A) → 평균비교(M) → 독립표본 T검정

⑤ '독립표본 T검정' 창에서 '검정 변수(T)'에 외모만족도를, '집단 변수(G)'에 결혼유무(A3)를 옮기고 '집단정의(D)'를 클릭한다.

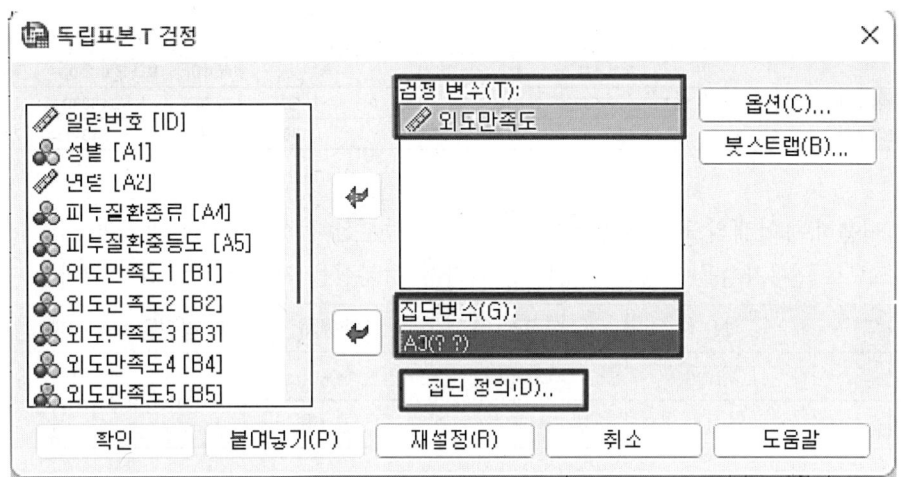

⑥ '집단 정의' 창에서 '지정값 사용(U)'의 집단 1과 집단 2에 각각 1, 2를 입력하고, '계속(C)'을 클릭한다.

⑦ '확인'을 클릭하면 다음과 같은 결과를 얻을 수 있다.

집단통계량

	결혼유무	N	평균	표준화 편차	표준오차 평균
외모만족도	미혼	199	2.4899	.82909	.05877
	기혼	41	2.4329	.74587	.11649

독립표본 검정

		Levene의 등분산 검정		평균의 동일성에 대한 T 검정					
		F	유의확률	t	자유도	유의확률 (양측)	평균차이	표준오차 차이	차이의 95% 신뢰구간 하한	상한
외모만족도	등분산을 가정함	1.663	.198	.408	238	.684	.05702	.13990	-.21858	.33262
	등분산을 가정하지 않음			.437	62.144	.664	.05702	.13047	-.20378	.31782

⑧ 위 결과를 이용하여 아래의 표를 완성한다. Levene의 등분산 검정에서 유의확률이 0.198으로 유의수준 0.05보다 크므로 귀무가설을 기각하지 않는다. 따라서 '등분산을 가정함'의 T 검정 결과를 이용해야 한다.

결혼유무	N	평균	표준편차	검정통계량	유의확률
1: 미혼	199	2.49	***	0.408	***
2: 기혼	41	***	0.746		

(3) 위 분석에 따른 결과 및 이유를 작성하시오.

결과	결혼유무(A3)에 따른 외모만족도에 차이가 없다.
이유	검정통계량 t값이 0.408이고 유의확률이 0.684로 유의수준 0.05보다 크므로 귀무가설을 채택한다.

문제 3 응답자의 피부질환중등도(A5)를 재범주화(심각하지 않다(1~2), 보통이다(3), 심각하다(4~5))한 후 재범주화된 피부질환중등도에 따른 외모만족도에 차이가 있는지를 유의수준 5%에서 가설검정하고자 한다(단, 이후 분석에서는 재범주화된 피부질환중등도 변수를 사용하시오).

(1) 재범주화된 피부질환중등도에 따른 응답자들의 빈도 및 전체 응답자에 대한 비율(퍼센트)을 구하시오.

피부질환중등도	빈도(명)	유효 퍼센트(%)	누적 퍼센트(%)
심각하지 않다.			
보통이다.			
심각하다.			
전체			

① 응답자의 피부질환중등도을 재범주화하기 위해 다른 변수로 코딩변경을 수행한다.

변환(T) → 다른 변수로 코딩변경(R)

② '다른 변수로 코딩변경' 창에서 피부질환중등도(A5)를 우측 '숫자변수'로 옮긴다. '출력변수'의 '이름(N)'에 피부질환중등도_재범주를 입력하고 '변경(H)'을 누른다. 그 후, '기존값 및 새로운 값(O)'을 클릭한다.

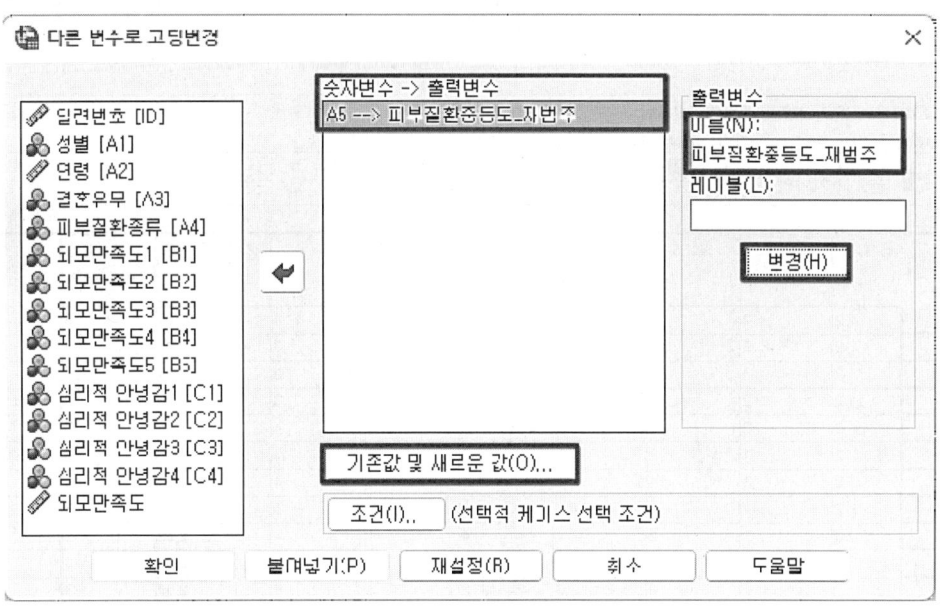

③ '다른 변수로 코딩변경: 기존값 및 새로운 값'에서 다음과 같이 입력하고 '계속(C)'을 클릭한다.

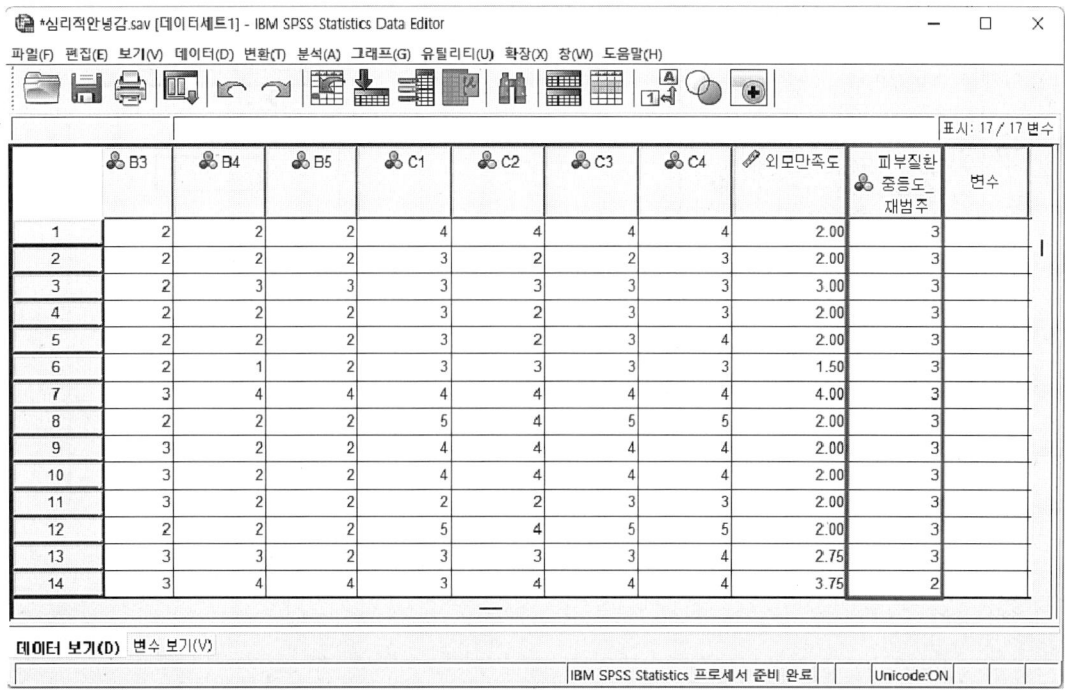

④ '확인'을 누르면 다음과 같이 새로운 변수인 교육수준 피부질환중등도_재범주가 생성되었음을 확인할 수 있다.

⑤ 변수 보기 창에서 피부질환중등도_재범주 변수의 값을 지정해준다.

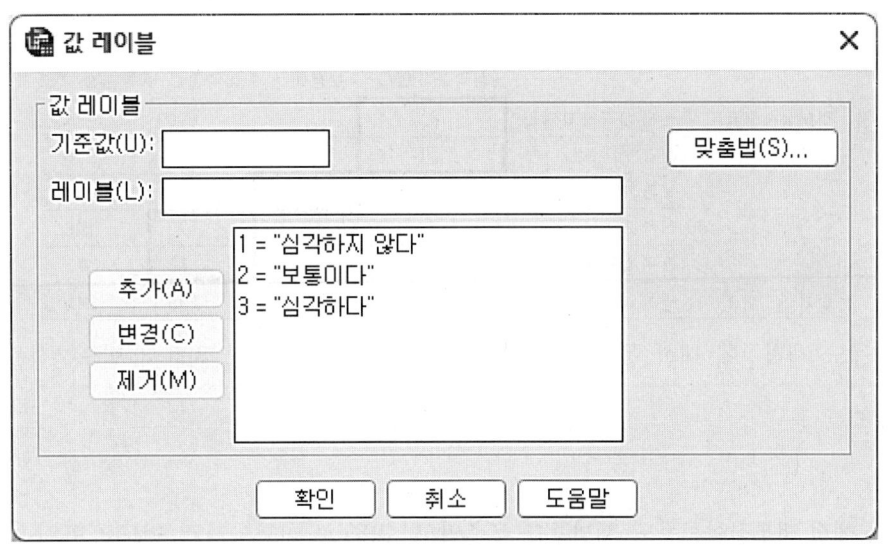

⑥ 기존 변수인 피부질환중등도(A5)와 피부질환중등도_재범주의 교차표를 작성하여 변수가 제대로 생성되었는지 확인한다.

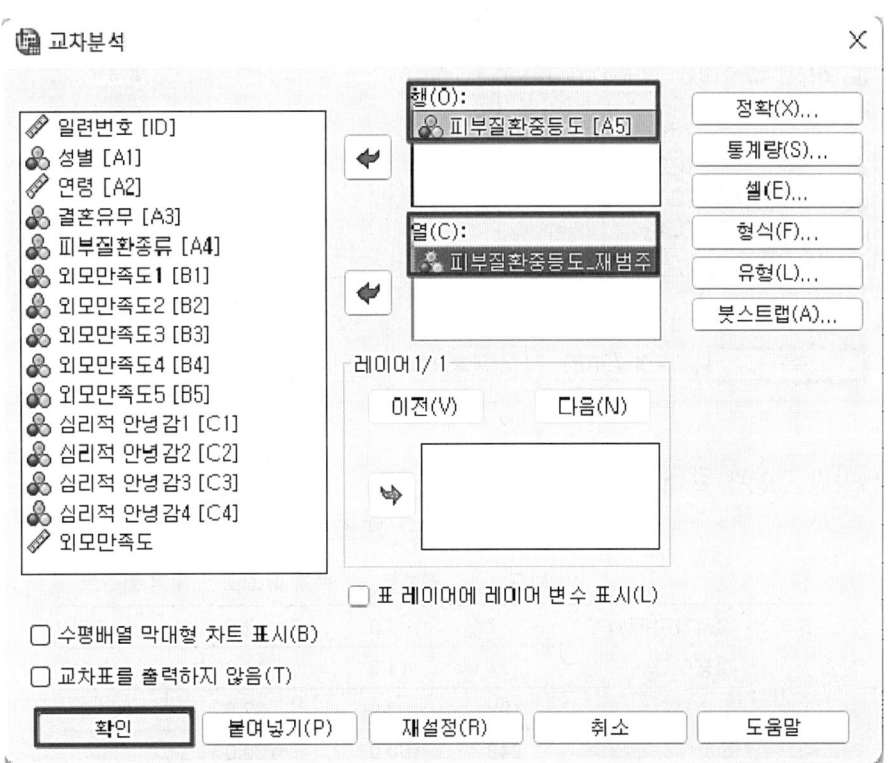

피부질환중등도 * 피부질환중등도_재범주 교차표

빈도

		피부질환중등도_재범주			전체
		심각하지 않다	보통이다	심각하다	
피부질환중등도	전혀 심각하지 않다	1	0	0	1
	심각하지 않다	6	0	0	6
	보통이다	0	34	0	34
	심각하다	0	0	126	126
	매우 심각하다	0	0	73	73
전체		7	34	199	240

⑦ 피부질환중등도_재범주에 대한 응답자들의 빈도 및 퍼센트를 구하기 위해서 빈도분석을 수행한다.

분석(A) → 기술통계량(E) → 빈도분석(F)

⑧ '빈도분석' 창에서 피부질환중등도_재범주를 우측의 '변수(V)'로 이동시키고 '빈도표 표시(D)'를 체크한다.

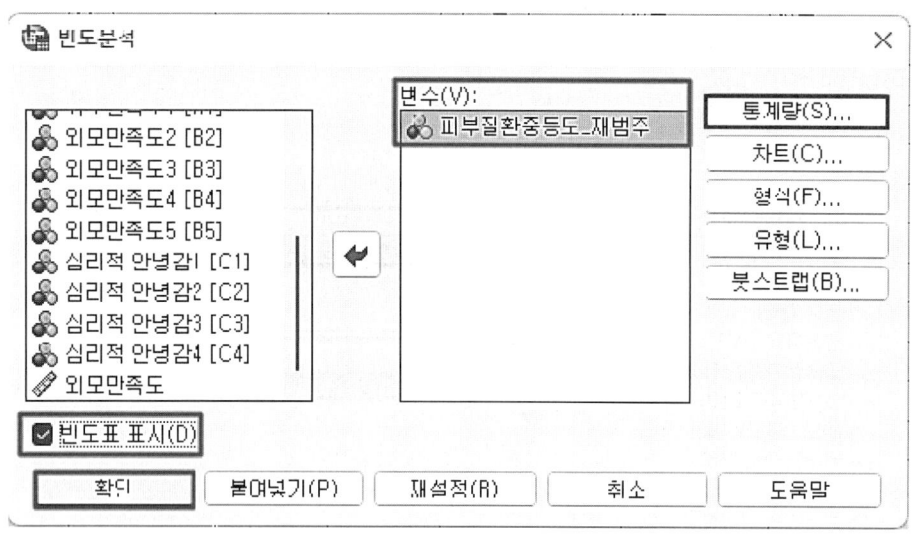

⑨ 확인을 클릭하면 다음과 같은 빈도표를 얻게 된다.

피부질환중등도_재범주

		빈도	퍼센트	유효 퍼센트	누적 퍼센트
유효	심각하지 않다	7	2.9	2.9	2.9
	보통이다	34	14.2	14.2	17.1
	심각하다	199	82.9	82.9	100.0
	전체	240	100.0	100.0	

⑩ 위의 빈도분석 결과를 이용하여 다음의 표를 완성한다.

피부질환중등도	빈도(명)	유효 퍼센트(%)	누적 퍼센트(%)
심각하지 않다	7	2.9	2.9
보통이다	34	14.2	17.1
심각하다	199	82.9	100.0
전체	240	100.0	

(2) 분석에 앞서 무엇을 검정할 것인지 가설을 설정하고 μ_1, μ_2, μ_3을 이용해 수식으로 작성하시오.

귀무가설(H_0)	피부질환중등도에 따라 외모만족도에 차이가 없다($\mu_1 = \mu_2 = \mu_3$).
대립가설(H_1)	피부질환중등도에 따라 외모만족도에 차이가 있다(모든 μ_i는 같지 않다).

(3) 재범주화된 피부질환 중등도별 외모만족도의 기술통계량 값을 구하시오.

피부질환중등도	최솟값	최댓값	평균	표준편차
심각하지 않다.	***	☐	☐.☐☐	☐.☐☐
보통이다.	***	☐	***	☐.☐☐
심각하다.	***	☐	☐.☐☐	***

① 피부질환중등도_재범주별 기술통계량을 작성하기 위해 일원배치 분산분석을 수행한다.

분석(A) → 평균 비교(M) → 일원배치 분산분석(O)

② '일원배치 분산분석' 창에서 '종속변수(E)'에 외모만족도를, '요인(F)'에 피부질환중등도_재범주를 이동시키고 '옵션(O)'을 클릭한다.

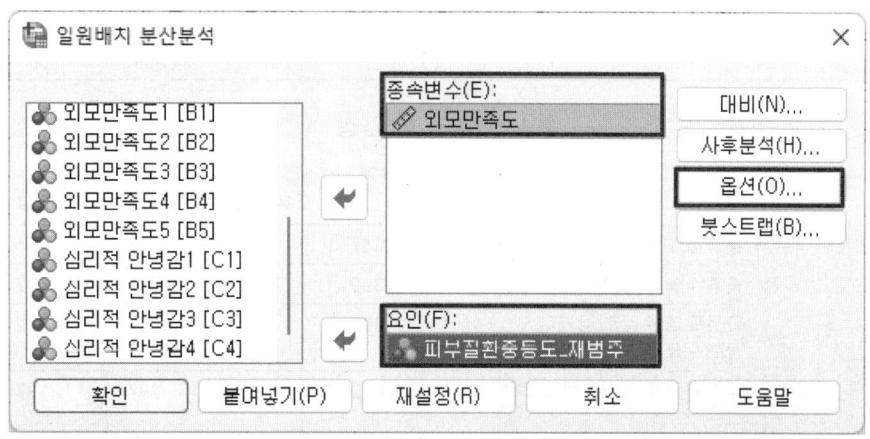

③ '일원배치 분산분석: 옵션' 창에서 '기술통계(D)'와 '분산 동질성 검정(H)'를 선택하고 '계속(C)'을 클릭한다.

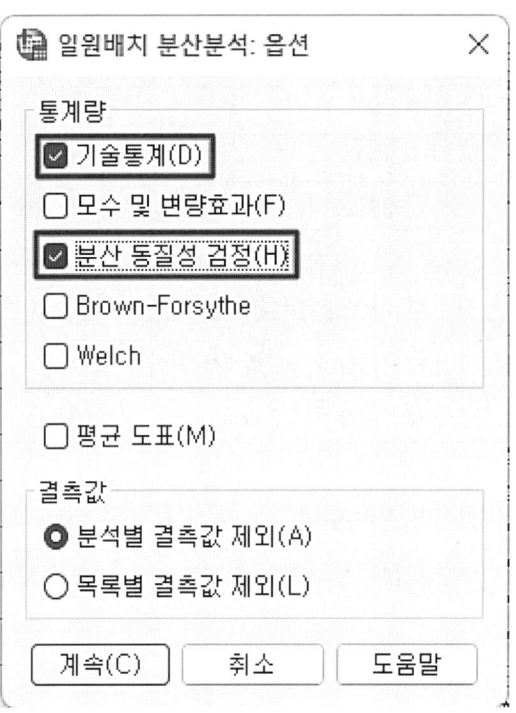

④ '확인'을 누르면 다음과 같은 결과가 나타난다.

기술통계

외모만족도

	N	평균	표준화 편차	표준화 오류	평균에 대한 95% 신뢰구간		최소값	최대값
					하한	상한		
심각하지 않다	7	3.3929	.62678	.23690	2.8132	3.9725	2.50	4.00
보통이다	34	2.9706	.65356	.11208	2.7426	3.1986	1.50	4.00
심각하다	199	2.3643	.79562	.05640	2.2531	2.4755	1.00	4.00
전체	240	2.4802	.81428	.05256	2.3767	2.5838	1.00	4.00

분산의 동질성 검정

		Levene 통계량	자유도1	자유도2	유의확률
외모만족도	평균을 기준으로 합니다.	2.047	2	237	.131
	중위수를 기준으로 합니다.	.399	2	237	.672
	자유도를 수정한 상태에서 중위수를 기준으로 합니다.	.399	2	225.941	.672
	절삭평균을 기준으로 합니다.	2.002	2	237	.137

ANOVA

외모만족도

	제곱합	자유도	평균제곱	F	유의확률
집단-간	16.679	2	8.340	13.939	.000
집단-내	141.789	237	.598		
전체	158.468	239			

⑤ 위의 결과를 이용하여 다음의 표를 완성한다.

피부질환중등도	최솟값	최댓값	평균	표준편차
심각하지 않다.	***	4	3.39	0.63
보통이다.	***	4	***	0.65
심각하다.	***	4	2.36	***

(4) 분산분석에서 분산의 동질성을 검정하기 위한 검정통계량의 값을 쓰고 그 결과를 유의수준 5%하에서 해석하시오(단, absolute residual을 이용한 Levene 분산동질성 검정을 실시하시오).

위에서 구한 분산의 동질성 검정의 '평균을 기준으로 합니다.' 결과를 바탕으로 다음의 표를 작성한다.

검정통계량 값	2.047
검정결과 해석	유의확률이 0.131으로 유의수준 0.05보다 크므로 귀무가설을 기각하지 않는다. 따라서, 피부질환중등도에 따라 외모만족도의 모분산이 동일하다.

(5) 다음의 분산분석표를 작성하시오.

위에서 구한 일원배치 분산분석 결과를 바탕으로 다음의 분산분석표를 작성한다.

구분	제곱합	자유도	평균제곱	F	유의확률
그룹 간	16.679	***	8.340	13.939	***
그룹 내	***	***	0.598		
합계	***	***			

(6) 위의 결과를 해석하기 위해 다음의 표를 작성하시오.

	검정통계량의 값	1 3 . 9 3 9
	유의확률	0 . 0 0 0
H_0의	채택 또는 기각을 쓰시오.	기각
	그 이유	검정통계량 F값이 13.939이고 유의확률이 0.000으로 0.05보다 작으므로 귀무가설을 기각한다. 따라서 유의수준 5%하에서 피부질환중등도에 따라 외모만족도에 차이가 있다.

(7) 분석 결과 유의한 차이가 있다면 Scheffe의 방법으로 사후분석한 후 유의수준 5%에서 동일집단군의 평균을 작성하시오.

피부질환중등도	집단	
	1	2
심각하지 않다.	□.□□	
보통이다.	□.□□	□.□□
심각하다.		□.□□

① '일원배치 분산분석' 창에서 '사후분석(H)'을 클릭한 후 'Scheffe'를 선택하고 '계속(C)'을 클릭한다.

② '확인'을 클릭하면 다음과 같은 결과가 나타난다.

다중비교

종속변수: 외모만족도
Scheffe

(I) 피부질환중등도_재범주	(J) 피부질환중등도_재범주	평균차이(I-J)	표준화 오류	유의확률	95% 신뢰구간 하한	95% 신뢰구간 상한
심각하지 않다	보통이다	.42227	.32103	.422	-.3685	1.2131
	심각하다	1.02854*	.29744	.003	.2958	1.7612
보통이다	심각하지 않다	-.42227	.32103	.422	-1.2131	.3685
	심각하다	.60627*	.14354	.000	.2527	.9598
심각하다	심각하지 않다	-1.02854*	.29744	.003	-1.7612	-.2958
	보통이다	-.60627*	.14354	.000	-.9598	-.2527

*. 평균차이는 0.05 수준에서 유의합니다.

외모만족도

Scheffe[a,b]

피부질환중등도_재범주	N	유의수준 = 0.05에 대한 부분집합 1	유의수준 = 0.05에 대한 부분집합 2
심각하다	199	2.3643	
보통이다	34	2.9706	2.9706
심각하지 않다	7		3.3929
유의확률		.076	.285

등질적 부분집합에 있는 집단에 대한 평균이 표시됩니다.
a. 조화평균 표본크기 16.921을(를) 사용합니다.
b. 집단 크기가 동일하지 않습니다. 집단 크기의 조화평균이 사용됩니다. I 유형 오차 수준은 보장되지 않습니다.

③ 위의 결과를 이용하여 다음의 표를 완성한다.

피부질환중등도	집단 1	집단 2
심각하다.	2.36	
보통이다.	2.97	2.97
심각하지 않다.		3.39

문제 4 성별(A1)별 피부질환종류(A4)에 차이가 있는지를 가설검정하고자 한다.

(1) 성별(A1)에 따라 피부질환종류(A4)에에 차이가 있는지 알고자 할 때 아래 교차표를 작성하시오(단, 비중은 행 퍼센트임).

성별		피부질환종류							전체
		여드름	아토피	백반증	탈모증	건선	외상 후 흉터	기타	
1: 남자	응답자 수	***	□□	***	□□	***	***	□□	***
	비중(%)	***	□□.□	***	□□.□	***	***	□□.□	100.0
2: 여자	응답자 수	***	□□	□□	***	***	□□	***	***
	비중(%)	***	□□.□	□□.□	***	***	□□.□	***	100.0
전체 응답자 수(%)		***	***	***	***	***	***	***	***

① 성별(A1)별 피부질환종류(A4)에 대한 교차표를 작성하기 위해 교차분석을 수행한다.

분석(A) → 기술통계량(E) → 교차분석(C)

② '교차분석' 창에서 '행(O)'에 성별(A1)을, '열(C)'에 피부질환종류(A4)를 이동시키고 '셀(E)'을 클릭한다.

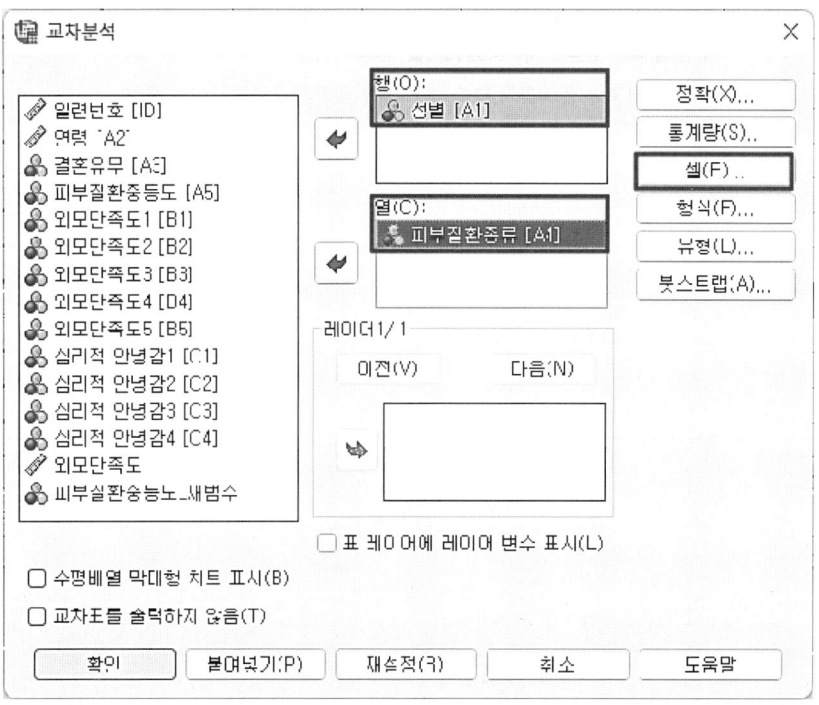

③ '교차분석: 셀 표시' 창에서 '퍼센트'의 '행(R)'을 선택하고 '계속(C)'을 클릭한다.

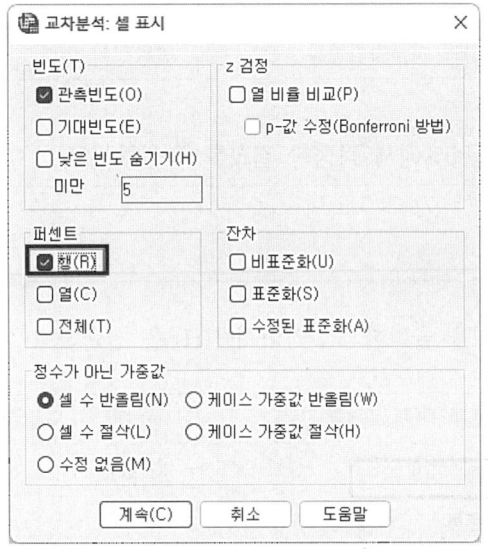

④ '확인'을 클릭하면 다음과 같은 결과가 나타난다.

성별 * 피부질환종류 교차표

			피부질환종류							전체
			여드름	아토피	백반증	탈모증	건선	외상 후 흉터	기타	
성별	남자	빈도	43	17	4	28	7	2	4	105
		성별 중 %	41.0%	16.2%	3.8%	26.7%	6.7%	1.9%	3.8%	100.0%
	여자	빈도	72	13	8	3	7	14	18	135
		성별 중 %	53.3%	9.6%	5.9%	2.2%	5.2%	10.4%	13.3%	100.0%
전체		빈도	115	30	12	31	14	16	22	240
		성별 중 %	47.9%	12.5%	5.0%	12.9%	5.8%	6.7%	9.2%	100.0%

⑤ 위의 교차표 결과를 이용하여 다음의 표를 완성한다.

성별		피부질환종류							전체
		여드름	아토피	백반증	탈모증	건선	외상 후 흉터	기타	
1: 남자	응답자 수	***	①⑦	***	②⑧	***	***	④	***
	비중(%)	***	①⑥.②	***	②⑥.⑦	***	***	③.⑧	100.0
2: 여자	응답자 수	***	①③	⑧	***	***	①④	***	***
	비중(%)	***	⑨.⑥	⑤.⑨	***	***	①⓪.④	***	100.0
전체 응답자 수(%)		***	***	***	***	***	***	***	***

(2) 위 교차분석 어떤 가설검정을 실시하기 위해서인지 가설을 설정하시오.

귀무가설(H_0)	성별(A1)과 피부질환종류(A4)는 서로 연관성이 없다.
대립가설(H_1)	성별(A1)과 피부질환종류(A4)는 서로 연관성이 있다.

(3) 검정통계량의 값과 유의수준 5%에서 검정한 결과를 작성하시오.

검정통계량의 값	□□.□□□
검정결과	

① '교차분석' 창에서 '통계량(S)'을 클릭한 후 '카이제곱(H)'을 선택하고 '계속(C)'을 클릭한다.

② '확인'을 클릭하면 다음과 같은 결과가 나타난다.

카이제곱 검정

	값	자유도	근사 유의확률 (양측검정)
Pearson 카이제곱	44.191ª	6	.000
우도비	48.550	6	.000
선형 대 선형결합	.428	1	.513
유효 케이스 수	240		

a. 0 셀 (0.0%)은(는) 5보다 작은 기대 빈도를 가지는 셀입니다. 최소 기대빈도는 5.25입니다.

③ 위의 카이제곱 검정 결과를 이용하여 다음의 표를 완성한다.

검정통계량의 값	④④.①⑨①
검정결과	검정통계량 값이 44.191이고 유의확률이 0.000으로 유의수준 0.05보다 작으므로 귀무가설을 기각한다. 따라서 유의수준 5%하에서 성별(A1)과 피부질활종류(A4)는 연관성이 있다.

문제 5 연령(A2)과 외모만족도, 심리적 안녕감 간 선형관계의 정도를 알기 위해 상관분석을 실시하여 피어슨의 상관계수를 구하시오(단, 심리적 안녕감과 관련된 문항들의 평균을 심리적 안녕감 변수로 생성하고 분석을 실시하시오).

(1) 모든 변수의 통계량 값을 구하시오.

변수	N	최솟값	최댓값	중위수	평균	표준편차
연령				***	***	***
외모만족도		***	***			***
심리적 안정감						***

① 여러 변수들의 통계량 값을 구하기 위해 빈도분석을 수행한다.

> 분석(A) → 기술통계량(E) → 빈도분석(F)

② '빈도분석' 창에서 '변수(V)'에 연령(A2), 외모만족도, 심리적 안녕감을 이동시키고, 빈도표는 출력할 필요가 없으므로 '빈도표 표시(D)' 선택을 해제한다. 그 후, '통계량(S)'을 클릭한다.

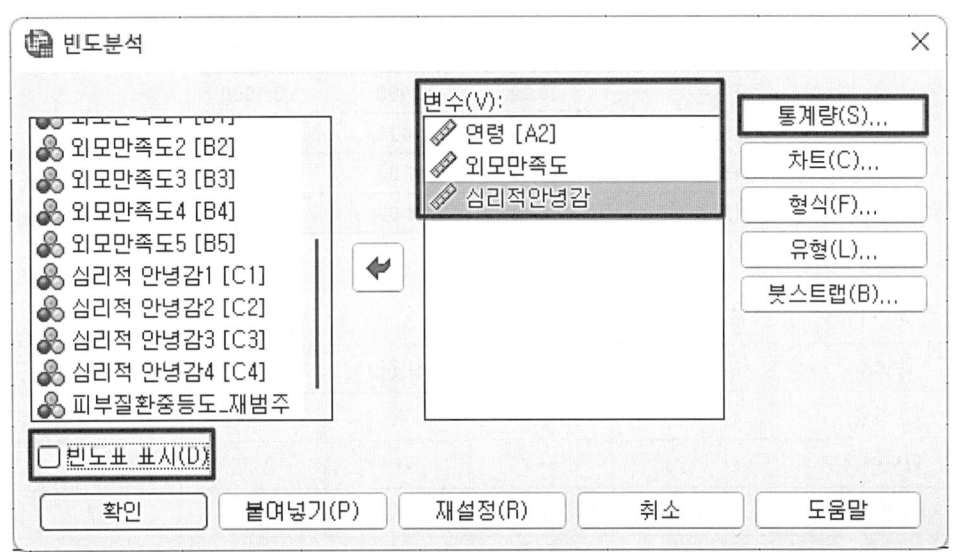

③ '빈도분석: 통계량' 창에서 평균(M), 중위수(D), 표준편차(T), 최솟값(I), 최댓값(X)을 선택하고 '계속(C)'을 클릭한다.

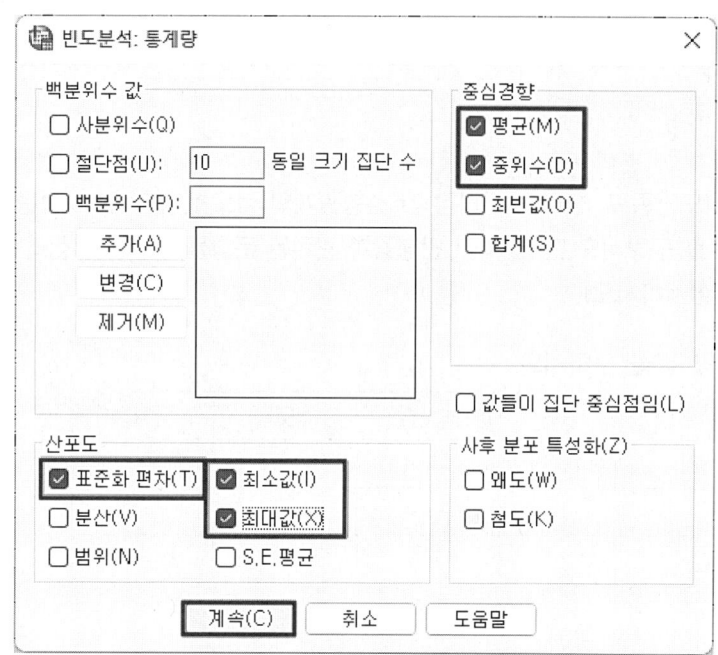

④ '확인'을 클릭하면 다음과 같이 나타난다.

통계량

		연령	외모만족도	심리적안녕감
N	유효	239	240	240
	결측	1	0	0
평균		28.16	2.4802	3.4729
중위수		28.00	2.2500	3.5000
표준화 편차		5.729	.81428	.80291
최소값		15	1.00	1.50
최대값		46	4.00	5.00

⑤ 위의 결과를 이용하여 다음의 표를 완성한다.

변수	N	최솟값	최댓값	중위수	평균	표준편차
연령	239	15	46	***	***	***
외모만족도	240	***	***	2.25	2.48	***
심리적 안녕감	240	0	5	3.50	3.47	***

(2) 변수들 간 선형관계의 정도를 알기 위해 상관분석을 실시하여 피어슨의 상관계수를 구하시오.

변수	연령	외모만족도	심리적 안녕감
연령	1.000	□.□□□	□.□□□
외모만족도		1.000	□.□□□
심리적 안녕감			1.000

① 변수들 간 선형관계의 정도를 알기 위해 상관분석을 수행한다.

> 분석(A) → 상관분석(C) → 이변량 상관(B)

② '이변량 상관계수' 창에서 '변수(V)'에 연령(A2), 외모만족도, 심리적안녕감을 이동시키고 '상관계수'에서 'Pearson'을 선택한다.

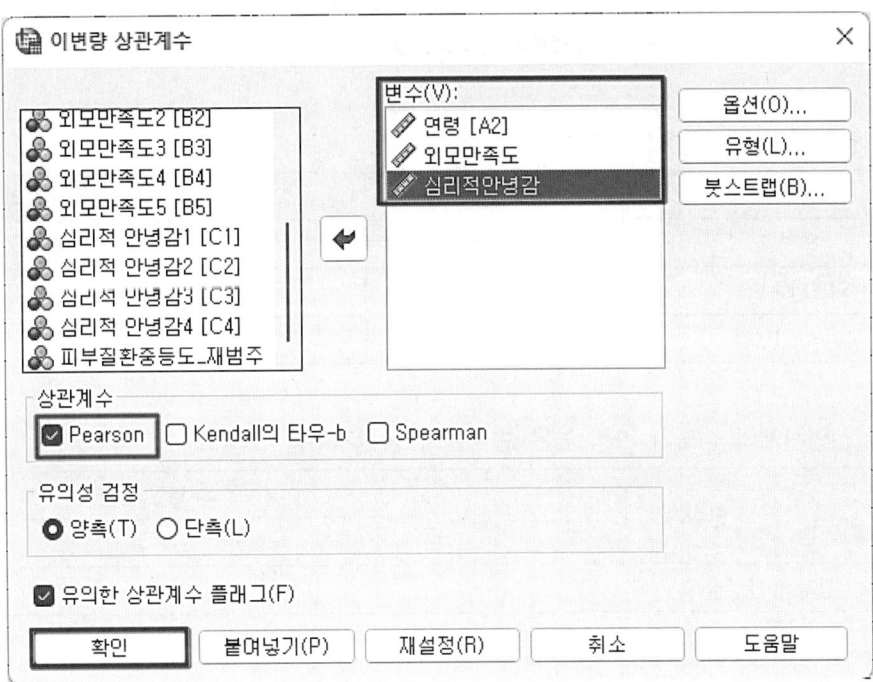

③ '확인'을 클릭하면 다음과 같은 결과가 나타난다.

상관관계

		연령	외모만족도	심리적안녕감
연령	Pearson 상관	1	.156*	.165*
	유의확률 (양측)		.016	.011
	N	239	239	239
외모만족도	Pearson 상관	.156*	1	.386**
	유의확률 (양측)	.016		.000
	N	239	240	240
심리적안녕감	Pearson 상관	.165*	.386**	1
	유의확률 (양측)	.011	.000	
	N	239	240	240

*. 상관관계가 0.05 수준에서 유의합니다(양측).

**. 상관관계가 0.01 수준에서 유의합니다(양측).

④ 위의 상관관계 결과를 이용하여 다음의 표를 완성한다.

변수	연령	외모만족도	심리적 안녕감
연령	1.000	0.156	0.165
외모만족도		1.000	0.386
심리적 안녕감			1.000

(3) 변수들 간 선형관계의 정도가 가장 높은 변수들과 상관계수를 쓰시오.

변수명	피어슨 상관계수	
	부호	값
외모만족도, 심리적 안녕감	+	0.386

문제 6 심리적 안녕감을 종속변수로 하고 피부질환중등도, 연령, 외모만족도를 독립변수로 설정하여 중회귀분석을 수행하고자 한다(단, 피부질환중등도는 더미변수 생성 후 분석에 반영한다).

(1) '심각하지 않다'를 기준으로 한 피부질환중등도 더미변수를 생성 후 아래를 작성하시오.

피부질환중등도	피부질환중등도더미1_보통	피부질환중등도더미2_심각
1: 심각하지 않다.	0	0
2: 보통이다.	1	0
3: 심각하다.	0	1

① 위와 같은 2개의 더미변수를 만들기 위해 다른 변수로 코딩변경을 수행한다.

변환(T) → 다른 변수로 코딩변경(R)

② '다른 변수로 코딩변경' 창에서 피부질환중등도_재범주를 우측 '숫자변수'로 옮긴다. '출력변수'의 '이름(N)'에 피부질환중등도더미1_보통을 입력하고 '변경(H)'을 누른다. 그 후, '기존값 및 새로운 값(O)'을 클릭한다.

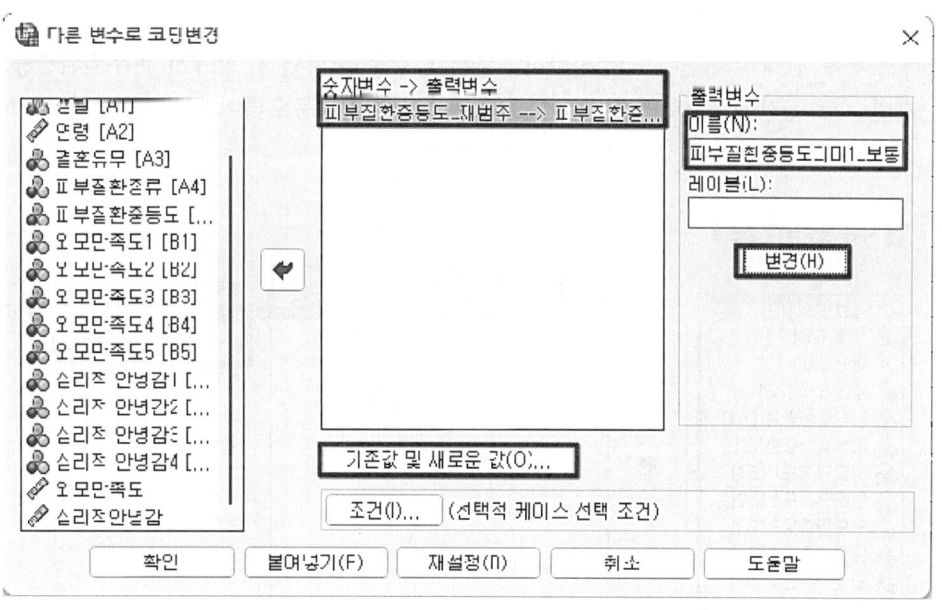

③ '다른 변수로 코딩변경: 기존값 및 새로운 값'에서 다음과 같이 입력하고 '계속(C)'을 클릭한 후, '확인'을 누르면 피부질환중등도더미1_보통 변수가 생성된다.

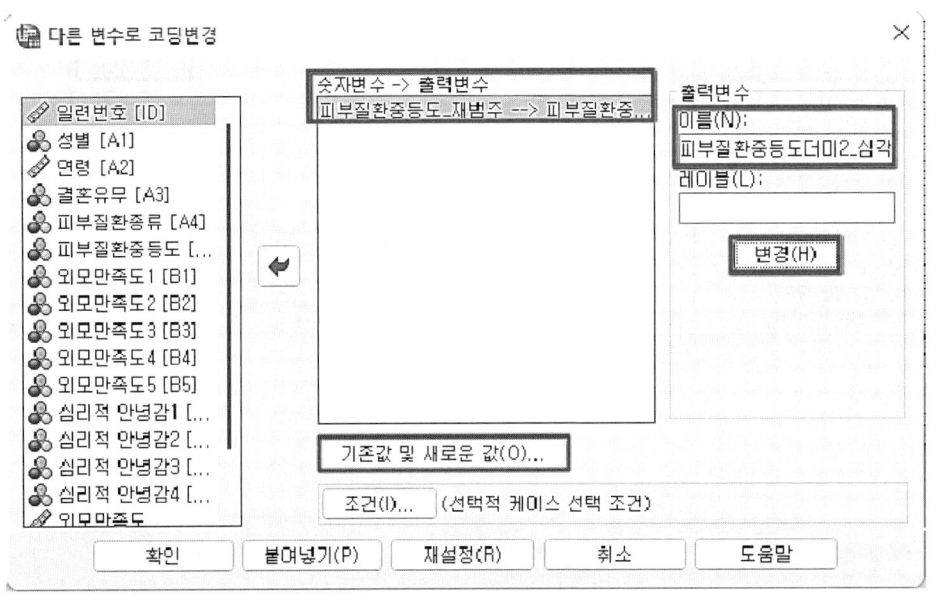

④ 같은 방식으로 두 번째 더미변수도 생성한다. '다른 변수로 코딩변경' 창에서 피부질환중등도_재범주를 우측 '숫자변수'로 옮긴다. '출력변수'의 '이름(N)'에 피부질환중등도더미2_심각을 입력하고 '변경(H)'을 누른다. 그 후, '기존값 및 새로운 값(O)'을 클릭한다.

⑤ '다른 변수로 코딩변경: 기존값 및 새로운 값'에서 다음과 같이 입력하고 '계속(C)'을 클릭한 후, '확인'을 누르면 피부질환중등도더미2_심각 변수가 생성된다.

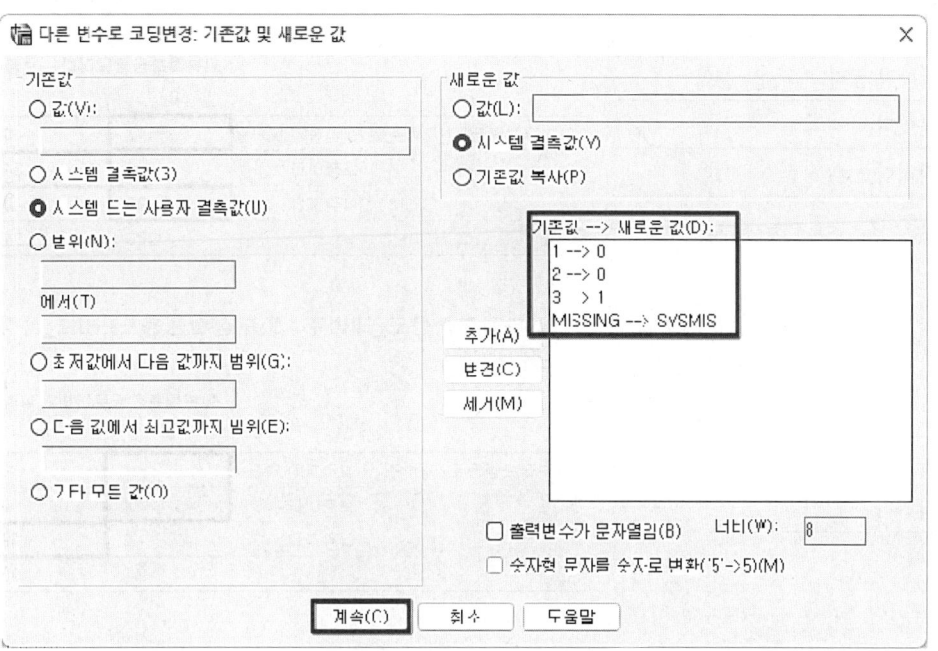

⑥ 기존 변수인 피부질환중등도_재범주와 피부질환중등도더미1_보통, 피부질환중등도더미2_심각의 교차표를 작성하여 변수가 제대로 생성되었는지 확인한다. '교차분석' 창에서 '행(O)'에 피부질환중등도_재범주를, '열(C)'에 피부질환중등도더미1_보통과 피부질환중등도더미2_심각을 이동시킨다.

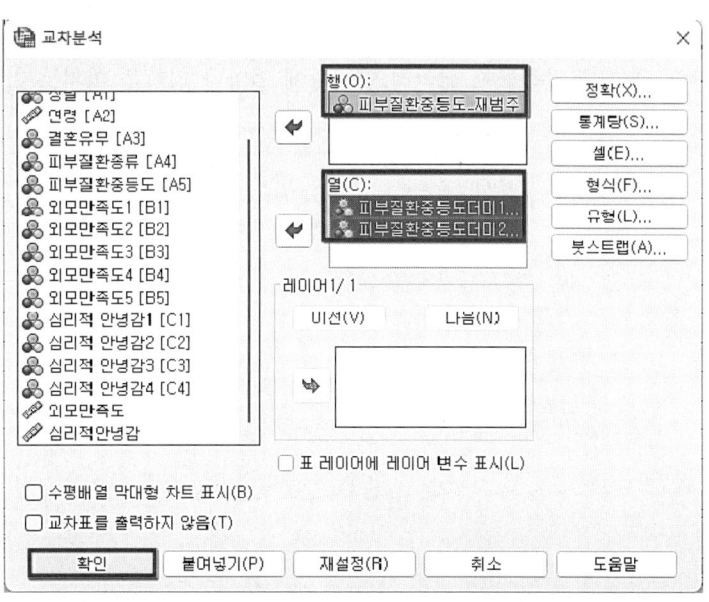

⑦ 확인을 누르면 다음과 같은 결과가 나타난다.

피부질환 중등도	피부질환중등도 더미1_보통
1: 심각하지 않다.	0
2: 보통이다.	1
3: 심각하다.	0

피부질환중등도_재범주 * 피부질환중등도더미1_보통 교차표

빈도

		피부질환중등도더미1_보통		전체
		0	1	
피부질환중등도_재범주	심각하지 않다	7	0	7
	보통이다	0	34	34
	심각하다	199	0	199
전체		206	34	240

피부질환 중등도	피부질환중등도 더미2_심각
1: 심각하지 않다.	0
2: 보통이다.	0
3: 심각하다.	1

피부질환중등도_재범주 * 피부질환중등도더미2_심각 교차표

빈도

		피부질환중등도더미2_심각		전체
		0	1	
피부질환중등도_재범주	심각하지 않다	7	0	7
	보통이다	34	0	34
	심각하다	0	199	199
전체		41	199	240

(2) 중회귀분석을 수행한 후 다음의 F검정 표를 작성하시오.

구분	제곱합	자유도	평균제곱	검정통계량	유의확률
회귀모형	***	□	***	□□.□□□	***
잔차	***	□□□	***		
합계	***	□□□			

① 피부질환중등도, 연령(A), 외모만족도가 심리적 안녕감에 얼마나 영향을 미치는지 알아보기 위해 다중회귀분석을 수행한다.

> 분석(A) → 회귀분석(R) → 선형(L)

② '선형 회귀' 창에서 '종속변수(D)'에는 심리적 안녕감을, '독립변수(I)'에는 피부질환중등도더미1_보통, 피부질환중등도더미2_심각, 연령(A2), 외모만족도를 이동시킨다. '방법(M)'은 입력을 선택한다.

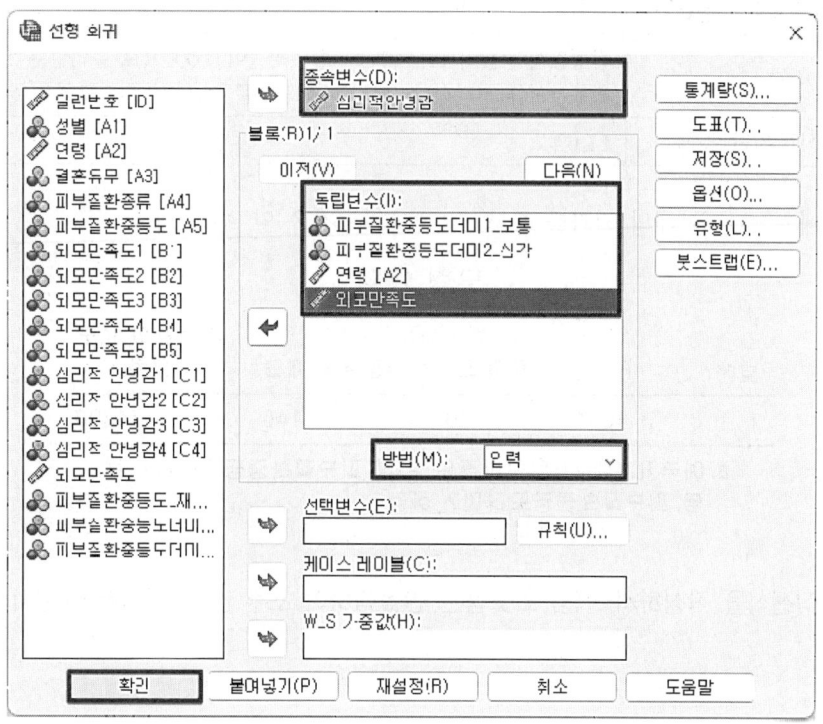

③ '확인'을 누르면 다음과 같은 결과를 얻을 수 있다.

ANOVA^a

모형		제곱합	자유도	평균제곱	F	유의확률
1	회귀	24.617	4	6.154	11.148	.000^b
	잔차	129.178	234	.552		
	전체	153.795	238			

a. 종속변수: 심리적안녕감

b. 예측자: (상수), 외모만족도, 연령, 피부질환중등도더미1_보통, 피부질환중등도더미2_심각

④ 위의 분산분석 결과표를 이용하여 다음의 표를 완성한다.

구분	제곱합	자유도	평균제곱	검정통계량	유의확률
회귀모형	***	4	***	11.148	***
잔차	***	234	***		
합계	***	238			

(3) 중회귀분석 결과로부터 유의수준 5%에서 회귀모형의 적합도에 대한 유의성 검정 결과와 이유, 그리고 수정된 결정계수(%)를 작성하시오.

회귀모형의 적합도 검정결과	회귀모형은 유의하다.
이유	검정통계량 값이 11.148이고 유의확률이 0.000으로 유의수준 0.05보다 작으므로 귀무가설을 기각한다. 따라서 유의수준 5%에서 회귀모형은 유의하다.
수정된 결정계수(단위: %)	14.6%

수정된 결정계수(%)는 아래의 결과를 통해 14.6%라는 것을 알 수 있다.

모형 요약

모형	R	R 제곱	수정된 R 제곱	추정값의 표준오차
1	.400ª	.160	.146	.74300

a. 예측자: (상수), 외모만족도, 연령, 피부질환중등도더미1_보통, 피부질환중등도더미2_심각

(4) 추정된 회귀직선식을 작성하시오(단, 소숫점은 반올림하여 소수 셋째 자리로 표현하시오).

회귀분석 결과의 계수 표는 다음과 같다.

계수ª

모형		비표준화 계수 B	비표준화 계수 표준화 오류	표준화 계수 베타	t	유의확률
1	(상수)	2.151	.414		5.194	.000
	피부질환중등도더미1_보통	-.109	.310	-.047	-.351	.726
	피부질환중등도더미2_심각	-.014	.293	-.007	-.049	.961
	연령	.015	.009	.107	1.770	.078
	외모만족도	.373	.064	.377	5.868	.000

a. 종속변수: 심리적안녕감

심리적 안녕감 = 2.151 − 0.109*피부질환중등도더미1_보통 − 0.014*피부질환중등도더미2_심각 + 0.015*연령 + 0.373*외모만족도

수험서의 NO.1 서울고시각

편저자 약력

최지민

- (현) 에이스통계컨설팅 대표
  동아대학교 경영대학 경영정보학과 겸임교수
  대한소아내분비학회 논문심사위원

- (전) 동아대학교의료원 임상시험센터 의학통계실장
  PhD biostatistician, the center for biostatistics and clinical trials, Peter MacCallum Cancer Institute, Melbourne, Australia
  post-doctoral fellow, Biostatistics core group, H.Lee Moffitt Cancer Center, Florida, USA

- 부산대학교 이학박사 (통계학 전공)

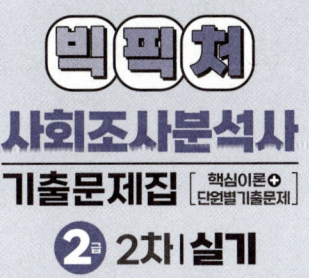

빅픽처 사회조사분석사 기출문제집 [핵심이론+단원별기출문제]
2급 2차 | 실기

인쇄일 2023년 2월 5일
발행일 2023년 2월 10일

편저자 최지민
발행인 김용관
발행처 ㈜서울고시각
주　소 서울시 영등포구 양평로 157 투웨니퍼스트밸리 10층 1008호
대표전화 02.706.2261
상담전화 02.706.2262~6 | FAX 02.711.9921
인터넷서점·동영상강의 www.edu-market.co.kr
E-mail gosigak@gosigak.co.kr
표지디자인 이세정
편집디자인 김수진, 황인숙
편집·교정 이대근

ISBN 978-89-526-4440-4
정　가 32,000원

- 이 책에 실린 내용에 대한 저작권은 서울고시각에 있으므로 함부로 복사·복제할 수 없습니다.